U0838919

“十二五”职业教育国家规划教材
经全国职业教育教材审定委员会审定
全国船舶工业职业教育教学指导委员会规划教材

船舶柴油机使用及维护

罗红英　主　编
许　昌　主　审
徐立华　黄　政　副主编

HEUP 哈爾濱工程大學出版社

内 容 简 介

本书是为了适应国家示范性建设重点专业——轮机工程技术专业教学改革需要，按照“船舶柴油机使用及维护”课程标准而编写的。

本书共分十章，主要内容包括：船舶柴油机基本知识，柴油机主要机件，换气与增压，燃油喷射与燃烧，润滑与冷却，启动、换向和调速，柴油机特性及选型，示功图测录和分析，柴油机振动与减振，运行管理与应急处理等。

本书可作为船舶类高等职业教育三年制船舶内燃机及动力装置专业教学用书，二年制也可参考使用。同时，本书还适用于船员的考证培训、船舶修造厂工程技术人员的自学以及其他形式的职业教育。

图书在版编目(CIP)数据

船舶柴油机使用及维护/罗红英主编. —哈尔滨：哈尔滨工程大学出版社，2016.8
ISBN 978-7-5661-1357-3

Ⅰ.①船… Ⅱ.①罗… Ⅲ.①船用柴油机-使用方法②船用柴油机-维修 Ⅳ.①U664.121

中国版本图书馆 CIP 数据核字(2016)第 200621 号

选题策划 史大伟
责任编辑 张玮琪
封面设计 恒润设计

出版发行 哈尔滨工程大学出版社
社　　址 哈尔滨市南岗区东大直街 124 号
邮政编码 150001
发行电话 0451-82519328
传　　真 0451-82519699
经　　销 新华书店
印　　刷 黑龙江龙江传媒有限责任公司
开　　本 787mm×1 092mm 1/16
印　　张 21.75
字　　数 552 千字
版　　次 2016 年 8 月第 1 版
印　　次 2016 年 8 月第 1 次印刷
定　　价 45.00 元
http://www.hrbeupress.com
E-mail:heupress@hrbeu.edu.cn

前　　言

为深入贯彻国务院关于“大力发展职业教育”的决定，积极推进课程改革和教材建设，为职业教育教学和培训提供更加丰富、多样和实用的教材，更好地满足我国造船工业快速发展的需要，武汉船舶职业技术学院组织相关人员编写了本书。武汉船舶职业技术学院轮机工程技术专业作为全国示范性重点建设专业，在国家精品课程“船舶内燃机使用及维修”的基础上，率先进行了专业人才培养方案和课程的教学改革，结合近几年教改成果和船舶柴油机发展的最新技术，从应用的角度出发更新了教材内容，增加了最先进船用电控柴油机的新技术、新装备，如电控单元、VIT 机构、电子注油器、电子调速器、操纵系统、排放控制技术，实现理论与实际、传统技术与高新技术的结合。该课程教学的基本资源和拓展资源已于 2013 年 10 月正式登录中国大学精品开放课程——“爱课程”（http://www. icourses. cn/）网站，按照教育部要求和规范，汇编了课程的知识点、技能点，对课程内容（文字和影像等）逐字逐句逐帧地进行审核，可供轮机专业的学生在线学习。本书以中低速船舶柴油机为典型，系统地阐述船舶柴油机的工作原理、主要结构、系统及维护管理、柴油机特性和选型、示功图测录、振动与减振、运行管理和应急处理等，使学生具备对船舶柴油机进行使用、维护管理、系统调整和性能分析的能力。

本书注重以就业为导向，以能力为本位，面向市场，面向社会，体现了职业教育的特色，满足了高素质的实用型、技能型船舶技术类专业高等职业人才培养的需要。本教材在组织编写过程中，形成了以下特色：

1. 在对全国相关行业企业调研的基础上，以用人单位对本专业学生职业岗位的能力需求为出发点，适当精简了教学内容，代表性强、适用性广，充分体现了工学结合原则；

2. 教材内容力求贯彻理论联系实际，突出职业教育特色，坚持循序渐进和少而精的原则，并能反映出国内外船舶柴油机发展趋势和最新的技术，具有较强的针对性；

3. 以培养学生职业能力为目标，以教学任务为驱动，在每章前都列出了知识目标和能力目标，每章结尾处归纳了思考与练习，便于组织教学和学生学习。

本书分十章，由武汉船舶职业技术学院、宜昌船舶柴油机有限公司共同编写，罗红英教授任主编，徐立华副教授、黄政副教授任副主编。徐立华副教授编写第一章、第十章，刘江波副教授编写第二章，王焕杰讲师编写第三章，袁辉高级工程师编写第四章，刘锋工程师编写第五章，罗红英教授编写第六章，黄政副教授编写第七章、第八章、第九章。

宜昌船舶柴油机有限公司的许昌教授级高工担任本书的主审，并提出了宝贵的意见与建议，编者深表谢意。

限于编者经历和水平，衷心地期望使用本教材的教师、工程技术人员及学生在阅读本教材之后，批评指正不当之处，及时提出修改意见和建议，以便再版修订，共同为提高该教材的质量而努力，为此我们将不胜感激！

编　者

2013 年 12 月

目　录

第一章　柴油机的基本知识

【知识目标】

1. 正确描述柴油机的主要特点；
2. 简述柴油机的基本结构组成；
3. 简述柴油机实际循环和理论循环的差异；
4. 掌握四、二冲程柴油机的工作原理及二者的区别；
5. 正确描述柴油机增压的意义及分类；
6. 熟悉柴油机各项性能指标和工作参数的定义与意义；
7. 熟悉现代船用柴油机发展的主要特点。

【能力目标】

1. 能应用定时图说明四、二冲程柴油机的工作原理；
2. 判别二冲程柴油机的换气形式，掌握各种换气形式的特点；
3. 能准确解释柴油机铭牌上的型号及有关技术指标的含义。

第一节　柴油机概述

一、热机、内燃机、柴油机

柴油机是热机的一种。热机是把燃料的化学能通过燃烧转变为热能，再通过燃烧产物（亦称工质）的膨胀做功把热能转变为机械能的动力机械。

热机可根据燃料燃烧时所在的部位，分为外燃机和内燃机两种类型。外燃机的燃料燃烧在气缸的外部进行，工质膨胀做功在气缸内部进行，如蒸汽机和蒸汽轮机都属于外燃机。内燃机的燃料燃烧以及工质膨胀做功都在气缸内部进行，如柴油机、汽油机和燃气轮机等都属于内燃机；与外燃机相比，内燃机不存在因工质在气缸内外传递过程的热损失，具有较高的热效率。另外，内燃机在尺寸和质量方面也具有明显的优势，因而在与外燃机的竞争中已经占据领先地位。

柴油机和汽油机同属于往复式内燃机，但都具有各自的工作特点和相应的适用范围。汽油机使用挥发性好的汽油作燃料，采用外部混合法（汽油与空气在气缸外部进气管中的化油器内进行混合）形成可燃混合气，其燃烧为电火花塞点火式。这种工作特点使汽油机不能采用高压缩比，因而限制了汽油机的经济性不能大幅度提高，也不允许作为船用发动机使用（汽油的火灾危险性大），但它工作柔和、噪音低、比质量轻，因而广泛应用于轿车和轻型运输车辆。

柴油机是一种压缩发火的往复式内燃机。柴油机使用挥发性较差的柴油或劣质燃油作燃料,采用内部混合法(燃油与空气的混合发生在气缸内部)形成可燃混合气,缸内燃烧靠缸内空气被压缩后形成高温燃气自行发火。

通常,柴油机具有以下突出的优点:

(1)具有较高的压缩比,因此热效率较高,可高达55%,可燃用廉价的重油,经济性好;

(2)功率范围广,从0.6 kW至47 000 kW,可以适应不同动力设备的需要;

(3)尺寸小,比质量轻,便于机舱布置;

(4)机动性好,启动方便,加速性能好,能直接反转,便于使用和管理。

上述优点使柴油机被广泛地应用于各个领域。尤其柴油机自1904年首次用作船舶推进装置以来,经过不断地完善和发展,逐步形成了以经济性好、可靠性高和使用寿命长为主要特点的船舶柴油机系列。目前,在船舶主动力装置中,柴油机已占绝对的领先地位。

同时,柴油机也存在某些缺点,如:存在较强的机身振动、轴系扭转振动及噪声;某些零部件的工作条件恶劣,高温、高压并有冲击性载荷。

二、柴油机的基本结构

柴油机由固定部件、运动部件和其他主要系统组成。如图1-1所示为四冲程柴油机的主要部件。

1. 固定部件

主要包括气缸盖、气缸套、机体、机座、主轴承等。它们构成柴油机本体,支承运动件,并由气缸盖、气缸套与活塞组件组成燃烧室和燃气工作的空间(气缸)。

2. 运动部件

主要包括活塞组件、连杆组件、曲轴飞轮组件等。它们组成"曲柄-连杆"机构,将活塞的往复运动转变成曲轴的回转运动,实现热能向机械能的转换。

3. 主要系统

主要系统有配气系统(由换气机构的气阀组件、气阀传动组件、凸轮轴及其传动机构和进、排气管道等组成)、燃油系统(由供油系统的日用油柜、燃油滤清器和输油泵等和喷射系统的喷油泵、高压油管及喷油器组成)、冷却系统和润滑系统等。

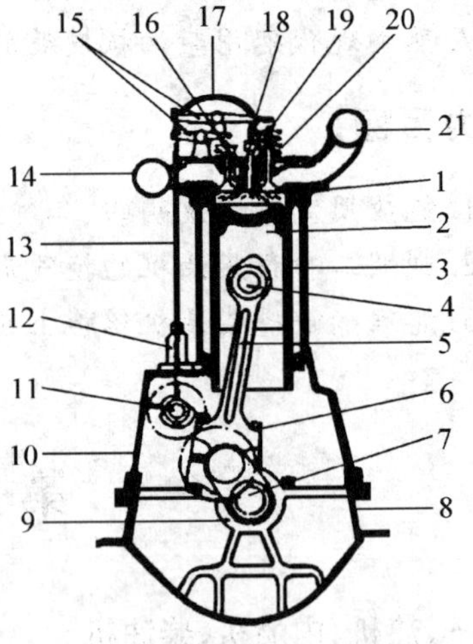

图1-1 柴油机的主要部件图

1—气缸盖;2—活塞;3—气缸套;4—活塞销;5—连杆;6—连杆螺栓;7—曲轴;8—机座;9—主轴承;10—机体;11—凸轮轴;12—喷油泵;13—顶杆;14—进气管;15—摇臂;16—气阀;17—高压油管;18—喷油器;19—排气阀;20—气阀弹簧;21—排气管

此外,船舶柴油机还将启动、调速、换向等装置集中控制组成操纵系统。

三、柴油机的常用几何术语

柴油机的常用几何术语如图1-2所示。

1. 上止点(TDC,Top Dead Center)

活塞在气缸中运动的最上端位置,即离曲轴中心线最远时的位置。

2. 下止点(BDC,Bottom Dead Center)

活塞在气缸中运动的最下端位置,即离曲轴中心线最近时的位置。

3. 冲程(S,Stroke)

其又称为行程。活塞在上、下止点间移动的直线距离。活塞移动一个冲程相当于曲轴转动 180°曲轴转角(CA),所以它等于曲柄回转半径(曲柄半径 R)的两倍,即 $S=2R$。

4. 气缸直径(D,Diameter)

气缸套的名义内径。

5. 压缩室容积(V_c)

活塞位于上止点时,活塞顶与气缸盖底面之间的气缸容积,又称燃烧室容积。此时活塞最高顶面与气缸盖底平面之间的垂直距离称为余隙高度(顶隙)。

6. 气缸工作容积 V_s

活塞从上止点到下止点所扫过的气缸容积。

$$V_s = \frac{\pi}{4}D^2 \cdot S \tag{1-1}$$

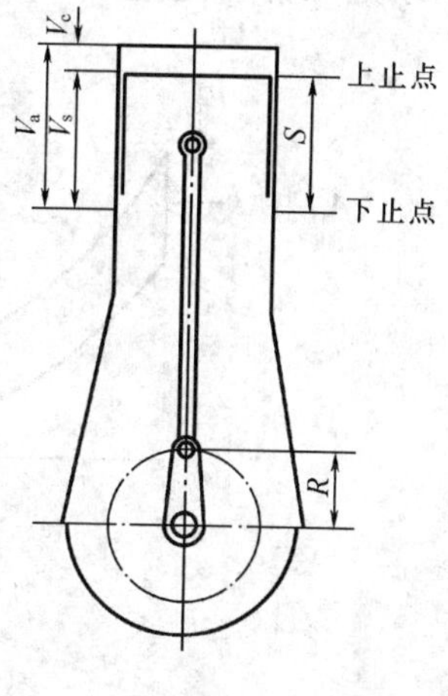

图 1-2　柴油机的常用几何术语

7. 气缸总容积 V_a

活塞位于下止点时,活塞顶以上的全部气缸容积。显然,它是压缩室容积和工作容积之和,即 $V_a=V_c+V_s$。

8. 压缩比 ε

气缸总容积与压缩室容积的比值,亦称几何压缩比,即

$$\varepsilon = \frac{V_a}{V_c} = \frac{V_c+V_s}{V_c} = 1+\frac{V_s}{V_c} \tag{1-2}$$

压缩比表明压缩过程中进入缸内的空气被压缩的程度,它是柴油机的主要性能参数之一。压缩比越大,压缩终点的温度和压力就越高,对燃油的发火、柴油机启动有利,而且热效率也越高。但压缩比过高会使柴油机工作粗暴,机件机械负荷增加,磨损加剧。因此柴油机要有合适的压缩比,一般为 12~22,中、高速柴油机的压缩比高于低速机。

当气缸直径与活塞冲程确定后,气缸工作容积 V_s 也随着确定了,所以若要调整压缩比,可通过改变压缩容积 V_c 来实现。

第二节　柴油机的热力循环

一、柴油机的理论循环

柴油机的每一个工作循环是燃料的热能转换为机械功的热力循环,是由多个实际热力过程组成的。为了便于分析研究,需借助于理论循环。所谓理论循环是根据内燃机实际工作过程的特征,经科学抽象和简化,将其概括为由几个基本热力过程所组成的循环。研究理论循环的目的是用比较简单的理论公式说明循环中各基本热力参数的关系,找出提高理论循环热效率的有效途径;确定循环热效率的理论极限,以判断柴油机循环的完善程度;有利于比较各种热力循环的经济性和动力性。

由热力学可知,按加热方式的不同假设,可以得到三种内燃机的理论循环,分别是等容加热循环(Otto 循环)、等压加热循环(Diesel 循环)和混合加热循环(Sabathe 循环),图 1-3

所示是三种理论循环的 $p-V$ 示意图。

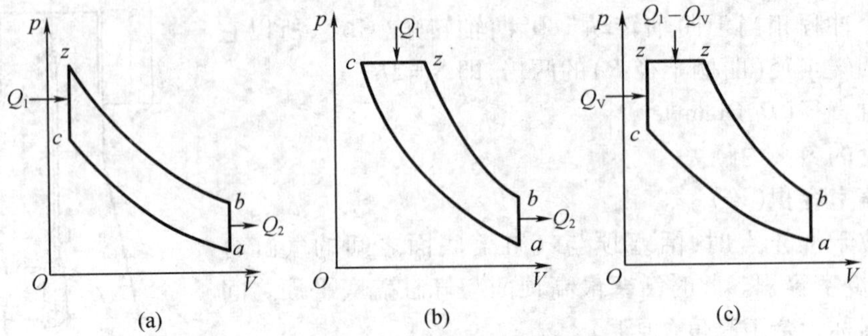

图 1-3 典型的理论循环 $p-V$ 示意图

(a)等容加热循环;(b)等压加热循环;(c)混合加热循环

1. 等容加热循环

由绝热压缩过程 a—c、等容加热过程 c—z(加热量 Q_1)、绝热膨胀过程 z—b 及等容放热过程 b—a(放热量 Q_2)所组成。汽油机按此循环工作。

2. 等压加热循环

由绝热压缩过程 a—c、等压加热过程 c—z、绝热膨胀过程 z—b 及等容放热过程 b—a 所组成。现代高增压柴油机有向此循环发展的趋势。

3. 混合加热循环

由绝热压缩过程 a—c、等容加热过程 c—z'(加热量 Q_V)、等压加热过程 z'—z(加热量 Q_1-Q_V)、绝热膨胀过程 z—b 及等容放热过程 b—a 所组成。一般柴油机都按此循环工作。

混合加热循环的理论热效率 η_t 的计算公式为

$$\eta_t = 1 - \frac{1}{\varepsilon^{k-1}} \cdot \frac{\lambda\rho^k - 1}{\lambda - 1 + k\lambda(\rho - 1)} \tag{1-3}$$

式中 k——绝热指数;

ε——压缩比,$\varepsilon = V_a/V_c$;

λ——压力升高比,$\lambda = p_z/p_c$;

ρ——初期膨胀比,$\rho = V_z/V_{z'}$。

由式(1-3)可知,混合加热循环的理论热效率 η_t 随压缩比 ε、压力升高比 λ 和绝热指数 k 的增加而提高,随初期膨胀比 ρ 的增大而降低。从理论循环所得到的结论是不考虑柴油机实际工作条件的约束,但在指导实践时,还必须考虑柴油机结构强度、机械效率和燃烧效率等多方面因素的限制。

二、柴油机的实际循环

工质是实际混合气,以燃烧加热和排气放热,并存在各种热力损失的实际工作循环称为实际循环。柴油机的实际循环与理论循环相比,存在许多不可避免的损失(如机械摩擦、散热、燃烧不完全等),使它不可能达到理论循环的热效率 η_t,分析实际循环与理论循环之间的损失,有助于掌握两者之间的差异,为提高柴油机工作过程的完善程度指明方向。柴油机实际循环和理论循环之间的主要差异如下。

1. 工质的影响

理论循环中的工质是理想气体,而实际循环中的工质是空气和燃烧产物的混合物。工质成分、比热容、分子数的变化以及高温分解等综合因素会使燃烧阶段的压力、温度较理论循环降低,使实际循环的热效率和做功能力下降。

2. 气缸壁的传热损失

在实际循环中,柴油机的工质与缸壁之间始终存在着热量交换,并非绝热过程。在压缩过程初期,气缸内气体被气缸壁加热;而在后期,由于气体温度超过了缸壁温度,气体通过缸壁向外传递热量,实际压缩过程总趋势是工质向缸壁放热,因此实际压缩终点压力低于理想循环的绝热压缩终点压力。

膨胀过程更为复杂多变。在膨胀初期由于后燃现象以及原在高温时已分解的燃烧产物的重新复合反应,使缸内工质加热膨胀;在膨胀后期,由于后燃结束及复合反应的减弱使工质为散热膨胀。膨胀过程是一个工质被加热的多变过程,膨胀终点气缸内压力高于绝热膨胀压力。

3. 换气损失

理论循环是一个闭合循环,混合加热和定容放热,无须进行工质的替换,而实际循环必须排出废气和吸入新鲜空气。在排气过程中,为了减少排气消耗的功,其排气阀总是提前开启,让废气在下止点前某点就开始排出,由此减少了一部分有用功,称为膨胀损失功;在排气和吸气过程中,不可避免存在流动阻力损失,活塞推出废气的排气耗功和将空气吸入的进气耗功,也要消耗一部分有用功,称为泵气功。膨胀损失功与泵气功之和为实际循环的换气损失。

4. 燃烧损失

燃烧损失是指燃烧不及时、燃烧不完全和后燃等因素综合造成的损失。

在理论循环中,全部热量是由高温热源吸入热量,无燃烧过程。但在实际循环中是靠燃油燃烧放出热量,燃烧过程需要有足够的时间,必然存在着燃烧速度有限性所造成的燃烧不及时,以及部分燃油在膨胀中仍继续燃烧的后燃现象。另外,由于空气不足、混合物形成不良造成的不完全燃烧,使燃料的热值未充分利用,产生不完全燃烧损失。

5. 其他损失

在实际循环中还存在工质泄漏损失和涡动损失,以及活塞运动速度与燃烧速度不匹配而偏离定容、定压加热过程所产生的时间损失等。

由于上述各项损失的存在,使实际循环的热效率明显下降。如一台非增压四冲程柴油机的压缩比 $\varepsilon=13$,过量空气系数 $\alpha=2$,最高燃烧压力 $p_z=5$ MPa,其理论循环热效率 $\eta_t=61\%$,而实际循环热效率降低到 45%,仅为理论循环热效率的 74%。

第三节　柴油机的工作原理

一、柴油机的工作原理

柴油机是一种压缩发火的往复式内燃机。它的基本工作原理是使燃油直接在发动机的气缸中燃烧,将燃油的化学能转变成热能,从而生成高温高压的燃气,推动活塞运动,通过曲柄连杆机构对外做功,将热能转变为机械能。

柴油机每做一次功,必须经过进气、压缩、燃烧、膨胀和排气五个过程才能实现,进行了这五个过程就完成了一个工作循环。然后不断重复进行这些过程,使柴油机持续工作。柴油机可通过四个冲程(即曲轴回转两周)或两个冲程完成一个工作循环,分别称为四冲程或二冲程柴油机。

1. 四冲程柴油机基本工作原理

图 1 -4 中的四个简图分别表示柴油机工作循环五个过程进行的情况以及活塞、曲轴、气阀等部件的有关动作位置。

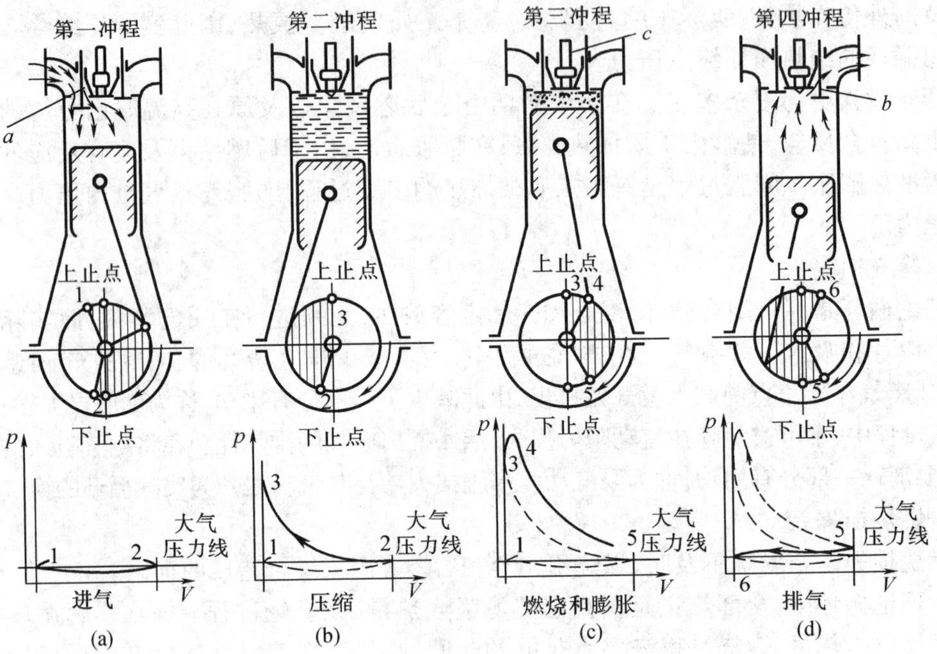

图 1 -4 四冲程柴油机工作原理

第一冲程——进气冲程:使气缸内充满新鲜空气,如图 1 -4(a)所示。

活塞由上止点下行,进气阀 a 已打开,由于气缸容积不断增大,缸内气体压力下降,依靠气缸内外的压差作用,新鲜空气通过进气阀被吸入气缸。由于受进气系统阻力的影响,气缸内压力低于大气压力,进气终了时缸内气压 p_a 为 0.08 ~0.095 MPa,t_a 温度为 30 ~70 ℃。实际上,进气阀一般在活塞到达上止点前即提前打开(曲柄位于点 1),下止点后延迟关闭(曲柄位于点 2)。曲柄转角 φ_{1-2}(图中阴影线所示的角度)表示进气持续角,为 220 °CA ~250 °CA(曲柄转角)。

第二冲程——压缩冲程:为燃料燃烧及工质膨胀做功创造条件,如图 1 -4(b)所示。

活塞从下止点向上运动,自进气阀 a 关闭(点 2)开始压缩缸内新鲜空气,一直到活塞到达上止点(点 3)为止。压缩终了时,终点压力 p_c 升高到 3 ~6 MPa,终点温度 t_c 升至 600 ~700 ℃(燃油的自燃温度为 210 ~ 270 ℃)。曲柄转角 φ_{2-3} 表示压缩过程持续角,约为 140 °CA ~160 °CA。

第三冲程——燃烧和膨胀冲程:完成两次能量转换,如图 1 -4(c)所示。

活塞在上止点附近,喷入气缸的燃油急剧燃烧,使缸内工质的压力和温度迅速升高,最高爆发压力(最高燃烧压力)p_z 增高到 5 ~8 MPa,甚至 15 MPa 以上。最高温度 t_z 上升到 1 400 ~1 800 ℃或更高些。高温高压工质膨胀推动活塞下行做功。在上止点后的某一时刻

(点4)燃烧基本结束,工质继续膨胀,到下止点前(点5)排气阀 b 在开启时膨胀过程结束。膨胀终了时缸内气体压力 p_b 为 0.25～0.45 MPa,温度 t_b 为 600～700 ℃。曲柄转角 φ_{3-4-5} 表示燃烧和膨胀过程持续角,为 130 °CA～160 °CA。

第四冲程——排气冲程:将废气排出气缸外,为下一循环做准备,如图 1-4(d)所示。

排气阀 b 开启时,活塞尚在下行,废气靠气缸内外压力差进行自由排气。当活塞从下止点上行时,废气被活塞强制推出气缸,此时排气过程是在略高于大气压力(0.11 MPa),且在压力基本不变的情况下进行的。实际上,排气阀一直延迟到上止点之后(点6)才关闭。曲柄转角 φ_{5-6} 表示排气持续角,为 230 °CA～260 °CA。

经过上述四个冲程,柴油机就完成了一个工作循环。活塞继续运动,另一个新的循环又按同样顺序重复进行,以维持柴油机的连续运转。

四冲程柴油机每完成一个工作循环,曲轴要转两转(720 °CA),每个工作循环中只有膨胀冲程是做功的,其他三个冲程都是为膨胀冲程服务,都消耗功。柴油机常做成多缸的,这样进气、压缩、排气冲程消耗的能量可由正在做功的气缸供给,单缸柴油机就要由较大的飞轮供给能量。

一个工作循环结束后,在 $p-V$ 坐标上,各个过程曲线已组成一个闭合图形,如图 1-4(d)所示。它既可用来研究柴油机工作过程进行的情况,又可用图中压缩过程曲线和燃烧与膨胀过程曲线所包围的面积来计算一个工作循环气缸中所做功(称为指示功)的大小,所以该图形被称为 $p-V$ 示功图。

2. 四冲程柴油机的定时及定时图

在四冲程柴油机的工作循环中,各过程的始点和终点都不正好在上、下止点,而是在上、下止点前、后的某一时刻。进、排气阀在上、下止点前、后开启或关闭的时刻称为气阀定时(同样喷油器开启的时刻称为喷油定时)。气阀定时通常以上、下止点为基准,按一定的转向,用曲柄转角位置来表示定时的圆图称为定时图,如图 1-5 所示。

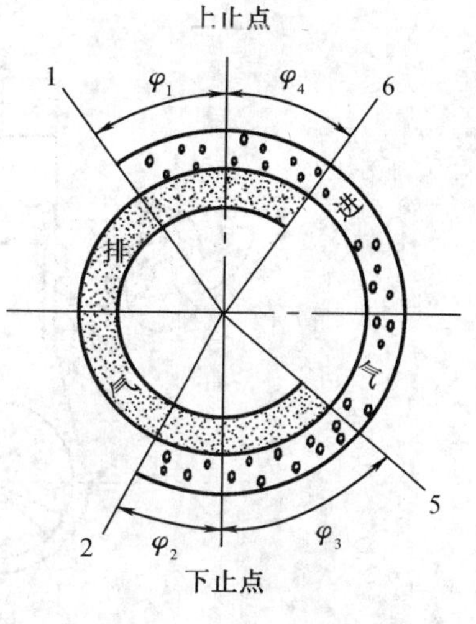

图 1-5　四冲程柴油机气阀定时图

在图 1-5 中,曲柄转向(自飞轮端看)为顺时针,进气阀在上止点前点 1 开启,在下止点后点 2 关闭,分别与上止点和下止点形成 φ_1 和 φ_2 角,φ_1 称进气提前角,φ_2 称进气延迟角。排气阀在下止点前点 5 开启,在上止点后点 6 关闭,分别与下止点和上止点 6 形成 φ_3 和 φ_4 角,φ_3 称排气提前角,φ_4 称排气延迟角。气阀提前开启与延迟关闭是为了将废气排除得干净并增加空气的吸入量,以利于燃油的燃烧,另外还可减小强制排气时活塞的背压。

从图 1-5 中可以看出,在换气上止点前后,进气阀与排气阀是同时开启的。进气阀与排气阀同时开启所对应的曲柄转角称为气阀重叠角。在气阀重叠开启期间,进气管、气缸、排气管连通,此时废气因流动惯性,可避免废气倒流入进气管内,同时还可抽吸新鲜空气进入气缸。新鲜空气进缸后又将废气扫出,实现所谓燃烧室扫气,还可冷却燃烧室部件。

各种柴油机的气阀定时是不同的,其大小范围如表 1-1 所示。

表 1－1 四冲程柴油机气阀定时及进、排气阀重叠角/°CA

名 称	非增压机		增压机	
	开 启	关 闭	开 启	关 闭
进气阀	上止点前 15～30	下止点后 10～30	上止点前 40～80	下止点后 20～40
排气阀	下止点前 35～45	上止点后 10～20	下止点前 40～55	上止点后 40～50
重叠角	25～50		80～130	

二、二冲程柴油机工作原理

1. 二冲程柴油机基本工作原理

与四冲程柴油机相比，二冲程柴油机没有单独的进气与排气过程，其进气与排气过程几乎重叠在下止点前后 120 °CA～150 °CA 内同时进行。因此，在结构上二冲程柴油机采用缸套下部设扫气口、排气口，或缸套下部设扫气口、气缸盖上设排气阀的换气结构，而且还必须设置一个专门的扫气泵以提高进气压力，使进气能从扫气口进入气缸，并用新鲜空气驱赶废气排出气缸，即扫气。

采用扫气口－排气口换气形式的二冲程柴油机的工作原理，如图 1－6(a)所示。扫气泵 b 设在柴油机的一侧，由柴油机带动。空气从泵的吸口 a 吸入，经压缩排至大容积的扫气箱 d 中，并保持一定的压力。

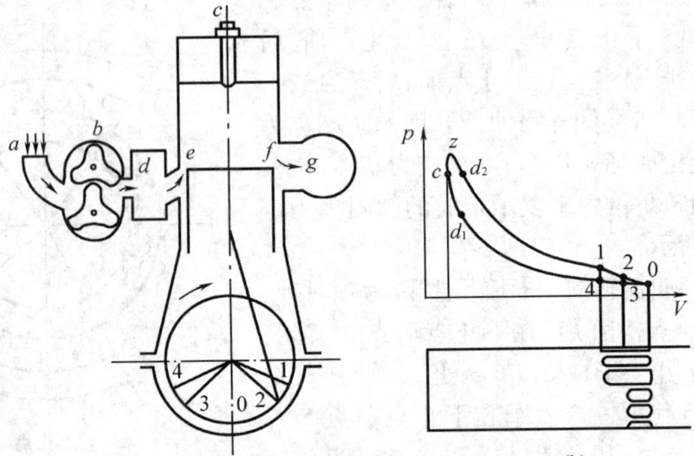

图 1－6 二冲程柴油机工作原理图

第一冲程——扫气及压缩。

活塞由下止点(点 0)向上移动，活塞在遮住扫气口 e 之前，由扫气泵供给储存在扫气箱内的空气，通过扫气口进入气缸，气缸中的残存废气被进入气缸的空气通过排气口 f 扫出气缸。当活塞继续上行完全遮住扫气口后(点 3)，空气停止充入，排气还在进行，这阶段称为“过后排气阶段”(3—4)。从排气口关闭时(点 4)起，气缸中的空气开始被压缩。当压缩至上止点前 d_1 点时，喷油器将燃油喷入气缸，与高温高压的空气相混合后发火燃烧。

第二冲程——燃烧膨胀及排气。

活塞在高温高压燃气的推动下，由上止点下行膨胀做功，直至排气口 f 打开（点 1），膨胀做功结束，气缸内废气靠气缸内外压力差排入到排气管 g。当气缸内的压力降至接近扫气压力时（0.105 ~ 0.140 MPa），活塞打开扫气口 e（点 2），扫气空气进入气缸，同时将气缸内的废气经排气口 f 赶出气缸。这一过程一直延续到活塞越过下止点再次上行遮住扫气口 e（点 4）为止，称为“扫气过程”。

此外，从图 1－4(b) 的二冲程柴油机 $p-V$ 示功图上也可以看出它的工作过程，示功图尾部 1—2—0—3—4 为换气过程，是在膨胀行程末和压缩行程初这一较短的时间内完成的。在上止点前 d_1 开始喷油，在点 c 开始燃烧，到点 d_2 时燃烧结束，与四冲程柴油机基本相同。

与四冲程柴油机一样，二冲程柴油机也可以用定时图来表示它的定时时刻。如图 1－7 所示是某二冲程柴油机定时图。

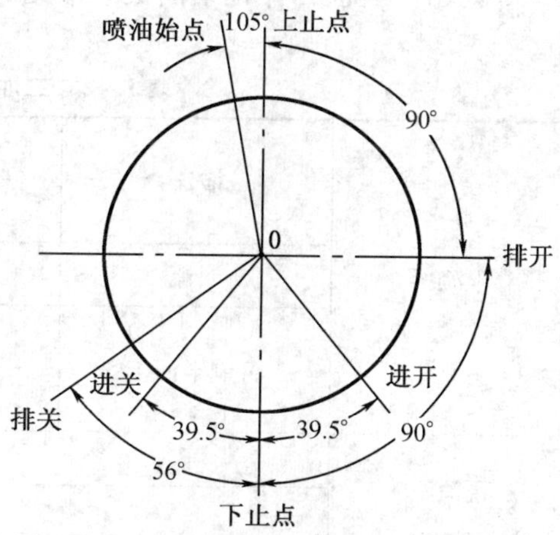

图 1－7 某二冲程柴油机定时图

由上述可知，柴油机的实际压缩始点并非在下止点。而是在四冲程柴油机的进气阀或二冲程柴油机的排气口（阀）全部关闭的时刻。通常将进气阀或排气口（阀）完全关闭瞬时的气缸容积与压缩室容积之比值称为有效压缩比 ε_e。对于二冲程柴油机，其计算式为

$$\varepsilon_e = \frac{V_c + (1-\varphi_s)\cdot V_s}{V_c} = 1 + (1-\varphi_s)\frac{V_s}{V_c} \tag{1-4}$$

式中，φ_s 为冲程损失系数，$\varphi_s = \dfrac{\text{扫气口高度 } h}{\text{冲程 } S}$。

2. 二冲程与四冲程柴油机的比较

(1) 优点

二冲程柴油机与四冲程柴油机相比具有如下优点：

①二冲程柴油机每两个冲程即曲轴转一周完成一个工作循环。由此可以提高柴油机功率。在气缸直径、活塞行程及转速相同时，理论上的功率是四冲程的两倍。但由于二冲程柴油机存在气缸上气口形成的冲程损失和扫气损失，实际上二冲程柴油机的功率仅是四冲程柴油机功率的 1.6 ~ 1.8 倍。

②由于二冲程柴油机曲轴每一周完成一个工作循环，因此回转比四冲程柴油机均匀，可使用较小的飞轮。

③二冲程柴油机结构简单，便于维护保养。

(2) 缺点

二冲程柴油机也有不足之处：

①二冲程柴油机换气质量较四冲程柴油机差。

②在相同转速下，二冲程柴油机工作循环比四冲程柴油机多一倍，所以二冲程柴油机的热负荷比四冲程柴油机高。

三、二冲程柴油机的换气形式

二冲程柴油机不同的换气形式对换气质量有重要影响。根据气流在气缸中的流动路线,二冲程柴油机的换气形式可分为弯流(扫气空气由下而上,然后由上而下清扫废气)与直流(气流在气缸内呈直线由下而上清扫废气)两大类,每一大类中又有不同的换气形式。表1－2列出了目前二冲程柴油机中常见的换气形式。

表1－2　二冲程柴油机的换气形式

弯流	横流	简单横流
		扫气口装有单向阀
	回流	半回流(新型横流)
	简单半回流	扫气口有阀控制
		排气口有阀控制
直流	扫气口－排气阀式	
	扫气口－排气口式	

1. 直流扫气

气缸下部均匀分布一圈进气口,在气缸盖上有排气阀。空气从气缸下部扫气口端流入气缸,沿气缸中心线上行,驱赶废气从气缸盖上的排气阀排出气缸,如图1－8所示。显然,气流在缸内的流动方向是自下而上的直线流动。进气口在纵向(与气缸轴线成角度)和横向(与气缸半径成角度)两个方向均有倾斜角,使扫气空气进入气缸后有向上和绕气缸轴线旋转的运动。这一旋转的气流形成"气垫",使空气与废气不易掺混,扫气效果较好。同时排气阀的启闭由排气凸轮控制而不受活塞运动的限制,所以排气阀可以与进气口同时关闭,也可以提前关闭。在船用柴油机中MAN B&W机型是传统的扫气口－排气阀直流扫气式柴油机。现代船用超长行程柴油机MAN B&W MC系列、Sulzer RTA系列机型都采用扫气口－排气阀直流扫气形式。

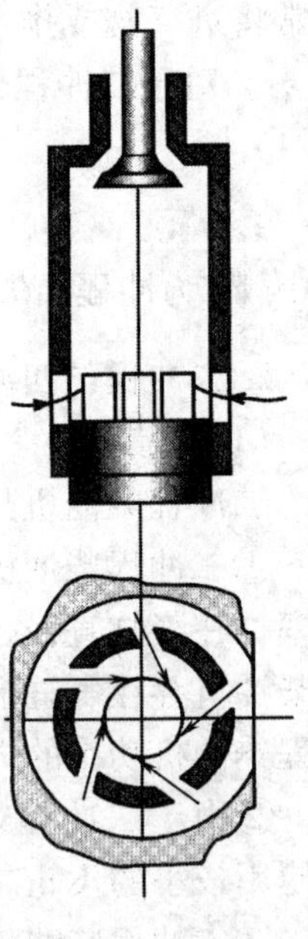

图1－8　直流扫流示意图

2. 弯流扫气

弯流扫气根据气口的布置和结构特点主要分为横流、回流和半回流等,其主要特点见表1－3。它们的突出优点是气缸盖上无气阀机构,结构简单,维护管理方便,但也都存在共同的缺陷:气流流动路线长(通常都大于$2S$),且流动路线是弯曲的,新鲜空气与废气容易掺混且存在死角与气流短路,因此换气质量较差,同时缸套下部的进气口两侧受热不均匀,容易产生变形。目前,在行程缸径比$S/D>2.2$的船用大型柴油机中,弯流扫气形式已逐渐被淘汰。弯流扫气主要结构如图1－9所示。

表 1-3　弯流扫气的主要结构特点

扫气形式	气口布置	主要特点
简单横流	进、排气口位于气缸中心线的两侧	空气从进气口一侧沿气缸中心线向上，在靠近燃烧室部位回转到排气口的另一侧，再沿着气缸中心线向下，把废气从排气口清扫出气缸
回流	进、排气口在气缸下部同一侧，且排气口在进气口的上方	进气流沿活塞顶面向对侧的缸壁并沿缸壁向上流动，到气缸盖后向下流动，把废气从排气口清扫出气缸
半回流	进气口布置在排气口的下方及两侧	气流在气缸内的流动特征兼有横流与回流的特点，某些半回流扫气形式，在排气管中装有回转控制阀

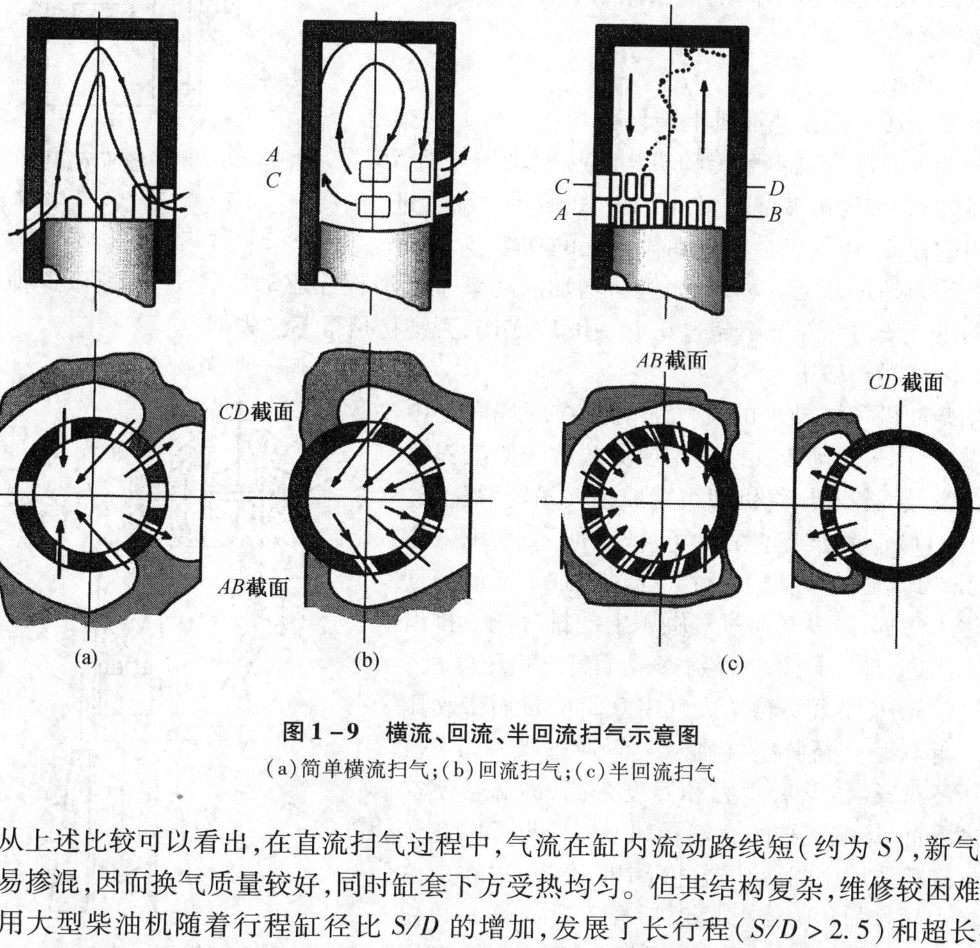

图 1-9　横流、回流、半回流扫气示意图

(a)简单横流扫气；(b)回流扫气；(c)半回流扫气

从上述比较可以看出，在直流扫气过程中，气流在缸内流动路线短（约为 S），新气与废气不易掺混，因而换气质量较好，同时缸套下方受热均匀。但其结构复杂，维修较困难。现代船用大型柴油机随着行程缸径比 S/D 的增加，发展了长行程（$S/D>2.5$）和超长行程（$S/D>3.0$）柴油机。在这种情况下，弯流扫气的换气质量无法与直流扫气相比，并且由于普遍采用液压气阀传动机构和空气弹簧排气阀，使气阀机构简单、可靠性高，并可减少气阀启闭时的噪声和撞击，使直流扫气（扫气口—排气阀）得到了广泛应用，成为现代船用大型柴油机的主要换气形式。

四、增压柴油机的工作原理

增压技术是提高柴油机功率和经济性的有效措施之一。增压就是通过提高气缸进气压力的方法,增加气缸的充气量,同时增加喷入气缸的燃油量,以提高柴油机的功率。能够实现提高进气压力的装置称为增压器。

柴油机的增压效果一般用增压度来表示。增压度是柴油机增压后标定功率与增压前标定功率之差与增压前标定功率的比值。它表示增压后功率增加的程度。

柴油机增压压力的高低可用增压比 π_k 来表示。增压比是柴油机增压压力 p_k 与环境条件下大气压力或增压进口压力 p_0 之比。它表示增压后进气被压缩的程度。

根据驱动增压器不同的能量来源,增压形式基本可分为三类。

1. 机械增压

为了增压必须在柴油机上装设一台压气机。由柴油机曲轴 3 通过齿轮 4 等传动机构直接驱动压气机 5 的增压方式,称为机械增压,如图 1－10 所示。随着进气压力的提高,压气机会使柴油机消耗的功增多,甚至当进气压力超过一定值时,柴油机所增加的功率全部消耗在驱动压气机上,所以这种机械增压的进气压力一般都不超过 0.15～0.17 MPa,否则将是得不偿失的。

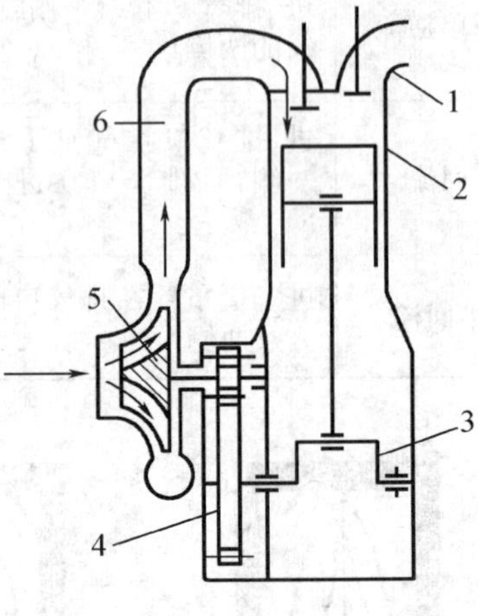

图 1－10 机械增压示意图

1—排气管;2—柴油机气缸;3—曲轴;4—齿轮;5—压气机;6—进气管

2. 废气涡轮增压

用柴油机气缸排出的废气的能量在废气涡轮中膨胀做功,用来驱动压气机的增压方式称为废气涡轮增压。废气涡轮和压气机即组合成废气涡轮增压器。如图 1－11 所示是二冲程废气涡轮增压柴油机工作原理图。其增压的过程,是新气通过气缸下部的扫气口 a 进入气缸,而废气通过气缸盖上的排气阀 b 排出气缸。在进、排气管道上分别安装了离心式压气机 e 和废气涡轮 d,废气涡轮从废气中获得能量而带动压气机一起转动。新鲜空气则从大气通过吸入口 f 被吸入压气机,经压缩后压力和温度升高,高温会使空气密度降低,影响气缸的充气量和增压效果。因此在进入气缸前要用中间冷却器进行中间冷却(中冷),由管 g 经中间冷却器 k 冷却降温后导入进气管 h 和扫气箱 i。中冷的另一个作用是降低柴油机循环的平均温度。

废气涡轮增压可以将废气中回收的部分能量转换为进气压力,不仅提高了柴油机的功率,还提高了经济性,因而获得广泛应用。废气涡轮增压可使增压压力达到 0.25 MPa 甚至更高。

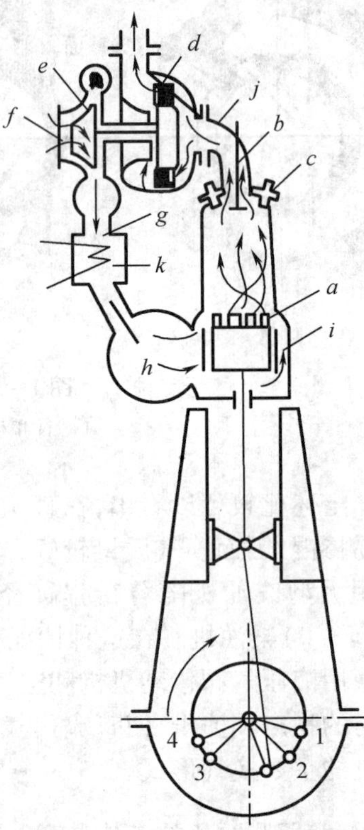

图 1－11 废气涡轮增压示意图

3. 复合增压

复合增压是采用机械增压器和废气涡轮增压器联合增压的方式。根据两种增压器的不同布置,可分为串联增压和并联增压。

增压气缸内工作循环的各主要过程(压缩、燃烧和膨胀的进行情况)与非增压柴油机一样,只是各过程的压力和温度有所增高。至于换气过程则与非增压柴油机相似。当活塞下行还没有打开扫气口 a 之前,排气阀 b 先开启(点1),废气排出气缸经排气管 j 进入废气涡轮机 d 中。当活塞继续下行使气缸内的压力降低到接近增压压力时,活塞将扫气口 a 打开(点2),等待在扫气口外的增压空气立即进入气缸,并把废气扫出。当活塞运动到下止点转而上行时,扫气口 a 被关闭(点3),接着排气阀关闭(点4),换气过程结束,压缩过程开始。

第四节　柴油机的性能指标和工作参数

柴油机的性能通常可以从动力性、经济性、运转性(冷车启动、排放性、加速性与加载性等)、可靠性和耐久性等方面来加以评价,通常柴油机的性能指标主要有动力性指标和经济性指标。

动力性指标,包括平均指示压力 p_i、平均有效压力 p_e、指示功率 P_i 和有效功率 P_e、机械效率 η_m 和平均机械损失压力 p_m。

经济性指标,包括指示油耗率 g_i、指示热效率 η_i 和有效油耗率 g_e 和有效热效率 η_e。

柴油机的性能指标又可以分成指示指标和有效指标两大类。指示指标,是以气缸内示功图所表示的工作循环指示功为基础,它只考虑缸内燃烧不完全及传热等方面的热损失,没有考虑运动副间所存在的摩擦损失,主要用来评价气缸内工作循环的完善程度。有效指标,是以柴油机输出轴上所得到的有效功为基础上,它既考虑了气缸内的热损失也考虑了一系列的机械损失,它是评定柴油机工作性能的最终指标。

柴油机还有一些工作参数用来表征机械负荷、热负荷、基本结构和强化程度等性能。

一、柴油机的指示指标

1. 平均指示压力 p_i

平均指示压力 p_i 是假定一个不变的平均压力作用在活塞上,它推动活塞在一个膨胀冲程内所做的功与一个实际工作循环的指示功 W_i 相等(见图1-12),则

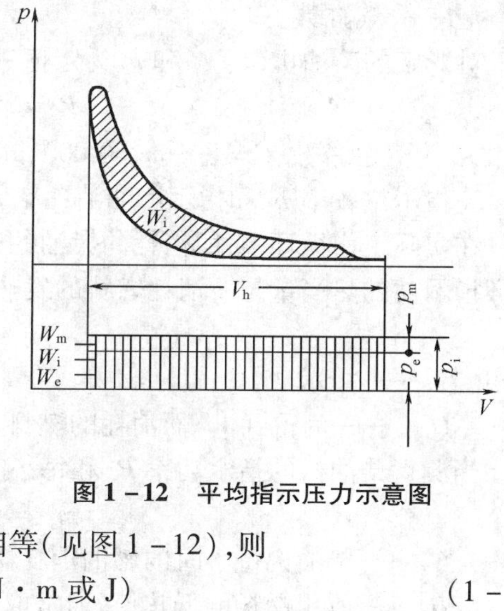

图1-12　平均指示压力示意图

$$W_i = p_i \cdot F \cdot S \quad (\mathrm{N \cdot m}\text{或}\mathrm{J}) \tag{1-5}$$

$$p_i = W_i/(F \cdot S) = W_i/V_s \quad (\mathrm{N/m^2}\text{或}\mathrm{Pa}) \tag{1-6}$$

式中　p_i——平均指示压力,Pa;

F——活塞横截面积,m^2;

S——活塞行程,m;

V_s——气缸工作容积,m^3。

由式(1-6)可见,平均指示压力 p_i 就是每一工作循环单位气缸工作容积的指示功。它的数值与气缸容积的大小无关,因此可以用 p_i 来比较不同类型和不同气缸容积的柴油机的

做功能力。p_i 值大,说明其单位气缸容积做功能力大,表明其工作循环进行得比较完善。实际柴油机 p_i 由测取的 $p-V$ 示功图经计算得到。

表1-4给出了船用柴油机在标定工况下平均指示压力 p_i 的数值范围。

表1-4 柴油机 p_i,p_e 的一般范围

机型		p_i/MPa	p_e/MPa
四冲程	非增压	0.75~1.12	0.60~0.92
	增压	0.95~3.75	0.80~3.0
二冲程	非增压	0.65~0.95	0.50~0.70
	增压	0.80~2.03	0.70~1.80

2. 指示功率 P_i

指示功率 P_i 是指柴油机气缸内的工质在单位时间内所做的指示功。按定义有

$$P_i = p_i V_s \frac{n \cdot m}{60} \cdot i \times 10^{-3} = \frac{p_i \cdot V_s \cdot n \cdot m \cdot i}{60\ 000} \quad (\text{kW}) \qquad (1-7)$$

式中 p_i——平均指示压力,Pa;

V_s——气缸工作容积,m^3;

n——柴油机的转速,r/min;

m——冲程系数,四冲程机 $m=1/2$,二冲程机 $m=1$;

i——气缸数。

对既定的柴油机,其 V_s 和 m 为定值,则式(1-7)简化为

$$P_e = Cp_i ni \quad (\text{kW}) \qquad (1-8)$$

式中,C 为气缸常数,$C=V_s \cdot m/60\ 000$,m^3。

3. 指示热效率 η_i 和指示燃油消耗率 g_i

在实际工作循环中,所消耗的燃油的热量不能全部转化为指示功。我们把转化为实际循环指示功的热当量与所消耗燃料的发热量之比称为指示热效率 η_i,即

$$\eta_i = W_i/Q_{吸入} \qquad (1-9)$$

式中 W_i——指示功,J;

$Q_{吸入}$——为得到 W_i 而消耗的燃料发热量,J。

当测得柴油机的指示功率 P_i 和每小时的燃油消耗量 G_T 时,根据定义可得

$$\eta_i = 3\ 600 P_i / G_T H_u \qquad (1-10)$$

式中 G_T——柴油机每小时的燃油消耗量,kg/h;

H_u——所用燃料的低热值,通常取 $H_u=42\ 700$ kJ/kg。

指示燃油消耗率 g_i 是指单位指示功率 P_i 每小时的耗油量。根据定义可得

$$g_i = G_T/P_i \quad (\text{kg/(kW} \cdot \text{h)}) \qquad (1-11)$$

η_i 和 g_i 是评定柴油机实际工作循环经济性能的重要指标。两者的关系为

$$\eta_i = \frac{3\ 600}{g_i \cdot H_u} \qquad (1-12)$$

目前,船用柴油机在标定工况下的 η_i 与 g_i 数值范围见表1-5。

表 1-5　柴油机 η_i,g_i,η_e,g_e,η_m 的一般范围

机型		η_i	g_i/(g/(kW·h))	η_e	g_e/(g/(kW·h))	η_m
四冲程	非增压	0.43~0.50	204~163	0.30~0.40	272~231	0.78~0.85
	增压	0.44~0.58	195~147	0.37~0.54	231~160	0.85~0.92
二冲程	非增压	0.36~0.51	238~170	0.29~0.35	300~245	0.70~0.80
	增压	0.45~0.60	192~143	0.38~0.55	225~155	0.85~0.94

二、柴油机的有效指标

1. 有效功率 P_e 和机械效率 η_m

有效功率 P_e 是指从柴油机飞轮端处传出的功率，也可以是指示功率 P_i 减去损失功率 P_m 所剩的功率，即 $P_e=P_i-P_m$。

柴油机的有效功率 P_e，在试验台上用水力测功器（或电力测功器）测出，称为制动马力（Brake Horse Power, BHP）。装船后，可用扭力计测量其输出功率，称为轴功率（Shaft Horse Power, SHP）。并用下式计算，即

$$P_e=\frac{2\pi nM_e}{60\ 000}=\frac{M_e\cdot n}{9\ 550}\quad(\text{kW})\tag{1-13}$$

式中　M_e——柴油机曲轴输出的扭矩，N·m；

n——柴油机转速，r/min。

机械损失功率 P_m 是指作用在活塞上的指示向曲轴的传递过程中所损失的功率。它包括：

(1)摩擦损失功率。柴油机各相对运动部件在运动中因摩擦而消耗的功率。经验表明，活塞和活塞环与气缸间的摩擦损失约占全部摩擦损失的 55%~65%，而各轴承处的摩擦损失约占 35%~45%。

(2)拖动损失功率。带动柴油机辅助机械，如喷油泵、润滑油泵、冷却水泵、配气机构、空气分配器等所消耗功率，拖动损失功率随着柴油机转速的提高而增加。

(3)泵气损失功率。在非增压四冲程柴油机中，由于排气压力大于进气压力，所以存在换气过程消耗的功率。在增压的四冲程、二冲程柴油机中不存在泵气损失功率。

机械损失一般不用它的绝对值 P_m 表示，而用机械效率表示。机械效率 η_m 是有效功率 P_e 与指示功率 P_i 的比值，即

$$\eta_m=\frac{P_e}{P_i}=\frac{P_i-P_m}{P_i}=1-\frac{P_m}{P_i}\tag{1-14}$$

机械效率 η_m 的大小不仅取决于设计和制造的质量，还受柴油机负荷、转速、滑油质量、冷却状况等因素的影响。

对于同一台柴油机，如果转速不变，负荷增加时，机械效率 η_m 将相应增加；空车运转时 $\eta_m=0$；如 P_i 不变，当转速提高时，因摩擦损失功率增大，η_m 将下降。通常柴油机的 η_m 值在出厂时以 η_m-n 曲线形式给出。船用柴油机机械效率 η_m 的范围如表 1-5 所示。

2. 平均有效压力 p_e

在柴油机的有效指标中，也可以引入与平均指示压力 p_i 相类似的折合到单位气缸工作容积的参数——平均有效压力 p_e 和平均机械损失压力 p_m。

平均有效压力 p_e 是指柴油机在一个工作循环中每单位气缸工作容积所做的有效功。

平均有效压力 p_e 与平均有效压力 p_i 的关系为

$$p_e = \eta_m \cdot p_i \tag{1-15}$$

或根据测得的有效功率 P_e 和转速 n 推算出来

$$p_e = \frac{P_e}{Cni} \tag{1-16}$$

同样,平均机械损失压力 p_m 也可以写成

$$p_m = \frac{P_m}{Cni} \tag{1-17}$$

平均有效压力 p_e 的数值取决于工作循环进行的完善程度和机械损失的大小,它是衡量柴油机做功能力的最终参数。p_e 越高,说明柴油机的强化程度越高。目前,船用柴油机的平均有效压力 p_e 的数值范围见表 1-4。

3. 有效热功率 η_e 和有效燃油消耗率 g_e

有效热功率 η_e 是指曲轴输出的有效功的热当量与所消耗燃料的热量的比值,即

$$\eta_e = \frac{W_e}{Q_{吸入}} = \frac{W_i}{Q_{吸入}} \cdot \frac{W_e}{W_i} = \eta_i \cdot \eta_m \tag{1-18}$$

或根据式(1-10)可得

$$\eta_e = \frac{3\,600P_e}{G_T H_u} \tag{1-19}$$

有效燃油消耗率是指每 1 kW 有效功率每小时所消耗的燃油量,即

$$g_e = \frac{G_T}{P_e} \tag{1-20}$$

或根据式(1-19)可得

$$g_e = \frac{3\,600}{\eta_e \cdot H_u} \tag{1-21}$$

有效热功率 η_e 和有效燃油消耗率 g_e 是评定柴油机经济性的重要指标。目前,船用柴油机在标定工况下的 η_e 和 g_e 数值范围如表 1-5 所示。

三、柴油机的主要工作参数

1. 最高爆发压力 p_z

燃烧过程中气缸内工质的最高压力称为最高爆发压力 p_z。最高爆发压力 p_z 是衡量柴油机机械负荷大小的重要参数。它引起各受力部件的应力和变形,造成疲劳破坏、磨损和振动。因此 p_z 的大小对柴油机的结构与性能均有很大的影响。

(1)过大的 p_z 使柴油机结构尺寸增大,柴油机笨重。

(2)过大的 p_z 使螺栓预紧力增大,造成接合面比压增大。

(3)过大的 p_z 使磨损、振动、噪声等相应增大。为了避免工作粗暴,一般限制其平均压力增长率 $\Delta p/\Delta\varphi = (p_z - p_c)/\Delta\varphi$ 不超过(0.4~0.6)MPa/°CA。

(4)p_z 的增大会破坏润滑油膜,加剧零部件的磨损,降低柴油机的使用寿命。

(5)适当提高 p_z,ε,λ 可以提高柴油机的热效率,降低燃油消耗率。p_z 一般随平均有效压力 p_e 的增长而增长,但增长的速度较 p_e 缓慢。一般高速柴油机的 p_z/p_e =3~9;中速柴油机的 p_z/p_e =5~7;低速柴油机的 p_z/p_e =6~10。

目前柴油机 p_z 的数据范围是：非增压柴油机 $p_z=6\sim8$ MPa；增压低速二冲程柴油机 $p_z=7\sim18$ MPa；增压中、高速柴油机 $p_z=7\sim20$ MPa。

2. 排气温度 T_r

非增压柴油机的排气温度指排气管内废气的平均温度，增压柴油机的排气温度指气缸盖排气道出口处废气的平均温度。

对于同一台柴油机，排气温度高低反映了缸内负荷的大小与燃烧质量的好坏，故用排气温度来衡量热负荷的大小。柴油机排气温度过高，不但标志热负荷过高，而且还会引起经济性和可靠性下降。因此，排气温度是柴油机运转管理中重要的监测参数。为保证柴油机可靠运转，通常把排气温度的最高值作为限制标准。一般船用柴油机排气温度的最高值应低于 550 ℃。

3. 活塞平均速度 C_m

在曲轴转一转两个行程中活塞运动速度的平均值称为活塞平均速度 C_m，即

$$C_m = 2Sn/60 = Sn/30 \quad (\mathrm{m/s}) \tag{1-22}$$

式中　n——柴油机转速，r/min；

S——柴油机活塞行程，m。

活塞平均速度 C_m 是柴油机机械负荷、热负荷和寿命的重要参数之一。提高 C_m 可以提高柴油机的功率，但零件的机械负荷、热负荷同时增加，机件的磨损也相应增加，因而靠提高 C_m 来提高功率是有限度的。

近代船用大型二冲程柴油机多采用长或超长行程。为了维持较长的寿命和适当的 C_m 值，均选用较低柴油机转速，如标定转速低于 100 r/min，甚至仅为 60～70 r/min。这有利于提高螺旋桨的推进效率。

4. 行程缸径比 S/D

行程缸径比 S/D 是柴油机的主要结构参数之一。在活塞平均速度 C_m 及缸径 D 为定值的条件下，S/D 的大小对柴油机结构的影响如下。

（1）影响柴油机的尺寸和质量

S/D 增大，则柴油机的宽度、高度及质量均相应增加。

（2）影响机械负荷

缸内气体压力不直接受 S/D 的影响，但最大往复惯性力将随 S/D 的增加而减小，故机械负荷减小。

（3）影响热负荷

S/D 增大，气缸散热面增大，热负荷减小，同时影响燃烧室各部件的传热量分配比例。如 S/D 增大，气缸套的热负荷增大，而气缸盖与活塞顶的热负荷相应减小。

（4）影响混合气形成

S/D 增大，燃烧室余隙高度增大，有利于混合气的形成。

（5）影响扫气效果

S/D 增大，因气流在缸内流动路线长将降低扫气效果，但此影响随扫气形式不同而不同。如对直流扫气的影响较小，允许使用较大的 S/D 值；而对弯流扫气的影响比较大，不允许使用较大的 S/D 值（通常不高于 2.2）。

（6）影响曲轴刚度

S/D 增大使曲柄半径变大，曲轴轴颈的重叠度降低，曲轴刚度下降。

(7)影响轴系的振动性能

S/D 增大,轴系的纵振及扭振固有频率降低,容易产生不允许的纵振和扭振。

目前,船用柴油机的 S/D 值范围见表 1-6。

表 1-6 船用柴油机的 S/D 值

机 型	高速机	中速机	低速机		
			弯 流	直 流	长(超长)冲程
S/D	0.90~1.25	1.0~1.80	1.71~2.25	1.88~2.26	2.42~4.20

5. 强化系数 $p_e \cdot C_m$

强化系数 $p_e \cdot C_m$ 用来表示柴油机所受热负荷和机械负荷两方面的综合强烈程度。不同类型柴油机的强化系数见表 1-7。

表 1-7 船用柴油机的强化系数

机 型	低速机	中速机		高速机
		四冲程	二冲程	
p_e/MPa	1.15~1.8	1.4~3.0	0.9~1.1	1.4~2.2
$p_e \cdot C_m$/(MPa·m/s)	7.5~14.7	12.0~28.2	6.6~8.5	12.3~34.3

6. 比质量 g_w

比质量又称为单位功率质量,是柴油机净重与标定功率的比值。比质量的大小主要与柴油机的类型、结构、附件的大小有关,同时也与所用材料和制造技术有关。各类柴油机比质量 g_w(kg/kW)的范围一般为:船用高速机为 1.4~3.7 kg/kW;船用中速机为 10~19 kg/kW;船用低速机为 20~35 kg/kW。

第五节 船舶柴油机的类型和发展特点

一、船舶柴油机的分类

船舶柴油机的用途不同,类型较多。通常有以下分类方法。

1. 按工作循环特点划分

其可以分为四冲程柴油机和二冲程柴油机。

2. 按柴油机进气方式划分

其可以分为增压柴油机和非增压柴油机。

增压柴油机根据增压的压比不同又可分为低增压柴油机($\pi_k < 1.7$)、中增压柴油机($1.7 < \pi_k < 2.5$)、高增压柴油机($2.5 < \pi_k < 3.5$)和超高增压柴油机($\pi_k > 3.5$)。

3. 按柴油机的曲轴转速 n 或活塞平均速度 C_m 划分

其可以分为低速机、中速机和高速机。

低速机 $n \leqslant 300$ r/min, $C_m = 6.0 \sim 7.2$ m/s;

中速机 300 r/min < n ≤ 1 000 r/min, C_m = 7.0 ~ 9.4 m/s;

高速机 n > 1 000 r/min, C_m = 9.0 ~ 14.2 m/s。

一般对船舶主机而言,经济性、可靠性和使用寿命是第一位,质量和尺寸是第二位。因此低速二冲程柴油机因其效率高、功率大、工作可靠、寿命长、可燃用劣质燃油以及转速低等优点适用于大型海船主机。四冲程中速机常用减速器才能与螺旋桨相连,它可选择最佳的螺旋桨转速,另外中速机还具有质量小、尺寸小等特点,较适用于河船和部分海船的主机。目前,由于中速机单机功率提高,在工作可靠性、经济性及对劣质燃油适应性均有明显改进,基本上达到与低速机相近的水平,用作海船主机的数量有了明显增加。近年建造的 2 000总吨以上船舶中,使用中速机作为主机者占 25% 左右。船舶发电柴油机因其具有发电机要求的功率不大、可多台柴油机联用、转速较高以及结构简单等特点,因而均采用中、高速四冲程柴油机。

4. 按结构特点划分

其可以分为筒形活塞式柴油机和十字头式柴油机。

如图 1 – 13(a)所示为筒形活塞式柴油机的构造简图。活塞 1 通过活塞销直接与连杆 6 相连接。这种结构的优点是结构简单、体积小、质量小,缺点是由于运动时有侧推力,活塞与气缸之间的磨损较大。中、高速柴油机一般采用此结构。

如图 1 – 13(b)为十字头式柴油机的构造简图。它的活塞 1 设有活塞杆 2 通过十字头 3 与连杆 6 相连接,并在气缸下部设横隔板将气缸与曲轴箱隔开。当柴油机工作时,十字头的滑块 4 在导板 5 上滑动,侧推力由十字头滑块和导板承受,活塞不起导向作用,活塞与缸套之间没有侧推力作用。横隔板可防止燃烧产物落入曲轴箱而污染滑油,有利于劣质燃油的使用和采用增压技术,因而功率大、工作可靠、使用寿命长。但它的质量和高度增大,结构也较复杂。目前大型低速二冲程柴油机都采用这种结构,常作为船舶主机使用。

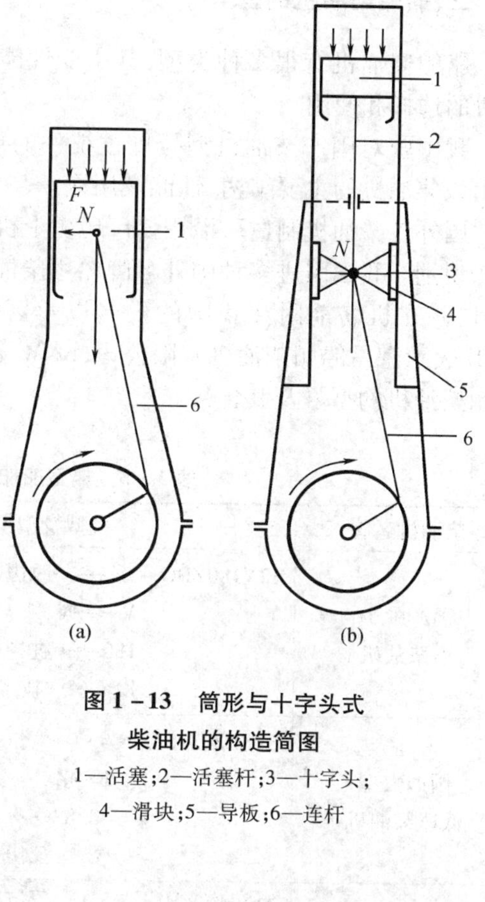

图 1 – 13　筒形与十字头式柴油机的构造简图

1—活塞;2—活塞杆;3—十字头;4—滑块;5—导板;6—连杆

5. 按气缸排列划分

其可以分为直列型和 V 型柴油机两种,如图 1 – 14 所示。

6. 按柴油机能否倒转划分

其可以分为可倒转式和不可倒转式。

可由操纵机构改变曲轴转向的柴油机称为可倒转柴油机。曲轴只能按同一方向旋转的柴油机称为不可倒转柴油机。在船舶上,凡直接带动螺旋桨的柴油机均为可倒转柴油机;凡带有倒顺车离合器、倒顺车齿轮箱或可变螺距螺旋桨的柴油机以及船舶发电柴油机均为不可倒转柴油机。

(7)按动力装置的布置

其可以分为左旋机和右旋机。

由柴油机的功率输出(飞轮)端向自由端看,正车时飞轮按顺时针方向旋转的柴油机称为右旋柴油机;反之则称为左旋柴油机。单台布置的船舶主柴油机通常均为右旋柴油机。

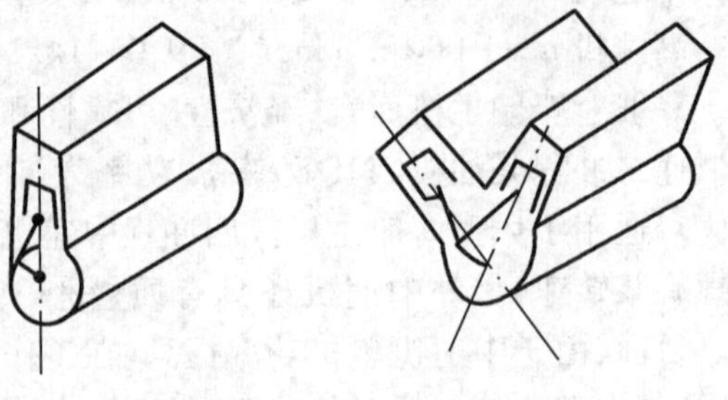

(a) (b)

图1-14 直列型和V型柴油机简图

某些船舶采用双机双桨推进装置(如客船),由船尾向船首看,布置在机舱右舷的柴油机为右旋柴油机,亦称右机;布置在机舱左舷的柴油机为左旋柴油机,亦称左机。在这种动力装置中,为便于操纵管理,右机的操纵即燃油侧布置在柴油机左侧(即内侧),而排气侧布置在右侧;左机的操纵在柴油机的右侧(即内侧)。

二、船舶柴油机的型号

船舶柴油机有很多种类型,其主要性能和结构特点通常都由型号表示出来,以便于柴油机的选择和使用。

我国曾对国产柴油机型号做过统一的规定,型号由数字和汉语拼音字母组成,它能反映出该柴油机的主要结构、性能及用途。

国外各柴油机制造厂沿用该厂历史上机型的发展型号,并在机型发展中不断更新型号便于识别。我国引进多种国外名牌船用柴油机专利许可证,这些柴油机一般沿用专利厂的型号,并在机名前附注我国的厂名以示区别,如 YMD-B&WL35MC/MCE 型柴油机,其中 YMD 表示宜昌船舶柴油机有限公司,B&W 表示 MAN B&W 公司。表1-8列出了常见典型船用柴油机的型号及其含义。

表1-8 典型船舶柴油机的型号及其含义

柴油机名牌	机型及型号含义	技术特征
国产中小型柴油机	12V180ZDC 12——气缸数 V——V型 180——缸径(mm) ZDC——技术特征	Z——增压 D——可倒转 C——船用右机
国产大型低速柴油机	6ESDZ43/82A 6——气缸数 ESDZ——技术特征 43/82——缸径(cm)/行程(cm) A——改进型号	E——二冲程 S——十字头 D——可倒转 Z——增压
MAN B&W 公司 B&W 柴油机	5S50MC/MCE 5——气缸数 S——冲程形式(K,短冲程;L,长冲程;S,超长冲程) 50——缸径(cm) MC/MCE——技术特征	MC——船用定压增压 E——经济型 ME——电控型

表 1-8(续)

柴油机名牌	机型及型号含义		技术特征
WÄRTSILÄ NSD 公司 SULZER 柴油机	6RTA48MCE	6——气缸数 RTA——技术特征 48——缸径(cm) MC/MCE——技术特征	R——焊接结构、二冲程、十字头式 T——超长冲程,直流扫气 A,B——发展序列 RT-Flex——电控型
三菱重工公司 MISUBISHI 柴油机	6UEC85/160C	6——气缸数 UEC——技术特征 85/160——缸径(cm)/行程(cm) C——改进型号	U——二冲程,直流扫气 E——废气涡轮增压 C——十字头式 T——筒形活塞式

三、现代船用柴油机的发展特点

经过近几十年尤其是近十多年的发展,船用柴油机已经发展到较高的技术水平。柴油机的整体结构及其零部件结构不断改进,特别是电子技术、自动控制技术在柴油机上的应用,使其各项技术指标不断创新,生产了一批性能好、油耗低、功率范围大、废气排放符合法定标准、可靠性高的产品。

现代船用柴油机具有以下显著特点。

(1)采用定压涡轮增压技术,提高平均有效压力(船用低速柴油机的 p_e 在 1.9~2.0 MPa,中、高速柴油机的 p_e 在 2.4~2.6 MPa),增大了柴油机的比功率(kW/kg)。近年来,增压技术的应用使柴油机的低工况性能和加载加速性能得到进一步改善。

(2)发展船用长冲程低速二冲程柴油机。通过增大缸径(D=600~1 050 mm)及增大冲程缸径比 S/D,以增加做功行程使得功率增大(单缸功率达3 940 kW,单机功率达47 280 kW);同时降低转速(最低可达56 r/min),可明显地提高螺旋桨效率,适于作船舶主机使用。目前,MAN B&W 公司的 SMC-C 系列柴油机的 S/D 值已达4.0,而 Sulzer RTA-T 系列柴油机的 S/D 值已达4.17。

(3)采用多种节能措施降低燃油消耗率和废热再利用,以提高经济性。船用低速柴油机采用的节能措施主要包括采用定压涡轮增压系统;增大冲程缸径比 S/D;提高最高爆发压力 p_z(船用低速柴油机的 p_z 在 15~16 MPa,中、高速柴油机的 p_z 在 18~20 MPa);适当增大压缩比 ε;采用可变喷油定时(VIT)机构、动力涡轮系统(TCS)和轴带发电机(PTO)等。在废热再利用方面,如利用柴油机冷却水余热作为真空蒸发式制淡水系统和重油净化处理系统的热源;在利用柴油机废气热能方面,除了废气涡轮增压外,还用于废气锅炉和热管交换器等。

(4)充分利用劣质燃料的技术,使燃料费用降低 1/3 左右。这一技术包括燃油的加温、净化;排气阀与阀座的冷却,采用气阀旋转机构以防止燃油中钒、钠盐对排气阀与阀座的腐蚀等。

(5)在零部件的材料、加工、结构方面采用先进技术,提高柴油机的可靠性,延长使用寿命。现代船用柴油机的吊缸周期已提高到8 000~12 000 h,甚至高达20 000 h。

(6)实现对柴油机操纵、监测及报警等管理的自动化控制。

(7)采用电控燃油喷射系统，不仅能控制供油正时、燃油预喷射及后喷射，还具有在低转速时仍能保持高的喷射压力等优点。如 Sulzer RT-Flex84T 及 MAN B&W 6S70ME 船用低速柴油机均采用高压共轨式燃油喷射系统。

(8)电子技术的应用实现了船用柴油机的智能化。在智能型船用柴油机上，通过电子控制单元(ECU)对燃油电子喷射系统(共轨式燃油喷射等)、增压系统(相继增压等)、配气系统(无凸轮轴)以及电子调速、气缸电子润滑、电子启动等的全电子灵活控制，并通过对相关参数的设定和修改，实时调整主机的运行状态和性能参数，达到实现柴油机最佳性能的目的。

(9)低排放技术的开发与应用。柴油机排放的废气会对环境造成污染，其中主要的有害成分是一氧化碳(CO)、氮氧化物(NO_X)和碳氢化合物(HC)等。低排放技术中除采用电控喷油等措施改善燃烧过程外，还包括废气再循环(EGR)、直接喷水(即通过一个独立的水喷嘴在燃烧过程中直接向燃烧室喷水)或将水喷入增压器后的高温空气中来降低 NO_X 等措施。如瓦锡兰(Wärtsilä)公司的采用直接喷水的 9L46 柴油机，使 NO_X 的排放降低 50% ~ 60%，远远低于《国际防止船舶污染公约》(MARPOL)附则六的要求。

今后，随着生产力的发展，将会对船用柴油机提出更高的要求，船舶柴油机将继续在提高可靠性、延长大修期、提高紧凑性、降低燃油消耗率及控制排放等方向上不断发展。当前柴油机的发展可以概括为以节能为中心，充分兼顾排放与可靠性的要求，全面提高柴油机的性能。今后的研究趋势如下：

①提高经济性的研究，包括燃烧、增压、低摩擦、低磨损等；

②降低柴油机排放的研究，排放是现代柴油机面临的严重挑战，随着对船舶柴油机排放的限制，使得经济性的提高更加困难，这也是船舶柴油机发展中需要研究的新课题；

③提高可靠性与耐久性的研究；

④电子控制技术的研究；

⑤代用燃料的研究。

思考与练习

1. 在热机中，柴油机有哪些优缺点？

2. 压缩比 ε 的意义及对柴油机性能有何影响？

3. 内燃机有几种理论循环，分别适用于什么类型的内燃机，研究理论循环的目的是什么？

4. 试述柴油机实际循环与理论循环存在哪些差异，它们对柴油机的工作有何影响？

5. 柴油机一个工作循环由哪几个工作过程组成，其中哪一过程对外做功？

6. 四冲程柴油机进、排气为什么都要提前和滞后，气阀重叠角有何作用？

7. 某四冲程 6 缸柴油机的进气阀在上止点前 20 °CA 开启，下止点后 24 °CA 关闭；排气阀在下点前 50 °CA 开启，上止点后 16 °CA 关闭，喷油提前角为 21 °CA。按顺时针旋转方向，试画出该机的定时图，气阀重叠角是多少？

8. 二冲程柴油机与四冲程柴油机相比有哪些特点？

9. 二冲程柴油机的换气形式可分为哪些形式，各有何特点？

10. 简述指示指标、有效指标表征柴油机的含义。

11. 什么是柴油机的机械效率 η_m，哪些因素影响 η_m？

12. 什么是柴油机的机械损失功率 P_m，它主要包括哪些损失功率？

第二章　柴油机主要机件

【知识目标】

1. 了解柴油机主要机件的组成和功用；
2. 了解柴油机主要机件的工作条件；
3. 掌握柴油机各主要机件的功用、组成和结构特点；
4. 明确柴油机主要机件薄壁强背的设计思想和特点；
5. 熟悉柴油机主要机件的常见故障及其产生原因。

【能力目标】

1. 能识别柴油机主要零部件；
2. 能正确分解和装配主要零部件；
3. 能正确分析柴油机主要部件的结构；
4. 能正确解释柴油机主要部件的常见故障的类型、原因和预防措施；
5. 能对主要零部件的常见缺陷进行修复。

柴油机主要机件包括运动部件和固定部件。在筒形活塞式柴油机中,其主要运动部件有活塞组件、连杆组件、曲轴和飞轮。它们的组成及相互连接关系如图 2－1 所示。

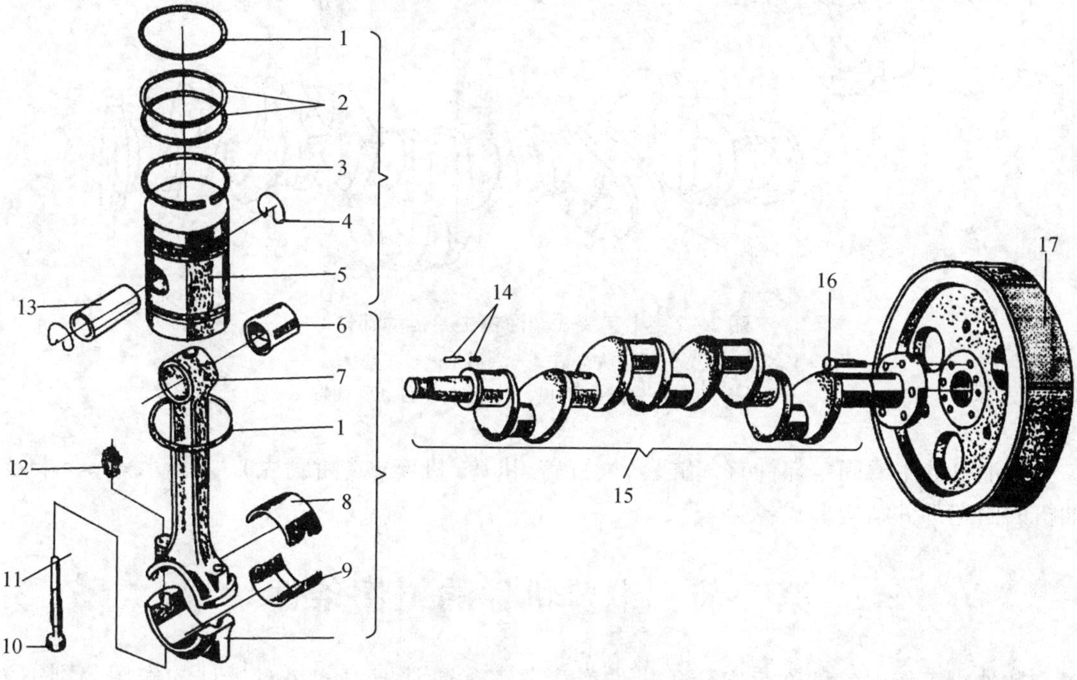

图 2－1　筒形活塞式柴油机主要运动部件

1,2—活塞气环;3—活塞油环;4—活塞销挡圈;5—活塞;6—连杆衬套;7—连杆;8—连杆轴承;9—连杆轴承盖;10—连杆螺栓;11—开口销;12—连杆螺母;13—活塞销;14—键;15—曲轴;16—飞轮固定螺钉;17—飞轮在十字头式柴油机中，主要运动部件有活塞组件（含活塞杆）、十字头组件、连杆组件、曲轴和飞轮。它们的组成和相互连接关系如图 2－2 所示。

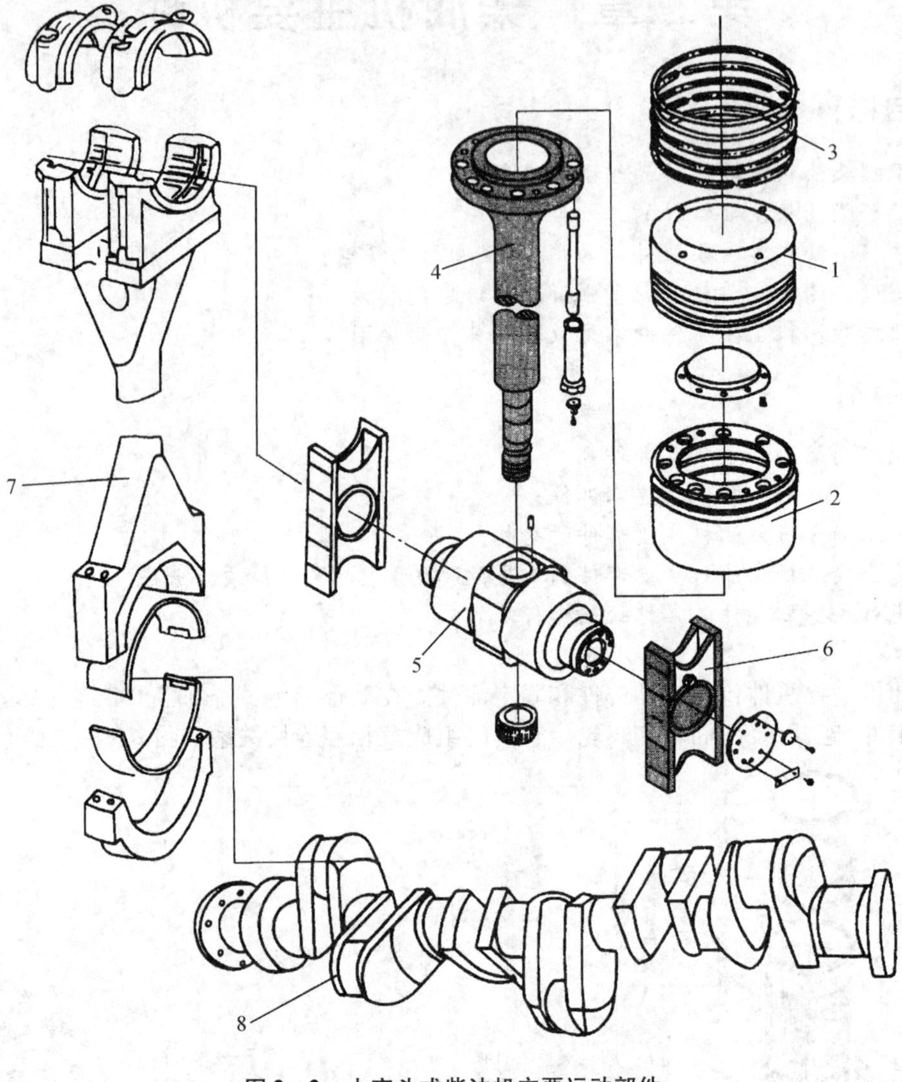

图 2－2　十字头式柴油机主要运动部件

1—活塞头；2—活塞裙；3—活塞环；4—活塞杆；
5—十字头；6—滑块（滑板）；7—连杆组件；8—曲轴

柴油机的主要固定部件有气缸套、气缸盖、机体、机座（或油底壳）、主轴承等。不同柴油机的固定部件结构形式各异。

第一节　主要机件的工作条件

柴油机工作中各种负荷均会对机件产生危害。通常把力和热对机件的作用分别称为机械负荷和热负荷。主要机件的负荷，不仅决定它们的结构特点，还决定对它们在维护管理方面的要求。

一、主要机件的机械负荷

主要机件的机械负荷来源于工作循环中的气体作用力、机件的运动惯性力和机件连接件产生的预紧力。

1. 气体作用力

工作循环中，活塞顶面（或缸盖底）所受的气体总压力 F_g 等于气体压力 p_g 与活塞面积 F 的乘积，p_g 的最大值为最高爆发压力 p_z。

气体压力 p_g 和气体总压力 F_g 在工作循环中呈周期变化，其变化的频率正比于转速、最大幅值是出现最高爆发压力 p_z 时。

循环变化的气体力对机件产生脉动应力，这些力在传递过程会引起柴油机的振动，呈现为高频应力，并会使其材料疲劳。柴油机机件疲劳破坏程度正比于转速 n、最高爆发压力 p_z 和燃烧压力升高率 $\frac{\Delta p}{\Delta \varphi}$。通常将最高爆发压力值 p_z 作为柴油机机械负荷的主要标志。

2. 运动惯性力

活塞组件及连杆小端在变速往复运动时会产生往复惯性力。连杆大端及曲柄销和曲柄绕曲轴中心回转时会产生离心惯性力。这两种运动惯性力随运动质量和转速的平方增大而增大。它们亦呈周期变化，同样会引起机件疲劳。不平衡的运动惯性力和力矩还会引起柴油机振动。

3. 连接紧固件预紧力

连接紧固件对被连接件施加的预紧力使机件材料产生的应力称为安装应力，其一般呈为静应力。

各种机械负荷使机件产生变形甚至破坏，故对柴油机性能和寿命有决定性影响，管理维护中应加以限制。

二、主要机件的热负荷

柴油机工作循环中，气缸内高温燃气通过辐射、对流等形式反复对机件加热，使机件温度升高。高温使机件材料机械性能下降，同时使机件各处温度不均而产生热应力。此外高温还会改变机件间的配合性质，使机件相对运动表面的润滑条件恶化。由于高温对机件产生的综合影响称为机件的热负荷。

虽然对柴油机的热负荷评定目前还没有统一的精确标准，但从维护管理出发，通常采用以下几种评定方法。

1. 与最高允许温度比较

将受热机件的工作温度与其材料和润滑油允许的最高温度进行比较。机件的实际工作温度越接近允许的最高温度，机件的热负荷越高。

船用柴油机活塞组件各部位允许的最高温度如表 2－1 所示。

表 2-1 活塞组件各部位允许的最高温度 单位:℃

部位 \ 活塞形式	铝合金活塞	铸铁活塞	钢顶活塞
活塞顶部	≤300~350	≤400~450	≤400~450
第一活塞环槽	≤180~220		
裙部	≤110~130		
活塞销座	≤120~150		

2. 排气温度

工作中柴油机的排气温度 T_r 可以直接测量并用仪表显示。它是轮机管理中监视柴油机热负荷的有效方法。排气温度 T_r 能反映气缸内燃油燃烧的数量和燃烧的完善程度以及燃烧的及时性,也能反映高温燃气对燃烧室组成诸机件加热时间长短和程度轻重。

3. 热应力

热应力是机件中各部分热胀冷缩互相牵制而在材料内部产生的应力。

现以气缸壁为例说明热应力的形成与作用。

工作中,气缸套内壁与燃气接触,称为触火面。外壁与冷却水接触。内壁热量沿缸壁径向传递。缸内壁温度最高,外壁最低。内壁热膨胀受到外壁的限制,故呈现受压应力。内壁膨胀大于外壁,欲带动外壁膨胀,故外壁呈现受拉应力。内外壁热胀冷缩相互牵制,而在高温侧产生压应力,低温侧产生拉应力。这种应力值随着两侧的温度差异的增大而加剧,故又把热应力称为温差应力。当机件各部分金属质量分布不均,也会在金属多处呈现压应力,金属少处呈现拉应力。

在柴油机工况稳定时,热应力呈现为静应力。在柴油机工况变化时,热应力大小也随之变化。其变化频率与柴油机启动、停车频率相同,呈现为低频应力。

当缸壁内外温差足够大时,热应力会使材料产生塑性变形。如高温的内壁在较大挤压热应力下金属会产生挤压塑变(称为蠕变),蠕变使挤压热应力减小甚至为零。但是当柴油机停车,机件温度下降时,原来产生挤压堆积的金属部分不能恢复到原来的形状和尺寸。这样这些部位就呈现拉应力,又称残余应力。这种残余应力只在柴油机启动工作,机件工作温度又升高的时候减缓下来,故残余应力亦称为低频应力。如果柴油机频繁重复地启动、停车,热应力会称为高频应力。如热应力增大或变化太快,会使材料疲劳破坏,这种破坏称为热疲劳。

影响热应力的因素很多,在以后各节将进一步分析,以便在管理中引起重视。

三、主要机件的其他工作条件

主要机件在工作中还会受到燃气中腐蚀成分的腐蚀、冷却液的腐蚀以及相互摩擦表面产生磨损等危害,从而加速机件的损伤。

第二节　气缸套和气缸盖

气缸由气缸套和气缸体组成。气缸体的作用是支撑气缸套和容纳冷却水,它的材料多使用灰口铸铁或球墨铸铁。大型柴油机气缸体为了制造、拆装和维修方便,一般为组合式,即单缸或相邻两缸、三缸用铸铁铸成一体,加工后再用螺栓连接成一个刚性整体;而中小型柴油机,为了减小尺寸和质量,增加刚性,不仅制成整体式,而且往往与机架或曲轴箱制成一体,称为机体。

一、气缸套的功用和要求

气缸套是一个圆筒形零件,置于机体的气缸体孔内,其顶部被气缸盖压紧和封闭,内装往复运动的活塞组件。

1. 气缸套的功用

气缸套的主要功用如下:

(1)与活塞组件、气缸盖共同构成气缸工作空间;

(2)引导活塞的往复运动,筒形活塞柴油机的气缸套还承受活塞的侧推力;

(3)通过缸套将部分热量传给冷却水,以保证活塞组件和缸套本身在高温、高压条件下正常工作;

(4)二冲程柴油机的气缸套上设有气口,通过活塞控制气口的启闭,实现配气。

2. 气缸套的工况和要求

气缸套的工作条件十分恶劣,内表面直接与燃气接触,受到高温、高压燃气作用,湿式气缸套外部直接与冷却水接触,内外温差大,所以气缸套受到很大的机械应力和热应力,并受到燃气的化学侵蚀和冷却水的腐蚀作用;另外,与活塞产生摩擦,在筒形活塞式柴油机中还有侧推力的作用,使气缸套磨损加剧。因此对气缸套有如下要求:

(1)气缸套应具有足够的强度和刚度,以承受热负荷和机械负荷的作用;

(2)气缸套工作表面应具有较高的精度,具有良好的耐磨性和抗腐蚀性能,还要有良好的润滑条件和可靠的冷却条件;

(3)保证对气缸工作容积、冷却水空间应有可靠的气密和水密作用;

(4)对二冲程柴油机气缸套要有合理的气口形状和截面尺寸。

目前绝大多数柴油机的气缸套是铸铁材料,它具有价格低廉、工艺性好、耐磨以及良好的贮油等性能。常用的铸铁材料有球墨铸铁、合金铸铁、高磷铸铁和含硼铸铁等。

二、气缸套的结构

1. 气缸套的种类

柴油机的气缸套有湿式、干式和带冷却水套三种类型,如图 2 - 3 所示。

图 2 - 3(a)所示为湿式气缸套,其外表面直接与冷却水接触。冷却效果良好,制造也方便;但其壁厚较大,而且必须有可靠的冷却水密封措施,是应用最广泛的一种类型。

图 2 - 3(b)所示为干式气缸套,其外表面不与冷却水接触,气缸体内布置有冷却水腔。因此,气缸套可以做得很薄,有利于节约合金材料。但加工要求较高,气缸体内孔和气缸套外表面均需要精密加工,以保证气缸与气缸体紧密贴合和良好的散热。因此,干式气缸套

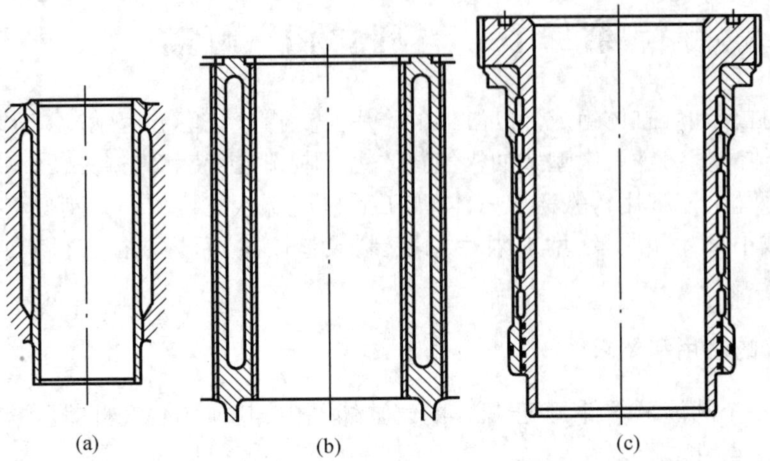

图 2－3 气缸套的类型

(a)湿式气缸套;(b)干式气缸套;(c)带冷却水套式气缸套

只适用于大批量生产的小型柴油机。

图 2－3(c)所示为带冷却水套式气缸套,可以直接在气缸套上铸出冷却水腔,亦可在气缸套外部镶套形成。应用这种类型的气缸套可以避免气缸体受到冷却水的腐蚀,并使冷却水腔得到合理的布置。常用于焊接式气缸体的柴油机中,以防焊缝遭受冷却水腐蚀。

2. 气缸套的定位与密封

气缸套一般用上凸缘做轴向定位,与气缸体上部的支承相配合,由气缸套压紧在气缸体中,气缸套下端是不固定的,受热后可以自由伸长。为保证燃烧室的密封,气缸套顶部与气缸盖之间常用一只紫铜垫圈,该垫圈除防止漏气外,也可更换厚薄,作调整压缩比之用;气缸套凸缘下端面与缸体支承面之间也装有紫铜垫片,用以密封冷却水。缸套外缘与缸体内孔之间有一定间隙,允许缸套受热时在径向处自由膨胀。缸套下部外缘处有几道环形槽,用作装橡胶密封圈之用,以防止漏水。

3. 气缸套的润滑

气缸套的润滑有飞溅和注油两种方式。一般筒形活塞式柴油机可凭借飞溅到缸套内壁的滑油来润滑。十字头式柴油机因有横隔板隔开,故必须配备专用的气缸滑油注油器,此时,气缸套上开有注油孔,安装有注油嘴接头,并在注油孔的两侧开有八字形的布油槽。二冲程柴油机的注油孔位置一般在活塞处于上止点时第一、二道环之间。

有些中速柴油机因燃用含硫量高的重油,除了飞溅润滑外,还辅以注油润滑,其注油孔位置一般在活塞位于下止点时活塞环带区域。

4. 气缸套的冷却

为降低缸套的温度,减小热应力,防止滑油结焦,保持缸套与活塞的正常工作间隙,要对气缸进行冷却,以保持气缸的温度在允许的温度内,壁温不可过高或过低。

船用柴油机气缸广泛采用淡水循环冷却。冷却水由冷却水空间的最低处进入,由最高处排出,以确保冷却水充满冷却腔空间,并防止由冷却水带入的空气和生成的蒸汽形成气囊。有些柴油机的冷却水沿切向引入并绕缸套螺旋形上升,从而使缸套得到均匀的冷却。水在流动中不得有死水区,以防缸套局部过热。为了加强对缸套上部的冷却,常采用螺旋形水道、钻孔冷却等措施。冷却水空间要尽量宽敞，水的流速不可过高，进出水不要有急剧的压力变化，以防止产生空泡腐蚀。

气缸套中工作条件最恶劣的部位是缸套上部凸肩区，因其壁面较厚，多发生由热负荷过大而产生的裂纹故障。为了合理解决此问题，当代柴油机采用凸肩区钻孔冷却，而有些柴油机则曾采用将燃烧室上移至气缸盖或下移至凸肩区下方的技术措施。

钻孔冷却式气缸套（见图2－4）是目前强载度较高的柴油机较为普遍采用的。由于其中部设有气口，为了保证气口部分的强度以及使气口具有一定的厚度，以便对气流进行引导，气口部分的壁厚一般都加厚。这种气缸套上部壁厚很厚，使其具有很高的刚度和强度，因而即使在很高的气体压力作用下，其机械应力和变形均较小；沿圆周均匀斜钻的许多冷却水孔，由于很靠近受热的内表面，使冷却效果很好，既降低了气缸套内表面温度，又减小气缸套上部的温差，使其所受热应力也较小。但这种气缸套的钻孔工艺比较麻烦。

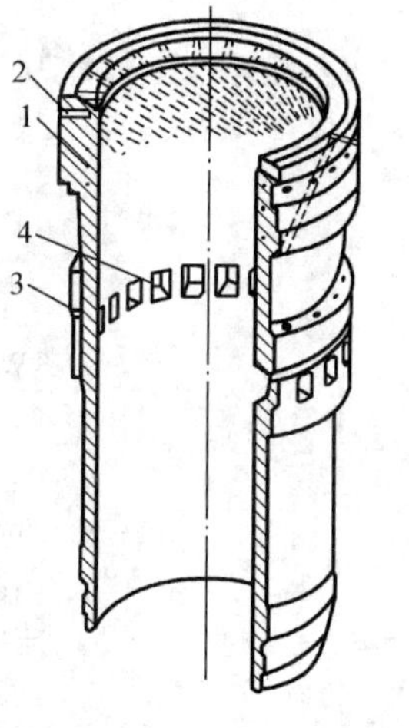

图2－4　钻孔冷却式气缸套

1,2,3—冷却水孔；4—气口

5. 气缸套实例

如图2－5所示为Sulzer RTA型柴油机的气缸套与气缸体的组装图。气缸体为每缸一个的单体式，用铸铁制造。气缸体下部有隔板将气缸和曲轴箱隔开。底板上的孔A中装活塞杆填料函。气缸体在左右方向上设有通道B和C。通道C平时由盖板盖住，在检修时打开，使轮机人员很容易接近活塞杆填料函、扫气口等部位，可对填料函、缸套内表面、活塞及活塞环等进行检查，并对气口和活塞下部空间进行清洁。通道B和扫气箱相连，在活塞打开扫气口SS时进行气缸换气。

气缸套和气缸体之间设有导水环4，冷却水由W处进入气缸体，经导水环下部的冷却水分配孔L进入冷却水腔KW，再由下向上进入气缸套凸肩上的钻孔TB，最后汇集于冷却水导套9并由此进入气缸盖。为了防止冷却水的漏泄，设有O型密封圈3，3a和6。3和3a用于密封KW空间的冷却水，正常情况下LR空间因此不会有水。密封圈6用来阻止冷却水沿缸套和缸体的间隙漏入活塞下部空间，同时也阻止扫气进入冷却水空间。为了监视这些密封圈工作状态，设有检查孔道KB和KB_1：若KB_1处漏水，说明O型密封圈3或3a损坏应及时换新；若KB处漏水，说明密封圈6的上面一道密封圈失效；若KB处漏出气，则说明密封圈6的下面一道密封圈失效。

如图2－6所示为MC型柴油机气缸套。它的凸肩部位的上半部用钻孔冷却，凸肩的下半部外侧装有钢套6，它们之间形成冷却水腔5，见图2－6(b)。冷却水由外部引至由气缸体和气缸套中间部位形成的冷却腔，经气缸体8的钻孔和水管7进入冷却腔5和气缸套上的钻孔内。冷却气缸套凸肩部位后经水管4进入气缸盖，整个凸肩部位结构均匀，受热合理，特别是缸口部位变形小，有利于密封和提高强度。气缸套的支承环带上均布着安装注油接头的钻孔，见图2－6(a)。这些孔不穿过冷却水腔，避免了冷却水由此进入气缸套内部。

由图2－6可见，这种气缸套的凸肩很高，坐落在气缸体上。这种结构可大大降低气缸体的高度，减轻了气缸体质量，便于加工制造，广泛应用于超长行程柴油机（气缸套高度

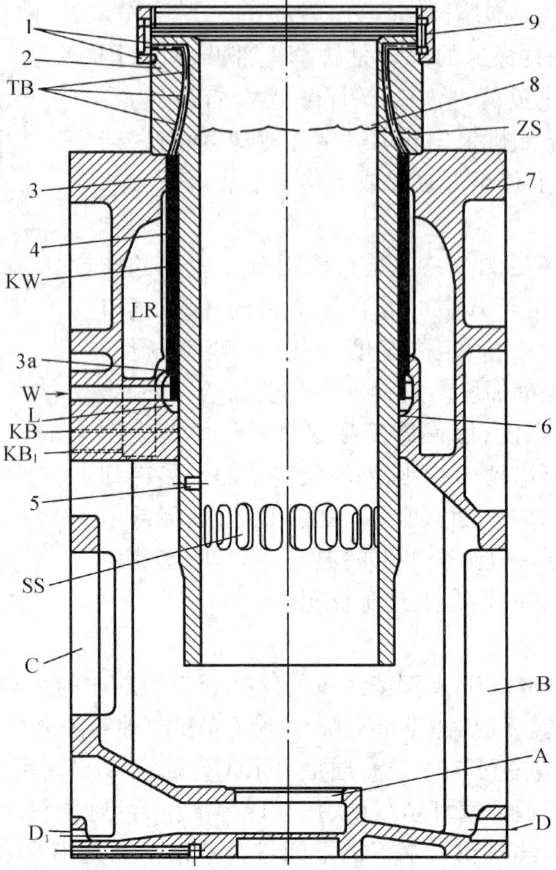

图 2-5 Sulzer RTA 型柴油机气缸套组装图

1,3,3a,6—O 型密封圈;2—气缸套;4—导水环;5—闷头或传感器;7—气缸体;8—布油槽;9—冷却水导套;D,D_1—放泄孔;L—进水分配孔;KB,KB_1—检漏孔;KW—冷却水腔;LR—空腔;TB—冷却水孔;SS—扫气口;ZS—注油孔;A—填料函座孔;B—扫气通道;C—人孔

大)。同时将气缸套与气缸盖的密封面下移,改善了密封面的工作条件和工作状况。有些柴油机还在缸套与气缸盖的密封面处设置了一道活塞清洁环,它的直径比气缸套的内径略小,可以除去活塞头部的积炭,减少缸套的磨损。另外气缸套的下部不用水冷却,使气缸套中、下部有较高的温度,这对气缸套工况及消除该区域腐蚀磨损有利。

三、气缸盖的功用、工况及要求

1. 气缸盖的功用

气缸盖用螺栓紧固于机体顶部,成为柴油机的顶端部件,故俗称气缸头。其功用如下:

(1)封闭气缸套顶部,与活塞、缸套共同组成密闭的气缸工作空间;

(2)将气缸套压紧于机体正确位置,使活塞运动正常;

(3)安装柴油机各种附件,如喷油器,进、排阀装置,气缸启动阀,示功阀,安全阀以及气阀摇臂装置,等等;

(4)布置进、排气道、冷却水道等,在小型高速机的气缸盖中还布置涡流室或预燃室等。

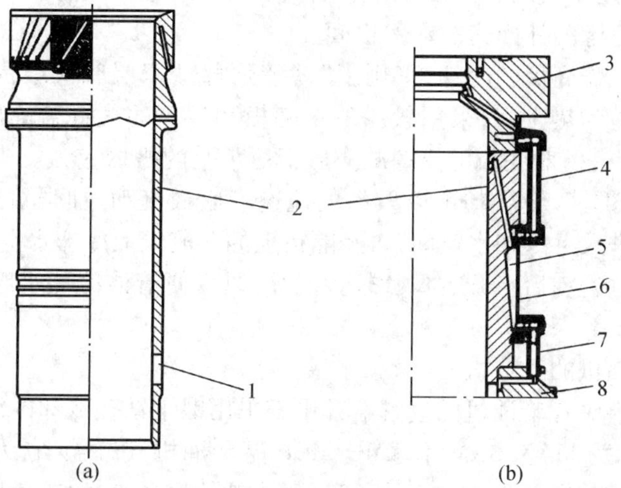

图 2-6　MC 型柴油机气缸套

1—进气口;2—气缸套;3—气缸盖;4,7—水管;5—冷却水腔;6—钢套;8—气缸体

2. 气缸盖的工况和要求

气缸盖的工作条件十分恶劣,底面直接与高温高压燃气相接触,承受着较大的机械应力和热应力,气缸盖的结构复杂,孔道繁多,各孔处壁厚不均匀,各部分温度差很大,因此应力分布也不均匀,容易在气缸盖底面、孔座、肋板等处产生裂纹,内部的冷却水腔还受到冷却水的腐蚀作用。

气缸盖的工作要求是具有足够的强度和刚度,保证不会因为应力较大而断裂或产生严重变形以致影响密封性,气缸下平面要平直,以保证接合面处良好密封;进、排气道流动阻力应最小,有的柴油机为了进一步改善燃油与空气的混合,将进气道做成螺旋形以利于产生进气涡流;缸盖水腔要有较好的冷却效果,力求各处温度均匀。

气缸盖一般采用强度较好、刚度较高、耐热较好、膨胀系数小、浇铸性能良好的材料制成。气缸直径在 400 mm 以下的气缸盖材料多用如 HT400 之类的灰铸铁;400 mm 以上者多用如 QT60-2 之类的球墨铸铁等。不少大型低速柴油机采用铸钢缸盖或者采用铸铁-铸钢组合式缸盖。

四、气缸盖的结构

气缸盖的结构形式随柴油机的形式不同而不同。小型柴油机采用整体式或块状式结构,即将整个柴油机所有气缸的气缸盖或二、三个气缸的气缸盖合铸成一体,具有结构紧凑,可增强机体刚性等特点;大、中型柴油机则大多采用单体式气缸盖,这样可以单独拆装和修换,系列通用化程度高,密封性能好。

气缸盖的结构还与柴油机的尺寸、换气方式、燃烧室的形式和强化程度等因素有关。

1. 6300 型柴油机的气缸盖

如图 2-7 所示为 6300 型四冲程柴油机的气缸盖。它是用铸铁铸造的单体式气缸盖,中央为喷油器,左、右两侧分别有两个进气阀孔和排气阀孔。进气道 4、排气道 9 分别在左右两侧,减少了高温排气对进气的加热。为减小流动损失,增加进气量,进气阀孔的直径比排气阀孔大，进气道还分成两路。四个角上有气缸盖螺栓孔 1，底面上有环状的密封凸肩。气缸盖阀孔壁和气道壁的外面为冷却水空间。

为了加强对气缸盖底板的冷却，采用了“薄壁强背”、双层底式结构。即采用较薄的底板以减小其壁面温差和热应力，采用较厚的中隔板和较高的气缸盖高度，构成了刚度很强的“背部”，并通过气道壁对底板的支撑减小底板所承受的机械应力。中间隔板又将冷却水空间分成上、下两个部分，使冷却水以较高的流速沿底板流动，加强对底板和阀孔的冷却。冷却水由进水孔 7 进入下冷却水空间，再经隔板上的孔流入上冷却水空间，最后由排气道上方的出水孔排出。缸盖前后上开有尺寸较大的孔，以方便清洁冷却水腔。盖板上还装有防腐蚀锌板。

2. 十字头式柴油机的气缸盖

新近制造的十字头式柴油机的气缸盖几乎都采用锻钢钻孔冷却的结构。

如图 2－8 所示为 MAN B&W L－MC/MCE 型柴油机气缸盖，它为圆形，由锻钢制造。在气缸盖中央设有排气阀孔 1，排气阀用四个双头螺栓固紧在气缸盖上。另外气缸盖上还设有气缸启动阀孔 14、安全阀与示功阀孔 10 以及两个喷油器孔 8。在气缸盖中钻有许多径向冷却水孔 2，在气缸盖底部焊有圆环 11，它与气缸盖底部构成冷却水腔 7。排气阀装入气

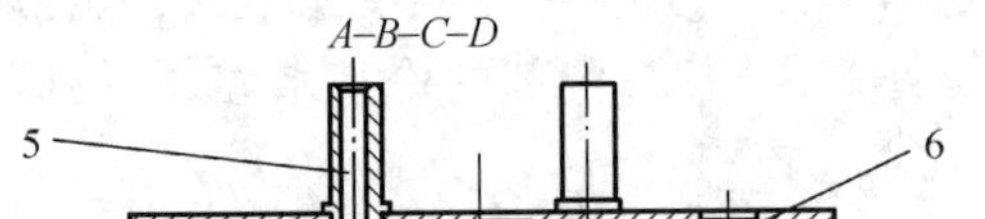

图 2－7　6300 型柴油机气缸盖图

1—气缸盖螺栓孔；2—防腐蚀锌板；3—盖板；4—进气道；5—气阀导管；6—螺塞；7—进水孔；8—启动阀孔；9—排气道；10—示功阀孔

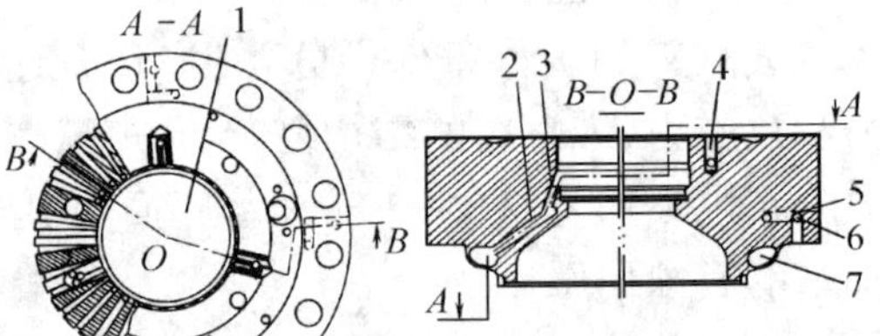

图 2－8　L－MC/MCE 型柴油机气缸盖

1—排气阀孔；2，3，4，5，6—冷却水孔；7—冷却水腔；8—喷油器孔；9—缸盖螺栓孔；10—安全阀和示功阀孔；11—圆环；12—泄放通道；13—排气阀螺栓孔；14—启动阀孔；15—启动空气通道

缸盖孔1后,排气阀的插入气缸盖部分与孔内壁之间也构成一个冷却水腔。这两个冷却水腔通过钻出的冷却水孔2,3相沟通。冷却完气缸套的水,首先进入均匀分布在气缸盖底部的四个垂直钻孔6,再经水平钻孔(图中的虚线孔)、垂直钻孔5进入冷却水腔7。经由水腔7进入钻孔2冷却气缸盖底面后,再经过孔3进入阀孔与阀壳间的冷却水腔,以冷却排气阀和阀座,最后经由三个垂直孔4流入排气阀壳的上部冷却腔,冷却排气通道后排至冷却水出口管。

由图2-8可见,这种气缸盖高度较大,但冷却水孔离燃烧室却很近,充分体现了"薄壁强背"的设计思想,使热负荷和机械负荷都保持在比较低的水平,提高了可靠性。气缸盖底面是燃烧室壁面的一部分,呈倒锥形,这种倒锥形燃烧室有利于换气和燃烧。两个喷油器对称布置,有利于油雾形状和燃烧室形状的配合,确保了油、气有良好的混合性能。气缸盖底最下部的圆柱形壁面,使缸盖和缸套的接合面下移,以便接合处不受火焰的直接冲击,对接合面起到保护作用。冷却水由接合面的外部进入气缸盖,消除了冷却水通过接合面漏入气缸内部的可能性。并且冷却完气缸套的水是通过沿周向均布的四个通道进入缸盖,确保了燃烧室部位的冷却均匀。

如图2-9所示为气缸盖螺栓的液压固紧装置。在气缸盖本体13上用四个吊环螺栓12固定着钢环9,钢环中有油道2将所有气缸盖螺栓4上的液压活塞8下部空间沟通。气缸盖固紧螺母由内、外两个螺母组成。内螺母5的内、外圆柱面上都有螺纹,它安装在气缸盖螺栓上并压住液压活塞8。外螺母6拧在内螺母上,它的底面呈球面形,它压在球面垫圈7上。当固紧气缸盖螺栓时,高压油由快速接头3引入,通过液压活塞和内螺母,将液力传给螺栓,从而将螺栓拉长,外螺母也上移,此时可将外螺母再拧到与球面垫圈相靠。当系统中的油压泄放后,螺栓的回复力通过内螺母移到外螺母,继而通过球面垫圈传到气缸盖。由于液压油可进入每个螺栓上的液压活塞,所以16个气缸盖螺栓是同时固紧或同时放松。具体操作步骤要严格按说明书进行。图2-9中气缸盖的快速接头3只有一个,设在柴油机操纵侧两个螺栓之间,在其他螺栓之间均设有放气旋塞1,当对该系统注油放气时打开这些

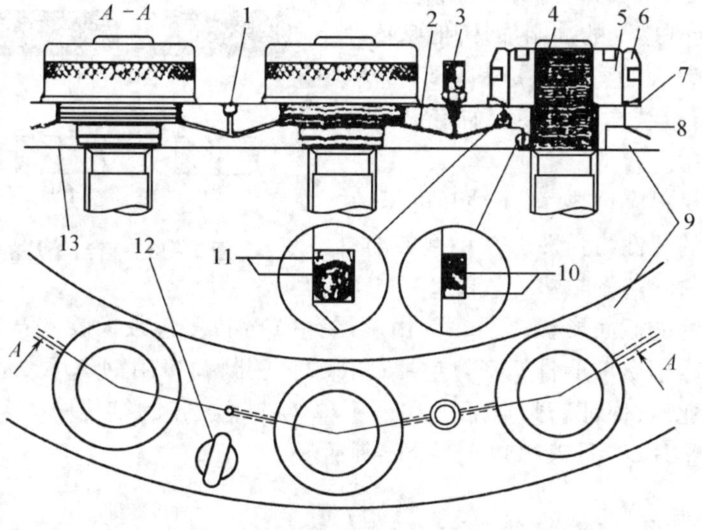

图2-9　气缸盖螺栓的液压固紧装置

1—放气旋塞;2—油道;3—快速接头;4—气缸盖螺栓;5—内螺母;6—外螺母;7—球面垫片;8—液压活塞;9—钢环;10,11—密封圈;12—吊环螺栓;13—气缸盖本体

放气旋塞。气缸盖螺栓沿圆周均匀分布并同时固紧,保证了气缸盖和气缸套受力均匀,提高了密封性,并且便于拆装。

3. 气缸盖的密封

气缸盖和气缸套之间必须设法保证可靠的密封,气缸盖和气缸套之间的密封是一种高温、高压的密封,是技术上较难密封的位置之一。由于结构上的原因,气缸盖、气缸体在气缸盖螺栓之间的刚度并非均匀一致,同时,柴油机工作时各机件的不同部位的热膨胀也不相同,使密封面发生不均匀变形。缸内周期变化的气体压力,也将引起密封机件发生动态运动,导致密封面间的密封压力不均,尤其是随着柴油机强化程度的提高,密封将更加困难。一般是采用合适的密封垫片、足够而均匀的接触压力来保证密封的。

在采用单体式气缸盖的结构中,通常在气缸套顶面车制出不同形状的环槽,并在气缸盖底面制出凸缘,在两者之间安装环形密封垫片,如图 2 - 10(a) ~ (d)所示,以足够的接触压力来保证可靠的密封效果。图 2 - 10(e)是小型柴油机采用整体式气缸盖时,各缸使用一块密封垫片的情况,为保证其密封面间具有足够而均匀的接触压力,气缸套凸缘在气缸体上的凸出量必须具有较高的尺寸精度。

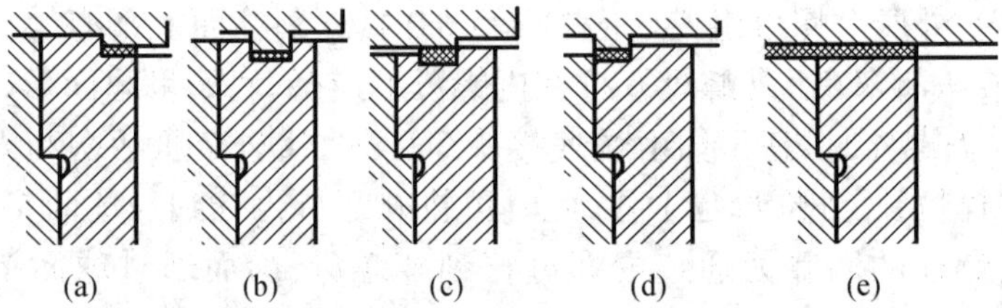

图 2 - 10 缸盖密封形式

图 2 - 10(a)(c)所示的密封垫片暴露在高温气体之中,将受到燃气的冲刷加热和腐蚀,气缸套凸缘则受到较大的弯曲力矩和剪切应力;而图 2 - 10(d)所示结构可以使气缸套凸缘免受弯曲和剪切作用。

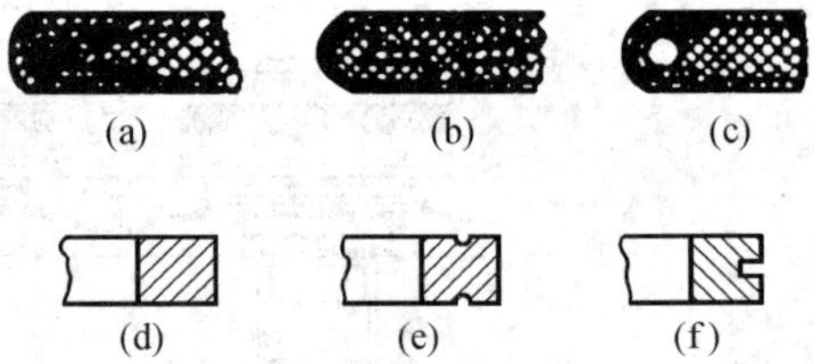

图 2 - 11 密封垫片的截面形状

密封垫片的材料应耐热、耐腐蚀和抗压,并且还应有足够高的塑性与弹性。在小型柴油机中广泛采用复合材料的密封垫片。图 2 - 11 所示为各种密封垫片的截面形状,图(a)为由两层铜(或钢)皮包敷橡胶 - 石棉板;图(b)为合成橡胶 - 石棉内嵌钢质爪形骨架密封垫片;图(c)为密封孔口用钢丝环或卷边加强,使密封孔口具有较高的比压,保证密封可靠。在采用单体式气缸盖的结构中,多采用紫铜或镀铜低碳钢环形密封垫片,如图 2 - 11(d) ~ (f)所示。

第三节　活塞组件

活塞组件可分为筒形活塞和十字头活塞两大类。筒形活塞组件由活塞、活塞环、活塞销等组成,如图2－1所示。十字头式活塞组件由活塞头、活塞裙、活塞环、活塞杆等组成,如图2－2所示。

活塞组件的主要功用:与气缸、气缸盖等组成封闭的燃烧室空间,承受气缸内气体的压力,并将其传递给连杆;在筒形活塞式柴油机中,还要承受连杆倾斜时所产生的侧推力,起往复运动的导向作用;在二冲程柴油机中,还要起开启、关闭气口的"滑阀"作用。

一、活塞组件工作条件和要求

1. 活塞组件的工作条件

活塞组件所处的工作条件极为恶劣,它受到燃气高温、高压、烧蚀和腐蚀的作用,并且在高速运动、润滑不良以及冷却困难等情况下工作。

(1)承受高温燃气压力和往复惯性力所引起的带有冲击性的机械负荷,还会使柴油机振动加剧。

(2)活塞顶部直接接触高温燃气,不仅热负荷很高,各部分也将产生很大的温差热应力,而且还受到燃气的化学腐蚀。

(3)在润滑不良的条件下进行高速往复运动,因此摩擦损失较大,磨损严重。

(4)在中、高速柴油机中,活塞组件在侧推力作用下会与气缸套之间产生摩擦和撞击。

活塞组件工作的好坏,将直接影响柴油机的性能和使用的可靠性、耐久性。因此活塞组件必须满足以下要求:强度高,刚度大,密封可靠,散热性好,冷却效果好,摩擦损失小,耐磨损。对中高速柴油机还要求活塞质量小,惯性小。上述各项要求是相互制约彼此矛盾的,一般通过选用合适的材料和合理的结构形式来满足。

2. 活塞的常用材料

目前常用的材料有合金铸铁、铝合金、球墨铸铁和耐热合金钢。

合金铸铁材料具有较高的机械强度、较小的热膨胀系数以及良好的耐磨和耐腐蚀性能,价格低廉,工艺性好,活塞与气缸之间允许较小的间隙,是应用最广的材料。但缺点是密度大,吸热性和导热性比铝合金差。

铝合金材料密度小,铝合金活塞比铸铁的要轻30%～50%,因而能相应地减小活塞组的往复惯性力,同时导热系数高,但高温强度差,热膨胀系数大,铝合金成本较高,仅用于中小型高速柴油机。当铝合金活塞与铸铁缸套配合使用时,由于热膨胀系数不同,造成冷态配合间隙要比全是铸铁材料的大1倍左右,这将会造成冷车启动困难,低负荷运转时也将加剧活塞对气缸套的撞击。

球墨铸铁和耐热合金材料具有更高的机械强度。在强载柴油机中,常用这种材料制成薄壁式的活塞结构,以增加其承受热负荷的综合能力。耐热合金钢一般用作组合式活塞的头部材料。

二、活塞构造

1. 筒形活塞

筒形活塞按其散热方式的不同分为非冷却式和冷却式两大类。

(1)非冷却式活塞(径向散热型)

非冷却式筒形活塞用于缸径较小、强载度较低的中小型柴油机。因为活塞尺寸小,相对散热面积 A/V_s 较大,散热条件较好,不采用强制性的冷却措施。活塞头所吸收的热量主要是通过活塞环向气缸套及其外侧的冷却水散出,称为径向散热。因此,在结构上通常顶部壁厚较大,并沿活塞半径方向逐渐增厚,顶部内腔环带的过渡圆角较大,如图 2-12 所示,既有利于散热,又能使活塞顶具有足够的强度和刚度。

活塞头部和裙部分别装有气环和油环。活塞工作时,上、下温度差很大,上部热膨胀量比下部大,为了提高工作可靠性,活塞在制造时外形呈上小下大的宝塔形圆柱体,如图 2-13 所示。

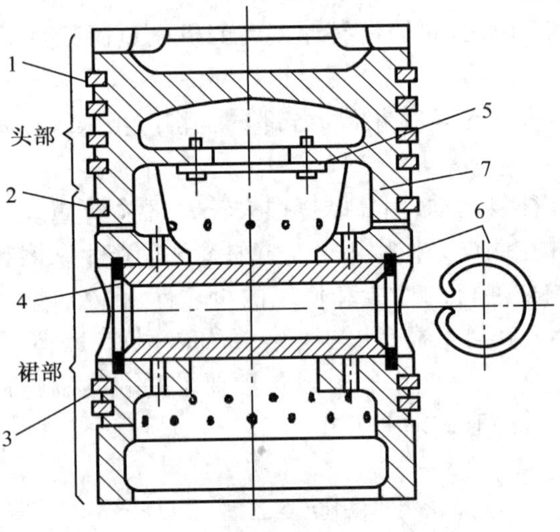

图 2-12 6250 型柴油机整体式活塞

1—气环;2—油环;3—承磨环;
4—活塞销;5—盖板;6—卡环;7—头部

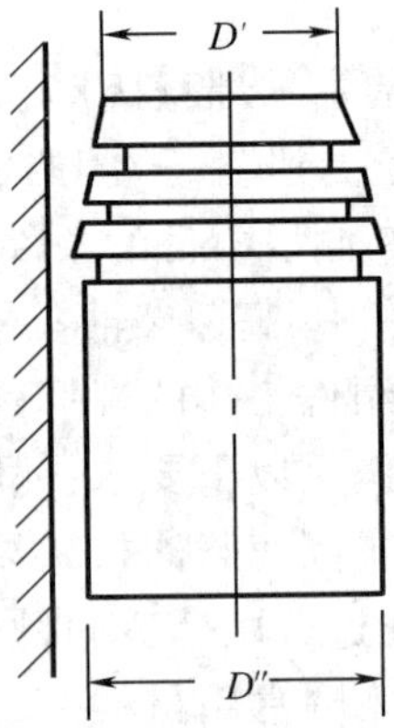

图 2-13 活塞头部尺寸图

在活塞销座附近,因活塞销座的轴线方向金属堆积较多,受热时沿活塞销轴线方向膨胀较大,再加上侧推力、燃气压力的作用均使这个方向的变形增大,如图 2-14(a)所示。为了防止活塞在气缸内咬死,常将活塞销座附近沿径向制造成反椭圆形,即其短轴在活塞销中心线上(见图 2-14(b)),或将销座周围的裙部表面制成凹陷形(见图 2-14(c))。

(2)冷却式筒形活塞(轴向散热型)

冷却式筒形活塞的结构形式较多,但从总体上可分为两大类,即整体式和组合式。组合式活塞将活塞头与活塞裙分开制造,目的是合理地使用材料,使成本降低,加工方便。冷却式筒形活塞多用于大功率中速柴油机。由于中速柴油机机械负荷很高,热负荷更高,转速又比低速柴油机高,除了采用整体式活塞外,更多的是采用钢和铝组合而成的强制冷却式活塞,即活塞头部用耐热合金钢制成,以减小活塞顶厚度,降低热应力,裙部则用铝合金

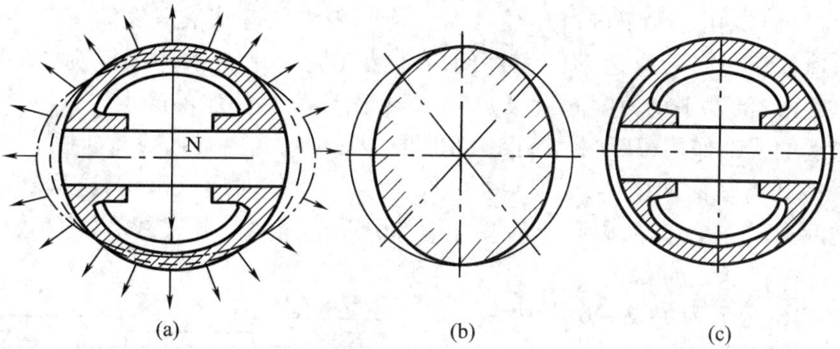

图 2-14　活塞销座附近的椭圆变形

制造,以减小质量和惯性力。为使活塞头和活塞裙在高负荷和低负荷下都能紧密结合,并使连接螺栓不会因过大的拉应力而断裂,连接螺栓应细而长,具有较大的柔性。

使用冷却介质(如滑油、淡水)对活塞顶内腔进行强制冷却。活塞顶的热量大部分沿轴向传给活塞冷却液,小部分经活塞环通过缸壁传给缸套冷却水,所以又称为轴向散热型活塞。在此类活塞中,为保证大部分热量轴向散热,活塞顶采用薄壁结构;同时为减小径向散热,保护第一道活塞环温度不至于太高,而使活塞顶部内腔环带的过渡圆角较小,并在第一道环上方的活塞头外圆表面车制一道隔热环槽。显然,此种活塞广泛用于大中型柴油机。

冷却式筒形活塞均以滑油作为冷却介质,冷却液的输送方式有两种:一种是在曲轴箱中设置固定的滑油喷管,喷管对准运动着的活塞冷却腔进行喷射滑油;另一种是在曲轴、连杆中钻孔,滑油由主轴承经此孔道送至连杆小端,再经过活塞销和活塞销座孔中的孔道送至活塞头冷却空间,冷却后的滑油泄回曲轴箱。目前大多采用后者。常用的冷却方式有喷射式、腔室式、振荡式、蛇管式四种,如图 2-15 所示。

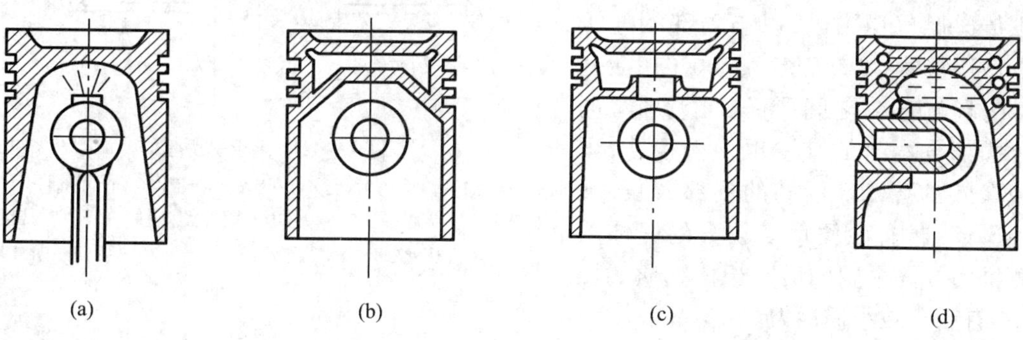

图 2-15　筒形活塞冷却方式

(a)喷射式;(b)腔室式;(c)振荡式;(d)蛇管式

喷射式冷却的方式最简单,即滑油由连杆小端向上直接喷射到活塞顶部的内表面进行冷却,多用于强化程度不高的小型柴油机。

腔室式冷却是在活塞头部制成封闭的冷却腔室,滑油由小端轴承及活塞内部钻孔送入腔室(先周围后中部)进行冷却后排出,工作时腔室充满滑油。由于腔室及其通道的流通截面小,滑油流速高,可获得较好的传热效果。但对强化程度很高的现代柴油机仍不能满足要求。

振荡式冷却是在活塞顶内腔中设置大容积的冷却空间，并利用进、出口位置不同（一般进口高于出口，出口孔径大于进口孔径），保证冷却腔中的冷却液只充满40% ~60%，并以一定的循环速度流过。活塞运动的惯性使冷却液在腔室中产生冲刷振荡，加强了冷却作用。振荡速度（与活塞平均速度同量级）与冷却液循环流速叠加可产生较大的冷却液速度，加强了冷却液的扰动作用，从而提高了冷却效果，因此在大、中型强载柴油机上普遍采用。

蛇管式冷却需在活塞内铸入预制的蛇形冷却管，工作时通入滑油，这样在活塞顶部及环槽部分之间形成一个热障，以防止活塞环槽部分受热过高。腔室式和蛇管式属于循环冷却方式。

如图2－16所示为PC2－6大功率中速柴油机的活塞，它是体现上述设计思想的组合式活塞的典型结构。活塞头部9用耐热合金钢制造，活塞裙1则用铝合金制成，两者用长柔性螺栓10连接起来，以便更好地承受强烈的冲击负荷。浅盆形活塞顶与气缸盖的平底面相配合，形成一定形状的空间，以适应喷油器所喷出的油束，有利于油、气混合和燃烧。活塞顶的壁较薄，并采用内支承的结构，构成了薄壁强背的活塞头。活塞采用滑油振荡冷却，滑油从连杆、活塞销和活塞裙中的通道先送至环形冷却腔A，再由此流入中央冷却腔C，最后从冷却腔的中央孔泄至曲轴箱中。

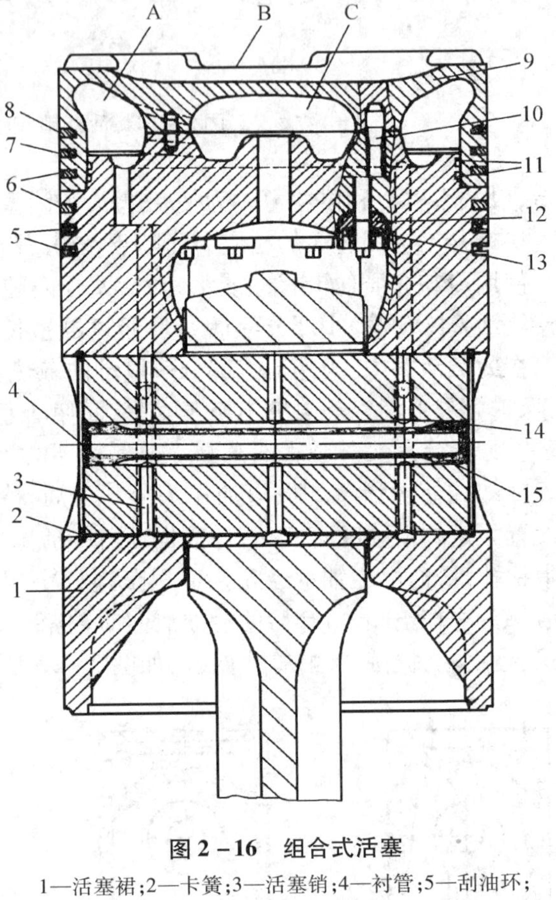

图2－16　组合式活塞

1—活塞裙；2—卡簧；3—活塞销；4—衬管；5—刮油环；6，7，8—压缩环；9—活塞头；10—柔性螺栓；11，15—密封圈；12—垫块；13—螺母；14—衬管端盖；A，C—冷却腔；B—避让坑

活塞环带部分由顶部悬挂下来，因为不传递燃气压力，所以与顶部的连接壁可做得很薄，冷却腔较大，这样在活塞顶部与环槽部分之间形成一个热障，同时环槽部分本身的壁厚也做得很薄，可实现有效的冷却。活塞的裙部较长，并采用厚壁结构，以便承受较大的气体力和侧推力。轻金属的活塞裙比钢质的质量小，有利于减小惯性力。

环带部分有活塞环槽，其内安装有活塞环。由于活塞环在环槽内不断运动而撞击环槽，尤其是燃用劣质燃油时所生成的硬质炭粒，将加速环槽的磨损。因此，在铝合金活塞中常采用奥氏体铸铁耐磨镶圈；在钢顶组合式活塞中，对环槽上下表面进行镀铬、淬火或氮化等表面处理，以提高环槽的耐磨性。

2. 十字头式活塞

十字头式活塞用于大型低速柴油机。由于其相对散热面积A/V_s很小，热负荷和机械负荷都很高，因而普遍采用耐热合金钢活塞头和耐磨合金铸铁裙部的组合式结构。活塞头、活塞裙和活塞杆用柔性螺栓连接，活塞顶部分平顶、凸形顶和凹形顶，这取决于燃烧室形状、扫气要求和气阀在缸盖上的布置。由于侧推力由十字头滑块承担，因而活塞裙部都做得较短，只有在需要用活塞裙部来控制进、排气口的某些弯流扫气方式的柴油机才采用长裙结构。

如图 2-17 所示为 MAN B&W L-MC 直流扫气柴油机的活塞结构。它主要由活塞头 1 活塞裙 4、活塞杆 8 等组成，活塞头用螺钉 7 紧固在活塞杆上端法兰上，活塞裙用螺钉 6 紧固在活塞头下端，有四道活塞环。

活塞头由耐热铬钼钢铸成，凹球形顶面有利于燃油与空气的混合，也有利于扫气和受热后的自由膨胀。顶背铸有冷却腔，用滑油冷却。因为活塞头采用内部环形支撑凸台，将燃气压力传递到活塞杆上，大大提高了承受机械负荷的能力，所以活塞顶部和环带都比较薄，有利于冷却和降低热应力，体现了"薄壁强背"的原则。

活塞头上有四道安装气环的环槽，每个环槽上下端面都镀硬铬，使之耐磨，活塞头顶端的周向凹槽供拆装活塞起吊工具之用。

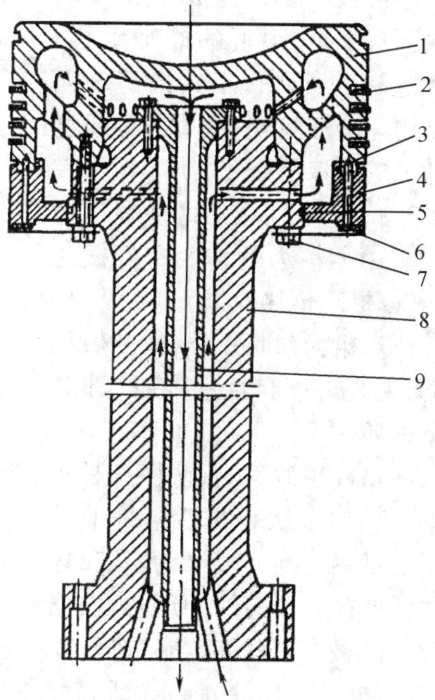

图 2-17 MAN B&W L-MC 型柴油机活塞

1—活塞头；2—活塞环；3—密封圈；4—活塞裙；5—密封圈；6，7—螺钉；8—活塞杆；9—回油管

活塞裙为合金铸铁，并经表面处理，有利于柴油机磨合。活塞裙与活塞头、活塞杆之间有密封圈 3 和 5，以防活塞冷却油泄漏。由于是阀式直流扫气，缸套上没有排气口，活塞在上止点时不存在新鲜空气从排气口漏出的问题，因此活塞裙可以做得很短，以减小质量及降低发动机吊缸高度。

活塞杆由优质碳钢锻造而成，上下端都是平面法兰，分别用螺钉与活塞头和十字头紧固连接，杆身为圆柱空心体，外表面经热处理硬化，以提高耐磨性，内装有回油管 9，形成活塞冷却油的进出通道。冷却油通过连接在十字头上的一根伸缩套管引入，经十字头与活塞杆底部的钻孔进入活塞杆中滑油管外的环形空间，沿回油管外周的环形通道向上经活塞杆上部的四个水平小孔进入活塞冷却腔。首先冷却活塞顶部四周的环带部分，然后从活塞头内支撑四周上的小孔喷向活塞顶中央内表面，提高流速，增加冷却效果。

活塞杆与活塞及十字头均为固定连接，用来传递压力，应具有较强抗压能力和良好的压杆稳定性。活塞杆的底部用四个螺栓与十字头连接，并由十字头上的凹槽定位。为适应不同工况，可在活塞杆与十字头之间装配调节垫片。

如图 2-18 所示为 Sulzer RTA 系列大缸径柴油机活塞结构。活塞头和活塞裙分别用耐热合金钢和耐磨合金铸铁制造，然后用细长的柔性螺栓把活塞头、活塞裙和活塞杆三者连接成一体。长螺栓柔性好，抗冲击性提高，在爆发压力周期作用下，不易断裂。活塞头上有五道气环。

这种活塞与前述 L-MC 型结构上的不同之处是，活塞头采用外部支撑方式将燃气压力传递到活塞杆上，因此结构简单，但是活塞顶部和环带相对较厚，不利于冷却和降低热应力。为此，活塞顶部采用钻孔、振荡、水冷却方法来提高冷却效果和降低热应力，即在厚实的活塞顶板(强背)上钻了许多离触火面(薄壁)很近的冷却水孔,因此这是一种高级形式的薄壁强背结构。冷却腔容积较大,并通过冷却水进出口的布置,使冷却水腔中不充满水,从而在活塞往复运动时能利用惯性力的作用产生振荡效应,以提高传热效果。

活塞裙为筒状短裙,裙壁做得较薄,为改善磨合性能,在裙部装有承磨环。

活塞杆用锻钢制造,杆身是实心的。冷却水从装在活塞杆上端法兰上的两根伸缩管6引入和导出。活塞杆有长短两种形式,根据机舱允许最大吊装高度来选择,长活塞杆如图2-18(a)所示,活塞杆8下端直接插入十字头中心孔内,并用大螺帽(俗称海底螺帽)11固紧。图2-18(b)为短活塞杆,它的下端是可拆卸的活塞杆螺栓10,短活塞杆8a即用螺栓10固紧在十字头上。

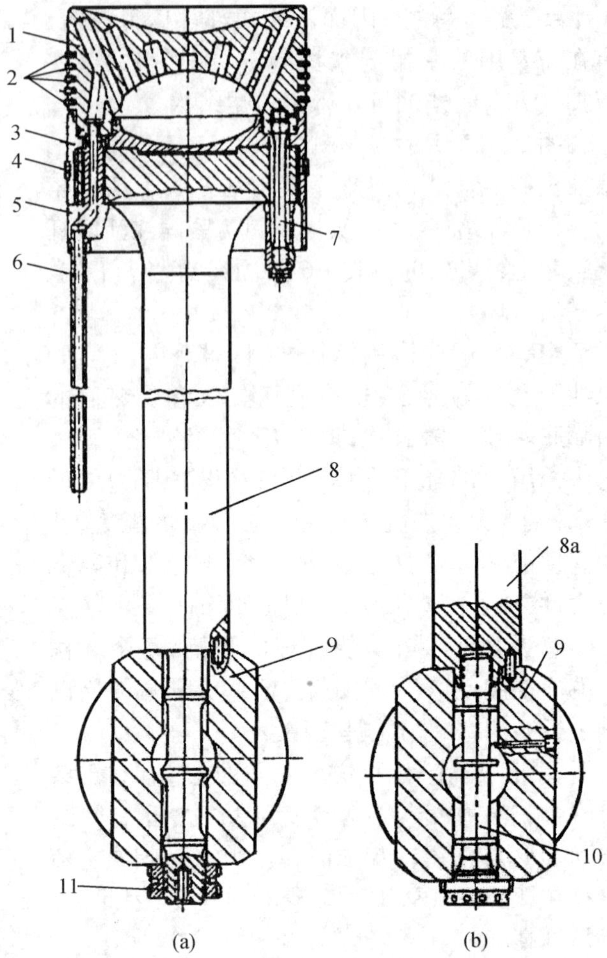

图2-18 Sulzer RTA系列大缸径柴油机活塞

1—活塞头;2—活塞环;3—活塞裙;4—减磨环;5—连接块;6—冷却水套管;7—弹性螺栓;8—长活塞杆;8a—短活塞杆;9—十字头;10—活塞杆螺栓;11—活塞杆螺帽

十字头式活塞均为强制冷却式活塞,冷却液有滑油、水,而冷却液的输送需要专门的机构来完成。活塞冷却机构常用套管式和铰链式两种。铰链式由于密封性差,仅用于油冷活塞,但结构较简单。对于水冷活塞,通常采用密封性较好的套管式冷却机构。现代新型柴油机通常利用套管式或铰链式机构将高压滑油送入十字头,经活塞杆中的通道进出活塞冷却空间。

如图2-19所示为套管式冷却机构。它由装在活塞上的动管1(进水管)、2(出水管)和装在水箱9中的不动管5(进水管)、6(出水管)以及装于气缸体底板上的上下密封函3、4等组成。动管滑套在不动管外面。在不动管上端都装有导套和喷管式抽吸器,如图2-19右部所示,可把动管和不动管间隙中的泄漏水液和空气吸入管道中,以减少泄漏和因套管容积变化所引起的水击。而吸入管道中的漏泄水,在流入水箱后由疏水管7引出。若疏水管中流出的水量增加,则不动管导套可能磨损严重。不动管与水箱连接处有密封圈,阻止冷却水漏入曲轴箱。若此密封圈漏水,可由检漏管8流至机外,以此提醒及时更换密封圈。

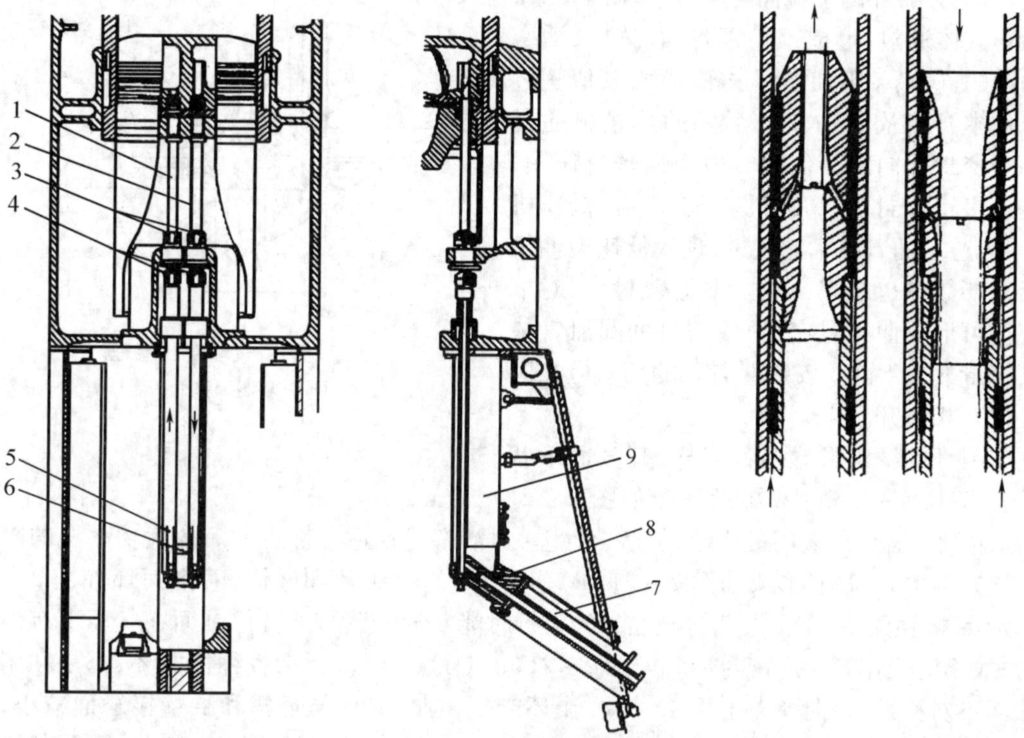

图 2－19　套管式冷却机构

1—动管(进水管);2—动管(出水管);3,4—密封函;5—不动管(进水管);
6—不动管(出水管);7—疏水管;8—检漏管;9—水箱;10—透气管

在冷却水密封函3,4中装有刮环组。上密封函3主要用以密封扫气空气和污物,以防漏入活塞冷却腔,而下密封函4用以密封动管在水箱中溅上的污水。在不吊出活塞的情况下可以对密封装置检查和拆卸。每组刮环组设有疏通管,以便将漏泄的空气、污物和污水排出。

三、活塞环

活塞环是开有切口的扁形金属圆环,因有切口,圆周方向产生弹力、装入活塞环槽后端面与环槽存在轴向间隙(天地间隙)。随活塞装入缸套后,仍存在切口开度(称为搭口间隙)。同时在径向方向上,环的内圆与环槽底圆间也存在间隙(称背隙)。这些间隙作为热膨胀预留量,但因预留量大小影响到活塞环的运动状态和工作性能,故有严格规定。

活塞环按功用分为密封环、刮油环和承磨环。在筒形活塞上装有密封环和刮油环,密封环装在头部上面,刮油环装在下面及裙部下方;在十字头活塞上有密封环和承磨环,密封环装在头部,承磨环装在裙部。

1. 密封环(气环)

密封环的功用是阻止气缸中气体泄漏,并将活塞的部分热量传给气缸套。密封环的工作原理可如图2－20说明。密封环对缸壁的圆周弹力 p_0 使环外圆周与缸壁紧贴。从活塞头部与缸套间隙中下压气体无法从圆周面通过。环的外圆面与缸壁形成第一密封面。气

压 p_A 从上方将环的下端面与环槽下端面贴紧，也阻止气体通过，形成第二密封面。窜入活塞环内圆的气力 p_R 则加强第一密封面，其值超过活塞环本身圆周弹力 p_0。活塞的热量也通过这两个密封面向缸套传递。为加强密封作用，都装有多道密封环，高速机装 3 ~ 5 道，低速机装 5 ~ 7 道。随着技术的改进，现代低速柴油机的活塞环数量也越来越少。多道密封环，对下窜气体可形成曲径式密封，使切口处漏泄气体的下窜量显著下降。安装时各环的切口应在圆周方向互相错开。

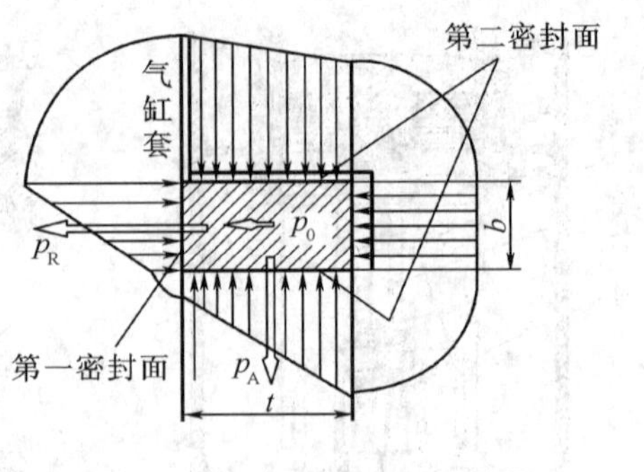

图 2 – 20　气环密封原理

p_0—环圆周弹力；

p_R—径向不平衡力；

p_A—轴向不平衡力

密封环的结构形式多种多样，其截面形状如图 2 – 21 所示。其中，矩形环图如图 2 – 21(a)所示，加工容易，应用最广泛，但磨合性差，对活塞晃动适应性也差。故大功率机的矩形环常嵌入易磨合材料，形成如图 2 – 21(k)(l)所示的喷钼环和嵌铜环，锥面环如图 2 – 21(b)所示，接触面小，比压大，磨合性能好，上行时能对气缸壁布油。但锥面在气压下有内缩分力，故不能用作第一道密封环。如图 2 – 21(c)(d)(e)(f)所示各种扭曲环，都是利用材料截面不对称性，径向弹力上下不一致，让环产生扭曲，使环与环槽和缸壁接触面减小，增加比压，使气密和刮油性能加强。梯形环如图 2 – 21(g)、楔形环如图 2 – 21(h)所示与槽配合时的间隙在张缩运动时不断改变，能挤破积炭和胶质，防止环熔着和结焦。桶面环形图 2 – 21(i)所示磨合性、密封性和对活塞晃动适应性均好，在短活塞薄缸套的结构中尤其有效。

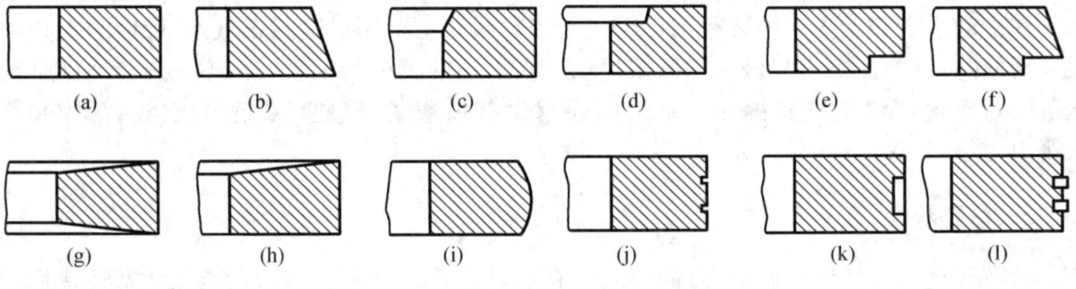

图 2 – 21　密封环截面形状

(a)矩形环；(b)锥面环；(c)内倒角扭曲环；(d)内阶梯扭曲环；(e)外阶梯扭曲环；(f)外阶梯锥面环；(g)梯形环；(h)单面楔形环；(i)桶面环；(j)开槽环；(k)喷钼环；(l)矩形嵌铜环

为获得理想的密封、耐磨和布油等综合性能，一个活塞的密封环组常由各种截面形状活塞环组合而成。通常第一道密封环采用镀铬环，能使这一道环的密封性能、磨合性能、耐用性有明显提高，而且对保护下部的其他活塞环也有良好效果。

活塞环的切口形式主要有直切口、斜切口和搭接切口三种，如图 2 – 22 所示。其中直切口和斜切口环制造方便，广泛应用于中高速机。搭接切口活塞环漏气少，但加工复杂，易折断，它多用在低速机中。二冲程机的缸套上有气口，活塞环受热变形后，其切口易与气口擦撞而损坏，所以常制成切口处向内弯曲的校正形状。这样在受热变形后能与缸套壁圆形接触。由于一、二道环工作温度高故校正值较大，下面的第三道环温度低，故校正值小。安装时不能调错。有的在活塞环切口处加设定位销防止环的切口转动到气口位置。

2. 刮油环(油环)

在筒形活塞柴油机中,缸套与活塞裙及活塞环相互摩擦面间是靠飞溅润滑方式供油的。运动中的曲柄连杆将润滑油甩溅到缸套内表下方,然后利用活塞环的泵油作用,将润滑油布到整个摩擦面。但是泵油作用不能太甚,否则润滑油会进入燃烧室,这不仅增加了润滑油消耗量,而且燃烧不良的润滑油还会污染燃烧室相关连的零件、阀件和气道,恶化工作性能。因此除了限制活塞环的泵油作用,还用刮油环来刮除缸壁内表多余的润滑油。

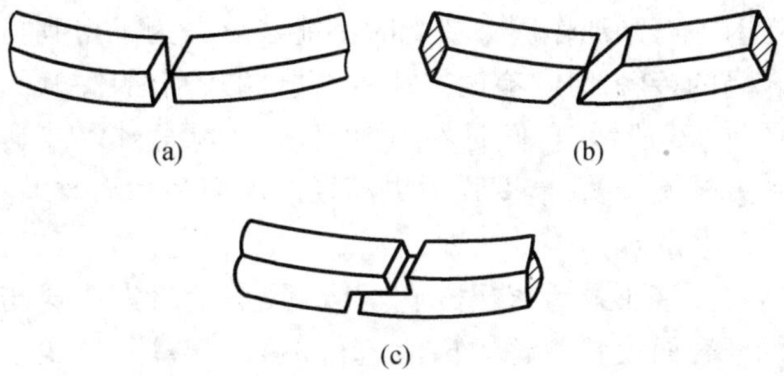

图 2-22　活塞环切口

(a)直切口;(b)斜切口;(c)搭接切口

活塞环的泵油作用原理如图 2-23 所示。在活塞下行时,由于环外圆与缸壁摩擦力和环的惯性力,活塞环槽上侧面压紧密封环的上端面并带动其下行。密封环下棱边将缸壁上黏附的润滑油刮积成堆并挤入活塞环的下方和背隙中。当活塞改为上行,活塞环槽改由下端面去推压环的下端面,并使环的背隙空间与环的上端面空隙相通。此时环的下端面与环槽下端面紧贴。使原在环下方和背隙中润滑油被挤到环的上方空隙中。这样随活塞运动,通过各道密封环的泵油作用使润滑油沿各道密封环上行。

刮油环的刮油作用原理如图 2-24 所示。刮油环本身有棱边还有泄油槽。刮油环所在活塞环槽亦有泄油孔通活塞内腔。刮油环被活塞带动上下运动时,其外缘棱边刮积的润滑油将经泄油孔泄漏到活塞内腔,滴回曲轴箱。

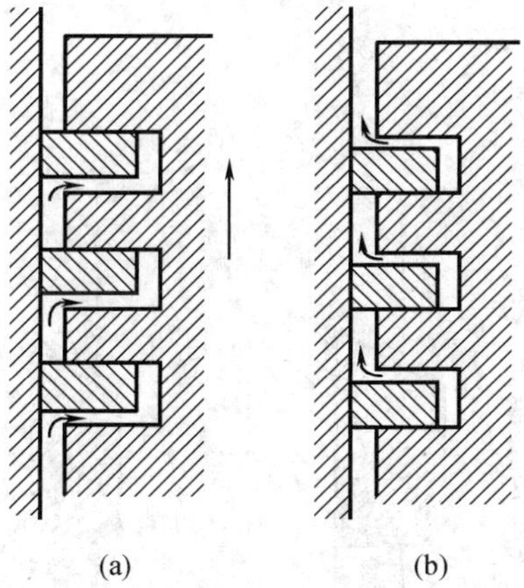

图 2-23　活塞环的泵油作用原理

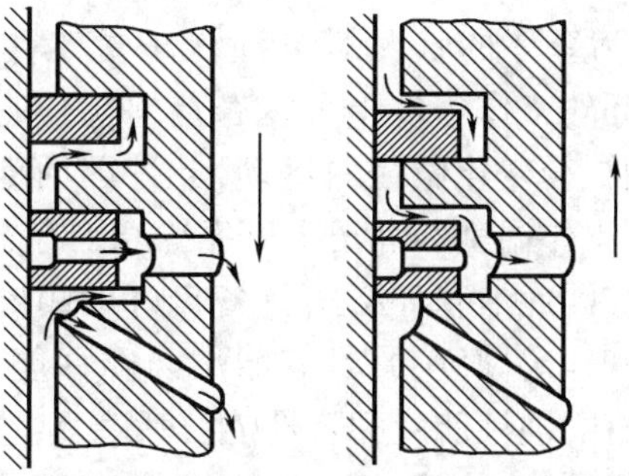

图 2-24　刮油环的刮油作用原理

刮油环主要靠自身周向弹力与缸壁接触。为增加接触比压,保证刮油效果,刮油环外缘棱边都呈刃口形状。常见刮油环截面形式见图 2-25,其中图 2-25(a)为双刃矩形刮油环,本身有径向泄油槽,上、下运动都能刮油,应用广泛。图 2-25(b)(c)所示均属斜面环,

图 2 -25(c)又称单刃鼻形环。它们上行时有布油作用,下行时才有刮油作用。装配时不能装反。为了得到持久的较高的接触比压,有时采用弹簧胀圈式刮油环,其结构如图2 -26 所示。它们是在刮油环的内侧面衬以波形弹簧片或螺旋弹簧,借助弹力提高径向压力和刮油效果。

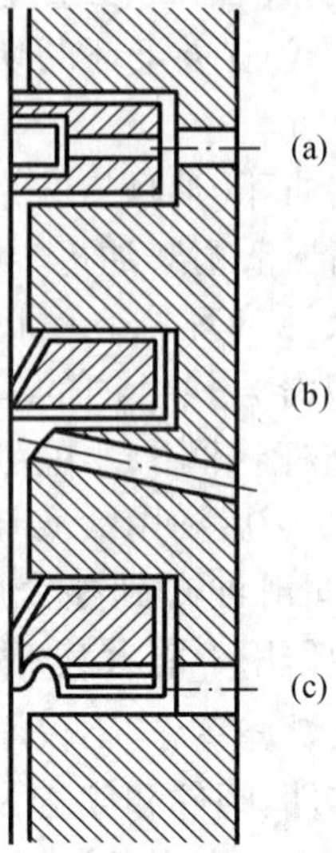

图 2 -25 刮油环截面形状

3. 承磨环

在十字头式活塞裙嵌有承磨环,是专门为活塞与气缸的磨合而设置。超短裙活塞可不装承磨环,短裙活塞装 1 ~2 道,长裙活塞装 2 ~4 道。把 3 ~4 段青铜环嵌入燕尾形的活塞环槽而形成,如图 2 -27(a)所示,然后再加工到如图 2 -27(b)所示的工作尺寸。磨合期中,先是承磨环与缸套磨合,待承磨环逐渐磨平后活塞裙部才与磨合过的缸套接触进行磨合。运行中,已磨平的承磨环不必更换。从承磨环的磨损情况,可以分析活塞与缸套的磨损情况是否正常。实践证明承磨环是改善活塞与缸套磨合性能的有效措施。

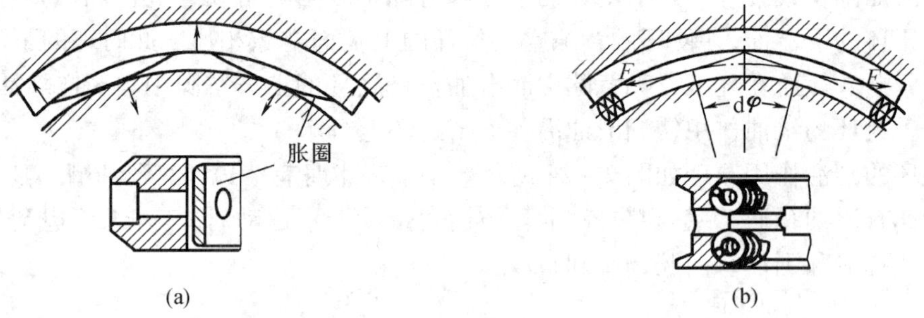

图 2 -26 弹簧胀圈刮油环

(a)波形胀圈环;(b)螺旋胀圈环

活塞环的状况对柴油机正常工作有决定性影响。活塞环的工作条件十分复杂与恶劣。它随活塞上、下运动,随缸径变化做径向运动,此外因活塞晃动、气体力的波动,工作温度和润滑不可靠等原因存在着扭曲、振动和回转。因此活塞环必须具备良好的耐磨性、足够的机械强度和一定硬度,并具有耐熔防腐性能。其外表摩擦面还应有贮油性能及磨合性能。活塞环一般用灰铸铁或合金铸铁制成,有时表面采用镀铬、镀钼等处理。它的弹力、形状、误差和粗糙度等应符合规范,装配中应保证各间隙正确并将各环的切口位置及斜切口的方向错开。

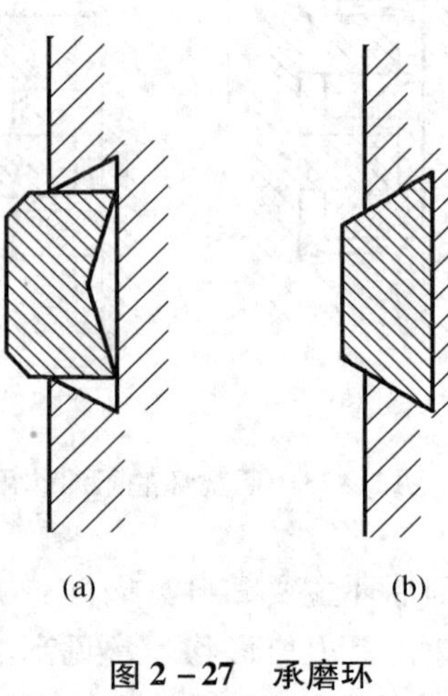

图 2 -27 承磨环

四、活塞销

筒形活塞用活塞销与连杆小端连接起来，活塞所受气体力经活塞销座传给活塞销，再传给连杆小端。活塞组的往复惯性力也同样传递。两种力对活塞销形成高频冲击疲劳应力，加之受尺寸限制，活塞销疲劳应力值及表面比压都很大。销与销座及连杆小端在很大比压下摆动摩擦。也因温度高，携油速度低，其润滑条件很差，表面磨损会严重。因此要求活塞销既具有较高抗冲击韧性，又具有足够的表面耐磨性。为此活塞销一般都用优质低碳钢或合金钢制造并进行表面渗碳、淬硬等热处理。也有用中碳合金钢制造再经表面氮化处理以适应强载要求。

活塞销一般为中孔圆销。为适应应力分布，中孔有阶梯孔或双向锥孔。有些油冷却式活塞的活塞销还开有加衬管的轴向油道和径向油孔，使润滑油流通。

活塞销与活塞销座孔和连杆小端孔配合有浮动式和固定式两类。浮动式活塞销是指工作时活塞销与活塞销座孔及连杆小端均有间隙。由于两个配合面均可相对转动，故磨损小且均匀，但配合间隙要求控制严格。铝活塞若采用浮动式活塞销，在工作时，温度升高，活塞销与活塞销座孔出现正常配合间隙。因活塞热胀冷缩比活塞销大，故冷却后或常温下，活塞销与活塞销座孔呈过盈配合，在拆装活塞销时需将铝活塞加热到一定温度，才能活动地取出活塞销。浮动式销两端有防止轴向窜动的限位装置，如卡簧或与活塞座孔过度配合的铝合金盖等结构，这样不会擦伤缸套，其结构见图 2－28 和图 2－29。活塞销固定于销座孔或固定在连杆小端上的称为固定式活塞销，因有一处固定，转动配合处的尺寸可以大些，使轴颈负荷比压减小。固定式活塞销多用在大型二冲程机活塞上。

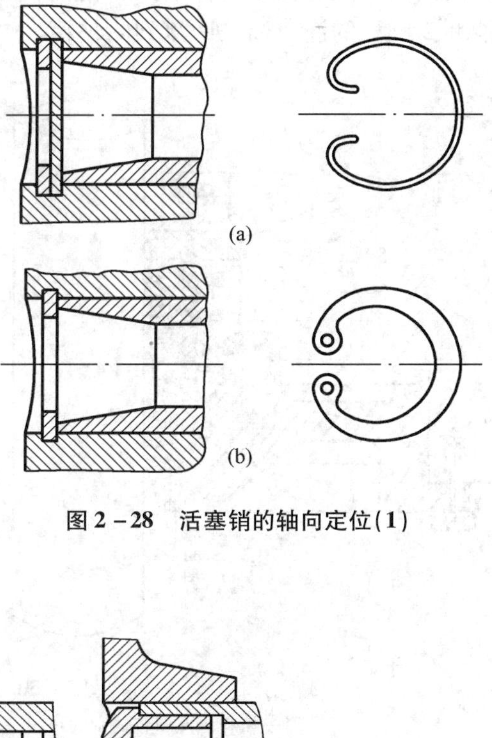

图 2－28　活塞销的轴向定位(1)

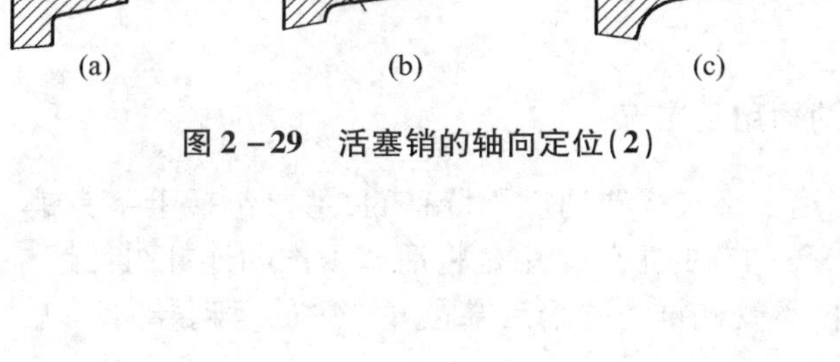

图 2－29　活塞销的轴向定位(2)

五、活塞杆填料函

十字头式柴油机为防止气缸中向下窜的燃烧产物污染曲轴箱中的曲轴、连杆等机件和曲轴箱中润滑油，故在气缸与曲轴箱之间设置横隔板（又称气缸底板）。活塞杆穿过横隔板做往复运动。为此十字头式柴油机的气缸套下部均装设横隔板，将气缸套的下部空间（通常为扫气空间）与曲轴箱隔开。在横隔板上开孔并装设密封用的活塞杆填料函，用以防止扫气和气缸中向下窜的燃烧产物漏入曲轴箱，以免加热和污染曲轴箱滑油，腐蚀曲轴和连杆等部件。同时也防止曲轴箱中的滑油被活塞杆带到扫气室，污染扫气空气。

活塞杆填料函结构基本组成如图 2－30 所示。填料函分为上、下两组，组装在横隔板中央的填料函座中。上组用于密封扫气空气和刮掉活塞杆上的油污，内有两道密封环 6 和两道刮油环 7。刮下的污油经上、下组分隔板上的油孔和填料函座上的孔道引至污油柜。下组用于密封曲轴箱润滑油，内有三道刮油环 2。每道密封环和刮油环都是由三段圆弧组合而成的铜环或钢环。三圆弧段外面用捆扎弹簧（简称捆簧）5 收紧，使环的内孔紧贴活塞杆外圆表面。三圆弧段之间在捆紧后仍应有间隙，同时各环端面之间亦应有规定间隙。下组刮油环 2 刮积的润滑油又回流到曲轴箱。

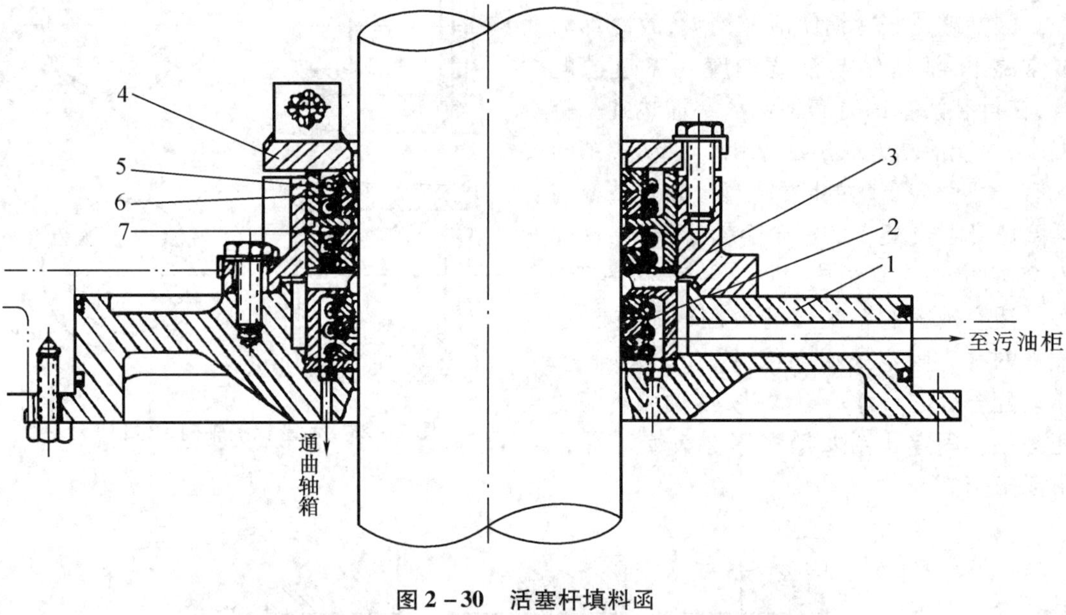

图 2－30　活塞杆填料函

1—填料函座；2，7—刮油环；3—填料箱；4—压盖；5—捆簧；6—密封环

第四节　十字头组件和导板

一、十字头组件的功用及工况

十字头组件是船用十字头式柴油机所特有的，主要包括十字头销、十字头滑块、十字头轴承（连杆小端轴承）等。它的主要作用是将活塞组件和连杆组件连接起来，把活塞的气体力和惯性力传给连杆，承受侧推力并给活塞在气缸中的运动导向。

如图2-31所示为十字头组件的结构组成。图2-31(a)所示活塞杆下端螺杆从垂直方向插入十字头孔,末端用螺母5紧固。活塞杆大圆柱凸销端面与十字头端面定位,并用立销圆周定位。连杆8的小端平台面紧固着两个小端轴承,它由轴承座6、盖7和内孔轴瓦及轴承螺栓等组成。十字头销左右两大圆柱与此两轴承滑配、两块十字头滑块2分别滑套于十字头销两端的小圆柱上。轴向用端盖板3限制滑块移动,周向用固定块4限制滑块相对十字头销转动。如图2-31所示结构为双侧导板式十字头,滑块为两块,故相对应的机架两侧均有导板。

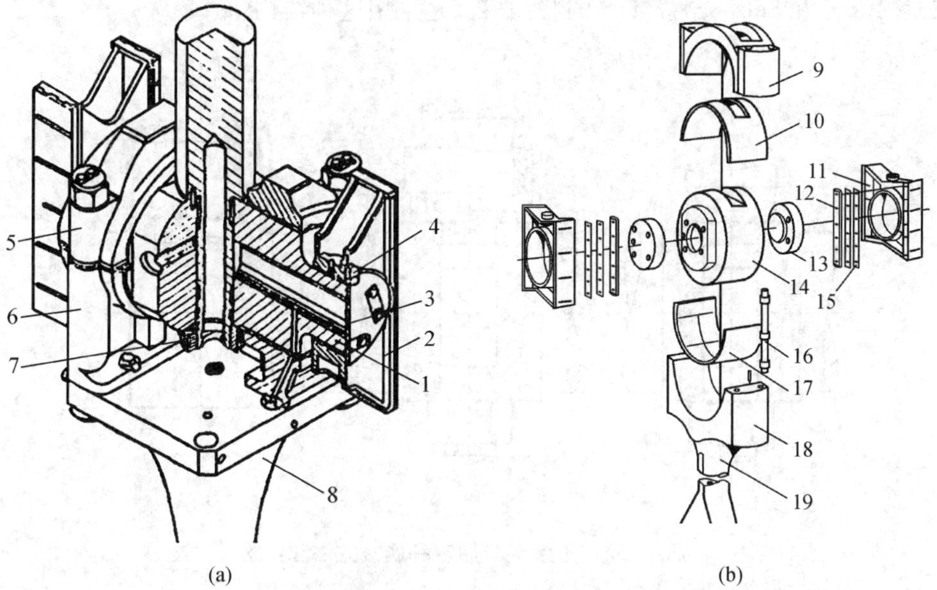

图2-31　十字头组件结构

(a)6ESCZ76/160型柴油机的十字头;(b)L-MC/MCE型柴油机十字头

1—十字头销;2—滑块;3—端盖板;4—固定块;5—活塞杆螺母;6—轴承座;7—轴承盖;8—连杆小端;9—连杆小端轴承盖;10—连杆小端轴瓦;11—滑块;12—导轨;13—耳轴;14—十字头销本体;15—调整垫片;16—连杆螺栓;17—连杆小端下瓦;18—连杆小端轴承座;19—杆身

十字头组件的工作条件是比较苛刻的。

(1)十字头本体要承受强大的冲击负荷,十字头滑块则需承受大小和方向周期性变化的侧推力的作用。

(2)十字头销因结构限制,尺寸较小,所以承压面积小,比压大。

(3)十字头销在轴承内做摆动运动,且单向受力,因其比压很大,销与轴承相对摆动速度低,不利于滑油的供给和润滑油膜的形成,润滑条件差。此外,对叉形连杆小端而言,十字头销和轴承座在工作时的变形会导致轴承负荷分布不均匀,因此,十字头轴承工作条件更为恶化,容易发生故障,成为船用低速柴油机可靠性的一个薄弱环节。

(4)十字头销与轴承、滑块与导板之间均存在着摩擦和磨损。

二、十字头本体

十字头本体一般用优质碳钢(40,45号钢)锻造,有时也采用合金钢。在设计中除保证有足够的强度外,目前的趋势是增加其刚度。十字头销一般都做得粗而短,不但提高了刚度,而且可增加销表面的线速度,有利于轴承油膜的形成。十字头销的表面往往采用滚压或镀铬(镀层厚度 0.25 ~ 0.50 mm)等方法来提高其耐磨性;对其表面粗糙度的要求也很高,以保证工作可靠性。十字头和活塞杆的连接方式如图 2 - 32 所示,图中(a)(b)属于同一类型,活塞杆均穿过十字头上的孔用海底螺帽固定。但图 2 - 32(a)是用锥面定位和压紧,图 2 - 32(b)则用上螺帽支承杆身传来的压力。图 2 - 32(c)则是利用螺栓将活塞下部凸缘与十字头连接,这种连接方式可将整个十字头的下半部作为十字头轴承的承压面积,从而使轴承的比压降低,改善了轴承的受力状况,使十字头轴承的工作可靠性大大提高。目前 MAN B&W 和 Sulzer 最新生产的柴油机都是采用这种结构。

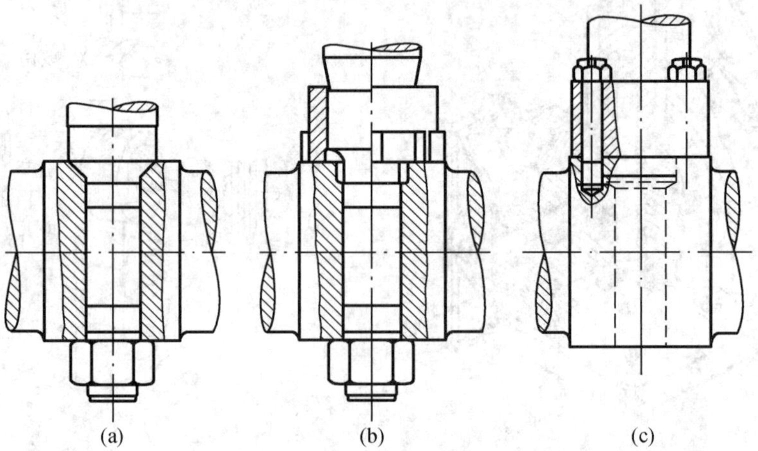

图 2 - 32 十字头与活塞杆连接方法和结构

三、十字头滑块

十字头滑块的结构形式有三种,即双滑块结构、单滑块结构和圆筒形滑块,如图 2 - 33 所示。

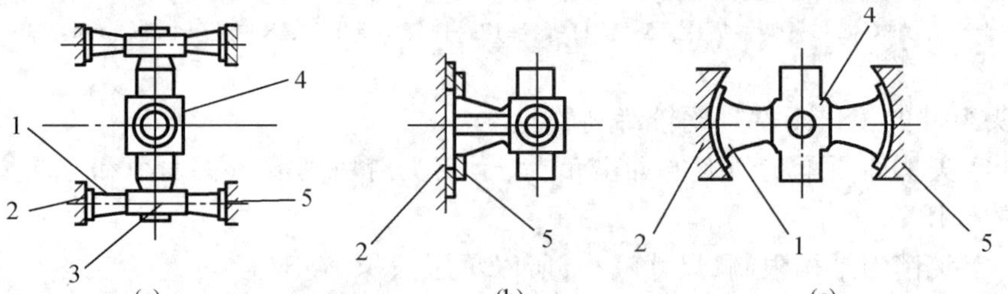

图 2 - 33 滑块结构形式

(a)双滑块;(b)单滑块;(c)圆筒形滑块

1—滑板;2—导板;3—滑板轴承;4—十字头本体;5—倒车导板

如图 2 - 33(a)所示为双滑块结构。十字头销的两端套上滑块,并用压板将其定位在机架上的导板上,工作时滑块沿着导板滑行。每块滑板的两侧工作面上都浇铸有减磨合金,并开设油槽,润滑油来自十字头。双滑块结构的特点是:无论是正转或倒车、膨胀行程或压缩行程,滑块的承压面都是一样的,工作平稳可靠;同时,由于滑块布置在十字头的两侧,曲柄箱中的连杆运动平面上没有障碍,有较大的空间便于维修和拆装。但由于工作时应保证四个滑动面都与气缸中心线平行,因此,对制造、安装和校中的要求较高。此外,滑块和十字头的质量较大。

如图 2-33(b)所示为单滑块结构。它只有一块滑块,用螺钉紧固在十字头本体上。滑块的正面与机架上的正转导板相配,背面有两条面积较小的反转工作面与反转导板相配。因此,所有的滑块和导板均布置在同一侧。其主要特点是:布置较紧凑,受力也较合理(正转时受力大,承压面也大;反转时受力小,工作时间短,承压面也小些)。但由于导板和滑块占据连杆摆动的平面位置,曲轴箱空间较小,因此给维修和拆装带来不便。此外,滑块的布置和柴油机的转向有关,如不更改设计就不能同时适应左右机的要求。

如图 2-33(c)所示为圆筒形滑块结构。在有的柴油机中,活塞杆下端串联一个扫气泵活塞兼作十字头之用。虽然易于通过机械加工来保证工作气缸和筒形导板的对中,但由于筒形导板要布置在连杆摆动平面上,而且前后都有,因而使柴油机其他部件的布置维修和拆装都很不方便。因此,这种结构一般仅适用于特殊情况下,如 ESDZ30/55 型柴油机。

如图 2-34 所示为 RTA 型柴油机十字头和导板,在滑块和导板的工作平面和十字头销滑动配合的内孔表面以及与小导板相接触的工作表面上都浇铸有白合金。滑块在十字头销上的位置由止动盖板 6 限定,在导板上的位置由小导板 3 限定。显然,改变导板背面的垫片可以调整十字头(或活塞)的横向间隙与位置,改变小导板 3 的垫片,可以调整十字头(或活塞)的纵向间隙与位置。

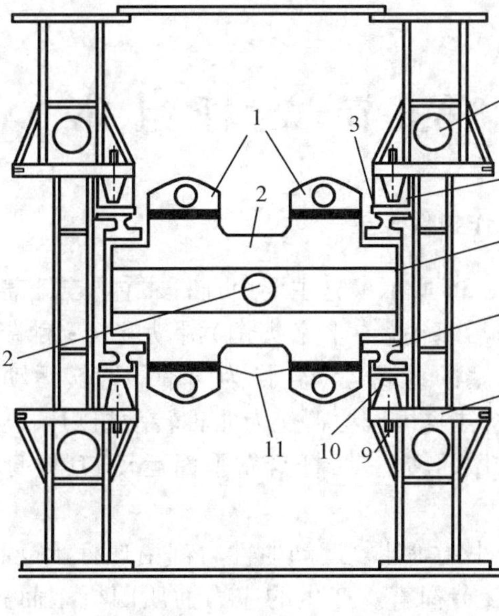

图 2-34 十字头导板

1—连杆小端轴承;2—十字头销;3—小导板;4—贯穿螺栓;
5—正车导板;6—止动盖板;7—滑块;8—机架;9—导板固定螺钉;
10—倒车导板;11—连杆小端轴瓦;12—活塞杆插入孔

十字头组件轴承及导板的润滑油供应方法,目前大多数是用专用油泵将高压润滑油由套管或铰链机构送入十字头销轴向中心孔道,用以润滑十字头轴承、滑块、导板,并通过连杆的中心孔向连杆大端轴承供给润滑油;也有的是由连杆大端上行至小端的压力润滑油,先润滑十字头轴承再润滑滑块导板摩擦面。

十字头轴承有如图 2－31 所示的两种结构形式。如图 2－31(a)所示为分开支承式，图 2－31(b)为全宽连续支承式。后者十字头销直径大，轴承承压面积大，十字头销变形小，工作可靠，采用日益广泛。在分开支承式的十字头轴承中，采用自整位轴承较多。自整位轴承原理如图 2－35 所示。

图 2－35(a)表示连杆小端采用分开支承轴承座时，在气体爆发压力下，十字头销的变形与连杆小端轴承座变形不一致，使得两轴承内侧边缘出现局部负荷峰值而极易破坏。图 2－35(b)为自整位轴承示意图，两轴承座均为不对称的工字形，其轴承座面的中心线 M 与腹板中心 S 向内侧偏离一个距离 e，在气体爆发压力下，工字形轴承座能自动适应连杆小端及十字头销的变形，使轴承支承面的负荷能均匀分布。在检修时应对图 2－35(a)轴承内侧稍多些拂刮，可减轻变形后的负荷不均的程度。

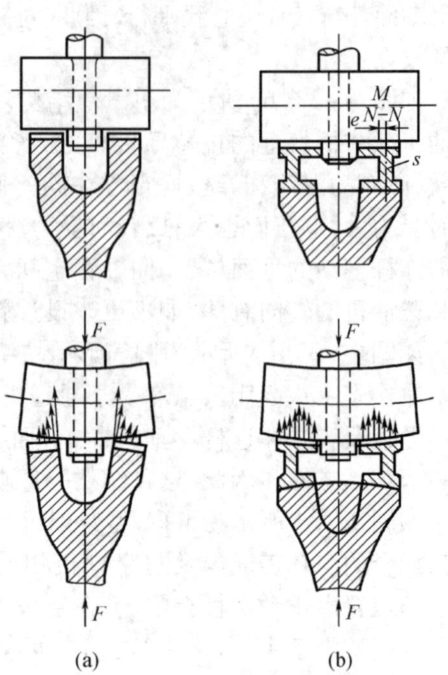

图 2－35　自整位轴承示意图

第五节　连杆组件

一、连杆组件的功用、工作条件及要求

连杆组件的组成如图 2－36 所示。它主要由连杆本体，连杆盖，连杆螺栓和大、小端轴承等组成。连杆小端轴承与活塞销(或十字头销)滑动配合；大端轴承与曲轴的曲柄销配合，形成曲柄连杆机构，将活塞的直线运动转换为曲轴的回转运动。工作中活塞顶面所受气体压力由连杆传给曲轴，将往复机械功转变为曲轴转动扭矩。连杆运动形式因此也十分复杂：小端做直线运动，大端做回转运动，杆身做平面运动，其杆身中心不断相对气缸中心左右摆动。

气体爆发力和活塞连杆小端等往复运动惯性力都由连杆承受、传递。这些力周期性变循环冲击载荷，对连杆形成疲劳损害。产生的应力性质因机型而异，二冲程连杆始终受压应力作用，四冲程机连杆在排气冲程上止点附近受拉应力作用，而其他时刻则受压应力作用。连杆大小端轴承与活塞销(或十字头销)及曲柄销产生摩擦磨损。受压缩载荷时连杆会产生纵向弯曲。在连杆摆动平面(柴油机的横向)内的弯曲比另一方向的弯曲要大些。此外由于连杆左右摆动角速度周期变化以及产生的摆动惯性力矩都增加连杆纵向弯曲的程度。

为适应受力复杂和运动复杂的恶劣工作条件。连杆组件必须具备足够的刚度和抗冲击疲劳强度，同时尽可能质量小，连杆轴承应耐磨可靠，连杆螺栓应有较高疲劳强度和连接可靠。为此连杆都用优质钢材模锻后加工制造，材料有 35[#]钢，45[#]钢，35CrMn 或 40Cr 钢等，并采用正火或调质等热处理。

二、连杆组件的结构

1. 筒形活塞式柴油机的连杆

(1)连杆杆身

连杆杆身截面形状如图2－37所示。图2－37(a)(b)由自由锻造毛坯制成的圆柱形截面杆身,主要用于中型或小批量生产的柴油机中,具有质量大和材料利用不合理的缺点。矩形截面比上述者稍好。工字形截面在其摆动的平面内有较大的截面惯性矩,质量小,材料利用合理,通常采用模锻毛坯,适用于大批量生产的中高速柴油机。

为使应力分布均匀,连杆杆身应当从小端到大端逐渐加粗,如图2－38所示。为了避免应力集中,杆身与大、小端的过渡处应当尽量平缓。连杆杆身中常钻有油孔,作为把润滑油从大端输送到小端、润滑连杆小端轴承和冷却活塞的通道。

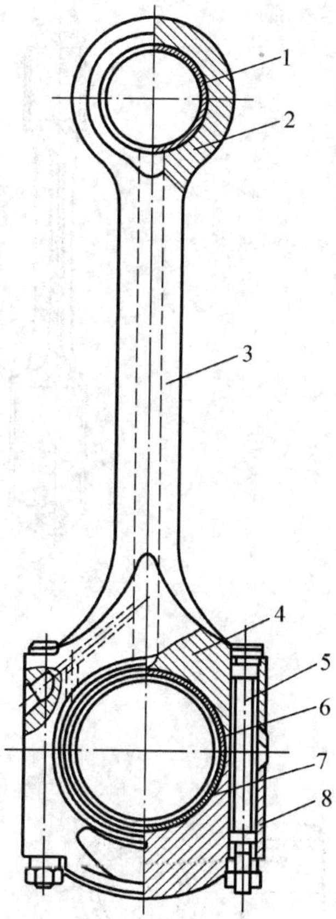

图2－36 连杆组件

1—小端轴套;2—小端;3—杆身;4—大端轴承座;5—连杆螺栓;6—大端上轴瓦;7—大端下轴瓦;8—大端轴承盖

(2)连杆小端

连杆小端是活塞销的轴承,小端孔内压入锡青铜衬套或浇有轴承合金的卷制衬套。

连杆小端的主要结构形式如图2－39所示。圆柱形连杆小端(图2－39(a))用于工字形杆身,由模锻而成;球形连杆小端(图2－39(b))用于圆形杆身,由自由锻造毛坯车削加工成形;由于四冲程柴油机的连杆小端上部要承受往复惯性力的拉伸作用,因此用偏心圆弧(图(c))来增加顶部中央截面抗弯能力的结构;图2－39(d)(e)是采用锥形或阶梯形活塞销座时相适应的连杆小端结构形式,其连杆小端下部主要承压面被增大。

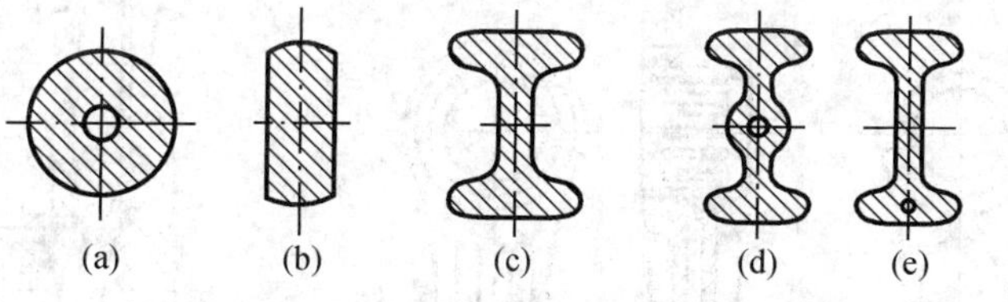

图2－37 连杆杆身截面形状

在二冲程柴油机中,由于连杆所受气体压力与往复惯性力的合力的方向保持不变,轴承间隙没有更换方向的机会,因此其连杆小端衬套内表面制有许多布油槽(图2－39(f)),以保证轴承内有充裕的润滑油。二冲程柴油机也有采用如图2－40所示小端为一个凸缘,用螺钉与活塞销连接的形式。

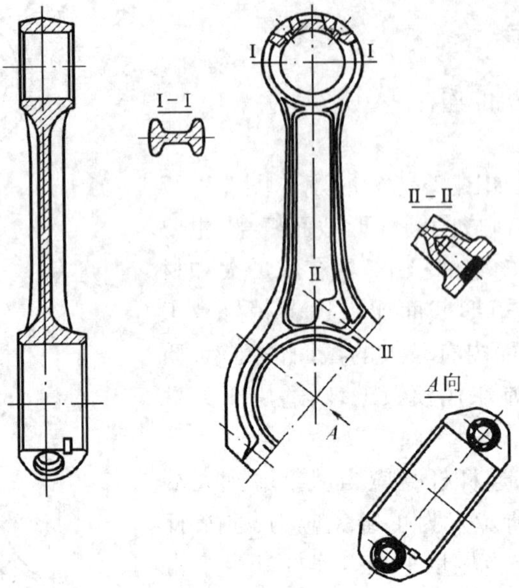

图 2－38 柴油机连杆

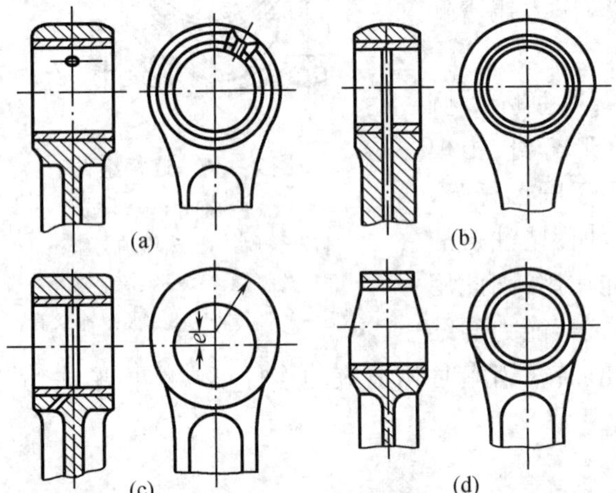

图 2－39 连杆小端的结构形式

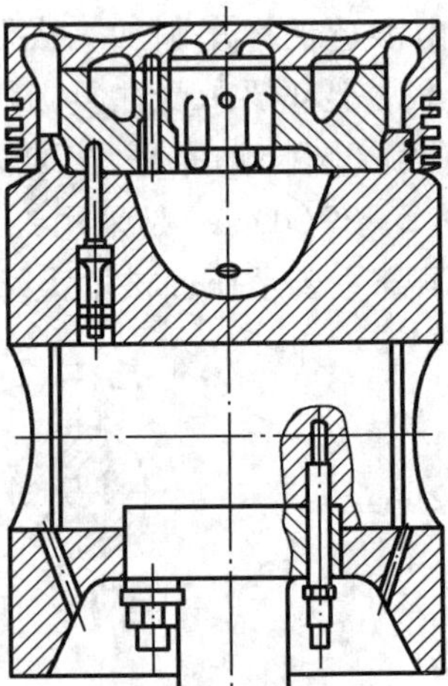

图 2－40 活塞销与连杆小端固定连接

(3)连杆大端

连杆大端是曲柄销的轴承,根据拆装条件,通常都是制成上、下两半的剖分式结构,用螺栓连接而成。连杆大端的结构形式有以下几种。

①船用连杆大端

如图 2-41(a)所示,连杆大端与杆身分开,由凸肩定位,用连杆螺栓紧固于连杆杆身下端凸缘上。这种结构可以通过改变杆身与大端之间的垫片厚度 δ_1 调节连杆长度(大、小端中心距),以保证各缸压缩比相同。在大端轴承采用厚壁轴瓦或将轴承合金直接浇铸在大端孔内的情况下,大端轴承分界面间也装有垫片,调整垫片的厚度 δ_2,可在一定范围内调整垂直方向的轴承间隙。因其尺寸与质量大,多用于中、大型柴油机中。

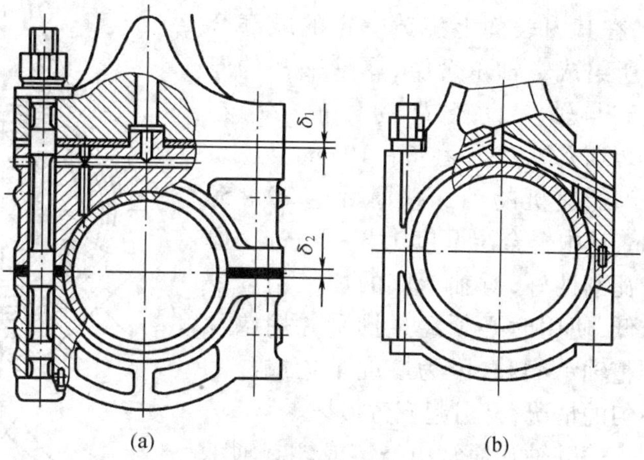

图 2-41　船用式和平切口式连杆大端

②平切口连杆大端(车用式大端)

如图 2-41(b)所示,连杆大端分为两半,剖分面与连杆中心线垂直,上半部分与连杆杆身为一体。这种结构质量小,加工方便,曲柄销直径与气缸直径之比在 0.72 以下,常用于中、小型柴油机中。

筒形活塞式柴油机通常是连杆与活塞预先组装后一起通过气缸装入柴油机内,因此连杆大端的宽度就必须小于气缸直径。但是,随着柴油机强化程度的不断提高,为了保证曲轴的刚度、强度和连杆大端轴承承压面积足够,就必须增大曲柄销直径与缸径的尺寸比例,这又必然引起连杆大端宽度增大。在保证平切口连杆大端宽度小于气缸直径的前提下,如图 2-41(b)所示,用增加连杆螺栓数目,缩小螺栓直径来增大曲柄销直径的相对尺寸也是有限度的。

③斜切口连杆大端

如图 2-42 所示,采用斜切口连杆大端即使将曲柄销直径增大到气缸直径的 0.85 倍,仍然可以保证活塞连杆组通过气缸进行装拆。但沿剖分面的切向力使连杆螺栓受到剪切。为了使连杆螺栓不受剪切,连杆大端必须采用能够承受切向力的定位方式。如图 2-42(a)所示为止口定位,简单但可靠性差。如图 2-42(b)所示为 135 柴油机采用的销套,钢质销套与连杆盖过盈配合,其结构简单,承受剪力有限。如图 2-42(c)所示为锯齿定位是目前应用最多的一种定位方式,它有较多的抗剪切断面,抗剪切能力强,其定位可靠、尺寸紧凑,但必须保证有足够高的齿形精度和贴合度,加工精度高,应用较为广泛。图 2-42(d)为舌榫定位,舌榫具有较大的抗剪切能力,但它要求接合面有较高的贴合度。这种定位方式多用于中小型柴油机中。

(4)连杆轴瓦

连杆大端轴承常用薄壁轴瓦,个别的也有厚壁轴瓦或将轴承合金直接浇铸在船用式连杆大端的内表面。

厚壁轴瓦由低碳钢或青铜制成瓦背，在其内表面上浇铸一定的减磨合金所组成。轴承合金，厚壁轴瓦的厚度 t 与轴承直径 D 的比值 t/D 在 0.065 以上，壁厚在 6～10 mm 以上；大型低速机的轴瓦壁厚可达 20～50 mm，其中合金层厚度为 3～6 mm。厚壁瓦刚性好，对轴承座的加工精度要求低，使用时必须经过拂刮并用垫片调整轴承间隙，因为厚度不均或冷却不匀的情况，易引起疲劳损坏。

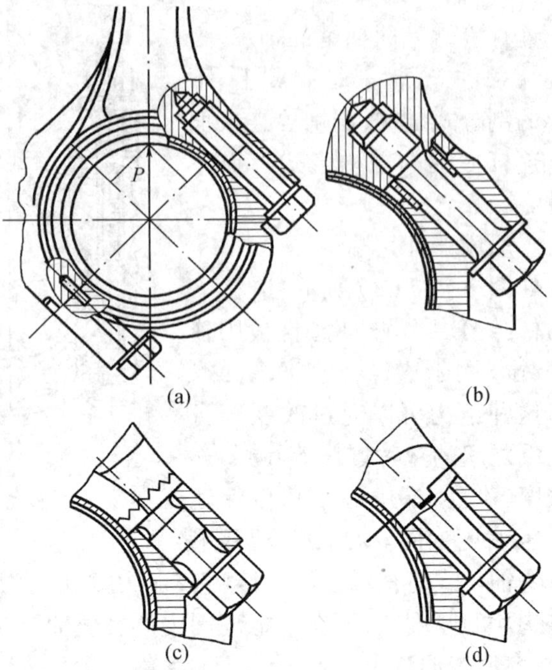

图 2－42　斜切口连杆大端

(a)止口定位；(b)销套定位；(c)锯齿定位；(d)舌榫定位

薄壁轴瓦通常由浇铸或轧制轴承合金的钢带制成，其 t/D 仅在 0.02～0.065 之间。壁厚为 3～6 mm 时，合金层厚度为 0.5～1.0 mm；壁厚为 0.8～3 mm 时，合金层厚度为 0.25～0.75 mm。轴瓦安装时，上、下轴瓦之间没有调整垫片，也不允许拂刮，要求轴承座与轴颈有较高的加工精度，轴瓦损坏后应予换新。薄壁瓦与轴承座有一定的过盈量，以过盈配合来保证散热和防止相对移动，瓦口不可挫削，否则会造成轴瓦松动。薄壁轴瓦尺寸小，质量小，加工精度高，造价低，互换性好，最突出的优点是耐疲劳强度高，所以新型低速机的十字头轴承、连杆大端轴承及部分机型的主轴承均有采用薄壁轴瓦的趋势。

常用的轴承合金有白合金、锡铝合金和铜铅合金。白合金具有较好的表面性能（抗咬合性、嵌藏性和顺应性等）、耐腐蚀和耐磨性能，而疲劳强度较低；锡铝合金具有良好的机械性能、耐腐蚀和耐磨性能，但表面性能较差；铜铅合金也具有良好的机械性能和耐磨性能，但表面性能和耐腐蚀性较差。

一般凡属机械性能好的轴承合金，其表面性能就较差。因此，为了提高轴瓦的强度和表面性能以适应高速大功率和强载发动机的要求，目前已在中、高速柴油机上广泛采用三层合金轴瓦。所谓的“三层合金”轴瓦通常在轴承合金表面上再镀一层极薄（0.02～0.04 mm）的由铅、锡、铟、铱等组成的软金属。软金属的主要作用是提高轴瓦表面的磨合性能，延长其使用寿命。三层合金轴承表面不能用布重擦，以免损坏很薄的镀层。

在大多数中小型柴油机中，连杆中润滑油都是由曲轴主轴颈油孔的压力油经曲柄臂油孔到曲柄销油孔，一部分润滑大端轴承，另一部分滑油再沿连杆中心油孔或另附设油管润滑连杆小端。连杆大端上轴承的出油孔都偏离垂直中心线方向，甚至开在水平两侧，以保证主轴承的承压面完整。

2. 十字头式柴油机连杆

大型低速十字头式柴油机连杆，其运动速度较低，惯性力较小，由于其尺寸和质量大，为便于加工，杆身通常做成圆形中空截面，连杆大端采用船用式或平切口式两种方式。

如图 2－43 所示 RTA－T－B 型柴油机连杆。小端为十字头端，由轴承盖 3、轴承座、薄壁轴瓦8以及螺栓等组装而成。大、小端螺栓2和7都是紧配螺栓，以保证轴承盖、轴承座和杆身之间正确而紧固地配合。各轴承盖与轴承座间以及轴承座与杆身间都由定位销定位。在大小端轴承中，小端轴承座上设薄壁轴瓦以提高耐疲劳性能。大端轴承没有轴衬，白合金直接浇铸在轴承盖和轴承座上，这种结构可以增大轴颈并利于轴承散热。为了使白合金结合牢固，在浇铸白合金处都开有燕尾槽。连杆螺栓为柔性螺栓，有较高的疲劳强度，用专用液压拉伸工具上紧螺栓。安装液压拉伸工具用的螺纹部分平时用外罩加以保护，外罩还用来防止螺母松动。

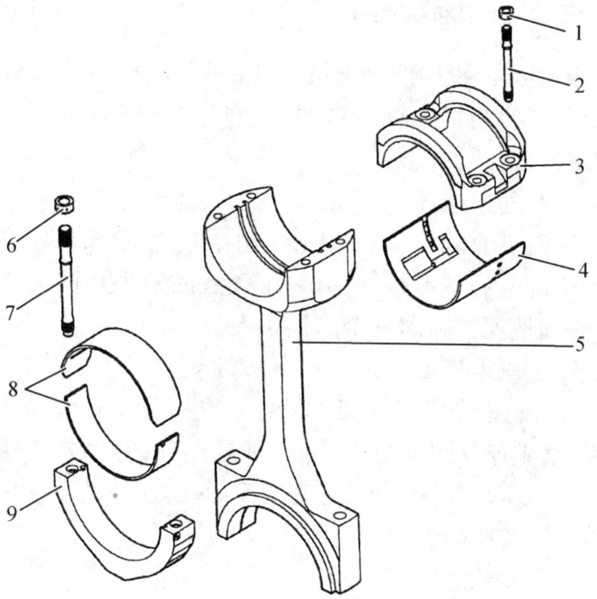

图2-43　RTA-T-B型柴油机连杆构造

1,6—连杆螺栓螺母;2,7—连杆螺栓;3—小端轴承盖;4,8—薄壁轴瓦;5—连杆杆身;9—大端轴承盖

大小端与主杆的连接方式有三种：

(1)大小端与杆身完全分开制造，大端轴承与杆身间有垫片可调整压缩比，如图2-44所示。

(2)小端轴承座与主杆锻成一体，大端与主杆分开制造，大端轴承与杆身间有垫片可调整压缩比，结构较紧凑，杆长可缩短，适合于较长冲程机型。

(3)大小端轴承座均与杆身锻成一体，连杆最短，适合于超长冲程机型，以降低柴油机高度，如MAN B&W L-MC/MCE型柴油机的连杆。由于连杆结构紧凑，长度缩短，也增大了十字头轴承的摆动角，使轴承的润滑条件得到了改善，它的承载能力和工作可靠性都明显提高。但不能用上述方法调整压缩比，一般可在活塞杆与十字头销之间增减垫片来调整压缩比。

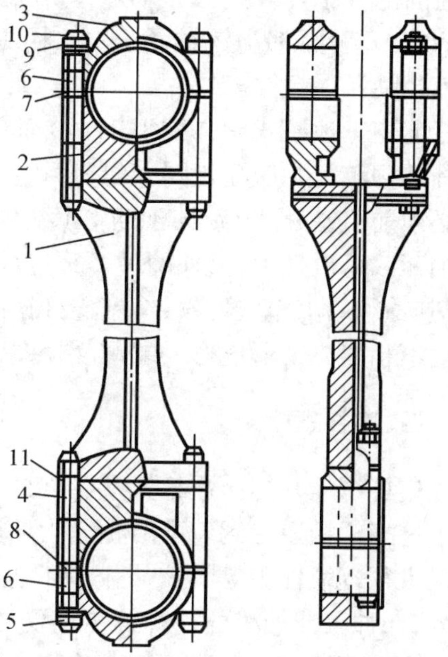

图2-44　十字头式柴油机连杆

1—主杆;2—小端下轴承;3—小端上轴承;4—大端上轴承;5—大端下轴承;6—螺栓;7,8—垫片;9—螺帽;10—压盖;11—调整垫片

大型低速十字头式二冲程柴油机大端轴承的润滑油是从十字头销经连杆主杆中心孔而来，优点是不必在曲轴颈上钻油孔。有些老机型大端轴承的滑油经过曲轴内部的钻孔来自主轴承，一部分滑油润滑大端轴承，另一部分滑油则经过连杆中心孔上至十字头轴承。

三、V 型柴油机连杆

V 型柴油机中两列气缸共用一根曲轴,每一曲轴柄销上安装两根连杆。V 型柴油机的连杆有以下三种形式。

1. 并列式连杆

V 型柴油机的并列式连杆的结构与普通单列式柴油机的连杆基本相同,每一排气缸的两根相同的连杆,并列地安装在同一个曲柄销上。

2. 主副连杆

主副连杆如图 2 – 45 所示,主连杆直接安装在曲柄销上,副连杆则利用连接销(称副连杆销)旁接于主连杆上。主、副连杆的结构完全不同,副连杆的下端中心线也不与曲柄销同心。

3. 叉骑式连杆

叉骑式连杆如图 2 – 46 所示,中央连杆 2 的大端插在叉形连杆 1 的中央。叉形连杆大端采用特殊的厚壁轴瓦 3,内表面浇铸有铜铅合金,外表面中部镀铬硬化,充当中央连杆的"轴颈",中央连杆大端内采用普通的薄壁轴瓦。过去也有在叉形连杆大端厚壁轴瓦的内、外表面都浇铸轴承合金,中央连杆大端内不再另装轴瓦。

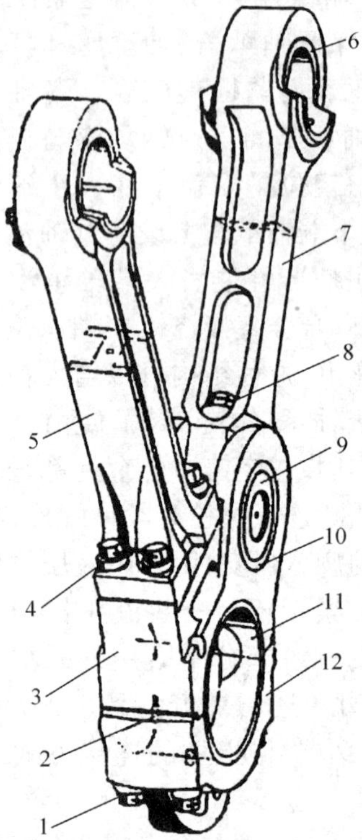

图 2 – 45 主副连杆式连杆

1,4,8—螺栓;2—定位销;3—大端轴承体;5—主连杆;6,10—套筒;7—副连杆;9—副连杆销;11—大端轴瓦;12—大端轴承盖

上述三种形式中,并列连杆最简单,两列气缸的连杆结构和工作情况相同,但是每排两只气缸的中心线必须前后错开,导致柴油机长度增加,而且连杆大端轴瓦载荷也最大,另外两种形式连杆无此缺点。主副连杆中的主连杆大端具有较大的刚度,其轴承的工作较可靠,但副连杆销的载荷较高;主副连杆两列气缸的活塞行程和运动规律也不相同。叉形连杆大端刚度较差,加工制造也比较麻烦。

四、连杆螺栓

连杆螺栓是连接连杆大端和连杆盖的承载较高的重要连接螺栓。

连杆螺栓要受到装配时预紧力的作用。预紧力应保证各剖切面之间紧密贴合,使它们在最大往复惯性力等的拉伸作用下也不致分离,因此预紧力要远远超过最大往复惯性力。此外,四冲程柴油机的连杆螺栓还要受到往复惯性力的拉伸载荷。

连杆螺栓一旦断裂损坏必将产生机毁的严重事故。因此,必须在材料选用、结构设计、加工工艺和装配质量以及维护管理等各个方面来保证连杆螺栓的工作可靠性。

连杆螺栓通常是采用优质合金钢材料,只是在低速柴油机中才用优质碳钢材料。

连杆螺栓的结构形式如图 2 – 47 所示,图中 2 – 47(a)(b)是用于船用式连杆大端的连杆螺栓,杆身上有两段定位凸肩。图 2 – 47(c) ~ (e)所示为中高速柴油机常用的连杆螺栓和螺钉。为了减小连杆螺栓所受交变应力幅,提高连杆螺栓的疲劳强度,连杆螺栓都采用柔性结构,即适当增加螺栓长度,减小螺栓杆部的直径以增加螺栓的柔度。在螺栓截面变化处以及根部都采用足够大的过渡圆弧半径和较小的表面粗糙度值,以改善应力集中情况。将螺栓和螺母的头部牙型倒锥,使螺纹载荷分布趋于均匀,螺栓头和螺母的支承平面都与螺纹中心垂直,以减小附加弯曲应力。

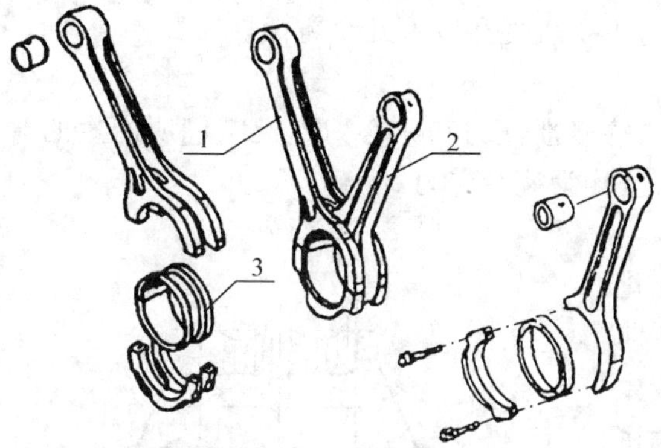

图 2-46　叉骑式连杆

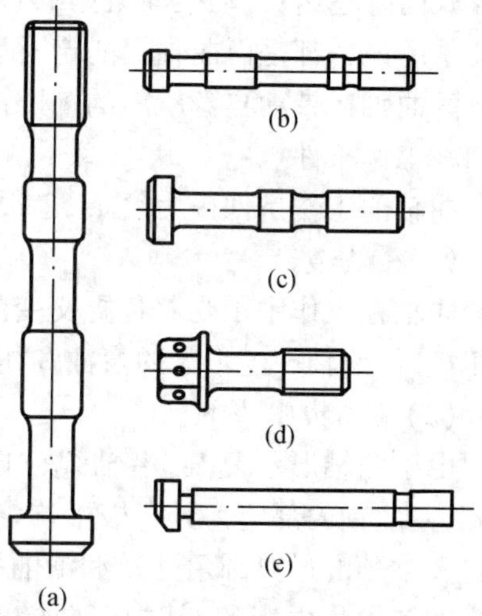

图 2-47　连杆螺栓的结构形式

在上紧螺母时为防止螺栓转动,应有防止螺栓转动的结构措施;螺栓旋紧后,还应有锁紧措施。

连杆螺栓的预紧力过大,或者各螺栓的预紧力不均,都可能降低它的工作可靠性。因此,连杆螺栓的预紧力、紧固方法和步骤都应按制造厂的规定进行。如发现连杆螺栓有损伤、裂纹或残余伸长量超过规定值,必须及时更换。

第六节　曲轴组件

曲轴组件包括曲轴、飞轮等,如图 2-48 所示。曲轴总体构造由中间的若干单位曲柄(曲拐)和自由端及飞轮端组成。单位曲柄是组成曲轴的基本部分,是每一气缸所对应的曲轴部分,由主轴颈 1、曲柄臂 2 和曲柄销 3 所组成,有的还在曲柄臂上装有平衡重块。自由端通常设有驱动柴油机各种辅助设备的驱动齿轮;飞轮端设有连接法兰与飞轮及输出轴相连,对外输出功率。

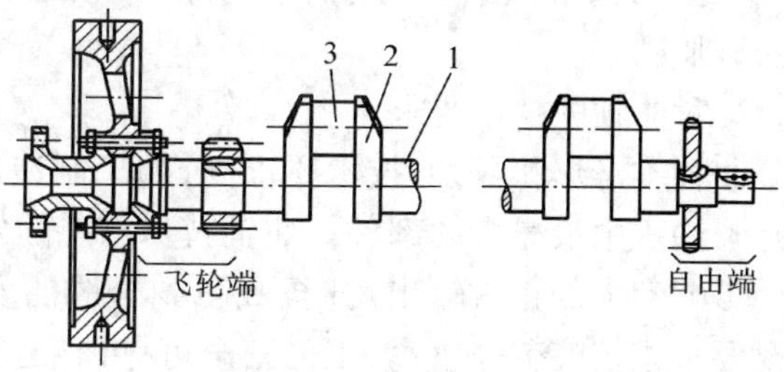

图 2-48　曲轴组件

1—主轴颈;2—曲柄臂;3—曲柄销

一、曲轴组件功用、工作条件和要求

1. 功用

曲轴的主要作用:将活塞往复运动通过连杆变成回转运动;汇集各缸所做的功,并以转矩形式向外输出;带动柴油机附属设备,如柴油机的气阀、喷油泵、启动空气分配器等有定时要求的设备都是由曲轴上的定时齿轮(或链轮)传动的凸轮轴来驱动的。此外,中小型柴油机的曲轴还带动自身所需的辅助设备,如滑油泵、输送泵、冷却水泵等。

2. 工作条件

曲轴的工作条件极为复杂,也很苛刻。这主要表现在以下几个方面。

(1)受力复杂

曲轴在工作中承受着各缸交变的气体力、往复惯性力和离心力以及它们所产生的弯矩和扭矩,使曲轴产生很大的弯曲和扭转应力,且均为疲劳应力。

(2)应力集中严重

由于曲轴形状复杂,沿轴线方向截面变化急骤,使曲轴内部应力分布极不均匀,以致在曲柄臂和轴颈的过渡圆角处及润滑油孔周围产生严重的应力集中现象,其中以曲柄臂与曲柄销的过渡圆角处最为危险,如图 2-49 所示,这些应力集中往往是疲劳裂纹源。

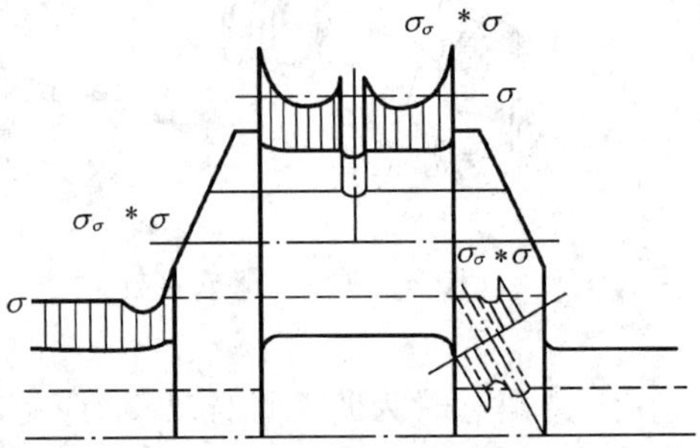

图 2-49 曲轴应力集中

(3)附加应力很大

曲轴细长,刚性很差,是一个弹性体,它在各种力的作用下会产生扭转振动、横向振动和纵向振动。当曲轴的自振频率较低时,在发动机工作范围内可能出现共振,从而使振幅大大增加,产生很大的附加应力。

(4)轴颈遭受磨损

曲轴各轴颈与轴承间的摩擦表面的比压大,相对摩擦速度高,加上轴颈负荷周期变化的冲击性,故不容易形成良好的液体摩擦条件,从而使轴颈产生较严重的磨损。特别是在润滑不良、机座或船体变形、轴承间隙不当、超负荷运转或频繁启动发动机时,轴颈的磨损会明显加剧。

3. 对曲轴的技术要求

曲轴本身形状复杂,技术要求高,加工制造成本高,约占柴油机总造价的 20% 左右,因此是柴油机中最昂贵的部件。曲轴技术状态的好坏不仅直接决定柴油机自身的工作好坏,还会影响动力的正常输出,甚至威胁到全船的安全,所以对曲轴要求非常严格。对曲轴的主要要求是抗疲劳强度高,工作安全可靠;有足够的刚性,工作时变形小,使轴承负荷均匀;有足够的轴颈承压面积,以保证较低的轴承比压;曲轴的轴颈要有良好的耐磨性能,并允许多次车削修复;具有合理的曲柄排列和发火顺序,以减小曲轴的负荷,使柴油机运转平稳,并改善轴系的振动情况。以上这些是互相关联的,有些又是相互矛盾的,要权衡利弊妥善解决。

曲轴的常用材料有优质碳钢、合金钢和球墨铸铁。一般柴油机的曲轴常用优质碳钢制造,只有中高速强载柴油机的曲轴才采用合金钢制造,球墨铸铁一般用于强化程度不太高的中高速柴油机。

为了适应船舶海上运输安全的需要，保证船舶具备安全航行的技术条件，我国船级社制定的《钢质海船入级与建造规范》（1996 年）从强度的观点对曲轴的材料、尺寸、扭转振动做了一系列规定，船舶柴油机的建造必须遵守这些规定。

二、曲轴结构

1. 曲轴的类型

柴油机曲轴按其结构特点有整体式、套合式、焊接式和组合式四种类型。

（1）整体式曲轴

整根曲轴由整体锻造或铸造而成，在中、小型柴油机中广泛应用。由于大型锻造设备的出现，大型低速柴油机也有采用整体式曲轴。

（2）套合式曲轴

有半套合式和全套合式两种，常用于大型低速柴油机。半套合式如图 2－50（a）所示，曲柄销和曲柄臂制成一体，主轴颈单独制造，再用“红套”法将其结合成整根曲轴。全套合式曲轴如图 2－50（b）所示，主轴颈、曲柄销以及曲柄臂都是单独制造，然后用“红套”法结合成整根曲轴。

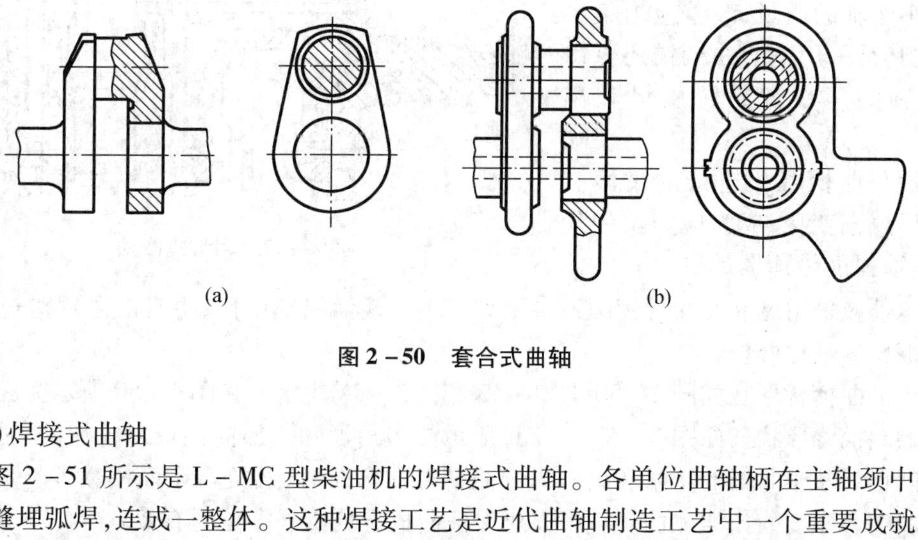

(a)　(b)

图 2－50　套合式曲轴

（3）焊接式曲轴

如图 2－51 所示是 L－MC 型柴油机的焊接式曲轴。各单位曲轴柄在主轴颈中央部位通过窄缝埋弧焊，连成一整体。这种焊接工艺是近代曲轴制造工艺中一个重要成就。它不仅消除了大件锻造的困难，而且曲柄臂不必因套合工艺需要加大尺寸，所以质量大幅度降低。此外，对超长行程十字头式柴油机，焊接式曲轴由于在曲柄臂和主轴颈及曲柄销之间的连接处采用车入式圆角过渡，圆角处经过冷滚压加工，因而提高了疲劳强度，能使连杆长度得以缩短，从而使发动机高度大为降低。

（4）组合式曲轴

有分段式和圆盘式两种。分段式曲轴是将缸数较多、曲轴长度较大的大型柴油机曲轴分为两段制造，用法兰连接成整根曲轴。圆盘式曲轴如图2－52 所示，是将主轴颈和曲柄臂合并成一个大圆盘并与曲柄销制成一体构成一个单位曲柄，然后用螺栓连接成整根曲轴。常用于采用滚动轴承的高速柴油机中。

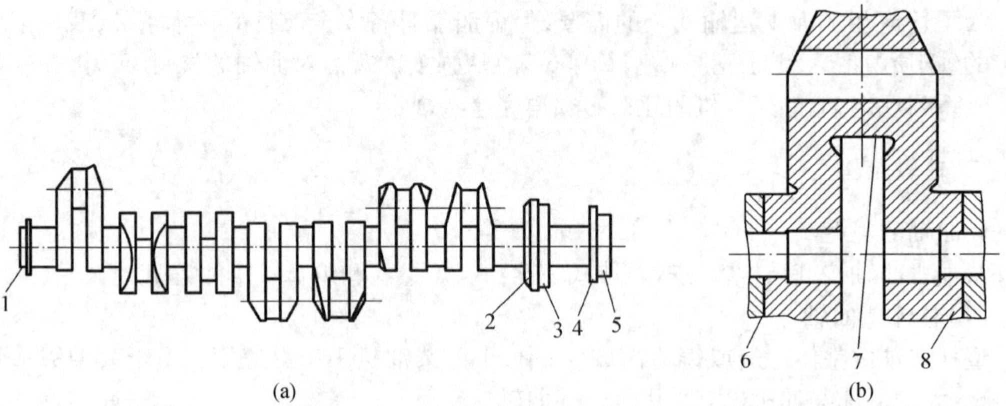

图2-51　L-MC型柴油机焊接式曲轴

1—自由端法兰;2—主动链轮固定法兰;3—推力环;4—飞轮固定法兰;
5—功率输出端;6—焊接接缝;7—曲柄销;8—主轴颈

2. 曲轴的构造

曲柄销与主轴颈采用空心结构，可以减小曲轴的质量，改善应力集中情况，尤其是采用空心曲柄销还可以减小曲轴的不平衡回转质量和离心力。

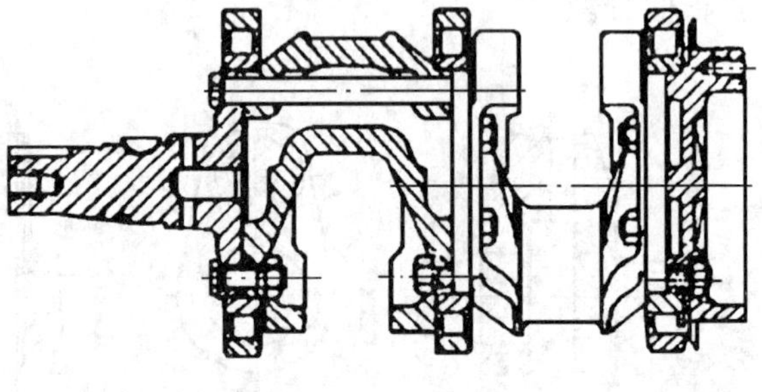

图2-52　圆盘式曲轴

轴颈与曲柄臂相连接的过渡圆角处截面急剧变化，成为应力集中最严重、曲轴强度最薄弱的部位。因此过渡圆角处应采用足够大的过渡圆弧半径和较小的表面粗糙度值，也有的采用对过渡圆角处进行滚压等强化处理。

常用的曲柄臂形状如图2-50、图2-53和图2-54所示。如图2-50所示为套合式曲轴常用的曲柄臂形状。如图2-53(a)(d)所示的多角形和圆形曲柄臂易于加工，对曲柄臂肩部斜削也可减小曲轴的质量和离心力。曲柄臂在弯曲时，其抗弯截面模数 $W = bh^2/6$，所以增加曲柄臂厚度 h 比增大曲臂宽度 b 对保证曲柄臂抗弯强度更为有效。

从增加曲轴强度、刚度和减轻曲轴质量的角度看，如图2-53(b)(c)所示的椭圆形曲柄臂形状比圆形曲柄臂更为合理。当主轴颈和曲柄销在曲柄上发生重叠时，可使截面变化得到缓和，有利于缓和应力集中和增强曲轴的刚性。

平衡重块与曲柄臂的连接方式较多，图2-50(b)是将平衡重块与曲柄臂浇铸成一体，如图2-54所示是将平衡重块单独加工，再与曲柄臂连接的几种方式。图2-54(a)的连接螺栓要承受平衡重块的离心力的拉伸作用；图2-54(b)(c)由凸肩承受平衡重块的离心力，因而连接螺栓受力小，工作可靠，但其加工比较麻烦。

3. 曲轴的润滑

多数筒形活塞式柴油机用于润滑曲轴各轴承和冷却活塞的润滑油，是由润滑油总管送入主轴承，再通过曲轴内的油道送往大端轴承和活塞组。由于开油孔时会增加曲轴的应力

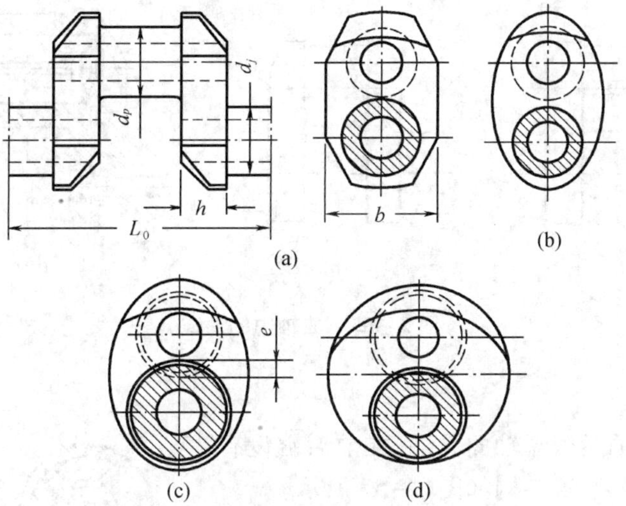

图 2－53　曲柄臂的形状

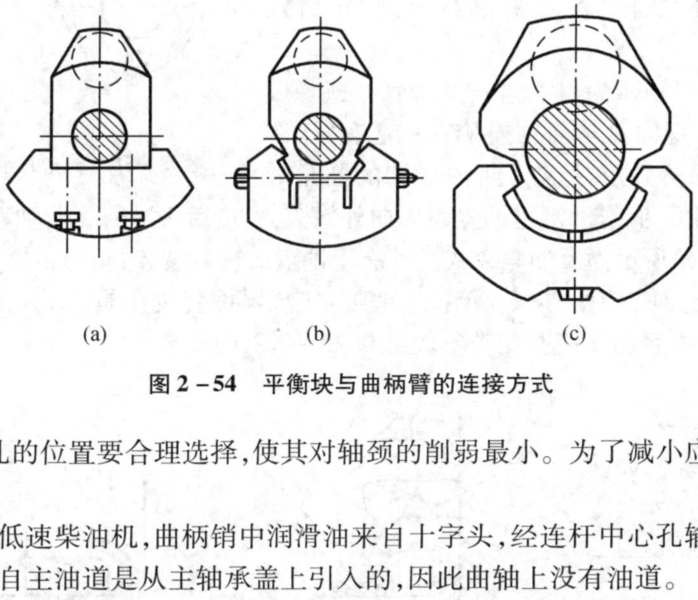

图 2－54　平衡块与曲柄臂的连接方式

集中，因此对油孔的位置要合理选择，使其对轴颈的削弱最小。为了减小应力集中，油孔应修圆并抛光。

而有些船用低速柴油机，曲柄销中润滑油来自十字头，经连杆中心孔输入到连杆大端，主轴颈的滑油来自主油道是从主轴承盖上引入的，因此曲轴上没有油道。

曲轴内油道的形式如图 2－55 所示。图 2－55(a)(c)是直角多线油孔，两轴颈上的径向油孔几乎垂直于曲柄平面，处于曲轴在最大燃烧压力作用下弯曲的中性平面；同时，此处也是曲柄销名义扭转剪切应力的最小处，因此对提高曲轴的疲劳强度有利。图 2－55(b)是倾斜单线油孔，加工方便，但斜孔在轴承颈表面上形成椭圆孔口，将削弱曲轴的疲劳强度，而且混入润滑油中的杂质会流入曲柄销轴承引起偏磨。图 2－55(c)利用曲轴内空腔作为润滑油通道，空腔的两端必须进行密封。

如图 2－56 所示的油孔形式对润滑油有离心净化作用，可防止润滑油中的杂质进入曲柄销轴承。从曲轴强度出发，曲轴油孔应开设在对曲轴强度削弱为最小的部位。从输送足够润滑油的角度，主轴颈上的油孔应开设在轴颈负荷较大的部位，以保证建立起足够高的润滑油压力；曲柄销上的油孔应开设在轴颈负荷较小的部位，以保证有足够的润滑油流量。

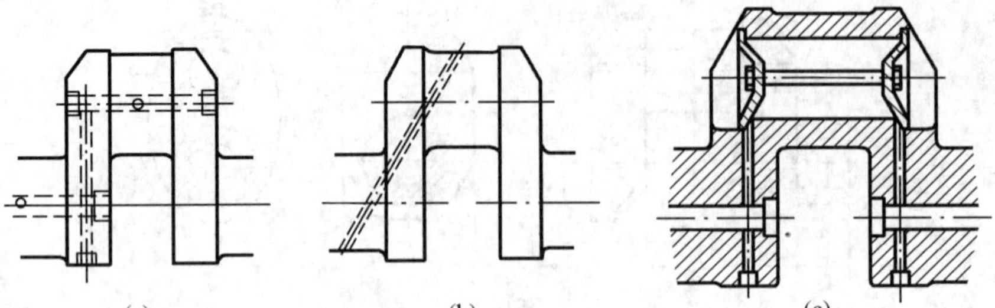

图 2 - 55 曲轴内的油道

4. 曲轴的轴封

为了防止曲轴前后两端轴向漏油，在前后端设有油封装置。常见油封装置结构如图 2 - 57 所示。

如图 2 - 57(a)所示为填料油封，用具有一定弹力的填料（如毛毡、石棉绳等）装入机体罩壳的梯形截面槽内与前后端主轴颈表面紧密贴合，防止滑油漏出。

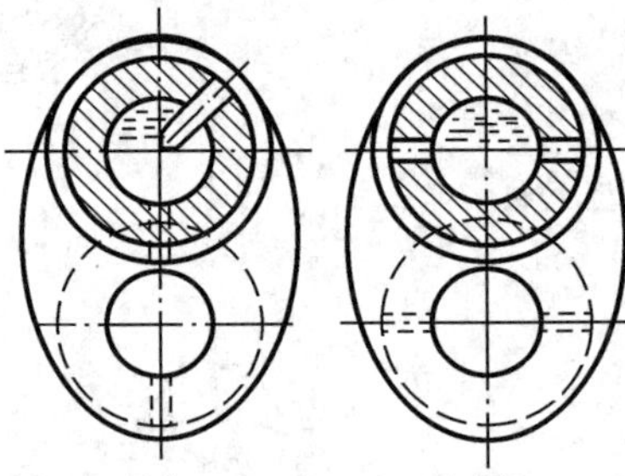

图 2 - 56 离心净化的油孔形式

如图 2 - 57(b)所示为甩油盘式并带骨架式橡胶油封的密封装置，甩油盘与曲轴连接在一起，位于罩壳内侧，当润滑油落到甩油盘与曲轴连接的圆角处时，在离心力作用下，润滑油沿甩油盘表面向外缘流去，最后飞溅回到曲轴箱中。

如图 2 - 57(c)所示为反油螺纹式并配有甩油盘的密封装置，在与机体罩壳孔相配合的一段主轴颈表面上加工有矩形螺纹槽（或单独加工成零件套装在曲轴上），螺纹旋向应与曲轴转向相反，螺纹外径与罩壳孔间隙不大于 0.25 ~ 0.3 mm。

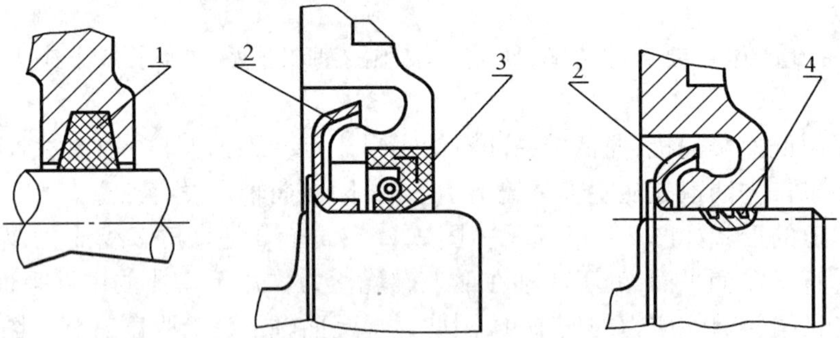

图 2 - 57 油封装置结构

1—填料油封；2—甩油盘；3—橡胶油封；4—反油螺纹

三、飞轮

飞轮的主要功用是使柴油机回转角速度趋于均匀，协助柴油机启动，保证柴油机空车运转的稳定性。飞轮通常用铸铁、铸钢或锻钢制成轮缘形结构，使其大部分质量集中在轮缘处,以较小的质量获得尽可能大的转动惯量。

根据柴油机的启动和盘车的不同方式,飞轮轮缘上有的装有飞轮齿圈(电动机启动用)或涡轮(电动盘车机用)或制出盘车杠杆孔。飞轮轮缘上还刻有各缸上止点等标志线,用来检查和调整柴油机的各种定时。

四、曲柄的排列

各单位曲柄在曲轴上的相互位置叫曲柄排列,它可用曲柄圆图(曲轴端示图)表示。从自由端向飞轮端看,各单位曲柄在飞轮端平面上的投影叫作曲柄排列圆图。曲轴的曲柄都是以气缸的号数命名的,气缸的排号有两种方法:一种是从自由端排起,另一种是由动力输出端排起。我国和大部分国家都是采用自由端排起。多缸柴油机曲轴中各曲柄的排列与柴油机的冲程数、气缸数和发火顺序有关。曲柄排列应考虑以下几点原则。

(1)为了使柴油机输出的扭矩均匀,各缸间的发火间隔角应相等。这样,相邻发火的两个缸的曲柄夹角,四冲程柴油机为 $720°/i$,二冲程柴油机为 $360°/i$,i 为柴油机气缸数。如图 2-58 所示为常见二冲程 6 缸柴油机曲轴的排列及曲柄端示意图。

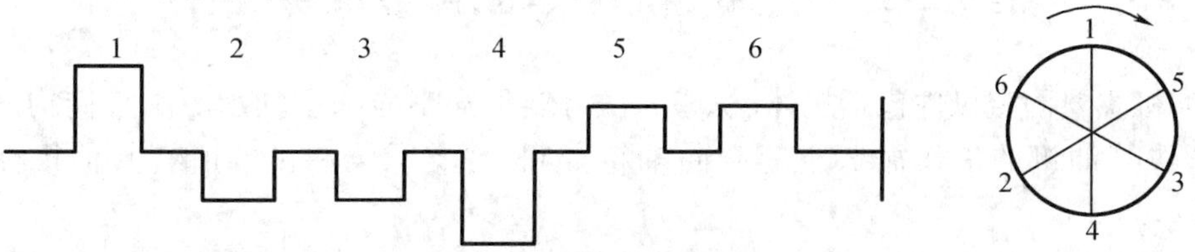

图 2-58　二冲程 6 缸柴油机曲轴的排列及曲柄端示意图

(2)应尽量避免相邻气缸连续发火,以减轻主轴承的负荷,改善曲轴的受力状态。为此,最好在柴油机首、尾两端轮流发火,如某四冲程 6 缸柴油机的发火顺序为 1—5—3—6—2—4,较好地满足了这一要求,曲柄排列如图 2-59(a)所示。

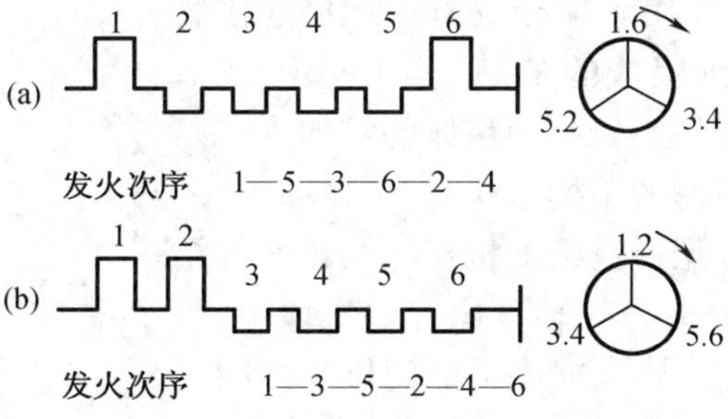

图 2-59　四冲程柴油机的曲柄排列

对于 V 型柴油机普遍采用插入式发火。插入式发火就是两列的发火顺序及发火间隔角彼此完全相同,而总的发火顺序则为这两列的发火顺序根据气缸间的夹角关系进行穿插形成。例如 8 缸 V 型四冲程柴油机,每列 4 缸,每列的发火间隔角都是 $720°/i = 180°$,发火顺序都是 1—2—4—3。为了避免混乱,第Ⅰ列用 $1_{Ⅰ}$—$2_{Ⅰ}$—$4_{Ⅰ}$—$3_{Ⅰ}$ 表示,第Ⅱ列用 $1_{Ⅱ}$—$2_{Ⅱ}$—$4_{Ⅱ}$—$3_{Ⅱ}$ 表示。气缸夹角为 γ,如果气缸 $1_{Ⅱ}$ 比 $1_{Ⅰ}$ 落后 γ 角发火,其总的发火顺序和曲柄排列如图 2 - 60(a)所示。假如 1_{II} 比 1_{I} 落后 360° + γ,也就是 1_{I} 发火后跟随着的是 1_{II} 进气,1_{I} 与 1_{II} 不接连着发火,则对轴承负荷有利,此种情况总的发火顺序如图 2 - 60(b)所示。

(3)要使柴油机具有良好的平衡性。曲轴合理排列使引起振动的力和力矩减至最小。

(4)应考虑发火顺序对轴系扭转振动的影响,力求减轻扭转振动。

(5)在脉冲增压柴油机中,为了防止排气互相干扰,各缸的排气管要分组布置。

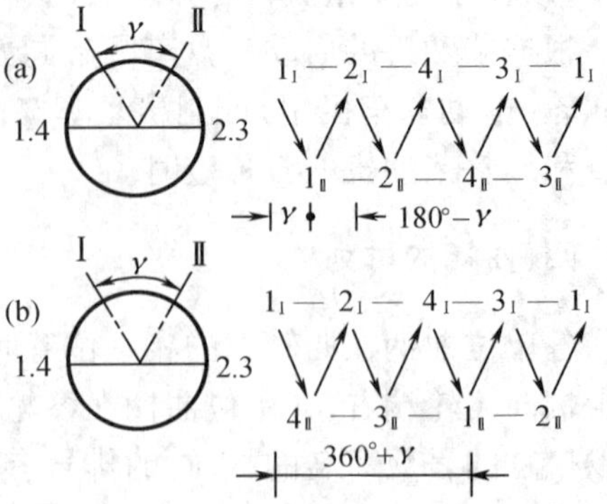

图 2 - 60 V 型柴油机曲柄排列

要同时满足上述要求,往往是不可能的,而只是满足某些主要要求,兼顾其他要求。如 MAN B&W MC 系列柴油机中,为了满足平衡性和减少轴系的振动,甚至出现了各缸发火间隔角不相同的柴油机。

第七节 机体、机座、轴承与贯穿螺栓

柴油机主要固定机件包括机体、机座、气缸体、贯穿螺栓和主轴承等。它们构成柴油机骨架,形成柴油机的工作循环空间和曲轴箱空间,并支承柴油机的所有其他机件和附属设备。

由于柴油机结构类型的不同,机体、机座的结构也相应地会有较大的差别,形式繁多。

如图 2 - 61 所示为中小型柴油机机体与机座的结构示意图。图中机座 1 中央圆孔为主轴承座孔;机体 2 的上部圆孔用以安装气缸套,称为气缸体部分;机体下部内腔与机座共同形成曲轴连杆回转空间,称为曲轴箱部分。机体与机座以平面贴合,并用短螺栓及贯穿螺栓连接紧固。柴油机以机座安装到船体的基座上。中小型柴油机,为使结构紧凑,还有机体与机座为整体的结构形式以及采用倒置主轴承而无机座的结构形式。

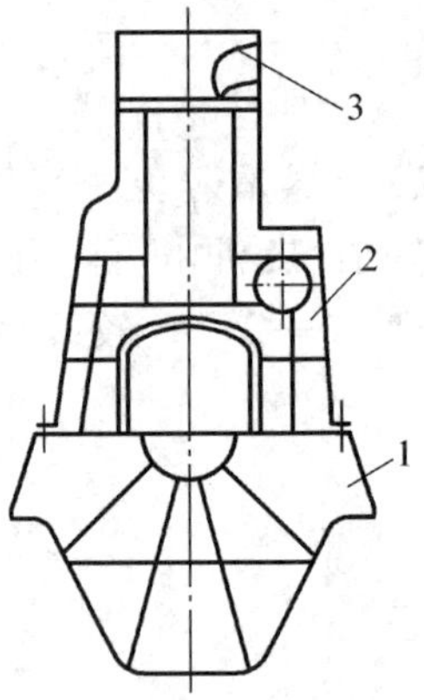

图 2 - 61 中小型柴油机机体与机座示意图

1—机座;2—机体;3—气缸盖

如图 2 - 62 所示为大型低速柴油机机体与机座的结构示意图。图中机座 1 中央是主轴承座孔。机体中,气缸体 3 与机架 2 分开制造,从气缸体顶面到机座之间用较长贯穿螺栓连接紧固。气缸体顶面安装气缸盖 4,一侧安装扫气箱 5。柴油机的固定机件承受着气体力和运动机件惯性力的作用,承担着全部机件的重力。动力转矩的输出使它产生倾覆;惯性力的作用使它产生振动;贯穿螺栓和连接螺栓的紧固使它受到安装应力;各处温度不同使它产生热应力;水、油、气的作用使它受到腐蚀。

为了保证柴油机的工作可靠性和使用寿命,必须要求机体、机座有足够的刚度和强度,以使各运动件的支撑和导承变形小,保证良好的配合和精确的位置,以避免运行中发生裂纹和损坏。在满足刚度和强度要求的前提下,因机体机座的轮廓尺寸决定整个柴油机外形

尺寸，同时质量占整个柴油机质量的25%～40%，要求尺寸小，质量小；此外，机体、机座的结构要便于内部运动机件的拆装和检修，机体和机座的各结合面、检修道门要密封好，避免泄漏造成浪费、污染甚至出现事故。

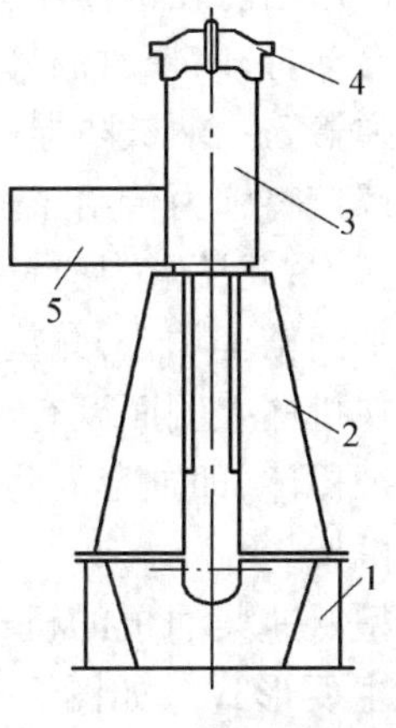

图2－62　大型低速柴油机机体机座示意图

1—机座；2—机架；3—气缸体；4—气缸盖；5—扫气箱

一、机体、机架、机座

1. 机体

机体由安装缸套的气缸体和形成曲轴箱上半部的机架两部分组成。机体顶面安装气缸盖，机架内部安装导板、凸轮轴等，外侧还装有扫气箱和高压油泵等机件设备。

如图2－63所示为中型柴油机机体机座结构实例。该机体为整体铸造的箱形结构，上部6个圆孔为缸套安装空间，顶面置有缸盖螺栓10，其右下方为凸轮轴箱，圆孔中安装凸轮轴承，轴箱板顶板面安装高压油泵，箱体外

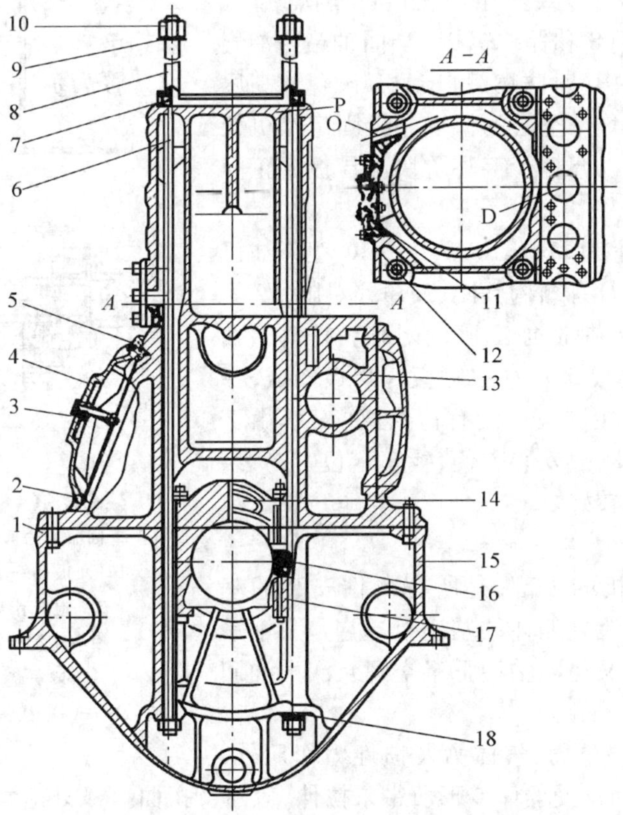

图2－63　中型柴油机机体机座实例

1—连接螺栓；2—薄钢片；3—弹簧；4—小盖板；5—防爆门；6—贯穿螺栓；7—螺母；8，9，10—缸盖螺栓、垫圈、螺母；11—锌板；12—盖板；13—凸轮轴箱；14—主轴承盖；15—机座；16—定位销；17—主轴承螺栓；18—贯穿螺栓垫片；D—挺杆孔；O—进水孔；P—气缸体

侧有检修道门。在机体左下方有6个防爆门5,当曲轴箱内油气压力升高超过规定值时,小盖板4自动打开,释放油气后又迅速关闭,防止曲轴箱爆炸,并告示轮机人员柴油机运行有异常。弹簧3一端被防爆门5中心环板限制,另一端压在薄钢片上,并通过固置于薄钢片螺母中的螺钉将弹力传给小盖板4,使小盖板盖住防爆门与外界的通口。旋紧螺钉时小盖板压紧力变大,此压紧力应符合规定——保证曲轴箱内压力不大于0.02 MPa。机体下平面与机座上平面精密贴合,并垫有密封垫片。机体与机座除用短螺栓连接外,更依靠贯穿螺栓6紧固。在机体上侧面设有进水孔O,并设有检查冷却水腔结垢情况的盖板12,盖板内侧还设有保护机体,即缸套的防蚀锌板。

2. 机架

大型低速柴油机的机架有A字形机架和箱形机架两种主要形式。如图2-64所示为双导板焊接结构A字形机架。每片机架均由钢板焊接而成,横跨于主轴承之上。每两片A字形机架之间用横挡板及两侧纵向加强板5连接紧固成刚性足够的A字形机架。机架左右两侧设有道门,供轮机人员进入曲轴箱检修用。打开检查孔盖,可以观察柴油机内部情况,排气侧道门上设有防爆门8和保护罩9。当曲轴箱内油气压力达表压0.005 MPa时防爆门自动打开,释放高压油气,防止曲轴箱爆炸。空心的铸铁导板固定在机架内侧,垫片11,12用以调整十字头滑块与导板的正面和侧面间隙。

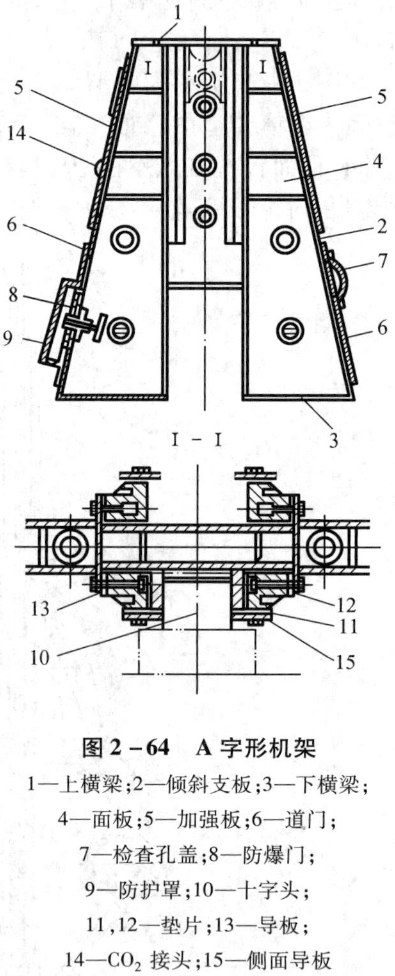

图2-64 A字形机架

1—上横梁;2—倾斜支板;3—下横梁;4—面板;5—加强板;6—道门;7—检查孔盖;8—防爆门;9—防护罩;10—十字头;11,12—垫片;13—导板;14—CO_2 接头;15—侧面导板

如图2-65所示为MAN B&W L-MC型柴油机的箱形机架立体图,具有结构紧凑、质量小、刚性好等优点,但因结构复杂,制造加工比较困难。它由上面板1、底板9、横向隔板5及左右侧板8焊接而成,在隔板上设有导板2,在侧板上设有检修道门7。由于箱形机架是刚性整体,故安装方便,找正定位容易,结合面少,曲轴箱密封较好。

3. 机座

机座位于柴油机的下部,是所有机件安装的基础,柴油机也靠它安装到船体的基座上。它是主轴承及曲轴安装的依据,又是曲轴箱下半空间及润滑油回流汇集的空间。

机座除承受机件重力、气体力及惯性力作用外,还直接受到风浪等因素使船体变形所带来拉伸、弯曲及扭曲等额外应力作用。为此机座必须具有足够刚性及强度,以免机座变形造成曲轴挠曲变形以及活塞、曲柄连杆机构与气缸的位置精度变坏而发生机件异常等事故。

如图2-63所示为凹形底机座。凹形底机座在中小型柴油机中,多为整体铸造的箱体。这种机座的底板呈凹形作为盛油容器。机座两侧是呈I型截面的纵梁:其上平面是机体安装平面,其下平面是机座与船体基座安装平面,上、下面板之间有斜筋支撑以提高其刚度。

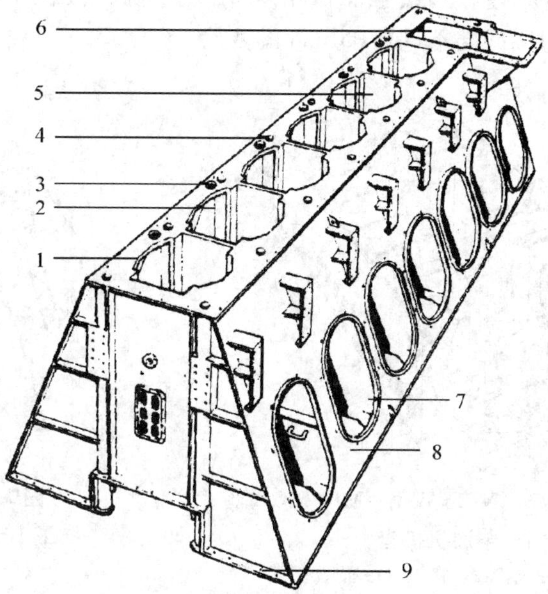

图 2-65 箱形机架

1—上面板;2—导板;3—活塞冷却油管插入孔;4—贯穿螺栓;
5—横向隔板;6—链条箱(输出端);7—检修道门;8—侧板;9—底板

机座两侧壁间用($i+1$)个横隔板相连(i 为缸数),将机座内腔分隔为 i 个空间,成为曲轴箱下部空间。每个横隔板中央半圆孔为主轴承座孔,机座中全部座孔都是在一次走刀中加工而成,具有较好的同轴度,并且与上、下面板平行。为增加轴承座刚性,横隔板上都有由座孔向外辐射状筋肋。横隔板下方都开有圆孔,以使润滑油在机座能纵向流至尾部汇集。

大型低速柴油机主要采用单壁深型焊接平底式机座。如图 2-66 所示为 MAN B&W L-MC/MCE 型柴油机机座立体图。它主要由两侧的纵梁和带铸钢轴承座的横梁焊接而成。每侧纵梁为单层结构,横梁上含有铸钢的主轴承座用以支撑曲轴。轴承盖用 4 个螺栓安装在轴承座上,用螺栓液压上紧。轴承座孔在机座中的位置较低,便于给主轴承盖定位。机座设计得较高,以提高刚性。在机座的首端安装有轴向减振器,用以控制轴系的轴向振动,这是现代新型柴油机的基本配置。机座尾端还设有推力轴承和驱动链条的空间用以安装推力轴承和驱动链轮。这种机座的主要改进之处在于取消了贯穿螺栓孔,因而简化了机座与主轴承座的焊接过程;同时,在不增加机座宽度的前提下,将地脚螺栓移至外侧,这样更有利于安装。

为保证柴油机曲轴与船舶轴系或其他驱动装置转轴的同轴度要求,在安装时要求能调整柴油机轴线位置;也为了能在使用中消除机座因某些原因引起的变形,保证机座应有的技术精度,在机座与船体基座(或舱板接触面)间都设有机座垫块,如图 2-67 所示。

机座的下座板 3 经两块垫块 2 与船体基座上面板接触,并用螺栓 4 紧固。两垫块都制成倾斜度为 100:1(或更小)的楔形体可以通过垫块的不同楔入深度调整轴线高低。一般将下垫块外倾安装并与基座焊固,改变上垫块楔入深度,即能调整该处轴心高度,达到要求后,再加工出螺栓孔装配螺栓。垫块可用铸铁或铸钢来加工,但每块厚度都有规定,以保证刚度和强度。垫块之间以及垫块与机座或基座之间接触必须十分紧密,因此各接触面必须经刨铲、拂刮、研磨等精密加工,使相互接触面积在60%以上,并且接触斑点均匀。要求垫块装入后,地脚螺栓紧固前接触面间插不进0.05 mm的塞尺。

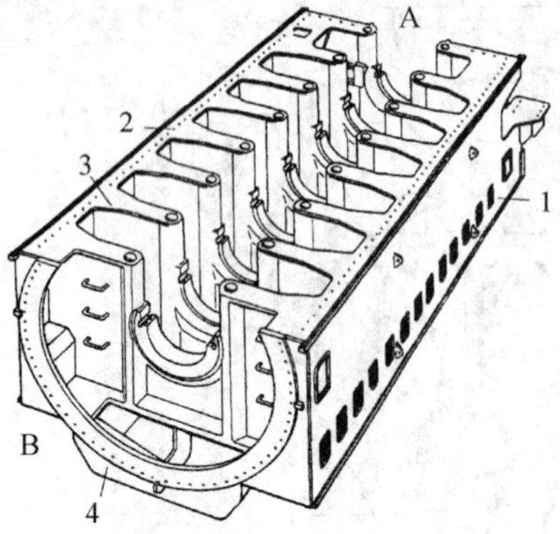

图2-66 MAN B&W L-MC/MCE型柴油机机座

1,2—纵梁;3—横梁;4—油底壳;
A—功率输出端;B—自由端

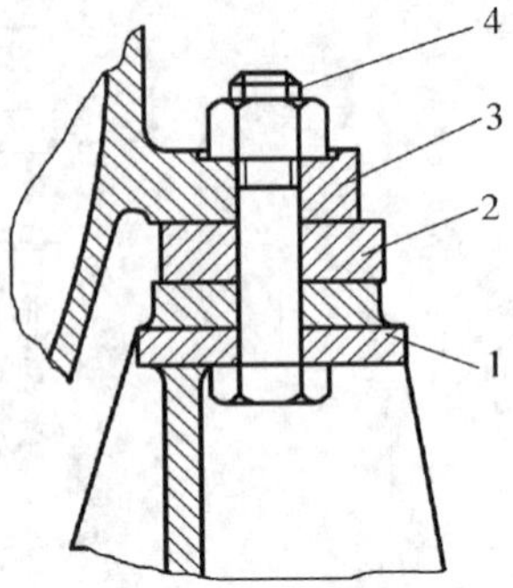

图2-67 机座垫块

1—基座;2—垫块;
3—下座板;4—螺栓

连接机座与船体的紧固螺栓称为地脚螺栓。它们要克服气体力和惯性力所引起的倾覆及振动,还要克服船舶摇摆倾斜时柴油机重力的分力。在设有推力轴承的柴油机中,水对螺旋桨轴的轴向推力也将由地脚螺栓来传给船体,因此地脚螺栓的作用很大。为确保柴油机与船体相互位置在外力下仍能正确不变,地脚螺栓中有15%以上是不可互换的紧配螺栓,它的定位圆柱部分与螺栓孔精加后逐一配对铰孔后再装配,两者之间应达到H7/k6的过渡配合要求。每次拆卸后都需重新铰孔配制螺栓,紧配螺栓一般都配置在柴油机的功率输出端。机座垫块和地脚螺栓安装质量直接决定机座主轴承孔(即曲轴主轴颈)的同轴度等重要技术状态,故检修、管理中必须高度重视。

二、贯穿螺栓

贯穿螺栓是柴油机最长最重要的螺栓,主要用于大中型柴油机,它的作用是将机座、机架和气缸体三者或其中两者连成一个刚性整体,使这些固定机件只承受压应力而不承受由气体力产生的拉应力。贯穿螺栓不起定位作用,所以机体机座间各贴合面处仍须有紧配螺栓或定位销来保证各面之间的相对位置精度,以便装配时对中和防止柴油机运转时这些机件之间产生横向移动。

由于气缸体、机架及机座等机件截面形状复杂,应力很难精确计算。如果采用的是铸铁件则其材料的抗压能力远远大于抗拉能力,使材料的性能得到了合理的利用;如果是焊接件,则因焊缝受压不受拉,也使工作更加可靠。而优质钢制成的贯穿螺栓,强度高,可承受很高的拉伸应力。当扳紧贯穿螺栓时,螺栓会稍稍伸长,而被连接的固定件则会稍稍被压缩。当气缸中产生最大爆发压力时,虽然螺栓被拉长,被连接的固定件也相应地回伸,但仍能保持贯穿螺栓两端螺母与固定件的能力,使固定件始终处于被压状态,承受压应力。由此提高机件承受机械负荷的能力,使固定件的工作可靠性得到保证。

大型低速柴油机贯穿螺栓如图2-68所示。贯穿螺栓两头都车有螺纹,配有专用螺帽。

其顶部还制有供液压拉伸器使用的附加螺纹头。为防止柴油机运转时细长的贯穿螺栓发生横向振动,在贯穿螺栓中部装有防振夹套4,在水平方向还有两个支头螺钉5,它们在贯穿螺栓装配完毕后再上紧,将防振夹套牢固地顶靠在气缸体上。

贯穿螺栓安装紧固质量影响机体、机座的位置精度和形状精度,故必须按规范进行。贯穿螺栓紧固的顺序应从中央向柴油机两端左右交替进行,一般应分两阶段上紧螺帽。每阶段都应遵守说明书规定的螺栓伸长量或液压拉伸器的泵油压力。螺帽上紧后,应检查螺帽、垫圈与支承面的贴紧程度,要求0.05 mm塞尺插不进。贯穿螺栓紧固后还应检查运动件各处间隙以及曲轴臂距差变动情况,若不合要求应重新安装贯穿螺栓。

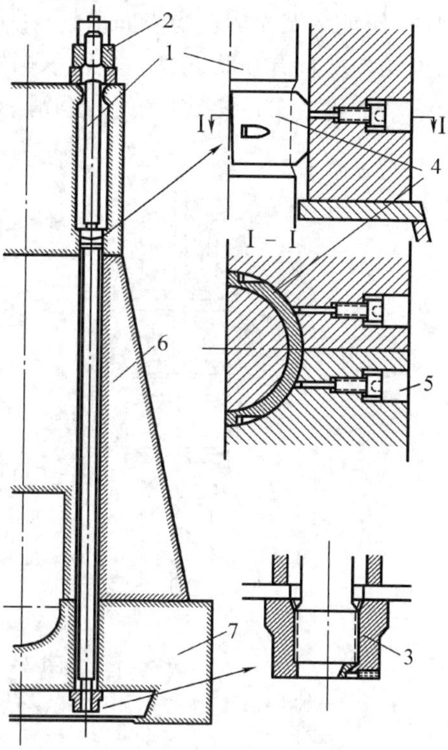

图 2-68　贯穿螺栓

1—贯穿螺栓;2—上螺帽;3—下螺帽;4—防振夹套;5—支头螺钉;6—机架;7—机座

三、柴油机轴承

1. 柴油机轴承功用、工况和要求

柴油机中相对转动的机件之间都设有轴承。其中主要有主轴承,连杆大、小端轴承和十字头轴承、凸轮轴轴承等。无论是轴瓦结构、圆形衬套,还是滚动轴承,都使相对转动的机件表面改善摩擦状态、减轻磨损、延长机件寿命,使相互运动的机件能保持正确的相互位置关系和良好的技术状态。

柴油机的主轴承和连杆轴承等都是在交变的负荷下工作,故轴承内较难保持均匀恒定的承载油膜;轴承的负荷很大,轴瓦单位面积上负荷普遍达 30 N/mm^2 以上,有的甚至达 40 ~ 50 N/mm^2(如十字头、活塞销轴承);轴颈与轴瓦之间相对运动速度又高,有的甚至达 10 m/s 以上,加上润滑油中杂质以及滑油变质等腐蚀破坏,使轴承容易损伤。若柴油机使用工况复杂,启动、停车频繁,低速工况较多,故轴承极易出现半干摩擦,此外机件变形还会引起轴承表面产生局部负荷集中。在这些恶劣的工作条件下,轴承会产生各种损伤。

柴油机轴承工作不正常将直接造成异常磨损和轴颈损伤,甚至造成柴油机停车。主轴承过度磨损或变形,不仅影响曲轴轴线平直,还将改变活塞连杆与缸套的正确位置和正常工作关系。因此,柴油机的轴承应有优良的耐磨性能,且具有足够的刚度和强度,检修中应精确安装,管理运转中应保证良好的润滑。

船舶柴油机的主轴承几乎都是滑动轴承,只有个别小型高速柴油机采用滚动轴承。滑动轴承主要由轴承座、轴承盖、轴瓦及轴承螺栓等组成。滑动式主轴承有正置式和倒挂式两种类。

(1)正置式主轴承

如图 2-69 所示为正置式主轴承结构图。轴承座 1 设在机座横隔板上,与机座成一整体,轴承盖 2 正置于机座的轴承座上方,用两个(或四个)螺栓 7 紧固在机座上。上轴瓦 3 与下轴瓦 4 以平剖切口相接合,接合面之间有垫片 6,增减垫片厚薄可以调整轴承与轴颈间隙。轴瓦内表均浇铸有减磨合金层5，具有减磨效果。运转时，还可将轴承受到的侧推力传给机座，使轴承螺栓7免受横向剪切应力。轴承盖与轴承座材料相同，为增加刚性，采用工型截面结构并且有筋肋支撑。主轴承螺栓在两侧将轴承盖、上瓦压紧在下瓦轴承座上。中央有润滑油管接头，用来引入压力润滑油。

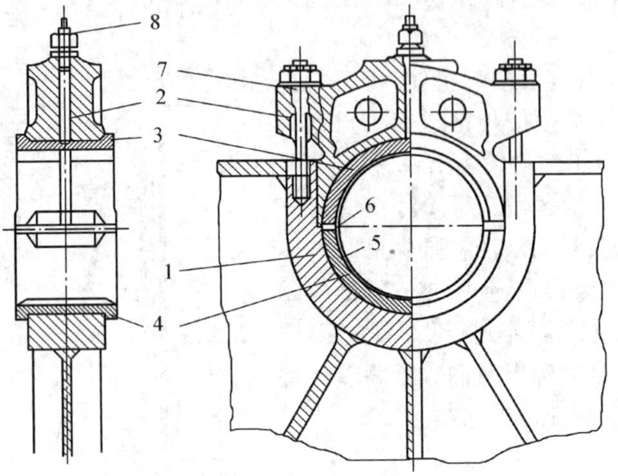

图2-69　正置式主轴承

1—轴承座；2—轴承盖；3—上轴瓦；4—下轴瓦；5—减磨合金；6—垫片；7—螺栓；8—滑油管

上述形式的主轴承，都是用轴瓦两侧的螺栓来固紧的，因主轴颈尺寸的影响，两侧轴承螺栓之间距离较大，故柴油机的横向尺寸也较大，轴承盖中部所受的弯矩也大，致使刚性也较差，容易变形和开裂。因此在某些大中型柴油机中采用撑杆式主轴承，如图2-70所示。撑杆螺栓8下端压于主轴承盖圆坑中，上端以液压油缸外端顶于机架15横隔板中。液压油缸1套于撑杆上端凸台上。液压缸油1在有油从螺塞3处压入活塞顶的油腔时会上升，此时螺母6与油缸1脱离接触，即可向上旋动抵到液压油缸下部，使撑杆伸长，压紧主轴承盖。采用撑杆式螺栓可提高主轴承刚度，且能减小机架两侧贯穿螺栓之间距离，使机架横向刚度也得以提高。需要注意的是撑杆螺栓的上紧工作应在所有的贯穿螺栓按规定全部上紧之后才能进行，并在贯穿螺栓拆卸之前进行拆卸。

显然，正置式主轴承刚度大，机座横梁的弯曲和变形小。

(2)倒挂式主轴承

倒挂式主轴承主要用于小型高速柴油机和大功率中速柴油机中。如图2-71所示为倒挂式主轴承的结构。主轴承座布置在机架3横隔板上，轴承盖4用螺栓1倒挂在机架上以支撑曲轴。采用倒挂式主轴承的优点是拆装检修曲轴比较方便；可以减少机座变形对轴线的影响；可以减轻机座的质量，甚至可以不需要单独的机座，只有倒挂安装的钢板冲压的油底壳7；缺点是其负荷重且刚性差，因而专门设置的横向螺栓2将轴承盖侧面与机架紧固以增加刚性，避免工作中机架下部张开产生塌腰变形。

2. 轴瓦结构

现代中小型柴油机主轴承大多采用薄壁轴瓦，新式大型低速柴油机的主轴承采用厚壁轴瓦仍很普遍，并有向薄壁轴瓦发展的趋势，这主要是由于薄壁轴瓦疲劳强度高，并且尺寸小，质量轻，造价低，互换性好。

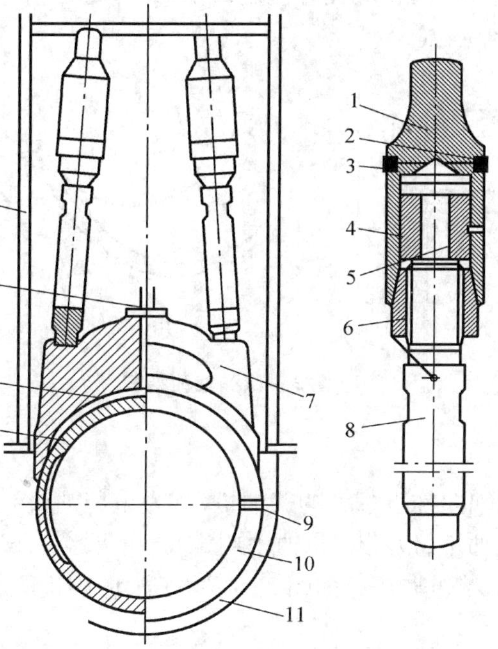

图 2－70 撑杆式主轴螺栓

1—液压油缸；2—放气阀；3—螺塞；4—液压活塞；5—螺栓；6—螺母；7—轴承盖；8—撑杆螺栓；9—垫片；10—下轴瓦；11—机座；12—上轴瓦；13—输出油槽；14—滑油管；15—机架

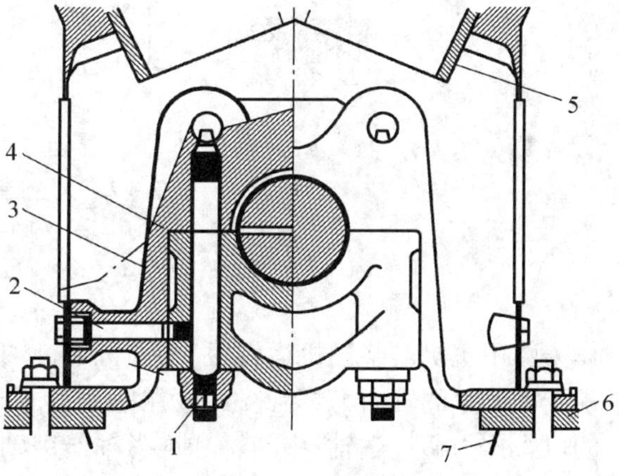

图 2－71 倒挂式主轴承

1—倒挂螺栓；2—横向螺栓；3—机架；4—轴承盖；5—气缸套；6—机座；7—油底壳

两半式主轴承的厚壁轴瓦如图 2－72(a)所示(下瓦)。为保证合金与瓦背结合牢靠，在锻钢瓦背内表面开有燕尾槽，浇铸时合金即嵌入槽内。上轴瓦有径向油孔和周向油槽，如图 2－72(a)所示。其作用是使得由上部油管引入的润滑油通过上轴瓦的油孔和油槽流至下轴瓦。一般主轴承的布油槽开设在轴承负荷较小的上轴瓦，下轴瓦不开油槽，而连杆大端轴瓦的布油槽设在轴承负荷较小的下轴瓦，上轴瓦不开油槽。上下轴瓦内侧铣有油槽用作贮油，以便更好地把润滑油分布到轴承的全部宽度范围内，同时也起着沉积机械杂质的作用，故又称“垃圾槽”，油槽的宽度约为轴瓦的 2/3，其两端要留出一定的边缘，以防止大量润滑油外流。轴瓦的卷边用来防止轴向移动。为了防止轴瓦在瓦座中转动，以致阻断润滑油路，刮伤轴瓦和轴颈表面，轴瓦要在瓦座中采取周向定位措施，对于厚壁轴瓦用定位销周向定位，而薄壁轴瓦则在轴瓦的接合面处冲压出一个小凸肩(或称定位唇)，如图 2－72

(b)所示,在轴承座和轴承盖的相应位置铣出凹槽(或称定位槽),轴瓦的小凸肩即可镶嵌在凹槽中,以此来实现周向定位。

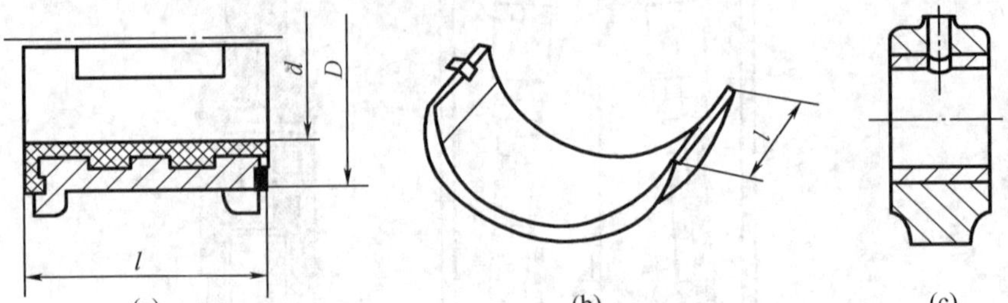

图 2-72 轴瓦结构

3. 推力轴承

对于小型柴油机和轴向推力不大的柴油机(如发电柴油机),在其飞轮端的最后一个主轴承座上通常设有止推轴承,以便对曲轴轴向定位,并承受一定的轴向负荷。止推定位轴承可用图 2-73(a)所示卷边轴瓦或如图 2-73(b)所示采用平轴瓦与止推片组合的形式。

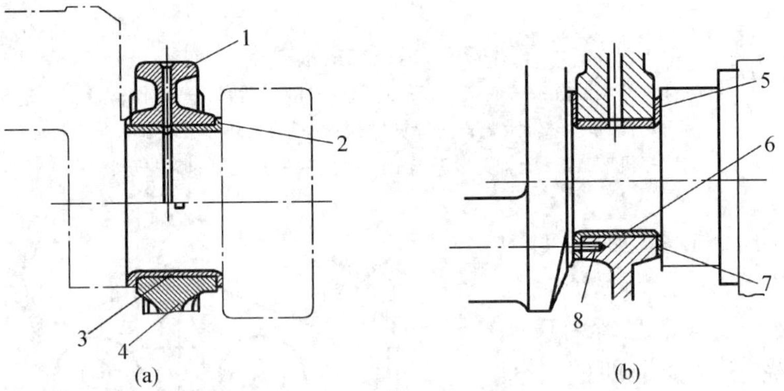

图 2-73 止推主轴承

1—轴承盖;2—上轴瓦;3—下轴瓦;4—轴承座(机座);
5—上止推片;6—平轴瓦;7—下止推片;8—定位销

作为船用主机的柴油机运转时,柴油机通过轴系带动螺旋桨旋转。显然上述止推轴承无法承受如此大的轴向力,为此,一般在柴油机飞轮端专门设置一个推力轴承,使螺旋桨所产生的巨大推力通过艉轴、中间轴和推力轴作用到推力轴承上,并通过推力轴承传给船体,推动船舶前进。因此推力轴承的作用是传递轴向推力,并为曲轴和轴系轴向定位。

如图 2-74 所示出 L-MC/MCE 型柴油机推力轴承的构造。该机型的推力轴和曲轴锻为一体并位于机架内部,推力环的外圆法兰固定传动凸轮轴的主动链轮,这种布置使柴油机轴向尺寸减小。推力轴承主要由正车推力块 8、倒车推力块 5、推力盘(调节圈)3,9 和其他一些部件等组成。正、倒车推力块各八块,沿圆周方向排列,排成约占 2/3 圆周的扇形面。柴油机正车运转时,螺旋桨的轴向推力通过艉轴和中间轴传到推力环,推力环通过正车推力块和推力盘将推力传给柴油机机座,又通过地脚螺栓传给船体,从而推动船舶前进。为了防止推力块跟随推力环转动,在正、倒车推力块的上方都设有止动器来定位。推力环与推力块之间由

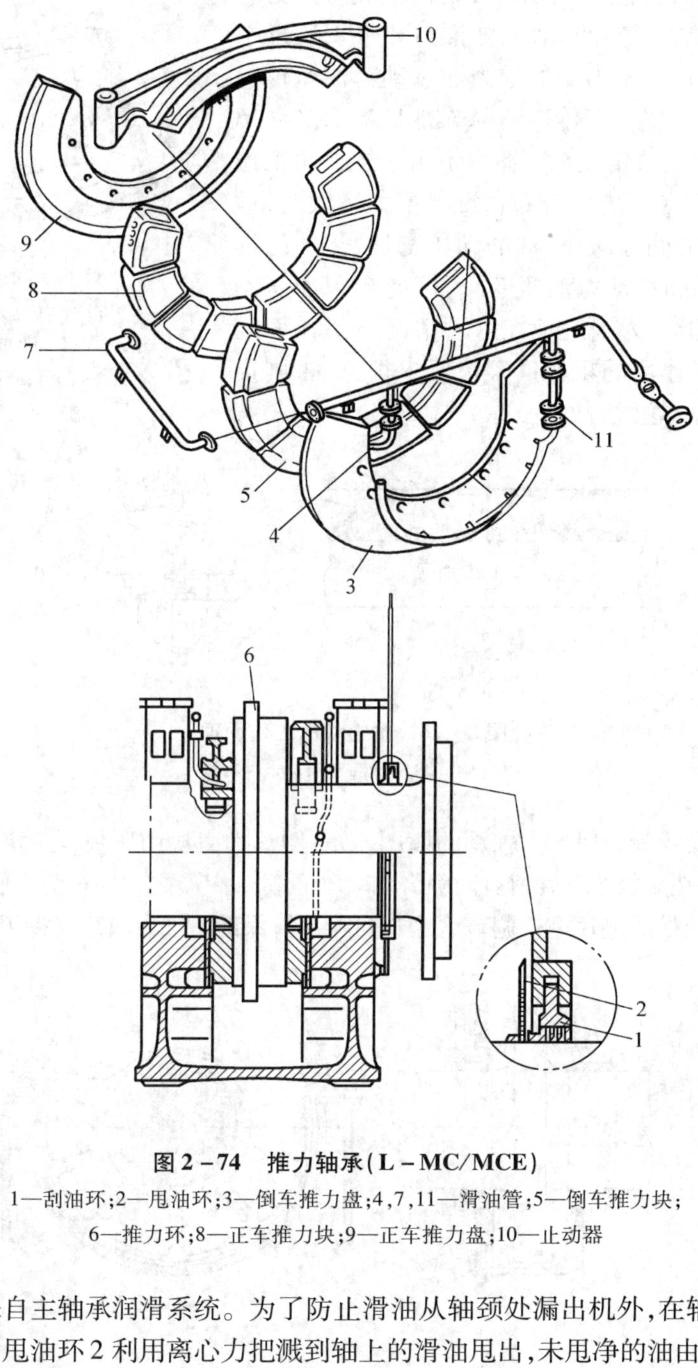

图 2 – 74　推力轴承(L – MC/MCE)

1—刮油环;2—甩油环;3—倒车推力盘;4,7,11—滑油管;5—倒车推力块;6—推力环;8—正车推力块;9—正车推力盘;10—止动器

滑油润滑,滑油来自主轴承润滑系统。为了防止滑油从轴颈处漏出机外,在轴颈上设有轴封。推力轴在转动中,甩油环 2 利用离心力把溅到轴上的滑油甩出,未甩净的油由刮油环刮下。

推力轴承的关键部件是推力块。推力块结构随机型的不同而所有差别,但工作原理是一样的。如图 2 – 75 所示一种推力块的立体图。推力块为一个扇形块,在靠近推力环的工作面浇有白合金 5,并在进油边 2 处制有圆角或斜面,在调节圈一侧有高、低两个面 3 和 1。高低面相交的棱边 *AB* 为工作时的支持刃,工作时它与调节圈工作面靠在一起。推力块两个侧面上都有凸台 4,起着推力块间支承和定位的作用。

推力轴承在正常情况下是在液体动力润滑下工作的。在工作中,如图 2 – 76(a)所示,推力块2绕支持刃偏转一个小角度,使推力块与推力环3的工作面间形成楔形空间,滑油被推力环带入楔形空间,产生了动力油压。推力环的推力通过动力油压传递到推力块上,再经过支持刃传递到调节圈1上,图2-76(b)中的推力块由支持销支承。图中示出了推力块工作面上油的流动情况和压力的分布情况。推力增大时,推力块与推力环间的间隙减小,油的动压增加,传递的推力加大。转速过低时,动力油压变小,可能会因油压不足产生半液膜润滑。为了避免在这种情况下工作面间发生金属接触,工作面的粗糙度等级要求很高,否则推力轴承很容易发生烧损事故。

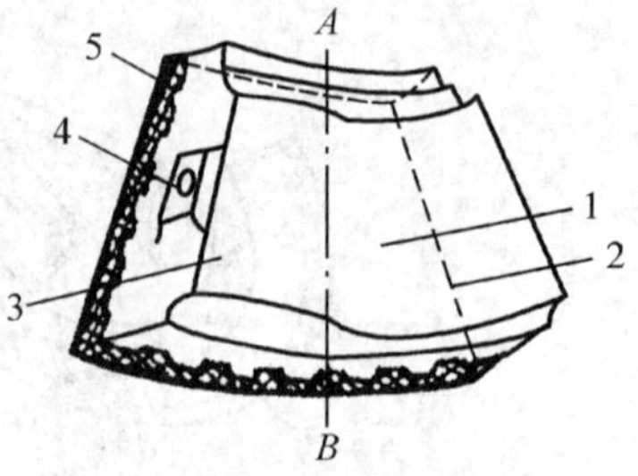

图2-75　推力块

1—低位面;2—进油边;3—高位面;4—凸台;5—白合金

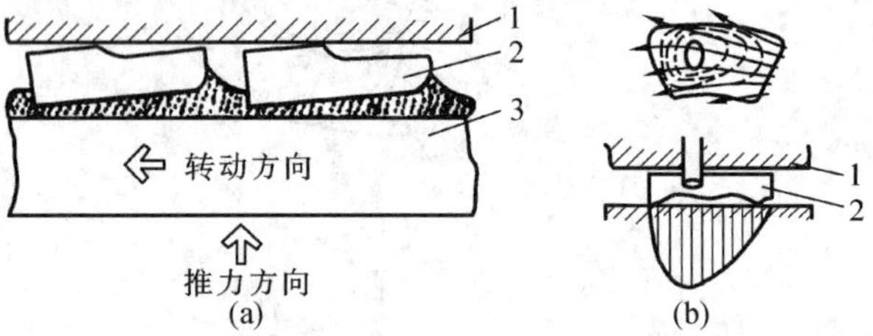

图2-76　推力块的工作原理

1—调节圈;2—推力块;3—推力环

如图2-77所示为一般推力轴承的简图。正、倒车推力块用压板6,7定位。当推力块互相紧靠在一起时,在压板6,7处留有间隙i_1和i_2。间隙i_1+i_2之和要符合说明书的规定,其数值可通过增减压板处的垫片进行调节。这个间隙数值保证了推力块绕支持刃摆动的灵活性。

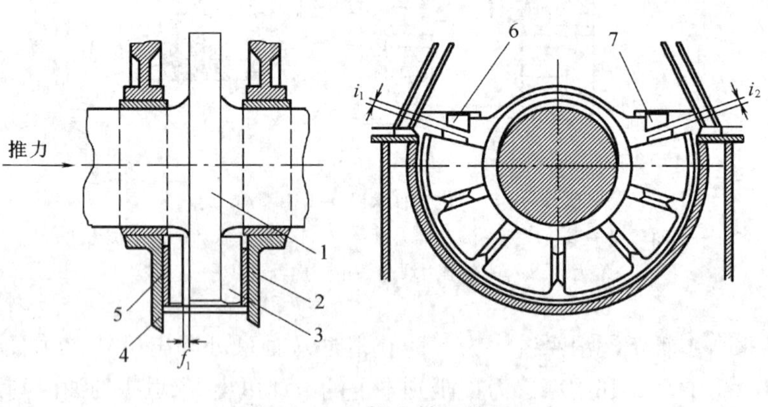

图2-77　推力轴承简图

1—推力环;2,5—调节圈;3,4—推力块;6,7—压板(止动器)

正、倒车推力块3,4靠在正、倒车调节圈2,5上。正、倒车调节圈用来调整推力块推力环间的间隙f_1和曲轴与主轴承之间的轴向相对位置。间隙f_1是用力把推力环压紧在正车推力块上时,用塞尺在倒车推力块与推力环间测量出来的间隙。此间隙也可使轴处在不受轴向力的自由状态下,用两个塞尺在正、倒车推力环处同时测量,然后将这两个数值相加得出。这个间隙的大小要符合说明书的要求,否则要通过调节圈进行调节。作为临时性的调整措施,可在调节圈后加放垫片,在以后修船时再更换调节圈。在工厂安装两排推力块时,调节圈应按下述要求进行调整:当推力环与正、倒车推力块之间各为 1/2 装配间隙时,靠近推力轴承的最后一个曲柄的中心线应向推力轴承方向偏移一个规定的数值。这样做是为了补偿曲轴在运转中的热膨胀,以便尽可能地使各曲柄臂与主轴承之间的轴向间隙保持均等。

第八节　故障和维护管理

柴油机的主要机件由于其工作条件苛刻,在运转中会较多地出现各种故障。这些故障不仅会严重地影响柴油机的运行和寿命,而且会危及轮机人员的生命安全,因此必须在管理中予以高度的重视,防患于未然,尽可能减少各种故障的发生。

一、气缸套常见故障

1. 气缸套的磨损

由于缸套内表面润滑条件较差,所以摩擦磨损、磨料磨损、腐蚀磨损、熔着磨损都是难免的。磨损量沿气缸轴线方向分布如图 2－78 所示。

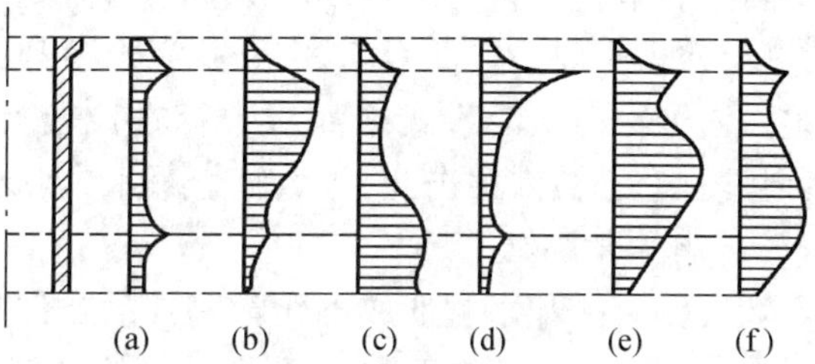

图 2－78　缸套磨损图

如图 2－78(a)所示为摩擦磨损正常分布。磨损量从活塞上止点时第一活塞环的位置向下渐小。活塞环上止点位置对应缸套处位置磨损最严重。这是因为缸壁温度较高,活塞环携油速度低,润滑油难以存在,加之此时活塞对缸壁压力最高,故磨损最大。缸套中下部润滑条件较好,故磨损较少。

如图 2－78(b)(c)所示为磨料磨损较重的磨损。图 2－78(b)为进气中含有大量尘埃或燃油结炭所致,图 2－78(c)是因润滑油中含有较多杂质或金属磨屑所致。

如图 2－78(d)所示为熔着磨损图,这种磨损最易发生在缸套上部,由于此处温度过高,燃气损伤作用最重,更易产生干摩擦的熔着现象。这是一种事故性的损伤,会使磨损表面产生严重粗糙沟痕和金属发生过热的金黄色或蓝色。熔着磨损常会发生在使用初期的磨合阶段。一旦发生若不及时采取措施,熔着磨损面积越来越大,最后,大面积损伤和熔着,使活塞不能滑动而被咬死即称为"咬缸"。二冲程柴油机易在排气口或扫气口的筋肋上,发生熔着磨损。造成熔着磨损根本原因是干摩擦、磨合不良、超负荷运转、冷却不良或配合间隙不当以及燃气窜漏或操作不当等,都可能导致拉缸和咬缸。

图 2－78(e)(f)为腐蚀磨损严重时的磨损量分布。图 2－78(e)为燃用高硫燃油,或频繁低温启动所致,磨损在上部严重。图 2－78(f)是因长期冷却水温过低,缸套下方温度更显得低,冷凝水更易产生酸性腐蚀。

缸套的磨损量轴线方向呈现上大下小,而且在同一横截面内也是不同的。筒形活塞柴油机正常磨损,是缸套横向磨损大于纵向。其原因是活塞对缸套的侧推力在横向,即垂直曲轴轴线的方向,而纵向即指曲轴轴线方向。

缸套磨损量超过规定后,应更换或采取镀缸、修理尺寸法或恢复尺寸法修复。

2. 气缸套裂纹

气体脉动应力及热应力造成机械疲劳与热疲劳或者安装应力过大会使缸套产生裂纹。若缸套有裂纹,工作时高压燃气便会冲入冷却水系统,使冷却水压力波动或出现气泡;停车冷却后缸内会有冷却水漏入并积蓄。怀疑缸套裂纹时,应停止该缸供油,并停车检查,一旦发现裂纹则应根据情况采取金属扣合法修理或更换。

缸套裂纹易发生在安装凸肩与外圆转角处,或在燃烧室内壁或气口间筋肋处。上部裂纹往往是安装应力和疲劳应力过大所至。例如安装135型柴油机缸套,采用缸盖来压缸套时,因为没有加衬密封垫,使缸套压裂。又如两缸套共用一个合铸式缸盖,当两缸套凸肩凸出机体上平面高度不一时,凸出高度大的,安装应力会特大而压破。燃烧室壁和气口筋肋往往因过热或拉缸、咬缸产生裂纹。因冷却水温过低,热应力过大也会产生裂纹。活塞与缸套间隙过大,撞击强烈也加速裂纹产生。如果燃烧压力过大,或燃油量过大也容易造成裂纹产生。

3. 气缸套的穴蚀

在气缸套外表面冷却壁上出现光亮无沉淀物的蜂窝状小孔群损伤称为穴蚀。它是在空泡腐蚀和电化学腐蚀两种因素共同作用下形成的。一般在闭式循环淡水冷却的柴油机中,缸套穴蚀主要由空泡引起;在开式海水冷却的柴油机中,缸套穴蚀则主要以电化学腐蚀为主。穴蚀在筒状活塞式柴油机中存在比较普遍,有的柴油机尽管缸套表面还未磨损多少,但是缸套已被穴蚀击穿,导致缸套漏水,因此穴蚀直接影响着柴油机的寿命和可靠性。

(1)电化学腐蚀

在气缸套冷却水侧形成电化学腐蚀的条件是大量存在的。淡水是弱电解质溶液,海水是强电解质溶液。而缸套材料不论是铸铁还是合金铸铁,它们各处组织并不完全相同,这样在水中就构成了许许多多微电池——电化学腐蚀。在缸套外表面上作用着机械应力和热应力,并且各处是不完全相同的。应力较大处金属的能量高,变得活泼,容易被腐蚀。例如在缸套外圆的棱角和沟槽处因应力集中成为阳极区,应力较小的邻近区域成为阴极区,这样也产生了电化学腐蚀。此外,冷却水中溶解有氧气,在缸套外表面的穴窝处和缸套与缸体的配合处,因水流不通,在温度较高的情况下含氧量少,这样因冷却水中含氧浓度不同而形成氧浓差电池。氧浓度高的部位电位高,形成阳极而遭受腐蚀。死水区周围的腐蚀往往就属于这种腐蚀。

(2)空泡腐蚀

筒状活塞式柴油机的气缸套受到活塞侧推力的作用,当活塞侧推力方向改变时,活塞对缸套产生撞击,引起缸套局部的高真空和高压。当水中压力降低到该温度下饱和蒸汽压力以下时,冷却水蒸发和溶于水中的空气析出而形成空泡。此外,冷却水在流动中,由于方向和流速的突然变化,会引起压力的变化。当压力低于当时温度下水的饱和压力时,也会汽化产生空泡。当空泡受到高压冲击而爆破时,就在破裂区附近产生高压波,它以极短的时间作用在很小的范围内,对缸壁有强烈的破坏能力。在这种高压波的反复作用下,气缸外壁金属表面将不断剥落,形成孔穴。

(3)防穴蚀措施

为了避免穴蚀,就要防止电化学腐蚀和空泡形成。在防止电化学腐蚀方面,常采用在缸体上安装防腐蚀锌板,或在冷却水中加入缓蚀剂和防锈油。也有的柴油机在壁面上镀防腐金属、涂树脂薄膜、进行离子轰击,提高缸套抗穴蚀能力。

为了防止空泡形成，应降低缸套的振动，如增加缸壁厚度；提高缸套支承刚度及增加支承数量；减少缸套的轴向支承距离；减小活塞与缸套的装配间隙；采用宽敞合理的冷却水腔与结构使水流平顺；向水中加添加剂，提高冷却水的消震性能；使冷却水系统具有合理的冷却水温度和必要的压力。

二、气缸盖常见故障

1. 贴合面漏气

缸盖与缸套贴合面常易发生泄漏。少量漏气时，冷却水中会出现气泡。由于密封垫片材料不断硬化，缸盖螺栓不断被加热伸长，泄漏会逐渐严重而引起漏气、漏水和漏油。严重时燃气吹破密封垫片、大量漏气，迫使柴油机停止工作。

造成缸盖贴合面漏气的原因：①缸盖螺栓预紧力不足或严重不均；②密封垫片装反、老化或损坏；③贴合面有杂质在局部梗垫，或贴合面本身有损伤伤痕；④缸盖底面或机体支承面变形，平面度误差严重。

此外柴油机若负荷过重或工作粗暴，也易造成缸盖贴合面漏气。

一般检修后的柴油机试车运转中发生少量漏气时，将缸盖螺栓再均匀收紧即可消除漏气故障。若仍没有效果，则应拆吊缸盖，将密封垫片软化处理或更换损坏的垫片。若仍不奏效，则应检查缸盖底面和与之贴合的平面的平直度或平面度，并用拂刮、研磨甚至磨削等方法修正。

2. 气缸盖翘曲

气缸盖翘曲是其本身发生的塑性变形。它使缸盖各表面失去正确形状。严重时缸盖底面与缸套或机体贴合面不平，造成密封失效，漏气漏水严重，柴油机无法工作。

造成缸盖翘曲的主要原因：①缸盖螺栓预紧力过大或严重不均；②柴油机长期超负荷或最高爆发压力过大；③气缸盖制造加工残余应力严重。

检查缸盖底部安装面翘曲时，对平底板可用直尺和塞尺进行。对环形安装面，可用标准平台（板）用色油法和塞尺法进行。若缸盖底板安装面因翘曲产生凹陷深度在 0.3 mm 以下时，可用刮削方法修正，直至安装平面与平板拖研后色油斑点均匀。如果平面度误差超过 0.5 mm 或者用色油法平板拖研后接触斑点很少时则要用铣削加工修正平面，再用平板拖研、修刮至平直良好。铣削加工量应尽可能少，以免影响强度。对于小型气缸盖，在全长上翘曲量超过 0.4 mm 时，应予报废换新。

3. 气缸盖裂纹

气缸盖裂纹常发生在底板上，最易发生在各阀座孔与喷油器座孔之间。造成缸盖裂纹的根本原因是热应力引起的热疲劳和腐蚀疲劳加上气体压力共同作用。热疲劳裂纹多数在燃气侧形成和发展，并有可能在短期内发生。脉动气体应力产生疲劳裂纹多见于底板的水腔侧表面，破裂断面有贝壳状挤压痕迹。腐蚀疲劳裂纹较多发生在水腔侧表面，但断裂面粗糙。

造成缸盖裂纹的因素较多，例如：①缸盖材质不合要求，抗热疲劳强度低；②制造缺陷，如没有消除制造残余应力，局部结构应力集中严重等；③因结构不当或水垢严重，冷却效果差；④柴油机使用、操作不当，如突然加大喷油量，突然向冷却系统补充大量冷水或者频繁启动，停车等。

此外，在严寒气候下，柴油机停止工作后没有放掉冷却水等情况也会造成缸盖裂纹。

缸盖底面若有裂纹,热态工作时,可从冷却水有大量气泡来分析。冷态时,将拆吊缸盖后洗净烘干裂纹怀疑处,用色油法等显示裂纹。用水压试验检查缸盖底板裂纹时,先用0.7 MPa压力水检查,若有微量渗漏,再用1.5倍最大爆发压力水试验查漏。

底面有裂纹的缸盖一般报废。大型缸盖可用金属扣合法修理使用。缸盖其他表面的裂纹可用覆板法、工程塑料粘补法或金属扣合法修补。对喷油器及阀件座孔孔壁产生裂纹时,可用镶套法修理,先将裂纹座孔镗扩呈圆孔,用青铜或不锈钢车制成镶套,将镶套与扩镗后的座孔以 H7/s6 压配。还可在两者结合端面或圆面敷涂工程塑料,装配后再经0.4~0.6 MPa 的水压试验,要求历时5 min不漏。

三、活塞组件常见故障和维护管理

1. 活塞裂纹

活塞裂纹多出现在活塞头部和销座处。活塞头部顶面裂纹有径向或圆周向裂纹、起吊孔边缘裂纹及第一道环槽根部裂纹。如图2-79所示出了在活塞头上较常出现裂纹的部位和裂纹形态。

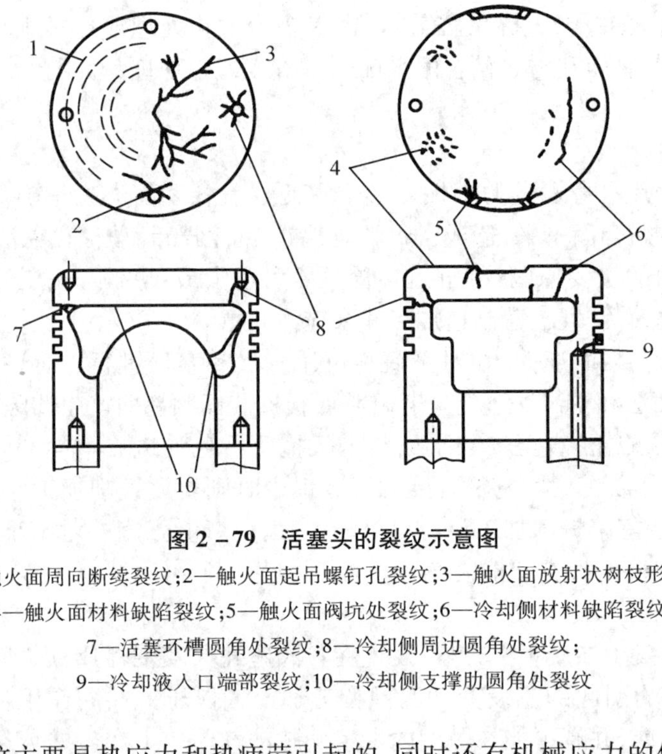

图2-79 活塞头的裂纹示意图

1—触火面周向断续裂纹;2—触火面起吊螺钉孔裂纹;3—触火面放射状树枝形裂纹;
4—触火面材料缺陷裂纹;5—触火面阀坑处裂纹;6—冷却侧材料缺陷裂纹;
7—活塞环槽圆角处裂纹;8—冷却侧周边圆角处裂纹;
9—冷却液入口端部裂纹;10—冷却侧支撑肋圆角处裂纹

活塞头部裂纹主要是热应力和热疲劳引起的,同时还有机械应力的作用。在正常工作条件下,活塞头部各处存在着温差应力和高压燃气作用的机械应力等,而且这些应力又都是周期性变化的。当喷油定时不正确、燃油雾化不良或火焰直接触及活塞顶面时就会造成局部过热,引起过大的热应力,当柴油机超负荷运转时也会引起热应力。过大的热应力会引起裂纹。柴油机频繁启动、停车也会引起热疲劳裂纹。

活塞顶面裂纹还会因冷却不充分,活塞顶面散热不良所致。例如水冷活塞冷却侧结垢严重或活塞顶面积炭严重时就会使活塞顶面局部过热,导致裂纹。通常,结垢层或积炭层超过0.5 mm时，因为过热产生裂纹的可能性就会急剧增加，所以为防止裂纹产生，柴油机应定期吊缸检修，加强冷却水的定期处理等维护保养工作。

活塞顶面的起吊孔边缘和第一道环槽根部会因应力集中产生裂纹。

活塞顶板冷却侧、筒形活塞的活塞销座处产生裂纹更是屡见不鲜。主要是由于过大的机械应力引起的，同时还会由于设计不良、材质不佳和毛坯制造缺陷等在这些部位存在应力集中而加速裂纹的产生。

活塞出现裂纹后，根据情况可采取修理或换新等措施。

2. 活塞顶烧损

活塞顶金属材料有时会逐渐被烧蚀，使活塞顶越来越薄，强度越来越差。若喷油器喷出的油束直接到达活塞顶面，活塞的冷却腔太脏使冷却不良、导热不好、局部过热等，会使烧损速度加快。活塞顶烧损在直流扫气及油冷柴油机活塞上出现较多。因为这种柴油机的两只喷油器分别装在气缸盖排气阀的两侧，它喷出的油束在气缸中分布不均匀，且容易喷在活塞顶上。此外，活塞用滑油冷却，冷却效果较差，又易形成积炭，使活塞顶表面温度升高。活塞顶部烧蚀后，可采取改变安装位置继续使用、焊补修理或换新等措施。

3. 活塞磨损

活塞磨损包括活塞本体、活塞环和活塞销的磨损。活塞本体的磨损主要发生在裙部、环槽和销座上。

(1)活塞外圆表面磨损

它是指活塞裙部的磨损。四冲程筒形活塞式柴油机的裙部磨损发生在左右方向上，磨损后出现椭圆度，短轴在左右方向上。在轴线方向上出现锥度(上部磨损比下部要大)。十字头式柴油机裙部可能会出现某一方向偏磨的情况。活塞裙磨损后，可采取光车，涂、镀、焊修理或换新等措施。

(2)活塞环槽平面磨损

它是指环槽上下端面的磨损。环槽平面磨损不仅增大活塞环天地间隙，且因磨损不均，引起环槽平面不平而使活塞环天地间隙不均匀，从而造成漏气，使得气缸内压缩压力和爆发压力下降，滑油与燃油容易进入间隙形成积炭，环槽过度磨损还会使活塞环在环槽中产生扭转与弯曲甚至断裂或粘住而失出弹性。环槽磨损后，可采取光车、喷焊、堆焊、镀铬、镶垫环等措施。

(3)活塞销座磨损

活塞销磨损后使销孔呈椭圆状，即上下方向直径增大，沿销轴线方向还可能会出现锥度，使销轴中心线发生倾斜。

4. 活塞环异常磨损、黏着和折断

(1)活塞环异常磨损

在正常情况下，若活塞环得到良好的润滑，则它的磨损速度通常不超过0.3～0.5 μm/h，活塞环的厚度也基本上均匀，属于正常磨损。若活塞环磨损后厚度极不均匀(往往开口的对侧磨损更严重)，或者磨损速度很快，则称为异常磨损。

活塞环异常磨损和设计、材质、热处理等因素状况有很大关系。若柴油机磨合不良，运行中超负荷、润滑不好、滑油品质不合要求、燃烧不良、冷却不佳、摩擦表面有硬质颗粒等，都会使活塞环产生异常磨损。如图2－80所示为活塞环正常磨损和异常磨损外观状态的示意图。其中图2－80(a)为正常磨损。活塞环外表面光滑无毛刺，较清洁，无硬化层，上表面的外形呈鼓形。图2－80(b)为被硬质颗粒划伤。在活塞环外表面有较均匀的划痕,无光泽,表面无硬化层。图2－80(c)为由于缺油,异常磨损仍在继续。环的外表面平直(不呈鼓形),棱边锐利且有毛刺,表面有不规则的斑点和硬化层。图2－80(d)为状态正在变好的过度磨损。弧形的棱边已经出现,沿棱边已经出现了平滑且较软的带状区,但中心环带尚有磨痕和硬化层。若继续加强润滑,运转一个阶段就会变为正常磨损状态。

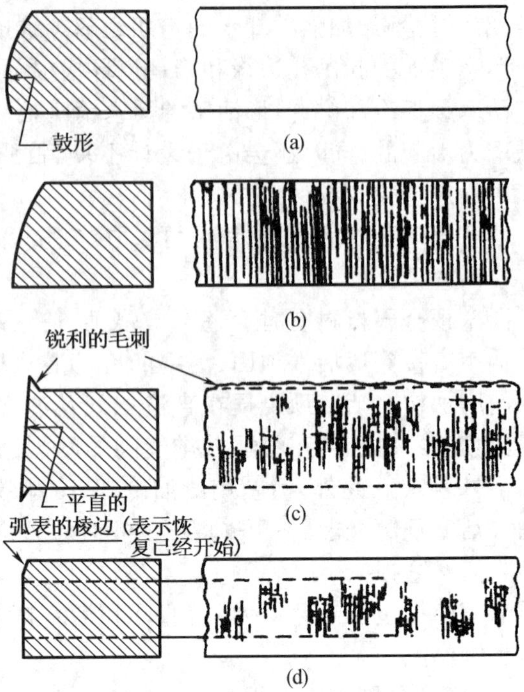

图2－80　活塞环外观状况示意图

(2)活塞环黏着

在正常情况下,由于活塞的往复运动和横向振动,活塞环在环槽中是作上下运动、径向运动和圆周向转动。若活塞环区形成沉积物,并压进了活塞环槽的间隙中,沉积物就可能固化,阻止活塞环在槽中运动。活塞环在环槽中不能自由运动称为活塞环黏着。

活塞环的黏着大多是由于活塞或气缸过热、滑油过多、滑油不净、燃烧不良等原因造成的。活塞或气缸过热可使过多的滑油变成油泥附着在环槽内,产生使活塞环黏着的沉积物。当燃烧不良生成的炭粒、活塞上的承磨环磨损产生的颗粒也积存在环槽中时,就会使黏着活塞环的沉积物加速生成和固化。通常活塞环的黏着首先发生在活塞环的一部分,然后逐渐扩大到整个环。活塞环黏着,将导致气缸漏气、活塞环断裂,严重时形成拉缸。

(3)活塞环折断

活塞环的折断多出现在上面几道活塞环中,有的从环端附近断裂,有的断成几段甚至折断成小碎块。环断后不但影响燃烧室的密封性,而且碎块也容易进入增压器,使增压器损伤。

活塞环折断的原因有:

①搭口间隙过小,活塞环工作时没有充分膨胀的余地,在搭口的对侧折成两段;环槽内积炭,在活塞环的下面有坚硬的积炭时,环就会在交变的弯曲作用下发生折断;由于活塞在气缸中的横向振动会使环在环槽中移动位置,使环在杠杆作用下逐段折断,最后断成许多小段,此时环槽往往磨损成波形。

②活塞环压入时,若活塞环的工作不能与气缸壁很好贴合,高压气体将从贴合不好处"楔入"而作用在环的外工作面上,把环压入槽内。当气缸内气体压力降低时,原来压入的环可能靠本身的弹力重新弹出,这样重复作用时间久了就会使环由于疲劳而断裂。近年来发现,活塞环压入是造成环断的主要因素。

③气缸套失圆,环端挂气口、环槽过度磨损使环受到扭转和弯曲,活塞头部由于热膨胀变形使环槽缩小且向下倾斜以及环和气缸套上的磨台撞击等,也会造成活塞环断裂。

5. 活塞组件维护管理要点

为了减少活塞组件可能出现的故障，提高工作可靠性，在维护管理中应着重注意以下几个方面。

(1)磨合

在柴油机制造完工或新换了气缸套与活塞环时，由于新的摩擦表面尚未获得所需的形状和粗糙度，耐磨表层也没有形成；若一开始就加至使用负荷，将会因漏气等原因，使工作表面遭到严重损伤甚至不能继续运转。因此在投入正常运转前必须经过一个逐渐加负荷的过程即为磨合，又称跑合。磨合分冷磨合和热磨合，船用柴油机采用热磨合。

磨合是通过磨损的方法达到的，必需的磨合磨损量取决于缸径大小及气缸活塞组的制造安装精度，用尽量少的时间达到良好密封的目的，这是组织磨合过程时所追求的目标。由于磨合过程的复杂性，现在尚无公认合理的标准方法。但是各柴油机制造厂都在说明书中给出了各种机型的磨合程序，使用中应严格按规定程序进行磨合。

磨合时所使用的滑油品质和数量也有严格要求。在磨合时气缸润滑应使用纯矿物油或低碱性气缸油，以便获得一定的腐蚀磨损，加快磨合过程。在磨合过程中应增加气缸油供应量，因为此时缸壁表面比较粗糙，滑油沿缸壁的分布不良，活塞环尚未获得最佳形状，甚至可能将滑油刮掉；滑油还可能被漏气吹走，需要补充滑油来密封燃烧室。如 L－MC/MCE 型柴油机说明书中规定，磨合的前 20～24 h 内，应将气缸注油器调节手柄放至最大供油位置，并在最初运转的 1 000～2 000 h 内，建议比正常供油量多 50%。

(2)参数

严格控制柴油机的运行参数在所规定的范围内。

(3)润滑

良好的润滑，特别是要确保活塞组件和气缸之间的良好润滑，并保证供油量和滑油的品质。

另外，检修时仔细观察活塞组件的状况并测量有关的尺寸数据。

四、十字头、连杆组件常见故障和维护管理

1. 十字头滑块白合金偏磨和疲劳碎裂

滑块在导板上的运动规律和活塞在气缸中的运动规律完全相同。但由于曲轴箱中温度低、滑油供应充分，滑块和导板的工作条件要比活塞和气缸套好得多，并且滑块所受的比压设计得较小，因此在一般情况下滑块和导板寿命较长，故障较少。

但由于滑块在上、下止点时速度为零，而且在上、下止点附近存在着侧推力换向和正、倒车导板更替所产生的敲击，因此也会出现某些故障。出现较多的故障是滑块上白合金偏磨和疲劳碎裂。白合金偏磨主要是由于导板或滑块安装不正、主轴承偏磨、导板与滑块间隙不合要求以及润滑不良等原因造成的。白合金碎裂除和安装、润滑等因素有关外，主要是由于白合金浇注不良、超负荷运转及导板滑块间隙过大所造成的。因此应定期检查导板与滑块间隙的大小、润滑状态和工作表面状况。

2. 连杆小端轴承（十字头轴承）维护管理

连杆小端轴承负荷大、润滑条件差，运行中易出现故障。管理中要注意确保滑油油压、油量等的正常供应。为提高十字头轴承的工作可靠性，除提高滑油压力外，在滑油的流向上还将滑油首先引入十字头轴承，以确保油压。检修时要仔细观察轴承和轴颈的表面状况和进行必要的测量,以检查是否有偏磨、表面是否变粗糙。

3. 连杆杆身弯曲和疲劳裂纹

十字头式柴油机连杆主要承受压应力,由于柴油机转速低,对连杆的质量和尺寸限制不像筒形活塞式柴油机连杆那样严格,因此连杆杆身一般很少出现故障。筒形活塞式柴油机连杆受拉、压交变应力,尺寸要求严格,转速高,连杆杆身易产生弯曲变形和疲劳裂纹。

(1)弯曲变形

在压应力及摆动附加弯矩长期作用下,连杆杆身犹如压杆会产生弯曲塑性变形。杆身弯曲变形在最高爆发压力过大或缸内积水发生液击现象时更易发生。连杆弯曲有如图2－81所示三种变形形式。如图2－81(a)所示为连杆大小端轴线平面内弯曲,它使大小端轴承孔轴线不平行,造成活塞在气缸内歪斜(失中)使轴承局部负荷过重,其原因往往又是因轴承长度方向磨损不一而形成;如图2－81(b)所示为扭转弯曲;如图2－81(c)所示为摆动平面的弯曲,它使连杆长度缩短,压缩比减小。连杆弯曲塑性变形用检查连杆长度(大小端孔的中心距)和大小端轴承座孔中心线平行度来确定。可采用冷态或热态机械反变形校直法来校正。

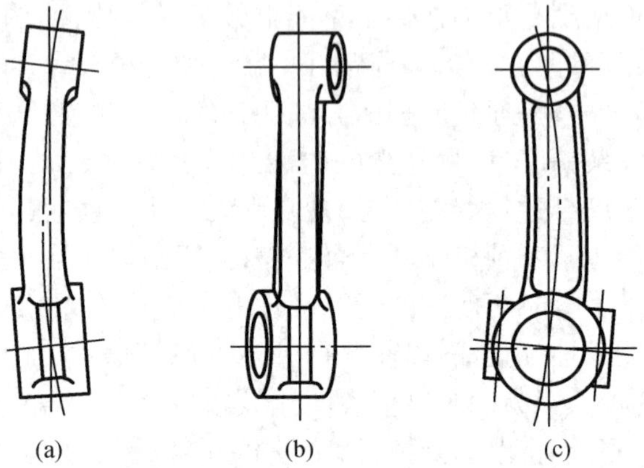

图2－81　连杆变形示意图

(2)疲劳裂纹

连杆杆身裂纹是脉冲负荷反复作用的疲劳破坏。当连杆受到冲击力过大以及杆身材料强度不足或应力集中严重时都会产生裂纹。小型高速机连杆容易产生裂纹。杆身中部裂纹多由于杆身碰伤或运转操作不当所致;在杆身与大端或小端过渡处若圆弧不够也会产生裂纹;在螺栓(螺母)支承面与圆弧过度尖角处因应力集中严重也易产生裂纹。

尤应强调指出:使用中或修理中伤害杆身表面,会形成疲劳裂源,如某船曾因连杆大端出油口与输油管松脱经烧焊后发生连杆大端断裂,毁坏机架。原因是焊接工艺不当,在杆材中留下残余应力和裂纹源。

检修中对有裂纹怀疑的连杆应先彻底清洁怀疑处,再用色油法并借助放大镜检查裂纹。厂修时,可用磁力探伤来仔细检查连杆裂纹。连杆发现裂纹则应报废。平时检修对杆身任何伤痕都应用油石等修整光洁。

4. 连杆螺栓损坏

连杆螺栓若在运行中断裂,不仅造成柴油机严重破坏,而且会危及轮机人员的生命安全。连杆螺栓断裂的原因除螺栓本身的疲劳损坏外,往往是由于其螺母没有锁紧,在运转中逐渐松动或松脱所造成。检修时要特别注意检查连杆螺栓,有条件时应进行探伤检查。安装时,一定要按说明书规定的预紧度紧固,不要过大或不足;安装后对连杆螺母是否拧紧到位和锁紧情况要检查确认。

五、曲轴组件常见故障和维护管理

1. 曲轴检验的主要内容

曲轴组件是柴油机中最重要的部件，因此在维护管理中应给予高度的重视。对曲轴进行检验的主要内容有：

(1)检查轴颈无擦伤、蚀坑、机械损伤和磨损情况，曲轴吊起时应检查轴颈的椭圆度和圆柱度，轴颈的椭圆度与圆柱度不应超出相应的规定值；

(2)检查轴颈特别是圆角及油孔附近有无裂纹，必要时应用有效方法进行探伤，对曲轴裂纹，可按有关的技术规定研究处理；

(3)检查曲轴红套或压力配合处有无松弛或位移现象；

(4)检查分段式曲轴的法兰连接及组装式曲柄臂与平衡重块的紧固是否可靠。

2. 曲轴的常见故障

曲轴在使用中常见故障有轴颈磨损、曲轴挠曲、疲劳损坏和红套滑移等。

(1)轴颈磨损

曲轴轴颈表面轻微磨损表现为表面擦痕，划痕变粗糙。这是润滑油含杂质、表面不清洁或轴承粗糙等原因所致。有伤痕时应用砂布、油石或修磨夹具加以去除并抛光，以减少造成应力集中源的可能。

曲轴长期工作后的轴颈必然发生磨损，轴颈磨损是不均匀的。二冲程柴油机及大多数四冲程柴油机，曲柄销外侧的磨损大于内侧(靠近曲轴轴线一侧)的磨损。这是因为气体力的作用大于惯性力，活塞连杆以受压为主，因此曲柄销磨损主要在外侧，而主轴颈则是远离曲柄销的一侧磨损较大。

有些四冲程柴油机，由于惯性力较大，或连杆大端刚性较差而产生变形，其曲柄销内侧的磨损大于外侧的磨损。四冲程柴油机的主轴颈受力方向与曲柄销相反，故主轴颈的磨损是在靠近曲柄销的一侧较大。

当轴颈形状误差超过规定值，则进厂修理，用光车或磨削工艺消除形状误差。经过多次车、磨修理后，曲轴轴颈直径减少量一般不超过原始尺寸的5%，同时应进行强度校核，以达到国家船舶检验规定要求。对于轻微不均匀磨损可用色油法来配合手工修挫加以修正。但不论哪种修理，最后都应对曲轴轴颈进行抛光处理，并吹净油道杂质。

(2)曲轴挠曲

大中型柴油机的曲轴较细长，刚性较低。安装后，自重使主轴颈座贴于主轴承下瓦表面。当各主轴承中心高低不一时，安装后的曲轴中心线就不是一根平直线而是呈弯曲弧线。若某曲柄的两主轴承低于相邻主轴承，则曲轴轴线在此则呈下塌挠曲状态。相反，若某曲柄两主轴承较相邻的主轴承高，则此处曲轴轴线呈上拱弯曲状态。

可以通过测量曲柄销在不同位置时的曲柄臂距进行比较，即可判断该曲柄的轴线挠曲的情况。一般规定垂直方向的臂距差为曲柄销在上止点时臂距 L_1 减去曲柄销在下止点的臂距 L_2，即臂距差 $\Delta = L_1 - L_2$。如图 2-82(a)所示，当某曲柄处曲轴轴线呈下塌挠曲时，曲柄销在上止点时曲柄臂距 L_1 将大于曲柄销在下止点时的曲柄臂距 L_2，则 $\Delta = L_1 - L_2 > 0$，此曲柄状态称为下叉口，并用“∧”符号标记，说明该曲柄的两主轴承比相邻两侧的主轴承位置低。相反，若 Δ 为负值，则该曲柄轴线呈上拱挠曲，此曲柄状态称为上叉口，用“∨”符号标记，说明该曲柄两主轴承位置较高，见图 2-82(b)。水平方向臂距差也用类同方法计算标记。

随着曲轴的不断回转，两个曲柄臂就不断扩张、缩拢变形。由于曲柄臂和主轴颈的连接刚性较好，故变形主要发生在曲柄臂与曲柄销连接处，使得两者之间的夹角 α 与 β 不断变化，存在较大的附加弯曲应力，而且其数值大小难以精确计算与控制，是引起曲轴弯曲疲劳断裂的主要原因，所以在安装、管理中应该严加监视和限制。

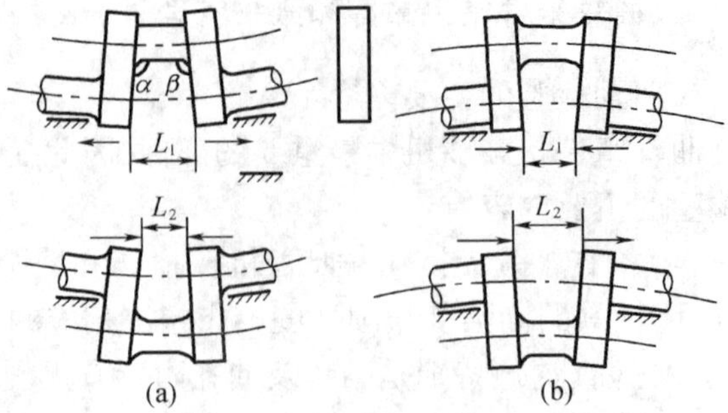

图 2－82　挠曲与臂距差

(a)下塌挠曲；(b)上拱挠曲

致使曲轴挠曲的直接原因是各档主轴承中心高低不一。各档主轴承高低不一的形成原因除了各主轴承磨损不均而下瓦厚薄不一外，还有可能因船体变形导致机座变形而引。常用的检测方法是测量各档臂距差及各主轴颈的桥规值，从而进行相应调整。

(3)疲劳损坏

曲轴工作一段时间后，有时会疲劳损坏。疲劳损坏是曲轴在交变负荷作用下产生裂纹并逐渐扩展，随着裂纹的逐渐发展，承载截面逐渐减小，最后因截面尺寸不足而发生突然断裂。

疲劳损坏的形式可分为两种，即弯曲疲劳损坏和扭转疲劳损坏。曲轴的疲劳损坏究竟是由弯曲应力，还是由扭转应力或两者合成引起的，主要应根据断面纹理判断。疲劳损坏的断面可分为三个区域，即初始裂纹区、渐断纹理区和突断区。这三个区域体现了疲劳损坏过程发展的三个阶段。初始裂纹区是断面纹理的发源地，渐断纹理区是由于两断裂面间的摩擦形成的。断面纹理因为引起疲劳的原因不同有波浪线和螺旋线之分，如图 2－83 所示，在这个区域中，因有污物存在，颜色黯黑。突断区断开的截面具有冲击折断的特点，晶粒粗糙明亮，与暗的平滑纹理断面形成了明显的区别。

①弯曲疲劳损坏

首先产生在曲柄销圆角或主轴颈圆角处，然后向曲柄臂发展。这是因为对于承受弯曲来说，曲柄臂比主轴颈和曲柄销弱。弯曲疲劳的断面是与轴线垂直的，裂纹线为波浪线，如图 2－83(a)和图 2－84(a)所示。

曲轴弯曲疲劳破坏，通常是由于轴颈不均匀磨损所造成的主轴承不同轴度而引起的。特别是如某个主轴承过低，则当柴油机不工作时，轴颈与下瓦脱开；而当柴油机工作时，轴颈又要压到轴承上，因此这段曲轴就会产生过大的变形和过大的交变弯曲应力。由于轴承的不均匀磨损要经过一定的运转时间才会发生，因此弯曲疲劳损坏很少发生在未经长期使用的柴油机上。

②扭转疲劳损坏

曲轴在驱动力矩作用下产生交变的扭转应力，以及由于曲轴的扭转振动还会产生附加的交变扭转应力，它们会引起曲轴发生扭转疲劳损坏。扭转疲劳裂纹发生在加工不良的油孔或圆角处。轴颈的疲劳裂纹多从油孔开始，然后向与轴线成45°的方向发展，所以往往出现两条对称裂纹。起始于圆角处的扭转疲劳裂纹，由于轴颈的抗扭截面模数比曲柄臂的弱，因此裂纹多自圆角部位向轴颈发展，较少向曲柄臂上发展，如图2－83(b)和图 2－84(b)所示。

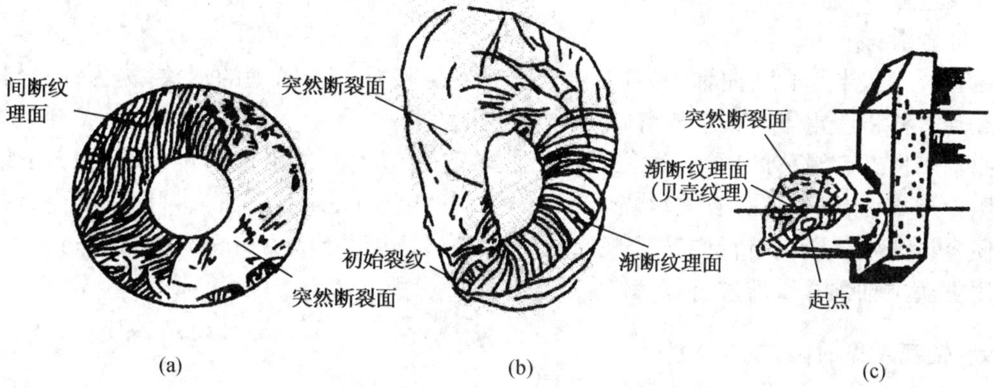

图 2-83　疲劳损坏断面示意图

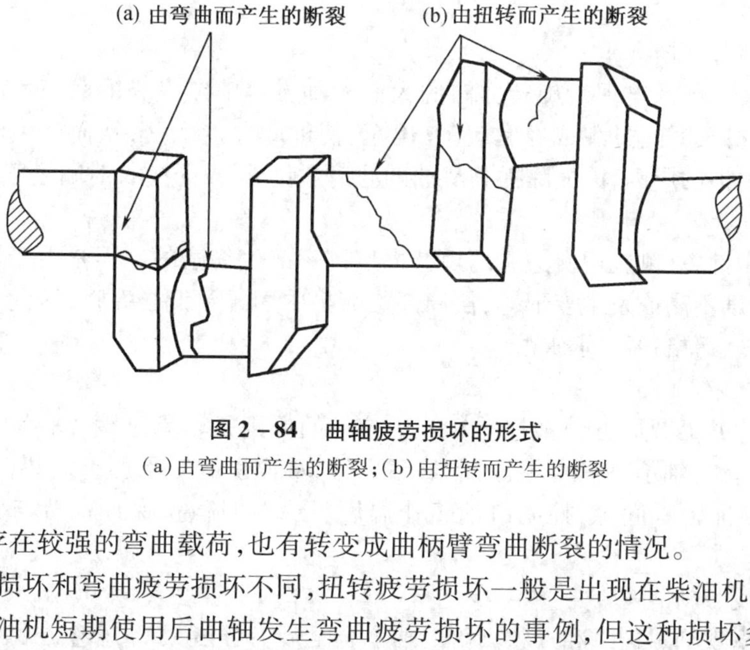

图 2-84　曲轴疲劳损坏的形式

(a)由弯曲而产生的断裂;(b)由扭转而产生的断裂

但是,若同时存在较强的弯曲载荷,也有转变成曲柄臂弯曲断裂的情况。

扭转疲劳损坏和弯曲疲劳损坏不同,扭转疲劳损坏一般是出现在柴油机运转初期。虽然也曾有过柴油机短期使用后曲轴发生弯曲疲劳损坏的事例,但这种损坏多数是由于曲柄、主轴承座或机座刚性不足所致。目前柴油机扭矩、扭振的计算及测量方法比较成熟,只要扭振减振器不发生故障和飞车,又不过于疏忽,通常不会出现扭转疲劳损坏。相反,弯曲应力复杂,难以计算精确,而且轴承磨损后能产生很大的附加弯曲应力,因此,曲轴的弯曲疲劳损坏多于扭转疲劳破坏。

曲轴材料的缺陷也是导致疲劳损坏的原因之一。曲轴的材料可能有缩孔、气孔、收缩裂纹、夹渣、偏析等缺陷,当这些缺陷处在应力集中部位时,危险性就更大了。若柴油机使用中滑油变质使圆角处腐蚀,或由于滑油中进水、停机后轴颈表面有凝结水(在潮湿空气中易出现)使轴颈油孔或圆角腐蚀,都有可能使曲轴发生腐蚀疲劳损坏。

为了防止曲轴疲劳损坏,在管理中要注意检查曲轴轴线的状态、轴颈与下瓦的贴合情况,在操车时要尽快越过临界转速区,注意对扭振动减振器的检查和保养,要注意化验滑油和利用分油机分离滑油。如发现疲劳裂纹,要查明并消除引起裂纹的原因,并根据有关要求对裂纹进行处置。

4. 红套滑移

在套合式或半套合式曲轴中,其套合处有时发生相对位置错动的现象,称为红套滑移。曲轴红套滑移将严重影响柴油机各缸定时、燃烧和功率。

曲轴产生红套滑移的原因,往往是由于曲轴受到过大的冲击性扭矩引起的。例如,当爆发压力过高,或发生拉缸及轴承烧熔时,曲轴的扭矩比正常工作大得多,曲轴红套处扭曲位移便容易产生。所以航行中若发现曲轴红套滑移,只能降低负荷暂时维持航行,待进厂后采用更换主轴颈并重新进行红套修复。

六、轴瓦常见故障

1. 拉毛与擦伤

轴瓦工作表面出现沿旋转方向的沟槽和划痕。产生拉毛与擦伤的原因是由于在滑油中混入了硬质异粒或装配时清洁工作不良,因此在维护管理中要提高滑油滤清效果和装配时的清洁工作质量。

2. 磨料或熔着磨损

在轴瓦主要承载区出现沿旋转方向的大面积细微擦痕或发亮的磨痕。滑油中含有细小的杂质,柴油机长时间过载或经常启动、停车,使油膜厚度太薄,从而产生混合摩擦是导致磨料或熔着磨损的原因,因此除提高滑油的滤清质量外,要避免长时间过载或频繁启动。

3. 偏磨

在轴瓦的中部,一侧或两侧边缘出现磨损痕迹。产生偏磨的原因是由于轴颈或轴承孔的圆柱度、同轴度不高或发生变形等,使局部负荷集中而导致混合摩擦,因此要提高轴颈和轴承孔几何精度,严格控制同轴度。

4. 咬粘

合金层熔化并沿圆周方向被拖动。产生咬粘的原因是轴承过载、润滑不良或断油、轴承间隙过小、瓦背与轴承座贴合不好,散热不良等,从而引起轴承严重发热,合金层软化或熔化,因此要保证轴承间隙,控制滑油工作温度、压力和流量,保证瓦背与轴承座的贴合质量。

5. 龟裂或疲劳剥落

轴瓦表面出现细致裂纹和片状剥落。轴承合金疲劳强度太低,合金层太厚,轴承过载,轴承工作温度太高,轴承变形等都会引起轴承表面负荷分布不匀,导致局部峰值压力而使合金层产生疲劳裂纹。当龟裂的疲劳裂纹向深度发展至结合面附近沿横向延伸,彼此交接,最后导致合金层剥落。

因此,为避免轴瓦出现龟裂或疲劳剥落,应采用疲劳强度高的合金材料;保证轴瓦加工质量,在管理中不但要避免长时间过载,而且要控制好滑油的工作温度、压力和流量。

6. 轴瓦表面出现针状大面积麻点或滴状、条状剥落

产生腐蚀和气蚀的原因是滑油变质或滑油中混入了不完全燃烧产物,会导致轴承合金的化学腐蚀;由于轴颈做剧烈的向心运动或油压剧烈波动产生的瞬时低压,会形成气泡而导致气蚀。因此,保证滑油黏度,采用防泡性较好的滑油或加入防泡沫添加剂等是防止气蚀的措施;而防止燃烧产物混入滑油,经常检查滑油质量等则是减少轴瓦腐蚀的有效措施。

七、机架、机座和贯穿螺栓的维护管理

1. 严防曲轴箱爆炸

曲轴箱上的防爆门(安全释放阀)要定期进行功能试验。运转中经常触摸曲轴箱,若发现过热要及时查找原因。

2. 及时处理曲轴箱各道门和密封盖板处的漏泄现象

曲轴箱各壁面道门和密封盖板很多,要及时处理各种漏泄现象,以免造成严重事故。特别是机座周围和油底壳漏泄容易造成滑油流失和润滑系统失压,因此更要密切注意。这可以通过曲轴箱及机座四周壁面上是否有漏泄现象和柴油机周围舱底水中含油多少进行判断。

3. 定期检查机座内、外表面的裂纹

机座是整台柴油机的基础,承受很复杂的应力,容易出现疲劳裂纹。主轴承座孔周围形状复杂,易出现应力集中,更是裂纹的多发区。机座内表面和滑油接触,正常情况下滑油本身基本没有腐蚀性,但滑油污损变质后会使机座遭受腐蚀。这种腐蚀在柴油机停止运转时由于污物停滞,比运转时更为严重。当发动机由热态变为冷态时,机座表面有凝水出现也会产生腐蚀作用。腐蚀处,应力集中、强度下降,成为裂纹发源地。焊接机座的焊接不良处、铸造机座的铸造缺陷区及因为船体变形使机座受到较大附加应力的地方,也都可能出现裂纹,所以对机座内、外表面要定期检查。

柴油机的不平衡力和力矩都要作用到地脚螺栓上,船体变形有可能使地脚螺栓受到剪切作用,所以还要定期检查地脚螺栓有无松动和断裂。

4. 防止贯穿螺栓断裂

贯穿螺栓断裂的事例并不罕见,除和制造质量有关外,还与安装时预紧力是否均匀有密切关系。贯穿螺栓都是使用专用液压拉伸工具固紧。为了防止贯穿螺栓受到附加弯曲应力的作用,贯穿螺栓要与螺栓孔同心,两端螺母不能偏斜。上紧时要严格按如图 2－85 所示顺序进行,不准单根上紧和放松,一定要成对进行。固紧时要分两个阶段,每个阶段应达到的螺栓伸长量或液压工具的泵油压力需符合说明书的要求。对固紧情况要定期检查(新机一年一次,老机四年一次),贯穿螺栓预紧后应注意将其中部的连接套或止动螺钉固紧。

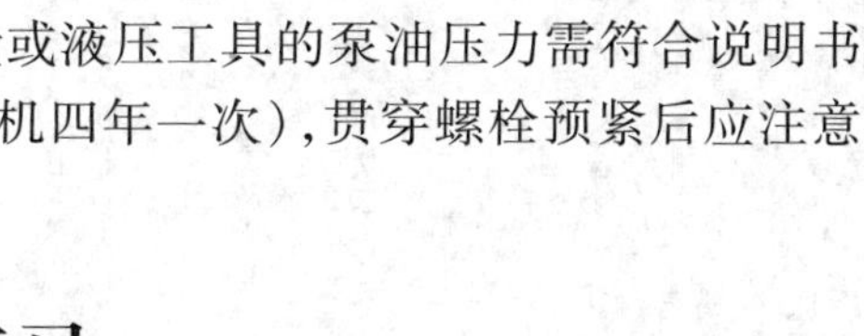

图 2－85　贯穿螺栓上紧顺序

思考与练习

1. 柴油机有哪些主要机件,各有何作用?
2. 气缸套有什么用,工作条件如何,对它有哪些要求?
3. 气缸盖有什么用,对它有哪些要求,它有哪几种结构形式,各有何使用特点?
4. 什么叫作薄壁强背结构,它突出的优点是什么?
5. 筒形活塞和十字头活塞组件由哪些部分组成,活塞有哪几种冷却方式?
6. 活塞环有哪些类型,各有何功用及特点?

7. 简述十字头组件的功用和结构特点。

8. 筒形活塞式柴油机的连杆结构有何特点?

9. L－MC/MCE 型柴油机连杆与 RTA 柴油机连杆有何区别?

10. 从测量取得 6ESDZ43/82B 型柴油机某缸压缩比为 11,改为 11.5,应如何进行调整(单位:mm,计算结果保留小数点后一位)。

11. 曲轴主要有哪些功用,其工作条件复杂体现在哪些方面,它有哪些形式,各有何特点?

12. 简述主轴承的功用、分类和结构特点。

13. 气缸套磨损有哪些原因,会形成怎样的截面形状?

14. 气缸盖有哪些常见故障,应采取哪些预防措施?

15. 活塞组件常见缺陷有哪些,维护管理应注意哪些方面?

16. 试分析曲轴产生弯曲疲劳和扭转疲劳的特征和原因。

17. 柴油机轴承有哪些常见缺陷,如何避免和减少?

第三章　换气与增压

【知识目标】

1. 简述四、二冲程柴油机的换气过程及其评价指标；
2. 准确描述换气机构的功用、组成及工作过程；
3. 正确描述气阀间隙的定义，并掌握气阀间隙过大、过小对柴油机的影响；
4. 正确描述配气正时的意义；
5. 熟悉柴油机各种废气涡轮增压系统的组成、工作特点；
6. 简述废气涡轮增压的两种基本形式及其特点和比较；
7. 掌握废气涡轮增压器的结构和工作原理。

【能力目标】

1. 具有换气机构正确组装的能力；
2. 能进行气阀间隙的检查和调整；
3. 能进行配气正时及气阀升程的检查和调整；
4. 能对增压系统在使用中压气机出现喘振的原因进行分析判断；
5. 分析换气机构和增压器故障，并能进行正确的维护管理。

第一节　换气过程

柴油机每完成一个工作循环，必须排出气缸内做功后的废气，充入新鲜空气，为下一个工作循环的进行提供必要的条件。这个从排气开始到进气结束的整个工质更换过程称为换气过程。

对换气过程的要求是：废气排得越干净，充入的新鲜空气越多越好，消耗的功及流失的空气量要少。这样才有可能喷入更多的燃油并能完全燃烧，使柴油机功率增加。另一方面，进气充足也有利于混合气的形成，改善燃烧，提高柴油机的经济性和排放性能。因此，换气过程的完善程度直接影响着柴油机的动力性、经济性、可靠性和排气污染程度。

由于四冲程柴油机和二冲程柴油机的换气形式不同，所以换气过程也有所不同。

一、四冲程柴油机的换气过程

四冲程柴油机的实际换气过程是从排气阀在下止点前开启起，经过排气冲程和进气冲程至进气阀在下止点后关闭为止的过程。换气过程中气缸内和排气管内压力随曲轴转角的变化关系如图 3－1 所示，根据气体流动的特点，换气过程可分为三个阶段。

1. 自由排气阶段

当排气阀在下止点前打开时，气缸压力 p_b 远远高于排气管压力 p_r，废气在很大的压力差作用下排出气缸。随着排气阀开度的增大,排气量增多,使气缸压力急剧降低,排气管压力迅速升高,直至下止点后气缸压力接近排气管压力为止。在这一阶段,气缸压力与排气管压力始终存在较大的压差,废气主要在压差作用下排出气缸,所以称为自由排气阶段。自由排气阶段一般在下止点后 10° ~ 30°结束。

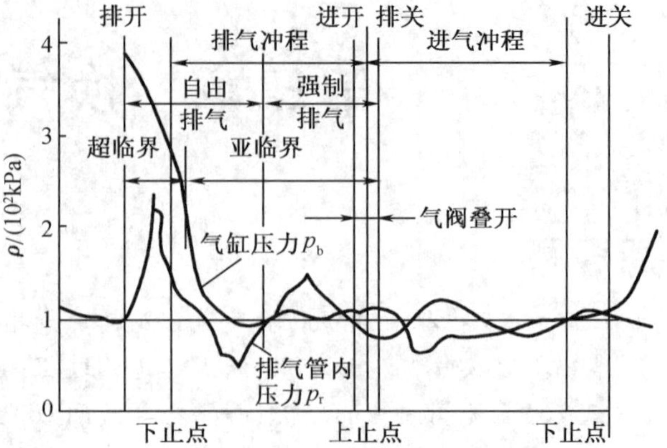

图 3-1 四冲程柴油机换气过程

2. 强制排气阶段

从自由排气结束到排气阀关闭这一阶段,活塞由下止点向上止点运动,排气过程是由活塞的推挤形成的,称为强制排气阶段。在这个阶段中气缸压力与排气管压力逐渐降低,压力差较小。活塞到上止点后虽然开始向下运动,但在排气行程中形成的高速排气流的惯性作用下,废气可继续排出气缸,称之为惯性排气。排气阀在上止点后延迟关闭,延长排气时间,可使废气排得干净,排气功减小,排气流的惯性得以充分利用。

3. 进气阶段

为了增加进气量,减小流动阻力,进气阀是在排气行程后期开启的。由于进气阀开度很小,开启时刻的气缸压力只略高于进气压力,并且在气缸内存在一个惯性排气流,所以一般废气不但不会倒流入进气管,并且在排气阀关闭前还能形成燃烧室扫气。新鲜空气是在缸内压力低于进气管压力后才开始进入气缸的。在进气行程中,由于进气系统的流动阻力的影响,缸内压力一直低于进气管压力。在进气过程末期,由于进气阀适当地延迟关闭,在进气气流的惯性作用下,新鲜空气仍可继续进入气缸,以提高充气量。

二、二冲程柴油机换气过程

二冲程柴油机的换气过程是从排气口(或排气阀)打开时至排气口(或排气阀)完全关闭为止的过程。如图 3-2 所示为横流二冲程柴油机的换气过程,根据换气过程中气缸内压力变化特点,可以把整个换气过程分为三个主要阶段。

1. 自由排气阶段($B-R$)

从排气口(或排气阀)的开启点 B 到开始进气的点 R(此时气缸内的压力 p_b 与扫气压力 p_k 相等)为止,称为自由排气阶段。在这一阶段,废气在缸内与排气管的压力差作用下,经排气口高速流入排气管中,使缸内压力急剧降低。一般来说,当活塞下行到点 D 开启扫气口时,气缸内的压力 p_b 仍略高于扫气压力 p_k,但因扫气口的节流和排气的流动惯性,不会出现废气经扫气口倒冲入扫气箱的情况。

2. 强制排气和扫气阶段($R-C$)

此阶段从进气开始到关闭扫气口为止。这一阶段主要靠新气与缸内废气的压力差,利用新气将废气清扫并强制排出气缸。

3. 过后排气阶段($C-E$)

此阶段从扫气口关闭(点 C)到排气口关闭(点 E)为止。在这一阶段,缸内的新鲜空气

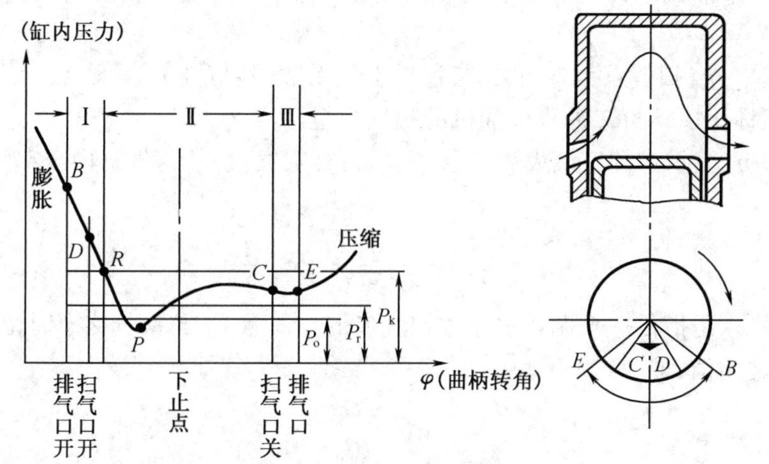

图 3-2　横流二冲程柴油机换气过程

会有部分从开启着的排气口流失,是一个新气损失阶段,因此越短越好。在直流换气中,可使排气阀早关闭于扫气口,从而使过后排气变成过后进气。

由上述可知,二冲程柴油机的换气过程没有单独的进、排气冲程,只是在膨胀冲程末和压缩冲程初完成的。换气时间短,约占 120 °CA ~150 °CA。由于进气与排气同时进行,新气与废气的相互掺混严重,空气消耗量多,耗功大,换气效果比四冲程柴油机差。其换气质量还与扫气形式有关。

三、换气过程的评定指标

1. 充气系数(或充气效率)η_v 与残余废气系数 γ_r

充气系数 η_v 是指每循环中实际留在气缸内的新鲜空气量 G_0 与在进气状态(p_0,T_0)(二冲程机为 p_s,T_s,增压机为 p_k,T_k)下充满气缸工作容积 V_h 的理论空气量 G_h 之比值,即

$$\eta_v = \frac{G_0}{G_h} = \frac{V_0 \cdot \gamma_0}{V_h \cdot \gamma_0} = \frac{V_0}{V_h} \qquad (3-1)$$

式中　γ_0——进气状态下空气的密度;

V_0——实际空气量 G_0 在进气状态下所占有的容积。

实际上,进气终了时气缸内压力低于环境压力,温度高于环境温度,所以充气系数 η_v 都小于 1。它表征了柴油机换气过程的完善性,η_v 越高说明换气过程越完善。一般四冲程柴油机的 η_v 约为 0.75 ~0.90,二冲程回流扫气的 η_v 约为 0.75 ~0.80,二冲程直流扫气的 η_v 约为 0.80 ~0.90。

残余废气系数是指每循环进气终了时,气缸内残余废气量 G_r 与实际进气量 G_0 之比值,即

$$\gamma_r = \frac{G_r}{G_0} \qquad (3-2)$$

残余废气系数 γ_r 表示了气缸内废气清除的干净程度。γ_r 越小,表示缸内废气清除得较干净,新鲜空气相对含量较高,有利于燃烧的进行。通常增压柴油机 γ_r =0 ~1.5,四冲程增压柴油机 γ_r 最小,甚至为 0,二冲程回流扫气 γ_r 值较大。

影响充气系数的主要因素有:进气终了时气缸内压力 p_a 及温度 T_a,残余废气系数 γ_r。

除此之外，还与柴油机运转中的转速、负荷、增压程度、冷却效果及换气系统的洁净程度等有关。

2. 扫气效率 η_s、扫气系数 φ_s 和扫气过量空气系数（给气比）φ_k

这几个指标用以评价二冲程柴油机的扫气质量。

扫气效率 η_s 表示在扫气结束后，气缸内的新鲜空气量 G_0 与气缸内全部气体量 G_a 之比值，即

$$\eta_s = \frac{G_0}{G_a} = \frac{G_0}{G_0 + G_r} = \frac{1}{1 + \gamma_r} \tag{3-3}$$

扫气系数 φ_s 是指在一个循环中流过扫气口的空气量 G_k 与换气终了时留在气缸中的新鲜空气量 G_0 之比值，即

$$\varphi_s = \frac{G_k}{G_0} \tag{3-4}$$

扫气过量空气系数 φ_k 表示每一循环流过扫气口的新鲜空气量 G_k 与在进气状态下（p_s，T_s）充满气缸工作容积的理论空气量 G_h 之比值，即

$$\varphi_k = \frac{G_k}{G_h} \tag{3-5}$$

显然，扫气效率 η_s 一般小于 1，理想状况下，当 $\gamma_r = 0$ 时，$\eta_s = 1$。而扫气系数 φ_s 和扫气过量空气系数 φ_k 一般大于 1，通常 $\varphi_s = 1.4 \sim 2.0$，$\varphi_k = 1.0 \sim 1.3$，视换气形式和增压程度的不同而不同。

二冲程柴油机换气进行得好坏，是结合换气的干净程度和扫气空气的消耗两方面来衡量的。扫气效率是衡量扫气干净程度的指标的效果，扫气系数是用来说明扫气空气消耗的相对量，而扫气过量空气系数则说明扫气空气消耗的绝对量。总之，扫气效率 η_s 越高，扫气系数 φ_s 和扫气过量空气系数 φ_k 越小，扫气质量越高，换气系统越完善。但为了保证 η_s，φ_s，φ_k 不能太低。

第二节　换 气 机 构

柴油机的换气过程是由配气系统来完成的。配气系统包括进气和排气两个系统。不同类型的柴油机，配气系统的组成也有所不同。

非增压四冲程柴油机的进气系统由空气过滤器、进气总管和支管以及控制进气过程进行的气阀式配气机构组成；排气系统由控制排气过程进行的气阀式配气机构、气缸盖内的排气道、排气支管和总管以及消音器等所组成。

非增压二冲程柴油机的配气系统与四冲程柴油机的主要差异：除气口－气阀直流扫气柴油机需设置排气的换气机构外，其余的各类扫气形式的二冲程柴油机不需要换气机构。为提高扫气压力，设有扫气泵和使扫气压力稳定的大容量的扫气箱；对采用排气阀排气的排气系统，其组成与上述四冲程柴油机相同。

废气涡轮增压柴油机配气系统的组成特点：在非增压柴油机基础上，增设废气涡轮增压器，有的还设有空气冷却器。

换气机构是保证柴油机按规定的顺序和时刻完成进、排气过程的机构，也称配气机构，是四冲程柴油机和气口－气阀直流扫气二冲程柴油机的重要组成部分。

四冲程柴油机常见的气阀换气机构如图3－3所示，是由气阀装置、气阀传动机构、凸轮轴和凸轮轴传动机构组成。气阀式配气机构的基本工作原理是曲轴转动时带动凸轮轴传动机构使凸轮轴转动，凸轮轴上的凸轮按一定时刻推动气阀传动机构，使气阀有规律地启闭。

一、气阀装置

柴油机的气阀结构根据其结构特点可分为不带阀壳式和带阀壳式两大类。不带阀壳式气阀机构直接安装在气缸盖上，包括气阀、阀座、气阀导管、气阀弹簧、弹簧承盘及其与阀杆连接件等，其装配关系如图3－3所示。而在大功率中低速柴油机中，气阀机构则多采用带阀壳式结构。

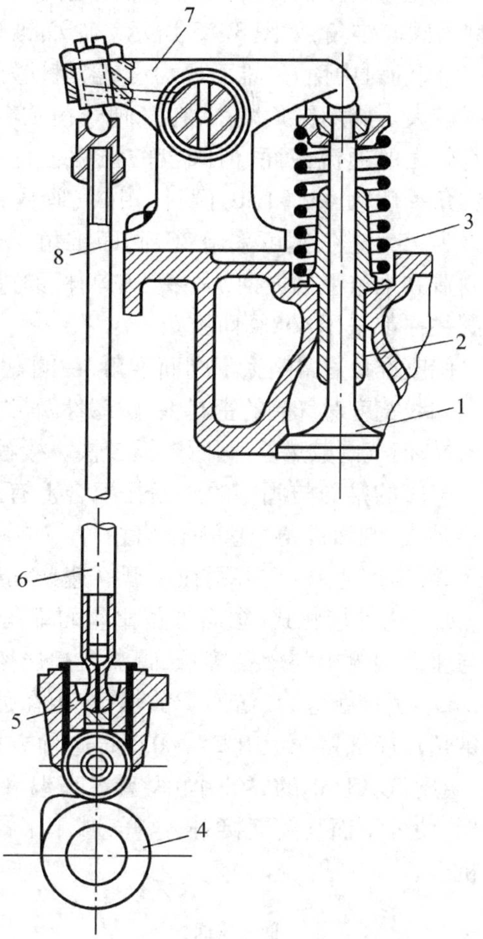

图3－3 气阀式配气机械的组成

1—气阀；2—气阀导管；3—气阀弹簧；4—凸轮轴；5—顶头；6—推杆；7—摇臂；8—摇臂座

1. 气阀

气阀是直接与气缸盖上的阀座配合，控制进、排气通道的零件。它有阀盘和阀杆两部分，并整体锻造加工而成。

气阀头部结构如图3－4所示。阀杆与阀盘之间采用较大的过渡圆弧，以增大气阀的刚度并改善气体流动性能。如图3－4(a)所示为平底阀盘，其形状简单，加工方便，受热面积小，使用比较广泛。如图3－4(b)所示为凹底阀盘，其特点是质量小，阀盘与阀杆的过渡圆弧大，有利于进气气流的流动，但其受热面积大，常用作进气阀。如图3－4(c)所示为凸底阀盘，凸底有导流作用，刚度较大，质量也较大，常用作排气阀。如图3－4(d)所示为冷却式阀盘，其阀盘与阀杆为中空的，充入一半容积左右的金属钠（熔点为97 ℃），工作时金属钠呈液态并在空腔内激烈振荡，将阀盘的部分热量经阀杆、导管传递给气缸盖中的冷却水，能降低气阀的温度，但气阀的结构复杂，仅在少数燃用重油的柴油机上作为排气阀使用。

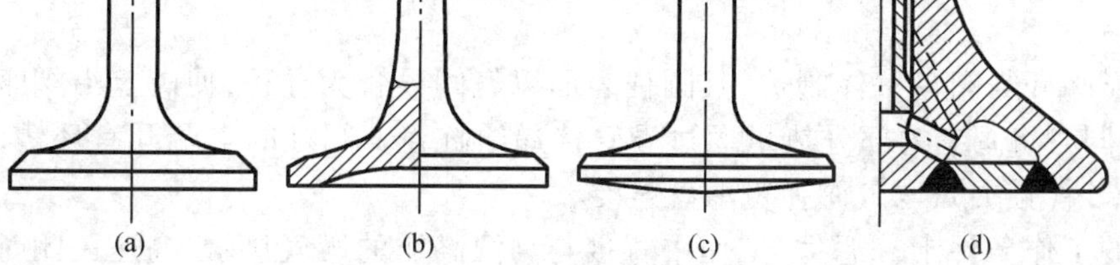

图3－4 气阀头部结构

阀盘与阀座配合的锥面和底面之间的夹角 α 称为阀面锥角，如图 3－5 所示。阀面锥角增大，气阀的对中性好，锥面压力大，密封性好，但磨损较大。阀面锥角减小，在气阀升程一定时，具有较大的通流截面，但阀盘的强度较低。阀面锥角一般为 45°和 30°两种。排气阀阀面锥角常为 45°，进气阀可采用 30°阀面锥角。但为了制造和维修上的方便，大多数柴油机的进、排气阀往往都采用 45°阀面锥角。

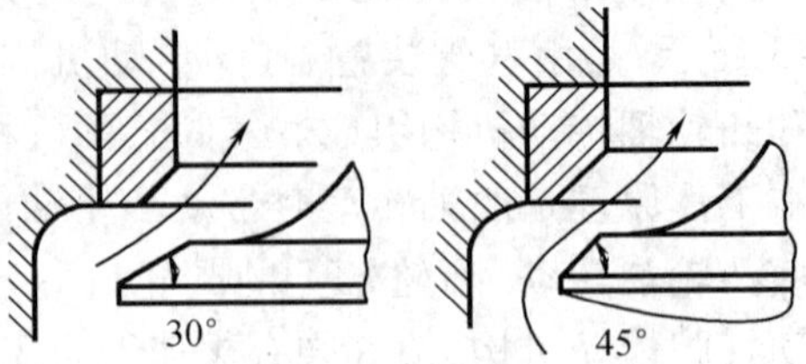

图 3－5　阀面锥角

阀座锥角通常略大于阀面锥角，在阀盘与阀座之间得到一圈接触线，称为阀线（见图 3－6）。阀线宽度对气阀的密封性、耐磨性及散热都有影响。阀线窄，阀与阀座接触比压大，有利于密封，但气阀散热差，阀面磨损较快。接触线运行一段时间便会磨宽，并在使用中不断加宽。

气阀的锥面与阀座的座面在配合上有三种方式，如图 3－6 所示。如图 3－6(a)所示为全接触式，阀面锥角与座面锥角相等，全接触式接触面积大，具有耐磨、传热好等优点，但易结炭，敲击产生麻点，多用在小型高速柴油机上，阀线宽度一般为 1.5～2.5 mm。如图 3－6(b)所示为外接触式，阀面锥角比座面锥角小 0.5°～1°，这种方式接触面积小，密封性好，锥面与座面内侧不与燃气接触，阀盘在高压燃气作用下发生拱腰变形会使内侧锥面与座面接触，减小了接触应力，增加了散热，多用在强载中速机上。如图 3－6(c)所示为内接触式，阀面锥角比座面锥角大 0.2°～0.5°，这种方式接触面积小，密封性好，接触面因离燃烧室远些，温度低，钒、钠的腐蚀小，阀盘在高温和高压燃气作用下发生周边翘曲的热变形和机械变形，使外锥面与座面接触，这样，减小了接触应力，增加了阀盘散热，常用在长冲程低速柴油机上。

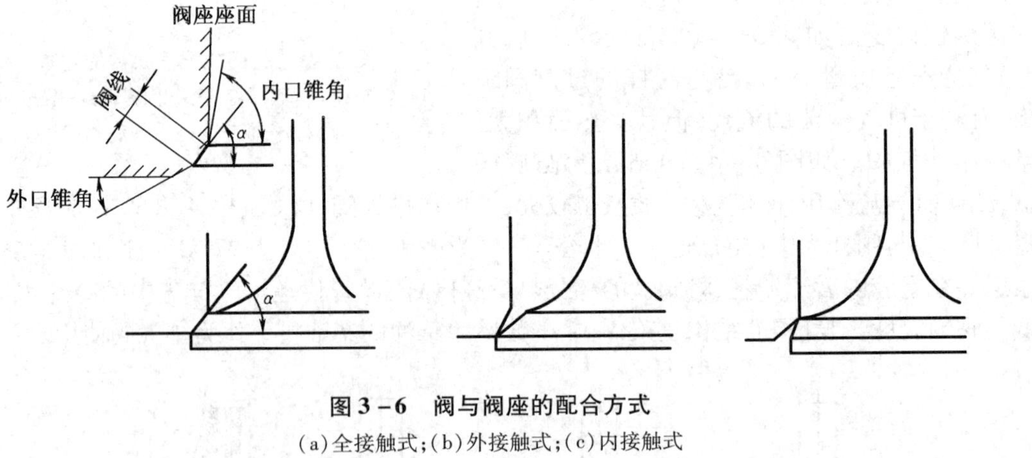

图 3－6　阀与阀座的配合方式

(a)全接触式；(b)外接触式；(c)内接触式

圆柱形阀杆与阀盘一体制造，其圆柱表面以气阀导管为导程，使阀盘沿阀座锥孔的中心线运动，同时将阀盘的部分热量通过导管传递给缸盖。阀杆的上端开有环槽，配合两个半圆锥形卡块（锁夹），与气阀弹簧承盘连接。

气阀的工作条件十分恶劣，工作中直接与高温高压的燃气接触，高速关闭时与阀座发生撞击和磨损，此外还存在燃烧产物的腐蚀。因此，气阀的材料应具有较高的机械性能、抗腐蚀性、耐磨性及一定的硬度。进气阀的材料一般为40Cr,35CrMn等合金钢,排气阀用4Cr9Si2,4Cr10Si2Mn等耐热合金钢。为适应高增压和燃用重油柴油机的要求,对气阀锥面采取堆焊钴基硬质合金,在阀盘近燃烧室侧覆盖耐热耐蚀的铬镍铁合金。阀杆顶端因承受摇臂的冲击力,为此进行硬化淬火处理或堆焊硬质合金,也有的加装硬质盖帽。

2. 阀座

阀座座面与气阀锥面配合工作,阀座的工作条件与气阀相同。柴油机的阀座普遍采用耐热、耐磨材料,如耐热合金钢或合金铸铁单独制成。因为阀座还要承担传递气阀大部分的散热量,所以阀座与气缸盖的安装接合面要配合紧密,一般多以螺纹连接或过盈压配方法安装在气缸盖上。如图3-7(a)所示,安装时将阀座用液态氮或固态二氧化碳冷却后,再装入气缸盖的座孔凹槽中。

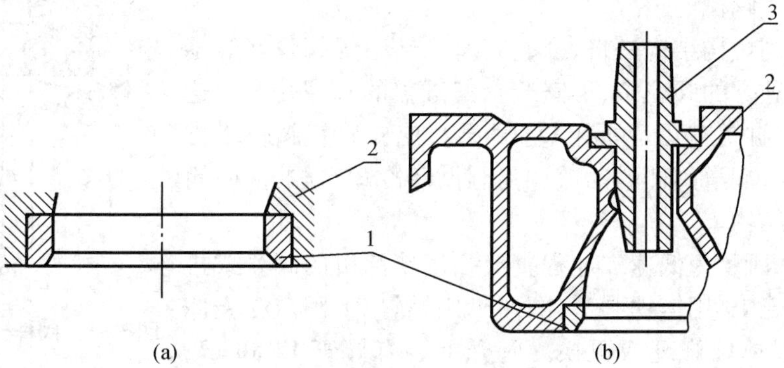

图3-7 阀座与导管

1—阀座;2—气缸盖;3—气阀导管

3. 气阀导管

气阀导管与阀杆配合,引导气阀做直线往复运动,承受摇臂压动阀杆时产生的侧推力,并把气阀的部分热量(约总散热量的25%)传递给缸盖。由于工作温度高(250~350 ℃),润滑条件差,所以导管一般采用合金铸铁或铁基粉末冶金材料制造,再压入气缸盖的导管孔中,如图3-7(b)所示。

气阀导管与阀杆之间的配合间隙要按照柴油机说明书规定的安装间隙和磨损极限进行装配和更换。间隙过小,气阀动作迟滞,甚至会使阀杆热膨胀后卡死在导管中;间隙过大,则散热不良,还会使阀杆在导管中横向振动加剧和漏气,特别是漏气会造成烟灰和气缸盖面的润滑油窜入此间隙,造成温度进一步升高,润滑油结胶、焦化,阀杆被卡死在导管中。为减少润滑油与燃油受热分解后在阀杆上形成胶状沉积物而阻滞阀杆运动,可用阀杆上带有锐边的刮口或利用导管口锐边来消除。

4. 气阀弹簧

气阀弹簧的作用是当摇臂抬起时,使气阀关闭并与阀座紧密贴合以保证气密性。

小型柴油机多采用单弹簧,而大多数柴油机采用内、外两弹簧,如图3-8所示。其目的是在不降低应有弹力的条件下,可采用较细软的弹簧钢丝,使其工作时动作柔和,抗疲劳强度高,弹簧长度降低,稳定性提高。此外,两根弹簧由于自振频率不同,互相干扰,可以起到减振的作用。此外采用两根弹簧还可以增加工作的可靠性。两弹簧旋向相反,以防弹簧移动或折断时互相夹插。

气阀弹簧采用冷拔弹簧钢丝绕制而成,如65Mn,50CrVA等,并经淬火和回火处理。弹簧表面还经镀铜、镀锌、发蓝、发黑等处理,以提高疲劳强度和耐蚀性能。

气阀杆大都是通过剖分式的锁夹(卡块)与气阀弹簧上承盘连接的,锁夹的内圆孔紧抱住阀杆端部的卡块槽部分。阀杆与弹簧承盘的连接方式有两种,如图3-8所示。图3-8(a)为阀杆在装锁夹处直径骤变,应力集中严重;图3-8(b)为装锁夹处直径采用圆弧过渡形状,应力集中减弱。阀杆在装锁夹处下面往往有细圆槽,用来装配保险卡簧,以防锁夹连接失效时气阀落入气缸。

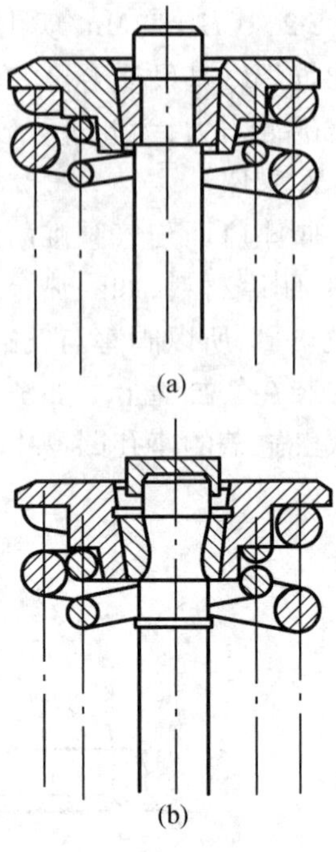

图3-8 阀杆与弹簧承盘连接

5. 阀壳式气阀机构

阀壳式气阀机构结构是将气阀、阀座、导管、气阀弹簧等零件组装在一个独立的阀壳中,再安装在气缸盖的阀壳孔中。这样,无须拆卸气缸盖就可以拆下气阀机构,使检修气阀较为方便。阀壳中还有润滑阀杆的油道和强制循环冷却水腔,从而简化了气缸盖的结构。

如图3-9所示为低速二冲程直流扫气柴油机的阀壳式排气阀装置。阀壳19用铸铁制造,阀座1用销钉21固定在壳体上,损坏后可以单独修理或更换。阀壳上装有导管12和17。为了耐磨,在导管内装有青铜衬套2和11,气阀16的阀杆与之滑动配合。气阀锥面焊有硬质合金,以提高阀盘的耐磨性。阀杆由锥形卡块6连接在弹簧盘7上。阀杆下部装有保护罩20,以防止阀杆导向部分受高温燃气的冲刷及被烟灰污染。气阀弹簧上下、内外共有4个。中间弹簧盘及其导架10分别与摇臂座、摇臂连接(图中未标出)。阀壳紧固螺栓为尺寸长的柔性螺栓,不仅有较大的抗疲劳强度,而且还能防止因阀座蠕变以及气阀在紧固上出现的松脱。阀壳采用水冷,冷却水由A,C引入,由出口B流出。拆下盖板18可方便地清洗和检查冷却水腔。经加油塞14为阀杆加入润滑油。

6. 气阀旋转机构

气阀旋转机构可使气阀在工作中均匀而缓慢地转动,以使阀盘沿圆周方向的温度均匀,改善热应力状态,还有利于清除阀杆与导管、阀面与阀座之间的积炭,使磨损减小且均匀。因此,气阀旋转机构广泛应用于各种机型,尤其在燃用重油的大功率中速柴油机中采用更为普遍。

如图3-10所示为旋转帽式旋阀器,由本体1、钢珠2、钢珠床3、碟形弹簧4、旋转器环5、卡环6及复位弹簧7组成。钢珠和复位弹簧安装在本体周边的7个槽中,如图3-10(b)所示。槽的顶面是锥形的,如图3-10(c)所示。钢珠床、碟形弹簧、旋转器环叠着用卡环装到本体上。钢珠床的外缘插在旋转器环的槽口里,旋阀器被气阀弹簧压紧在弹簧盘上。

当气阀关闭时,由气阀弹簧受力较小,气阀弹簧作用力经过碟形弹簧内边传递到旋阀器本体上,钢珠被复位弹簧推到槽的一端,如图3-10(c)所示。当气阀被打开时,碟形弹簧因受力增大而变成扁平,气阀弹簧力逐渐转移到钢珠上,钢珠受挤压克服复位弹簧的作用力沿斜面滑动到槽的中间,如图3-10(d)所示。在这过程中钢珠床、蝶形弹簧、旋转器环、气阀弹簧和气阀阀壳之间由于摩擦力的作用不会转动,而旋阀器本体、弹簧盘和气阀则会

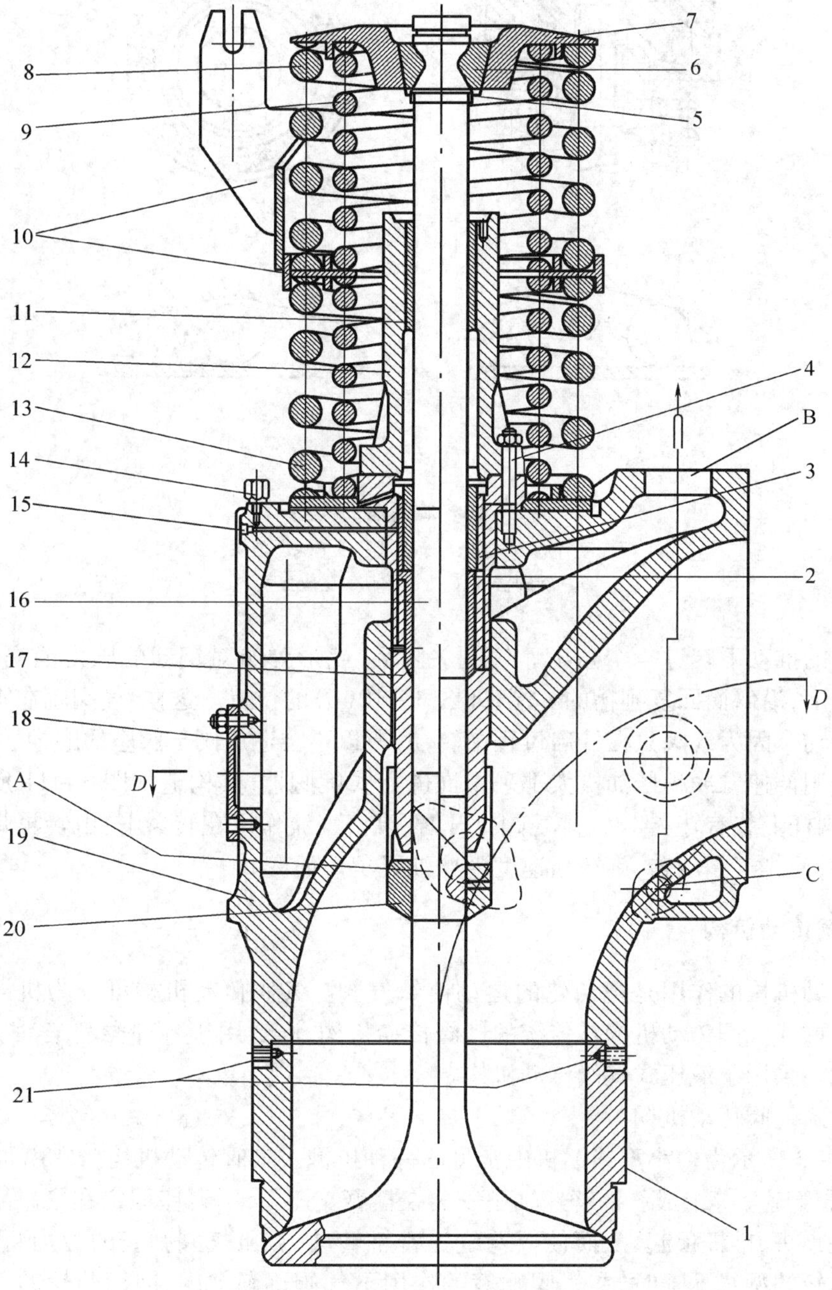

图 3-9　二冲程柴油机阀壳式气阀机构

1—阀座;2,3,11—衬套;4—螺栓;5—卡环;6—卡块;7—弹簧盘;
8,9,13—气阀弹簧;10—中间弹簧盘及其导架;12,17—气阀导管;14—加油塞;
15—螺塞;16—气阀;18—盖板;19—阀壳;20—保护罩;21—锁钉;
A,C—冷却水进口;B—冷却水出口

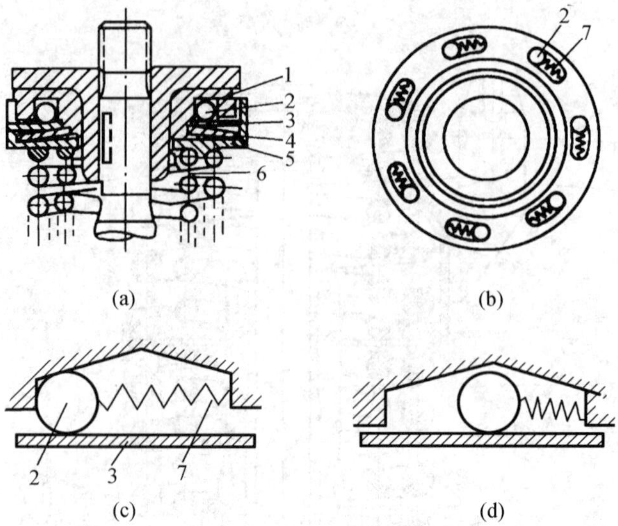

图 3-10　旋阀器的构造

1—本体;2—钢球;3—钢球床;4—碟形弹簧;
5—旋阀器环;6—卡环;7—复位弹簧

在钢珠运动的推动下转过一个角度。气阀关闭后,碟形弹簧对钢球的压力消失,钢球在复位弹簧作用下,沿斜面回复到槽的一端,即图 3-10(c)的位置。这样,气阀就在不断地开启中缓慢地转动。因为气阀只在开启过程中转动,所以不会造成阀与阀座的磨损。

现代船用低速二冲程柴油机大都采用推进器式旋阀器,其构造如图 3-11 所示。在排气阀 17 的阀杆上装有转翼 18。排气阀打开时,废气气流作用在转翼上,由转翼带动阀杆绕其轴线转动,使排气阀旋转,旋转角速度随柴油机负荷而变。

二、气阀传动机构

气阀传动机构的作用是把凸轮的运动传给气阀。气阀传动机构可分为机械式和液压式两种。机械式气阀传动机构是传统的气阀传动机构,广泛用于各种类型柴油机上。大型低速柴油机均采用了液压式气阀传动机构。

1. 机械式气阀传动机构

如图 3-3 所示为中小型柴油机中常见的一种机械式气阀传动机构。它由顶头 5、推杆 6、摇臂 7、摇臂座 8 等组成。摇臂经轴销安装在摇臂支座上,摇臂座固定在气缸盖上。凸轮在转动中将顶头、推杆顶起,从而使摇臂绕摇臂轴转动,克服气阀弹簧的弹力将气阀打开。当滚轮沿凸轮的型线下降时,在气阀弹簧的作用下气阀逐渐关闭,因而凸轮的形状与安装位置就决定了气阀的启闭时刻。

对于机械式气阀传动机构,在柴油机冷态下,气阀机构与气阀传动机构之间要留有间隙,称为气阀间隙。气阀间隙使气阀在工作中受热后有膨胀的余地,保证气阀的关闭。气阀间隙的正确与否会严重影响柴油机能否正常工作。气阀间隙可以通过调节螺钉调整,调整气阀间隙时,要求滚轮落在凸轮的基圆上,摇臂、推杆和顶头之间保持接触。

有的机械式气阀传动机构还装置了液压式气阀间隙补偿装置(液压调隙器)。液压调隙器的作用是在柴油机工作时,通过液压活塞在液压缸中位置的自动调整来消除气阀间

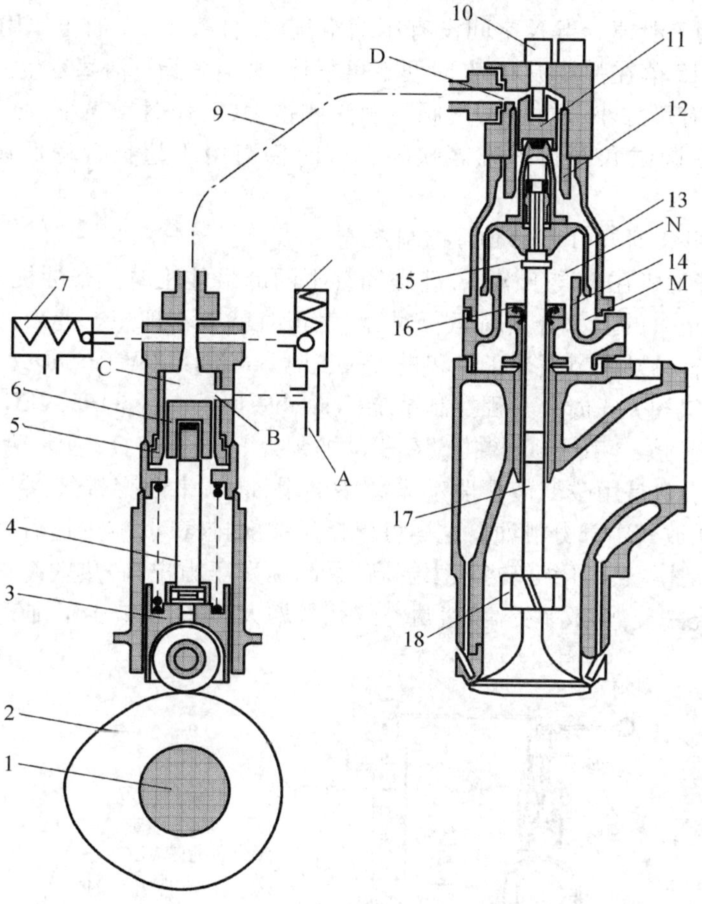

图 3-11　液压式气阀传动机构和气阀机构

1—凸轮轴；2—凸轮；3—顶头；4—顶杆；5—套筒；6—柱塞；7—安全阀；8—补油阀；9—油管；10—缓冲销；11—柱塞；12—套筒；13—活塞；14—气缸；15—卡环；16—弹簧板；17—气阀；18—转翼；A—补油管；B—补油孔；C，D—油空间；M，N—气空间

隙，减轻气阀机构的撞击、磨损和噪音。

2. 液压式气阀传动机构

液压式气阀传动机构是在顶头和气阀的上端各设一个液压油缸，并以高压油管连通。开阀靠液压油缸产生的油压，关阀靠“空气弹簧”的气压来实现的。如图 3-11 所示为液压式气阀传动机构和气阀机构简图。图中顶头处的液压油缸由顶头 3、顶杆 4、套筒 5、柱塞 6、安全阀 7 和补油阀 8 等组成。气阀处的液压油缸由缓冲销 10、柱塞 11、套筒 12 等组成。空气弹簧装置由活塞 13、气缸 14 等组成。由空气瓶来的经减压的空气进入空间 N。

当凸轮 2 转动，通过顶头 3、顶杆 4 驱动柱塞 6 上行时，C 空间的油压升高并经高压油管 9 进入气阀顶部液压油缸的 D 空间，作用在柱塞 11 上的油压使柱塞 11 下行，并推动活塞 13 下行，将 N 空间内的空气压缩，迫使气阀 17 打开。随着凸轮转过顶头，柱塞 6 重新下行时，油压降低，D 空间的油回流到 C 空间。气阀在 N 空间的气压（空气弹簧）的作用下关闭。气阀 17 关闭时，液压柱塞 11 上行，缓冲销 10 进入柱塞 11 的孔中将孔中的油挤出，由于油的阻尼作用，减轻了阀与阀座的撞击。液压传动机构在运行时经套筒和柱塞间隙漏泄的油，由补油管 A 和补油阀 8 补充。机构中的油由十字头轴承的滑油经减压后供给。当油压过高时,油经安全阀 7 泄掉。当 N 空间没有压缩空气时,柱塞 11 在油压作用下下移,气阀被打开。但当卡环 15 落在弹簧板 16 上时便不再下移,避免气阀与活塞发生撞击。

这种机构具有尺寸小,质量小,气阀不承受侧推力,工作时噪声小,便于布置和拆装方便等优点,但存在调试和密封困难等缺陷。目前普遍用于超长行程低速柴油机的排气阀中。

3. 变排气阀并正时及升程(VEC)控制系统

众所周知,柴油机在不同工况下,进排气有不同的最佳正时。柴油机通常是根据标定工况来确定配气正时的。部分负荷运行时,配气正时就很不理想。近来,大功率中速机发展到用两根凸轮轴分别调节喷油正时和进气排正时。MAN-B&W 和 Sulzer 在其低速机上则均已开发了变排气阀关正时及升程控制系统(Variable Exhaust Control,VEC),以优化部争负荷性能,减少排气污染。其 VEC 机构设在驱动油泵处。如图 3－12 所示为用于 RTA84T 柴油机的 VEC 系统,它是用改变液压驱动系统中的滑油量,来改变排气阀关正时及升程的。在负荷降低时,泄放其中部分滑油。这样可以提早关闭排气阀,减少过后排气,使缸内空气量增多,有效压缩比提高,压缩终点压力提高,最高爆发压力提高,热效率提高;新鲜空气流失减少,也使燃烧完善,热效率提高;过量空气系数增大,同时也减少了排气污染。

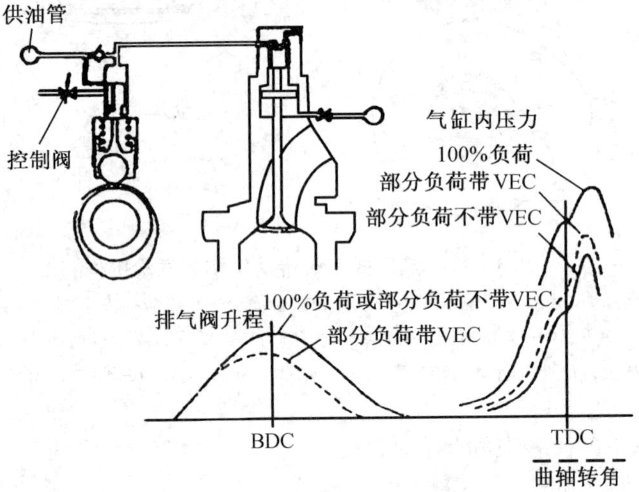

图 3－12　变排气阀关正时及升程系统

三、凸轮轴

凸轮轴是柴油机中非常重要的传动轴。凸轮轴的功用是控制柴油机中需要定时的设备,使它们按照一定的工作顺序准确地工作。凸轮轴由轴和凸轮等组成。根据机型的不同,凸轮的作用和个数也不同。凸轮主要包括进、排气凸轮,喷油凸轮和空气分配器凸轮,而且凸轮是每缸一组。凸轮轴安装在凸轮轴箱内,由多个轴承支撑。

凸轮轴的结构有整体式和装配式两大类。整体式凸轮轴是将凸轮与轴本体锻成或铸成一体的,多用于小型柴油机,如图 3－13 所示。

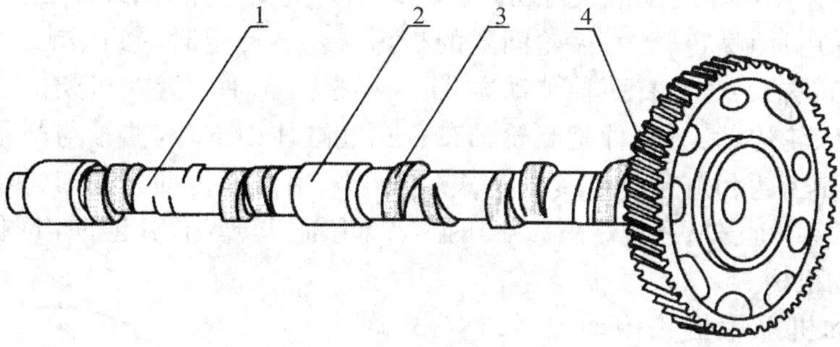

图 3-13　凸轮轴结构

1—轴;2—轴颈;3—凸轮;4—正时齿轮

装配式凸轮轴的凸轮与轴分开制造,再根据定时的要求将凸轮紧固在轴上。如图 3-14 所示为凸轮在轴上的各种安装方法。如图 3-14(a)所示为无键连接,将凸轮内孔和轴的配合面加工成 1∶35 的锥度,并加工成过盈配合尺寸,在凸轮内孔中还加工有浅的布油槽与油孔相通。装配时,把凸轮套在轴上采用液压扩孔套合的方法,将凸轮紧固在凸轮轴上。如图 3-14(b)所示为键连接,即用键和定位螺钉将凸轮紧固在凸轮轴上。如图 3-14(c)所示是将各个凸轮分开制造,再与定距套筒组合成凸轮组。每个凸轮的内端面上铣有 240 或 360 个平面齿,它与用键和螺钉紧固在轴上的定距套筒端面上的平面齿啮合,再用压紧螺钉通过环套及止推环把凸轮固定在定距套筒上,这种结构可便于凸轮角度的调整。

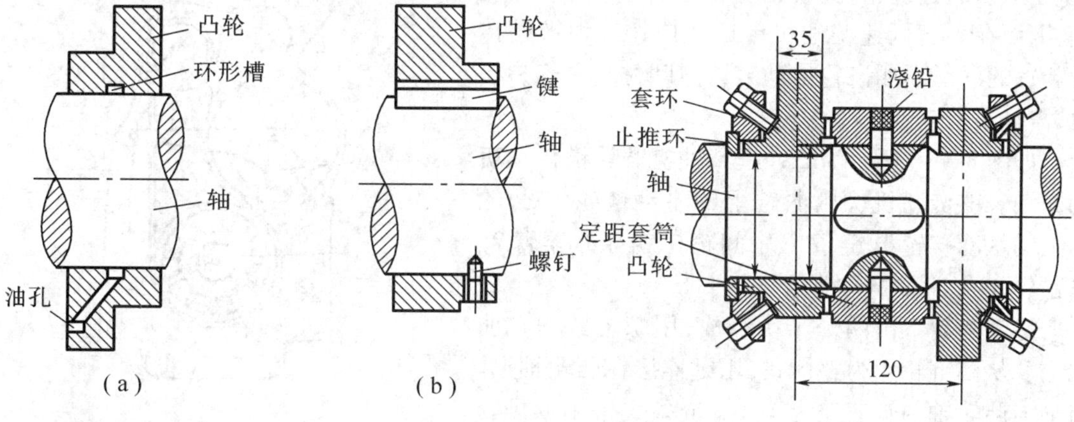

图 3-14　装配式凸轮轴

(a)无键连接;(b)键连接;(c)组合凸轮

大型柴油机的凸轮轴很长,故常分几段组装而成。为了使柴油机结构简单,控制进、排气阀和喷油泵的凸轮一般都装在同一根轴上。对于电子控制式柴油机,则取消了凸轮轴。

凸轮轴常采用优质碳钢或合金钢锻造而成。其受磨损的工作表面应进行淬火、渗碳等表面硬化处理。

四、凸轮轴传动机构

凸轮轴是由柴油机的曲轴带动的。其传动方式与机型、凸轮轴位置以及附件的传动等因素有关。一般采用齿轮传动或链传动。齿轮式传动机构工作可靠,在中小型四冲程柴油机上得到广泛采用;但噪音较大,齿轮间隙的积累误差会使定时受到影响。大型低速二冲程柴油机根据凸轮轴的位置有两种传动方式:一种是凸轮轴布置在机架中部,因曲轴与凸轮轴较近,采用齿轮传动;另一种是凸轮轴布置在气缸体中部,因曲轴与凸轮轴较远,采用链传动,也有采用齿轮和链条联合传动方式。无论采用何种传动方式,其传动机构必须保持正确的定时关系。此外,还应尽量减小扭振及凸轮轴扭转变形引起的定时偏差。

1. 齿轮传动机构

四冲程柴油机采用齿轮传动轮系,称为定时齿轮。为了减小曲轴扭振的影响,凸轮轴传动机构都安装在曲轴飞轮端。定时齿轮包括曲轴上的主动齿轮、凸轮轴上的从动齿轮及二者之间的中间齿轮组成,主、从传动齿轮的转速比为2:1。齿轮相互啮合的轮齿上,均有啮合记号,以保证配气、喷油定时的正确,如图3-15所示。

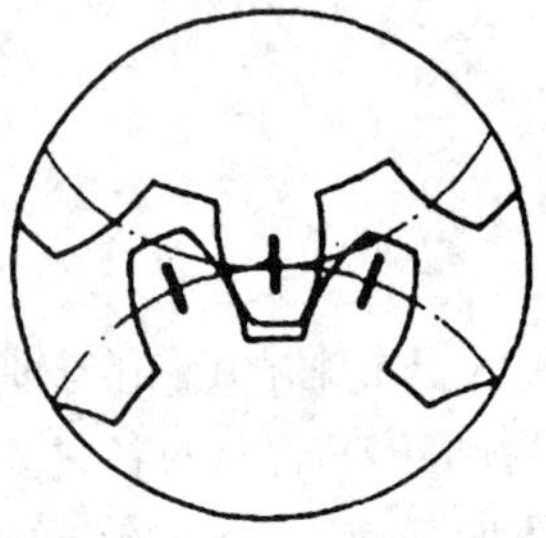

图3-15 齿轮啮合记号

2. 链传动机构

链传动装置结构简单、紧凑,且在柴油机换向时可以避免齿轮传动中可能产生的齿轮间隙累积误差,因而在正、倒车运转时都能得到准确的定时,对于轴线的不平行度与中心距的误差都不敏感。此外,还可以通过链轮、链条驱动往复惯性力矩平衡装置,因而在大型低速柴油机中广泛应用。但链条传动装置的润滑不如齿轮传动装置,其磨损快,容易松弛,需经常检查。

如图3-16所示为二冲程柴油机凸轮链传动机构简图。链传动机构由曲轴上的主动链轮1、凸轮轴上的从动链轮4、链条5、中间轮6、链条张紧臂2、张紧轮3、张紧弹簧7等组成。

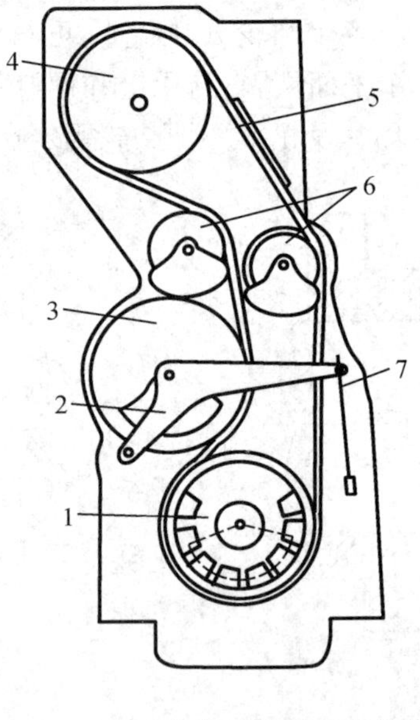

图3-16 凸轮轴链传动机构简图

1—主动链轮;2—张紧臂;
3—张紧轮;4—从动链轮;
5—链条;6—中间轮;7—张紧弹簧

主动链轮1由两个半块组成,用螺栓紧固在曲轴上。从动链轮4为整体式,用键连接在凸轮轴上。曲轴与凸轮轴的转速比为1:1。链条5采用双排套筒滚子链。导轨(图中未画出)是由导轨板和装在导轨板上的特种耐油橡胶块组成,以防止链条的横向抖动和敲击,使之工作平稳。中间轮6用以减小链条的振动而链条张紧装置2可以调节链条的松紧程度,保证链条与链轮啮合良好,传动平稳。张紧弹簧7的弹力通过张紧臂2、张紧轮3,作用到链条5上将它拉紧。为了保证定时正确,链条按啮合记号装在链轮上。张紧轮可位于正车转动时链条的紧边或松边。通常较老机型多位于紧边,而新机型则位于松边。张紧链条时要边盘车边张紧,盘车时要使张紧轮一侧的链条为松边。应该注意:链条、链轮磨损后,链条会松弛,再度张紧时,定时会发生变化。当链条长度增加1.5%时,需换新。

第三节　换气机构的故障与维护

一、气阀机构的常见故障及维护管理

在换气机构中，气阀机构在高温、高压以及具有腐蚀性的燃气作用下，工作条件十分恶劣，很容易产生故障，在日常管理及维修中应密切注意。

1. 阀面与阀座的磨损和磨蚀

阀面与阀座的磨损和磨蚀是指在阀面和阀座的密封面上有伤痕和麻点。伤痕主要是由于燃气中的炭粒或其他杂质冲刷和落到密封面上时，阀与阀座撞击造成的；麻点则是由于燃油中的硫和钒腐蚀所造成。这种磨损使气阀的密封性变坏，引起气缸漏气，使柴油机功率下降，甚至不发火，启动困难。在日常管理中，可通过压缩压力、排气温度以及其他参数的变化来判断气阀的密封情况，发现漏气时应及时研磨。

2. 阀面和阀座烧损

阀座扭曲、偏移、倾斜和失圆都会造成大面积烧损；阀面翘曲时关闭不严处会被严重烧伤；气阀与导管之间间隙不当引起的阀杆卡阻和阀杆弯曲会使阀盘不能落座，密封面发生均匀烧损。此外，阀面和阀座也会因麻点、伤痕处漏气而发展到烧损。在维护管理中，要保证有正确的间隙以及阀盘与阀座间良好的密封。

3. 阀杆卡死

阀杆卡死主要是由于阀杆与导管的配合间隙不当所致。间隙过大，阀杆温度升高，导管内滑油因高温作用而结炭，燃烧产物也易在间隙中沉积，使阀杆卡死；间隙过小，气阀工作热膨胀后也易卡死；也可能是中心线不正确所造成，导致阀杆卡死在导管中。这将使气阀与阀座关闭不严而发生漏气，甚至影响气阀的启闭。为此，必须注意阀杆与导管之间的间隙、对中性和润滑情况。滑油量必须适中，最好使用滑油和柴油的混合油。

4. 阀杆和阀盘断裂

气阀断裂通常发生在阀盘与阀杆的过渡圆弧区或阀杆上端支承弹簧盘的圆槽处。断裂的气阀会坠入气缸，使活塞发生顶缸等重大事故。断裂的原因是频繁撞击引起金属疲劳以及高温下金属的机械强度降低所致。因此，在使用维护中应严格保证阀杆与导管之间的配合间隙，保证气阀落座准确，使其具有正常的散热条件。拆装时，注意仔细检查气阀有无翘曲变形和裂纹。

5. 气阀弹簧断裂

气阀弹簧断裂多是由于振动造成的，也可能是因为材质、热处理不符合要求或锈蚀而产生。弹簧断裂要及时更换。检修时应注意对表面裂纹、锈蚀、自由高度、弹簧歪斜等情况的检查。有裂纹的应报废，锈蚀斑点应用砂布修磨光洁，以免应力集中。

6. 阀壳裂纹

阀壳裂纹通常是由于安装时将固定螺栓拧得太紧，这样会使阀壳在柴油机工作时因受热膨胀而产生很大的应力，阀壳裂纹将会使冷却水流入排气管中。因此，对阀壳式气阀装置的固定螺栓不宜拧得太紧。

二、气阀间隙的检查与调整

柴油机的气阀间隙对气阀的开闭时刻、密封性能以及摇臂压头与气阀阀杆顶端的接触面磨损都有着重要影响。如果气阀间隙太小，阀杆等受热伸长会使气阀关闭不严，造成燃气外窜或倒灌，烧损密封面，柴油机压缩压力不足，功率下降，启动困难等故障；如果气阀间隙太大，则使气阀迟开早关，进、排气过程缩短，以及因气阀开度不足而造成的换气质量差，还会使摇臂与阀杆撞击加重、磨损加快、噪音增大。因此，必须保证适当的气阀间隙。在柴油机使用说明书中对气阀间隙值都有规定，以此作为检查、调整的依据。

在柴油机的安装使用中，应对气阀间隙进行及时的检查与调整。在柴油机拆装修理后或长期使用磨损后都应重新测量与调整气阀间隙。检查调整气阀间隙要在柴油机冷态下进行，且要求准备检查调整的进、排气阀处于关闭状态。因此，检查调整气阀间隙首先要判断气阀是否处于关闭状态。判断气阀是否完全关闭主要有以下三种方法：检查顶杆滚轮落在凸轮基圆上，气阀处于关闭状态；盘车过程中不断用手扭动所测气阀的顶杆，当用手扭动时顶杆很轻便，则该气阀为关闭状态；通过观察该缸高压油泵柱塞弹簧的压缩情况，当弹簧压缩在最小位置时，说明该缸气阀处于关闭状态。

常见气阀间隙检查和调整的方法有两种：一是逐缸调整法，二是两次调整法。

1. 逐缸调整法

逐缸调整法是根据气缸点火顺序，确定某缸活塞在压缩上止点位置（此时进、排气阀完全处于关闭状态）后，对此缸进、排气门间隙进行调整；调整完成之后摇转曲轴，每经过一个发火间隔角，检查下一气缸的进、排气阀间隙，按此法逐步调整其他各缸气门间隙。这种方法要求找到各缸压缩行程上止点，并了解气缸的发火顺序。例如 6135G 型四冲程柴油机，发火顺序为 1—5—3—6—2—4，调整时，先将曲轴摇转到第 1 缸活塞处于压缩行程上止点位置，此时可调整第 1 缸的进、排气阀；然后将飞轮旋转 120°，可调整第 5 缸的进、排气阀；以此类推，便可将所有气阀间隙调整完毕。

对于多缸发动机，用逐缸调整法时需摇转曲轴数次，时间消耗较多。但对只需调整柴油机一个缸的气门间隙此种方法则最为简捷，并且对于磨损较严重的发动机用此法调整气门间隙较为准确。调整步骤如下：

（1）冷车时盘车使某缸活塞在压缩上止点位置，在摇臂的顶杆端略加力把摇臂压向下，则在摇臂的气阀端与气阀杆顶端之间就出现了间隙，用厚度适当的塞尺测量此间隙的大小，当塞尺在其间既能通过又有阻滞感时，说明实际间隙就是塞尺的厚度，并与规定的标准值做对比。

（2）如测量值不符合要求则需要调整：①用梅花扳手旋松摇臂端调节螺栓的锁紧螺母；②用规定的气阀间隙厚度的塞尺插入摇臂和气阀杆之间，用螺丝刀拧动调节螺钉，同时移动塞尺，感到稍有阻力但又不太紧时，表示间隙值符合规定要求；③用螺丝刀止住调节螺钉，同时拧紧锁紧螺母，再用塞尺复验，直到合格为止。

（3）沿着曲轴工作转向转动飞轮，每经过一个发火间隔角，按发火顺序检查下一气缸的气阀间隙，在飞轮转动两圈内按顺序完成所有气缸的进排气阀间隙的检查和调整。

2. 两次调整法

生产实践中，普遍采用两次调整法调整气门间隙，即第 1 缸压缩行程上止点时，调整所有气门的一半，再摇转曲轴一周，便可调整其余一半气门，两次调整完毕。

例如 6135G 型四冲程柴油机，发火顺序为 1—5—3—6—2—4，曲柄排列如图 3 - 17(a) 所示。配气定时如下：进气阀在上止点前 20 °CA 开，下止点后 48 °CA 关；排气阀在下止点前 48 °CA 开，上止点后 20 °CA 关，见图 3 - 17(b)。据此，我们可以通过曲柄端视图清楚地得知各缸所处的工作状态和气阀的启闭状态，即能找出可调整的气阀。当盘车使第 1 缸处于做功上止点时，各缸所处工作状态及可以检查调整的气阀情况如表 3 - 1 所示。

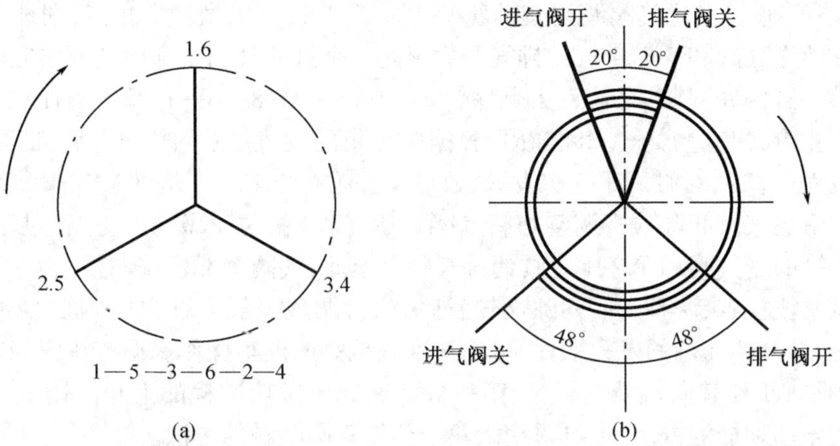

图 3 - 17 6135G 柴油机曲柄排列端视图和配气定时图

表 3 - 1 第 1 缸做功上止点时各缸状态及可调整气阀

缸号	气缸工作状态	可检查调整气阀	缸号	气缸工作状态	可检查调整气阀
1	做功冲程上止点	进、排	4	做功冲程末期(活塞下行)	进、(排)
2	排气冲程(活塞上行)	进、—	5	压缩冲程初期(活塞上行)	(进)、排
3	进气冲程(活塞下行)	—、排	6	进气冲程上止点	—、—

此时第 4 缸排气阀差 12 °CA 就要开启，第 5 缸进气阀刚关闭 12 °CA，为保证调整可靠，也为方便记忆，此两个气阀不予调整。

第一次盘车共调整 6 个气阀的气阀间隙。然后再盘车一周，使第 6 缸位于做功上止点，此时各缸的工作状态及可调气阀见表 3 - 2。

表 3 - 2 第 6 缸做功上止点时各缸状态及可调整气阀

缸号	气缸工作状态	可检查调整气阀	缸号	气缸工作状态	可检查调整气阀
1	进气冲程上止点	—、—	4	进气冲程(活塞下行)	—、排
2	压缩冲程初期(活塞上行)	—、排	5	排气冲程(活塞上行)	进、—
3	做功冲程末期(活塞下行)	进、—	6	做功冲程上止点	进、排

如此，盘车两次，即可将六个缸的 12 个气阀的气阀间隙全部检查调整完毕。结合曲柄端视图和柴油机的发火顺序，概括上表，分析两次盘车各缸可调气阀情况，一般可将多缸（偶数缸）四冲程柴油机的气阀间隙检查调整归纳为“先进后排”四个字。即除了活塞在做功上止点的气缸进、排气阀间隙均可调整外，按照发火顺序，发火先于该缸的气缸，其进气阀间隙可以调整；发火后于该缸的气缸其排气阀间隙可以调整，处于进、排气重叠期的气缸的气阀均不可调。

如某 6 缸四冲程柴油机发火顺序为 1—4—2—6—3—5，当第 2 缸活塞正好位于做功上止点时，快速检查调整其气阀间隙的操作可根据“先进后排”和发火顺序，1，4 缸先于 2 缸发火，6，3 缸后于 2 缸发火，5 缸处于进气上止点，故第一次可调气阀有 1，4，2 缸的进气阀和 2，6，3 缸的排气阀。上述气阀调整完后盘车一周，第 5 缸位于做功上止点，同理可调的气阀有 6，3，5 缸的进气阀和 5，1，4 缸的排气阀。至此 6 个缸的气阀全部检查调整完毕。

再如某 8 缸四冲程柴油机，发火顺序为 1—3—5—7—8—6—4—2。当任意一缸如第 5 缸在做功上止点，快速调整气阀间隙时，根据柴油机的发火顺序和“先进后排”原则，2，1，3 缸先于 5 缸发火，7，8，6 缸后于 5 缸发火，故可调节阀有 2，1，3，5 缸的进气阀和 5，7，8，6 缸的排气阀。上述气阀间隙检查调整好后，盘车一周，第 4 缸位于做功上止点，同理，可调气阀有 7，8，6，4 缸的进气阀和 4，2，1，3 缸的排气阀。至此，气阀全部检查调整结束。

两次调整法检查、调整气阀间隙比较省时省力，调整一般多缸（偶数缸）四冲程柴油机气阀间隙时，结合柴油机的发火顺序，可迅速准确地完成调整操作。调整步骤如下：

（1）顺曲轴工作转向转动飞轮，使第一缸活塞处于做功冲程的上止点附近。其判断方式可以采用扭动顶杆的方法，也可采用滚轮与凸轮基圆接触的方法。

（2）依据柴油机的发火顺序，按照“先进后排”的方法完成气阀间隙的检查，并与规定的标准值做对比，如测量值不符合要求则需要调整，调整方法与逐缸调整法一样。

（3）检查调整完成之后，顺曲轴工作转向转动飞轮一周（360°），完成剩余气阀的气阀间隙检查和调整。

三、配气定时检查与调整

在正常情况下，当气阀间隙符合要求，传动系统相对位置正确，气阀定时即可保证在规定范围之内。但经过长期运转后，由于定时传动齿轮磨损使齿隙增大、凸轮和气阀传动机构的磨损使气阀间隙增大等原因会使气阀定时发生变化。检修后的柴油机，由于经过拆检，传动齿轮之间相位有可能变化，会造成气阀定时不正确；另外，凸轮安装不正确或凸轮过度磨损，也会造成气阀定时不准确，这些均会引起柴油机换气质量差、功率不足、冒黑烟、排烟温度高等弊病，甚至会发生活塞顶面与气阀相碰撞和柴油机难以启动等故障。

实际营运船舶柴油机可用转动顶杆法来初步检查气阀定时。转动飞轮，使第 1 缸进（排）气阀处于关闭状态，此时顶杆处于放松状态，用手可以转动。然后慢慢正向盘车，同时用手不断转动顶杆，一旦顶杆转不动，立即停止盘车，此时飞轮的刻度即为气阀开启的实际时刻。然后再继续盘车，当某一瞬间顶杆由转不动变为能转动时，飞轮的刻度即为实际的气阀关闭时刻。将气阀实际启闭时刻与说明书中规定值比较，即可判断正确与否。

如图 3－18 所示，在检查气阀定时过程中，若发现同一缸进排气阀的开启和关闭时刻同时都过早或过迟，而气阀开启的持续时间正确，这是因凸轮轴和曲轴的安装相位不正确而产生的。此时首先校对飞轮指针位置是否正确，然后检查传动齿轮装配位置是否正确。如果传动齿轮位置装错一齿，就会使气阀定时有很大误差。在重新安装定时齿轮时，建议拆除第1缸以外的各缸顶杆，若不拆除，曲轴盘车只能在很小的角度范围内进行，否则盘车时其他缸活塞会与气阀相撞。为调整方便，最好在只装好第1缸缸盖和气阀机构情况下安装凸轮轴和曲轴的定时传动齿轮。如果气阀发生早开晚关、或晚开早关、或迟早不定等现象，除应检查调整气阀间隙至规定值外，还应检查并校正顶杆，消除摇臂轴承松动等缺陷。总之，气阀定时的正确调整只有在配气机构诸多传动零件安装正确的情况下才能达到精度要求。另外，飞轮轮缘的1缸活塞上止点和各缸规定时刻线与固定在机身上的指针应准确对应。

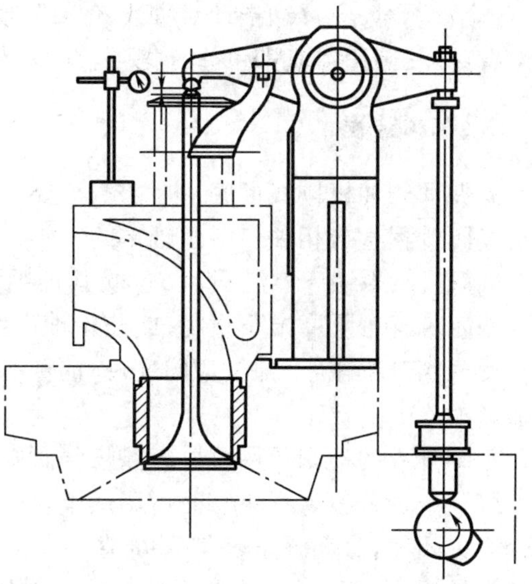

图3-18 气阀定时检查

四、用飞轮"0"刻度线校正固定指针

飞轮轮缘上的定时刻度线与固定在机身上的指针相对应，是柴油机各种定时能具体观察的标志。如果指针正对飞轮"0"(360°)刻度时，第一缸活塞不在上止点位置(当指针被碰歪或紧固松动而移位就会发生此情况)，就不能用此位置的指针来检查调整柴油机各种定时了。因此在检修后调整各项定时前，应首先校正指针的位置。校正指针位置的方法可用图3-19简要说明。

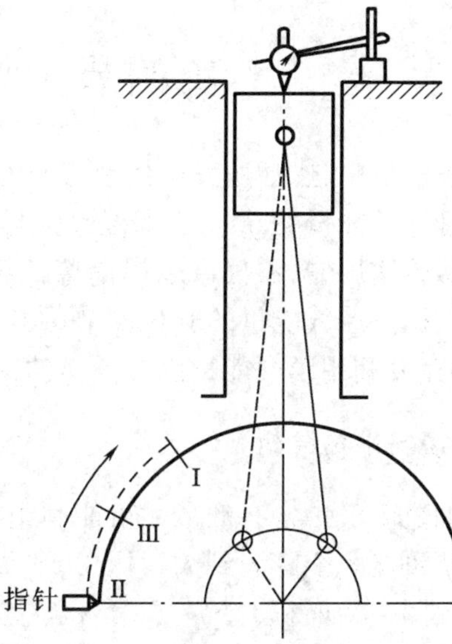

图3-19 飞轮指针校正

(1)拆除第1缸的缸盖，把百分表触头对准活塞顶部某一平整部位，以便测取活塞位移。若不拆除缸盖，也可拆卸下垂直安装的喷油器，再用一根平直光滑的金属棒从喷油器孔插入落在活塞顶面。只要保证金属棒不歪斜，就可用测量金属棒的位移来代替活塞位移。同样将百分表触头抵触在金属棒顶端。

(2)从下止点开始正向盘车，活塞上行至上止点前曲轴转角30°~40°位置，百分表指针被压至某一读数(如H)时，停止盘车，记下读数，并在指针所指的飞轮轮缘面做记号Ⅰ。

(3)反向盘车，使活塞下行越过下止点后上行。当百分表被压到与第一次读数值相同时停止盘车，在飞轮轮缘上做记号Ⅱ。

(4)在飞轮轮缘上作出记号Ⅰ与Ⅱ之间圆弧长度的平分记号Ⅲ。

(5)转动飞轮使记号Ⅲ正对指针,此时活塞正处于上止点位置,指针应对准飞轮“0”刻度,若位置不对,应移动指针对准飞轮“0”刻度,这样指针的位置即校对正确了。如果飞轮上没有刻度,则记号Ⅲ即可作为第1缸的0刻度。

五、气阀升程

为保证柴油机排气彻底,进气充分,要求气阀具有尽可能大的气阀开启面积,而开启面积与气阀升程直接相关。对于既定的气阀,其最大流通面积取决于气阀最大升程。

气阀升程取决于凸轮升程,也受其他因素影响。凸轮工作面磨损会使气阀升程减小,而当凸轮轴与轴承磨损下沉时,或凸轮轴产生下弯曲时气阀升程也会变小。还有下列原因也会使气阀升程减小:顶杆弯曲变短;摇臂座松动或轴承松动;摇臂装错,摇臂比改变;气阀间隙增大。

气阀升程的检测可用百分表测量气阀弹簧承盘的位移来进行,装置与图3-19所示相同。当一个百分表量程不够时可用两个百分表进行检测。此时的操作步骤如下:盘车使气阀处于关闭状态,调整正确气阀间隙。将百分表座于缸盖平面而触头抵触弹簧承盘,并使百分表量程 S_1 压缩完,调整表盘使指针读数为零。盘车,气阀开启后百分表触头下降,注意观察记录百分表读数。当百分表所压数值全部放完时,将另一只百分表触头压到弹簧承盘上,同时把量程 S_2 压缩完。再继续盘车顶动气阀。当百分表指针指到某一读数 S_2' 再无变化时,即可记录下来并进行计算。此气阀升程为 $S_1+(S_2-S_2')$。如果气阀升程减小到一定程度,即应分析原因或更换凸轮等相应的零件。

第四节　废气涡轮增压系统

在柴油机中,燃油所发出的热量约有30%~37%被排出的废气带走,而排气的可用能又约占排气总能量的60%。高温废气排入大气,不仅损失热能,而且污染环境。利用废气来驱动涡轮增压器,不仅可以提高柴油机功率,改善其经济性,减小对环境的不利影响,而且还可以提高废气能量的利用率。因此需了解柴油机废气能量的组成和在涡轮中被利用的情况,充分利用废气能量以提高柴油机热效率。

一、废气能量分析

柴油机废气中含有的最大可能利用能量如图3-20所示。由柴油机原理可知,气缸内的气体不可能完全膨胀到大气压力 p_0,而只能膨胀到 p_b 后即开始排气。这样,理论上所能做的功在图上为面积 $1-b-f-1$,也就是排气开始时废气中的可用能量。另外,在废气涡轮增压柴油机中,柴油机气缸后的压力不是大气压力 p_0,而是涡轮前的压力(即排气管内的压力)p_T,废气在换气过程中获得的能量为 $i-g-4-1-i$ 表示的面积。对于四冲程柴油机而言,换气过程中获得的能量包括强制排气过程中的活塞推出功 $2-3-4-1-2$ 和燃烧室扫气阶段进入排气管的扫气空气所具有的能量 $i-g-3-2-i$ 两部分。所以四冲程柴油机废气中含有的最大可用能是 $b-f-i-g-4-b$ 所示的面积。而二冲程柴油机在排气开始后,活塞继续下行,获得膨胀功 $b-5-4-b$ 所示的面积,使废气可用能减少,在换气过程中没有活塞推出功补充废气能量,并且废气中掺混很多的扫气空气,使涡轮前气体温度降低,因而废气中能量较少。

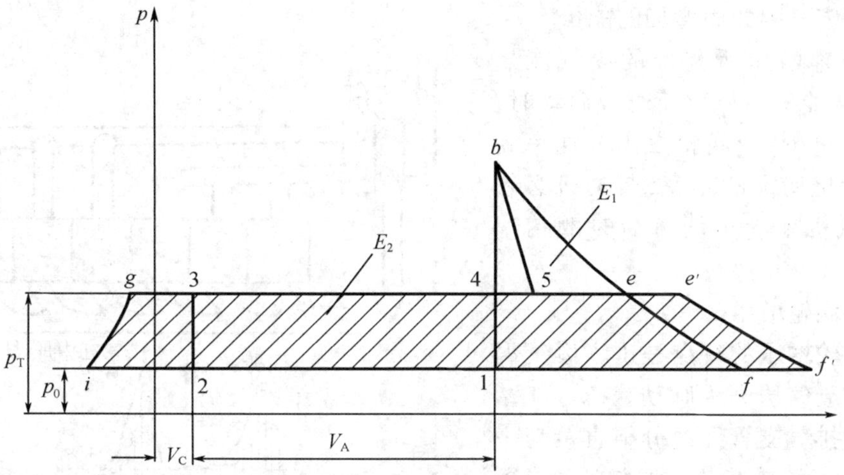

图 3－20　柴油机废气中含有的最大可能利用能量

根据在废气涡轮中能量利用的情况，可把废气的能量分为两部分：一部分是废气由压力 p_b 膨胀到 p_T 的膨胀能 E_1，称之为脉冲能，它是一种脉动的速度能，在排气管中以压力波的形式出现，即图中 $b-e-4-b$ 所表示的面积；另一部分是废气由压力 p_T 膨胀到 p_0 的膨胀能 E_2，称之为定压能(亦称势能)，在图中为 $i-g-e-f-i$ 所表示的面积。废气能量 E 是脉冲能 E_1 与定压能 E_2 之和，二者在总能量中所占的百分数随增压压力 p_k 的不同而异。p_k 越低，则 E_1 所占的比例越大；p_k 越高，则 E_2 越大。

二、废气涡轮增压的两种基本方式

根据对废气能量利用的方式不同，废气涡轮增压有定压增压和脉冲增压两种基本形式。

1. 定压涡轮增压

定压涡轮增压特点是进入废气涡轮增压器的废气压力基本上是稳定的。柴油机各缸的排气支管连接到一根共用的容积足够大的排气总管上，涡轮装在排气总管后，如图 3－21 所示。由于排气总管的容积足够大，各缸排出的废气进入其中后迅速膨胀、扩散并很快稳定下来，只引起微小的压力波动。排气总管实际上成了集气箱，具有稳压作用。因为废气以基本不变的速度和压力进入涡轮，这种增压方式的涡轮工作稳定，效率高。

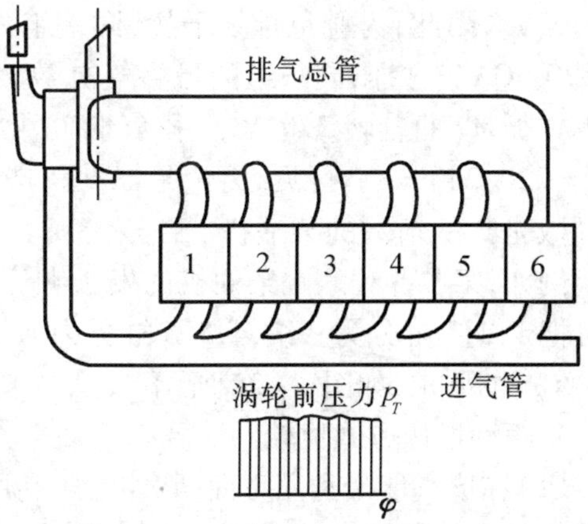

图 3－21　定压废气涡轮增压系统

定压涡轮增压只利用了废气中的定压能 E_2，脉冲能 E_1 在排气流动中由于排气口(阀)的严重节流和在排气管中的膨胀涡旋，大部分被损失掉，只有小部分脉冲动能转化为热量，使排气管中的废气温度略有升高。见图 3－20 中的面积 $e-e'-f'-f-e$ 相应地表示排气管中的废气因此而增加的能量。

定压涡轮增压所利用的废气能量少，尤其当柴油机在低负荷时或启动时，因废气的能量少，使涡轮发出的功率满足不了压气机所需的功率，柴油机必须另设辅助风机来满足低负荷时的扫气需要。

2. 脉冲涡轮增压

脉冲涡轮增压的特点是进入废气涡轮增压器的废气压力为脉动状态。在结构上把各缸排气支管经过分组直接与一个或几个废气涡轮相连，要求排气管短而细，如图 3－22 所示。由于排气管容积相当小，因此排气口（阀）开启后，排气管内压力迅速提高，瞬间就接近气缸内的压力。此后，由于气缸和排气管的压差迅速减小，废气进入排气管的流速降低，加上排气管中的废气不断流入涡轮，排气管中的压力又随之下降，就形成了所谓脉冲压力波，就是涡轮中利用的脉冲动能。

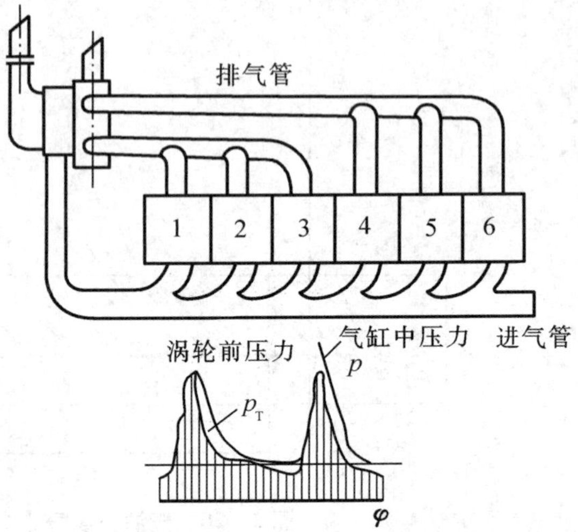

图 3－22　脉冲废气涡轮增压系统图

脉冲涡轮增压利用了脉冲能和定压能，有利于涡轮机与压气机的功率平衡。但由于涡轮在不稳定下工作，效率较低。

在多缸柴油机采用脉冲涡轮增压时，如果各缸的排气均排入一根排气管，就会出现排气干扰现象，即当某缸进行扫气而相邻缸正好排气时，排气压力波就会传到扫气缸的排气口处，使该缸排气背压升高，从而严重影响该缸扫气的正常进行。为此，必须对排气管进行合理的分组，分组的原则是避免同组各缸之间出现排气干扰。

对于二冲程柴油机，完成一个工作循环，曲轴转 360 °CA，而扫、排气时间可近似为 120 °CA。因此，为避免排气干扰，同一组内各缸之间的排气间隔角（即发火间隔角）必须为 120 °CA。这样，同一组的最多气缸数为 $i=360/120=3$。对于四冲程柴油机，完成一个工作循环，曲轴转 720 °CA，排气时间可近似为 240 °CA。同样，同一组的最多气缸数为 $i=720/240=3$。可见，无论是二冲程柴油机还是四冲程柴油机，脉冲涡轮增压最适合于缸数是 3 的倍数的柴油机。

例如，某二冲程六缸柴油机的发火顺序是 1—6—2—4—3—5，各缸发火间隔角是 60°，则可把 1，2，3 缸分为一组，4，5，6 缸分为另一组，满足了同一组内各缸之间的排气间隔角为 120 °CA 的要求，如图 3－22 所示。

3. 两种增压方式比较

（1）在废气能量利用方面，脉冲增压利用了废气中的脉冲能和定压能，而定压增压只利用了废气中的定压能，所以采用脉冲增压的柴油机从废气中获得的能量多，增压度高，这是脉冲增压的主要优点。但是脉冲能和定压能在总能量中各自所占比例是随增压压力的变化而变化的。增压压力较低时，脉冲能 E_1 在总能量中所占比例大；随着增压压力的提高，E_1 在总能量中所占比例降低，而定压能 E_2 在总能量中所占比例增大。因此，在低增压时，采用脉冲增压是有利的，而在高增压柴油机中，则多采用定压增压。

（2）在定压涡轮增压中，由于进入涡轮的压力基本恒定，气流的压力和速度不变，涡轮工作比较稳定，故定压涡轮增压效率较高。而在脉冲涡轮增压中，由于进入涡轮的气流的压力和流速是变化的，涡轮工作不稳定，增加了损失，故脉冲涡轮增压效率较低。

（3）定压增压中，排气管的结构简单，布置方便。而在脉冲增压中，排气管要进行分支，使其结构复杂，布置困难。

（4）脉冲增压的加速性能好。在定压涡轮增压柴油机中，由于排气管容积较大，加速时排气管内废气压力提升的比较缓慢，增压器跟不上柴油机的加速，出现较大的滞后。而脉冲增压柴油机由于排气管的容积较小，不存在上述问题。

4. 脉冲转换增压

对于气缸数不是 3 的倍数的柴油机，采用脉冲增压是不利的。例如四冲程 8 缸柴油机排气管的分支可以把发火间隔角为 360 °CA 的每两个气缸连一根排气管；或将发火间隔角为 180 °CA 的每 4 个气缸连一根排气管，分别称为双脉冲增压和四脉冲增压。

双脉冲增压系统虽然不会发生排气压力波对扫气的干扰，但是由于两个压力波之间有较长的低压期，涡轮将间歇进气，引起较大的鼓风损失和驱气损失，使涡轮效率下降较多。另一方面，排气管内有较大的抽空和充满能量损失，使排气能量损失较大。

四脉冲增压系统可以向涡轮连续供气，涡轮效率也相对较高，但由于一根排气管所连 4 个气缸的发火间隔角为 180 °CA，该角度小于排气持续角，所以排气压力波会对扫气过程后期产生干扰，甚至产生废气倒流的现象。

脉冲转换增压是解决缸数不是 3 的倍数柴油机采用脉冲增压时不利因素的有效措施。

（1）简单脉冲转换增压

简单脉冲转换增压适用于气缸数为 4，8，16 缸的柴油机。它是把发火间隔为 360 °CA 的两个气缸连接一根排气管，并与另一根排气管通过脉冲转换器连到涡轮的一个进口，所以有 4 个 180 °CA 的排气脉冲依次进入涡轮，如图 3 – 23 所示。

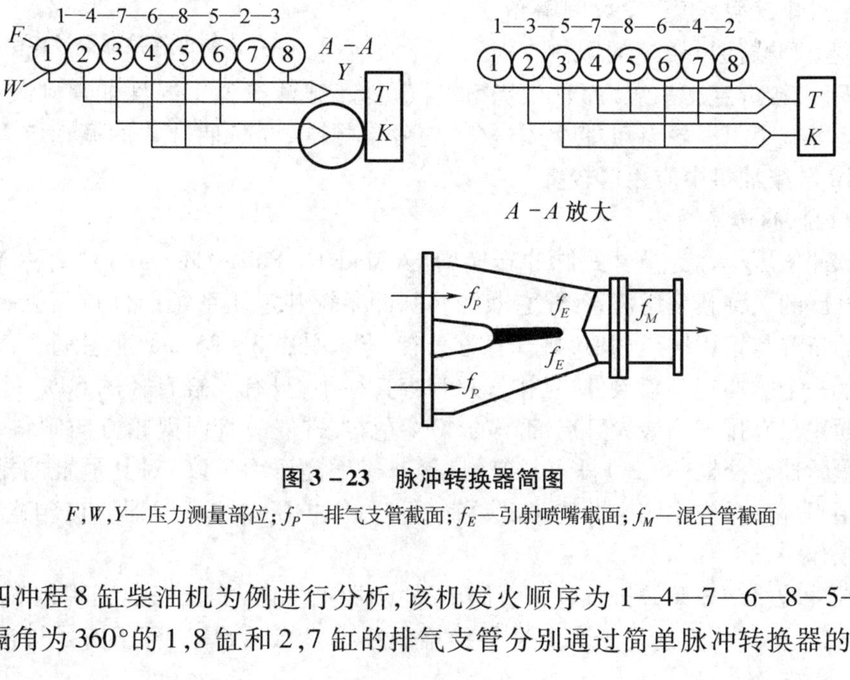

图 3 – 23　脉冲转换器简图

F,W,Y—压力测量部位；f_P—排气支管截面；f_E—引射喷嘴截面；f_M—混合管截面

现以四冲程 8 缸柴油机为例进行分析，该机发火顺序为 1—4—7—6—8—5—2—3，其中发火间隔角为 360°的 1，8 缸和 2，7 缸的排气支管分别通过简单脉冲转换器的收缩喷嘴

连到一个混合管,该混合管与涡轮的一个进口相连,其结构如图3－23所示。当第7缸开始排气时,废气在收缩喷嘴里被喷管的最小截面 f_E 处被加速,部分压力能变为动能,在喷管出口形成低压区,此时比第7缸提前180 °CA排气的第1缸正好处于扫气阶段,因而第7缸的排气对第1缸的扫气产生抽吸作用,加速了第1缸的扫气和排空。当然,第1,7缸的混合气压力波到达涡轮后会反射,反射的压力波要经过1,8缸的引射喷嘴进入排气支管,可能干扰第1缸的扫气。因此,连接于同一脉冲转换器上的相继发火缸的发火间隔角一般不小于180 °CA,这样,反射的压力波对扫气的干扰也只能发生在扫气接近结束时,对扫气的影响较小,所以它特别适用于缸数是4的倍数柴油机。

(2)多脉冲转换增压

多脉冲转换增压系统是将排气重叠的气缸连到一根排气支管,然后再将数根排气支管通过一个多脉冲转换器连到涡轮进口。系统的布置因机型不同而有区别,图3－24是某V18柴油机所采用的多脉冲转换器。该系统的设计思想是在保持脉冲增压系统排气能量通过压力波传递的前提下,设法使涡轮全圆周连续进气和增加一个涡轮进口所连接的气缸数,以增大涡轮的相对通流面积,这样就可以不产生反射压力波或减小反射压力波的幅值,因为一个涡轮进口连接多个气缸,则相对于一个气缸的排气而言,其通流截面也相对较大。

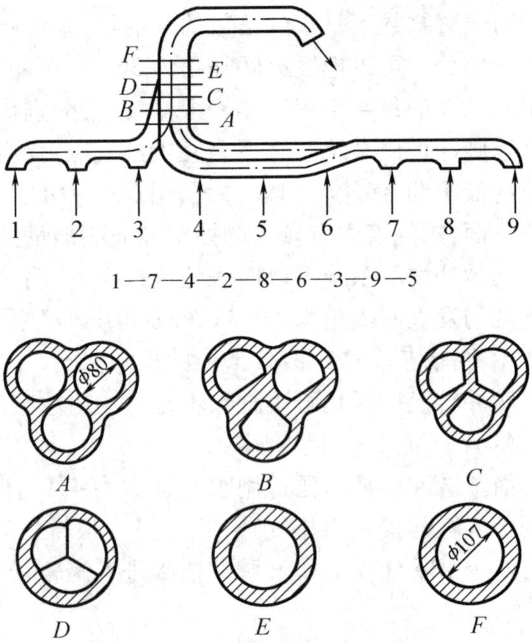

图3－24 多脉冲转换器设计实例

多脉冲转换增压系统消除了单脉冲转换器增压对排气管长度、发火间隔角、进排气重叠角和柴油机转速的限制。对涡轮效率来说,接近定压系统,而且燃烧室扫气量大,柴油机低工况性能得到改善,涡轮的通流面积又可减小。涡轮有可能全周进气,使效率提高,同时使叶片的振动应力降低。因此在5,7,10缸柴油机中应用得较多。

(3)单管脉冲转换增压

单管脉冲增压也称为模件式脉冲转换增压(Modular Pulse Converter),简称MPC系统,是近年来发展的一种新型增压系统,它兼顾多脉冲系统和定压系统的优点而克服了它们的缺点。它的布置与定压增压相似,排气总管只有一个,见图3－25(a),但在每个气缸排气口上都安装了一个脉冲转换串接件,且排气总管容直径小,只有气缸直径的60%～70%,串接件中缩口面积只有排气门最大开启面积的40%左右,排气歧管向涡轮方向倾斜30°。各缸排气经单管脉冲转换器(喷管)排入总管,排气流速增高压力下降,对其他缸的排气起抽吸作用并利用了部分排气中的脉冲能量。总管再经一个扩压器与增压器入口相连,确保增压器按定压工作。

单管脉冲转换增压系统排气管布置简单,便于加工生产,能较好地利用排气脉冲能量,涡轮效率较高,其工作性能优于多脉冲转换增压系统,被认为是一种很有发展前途的增压方式，目前广泛应用于大功率中速柴油机。

如图 3－25(b)所示为某 9 缸机几种不同的增压系统布置情况。各种系统均有其自身的特点：简单脉冲增压适用于缸数为 3 的倍数的中、低增压系统。多脉冲与单管脉冲转换增压既能有效地利用废气的脉冲能量，又能使涡轮有稳定的进气压力和连续的流量，兼有脉冲增压和定压增压的优点，前者适用于 4，8，16 缸柴油机，后者不受柴油机缸数的限制。定压系统适用于高增压柴油机，与电动鼓风机配合已成为近代船舶柴油机的常用系统。

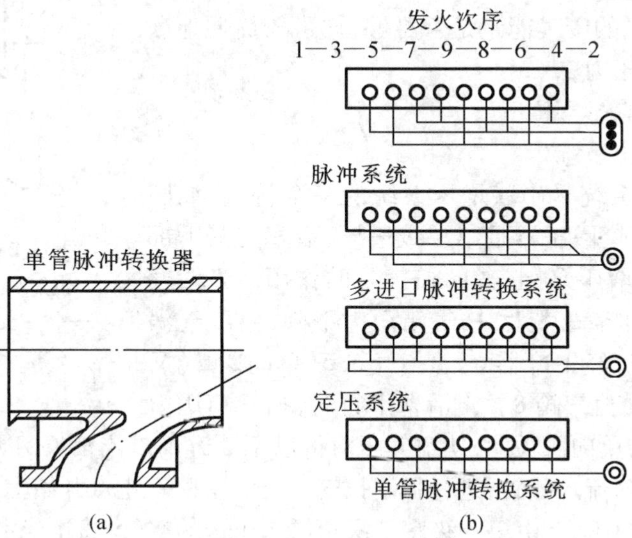

图 3－25　某 9 缸机各种脉冲转换增压系统

三、柴油机增压系统

把实现增压所设置的成套附件及管路系统称为增压系统。增压系统可分为单独增压系统、串联增压系统、串联旁通增压系统和并联增压系统。

1. 单独增压系统

只利用废气涡轮增压器来实现增压，而不增设其他辅助机械的增压系统称为单独增压系统，如图 1－11 所示。因为完全由废气驱动涡轮旋转，无需消耗柴油机的有效功就可以满足启动、低速、全速工作的需要，所以该增压系统能够最有效地提高柴油机的功率，同时还能改善柴油机的经济性。

采用定压增压和脉冲增压的单独增压系统在船用四冲程柴油机上得到最广泛的应用，其主要原因有：四冲程柴油机的换气质量好；活塞具有推挤废气和抽吸新气的能力；增压压力变化对进、排气的影响较小。

单独增压系统只适用于采用脉冲增压且扫气质量较好的直流扫气柴油机。在单独增压系统中必须附设一台电动应急鼓风机，以便在增压器损坏时保证柴油机能够继续运转。单独增压系统在高增压时，低负荷性能较差。

2. 串联增压系统

串联增压系统是将涡轮增压器与辅助扫气泵串联，如图 3－26 所示。在常用的串联增压系统中，由废气涡轮 1 驱动的离心式压气机 2 作为第一级增压，它将空气压缩到增压压力的70% ~95%后,经第一级中冷器3冷却,然后空气进入串联的往复泵4进行第二次压缩,再经第二级中冷器5冷却后送入扫气箱6,提供柴油机足够的增压空气。

串联增压系统与单独增压系统相比,具有如下特点:

(1)工作可靠,启动性和低负荷性能好;

(2)省去了应急电动鼓风机,当涡轮增压器损坏时,往复扫气泵仍可使柴油机在(70% ~80%)标定转速下稳定运转,并且不管柴油机的废气能量是否足够,均可较简便地满足柴油机所需增压压力;

(3)有利于实现高增压。

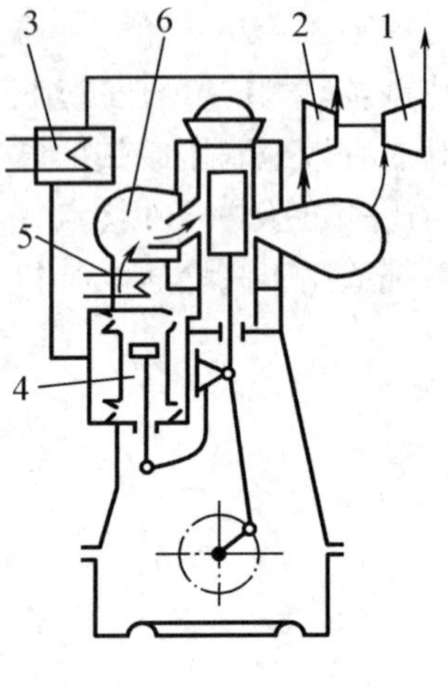

图3-26 串联增压系统

1—废气涡轮;2—离心式压气机;3—第一级中冷器;4—往复泵;5—第二级中冷器;6—扫气箱

3. 串联旁通增压系统

串联旁通增压系统是串联增压系统的一个特例,如图3-27所示。废气涡轮增压器是第一级增压,活塞与其下部空间4构成第二级增压泵,起辅助扫气泵的作用。当活塞上行时,其下部空间容积增大,扫气箱压力下降,由废气涡轮增压器输出的空气经中冷器6、总扫气箱5、单向阀7(又称口琴阀)进入各缸扫气箱8。当活塞下行时,扫气箱压力高于总容器箱压力,单向阀关闭,使空气压力得以不断升高。当活塞打开扫气口时,经两级压缩的扫气空气迅速流入气缸,进行强制扫气。当活塞由下止点开始上行时,扫气箱8内压力低于总扫气箱5内压力,由第一级废气涡轮增压压送的空气,将不经活塞下部空间而直接通过单向阀、扫气箱,流入气缸进行扫气,直至扫气口完全关闭为止,使串联的活塞下部空间在扫气后期失去二级增压的作用。串联旁通增压系统的特点如下:

(1)该增压系统为部分串联,扫气前期是串联,后期使串联失效,由废气涡轮增压器单独供气;

(2)工作可靠,当废气涡轮增压器损坏时,仍能维持柴油机70%标定转速下稳定运转;

(3)扫气前期扫气压力较高,有利于降低排气口高度,增大柴油机的有效行程;

(4)启动和低负荷运转性能差,所以,必须增设电动鼓风机以便在低负荷和启动时使用。

4. 并联增压系统

并联增压系统是将废气涡轮增压器与活塞下部辅助增压泵并联工作,如图3-28所示。空气并列地进入涡轮增压器的压气机1和活塞下部空间5,两股增压空气汇合后,经中冷器8进入柴油机扫气箱7供扫气用。涡轮增压器所供空气通常为总量的75% ~80%,其余部分则由活塞下部增压泵供给。

并联增压系统在低负荷时因涡轮增压器供气显著下降,而辅助增压泵的供气量远远不足,故柴油机在低负荷时的工作性能差,必须附设电动鼓风机以便在启动和低负荷时使用。

综上所述,近代船用低速柴油机增压系统的基本趋势:采用定压单独增压系统,附设电动鼓风机以备启动与低负荷时使用。向定压增压发展的主要因素在于脉冲能所占比例随增压度提高而下降,定压增压器效率高并易于向高增压发展。

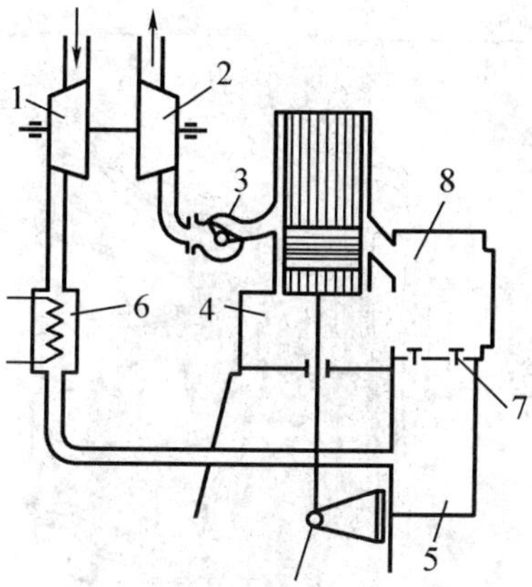

图 3－27　串联旁通增压系统

1—压气机；2—废气涡轮；3—排气回转阀；
4—活塞下部空间；5—总扫气箱；6—中冷器；
7—单向阀；8—扫气箱

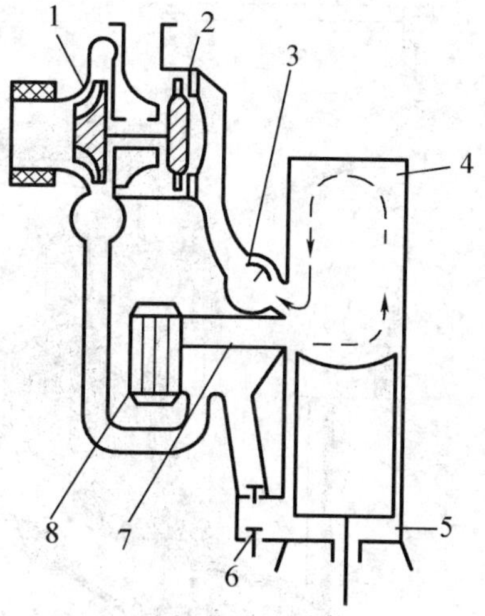

图 3－28　并联增压系统

1—压气机；2—涡轮；3—回转阀；4—扫气空间；
5—活塞下部空间；6—单向阀；
7—扫气箱；8—中冷器

第五节　废气涡轮增压器

一、废气涡轮增压器的构造

废气涡轮增压器主要由废气涡轮和离心式压气机以及附属装置组成。废气涡轮增压器结构形式繁多。根据废气在涡轮机中的流动方向，废气涡轮增压器可分为轴流式涡轮增压器和径流式涡轮增压器两种。目前，大中型柴油机均采用轴流式涡轮增压器，径流式涡轮增压器仅用于中小型柴油机。

船用柴油机中用得较多的是 ABB 公司制造的 VTR 系列增压器和 MAN B&W 公司制造的 NA 系列增压器。VTR 系列增压器有 0，1，4，4A，4D，4E 及 4P 等系列产品，可满足 200 kW～37 000 kW柴油机的匹配要求。

废气涡轮增压器的发展在 1978 年以前以提高增压比为主，而在 1978 年以后以提高增压器效率为主。目前，单级轴流式增压器的总效率已达 76%，增压比已达 5 以上。

1. VTR－4 系列增压器结构

如图 3－29 所示为 VTR－4 系列增压器剖视图。它由右侧的单级轴流式废气涡轮机和左侧的单级离心式压气机组成。废气涡轮机的叶轮和压气机的叶轮装在同一根轴上构成废气涡轮增压器的转子，由两端的轴承支撑。

(1)轴流式废气涡轮机

废气涡轮机由进气箱 14、喷嘴环 15、涡轮机叶轮 4、隔热墙 1、排气箱 16 等组成。进、排气箱内腔用水冷却，进气箱与排气箱之间用螺钉紧固。进气箱右侧布置着轴承箱，排气箱下部装有增压器支架。柴油机排出的废气由进气箱 14 下部引入涡轮机，由排气箱上部排

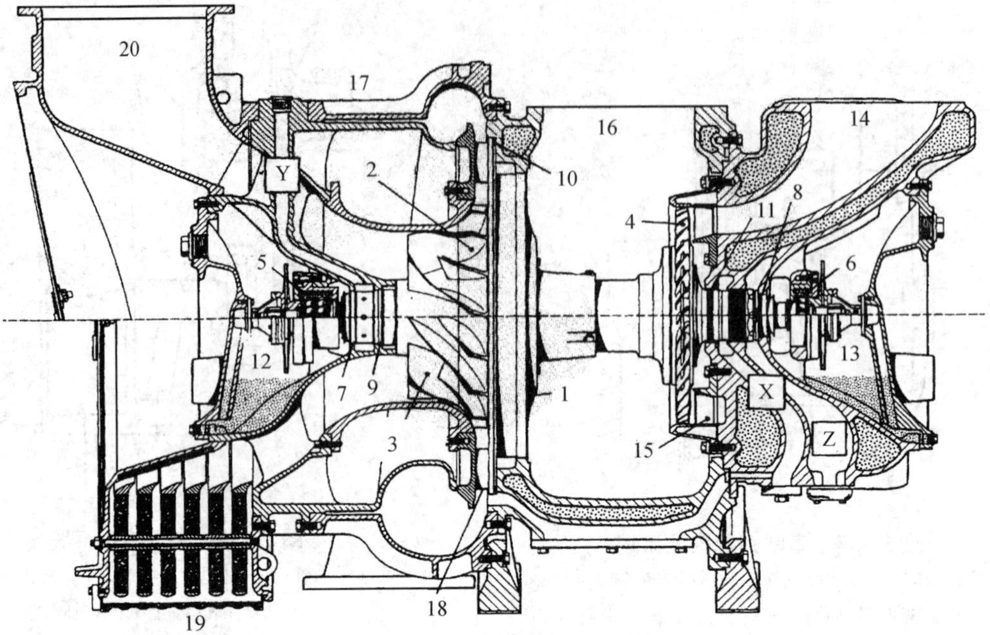

图 3－29　VTR－4 系列增压器剖视图(部分)

1—隔热墙;2—压气机叶轮;3—压气机导风轮;4—涡轮机叶轮;5,6—滚动轴承;7,8—油封;9,10,11—气封;12,13—滑油泵;14—进气箱;15—喷嘴环;16—排气箱;17—排气蜗壳;18—扩压器;19—消音器;20—进气箱

出。隔热墙 1 用绝热材料制成,避免废气对压气机叶轮和空气加热。

柴油机排出的废气经进气箱 14 送至喷嘴环 15,喷嘴环由喷嘴内环、外环和喷嘴叶片组成,如图 3－30 所示。喷嘴叶片形成的通道从进口到出口呈收缩状,其作用是将柴油机排出的废气的压力能部分转变为动能,并使气流具有工作叶片所需要的方向。工作轮由轮盘和工作叶片组成,工作叶片轴向安装在轮盘边缘的槽口中。叶根有纵树形和球形两种。叶身为叶片的工作部分,其形状由气体流动情况决定。它沿着高度逐渐扭转,这是因为废气通过喷嘴进入叶轮时,气流的参数如压力和速度的大小和方向等均沿叶片的高度而变化。为了减少气流流过叶片时的能量损失,要求叶片的形状与气流参数沿叶片的变化相适应,以提高涡轮机效率。高速流动的气流进入工作轮的叶片通道,其中一部分能量转变为机械功,最后经排气箱排往大气。

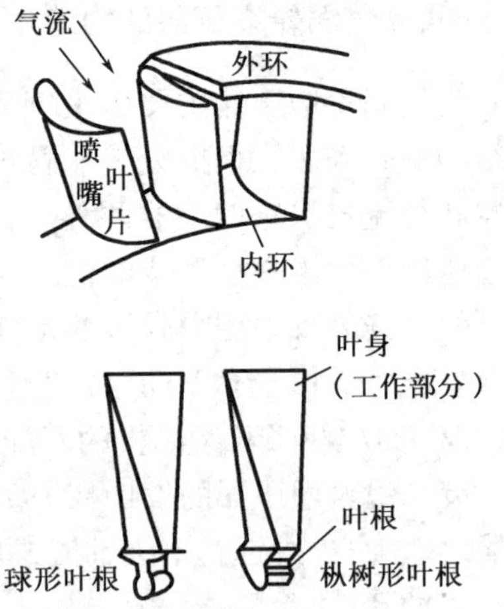

图 3－30　喷嘴环与工作叶片

(2)离心式压气机

增压器的压气机主要由进气消音器 19、进气箱 20、压气机叶轮 2、扩压器 18、排气蜗壳 17 等组成。空气从消音器滤网处进入。消音器 19 中的空气滤网、导流环对空气起滤清、导

流、吸音(导流环由吸音材料制成)作用。进气箱由内、外进气壳共同组成进气通道,对吸入的空气起导流定向作用。进气箱的左侧布置着轴承箱。工作叶轮是压气机的主要部件,它是由前弯的压气机导风轮3和半开式压气机叶轮2组成的。导风轮的扭曲方向和角度应适应气流进入叶轮的相对流动方向,使气流平顺地从轴向转到径向,见图3-31(a),以减少进气流动损失;在工作轮上沿径向布置着直叶片,各叶片间形成气流通道。两部分分别装在转轴上。有叶扩压器18用螺钉固定在排气蜗壳17上,其叶片间的气流通道呈扩张形,如图3-31(b)所示。它将压缩空气的动能变成压力能,以提高空气的排出压力。叶片环一般比圆环形平板圈窄一些,无叶片的圆环段同样起扩压作用,通常称之为无叶扩压器。一个工作轮与相邻的扩压器组成一个级。压气机排气箱17的主体是一个蜗壳状的管道,其流通截面由小到大,它一方面收集从叶片扩压器流出的空气,另一方面继续起着扩压作用。空气从蜗壳排出后经空气冷却器进入柴油机的扫气箱。

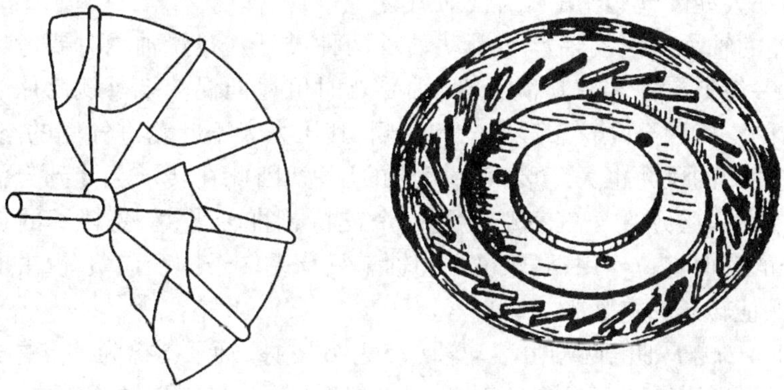

(a)　　(b)

图3-31　压气机的工作叶轮和扩压器

(3)轴与轴承

目前应用最广泛的轴承支撑方式有四种:外支撑、内支撑、内外支撑和悬臂支撑,如图3-32所示。

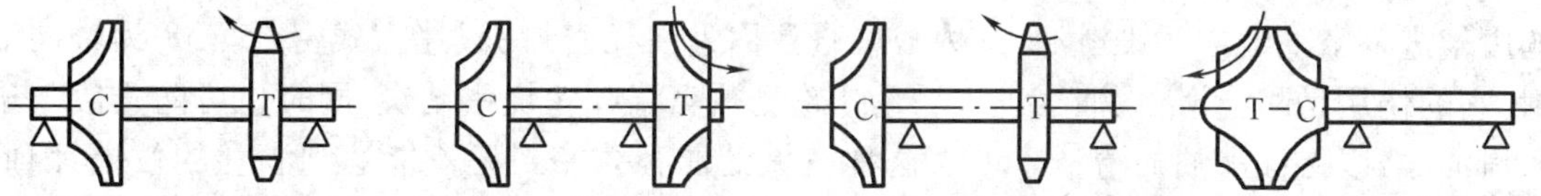

(a)　　(b)　　(c)　　(d)

图3-32　废气涡轮增压器的轴承支撑形式

(a)外支撑;(b)内支撑;(c)内外支撑;(d)悬臂支撑

如图3-32(a)所示为外支撑。两个轴承安装在转子的两端,广泛应用于大型废气涡轮增压器。其特点是转子稳定性好,轴承受高温气体影响较小,便于密封(轴承远离叶轮,轴向空间大),增压器的转子轴的中部刚性大,支撑处的轴颈可适当细一些,能保证轴承较低的表面切向速度,有利于增加轴承寿命,轴承的工作条件较好,更换轴承方便等优点。但也存在着使涡轮增压器结构复杂,质量、尺寸增大,清洗涡轮增压器困难等问题。

如图3－32(b)所示为内支撑。两个轴承在涡轮与压气机的内侧,叶轮两端悬臂放置,主要应用在小型废气涡轮增压器上。其优点是质量较轻,造价较低,轴向尺寸较短,维护保养转子方便。但其油、水、气的密封布置比较困难,有一侧的轴承很靠近涡轮端. 轴承的工作条件较差,更换轴承很不方便,需要先拆去叶轮后才能进行。

如图3－32(c)所示为内外支撑。涡轮和压气机同样装在转轴的两端,转轴用合金钢锻造而成,分左右两端,压气机端半轴和带轮盘的涡轮端半轴通过焊接连接成一体。轴的中间部分较粗,可以增加其刚性并减少弯曲变形。

如图3－32(d)所示为悬臂支撑。两个轴承布置在轴的一侧,压气机和涡轮的叶轮背对背的靠着布置在转轴的另一侧。其优点是减少了轮盘的摩擦损失,从而改进了综合效率。两个轴承均布置在冷的壳体内,轴承的工作条件好。但在设计时需要仔细地解决热传导、不同的线膨胀等问题以及转子有较大的悬臂力矩,要仔细地研究转子和轴承组合的动力特性,目前已开始在大型废气涡轮增压器上使用。

涡轮增压器的轴承分滚动轴承和滑动轴承两种类型。布置轴承时要考虑到轴受热后有膨胀的余地,一般把自由端留在涡轮端,轴受热时可以向涡轮端外侧膨胀。由于在压气机端,叶轮出口的空气漏至叶轮靠近涡轮的一侧,其压力大于叶轮进气侧的空气压力,在涡轮机端,废气进气侧的压力也大于废气出口侧的压力,因此在转子上受到自涡轮端指向压气机端的轴向推力。必须在压气机端设置一个支持止推轴承,承受转子的径向和轴向负荷,并起着转子的轴向定位作用;涡轮机端的轴承只承受转子的径向负荷,并允许产生一定的轴向位移以保证转子的热膨胀。

在VTR－4中,转子轴的两端由滚动轴承5和6支撑,轴承支撑为外支撑式。轴承5和6是滚动轴承,它的摩擦损失小,加速性能好。增压器轴承封闭在轴承箱中,一般采用三种润滑方式:一是靠装在转轴上的甩油盘进行飞溅润滑;二是涡轮增压器内由转子轴驱动的专用油泵进行润滑;三是由柴油机供给润滑油润滑。VTR－4型增压器轴承的润滑采用第二种方式,由转子轴驱动的滑油泵12,13形成封闭式压力润滑。

(4)气封与油封

气封与油封装置是为了防止燃气、空气和滑油漏泄。图3－29的VTR－4中,在轴承箱的内侧装有油封7,8,在叶轮两侧装有气封9,10,11。

涡轮端的11为轴向气封环,它的作用是密封废气,防止从喷嘴环与叶轮叶片之间泄漏的废气进入滑油池中污染滑油,这种密封通常称为曲径密封(或迷宫式密封)。8为轴向油封,它的作用是防止滑油、油气进入涡轮叶轮侧被高温叶轮烧焦结炭,同时也可防止废气进入滑油池,以保证滑油的清洁。单靠这种机械的曲径式密封还不能达到满意的效果,因此气封11处由排气蜗壳经通道X引入具有一定压力的增压空气,用压缩空气来阻止废气的泄漏,提高气封效果。泄漏出的废气和空气或油气通过通道Z与大气相通。一般在叶轮的轮盘处还设有径向气封(图中未示出),主要用来防止废气经轴向间隙流入到压气机侧。

压气机端7为轴向油封环,它可以阻止滑油被吸入到压气机中。由于叶轮进口处的压力较低,有一定的真空度,因此有较大的抽吸作用,滑油容易被吸入到压气机中,使滑油损耗并污染压气机。为了提高油封的效果,通道Y与大气相通(有的增压器引入增压空气以提高密封效果),使其中的压力与叶轮吸口处压力得以平衡,以防止吸入滑油。轴向气封环9也是用来防止油气被吸入到压气机中。径向密封10用来防止叶轮出口处的空气流入叶轮的背面,避免轴向推力增大。一般在靠近压气机叶轮的隔热墙处还设有轴向气封(图中未示出)，主要用来防止涡轮侧泄漏的废气经轴向间隙流入到压气机侧。

密封装置的密封原理如图 3－33 所示，当漏入的气体(或油)经由密封和转子轴之间很小的间隙时，受到节流作用，由于容积突然增大，便产生膨胀旋涡，速度减慢，压力降低，漏过的气体(油)量较小；然后再通过下一密封环的间隙时，又一次被节流、膨胀和减压；经过几次以后，气(油)的压力降低到接近于低压侧的压力就再也不能漏过了，这样就实现了密封的作用。

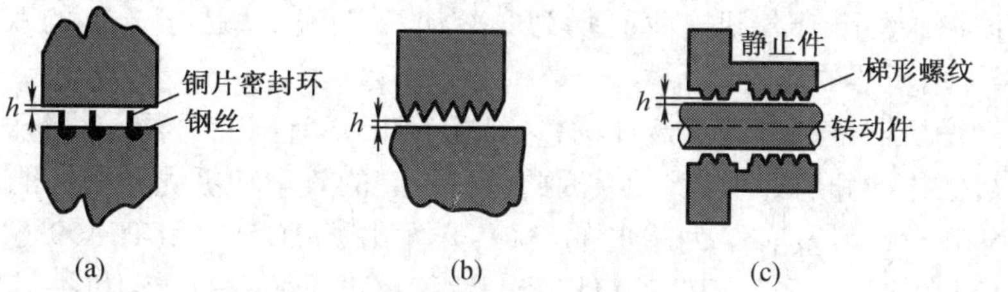

图 3－33　增压器的密封形式

目前，ABB 公司也开发了新型的 TPL 系列，它和 VTR 系列的主要区别是支撑方式为内支撑式、滑动轴承、非冷却式壳体。

2. NA 系列增压器

MAN B&W 公司制造的 NA 系列增压器分为 NA/S 和 NA/T 系列，二者的主要差别是 NA/S系列的转子轴承箱无冷却，NA/T 系列的转子轴承箱用水冷却。如图 3－34 为所示 NA/S 系列增压器的结构特点。现在新型的 TCA 系列已经开发成功，它是在 NA 系列的基础上进一步改进而成的。

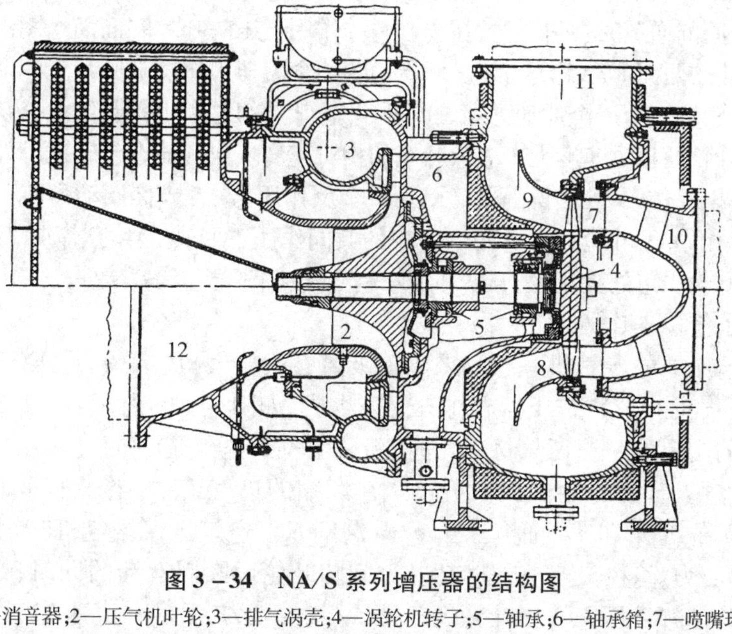

图 3－34　NA/S 系列增压器的结构图

1—消音器；2—压气机叶轮；3—排气涡壳；4—涡轮机转子；5—轴承；6—轴承箱；7—喷嘴环；8—封口环；9—废气扩压器；10—涡轮机进气壳；11—涡轮机排气壳；12—压气机进气壳

与 VTR 系列增压器相比,NA/S 系列增压器的结构特点主要如下。

(1)轴承位置在压气机叶轮和涡轮机叶轮之间的转轴上,属内支撑式。这样的结构可使涡轮增压器结构简单、尺寸小、质量小、清洗增压器方便。采用滑动轴承,构造简单、制造成本低、使用寿命长。轴承的润滑由柴油机的润滑系统提供。

(2)压气机连续后弯叶片可使压气机在宽广的压比范围内保持高效率。

(3)最新设计的加长涡轮机叶片提高了叶片效率。TCA 系列的涡轮叶片,省去了减振钢丝,不仅拆装检修方便,而且更主要的是减小了进气阻力,提高了增压器的效率。

(4)增压器轴承箱、压气机进气壳均为非冷却式,这样,省去了笨重的双层夹套及冷却水装置,减轻了增压器的质量。

TCA 系列增压器是利用计算流体力学(CFD)和 3D 有限元方法,对增压器的工作叶片和零部件进行优化计算后开发设计的,因此具有更高的效率和更优异的性能。此外 TCA 系列增压器尺寸和设计流量有了大幅度的增加,开发出了 TCA88 和 TCA99 这种超大尺寸的增压器,可以为当前最大的船用柴油机以及开发功率更大的船舶柴油机提供增压保证。

二、废气涡轮增压器的工作原理

1. 轴流式涡轮机工作原理

单级轴流式废气涡轮的主要部件是固定的喷嘴环和旋转的工作叶轮,如图 3 – 35 所示。

一列喷嘴叶片和一列工作叶片组成涡轮机一个级。图 3 – 36 中上部为喷嘴环和工作叶轮的局部剖视图。中部的叶型断面是用一个通过 I – I 的圆柱面切割涡轮所得切面展开在平面上,称为平面叶栅。喷嘴环的各叶片间和叶轮各叶片间形成了废气通道。废气流经喷嘴和叶轮时,其参数(压力 p、温度 T 和流速 c)沿流道的变化情况如图 3 – 36 中下部所示。

具有一定压力 p_0 和温度 T_0 的废气以速度 c_0 流入喷嘴,在喷嘴收缩形的流道中膨胀加速,其压力和温度降低到 p_1 和 T_1,而流速升高到 c_1,部分压力能转变为速度能。从喷嘴出来的高速气流进入叶轮叶片间的通道时被迫转弯,在离心力的作用下压向叶片凹面而企图离开叶片的凸面。于是,在每个叶片的两面上产生压力差。此压力差的合力即为作用在叶片上的冲动力,所有的叶片上的冲动力对转轴产生一个冲动力矩。此外,叶轮叶片的通道也是收缩的,废气在其中继续膨胀加速,其流出叶轮的相对速度大于流入叶轮的相对速度。当气流在旋转的叶轮中流动时,因膨胀加速而给涡轮以反作用力,使得涡轮又得到一个反作用力矩(或称反动力矩)。冲动力矩和反动力矩的方向是相同的,叶轮就在这两个力矩的共同作用下回转。由于高速气流使工作叶轮旋转做机械功,在叶轮出口处其压力、温度和绝对速度分别下降到 p_2,T_2 和 c_2。

2. 离心式压气机工作原理

废气涡轮增压器的压气机一般都采用单级离心式压气机。离心式压气机由进气道、工作叶轮(也称压气机叶轮)、扩压器和排气蜗壳组成,如图 3 – 36 所示,1 – 1,2 – 2,3 – 3 分别为上述各部件的交界面。当压气机工作时,新鲜空气经进气道轴向进入压气机叶轮。由于进气道的导流作用,气流的能量损失极小。在渐缩的进气道中,空气的压力和温度分别由进口的 p_0,T_0 下降到 p_1 和 T_1,而流速由 c_0 升高到 c_1。空气进入压气机叶轮后,随叶轮高速回转,并产生离心力。这样,空气在叶轮叶片间随叶轮做圆周运动的同时,在离心力的作用下向叶轮外缘流动并被压缩。在叶轮出口处,空气的压力、温度和流速分别升高到 p_2,T_2 和 c_2。这是由于叶轮对气体做功,把叶轮的机械能变成了气体的动能和压力能。在扩压器中,由于流道逐渐扩大,使空气的动能转换为压力能,流速降低到 c_3,压力升高到 p_3。排气蜗壳的流道也是逐渐扩大的，因而空气流过时继续将动能转换为压力能。

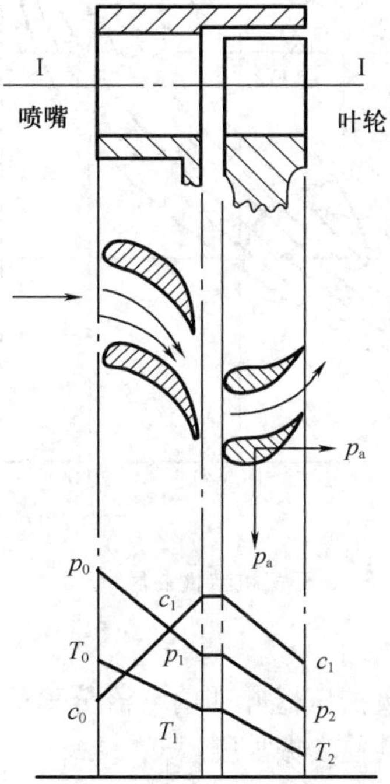

图 3-35　废气涡轮的工作原理

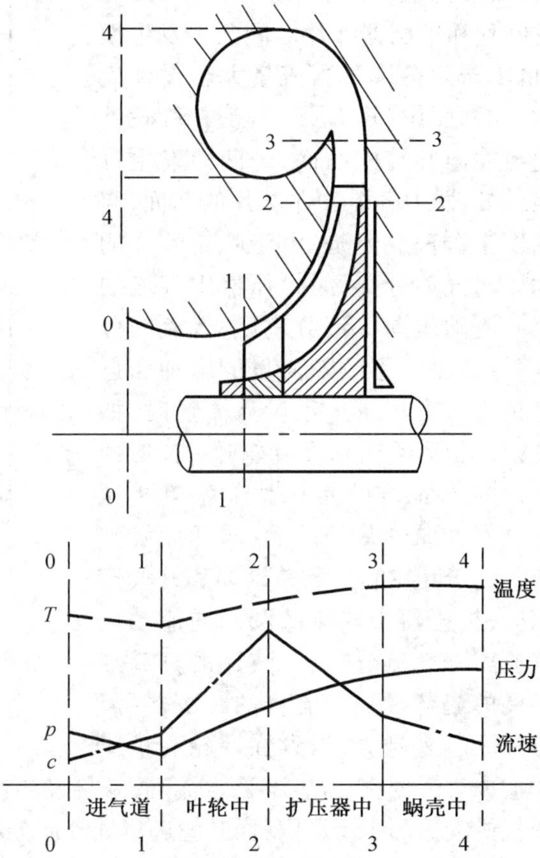

图 3-36　离心式压气机工作原理

三、离心式压气机的工作特性和喘振机理

在不同转速下压气机的排出压力和效率随空气流量的变化规律，称为离心式压气机的特性，表示这种特性的曲线称为压气机的特性曲线，如图 3-37 所示。从图中可知，在等转速运行线上，随着空气流量 G_k 的减小，增压比 π_k 开始时增加，但当 G_k 减小到某一值，π_k 达最大值。随着 G_k 继续减小，π_k 便逐渐下降。效率 η_k 随流量 π_k 的变化规律与 π_k 类似。当压气机流量 G_k 减小到一定值后，空气进入工作叶轮和扩压器的方向偏离设计工况，造成气流从叶片或扩压器上强烈分离，同时产生强烈脉动，并有气体倒流，引起压气机工作不稳定，导致压气机振动，并发出异常响声。这种现象称为压气机喘振。图中表示喘振状态的临界线称为喘振线，其左方为喘振区，右方为稳定工作区。压气机不允许在喘振区工作。

产生喘振的原因是当流量小于设计值很大时，在叶轮进口和扩压器叶片内产生强烈的气流分离。图 3-38 和图 3-39 为压气机流量变化时，空气在叶轮前缘和扩压器中流动的情况。

在设计流量下,如两图中(a)所示,气流平顺地流进叶轮前缘和扩压器,与叶轮叶片和扩压器叶片之间既不发生撞击,也不产生分离。当流量大于设计流量时,如两图中(b)所示,气流在叶轮叶片前缘冲向叶片的凸面,与凹面发生分离;在扩压器中气流冲向叶片的凹面,与凸面发生分离。但是,由于叶轮叶片的转动压向气流分离区,扩压器中气流的圆周向流动压向气流分离区,气流的分离区受到限制,不致随流量的增加而过分地扩大。当流量小于设计流量时,如两图中(c)所示,气流在叶轮叶片前缘冲向叶片的凹面,与凸面发生分离;在扩压器中气流冲向叶片的凸面,与凹面发生分离。由于叶轮叶片的转动要离开气流分离区,扩压器中气流的圆周向流动也使气流离开气流分离区,气流的分离区有扩展的趋势。随着流量的减少,气流的分离区越来越大,以致在叶轮和扩压器中造成气体倒流,发生不稳定流动,最终发生喘振。一般扩压器叶片内气流分离的扩展是压气机喘振的主要原因,而叶轮进口处气流分离的扩展会使喘振加剧。

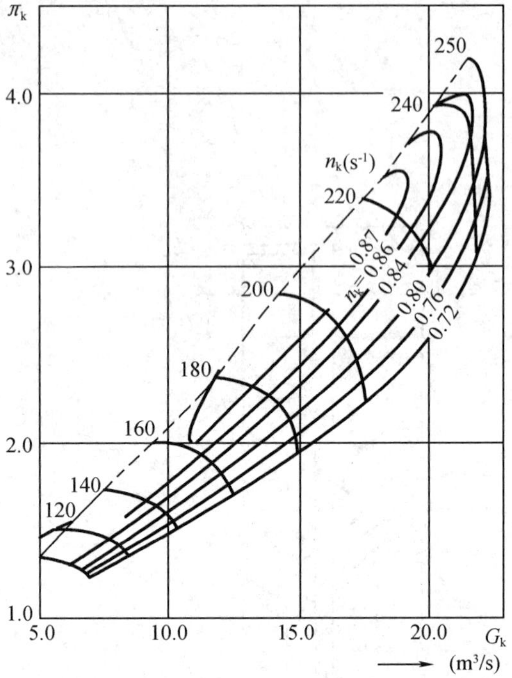

图 3-37 压气机特性曲线

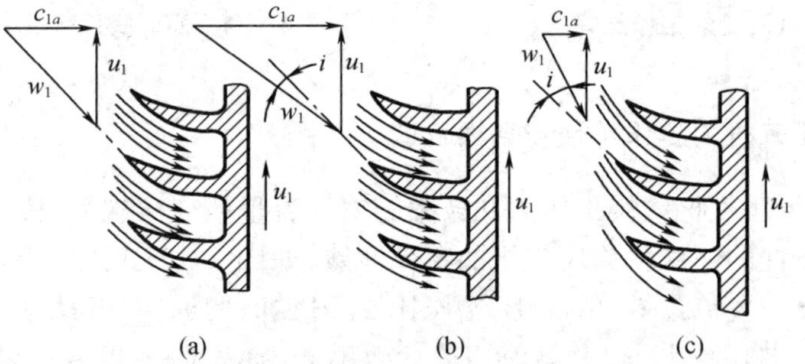

图 3-38 空气在工作叶轮前缘的流动情况

当离心式压气机被作为增压器与柴油机配合工作时,增压器(或包括辅助扫气泵)的供气量和压力要满足柴油机的要求。此时压气机在柴油机各种负荷下的排出压力-流量变化曲线称为增压器的工作特性曲线(或称为配合特性曲线),如图3-40 所示。增压器的工作特性曲线取决于柴油机的运转特性。柴油机与增压器良好匹配的标志是:柴油机达到额定的增压目标;增压器在柴油机全部的工作范围内都能稳定地运转,既不喘振也不超速,并尽可能在高效率工作,即增压器的工作特性曲线应离喘振线远一点,又要处在高效率。

四、增压器喘振的原因及消除方法

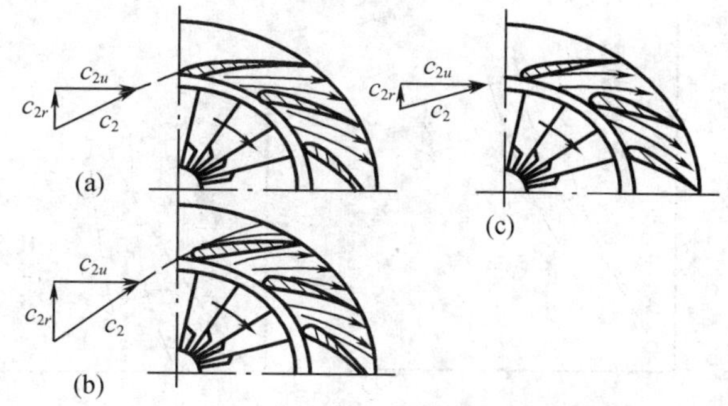

图 3－39　空气在扩压器前缘的流动情况

1. 增压系统流道堵塞

增压系统流道堵塞是引起增压器喘振最常见的原因。柴油机运行时，增压系统的气体流动路线是：进口滤网和消音器→压气机→空气冷却器→扫气箱（进气管）→扫气口（进气阀）→排气口（阀）→排气管→涡轮机→废气锅炉→烟囱。上述流动路线中的任一环节发生阻塞，如脏污、结炭、变形等，都会因流阻增大而使压气机流量减小、背压升高，引起喘振。因此对气流通道要定期清洁，运行中发生喘振时，要认真检查上述部件是否被严重污损。

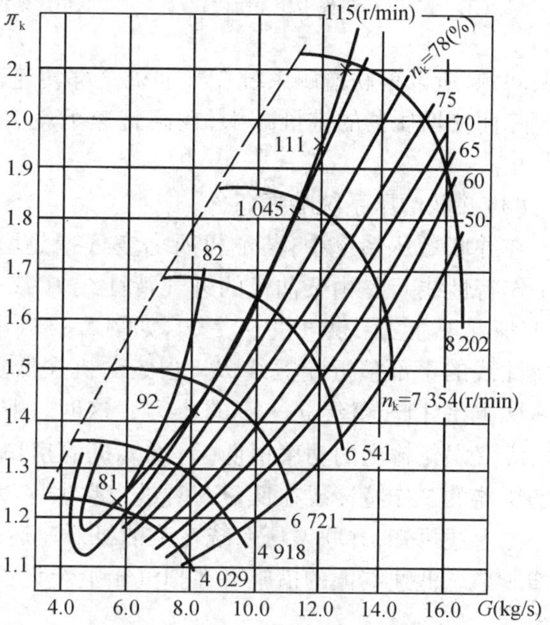

图 3－40　增压器与柴油机的配合

2. 不同增压系统与柴油机配合工作失调

（1）单独增压系统

单独增压系统仅由增压器向柴油机供气，所以压气机的工作特性线就是柴油机的进气特性线，如图 3－41（a）中实线所示。图中 p 为压气机出口压力，Q 为空气流量，B 为喘振线。由图 3－41 可知，在运行条件的全部变化范围内，增压器的工作特性线是一条上部离喘振线较远、下部离喘振线较近的曲线，因此在正常情况下，增压器都不会发生喘振。只是当外界条件变化时，如当气流通道堵塞时，使压气机背压升高，从而导致流量减少，工作特性线左移（图中点画线），工作特性线的下部进入喘振区，所以，在单独增压系统中，因流道阻塞，常常在低负荷时发生增压器喘振。

管理中应经常注意气口和空冷器的清法，使流道保持畅通。在低负荷下发生喘振时可暂时用提高负荷的办法消除。

（2）串联增压系统喘振条件

在串联增压系统中，柴油机所需要的全部空气都先后通过增压器和往复泵。这种增压系统的工作特性如图 3－41（b）所示。

在高负荷时（特别是超负荷），增压器的排量大于往复泵的排量。这时往复泵来不及将增压器供出的空气全部吸入，致使增压器的背压升高，排量减少，增压器工作线左移而靠近喘振区，容易引起喘振，所以串联增压系统在高（超）负荷时容易发生喘振。运行线（图中点画线）在高速时进入喘振区。因为在设计柴油机时选配的增压器一般都避开了高转速下的

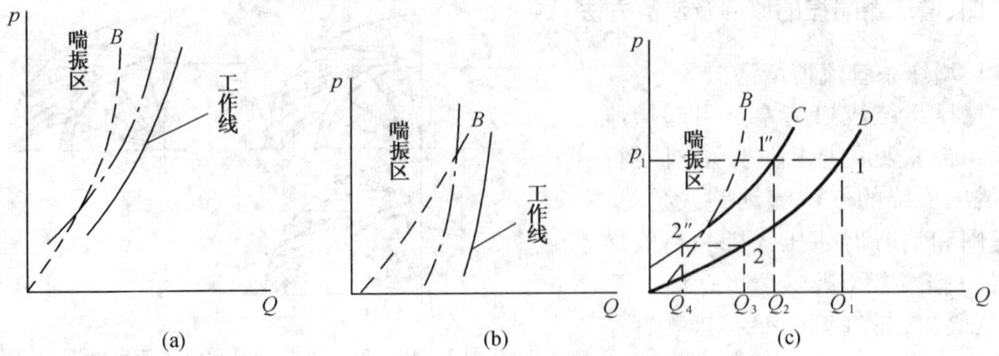

图 3－41　不同增压系统的工作特性

(a)单独增压系统工作线;(b)串联增压系统工作线;(c)并联增压系统工作线

喘振问题,所以串联增压系统在柴油机全部转速范围内不会发生喘振。若由于增压系统出现故障而使增压器的排量减少,在高转速下就会出现喘振。这时可降低负荷,直至喘振消除为止。

(3)并联增压系统喘振条件

在并联增压系统中,柴油机所需空气量是增压器和往复泵两者排量之和,所以增压器的工作特性线 C 是由柴油机的进气特性线 D 减去往复泵流量后所得的一条曲线。在负荷 1－1′情况下往复泵供气量 Q_1-Q_2,如图 3－41(c)所示。柴油机驱动螺旋桨工作时,它的进气特性线的下部接近喘振线 B。当柴油机在低负荷 2－2′工作时,往复泵所提供的空气量 Q_3-Q_4 能使扫气箱建立一定的压力。这时,因柴油机功率与转速的三次方成正比($P_e \propto n^3$),废气涡轮输出的功率很低,但压气机的出口背压较高,所以压气机的流量 Q_4 很低,致使增压器的工作特性线在低负荷时进入喘振区发生喘振。

由上述可知,并联增压系统在柴油机低速运行时必然会发生增压器喘振现象。消除并联增压系统低速喘振的措施有在扫气箱上装设放气阀,装设串、并联转换阀,采用并联喷射系统等。

3. 柴油机在低转速、高负荷下运行

当柴油机发生故障,或船舶满载、顶风、污底,使柴油机在高负荷(供油量多)、低转速下运行时,增压器易发生喘振。柴油机在低转速高负荷下运行时,气缸耗气量降低,喷油量增多,使废气能量增大,这时必然使增压器的转速提高排量增大,排出压力升高。这样就破坏了增压器的正常匹配关系,导致压气机在高背压、小流量状态下工作,严重时增压器发生喘振,此时只要排除柴油机的故障,降低油门就可消除喘振。

4. 脉冲增压系统一缸熄火或各缸负荷严重不均

在脉冲增压系统中,往往将三个气缸与一台增压器相连接。一台柴油机有多台增压器,它们并联地向一根进气总管供气。当某一缸熄火时,与之相连的涡轮功率减小,转速下降,但压气机出口的背压仍与正常运转时相同。因而对于一缸熄火时压力就显得过高,使压气机排量减少,发生喘振,甚至发生多台增压器交替喘振。若使熄火缸恢复工作或减小另一组气缸的供油量,可消除喘振。各缸负荷不均引起喘振的机理与上述相同。

5. 运行中的暂时失配

高转速下停车时,需急速将操纵手柄拉到停油的位置,可能使增压器与柴油机暂时失配而发生喘振，但不久又能恢复匹配关系，喘振即自动消失。

船舶在大风浪中航行发生飞车时，并联增压系统和单独增压系统会发生喘振，而串联增压系统不会发生喘振。

6. 环境温度的变化

环境温度过高时，空气流量显著减少。在低温时匹配的不带空冷器的增压器和柴油机，如用在高温海域时，或者在高温时匹配的带有空冷器的增压器和柴油机用在低温海域时，由于两者的匹配关系改变，运行点更靠近喘振区，因而容易引起喘振。

第六节　增压系统的常见故障与维护管理

一、增压系统的常见故障

1. 增压器的喘振

有关喘振问题上节已经叙述，不再重复。

2. 轴承烧毁

轴承烧毁大多是由于滑油压力过低、油量不足或断油、滑油过脏和油中混入金属屑等所造成的。

轴承烧毁时，常常表现为增压器转速急速下降，滑油出口温度升高，增压压力下降，并出现异常的声音。若在管理中发现增压器转速急剧下降、运转声音异常，应立即停车检查增压器轴承。若轴承轻度烧毁，轴封和叶片未损伤，可更换轴承。若转子严重损伤无法修复时，只好实行停增压器运行。

3. 增压器强烈振动

引起增压器强烈振动的原因主要有压气机喘振、涡轮叶片折断和涡轮叶片结炭。

压气机喘振会引起增压器的强烈振动，因此消除喘振也就消除了增压器的强烈振动。

涡轮叶片折断和涡轮叶片结炭会使涡轮转子的运转失去平衡性，从而引起增压器强烈振动。应对其进行定期清洗和拆掉断叶对称的叶片使之恢复平衡，振动即可消除。

4. 增压压力下降

当增压压力降低时同时发现增压器的转速也明显降低。其原因在于废气涡轮和柴油机两方面。引起柴油机废气能量下降的因素，如气缸密封不良、喷油提前角大、排气开启提前角小等均会引起增压器转速下降、增压压力降低。涡轮喷嘴环高温变形使流通面积增大、涡轮前排气管膨胀接头漏气、涡轮轴封结炭或漏气、轴承故障、涡轮背压上升等均使增压器转速不足，增压压力下降。

当增压压力降低而其转速变化不大，其主要原因，为压气机故障，如压气机进口滤器、消音器、空冷器或压气机内部的气流通道积垢，增压器的轴封、气封漏气，扫气箱漏气等都会引起增压压力下降。

5. 增压压力升高

负荷相同时，增压压力升高往往伴随着增压器的超速。造成增压压力升高的主要原因是柴油机方面故障。常见的故障是喷油系统故障使燃烧恶化后燃严重，导致柴油机功率下降和废气能量增加。另外柴油机超负荷、喷油器漏油、排气阀漏气、排气阀开启提前角增大，都使废气能量增加，涡轮转速提高，增压压力升高。

6. 涡轮或叶轮端漏油

增压器两端或某一端漏油,是使用中最常见的故障之一,主要原因有润滑油回油不畅、密封环损坏或材质老化使密封失效、涡轮增压器滑油进口压力过高等。涡轮端漏油严重时会使排气管、消音器附着大量油污和积炭,增大了排气阻力,降低了增压器的转速,使发动机动力下降。叶轮端排油严重时,会使增压至中冷器的管道中存有大量机油,中冷器被油污部分堵塞增大了进气阻力,也会使发动机动力下降。涡轮或压气机叶轮端漏油且较为严重时,应进行拆检维修。

7. 中冷器冷却水侧污损

当中冷器冷却水侧结垢严重或变形损坏时,会造成对压缩空气冷却能力的下降,从而引起扫气温度升高、气缸热负荷升高及排气温度升高等。

当废气涡轮增压器损坏时,柴油机应降低负荷运转,此时应以排气温度和烟色作为限制柴油机负荷的主要参数。

二、增压系统的维护管理

1. 增压器的日常管理

(1)柴油机运转过程中对一些主要的参数要经常进行测量和记录,如增压空气压力、滑油的压力、温度和油位、空冷器前后的温度和压差等。根据检查的参数分析判断涡轮增压器的工作状态,以确定必要的检查、调节和检修方案。

(2)涡轮增压器运行时,应经常用金属棒或其他专用工具细心倾听增压器中有无异常声响和运转是否平稳,转子不平衡会发出钝重的“嗡嗡”声。

(3)如果柴油机停车时间很长(超过一个月),为了防止涡轮增压器轴弯曲变形,应将涡轮增压器转子转动一个位置。增压器再投入使用前应启动柴油机使之短时间转动,用金属棒倾听运转是否平稳,有无杂音和滞阻现象。

(4)拆装增压器时,应事先查阅说明书,了解其内部结构、拆装顺序以及所需要的专用工具,切不可盲目从事。拆卸时,注意可拆零件的相对位置;组装时,注意装配间隙以及间隙的调整方法。

2. 中冷器的维护

柴油机增压采用中冷器对增压空气进行冷却,中冷器成为强化柴油机不可缺少的重要部件,在提高柴油机功率及降低热负荷等方面有着重要作用。随着柴油机增压度的提高,对中冷器的要求也在不断地提高,中冷器应具有质量小、结构紧凑、冷却效率高的特点。

(1)中冷器的作用

中冷器的主要作用是降低发动机的进气温度。空气在被压缩的过程中,同时密度升高,会导致温度的升高;柴油机排出废气的温度非常高,通过增压器的热传导也会提高进气的温度。进气温度的提高会降低柴油机的充气效率。

增压柴油机采用中冷器后,可使高温高压空气的温度降低、密度增加,充气效率上升,从而可以大幅度地提高柴油机功率,并改善其热负荷、提高经济性。据实验显示,在相同的空燃比条件下,增压空气温度每下降 10 ℃,柴油机功率能提高 3% ~5%,还能降低排放物中的氮氧化物(NO_X)含量,改善发动机的低速性能。

(2)中冷器的维护

经过长时间使用后,中冷器内部管道通常会附着油泥或胶质等脏物,这不仅会使空气流通管变窄,而且会使热交换能力下降。因此,中冷器需要定期进行内部清洗和维护。如果发现中冷器内部脏污严重,应仔细检查空气滤清器和各进气管路是否有泄漏的部位。注意在内部清洗后,应让中冷器内部干燥后再连接管路。

三、增压器的清洗

废气涡轮增压器的脏污往往会引起排气温度的变化,一般四冲程柴油机主要是压气机的污脏对发动机性能有较大的影响,大型二冲程柴油机则是涡轮方面的污脏有较大的影响。

1. 废气涡轮的清洗

涡轮的积垢可在运转中清洗。运转中清洗主要是清洗旋转件上的灰尘和疏松的积炭(一般每周一次),对有严重积垢的涡轮采用运转清洗效果不佳,应进行定期拆检和清洗增压器,经常定期清洗能使增压器处于良好的工作状态。

运转中清洗废气涡轮有水洗法和干洗法。

(1)涡轮水洗

要在低负荷下进行,进水管装在涡轮的进气管上,将一定压力的热淡水喷入涡轮中。通过水对污垢的溶解作用和水滴对污垢的机械冲刷作用将流道中附着不牢固的污垢洗掉。在涡轮排气壳底部装有排泄阀,将清洗下来的污垢和水排出。每次清洗时间约 10 min。清洗完成后,应在低负荷下运转 5 ~ 10 min,以使涡轮内部的零件完全干燥,如果清洗后发生振动则应重新清洗。

如图 3 -42 所示为 ABB 型涡轮增压器的水洗系统图。水洗时,要求柴油机在 50% 标定功率的转速下运转,转动旋塞使管 1 与 3 相通以排除污物,必须保证旋塞畅通。关闭泄水旋塞 B,开启进水管截止阀 C,以便清洗水经接头中的孔板喷入涡轮进气管;缓慢开启供水阀 D,把压力调到 0. 25 MPa,则清洗水经阀 C 流入,污垢和水由管 1 泄至舱底,清洗完成后,关闭阀 D,C,开阀 B 将管路中水放掉;转动旋塞 A 使管 2 与 1 相通,以少量压缩空气吹扫排泄管道和排气箱,使管 1 畅通。

(2)涡轮干洗

从涡轮进气道喷入一定数量的已被粉碎的核桃壳或其他类似物体,颗粒尺寸约为 1.5 mm,用冲击式的方法清除积炭等污物。干洗时柴油机负荷不得低于 50% 标定负荷,在全负荷时效果最好。如果装有干洗设备时,应按说明书的指示使用。

2. 压气机的清洗

压气机在运转中清洗,应在柴油机高速、全负荷运行状态下进行。在清洗前 20 min 内,气缸润滑油供应量提高 50% ~100%,以避免水对缸套的腐蚀。清洗方法是将一定量的水在短时间内喷入压气机。

如图 3 -43 所示为 ABB 增压器压气机的清洗装置图。进水管装在压气机进气管上,清洁水盛在一定容积的容器(储水罐)中以保持每次的清洗水量一定。容器除有水管与压气机进气管连接外,还有气管与压气机排出管连接。清洗时按一下容器上的按钮,水便在增压器压力与进气道压力差的作用下,在 4 ~10 s 时间内喷入压气机。喷水后,柴油机要在全负荷下运转一段规定的时间,以使增压器和柴油机完全干燥,如果清洗后增压压力和排气温度变化不大可重复清洗。清洗压气机后也应立即清洗空冷器,以洗去从压气机冲洗出来的积垢。

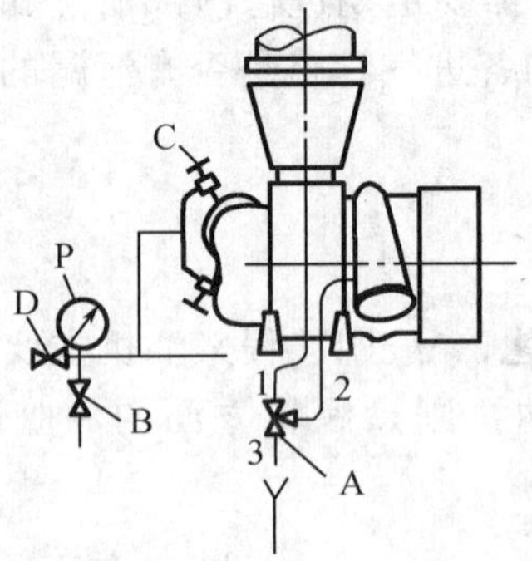

图 3-42 增压器涡轮机水洗系统图

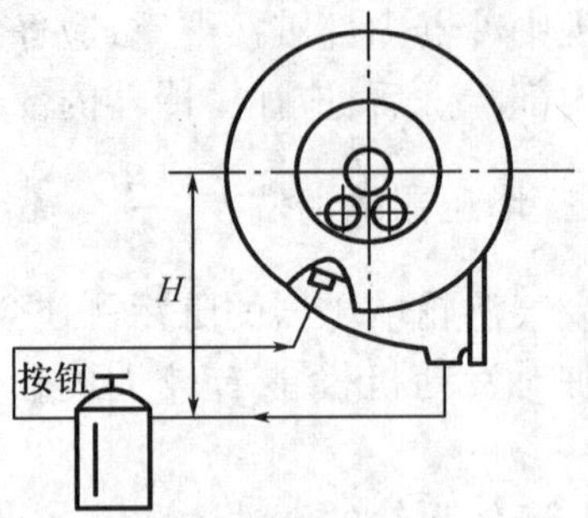

图 3-43 增压器压气机清洗装置图

思考与练习

1. 换气过程有何功用,对换气过程有什么要求?

2. 二冲程柴油机的换气过程可分几个阶段,各阶段有什么特点?

3. 四冲程柴油机的换气过程可分为几个阶段,各阶段有什么特点?

4. 换气机构有何功用,它由几个部分组成?

5. 简述当代长(超长)行程低速柴油机使用的液压式气阀传动机构的工作原理和特点。

6. 某四冲程 6 缸柴油机发火顺序为 1—5—3—6—2—4,当第 2 缸处于发火上止点时,画出它的曲柄排列端视图,并分析各缸处于什么工作状态?哪些缸的进、排气阀可以进行气阀间隙的检查与调整?

7. 试分析比较脉冲增压与定压增压两种废气涡轮增压形式的优缺点。

8. 当代新型船用柴油机为什么均采用定压涡轮增压,为什么必设电动辅助鼓风机?

9. 轴流式涡轮与离心式压气机由哪几部分组成,各有何功用?

10. NA 废气涡轮增压器与 VTR-4 增压器相比,有何特点?

11. 什么叫离心式压气机的喘振,发生喘振的根本原因是什么?

12. 简述增压系统中的空冷器的作用。

第四章　燃油喷射与燃烧

【知识目标】

1. 了解燃油的主要性能指标；
2. 掌握柴油机燃油喷射系统的组成、功用和要求；
3. 熟悉柴油机电控喷射系统的组成和工作原理；
4. 掌握喷油泵、喷油器主要设备的结构和工作原理；
5. 正确描述柴油机可燃混合气形成的方式和主要影响因素；
6. 正确描述柴油机的燃烧过程及主要影响因素；
7. 简述低质燃油的预处理程序；
8. 熟悉控制柴油机排放的主要措施。

【能力目标】

1. 学会进行燃油喷射系统主要设备的拆装和检验；
2. 学会进行喷油定时和喷油量的检查与调整。

第一节　燃油简介

柴油机的燃油主要来自于石油产品。石油按蒸馏后残留物中石蜡的多少分为石蜡基、沥青基和混合基。石蜡基石油蒸馏后残留物中含石蜡5%以上，沥青基石油蒸馏后残留物中的石蜡少于2%，而混合基石油蒸馏后残留物中石蜡在2%～5%之间。我国石油多为石蜡基石油。

石油是多种有机化学物组成的极为复杂的混合物，所含元素主要是碳和氢，约占石油质量的95%左右，也含有少量的氮、氧、硫及金属混合物如钒、钠有机盐类。碳氢化合物简称烃，故石油是烃类的混合物。

燃油中所含的烃往往不同，根据其分子结构燃油中的烃可分为以下三类。

（1）脂肪烃：一种链状结构的饱和烃。含脂肪烃多的燃油燃烧，自燃温度低，自燃性好。

（2）环烷烃：一种环状结构的饱和烃。由于此烃呈环状结构，使其自燃性较脂肪烃差，自燃温度也较高。

（3）芳香烃：也是一种环状较高的烃，但它们都是以苯核作为基础的，故其自燃性较差，自燃温度最高。燃烧中容易结炭，不宜用作柴油机燃料。

天然石油提炼燃油的工艺主要是蒸馏，其次是裂化、催化裂化和加氢裂化。蒸馏法是根据石油的不同组分具有不同的沸点的特点，在不同的温度下分馏出不同的油品。常压蒸馏在360～370 ℃以下进行。先后分馏出汽油、煤油、轻柴油和重柴油。剩下的重油再送入410 ℃温度下减压蒸馏，先后分离出重柴油和润滑油。剩下的渣油可直接用作锅炉燃料油，也可掺混部分柴油用作柴油机燃料油。各种裂化法都以重馏分作为裂化原料，在高温下使大分子裂化为小分子以获得更多的轻质产品。

一、燃油的理化性能指标

燃油的质量是以其理化性能指标来衡量的。根据其对柴油机工作的影响，这些指标大致可分为三类：影响燃油燃烧性能的指标，如十六烷值、馏程、黏度和热值；影响燃烧产物成分的指标，如硫分、灰分、钠的含量和残碳值；影响燃油系统管理工作的指标：闪点、密度、凝点、浊点和机械杂质等。

1. 十六烷值

柴油是在柴油机压缩行程末端，在燃烧室的高温高压空气中自行发火的。在无外源点火的情况下，柴油自行发火的性质叫自燃性。这种自行发火的最低温度叫自燃温度。柴油的自燃温度除由于化学成分不同而不同以外，还受空气压力的影响。压力越高，空气密度越大，自燃温度也越低。

柴油的自燃性用十六烷值衡量，其值越高，燃油的自燃性能越好。

柴油机的类型不同，对十六烷值的要求也不同。高速柴油机由于燃烧过程时间极短，对燃油的自燃性能要求较高，所用燃油的十六烷值在 40 ~ 60 之间；中低速柴油机燃烧时间较高速柴油机长，其十六烷值分别为 35 ~ 50 之间，柴油机对十六烷值的要求比较宽。实际使用中，燃油的十六烷值达到最低要求即可应用，不必使用过高的十六烷值。十六烷值过高，燃油容易发生高温裂化而生成游离碳，使柴油机冒黑烟，并使燃油费用增加；当然，十六烷值过低，也会使燃烧粗暴，不易启动，低负荷运转不好。实际中，一般燃油都能满足中、低速机燃烧的要求，特别是低速柴油机，在直接使用燃料油燃烧过程中不会有特殊困难。因此除轻柴油外，重柴油、燃料油在燃油规格中均不对十六烷值做出规定。

2. 馏程

馏程表示在某一温度下所能蒸发掉的百分数，它是燃油的蒸发性指标。轻馏分（250 ℃以下）蒸发快，容易与空气混合和发火，但轻馏分过多时将使柴油机工作粗暴；重馏分（350 ℃以上）蒸发慢，易使燃烧不完全而产生结炭。品质好的燃油应是轻馏分和重馏分都很少，而在 250 ~ 350 ℃之间的中馏分最多，且馏分组成的温度范围较窄为好。

3. 黏度

黏度是表示燃油自身流动时的内阻力，它是燃油最重要的特性之一。它决定于柴油的馏程和化学成分。黏度影响柴油的过滤性，在管道中的流动性和在气缸中的精细程度、油束喷射的深度以及燃烧质量。黏度过大使雾化不良，流动和过滤困难；黏度过小，则会引起喷油泵柱塞偶件及喷油器针阀偶件因润滑不良易于磨损。

在高速柴油机中，燃料喷射、蒸发与空气混合，组成的时间较短，需用黏度较小的轻柴油；在中速及低速柴油机中，其相应的时间较长，可以使用黏度较大的重柴油或低值燃料油，但要采取一定的加温措施，以适当降低其黏度。

柴油的黏度有几种单位，我国和欧洲一些国家使用恩氏黏度和运动黏度单位，英、美等国则使用雷氏黏度和赛氏黏度单位，国际标准化组织（ISO）决定以运动黏度作为世界各国通用的标准黏度单位。

(1)动力黏度

动力黏度是面积为 1 cm^2,相距 1 cm 的两流体层,以 1 cm/s 的速度相对运动时所产生的阻力的数值。

在工程单位制中,单位是泊(g/cm·s);

1 泊 =1 克/厘米·秒(1 g/(cm·s))

在国际单位制中,动力黏度的单位是帕斯卡·秒(Pa·s)。

1 泊 =0.1 帕·秒

1 厘泊 $=10^{-3}$帕·秒。

(2)运动黏度

运动黏度是动力黏度与同温度下液体密度之比。

其单位在工程单位制中为"斯"(St),斯的百分之一叫作厘斯(cSt)。

在国际单位制中的单位为 m^2/s(米^2/秒),1 cSt $=10^{-2}$ m^2/s。

ISO 组织规定,自 1977 年开始采用 50 ℃时的运动黏度作为燃油的国际通用黏度单位,表示为 1 cSt_{50}。

(3)恩氏黏度

恩氏黏度是在测定温度下,200 mL 的燃油从恩氏黏度计中流出所需要的时间与同体积 0 ℃的蒸馏水流出时间的比值。它是一个无因次量,用符号"E_t"表示(t 为液体的测定温度)。

(4)赛氏和雷氏黏度

赛氏和雷氏黏度分别表示 60 mL 和 50 mL 的燃油在 100 ℉(37.8 ℃)温度下从赛氏黏度计和雷氏黏度计中流出所需的时间(秒)。赛氏黏度分为赛氏通用黏度(代号为 SSU)和赛氏重油制度(SSF)两种。雷氏黏度分为雷氏一号黏度(Red No.1)和雷氏二号黏度(Red No.2)。柴油机常用 SSU 和 Red No.1。

燃油的黏度受其温度和压力的影响。当压力升高则黏度增大,温度升高则黏度降低。

4. 热值

1 kg 燃油完全燃烧时所放出的热量称为燃油的热值或发热量。其国际单位是 kJ/kg(千焦/千克)。不计入燃烧产物中水蒸气的汽化潜热的热值称为低热值,用"H_u"表示:轻柴油的标准热值为 H_u =42 700 kJ/kg;重油的标准热值为 H_u =42 000 kJ/kg;ISO 规定的标准为 H_u =42 707 kJ/kg。

5. 硫分

硫分是指燃油中所含硫的质量百分数。燃油中的硫是以硫化物的形成存在,对燃油系统的管道、容器及喷射设备产生腐蚀;硫的燃烧产物易对缸套产生低温腐蚀,且有促进生成结炭的作用,使气缸中积炭既多且硬,不易除去。

6. 灰分

燃油的灰分为油溶性有机酸和无机酸盐类以及不燃烧的机械杂质所占的质量分数。灰分中含有各种金属氧化物,易使燃烧室部件发生高温腐蚀和磨料磨损。

7. 残炭值和沥青分

残炭值是指燃油在规定试验条件下加热干馏,最后剩下的残留焦炭占试验油质量分数。它表示燃油在燃烧过程中形成炭渣的倾向。气缸内结炭会使热阻增大,引起过热和磨损,严重时造成柴油机部件损坏。

沥青分表示沥青占燃油质量分数。沥青很难燃烧,致使排气冒黑烟,易在气缸中形成坚硬的炭垢及在喷油器喷孔外产生喇叭状结炭，使雾化变差。同时在正常分油温度下，沥青悬浮于油中不易分离。

8. 钒钠含量

燃油中所含钒、钠等金属占质量分数，用 10^{-6} mg/L 表示。钒、钠燃烧后生成低熔点的化合物。若缸壁和排气阀温度高于它们的熔点（535 ℃），就会受到它们的腐蚀而损坏，所以要将排气阀温度控制在 550 ℃以下。这一腐蚀发生在高温区域，故称为高温腐蚀。

9. 闪点

燃油蒸汽与空气的混合气同火焰接触而闪火的最低温度称为燃油的闪点。它是衡量燃油的挥发成分引起爆炸或火灾危险性的指标。闪点按测量器具和方法不同分为开口闪点和闭口闪点。开口闪点高于闭口闪点，常用的是闭口闪点。船用燃油闪点应不低于 65 ℃，重质燃油闪点高于轻质燃油。倾倒燃油或敞开燃油容器应在低于闪点 17 ℃的环境温度下进行，以确保安全、防火、防爆。

10. 密度

燃油的密度是 20 ℃时的燃油质量与 4 ℃时同体积水的质量之比，单位是 kg/m^3，通常用符号“d_4^{20}”表示。不同温度下的燃油密度可用下式换算

$$d_4^{20} = d_4^t + 0.000\,672(t - 20) \tag{4-1}$$

式中 d_4^t——温度为 t ℃时的密度，kg/m^3；

t——测定燃油密度时的温度，℃。

燃油的密度是燃油品质的重要指标之一，与它的化学成分和馏分组成有关。烷烃的密度最小，环烷烃稍大，芳香烃较大，含硫、氧、氮的胶质和沥青质密度最大，燃油的密度随馏分温度的增大而增大。

密度对燃油的管理有很大的意义。根据密度和油舱容积可以计算燃油的装载量。一般分油机只能净化密度小于 0.98 g/cm^3 的燃油；喷油泵的喷油量是以容积为基础的，更换不同密度的燃油时，应适当调整喷油泵的油量调节机构。

11. 浊点和凝点

燃油在标准条件下冷却至开始呈现混浊时的温度称为浊点。一般燃油的浊点高于凝点 8.5 ℃。当燃油的温度低于浊点温度时，从燃油中析出的石蜡结晶将使滤器堵塞，供油中断。从使用的角度看，浊点比凝点重要。燃油的浊点至少应比使用温度低 3 ~ 5 ℃。

12. 机械杂质和水分

燃油中所含不溶于汽油或苯的固体颗粒或沉淀物的质量分数称为机械杂质。燃油中的机械杂质不能燃烧，容易造成供油管路、滤器、喷油器喷孔堵塞，并使喷油泵和喷油器产生严重磨损。燃油中的水分以体积分数表示，水分会降低燃油的热值，并燃油破坏正常的发火。

二、柴油机使用的燃油

柴油机所使用的燃油有轻柴油、重柴油、船用柴油及船用燃料油，其中，船用燃料油是由渣油、重油与重柴油调制而成的。

1. 国产柴油机燃油的规格与选用

（1）轻柴油

我国生产的轻柴油由国家标准 GB 252—81 规定。轻柴油产品按凝点不同分为 10 号、0

号、-10号、-20号及-35号五个等级，也就是说它们的凝点分别高于10 ℃，0 ℃，-10 ℃，-20 ℃，-35 ℃。所以选用轻柴油要根据当地冬天最低环境温度而定，一般最低环境温度应高出凝点温度5 ℃以上。

轻柴油是质量最好、价格最贵的柴油机燃料，适用于高、中速大功率柴油机。救生艇柴油机一般选用-10号轻柴油，应急发电柴油机和高速发电柴油机可用0号轻柴油。

(2)重柴油

按国家标准GB 445—77规定，重柴油按凝点不同分为10号、20号及30号三个牌号，其代号分别为RC-10、RC-20和RC-30。重柴油的主要特点是凝点高。使用重柴油的柴油机应有完善的预热设备，低速及民用中速大功率柴油机，由于考虑经济性问题，一般都燃用价格低廉的重柴油。一般，10号重柴油适用于500~1 000 r/min的中速机，20号重柴油适用于300~700 r/min的柴油机，而30号重柴油适用于300 r/min左右的柴油机。

(3)重油(燃料油)

重油按80 ℃时的运动黏度分为20，60，100及200四个牌号，可供船舶锅炉使用。

(4)内燃机燃料油

内燃机燃料油由渣油、重油与重柴油调制而成，专供远洋船舶使用。目前尚无国家标准，一般执行炼油厂与有关单位商定的协议标准，也可自行调制。

在船舶柴油机的使用说明书中，都规定了所用燃油的品种。补充燃油时应注意其性能要与说明书中的规定相符，选择燃油时，应首先注意看黏度是否合适，再看硫分高低，以判断和润滑油(低速机的气缸油或大功率中速机的曲柄箱油)的碱性是否匹配，再看密度、沥青分、钒钠含量等指标。这些指标是选择的主要依据，其他指标仅供参考。

2. 国外燃油的规格与选用

(1)轻柴油(Marine Gas Oil，MGO)，相当于国产轻柴油(-35号)，常用于救生艇柴油机和应急发电柴油机。

(2)船用柴油(Marine Diesel Oil，MDO)，相当于国产20号重柴油，常用作发电柴油机和船舶主机机动操纵时的燃料。

(3)中间燃料油(Intermediate Fuel Oil，IFO)，是由渣油与柴油调制而成的掺合油，根据对黏度的不同要求决定两者的混兑比例，主要用作各类大功率中速机及低速机。

(4)船用燃料油(Marine Fuel Oil，MFO)，也叫作C级锅炉油，主要用于锅炉，也可以用于最新的大功率中速柴油机和大型低速柴油机。

三、燃油燃烧的热化学

燃油的燃烧是一种剧烈的氧化反应，在氧化的同时将产生大量的热量。由于在气缸内的实际燃烧过程极其复杂，所以在讨论中忽略其实际中间过程，只考虑燃油中的元素氧化的最后化学反应，即燃油中的C，H生成最终燃烧产物CO_2，H_2O。采用这种简化分析与计算出的结果与实际情况基本符合。

1. 1 kg燃油完全燃烧所需理论空气量

1 kg燃油完全燃烧所需的最低空气量称为理论空气量。柴油的质量组分(质量分数)是：碳约占87%，氢约占12.6%，氧约占0.4%。在空气的质量组分中，氧约占23.2%(体积分数约为21%)。

根据化学反应方程式，可求得C，H完全燃烧分别生成CO_2，H_2O时所需的氧量之和，从中扣除燃料自身所含氧量,即为1kg燃油完全燃烧所需氧量。根据氧在空气中的比例,由此得出,1 kg燃油完全燃烧所需的理论空气量为14.3 kg(或16.1 m^3)。

2. 过量空气系数 α

在柴油机中,由于燃油与空气的混合时间极短,燃油喷入气缸后不可能与空气混合得很均匀。为了保证燃油完全燃烧,实际供入气缸的空气量必须大于理论所需空气量。我们将燃烧1 kg燃油实际供入气缸的空气量 L 同理论空气量 L_0 之比值称为过量空气系数,用 α 表示,即

$$\alpha = L/L_0 \tag{4-2}$$

由上述可知,一般柴油机正常工作时 $\alpha>1$。过量空气系数 α 的数值与柴油机的形式有关,其大小对柴油机的性能有很大影响。α 值小,意味着柴油机气缸工作过程强化程度高,单位气缸工作容积做功能力大,即平均有效压力 p_e 高,但伴随而来的是气缸的热负荷增大,排气温度提高。α 值大,燃烧时有足够的空气量以保证喷入气缸的燃油得到比较完善的燃烧,因而耗油率降低,经济性提高。同时,气缸的热负荷降低,有利于提高柴油机工作的可靠性。但在相同的进气量下,α 值大意味着单位气缸工作容积做功能力降低,即 p_e 变小,柴油机的做功能力得不到充分发挥。

各种船用柴油机 α 的经验数据范围如下:

非增压高速柴油机:$\alpha=1.2\sim1.7$;增压高速柴油机:$\alpha=1.5\sim1.9$;非增压低速柴油机:$\alpha=1.8\sim2.1$;增压低速柴油机:$\alpha=2.0\sim2.3$。

由上述数值可见,高速柴油机的 α 值低于低速柴油机,非增压柴油机的 α 值低于增压柴油机。原因是高速柴油机的气缸尺寸小,其他条件相同时,其燃烧室单位气缸容积的散热面积 F/V 相对较大,柴油机的热负荷较小,允许它在较高的强载程度下工作,故 α 值较低,以提高其单位气缸工作容积的做功能力。增压柴油机的热负荷比非增压柴油机大,增大 α 是为了减小热负荷,提高工作的可靠性。由于 α 值的大小直接影响到柴油机的动力性、经济性和可靠性,因此必须合理地选定。决定 α 值大小的原则是:在保证燃油完全燃烧和柴油机热负荷不致过高的条件下,力求减少 α 值。

欧美各国习惯上使用空燃比或燃空比表示燃烧时空气量(或燃油量)与燃油量(或空气量)的配比关系,与过量空气系数 α 有相似的含义,但定义不同。空燃比是实际空气量与喷入气缸的燃油量之比,用符号 AF 标记;燃空比是喷入气缸的燃油量与实际空气量之比,用符号 FA 标记。显然,两者互为倒数。

第二节 喷射系统的组成和要求

一、燃油系统的功用和组成

柴油机燃油系统的功用是将一定数量的洁净燃油,以足够高的压力,按照严格的喷油定时,在规定的时间内以良好的雾化状态喷入气缸,与燃烧室内的压缩空气相混合形成均匀的可燃混合气,以保证缸内燃烧的进行。燃油系统工作性能的好坏,将直接影响气缸内燃油的燃烧质量,直接影响柴油机的经济性和动力性。

燃油系统包括供应和喷射两个系统。供应系统一般由日用油柜、输油泵、燃油滤清器和低压管路等组成,用来向喷射系统提供充足、清洁的燃油。喷射系统由喷油泵、高压油管

和喷油器组成，用来满足柴油机燃烧过程的要求，定时、定量、定压地向气缸内喷入雾化良好的燃油，与空气混合形成均匀的可燃混合气使燃油燃烧，将燃烧的化学能转化为热能。

如图 4 -1 所示是一台小型高速柴油机的燃油系统。燃油从日用油柜 1 被输油泵 2 压送经燃油滤清器 3 过滤后供给喷油泵 4；燃油在喷油泵中建立高压后经喷油器 6 以雾状喷入气缸；供给喷油泵多余的燃油流回输油泵进口端；从喷油器泄漏的燃油沿着回油管 5 流回日用油柜。

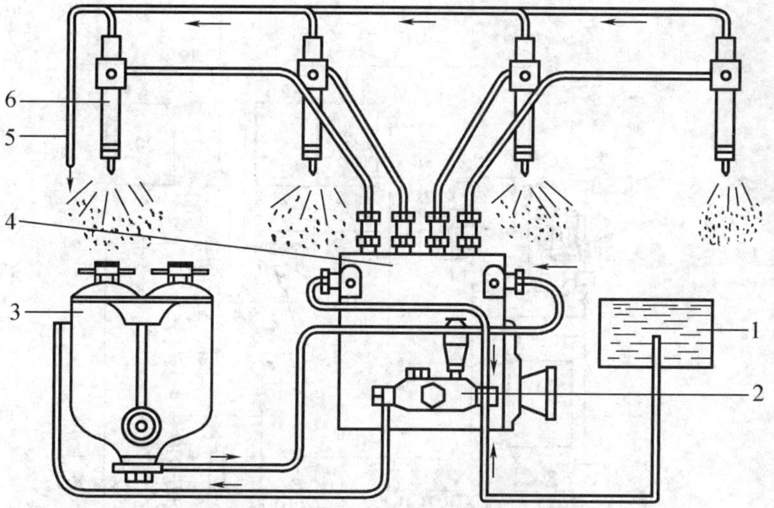

图 4 -1　小型高速柴油机燃油系统

1—燃油日用油柜；2—输油泵；3—燃油滤清器；4—喷油泵；5—回油管；6—喷油器

如图 4 -2 所示是 6250C 型柴油机燃油系统。它包括轻柴油和重油两个系统。使用轻柴油时，关闭重油供给阀 A，开启轻柴油供给阀 B，由输油泵从轻柴油日用油柜吸出轻柴油，

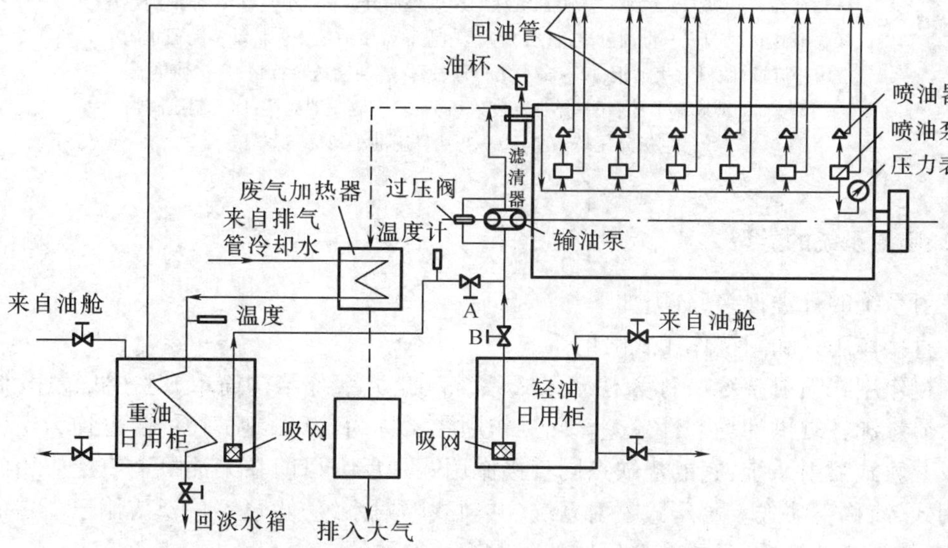

图 4 -2　6250C 型柴油机燃油系统

经燃油滤清器过滤后供给喷油泵;改用重油时,关闭阀 B 开启阀 A,输油泵从重油日用油柜将加热后黏度降低、已净化的重油吸出压送至喷油泵。

重油供应系统的组成,如图 4-3 所示。重油自重油贮存柜经粗滤器 1、重油驳运泵 2 输送到重油沉淀柜 3 中,再经分油机 4,7 净化后进入日用油柜 8。日用油柜 8 中的燃油再经集油柜 11、燃油输送泵 13、燃油黏度自动控制装置(燃油黏度发讯器 16、雾化加热器 14 等)、双联细滤器 17 送到喷油泵 19。燃油中的水分及低沸点的碳氢化合物受热蒸发形成的气泡,经截止阀 6 汇集到集油柜 11 排出。

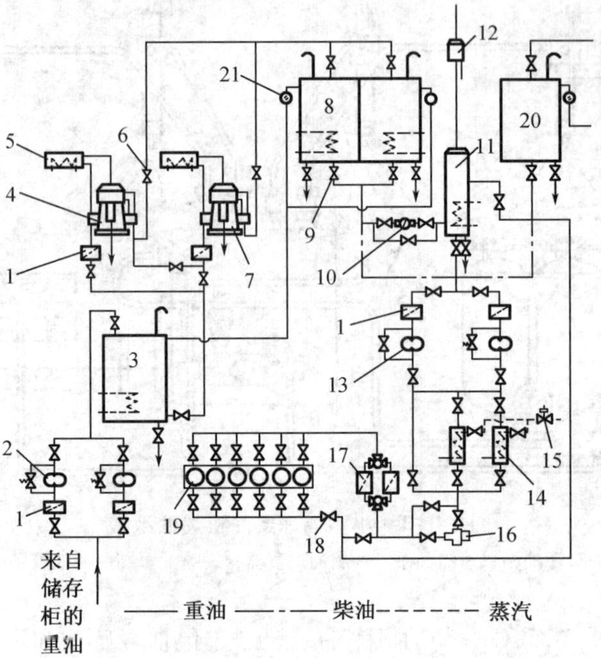

图 4-3 低速柴油机重油供应系统

1—粗滤器;2—重油驳运泵;3—重油沉淀柜;4—重油分离机(分水);5—分油加热器;6—截止止回阀;7—重油分离机(分杂);8—重油日用油柜;9—自动快闭截止阀;10—流量计;11—集油柜;12—凝水集合器;13—燃油输送泵;14—雾化加热器;15—气动薄膜调节阀;16—燃油黏度发讯器;17—双联细滤器;18—调压阀;19—主机高压喷油泵;20—柴油日用油柜;21—观察镜

二、喷射系统的类型

喷射系统的种类很多,分类如下:

1. 直接作用式和间接作用式喷射系统

直接作用式喷射系统又称为柱塞泵式系统。此类系统结构简单,但在低转速、低负荷时喷射质量和各缸供油均匀性较差。间接作用式又称为蓄压式喷射系统,也称为定压喷射系统或共轨式喷射系统,它的优缺点同直接作用式相反。目前在柴油机上广泛应用的是直接作用式,简称直喷式。蓄压式喷射系统(共轨式喷射系统)也已经广泛应用于新造的船用大型中、低速柴油机上,且成为今后燃油喷射系统发展的方向。

2. 阀控制式和柱塞控制式喷射系统

燃油喷射系统的油量调节有喷油泵控制式和喷油器控制式。喷油泵控制式为直接作用式喷油系统，可以分为阀控制式和柱塞控制式两种；喷油器控制式是指利用电子控制技术对喷油器进行喷油定时、喷油量调节等控制，属于蓄压式喷射系统。目前广泛应用的是喷油泵控制式，但电控蓄压式喷射系统代表着柴油机未来燃油喷射系统的发展方向。

现代柴油机的燃油喷射系统的类型见表4－1。

表4－1　燃油喷射系统的类型

直接作用式喷射系统				间接作用式(蓄压式)喷射系统			
泵控制式	泵－喷油器式	分级喷射式	分配式	准等功率式	液压伺服系统	高压泵系统	电子喷射系统

三、对喷射系统的要求

柴油机工质的形成属于内部混合方式，燃油与空气的混合是在极短的时间内完成的，因此，柴油机对喷射系统要求十分严格。为了保证柴油机在动力性、经济性、排放和噪声等方面达到优良性能，对其喷射系统有如下要求。

1. 定时喷射

在柴油机运转工况范围内，尽可能保持最佳的喷油定时、喷油持续时间，不同时刻的喷油量还应符合燃烧规律的要求。能对喷油定时进行总调(整机调节)和单调(单缸调节)，以保证良好的燃烧并取得优良的综合性能。

2. 定质喷射

喷射雾化良好，油滴细小均匀，具有足够的穿透力，且与燃烧室形状和气流运动相匹配保证油气混合均匀。在喷射开始和结束时要干脆利落，不得有滴油现象。

3. 定量喷射

喷入气缸的喷油量能进行调节，且能随柴油机的负荷变化而调节(总调)；对于多缸柴油机，各缸的喷油量应当均等(单调)。

此外，还要求喷射系统工作稳定、可靠、无泄漏、便于管理等。

第三节　喷油设备

柴油机的燃油喷射系统的组成和设备随机型而异。目前船舶柴油机使用的喷射系统大多属于柱塞泵式直接喷射系统，即由喷油泵排出的高压燃油经高压油管直接作用于喷油器并喷入气缸。其主要组成设备是喷油泵与喷油器。

喷油泵的功用是在柴油机工作时使燃油产生高压，并按照发火顺序和负荷大小，将燃油定时、定量地送到喷油器喷入气缸。根据喷油器的油量调节机构形式不同，它可以分为回油孔调节式和回油阀调节式两大类。前者在沿海及内河船舶上各类中小型柴油机上获得广泛使用，后者仅用于大型柴油机。

一、回油孔调节式喷油泵

回油孔式喷油泵又称波许泵(Bosch)泵，根据其结构可分为单体泵和组合式两种。前者用于大中型柴油机,后者用于小型多缸柴油机。

1. 工作原理

回油孔式喷油泵的主要零件为柱塞与套筒、出油阀与阀座两副精密偶件。如图4－4所示为齿条－齿轮式油量调节机构的单体式喷油泵。

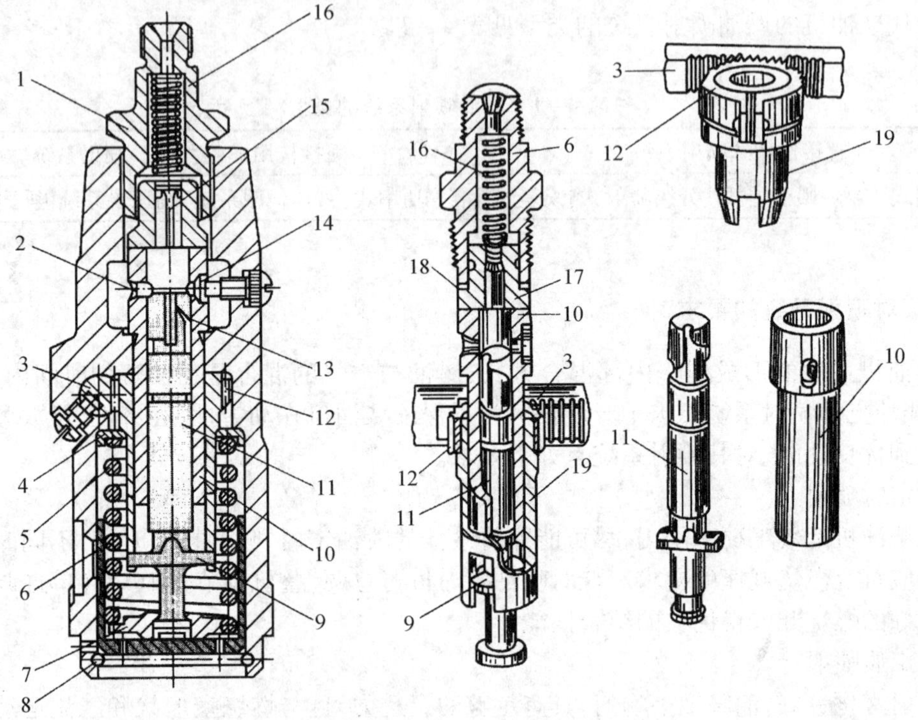

图4－4　回油孔调节式喷油泵

1—排油阀接头;2—进油孔;3—调节齿条;4—弹簧上座;5—柱塞弹簧;6—弹簧夹;
7—弹簧下座;8—挡圈;9—柱塞定位舌;10—套筒;11—柱塞;12—调节齿圈;
13—螺旋槽;14—回油孔;15—排油阀;16—排油阀弹簧;17—排油阀座;18—垫圈;19—传动套

从图4－4中可以看出,柱塞在油泵供油凸轮的驱动下上行,在柱塞弹簧的作用下下行。柱塞头部开有斜槽,而在套筒上部开有进油孔及回油孔。装在套筒上部的出油阀及出油阀座,在出油阀弹簧的作用下将喷油泵腔与高压油管分开。当柱塞上行封闭套筒的进油孔及回油孔时,泵内燃油压力将出油阀顶开,并向高压油管供油。与柱塞相连的调节齿圈与调节齿条相啮合。移动调节齿条,通过调节齿圈可以带动柱塞转动,以实现油量的调节。

柱塞的上部柱面开有直槽、斜槽和环形槽。这些槽道与套筒上回油孔相配合,用来控制柱塞的有效行程,以获得不同的供油量。

如图4－5所示是回油孔式喷油泵工作原理图。当柱塞位于凸轮基圆时位置最低,此时套筒上的进、回油孔开启,燃油从低压油腔吸入泵油腔(图4－5(a)位置)。当柱塞由凸轮顶动上行时,部分燃油被柱塞从油孔挤回到低压油室,直到柱塞的上端面将进回油孔关闭(图4－5(b)位置),燃油才开始被压缩,即为喷油泵的几何供油始点。柱塞从最低位置至此点的这一段行程被称为“前导程”。

当柱塞从图4－5(b)位置继续上行,泵油腔内压力迅速升高。泵油腔内的高压燃油将

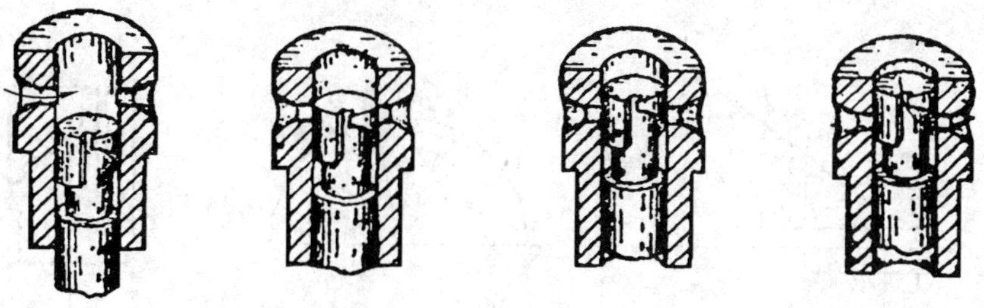

图 4-5　回油孔喷油泵工作原理

(a)进油;(b)供油始点;(c)供油终点;(d)回油

排油阀开启,经高压油管向喷油器供油。当柱塞上行至头部的斜槽边开启回油孔时(图 4-5(c)位置),泵油腔的高压燃油经柱塞头部的直槽、斜槽经回油孔回流到低压油腔,燃油压力迅速下降,排油阀自动关闭,喷油泵停止供油,即为喷油泵的几何供油终点。柱塞从上端面刚好关闭进、回油孔到斜槽边刚刚开启回油孔的行程被称为"有效行程"。柱塞以图 4-5(c)的位置继续上行至图 4-5(d)的最高位置的行程可称为"后导程"。此间,泵油腔的燃油回流到低压油腔。

由上述泵油过程可知,使柱塞相对套筒转动一定角度,改变柱塞斜槽与套筒上回油孔的相对位置时,就可以改变柱塞有效行程的长短,实现供油量的调节。当柱塞头部的直槽对准回油孔时,燃油在整个柱塞上行过程中都经回油孔流回至低压油腔,此即停油位置。

2. 油量调节方式

回油孔式喷油泵的供油量调节是靠转动柱塞改变供油始点、终点或始终点来改变柱塞有效行程而实现的。有效行程越长,供油量越大。

根据柱塞头部油槽布置的不同,回油孔式喷油泵油量调节有三种方式:终点调节式、始点调节式和始终点调节式,如图 4-6 所示。

1. 终点调节式

终点调节式喷油泵柱塞头部为平顶,斜槽在下面,见图 4-6(a)。不论供油量多少,曲柄转到 A 点(柱塞上行至上端面关闭进回油孔)就开始供油,即供油始点 A 点和供油提前角 β 不变,而供油终点 B 则随供油量而延后。这种调节方式适用于转速不变的发电柴油机。

2. 始点调节式

柱塞斜槽在上面,见图 4-6(b)。不论供油量多少,曲柄转到 B 点就停止供油。供油终点 B 不变,而供油始点 A 随供油量的增加而提前,即供油提前角 β 增大。这种调节方式适用于转速经常变化的船舶主机。

3. 始终点调节式

柱塞头部上、下各有一个螺旋斜槽,见图 4-6(c)。始点和终点都随供油量的变化而改变。供油量减小,始点滞后、终点提前;供油量增大,始点提前,终点滞后。这种调节方式适用于高增压船舶主机。

3. 单体泵的结构

(1)柱塞偶件

柱塞偶件是采用优质合金钢制造,并通过精密的加工、选配和研磨,不能互换。如图

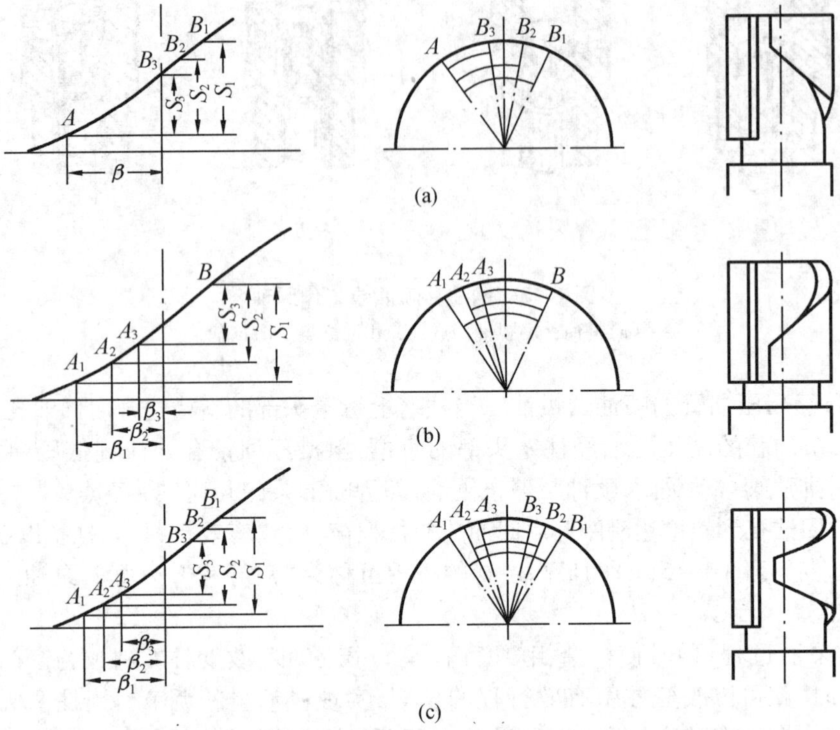

图4-6 三种油量调节方式及其柱塞头部结构

4-5所示，套筒10置于泵体内，由排油阀15和及其接头1压紧定位。套筒上部对径方向钻有两个孔，左侧的圆形孔为进油孔，右侧的孔为回油孔。进回油孔使套筒外部的低压贮油室与套筒内腔连通。回油孔外表面呈腰圆形，由定位螺钉周向定位。定位后回油孔仍能进回油，但套筒不能转动，以防套筒转动时引起混乱。安装时，切记不能将两孔装反。

柱塞的下部结构随油量调节机构的不同而异。一种柱塞下部为凸耳(横销)和安装弹簧座的凸缘，用于齿条式油量调节机构；另一种柱塞的尾部是调节臂，与调节叉配合，用于拨叉式油量调节机构。

(2)排油阀(出油阀)偶件

排油阀偶件是喷油泵中另一对重要的偶件，又称出油阀偶件，如图4-7所示。它通过排油管接头以规定力矩紧密贴合在柱塞套筒的上端面，控制高压燃油排出的单向阀。在排油管接头下端面与阀座肩部之间有一铜制高压密封垫圈，以防止高压燃油的泄漏。

排油阀偶件有蓄压、止回和卸载(减压)的作用。蓄压作用是指在柱塞供油行程中使供油压力逐渐积累；止回作用是指柱塞在吸油行程中，排油阀能自动落座，防止高压油管中燃油的倒流，缩短喷射延迟阶段，并有利于排除喷油系统的空气；卸载作用是指通过排油阀上适当的卸载容积来有效地控制喷射过程结束后高压油管中的残余压力，有助于消除高压油管残余压力过高而引起的重复喷射和燃油滴油现象。排油阀按其卸载方式不同，可分为等容卸载和等压卸载两种形式。

①等容卸载排油阀

等容卸载排油阀偶件的构造如图4－7(a)所示。排油阀上部的圆锥面是密封锥面,阀的尾部加工有切槽,形成十字形的断面以便燃油通过,同时又为排油阀的运动导向。排油阀中部的圆柱面称为减压环带,它与座孔内壁构成密封面。减压环带与锥形密封面之间形成了一个卸载容积 $\pi d^2h/4$(h 为排油阀卸载行程,d 为阀座孔径),因卸载容积都不变,故称为等容卸载。其卸载过程是:当供油终了时,在排油阀弹簧的作用下排油阀下移,减压环带首先把高压油管与喷油泵泵腔隔断,排油阀再下行才能落座,使得高压油管容积增大一个减压容积,使管中燃油压力迅速降低到残余压力值。

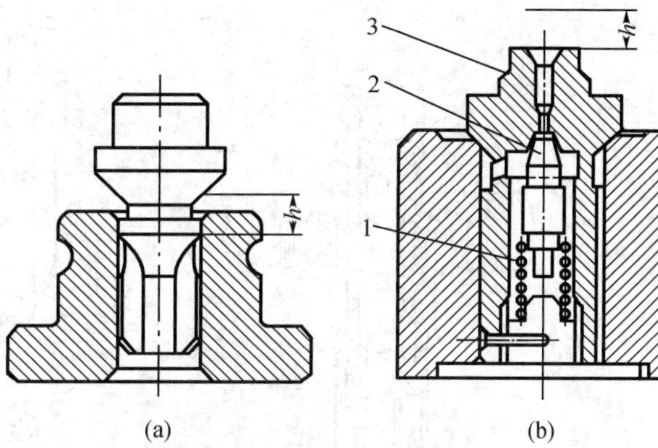

图4－7　排油阀偶件

(a)等容卸载;(b)等压卸载

1—卸载弹簧;2—卸载阀;3—排油阀

等容卸载式排油阀结构简单,应用广泛,不足之处是高压油管中的残余压力随柴油机工况而变化。尤其当低负荷运转时容易因卸载过度,而引起空泡和穴蚀。

②等压卸载排油阀

等压卸载排油阀构造如图4－7(b)所示。排油阀上没有减压凸缘,但在排油阀内设一个由卸载弹簧1控制的锥形卸载阀2。在喷油泵供油期间,燃油压力将排油阀顶起,燃油进入高压油管。此时,卸载阀由于单向作用处于紧密关闭状态,当供油结束排油阀落座后,如高压油管中油压高于卸载阀开启压力(卸载弹簧1的预紧力),卸载阀开启,燃油便流回泵腔,直至同卸载阀关闭压力相等时为止。改变卸载弹簧的预紧力,即可控制高压油管中的残余压力。

等压卸载排油阀在增压高速大功率柴油机上使用较多。它可以使高压油管内残余压力保持恒定,避免产生空泡、穴蚀以及重复喷射,延长了油管的寿命。若高压油管残余压力调整得比最高爆发压力还高一些,还能防止燃气窜回喷油嘴而引起过热或结焦。

(3)油量调节机构

油量调节机构有两种:齿条式和拨叉式。如图4－8(a)所示为齿条式油量调节机构,柱塞下端的凸耳嵌入传动的切槽中,传动套松套在柱塞套筒的外侧,在传动套上部有一个调节齿圈,与齿条啮合。当移动齿条时,可带动调节齿圈和柱塞转动来调节供油量。安装时要确保齿圈与齿条按标记对正啮合,否则会造成各缸供油量不均匀。如图4－8(b)所示为拨叉式油量调节机构,由拉杆带动拨叉转动柱塞上的调节臂,使柱塞相对于套筒转动,来调节供油量。拨叉式通过锁紧螺钉准确地固定在拉杆的一定位置,保证各缸供油量的一致。

(4)喷油泵传动机构

喷油泵的传动机构由凸轮轴1、凸轮2、滚轮3、顶头4、顶头调节螺钉5和锁紧螺母6等组成,如图4－9所示。其功用是变凸轮的旋转运动为自身的直线往复运动,驱动柱塞上行压油。柱塞的下行吸油则是靠柱塞弹簧弹力来完成的。

喷油泵的凸轮轴是由曲轴传动的,二者之间保持一定的相位关系和传动比。

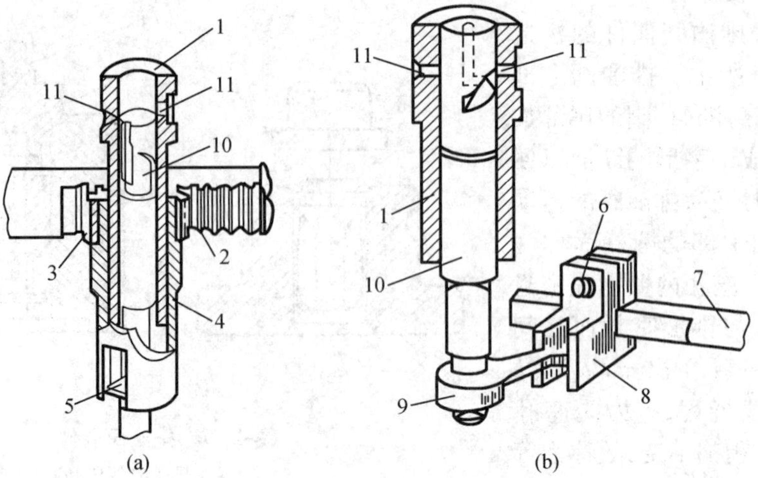

图4-8　油量调节机构

1—套筒;2—齿条(齿杆);3—齿圈;4—传动套;5—柱塞定位舌;6—锁紧螺钉;
7—拉杆;8—拨叉;9—柱塞转臂;10—柱塞;11—油孔

此外,顶头上设有调节螺钉5调节其高度,以调整柱塞前导程,也可用以微量调节供油提前角(微调)。但应注意,切勿使顶头的高度增加过大,否则柱塞上行时会撞击到排油阀座。

4.组合式喷油泵的结构

组合式喷油泵是将各缸的喷油泵组件(简称分泵)并列组装在一个泵体内,其喷油凸轮也安装在一根凸轮轴上。各分泵按编号用高压油管与对应缸的喷油器相连。其结构和工作原理与上述单体泵基本相同。

如图4-10所示为6135型柴油机Ⅱ号系列组合泵。泵体由上体8和下体21通过双头螺栓连接构成。油泵上体有一储油室与各分泵套筒的进、回油孔相通。储油室的左端通过油管由输油泵供油,并由右端的溢油阀20保持油压的稳定。当低压燃油压力超过0.1 MPa时,溢油阀开启,燃油经回油管回到燃油滤清器。在泵体上体的两端各有一个放气螺钉19。油量调节机构为拨叉式,改变调节叉6在拉杆5上的位置,可以调节各分泵的供油量。泵体下体内安装喷油凸轮轴23和轴承的凸轮轴室。凸轮轴上的凸轮通过滚轮体部件22推动柱塞上行供油,滚轮体高度可通过调整垫块7的厚度进行调节。凸轮轴通过联轴器和定时齿轮由曲轴驱动。凸轮轴室兼作润滑油室,用油尺检查油面高度。

图4-9　传动机构

1—凸轮轴;2—凸轮;3—滚轮;
4—顶尖;5—调节螺钉;6—锁紧螺母

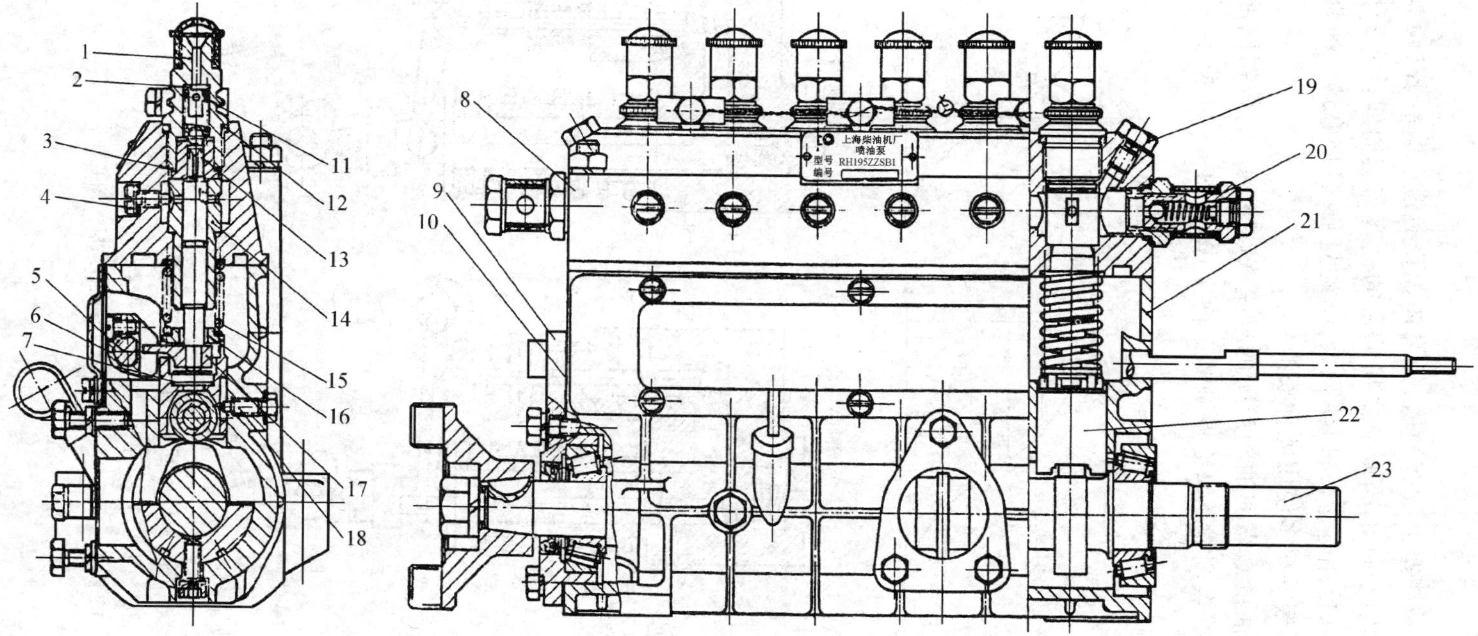

图4—10　6135型柴油机Ⅱ号系列组合泵

1—出油阀紧座；2—减容器；3—出油阀垫片；4—套筒定位钉；5—拉杆；6—调节叉；7—垫块；8—油泵上体；9—轴盖板部件；10—调整垫片；11—出油阀弹簧；12—密封圈；13—出油阀偶件；14—柱塞偶件；15—柱塞弹簧；16—弹簧下底座；17—调节臂；18—定位钉；19—放气螺钉；20—溢油阀部件；21—油泵下体；22—滚轮体部件；23—凸轮轴

二、回油阀调节式喷油泵

回油阀式喷油泵的特点是柱塞上没有油槽，但泵体上设有进、回油阀以调节柱塞的有效行程。与回油孔式喷油泵相比，回油阀调节式喷油泵的柱塞与套筒偶件密封性好，能保证较高的喷射压力，且磨损小，使用寿命长，但体积大，结构复杂，管理麻烦。通常用于大型低速柴油机上，如 Sulzer 低速柴油机多使用此种喷油泵。

回油阀调节喷油泵的供油量是靠回油阀启闭的早晚来改变的。它根据回油阀顶杆支点位置的不同，有始点调节、终点调节及始终点调节三种方式，如图 4－11 所示。

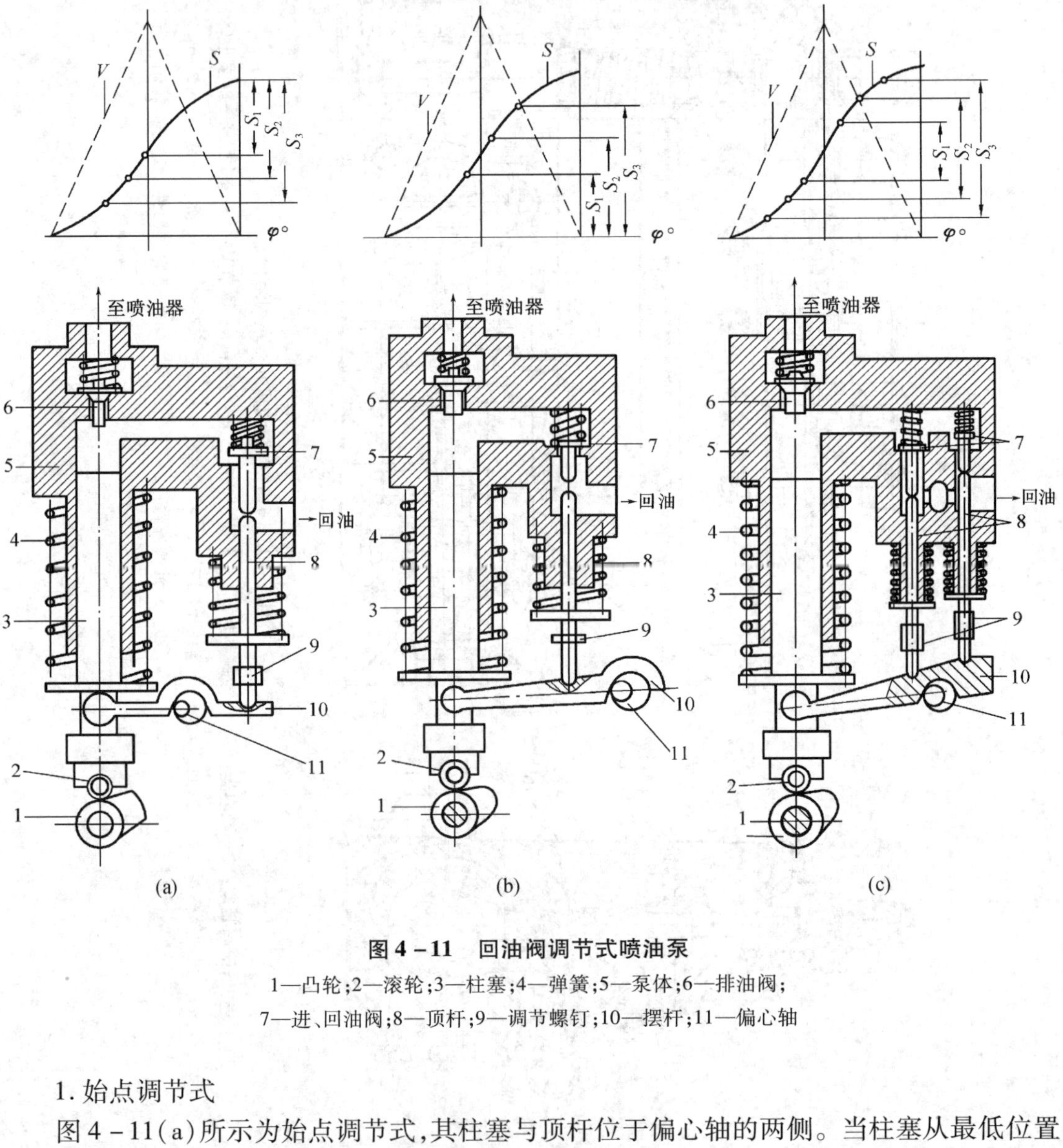

图 4－11　回油阀调节式喷油泵

1—凸轮；2—滚轮；3—柱塞；4—弹簧；5—泵体；6—排油阀；
7—进、回油阀；8—顶杆；9—调节螺钉；10—摆杆；11—偏心轴

1. 始点调节式

图 4－11(a)所示为始点调节式，其柱塞与顶杆位于偏心轴的两侧。当柱塞从最低位置上行到一定位置时，摆杆 10 的右端和顶杆 8 下降到刚刚脱开进油阀 7 时，进油阀在弹簧力作用下关闭。这时柱塞上部的燃油开始被压缩，这就是喷油泵的几何供油始点。当柱塞上升到最高位置时，泵油终止。此时，摆杆右端和顶杆均处于最低位置，在进油阀和顶杆之间

出现间隙。当柱塞处于最高位置时,此间隙越大,表示柱塞有效行程越长,油泵供油量越大。

调节顶杆和进油阀的间隙就可以调节喷油泵的供油量。其调节调节方法有两种:

一是转动偏心轴 11,即改变摆杆的偏心支点的高低位置使顶杆上升或下降,顶杆与进油阀之间的间隙会变小或增大,这是总调。操纵台上的调油手柄就是通过油量调节杆与各喷油泵的偏心轴相连,移动调油手柄以使偏心轴转动一个角度。

二是转动调节螺钉 9,也可改变顶杆与进油阀的间隙。将调节螺钉按顺时针方向旋入,使顶杆 8 降低,间隙增大,供油量增大;反之,若将调节螺钉逆时针旋出,则顶杆 8 升高,供油量减小,即是各缸的单调。

柱塞到达最高位置便是供油终点。无论怎样调节供油量,供油终点是不变的,而供油始点却随着有效行程的增长而提前。供油量大,喷油提前角亦随之增大。

2. 终点调节式

如图 4 - 11(b)所示为终点调节式,柱塞与顶杆在偏心轴的同侧。当柱塞从最低位置开始上升,泵腔内的燃油即被压缩,因此其几何供油始点是不变的,即供油提前角不变。柱塞继续上行至一定位置而刚刚接触回油阀时,即为几何供油终点。供油终点取决于顶杆与进油阀间隙的大小,随着供油量的增大而滞后。

3. 始终点调节式

如图 4 - 11(c)所示为始终点调节式,有两个进(回)油阀、两个顶杆和两个调节螺钉,分别布置在偏心轴的两侧。左侧的进油阀控制着供油终点,右侧的进油阀控制着供油始点。供油始终点都随柱塞的有效行程的变化而改变,其供油量的调节是上述两种的综合。

三、可变喷油定时机构(VIT)

为了适应柴油机工况变化对供油定时的要求,在当代新型船用低速二冲程柴油机的喷油泵上均配备了可变喷油定时机构(Variable Injection Timing Unit,VIT)

VIT 机构受柴油机调速器输出轴的控制,在调节喷油泵供油时的同时,自动地按最高爆发压力的要求调节喷油泵的供油提前角。当柴油机在部分负荷运行时,能提高最高爆发压力,改善了部分负荷(多为常用负荷)的经济性能。当柴油机在高负荷时,又能控制最高爆发压力,使之不超过标定值。

VIT 机构根据喷油泵不同而有不同类型,现以 MAN B&W L - MC/MCE 型柴油机所使用的 VIT 机构为例介绍其结构和工作原理。如图 4 - 12 所示,它是由位置传感器、位置伺服器和喷油正时调节齿条和齿套螺母等组成。齿套螺母内部与喷油泵套筒下部的梯形螺纹相啮合,外部与供油正时调节齿条相啮合。

该机型使用回油孔终点调节式喷油泵,喷油泵调节机构有两根齿条,一根是在油泵下部为油量调节齿条,另一根在油泵上部为定时调节齿条,并都由调速器输出轴控制。当调速器输出调节动作时,在拉动油量调节齿条调节喷油量的同时,通过杆件改变位置传感器控制空气输出气压(控制空气由气源单独供应),输出控制空气使位置伺服器(每缸一个)中的活塞动作,从而拉动定时调节齿条动作。在定时齿条移动的同时,通过齿套螺母使喷油泵套筒上升或下降,从而改变了供油定时。

这种 VIT 机构的调节特性如图 4 - 12(b)所示。当柴油机在 50% P_b(标定功率)以下时,供油提前角 θ 最小,VIT 不起作用,当负荷处于(50% ~78%)P_b 范围内,θ 随负荷的增大

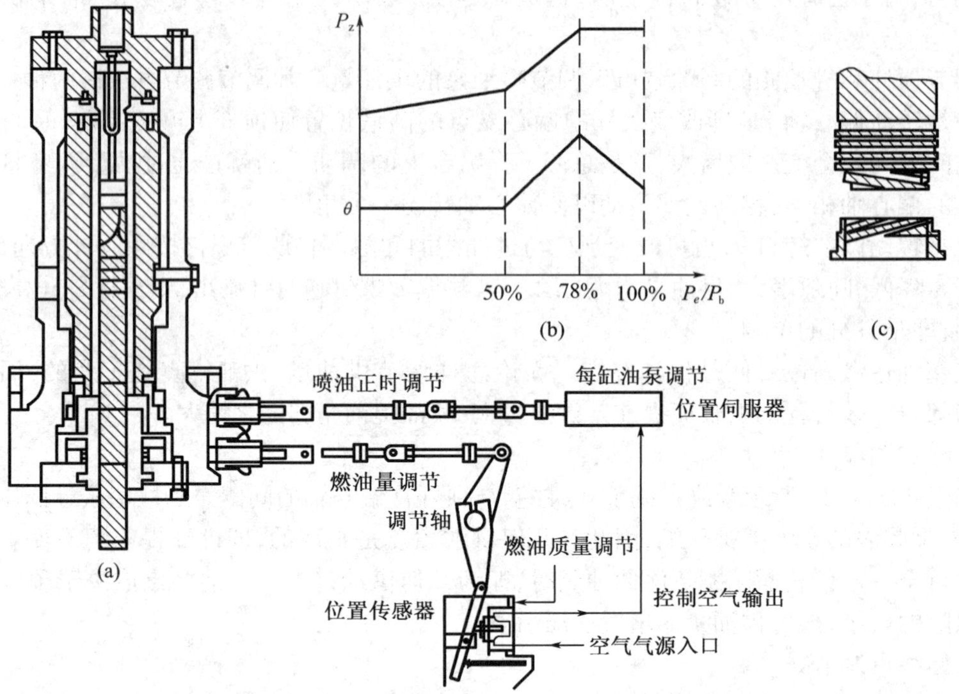

图 4-12 L-MC/MCE 柴油机的 VIT 机构

而增大，最大爆发压力 p_z 也随之增至最大值；当负荷在（78% ~100%）P_b 时，θ 随负荷增大而减小，以保持 p_z 不变。

此外，船用小缸径系列低速柴油机多采用回油孔式喷油泵，因结构所限，没有采用单独的 VIT 机构，而在柱塞头部上边缘使用特殊双斜槽，使得在改变供油量的同时自动调节供油定时。这种方法结构简单，只需更换柱塞套筒偶件即可，但需对斜槽的线型进行优化设计和特殊的加工。

四、喷油器

喷油器的作用是将来自喷油泵的高压燃油以雾状喷入气缸，与燃烧室形状匹配以利于形成可燃混合气。对喷油器的要求主要有：保证良好的雾化质量和合理的油束形状，喷油开始和结束时应迅速、无滴漏和二次喷射等异常喷射现象。

喷油器分为开式和闭式两大类。开式喷油器结构简单，没有针阀控制喷油压力，一般在喷孔后装有止回阀，以防止燃气倒冲入喷油器，这种喷油器雾化质量和喷射性能差，因此在船用柴油机上已很少采用；闭式喷油器克服了开式喷油器的缺点，它是利用液压启阀原理，当作用在喷油器针阀承压锥面上的油压超过弹簧预紧力时针阀开启，才开始喷油，所以也称液压启阀式喷油器，闭式喷油器可保证良好的雾化质量，停油时又能迅速断油防止燃油滴漏，因而广泛应用于船用柴油机。

1. 闭式喷油器结构及工作原理

如图 4-13 所示为135 型柴油机采用的闭式喷油器。它由本体 4、精密偶件针阀 1 和针阀体 2、推杆 13、弹簧下座 12、弹簧 11、弹簧上座 9、调压螺钉 8、锁紧螺母 10 以及高压滤器 15、进油管接头等部件组成。

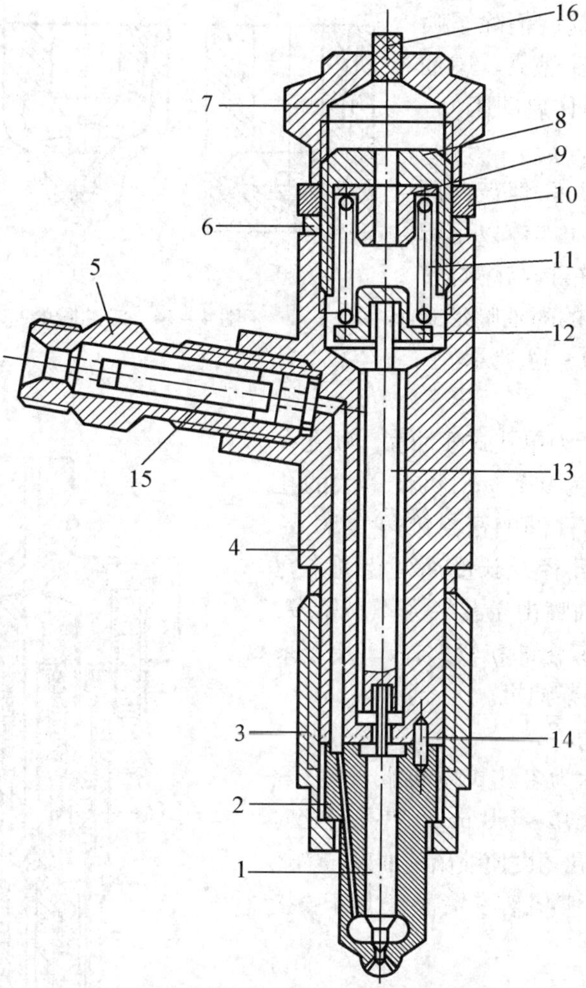

图 4-13　135 型柴油机喷油器

1—针阀;2—针阀体;3—紧帽;4—本体;5—进油管接头;
6—垫圈;7—护帽;8—调压螺钉;9—弹簧上座;10—锁紧螺母;11—弹簧;
12—弹簧下座;13—推杆;14—定位销;15—高压滤器;16—防污塞头

针阀体中空部分为贮油腔,喷油嘴均布着 4 个直径为 0.35 mm 的喷孔,喷射锥角 150°。针阀体顶部有环形槽,为保证密封,此面与本体下端面精细研磨配合。针阀体内有斜孔将环形槽与贮油腔相通。针阀与针阀体精密配合,允许有少量燃油经针阀体的导向部间隙回流,以润滑和冷却针阀偶件。调压弹簧通过推杆将预紧力传至针阀,将针阀紧压在阀座上。弹簧的弹力可由调压螺钉控制,并用锁紧螺母锁紧。针阀尾柄插入推杆底部中孔,针阀升程受到本体端面限制,正常值为 0.45 mm。

高压燃油自进油管接头经本体内孔进入储油腔,作用在针阀的锥面上,克服弹簧的预紧力将针阀抬起。当针阀一离开阀座,其承压面突然增大,使针阀快速升起,减小了节流损失,使燃油果断地经喷孔喷入气缸。喷油泵停止供油后,储油腔油压突然降低,针阀在弹簧的作用下迅速关闭,喷油便断然停止。此时,针阀把高压油空间与燃烧室隔开,所以把这种喷油器称为闭式喷油器。

燃油喷射过程的压力不会低于某一个最低燃油压力，这就消除了喷射过程始末的低压喷射现象。燃油抬起针阀的最低压力叫作启阀压力。

2. 油嘴结构形式

喷油器结构形式很多，但彼此间的主要区别是在喷油嘴（本体以下部件的总称）。喷油嘴的结构与燃烧室形状有关。闭式喷油器的喷油嘴形式很多，其基本类型如图 4－14 所示。

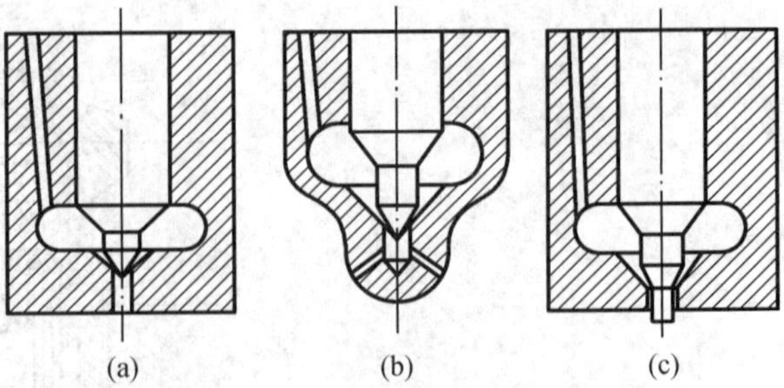

图 4－14　喷油嘴的基本形式

（1）单孔式喷油嘴

如图 4－14（a）所示为单孔式喷油嘴。喷孔在喷油嘴中央，孔径最小为 0.2 mm，供油量大的孔径也增加。孔内座面与针阀的密封锥角为 50°～60°。燃油雾化锥角随孔径及长度而变化通常在 5°～15°之间。这种喷油嘴由于孔径大不易堵塞，喷出的油束穿透力强，雾化油粒较大，故多用于采用分隔式燃烧室的小型柴油机。

（2）多孔式喷油嘴

如图 4－14（b）所示为多孔式喷油器。喷孔数目为 4～12 个，孔径为 0.15～1.0 mm。其孔径相对较小，雾化质量好，且喷孔角度使喷出的油束与燃烧室形状有良好的配合，但喷孔容易堵塞，适用于直接喷射式燃烧室。

（3）轴针式喷油嘴

如图 4－14（c）所示为轴针式喷油嘴。在针阀下端有一小轴针，插入喷孔中，轴针有圆柱形和锥形两种，喷出的油束成空心柱状或空心锥状。这种喷油嘴不易产生积炭堵塞等故障，常应用于采用分隔式燃烧室。

目前，对于强化程度较高的中、低速船用柴油机多使用冷却式多孔喷油器。这种喷油器在针阀体内部布置有冷却液通道用以冷却，这种冷却方式称为内部冷却。它使用单独设置的喷油器冷却系统，以淡水或柴油作冷却介质。使用燃油冷却无需专门密封，系统较为简单。

当代船用二冲程长（超长）行程柴油机使用了一种非冷却、尺寸小、质量小的喷油器，如 MAN B&W MC/MCE 型和 Sulzer RTA 型柴油机

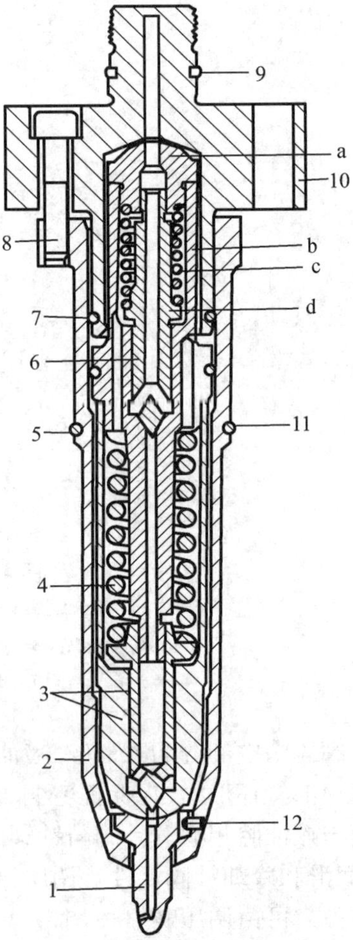

图 4－15　非冷却式多孔喷油器

1—喷油嘴；2—喷油器本体；3—针阀偶件；4—主弹簧；5，7，9，11—密封圈；6—止回阀；8—螺钉；10—喷油器头；12—定位销

使用的喷油器。这两种机型使用的喷油器在具体结构上有所不同,但共同的特点是使燃油系统中的燃油经喷油泵进入喷油器本体内循环,最后排至日用油柜。在该缸喷射期间,高压燃油首先使燃油循环回路中断,然后进入针阀的油腔内,待达到启阀压力时针阀开启进行喷油。供油结束,油压降低,针阀落座。当油压降低至某规定值时,上述燃油循环回路重新接通,喷油器本体的燃油循环重新恢复。这种结构不但省略了单独的冷却系统,而且通过燃油循环在柴油机备车时可对喷油器进行预热,并在运转期间对喷油器冷却并兼有驱气作用。

如图 4 - 15 所示是 MAN B&W 柴油机使用的一种非冷却式多孔喷油器。喷油器由喷油嘴 11 和喷油器本体 2 组成。在喷油器的上部还设有止回阀 6,止回阀主要由止推座 a、阀体 b、滑阀弹簧 c、滑阀 d 组成。止回阀 6、主弹簧 4 及针阀偶件 3 装在喷油器本体内。各部件用螺钉 8 固定在一起。燃油由喷油器顶部进入。当燃油压力小于 2 MPa 时,止回阀在滑阀弹簧 c 的作用下关闭,即滑阀 d 封闭燃油下行通道,滑阀顶部的旁通孔开启(图中未示出),燃油经此旁通孔在喷油器体内循环后排出。当喷油泵供油期间油压大于 2 MPa 时,滑阀 d 克服滑阀弹簧 c 的作用而上升,打开止回阀,同时将旁通孔关闭,燃油向下进入针阀的油腔内。在燃油压力达到启阀压力时,针阀开启燃油经喷孔喷入气缸。当喷油泵供油结束,当油管中的压力逐渐降低到 2 MPa 以下时,滑阀又在弹簧的作用下关闭,燃油循环油路重新接通。

这种喷油器启阀压力由主弹簧 4 的安装预紧力和有关零件尺寸预先确定,使用中不能进行调整,如需调整则应解体喷油器并换用备用主弹簧或更换专用弹簧垫片。

近年来,在某些船用大型柴油机中还采用了一种可控启阀压力式的喷油器。这种喷油器的启阀压力可以随负荷或转速而自动调节。这种喷油器的针阀弹簧上方设有一气动活塞,当速度降低时,通过气压控制信号使空气作用在气动活塞上,下压气动活塞下移,提高启阀压力,保证了柴油机低速时的雾化质量,改善了柴油机的低速性能。

第四节 燃油的喷射过程和喷油规律

一、燃油的喷射过程

燃油的喷射过程是柴油机燃烧过程中极为重要的一个组成部分。喷射过程组织的好坏将直接影响油束与空气在燃烧室中的配合,进而影响燃烧过程的组织,最终决定柴油机的整机性能。

如图 4 - 16 所示为燃油喷射过程示意图。图 4 - 16(a)(b)(c)分别为喷油泵出口压力、进口压力和喷油器针阀升程随曲柄转角的变化关系曲线。根据这些曲线的特征,喷射过程分为如下三个阶段。

1. 喷射延迟阶段 Ⅰ(供油始点 O_H 到喷油始点 O_u)

由于燃油的可压缩性、高压油管的弹性和高压系统的节流等方面原因,使喷油始点落于供油始点,造成的喷射延迟。根据实验资料,当压力变化 0.1 MPa 时,燃油容积变化 1/25 000 ~ 1/20 000。所以,喷油泵开始供油后,系统中的燃油被压缩,高压油管膨胀,直到喷油器中的燃油压力大于针阀的启阀压力 p_{ϕ} 时,针阀才开始升起。

由于喷油泵的供油始点和喷油器的喷油始点不在同一时刻,所以有两个提前角:一个是相对于喷油泵供油始点的几何提前角$(\varphi_{AB})_H$(下称供油提前角);另一个是相对于喷油器喷油始点的实际提前角$(\varphi_{AB})_\varphi$(下称喷油提前角)。对柴油机燃烧有直接影响的是喷油提前角,但它在柴油机管理中无法直接进行检查和调节,能够进行检查和调节的是供油提前角,故习惯上常将供油提前角称为"喷油提前角"。

高压油管愈长、直径愈大、柴油机转速愈高、针阀启阀压力愈高,则喷射延迟愈长。

2. 主要喷射阶段Ⅱ(喷油始点O_u到供油终点K_H)

在这一阶段中喷油器中压力较高,大部分燃油喷入气缸。此阶段的长短与柴油机的负荷有关:负荷愈大,此阶段愈长,反之则短。

3. 滴漏阶段Ⅲ(供油终点K_H到针阀落座K_u)

喷油终点落后于供油终点的原因是因为回油孔的启闭受柱塞控制,当柱塞斜槽边刚打开回油孔时,由于节流作用喷油泵供油压力并不立刻下降,在回油孔开启较大时,泵端压力才急剧下降,使喷油器端压力下降较喷油泵端迟。

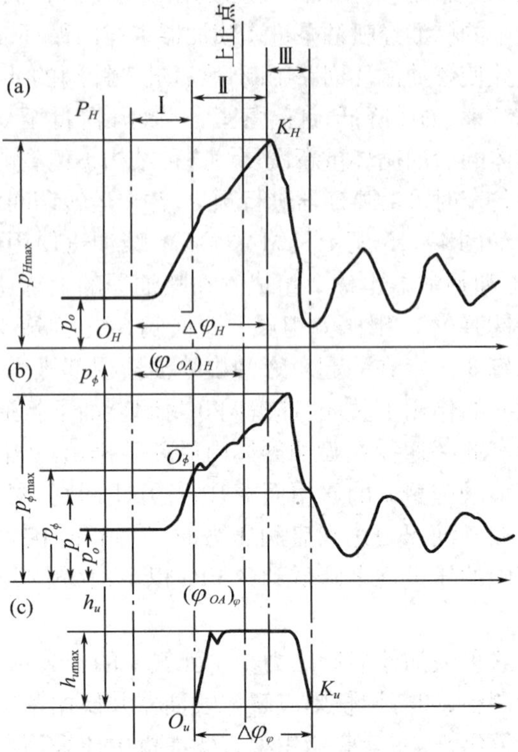

图4-16 喷射过程示意图

当喷油器端压力下降到低于针阀落座压力p_x时,针阀关闭,喷油才停止。在这一阶段中,喷油器中压力从最高喷射压力$p_{\varphi\max}$一直下降到高压油管中的残余压力p_o。由于喷油压力急剧下降,燃油雾化不良,甚至有滴漏现象发生。因此应力求使喷油器断油迅速,将此阶段缩短到最小程度。

二、喷射过程的压力波

在燃油喷射过程中,喷油泵排油阀至喷油器针阀的高压系统中,燃油压力发生很大变化,产生较强的压力波。由于压力波的存在,不但使喷油器的喷射状况和喷油泵的供油产生差异,还将引起一系列的不正常喷射,并使喷射系统的某些零件发生破坏。

在燃油喷射过程中,高压油管中瞬时最高压力一般为60~70 MPa甚至更高,而喷射结束后油管中的残余压力不足最高压力的1/10,每一次喷射都要经过压力的巨变过程。此外,柴油机每循环的喷油量远少于高压系统内所充满的燃油量(一般循环量为喷油量的2~3倍),在此情况下,燃油的可压缩性对喷射过程将产生很大影响。

在喷油泵开始供油使排油阀打开的瞬间,高压油管中泵端的燃油受到来自喷油泵燃油的冲击,但因为燃油的惯性和可压缩性以及高压油管的弹性,喷油泵柱塞所排挤出的燃油量与高压油管中的燃油量之间不平衡,造成燃油瞬时堆积,致使压力继续升高。这种局部压力的瞬时升高都以压力波的形式以音速沿高压油管向喷油器端传播,如图4-17所示。

压力波传播的速度就是燃油介质中的音速,其值为1 400~1 600 m/s。设油管的长度

为 L，燃油中的音速为 a，当排油阀开启时，泵端高压油管中的燃油产生的压力波经过时间 L/a 到达喷油器端。如果此压力波不足以将针阀抬起，则压力波又经 L/a 后全部被反射回喷油泵端，反射波到达泵端并与该处的另一压力波叠加起来，再次向喷油器端传播，直至针阀抬起，压力波仍要部分地反射回去。所以，在整个供油与喷射过程中，压力波往复传播多次反射，高压油管中的压力随着时间和地点而变。在针阀关闭后，高压油管中的压力仍会往复波动。如果压力波的峰值大，就可能使针阀再次开启，造成不正常喷射并引起燃烧恶化。

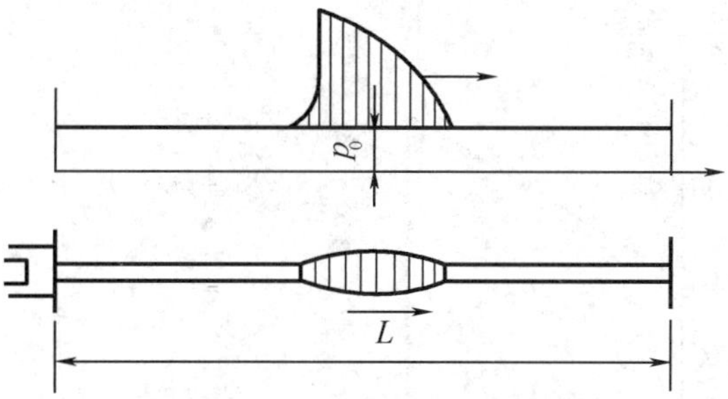

图 4－17　压力波传播示意图

三、喷油规律

燃油喷射过程的喷油规律，对柴油机燃烧过程的进展情况和经济性、动力性和可靠性有很大的影响。

1. 供油规律和喷油规律

喷油泵的单位转角供油量 $dg_p/d\varphi$ 随喷油泵凸轮转角 φ（或时间 t）的变化规律称为供油规律，它完全取决于柱塞的直径和凸轮型线的运动规律。单位转角喷入气缸的喷油量 $dg_n/d\varphi$ 随凸轮转角 φ（或时间 t）的变化规律称为喷油规律。

如图 4－18 所示为某高速大功率柴油机的供油规律和喷油规律曲线。由图可见，喷油开始时刻比供油开始时刻滞后约 9°凸轮转角，喷油持续时间比供油持续时间延长约 4°凸轮转角，而且曲线形状有较大的变化，喷油速率的峰值小于供油速率的峰值，这些差异正是燃油喷射延迟的结果。供油规律和喷油规律之间有一定的内在联系，直接影响燃油燃烧过程的是喷油规律，而喷油规律则受供油规律的影响。

2. 影响喷油规律的因素

（1）凸轮型线和有效工作段

喷油泵凸轮型线决定了柱塞运动规律，而柱塞的速度变化规律决定喷油泵的供油规律，从而影响喷油规律。如图 4－19 所示为凸轮外形对喷油规律的影响。在柱塞有效行程和供油始点相同的情况下，凸轮外形越陡，油压上升越快，供油速度越大，喷油延迟角和喷油持续角就越小。

当凸轮外形确定后，就要选择凸轮有效工作段的位置。为了获得较短的喷油时间和必需的喷油压力，一般将凸轮的有效工作段选在柱塞运动的高速部分，以提高供油速率，减小喷油持续角，提高雾化质量。

（2）柱塞直径和喷孔直径

在不改变供油量而增大柱塞直径时，供油速度增大，喷油延迟角和持续角均减小，有利于燃烧在上止点附近结束，柴油机经济性变好。但初期的喷油速率提高，会使燃烧粗暴。

当喷油器的喷孔数目不变而喷孔直径减小时，由于喷油阻力的增加使喷油持续角增大，而单位凸轮转角的喷油量减小。此时，由于高压油管中的压力增高，弹性变形及波动增大，容易产生重复喷射。

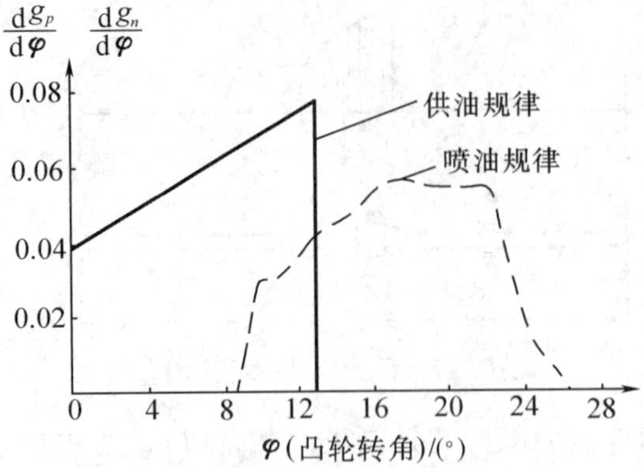

图 4-18 供油规律和喷油规律曲线

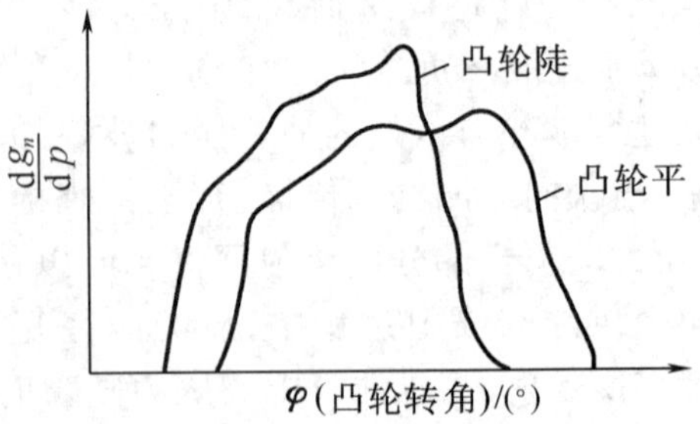

图 4-19 凸轮外形对喷油规律的影响

(3)高压油管尺寸

高压油管愈长,喷油延迟角越大,即实际喷油提前角变小,而喷油持续角基本不变。其实际喷油提前角却变小了。如果各缸高压油管长度不相等,则将使各缸喷油规律有所差别,这也是影响多缸柴油机工作不均匀的原因之一。为了使各缸喷油规律一致,应尽可能使各缸的高压油管长度相同。

油管内径愈小,燃油流动阻力愈大,喷油延迟角也愈大,循环供油量减少。

(4)柴油机转速和负荷

当柴油机的负荷及喷油正时不变而转速增高时,喷射延迟阶段和喷油持续角加大,单位凸轮转角的喷油量减少,如图 4-20 所示。当柴油机转速和喷油正时不变而增加负荷时,其喷油始点基本不变而终点后延,使喷油持续角增大。

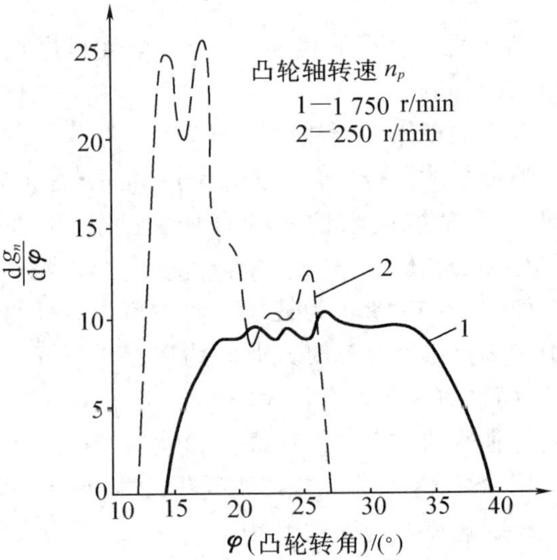

图 4-20 柴油机转速对喷油规律的影响

对于负荷与转速同时改变的柴油机工况,其喷油规律的改变应做综合分析。

四、异常喷射及其消除方法

燃油正常喷射的特征是在柴油机每一工作循环的喷射过程中针阀只启闭一次,针阀升程曲线基本呈梯形,每一循环高压油管中的残余压力也基本相同。正常喷射以外的各种喷射形式均属异常喷射,如图 4-21 所示为正常喷射与异常喷射的针阀升程图。常见的异常喷射有二次喷射、断续喷射、不稳定喷射和隔次喷射、滴漏等。

1. 二次喷射

在喷油泵供油结束后,喷油器针阀落座后再次打开喷油的现象称为二次喷射,又称重复喷射。二次喷射使喷油持续期延长,且燃油是在较低的压力下喷入气缸,因此雾化质量

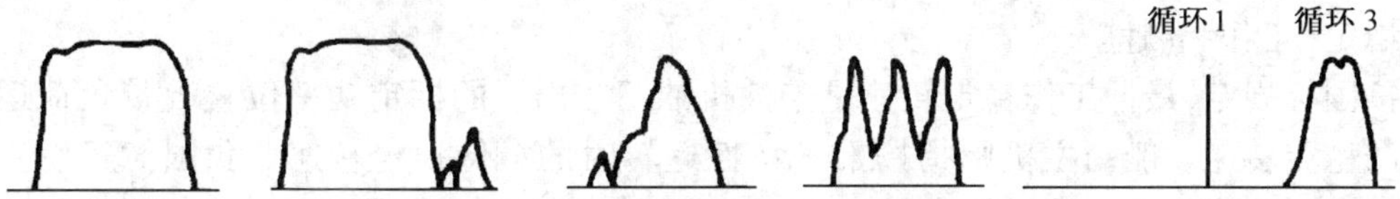

图 4－21　正常喷射与异常喷射的针阀升程图

差，燃烧不完全且喷射偏离上止点附近，后燃严重，排温升高，排气冒黑烟，零部件过热，甚至喷孔结炭，经济性下降。判断有无二次喷射最可靠的方法是测量喷油器针阀的升程曲线，在管理中可通过燃油消耗率增大、排温高、喷孔结炭等加以判断。

二次喷射产生的主要原因是当喷油泵供油终止后，喷油泵的出油阀落座时，隔断了高压油管与泵腔之间的通路，使泵端的燃油回流速度突降为零而产生燃油堆积，压力重新升高。当上升的压力波以音速再次传递到喷油器且又大于针阀启阀压力时，针阀重新开启。

一般船用中、低速柴油机在正常工作时不应发生二次喷射。但当管理不当发生下述情况，如喷油器喷孔部分堵塞、出油阀减压作用减弱、高压油管长度和内径变大或刚性变小、喷油器启阀压力过低、高转速和高负荷工况等，则可能产生二次喷射现象。

2. 断续喷射

在喷油泵的一次供油期间，喷油器针阀断续启闭的喷射过程，而且伴有针阀开启不足、喷射不力，这种现象称断续喷射。断续喷射虽然没有延长喷油持续时间，但针阀与阀座撞击次数增多，磨损增大，降低针阀使用寿命。当柴油机以低转速、低负荷下运转时，柱塞的运行速度降低，喷油泵的输出压力也降低，此时喷油泵的供油量小于喷油器的喷油量，造成喷油器针阀的断续喷射，因此断续喷射多发生在低负荷、低速运转工况。

3. 不稳定喷射和隔次喷射

不稳定喷射是喷油泵持续工作时各循环喷油量不均的喷射。其极端情况是隔次喷射，即喷油泵每供油两次或两次以上，喷油器才有一次喷射过程。这两种情况也发生在柴油机低负荷运转时，或喷油设备偶件过度磨损时。在不稳定喷射严重时，将会导致隔次喷射，从而使柴油机转速不稳，甚至因低于最低稳定转速而停车。

4. 滴漏

滴油现象是在针阀偶件密封正常情况下，在喷油终了后仍有燃油自喷孔流出。发生滴漏时，由于燃油流出速度和压力均很低，燃油不雾化，集结在喷孔处形成结炭，堵塞喷孔。

滴漏发生的原因在于因针阀座下部至喷孔间体积过大以及出油阀减压卸载能力不强，使高压油管中的油压下降缓慢，造成针阀不能迅速落座，因而增强出油阀减压卸载能力或提高针阀落座速度（如增加针阀弹簧预紧力等）均可防止滴漏现象。

五、最低稳定转速

在多缸柴油机中，当柴油机低速运转时，会出现各缸供油量严重不均匀现象。这主要由于各缸喷油泵柱塞偶件、喷油器偶件的间隙和喷孔孔径间的差别，以及喷油泵调节杆系安装间隙的不同。在柴油机低速运行时，由于各缸喷油量很少，上述差异会对各缸喷油量产生显著影响，致使各缸喷油量显著不均匀，严重时导致个别缸熄火，使柴油机转速不稳定，甚至自动停车。因此，任何柴油机都有一个使各缸都能均匀发火燃烧的最低转速——最低稳定（工作）转速。

按国标规定，最低工作稳定转速是柴油机油门在出厂的标定功率位置上带负荷运转所达到的稳定转速。船用主机则指按推进特性运转时的最低稳定转速。我国对船用主机的有关规定：船用低速机最低稳定转速应不高于标定转速 n_b 的 30%；中速机不高于 n_b 的 40%；高速机不高于 n_b 的 45%。

第五节　混合气的形成和燃烧过程

液体燃料是不能自行燃烧的，它在着火燃烧前必须与空气混合形成可燃混合气。在柴油机中燃油经过喷油器，以很高的压力喷入气缸，与气缸中的压缩空气混合，自行发火并燃烧。由于时间有限，要保证后续的燃烧完善，必须有一套完好的喷油设备，以及与之配合的燃烧室。有些柴油机的燃烧必须有适当的空气运动，这就要求燃油雾化、空气运动及燃烧室这三要素之间有良好的配合。

一、燃油的雾化及其影响因素

1. 燃油的雾化

进入喷油器的高压燃油在很大的压力差（10 ~ 60 MPa）作用下，以高速（100 ~ 300 m/s）喷入气缸。由于燃油高速流经喷孔时的扰动作用以及缸内压缩空气的阻力作用，使喷出的油流分裂成由细小油粒组成的近似圆锥形油束，如图 4 – 22 所示。这些油粒（直径大多约在 2 ~ 50 μm）在燃烧室中进一步分散和细化形成细微的油滴，这一过程称为燃油的雾化。

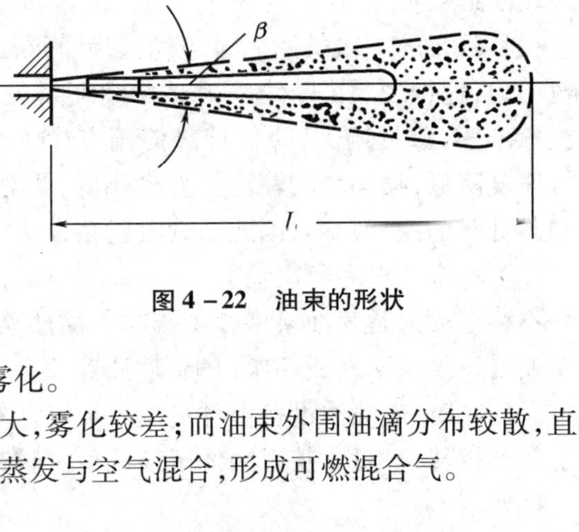

图 4 – 22　油束的形状

在油束的中间部分，油滴较大，运动速度大，雾化较差；而油束外围油滴分布较散，直径较小。通常在油束外部的细小油粒最易吸热蒸发与空气混合，形成可燃混合气。

（1）表征油束几何形状的参数

①射程 L，也称为油束的贯穿距离，表示油束的贯穿能力。射程越长，贯穿能力也越强。但油束射程的长短应与燃烧室相匹配，缸径大的燃烧室要求油束射程长，若 L 过短，油束不能布满燃烧室的整个空间；如小缸径燃烧室配以长射程，部分燃油可能喷到温度较低的燃烧室壁面上，燃烧不完全，形成结炭。此两种情况均会使柴油机的功率和经济性降低。

②锥角 β，油束外缘之间的夹角，表示油束扩散能力和紧密程度。β 大，说明油束扩散能力强，油粒细，燃油与空气的接触面积大，有利于混合气的形成。β 的大小与喷油器结构、喷油压力有很大关系。

（2）表征油束雾化质量的主要指标

①雾化细度，用油束中油粒的平均直径 d 来表示，其值越小越好。

②雾化均匀度，用不同直径的油粒占油粒总量的百分数 X_0 来表示；或用油粒的最大直径与平均直径之差来表示，其直径差越小，则说明雾化越均匀。

2. 影响雾化的主要因素

(1)喷油压力

增大喷油压力,油束射程和锥角均增大,雾化细度和均匀度提高。但喷油压力过高时,由于射程过大,雾化细度过小,反而使燃烧过程粗暴,冒黑烟和结炭。所以,应按规定调整喷油器的启阀压力。

(2)喷孔构造

喷孔构造主要包括喷孔直径和喷孔长度/直径比这两个参数。喷孔直径减小时,油束锥角增大,雾化细度和射程减小;喷孔长度直径比增大时,射程增大。对于一定的喷油器,油束的形状与燃烧室结构相匹配,所以无论因磨损或局部堵塞使喷孔直径、喷孔长度/直径比增大或减小时,都破坏了油束和燃烧室的配合,不利于可燃混合气的形成。

(3)燃油品质

影响雾化质量的燃油品质主要是黏度和密度。燃油黏度和密度增加时,雾化困难,所以,当柴油机采用低质燃油时,需相应采取预先加热燃油并提高喷油压力等措施。

(4)喷射背压

喷射背压增加时,油粒与空气的摩擦力增加,油粒所受空气阻力亦增加,致使雾化细度减小,锥角增大,射程减小。

二、混合气的形成

混合气形成过程是控制和决定燃烧过程的关键因素。它在喷射过程与燃烧过程之间起着承上启下的纽带作用。

1. 混合气的形成方式

在柴油机发展中,出现过许多混合气形成方式,比较典型的方式有空间雾化混合、油膜蒸发混合两大类。

(1)空间雾化混合

空间雾化混合是指可燃混合气在燃烧室空间形成的。因此燃油必须喷射到燃烧室空间,并与燃烧室形状相适应,而不是喷射到燃烧室壁面上。空间雾化混合的好坏,主要取决于燃油的喷雾特性和缸内空气的运动状态两方面因素。不同类型的柴油机对这两方面因素的依赖程度不同:船用大中型柴油机和低速柴油机主要依赖于燃油的喷雾,而较少依赖空气运动,称之为油雾法;某些中小型高速柴油机,如果采用涡流式或预燃式燃烧室,则主要依赖于空气涡动,而较少依赖燃油喷雾,称之为涡动法。

采用油雾法的柴油机对喷油设备的工作要求较高,如要求高压喷射、多孔喷射等;采用涡动法的柴油机可采用较低喷射压力的单孔喷射。

(2)油膜蒸发混合

油膜蒸发混合是将大部分燃油(约占95%的循环量)直接喷射到燃烧室壁面上(如活塞顶部表面),并形成一层薄油膜,油膜受热蒸发汽化,在燃烧室中强烈的空气涡流下,油膜逐层蒸发并与空气混合气形成可燃混合气。这种混合方式中除了要求按一定方向把燃油喷到燃烧室壁面上以及存在强烈空气涡流外,尚需严格控制燃烧室表面的温度,而且要求上述三方面因素最佳匹配。这在实践中存在较大困难,因而仅用在某些小型高速柴油机上。

实际上,可燃混合气形成的方式很难有严格的区分界限。在大多数小型高速柴油机中,燃油或多或少会喷到燃烧室表面上,在空间雾化发火之后以油膜蒸发混合燃烧,可称为雾化油膜混合。这说明上述两种混合方式可以兼而有之,只是主次不同而已。目前绝大多数柴油机仍以空间雾化混合为主。

2. 影响混合气形成的因素

由于柴油机机型不同,因而影响混合气形成的因素亦有所区别,有如下主要影响因素:

(1)燃油的雾化质量

良好的雾化质量对于形成可燃混合气具有重要作用,喷射系统必须使喷入气缸的燃油达到燃烧室所要求的雾化质量。开式燃烧室对雾化程度要求最高,使用喷嘴的孔数最多,喷油压力最高;半开式燃烧室要求雾化程度次之,使用较多孔喷嘴,喷油压力较高;分隔式燃烧室要求雾化程度最低,可用单孔喷嘴和使用较低的喷油压力。高速机采用涡流室式燃烧室或半开式燃烧室,要求雾化质量相对较低,而低速机采用开式燃烧室,要求雾化质量则相对较高。但对绝大部分船舶柴油机来讲,由于采用开式燃烧室,采用雾化混合型来形成可燃混合气,故雾化质量是极其关键的。

(2)燃烧室空气涡流

燃烧室空气涡动可促使油束分散,增大混合的范围,改善燃油的空间分布状态。空气运动能促使油粒分散到更大的空间里去。涡流越强,气流对油束的吹散作用也较大。空气涡流对于采用油膜蒸发混合方式来说,具有重要意义。

(3)喷油器喷孔数目及孔径

喷油器喷孔数目及孔径大小,不但与雾化质量有关,而且还与空气涡流的强度有关。如果涡流强,则喷孔数少,一般4~6个,甚至单孔;涡流弱,则孔数多,如7~8个;如完全无涡流,则喷孔数更多,如9~12个。总之,喷油孔数目及孔径要根据缸内涡流情况及所要求的雾化质量来确定。

(4)压缩终点的缸内热状态

压缩终点缸内空气压力、温度以及空气涡流等,对燃油的雾化质量、可燃混合气的形成都有影响。

(5)燃烧室类型

燃烧室的类型是多种多样的,对不同的燃烧室,其形成的空气涡流的强弱及涡动方式会有很大区别,因而在形成可燃混合气时也有显著差异。

三、燃烧室

燃烧室是可燃混合气形成和燃烧的主要场所。燃烧室的结构形式决定了对燃油喷射的要求和空气涡动的形式与强弱。所以,燃烧室的形式直接影响到柴油机的工作性能。

为了使柴油机具有良好的性能,必须要求燃烧室:有利于混合气的形成;能量损失少;使柴油机工作平稳;有较好的启动性能。

燃烧室分为直喷式与分隔式两大类。直喷式包括开式与半开式两种,而分隔式有涡流室和预燃室两种。

1. 开式燃烧室

开式燃烧室是由气缸盖底面、活塞顶面及气缸壁所围成的统一空间,如图4-23所示。图4-23(a)所示的燃烧室设在气缸盖底部,活塞顶面为平顶,适用于大型低速二冲程弯流扫气的柴油机;图4-23(b)的燃烧室设在气缸盖底部和活塞顶部,适用于大型低速二冲程直流扫气的柴油机；图 4 – 23(c)(d)的燃烧室设在活塞顶面，分别为浅盆形和浅 ω 形，气缸盖为平底，广泛用于各种四冲程柴油机。

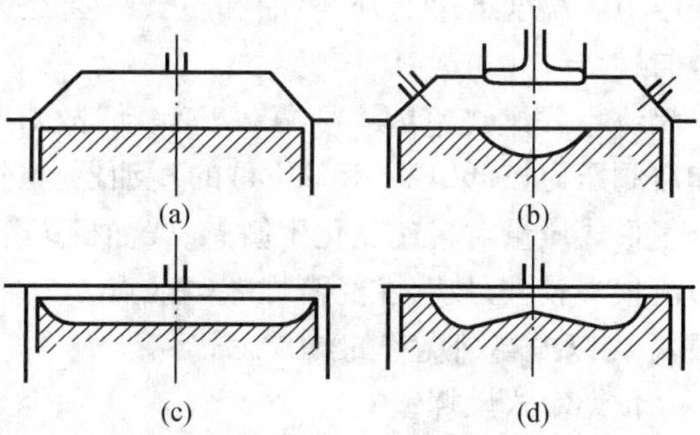

图 4 – 23　开式燃烧室

开式燃烧室中混合气形成的特点是：主要依靠空间雾化混合。它对燃油品质和雾化质量较敏感。采用多孔（一般为 6 ~ 12 个）且孔径较小（一般为 0.15 ~ 0.8 mm）的喷油器；喷油器启阀压力较高（一般在 20 MPa）。油束在燃烧室中分布要与其形状良好配合，避免油束直喷到气缸壁上。

开式燃烧室的优点是形状简单，传热损失和流动损失少，具有良好的经济性和启动性。主要缺点是工作易粗暴，燃烧室组件的热负荷和机械负荷高，而且排气的有害成分 NO_X 也增加。为了降低热负荷进一步改善燃烧，一般具有较大的过量空气系数 α（$\alpha = 1.6 \sim 2.2$）。

开式燃烧室适用于缸径 $D \geqslant 160$ mm 的柴油机，在大、中型柴油机及船用低速柴油机中得到了广泛的应用。

2. 半开式燃烧室

半开式燃烧室基本上由余隙容积和深坑容积两部分组成，如图 4 – 24 所示。其中图 4 – 24(a)(b)分别为 ω 形、倒 ω 形燃烧室，主要靠空间雾化混合，但也有一部分靠油膜蒸发混合，因此对喷射系统要求降低。图 4 – 24(c)为球形燃烧室，也称 M 形燃烧室，它主要靠油膜蒸发混合，具有排烟少、噪声低、工作柔和等优点，但主要缺点是启动困难，并要求有较强的进气涡流。

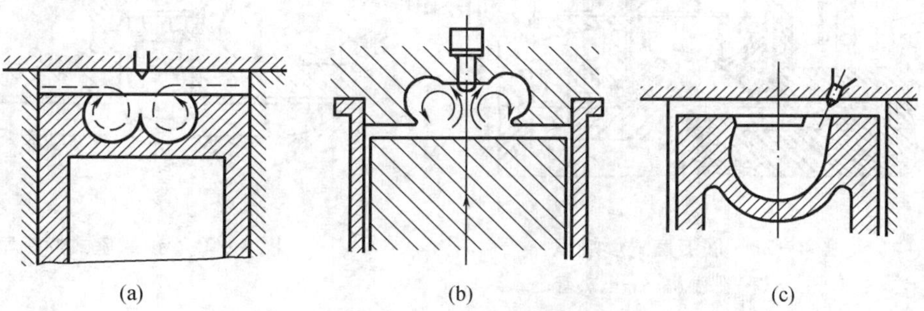

图 4 – 24　半开式燃烧室

半开式燃烧室保留了开式燃烧室经济性好、易于启动的优点，但仍未彻底改变柴油机工作粗暴、热负荷和机械负荷较高的缺点。故半开式燃烧室仅适用于小型高速柴油机。

3. 涡流室式燃烧室

涡流室式燃烧室分主室和辅室两部分，主室即余隙容积（压缩室），辅室是呈球形或圆柱形的涡流室，一般设在气缸盖（或机体）内。两室间以切向通道相连，通流面积不大，如图 4 – 25 所示。其混合气形成过程主要靠压缩涡流。在压缩冲程中，空气从主室经通道流入涡流室,在涡流室内形成强烈的有组织的压缩涡流。燃油喷入涡流室着火燃烧后,涡流室内的压力和温度迅速上升,燃油和空气一起经通道高速流入主室内,以加速燃油与空气的混合与燃烧。

涡流室式燃烧室因主要靠气流涡动,故对雾化质量要求不高,一般采用孔径较大的单孔和启阀压力较低(12～15 MPa)的喷油器。过量空气系数 α 也很小(一般为1.2～1.3)。混合气形成质量对转速变化不敏感,柴油机工作平稳、噪声小、有害气体排放少。但热损失和节流损失较大,故存在经济性差等缺点。为了改善启动性能,在涡流室中装有电热塞3和保温块2,以提高燃烧室的热状态。

4. 预燃室式燃烧室

预燃室式燃烧室如图4－26所示。在预燃室中不产生压缩涡流,预燃室的主要作用是在主燃烧室中形成燃烧涡流。在预燃室中只燃烧少量燃油,利用这部分燃油的燃烧能量,将其中的混合气高速喷入主燃烧室,并在其中造成气体运动,促使大部分燃油在主燃烧室中混合并燃烧。

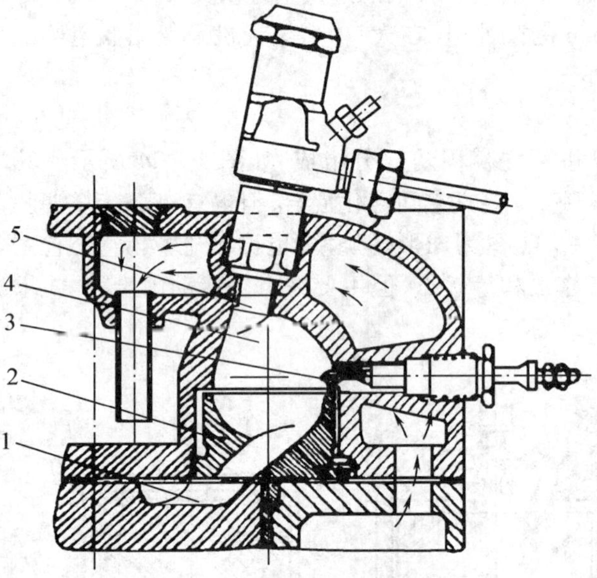

图4－25　涡流室式燃烧室

1—主室;2—保温块;3—电热塞;
4—涡流室;5—喷油器

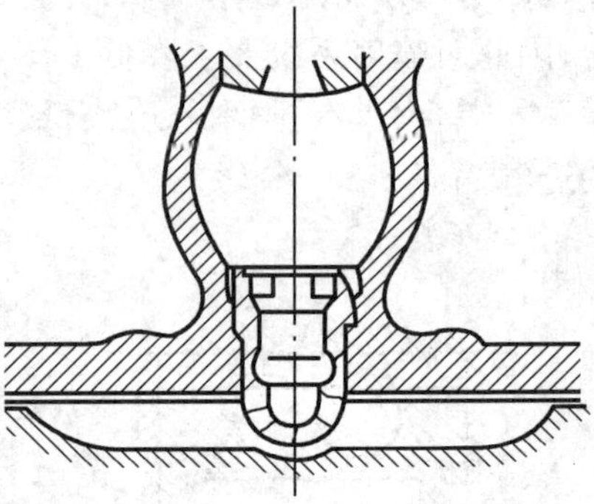

图4－26　预燃室式燃烧室

预燃室式和涡流室式同属于分隔式燃烧室,二者在混合气形成方式上相同,优缺点均相似。主要差异在于预燃室式燃烧室以燃烧涡流为主,涡流室式燃烧室以压缩涡流为主。分隔式燃烧室一般均用于小型高速柴油机。

四、燃烧过程

柴油机燃油的燃烧过程是从燃油喷入气缸时开始,至膨胀冲程某一时刻为止。经历了以内部混合形成可燃混合气,以压缩发火方式形成自燃着火,以及火焰扩散形成燃烧的全部过程,所以对柴油机的动力性、经济性、工作可靠性和使用寿命都有很重要的影响。对燃烧过程的要求是:燃烧完全,燃烧迅速及时,空气利用率高,燃烧过程平稳而不粗暴。

1. 燃烧过程的四个阶段

表征柴油机燃烧过程的重要参数是工质压力和温度,利用测算的 $p=f(\varphi)$ 和 $T=f(\varphi)$ 曲线,人为地把燃烧过程分为四个阶段,以便于研究燃烧过程的规律。

如图 4-27 所示为用示功器测取的燃烧过程气缸内压力 p 随曲轴转角 φ 变化的曲线,即燃烧过程的展开示功图(曲线1)。为了便于分析燃油喷射过程与燃烧过程的关系,还测取了喷油泵供油压力的曲线2,喷油器喷油压力曲线3和针阀升程曲线4,曲线5为气缸内停止喷油时的纯压缩线。此外图中还有气缸内燃油放热速度 $dQ/d\varphi$ 的变化曲线。

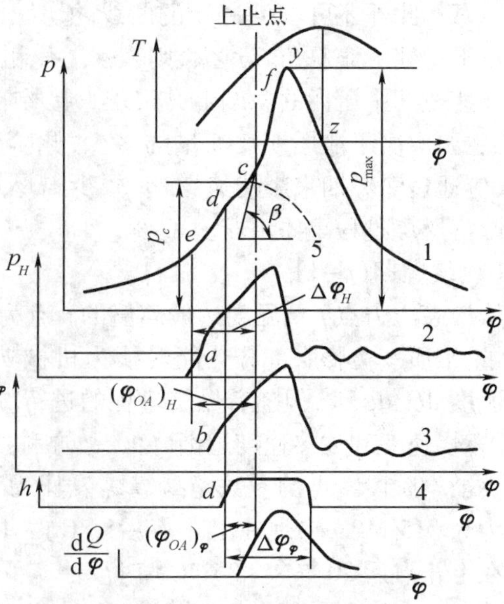

图 4-27　燃烧过程的展开示功图

(1)滞燃期($d-c$)

燃油从 d 点喷入气缸,虽然缸内空气温度一般高于燃油在当时压力下的自燃温度,但燃油并不能立刻燃烧。此时燃油进行着一系列发火前的物理和化学准备,直至 c 点(c 点是发火点)因气缸内压力急剧上升离开压缩线。滞燃期的长短可用滞燃时间 τ_i(s)或滞燃角度 φ_i(℃A)来表示。设柴油机每分钟转速为 n,则

$$\varphi_i=6n\tau_i \quad (\text{s}) \tag{4-3}$$

柴油机的滞燃时间 τ_i 一般在 0.001~0.005 s,在有些情况下甚至可缩短到 $\tau_i=0.000\,5$ s,但不可能使 $\tau_i=0$。

在滞燃期中,喷入气缸的燃油量称为滞燃量 Δ_i,一般低速机的 $\Delta_i=(15\%\sim30\%)\Delta g_i$($\Delta g_i$ 为循环总油量),高速机的 $\Delta_i=(80\%\sim100\%)\Delta g_i$。燃油在滞燃期内没有产生明显的燃烧,焰前氧化反应的放热量与物理准备的吸热量基本相等,因此气缸内的压力和温度基本与压缩压力和温度相同。滞燃期气缸内的压力和温度由压缩过程决定的。

值得重视的是,滞燃期的长短对后续的燃烧过程和柴油机的工作性能有着决定性的影响。当滞燃期结束时,滞燃量将立即投入燃烧,而且这时活塞接近上止点,气缸容积较小,使气缸内压力急剧增加离开纯压缩线。若滞燃期过长,缸内积聚燃油过多,如果混合气的初步化学反应比较充分,这时一旦发火燃烧,缸内压力便突增,使下一阶段压力曲线上升过陡,柴油机工作粗暴,严重时会使柴油机发生"敲缸"现象。这使燃烧过程不能正常进行,排气冒黑烟,机件过热,功率显著降低,从而使柴油机的经济性、可靠性和寿命下降。因此,在控制柴油机的燃烧过程时应力求缩短滞燃期。

(2)速燃期($c-f$)

从压力急剧升高点 c 至最高压力点 f 为止,称为速燃期。速燃期的特点是:

①曲轴转角小,气缸容积变化小,近似于定容燃烧,压力和温度急剧升高;

②滞燃期已喷入的燃油瞬时燃烧,本阶段喷入的部分燃油参加燃烧,燃烧速率加快,放

热速度 $\mathrm{d}Q/\mathrm{d}\varphi$ 迅速增加。

通常用平均压力升高率 $\Delta p/\Delta\varphi$ 来表示压力升高的急剧程度和柴油机工作的平稳性。若平均压力升高率 $\Delta p/\Delta\varphi$ 过大,则表示柴油机工作粗暴;$\Delta p/\Delta\varphi$ 一般控制在(0.4～0.6) MPa/°CA。此外还可以引 $c\sim f$ 的曲线的切线,用切线与横坐标轴的倾斜角 β 来表示柴油机的工作平稳性。倾斜角 β 过大,则表示工作粗暴。

在速燃期中压力的急剧上升很难直接控制,因为燃烧速率不是单由此阶段喷油速度决定,它主要取决于滞燃期喷油量的多少,此阶段亦称预混合燃烧阶段。为了使柴油机工作平稳,应通过滞燃期来影响速燃期,减少滞燃量,控制可燃混合气的形成量,因此控制滞燃期是影响燃烧过程重要手段。

(3)缓燃期($f-z$)

从最高压力点 f 至温度达最高值的 z 点为止,称为缓燃期。在此阶段,燃油一边燃烧放出热量,工质一边膨胀部分热能转换为机械功,近似于定压燃烧;缸内温度高,燃烧速率和放热速度 $\mathrm{d}Q/\mathrm{d}\varphi$ 大,但随着燃烧过程的进行,废气浓度增加,氧气减少,活塞下行,气缸容积增大,燃烧速率和放热速度逐渐降低,故亦称扩散燃烧阶段。

表征本阶段特点的参数是最高爆发压力和最高燃烧温度。一般柴油机最高爆发压力 p_z 值为6～15 MPa,出现在上止点后5 °CA～15 °CA 时;最高温度 T_z 值为1 700～2 000 ℃,出现在上止点后 20 °CA～35 °CA 时。

由于在速燃期和缓燃期内总共消耗的燃油占循环总油量的80%～90%左右,构成了燃烧过程的主要部分,故常将这两个阶段统称为主要燃烧阶段。

(4)后燃期(z 点以后)

后燃期是燃烧过程在膨胀过程的延续。其原因有二;一是在缓燃期中难免有一部分燃油因遇不到足够的氧分子而来不及燃烧或燃烧不完全;二是部分燃烧产物在高温下发生逆化学反应,这些燃烧产物只能在活塞下行、气缸内温度下降后才能重新进行燃烧。因此完全消除后燃现象是不可能的,但应设法使之减轻。后燃期的终点很难确定,随柴油机负荷和燃烧过程进行的情况而异,一般在上止点后 80 °CA～100 °CA。

在此阶段中,活塞下行,缸内工质膨胀容积增加,缸内压力和温度开始下降,气流运动减弱,燃烧产物增多,燃油和氧气减少,燃烧速率和放热速度 $\mathrm{d}Q/\mathrm{d}\varphi$ 逐渐降低。后燃期的存在使最高爆发压力 p_z 下降,排气温度 T_r 升高,由此使部件的热负荷增加,柴油机的功率和经济性降低,因此后燃期越短越好。缩短后燃期的措施是加强燃烧室内空气运动,改善混合气的形成。一般柴油机在低负荷运转时后燃期将缩短,低速机的后燃期短于高速机。喷油器雾化不良、滴漏、换气不良、气缸漏气、喷油太晚等均使后燃现象加剧。

2. 影响燃烧过程的主要因素

影响燃烧过程的因素主要有以下几个方面。

(1)燃油品质

在燃油性能指标中,十六烷值对燃烧过程影响最大。十六烷值高,自燃性能好,滞燃期短,燃烧平稳;反之,十六烷值低,自燃性能差,滞燃期长,燃烧过程粗暴。因而当柴油机使用的燃油品质发生变化时,必将影响燃烧过程,喷油定时需要进行调整。其次,燃油挥发性也影响滞燃期,挥发性好,既可缩短着火前的物理准备时间,又有利于着火前的化学准备,滞燃时间缩短;黏度高,雾化质量差,滞燃期增长。加入某种添加剂(如助燃剂等)可改善燃油的燃烧性能。

(2)缸内工质状态

工质状态的主要参数是压缩终点的空气温度、压力和扰动,其中以温度对燃烧过程的影响为最大。压缩终点温度越高,滞燃期越短,柴油机工作越平稳。压缩比过小,气缸严重漏气等皆会造成压缩终点的压力、温度过低,甚至使柴油机丧失启动能力,程度较轻者也将出现排气冒黑烟的不良后果。空气的扰动有加速燃前和燃烧过程中混合气形成的积极作用,同时也影响燃油喷射的穿透距离。

3. 喷油定时

喷油定时显著影响燃烧过程。喷油提前角过大,则喷油时缸内工质的温度、压力较低,不利于可燃混合气的形成,使滞燃期延长,最高爆发压力过高,燃烧粗暴,如图 4－28 中曲线 1 所示。由图中左上角喷油始点标记曲线可知,曲线 1 喷油提前角约为上止点前40 °CA,相应的滞燃角 φ_i 约为 30 °CA;反之,喷油提前角过小(如在 TDC 后喷油),将因着火前缸内温度与压力已下降,而使滞燃期也延长,但活塞已下行使最高爆发压力降低,后燃严重,排气温度升高,如图 4－28 中曲线 6 所示。图中曲线 6 喷油提前角约为上止点前 10 °CA,相应的滞燃角 φ_i 约为40 °CA。总之,柴油机均有一个最佳喷油提前角,在该喷油提前角工作时,燃烧平稳,最高爆发压力适宜,且相位正确(通常在上止点后 10 °CA～15 °CA),从而有较高的热效率,经济性高。

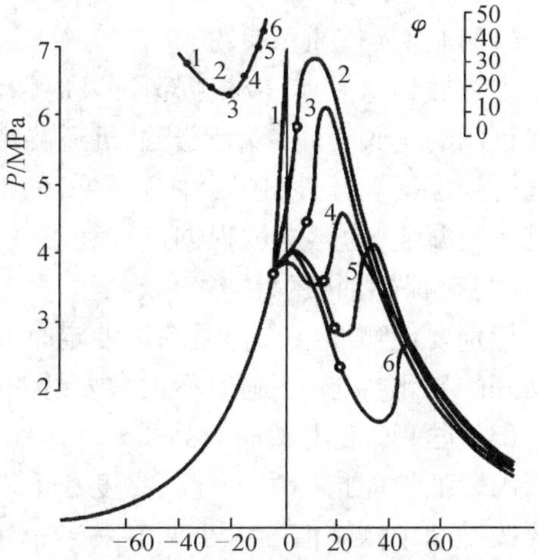

图 4－28　喷油提前角对燃烧过程的影响

(4)雾化质量

雾化质量良好,滞燃期 τ_i 会缩短,柴油机工作平稳,且燃油细粒易与空气均匀混合使燃烧完全。船用大、中型柴油机中,燃油的雾化质量主要取决于喷油设备。若喷油设备不正常,将直接影响柴油机的燃烧质量。

(5)换气质量

换气质量好,进入气缸的新鲜空气量多,燃油燃烧时有足够的氧使之燃烧完全。影响换气质量的主要有配气定时,气口(阀)、气道的清洁度,增压系统(如增压器、空冷器等)的工作状态。

(6)柴油机的运转工况

柴油机的转速和负荷是反映柴油机运转情况的两个主要参数,转速和负荷对整个燃烧过程都有影响。

柴油机的转速升高时,气缸漏气和散热损失减少,压缩温度和压力将升高,同时转速升高能使喷射压力提高,燃油雾化变好,空气扰动加强。上述因素均使滞燃期 τ_i 缩短,有利于燃烧。但转速的升高使滞燃角 φ_i 增大,从而使急燃期的压力和压力升高率增大,不利于燃烧。此外,转速的升高使喷射过程延长,从而使后燃期加长。但这种不利影响随气缸空气扰动的加强得以减轻。所以转速对滞燃期及燃烧过程较大的影响,但如何影响则视发动机具体情况而定。

柴油机的负荷对滞燃期 τ_i 有间接影响。当负荷增大时,由于循环喷油量的增加,气缸内总发热量增加,气缸内温度的提高使 τ_i 缩短。与此同时,燃烧持续期成比例地增长,最高爆发压力提高,后燃加剧,而平均压力升高率 $\Delta p/\Delta\varphi$ 的变化则随着机型而异——一般低增压四冲程机随负荷增加 $\Delta p/\Delta\varphi$ 有所下降,而高增压二冲程机则可能上升。

五、控制燃烧过程的措施

要组织一个柔和,经济性又高的燃烧过程,在运行管理等方面可采取以下措施。

1. 运行管理方面

(1)确保换气质量良好

为了做到这一点,应根据情况及时清洁进、排气口和进、排气通道。有气阀的柴油机应确保正确的气阀正时。增压柴油机还要维持增压系统有良好的工作性能,使进入气缸中的空气得到保证。此外,还要注意活塞环和气缸套的磨损情况,以保证进入气缸内的空气不致过多地漏泄,为燃烧过程创造有利条件。

(2)确保燃油喷射正常

特别要使喷油泵有合适的供油定时和适合要求的供油量,使喷油器有正确的启阀压力和良好的雾化状态,并避免不正常喷射的出现。

(3)关注所使用燃油的品质

因燃油性能指标中,密度、黏度和十六烷值对燃烧过程影响很大,所以喷油泵的供油定时要按燃油十六烷值的大小调节妥当。如换用其他燃油,大体上可由最高燃烧压力来判断并进行调节。

2. 日常管理

(1)观看排气颜色

柴油机排气的正常颜色是隐约可见的淡灰色。若发现冒黑烟,则表示燃烧不正常。但要判断哪一个气缸不正常,则还需观察各缸排气温度而定。一般燃烧不正常的气缸排气温度要比正常的气缸高。

(2)察看各缸排气温度

若某一缸排气温度低于一般平均值,则可能是由于该缸喷油量较小而使负荷不均,也有可能是喷油提前角过大。若某一缸排气温度超过平均值较多,则有两种可能:一是该缸喷油量太多而超负荷;二是喷油提前角过小或由于喷油设备发生故障而出现严重后燃现象。至于究竟属于哪一种情况,还须从其他方面进行观察。

(3)测量气缸最高爆发压力

一般来说,根据最高爆发压力值,即可大致判断出各缸供油提前角的变化。最高爆发压力值过高,则可能是喷油泵的供油提前角过大。同时,测取各缸压缩压力,可以判断各缸的压缩状态。

(4)测取各缸示功图

根据示功图可计算出各缸的平均指示压力、指示功率,以检查各缸负荷是否均匀。同时,测取各缸的 $p-\varphi$ 转角示功图,以便判断各缸的燃烧情况。

第六节　喷射系统的检查与调整

对喷射系统的科学维护管理,能够延长喷油设备的使用寿命,减小故障发生的频率,从而保证良好的喷油规律和放热规律,使柴油机平稳高速地运行。除进行日常的清洁、检查等维护工作外,还应在定期拆检的过程中特别注意喷射系统的定时、定量的调节方法及设备的工作参数。

一、喷油泵的主要故障

喷油泵的主要零件是柱塞套筒、排油阀及阀座两对精密偶件,因此喷油泵的主要故障大多发生在这两对零件上。

1. 穴蚀

在燃油喷射系统中,当某处的燃油压力下降到低于或等于该温度下的燃油汽化压力时,该处燃油就开始汽化而产生气泡,随后气泡在正压力波的作用下破裂,并激发出很强的冲击力,作用在金属壁面上。这样反复地侵蚀,就会引起金属表面不断剥落,形成穴蚀,使喷射系统零件损坏。喷射系统中最易发生穴蚀的部位有排油阀与阀座的密封处,柱塞斜槽与回油孔相对的泵体上、高压油管内壁及喷油器针阀密封处。

高压系统中的穴蚀可通过选择出油阀的卸载容积来解决,低压系统中的穴蚀,可通过提高进油腔的燃油压力或在回油系统中设置缓冲器的方法来解决。

2. 柱塞和套筒过度磨损、拉毛、卡阻和咬死

柱塞和套筒过度磨损会使密封性下降,造成柱塞偶件漏油、喷射压力下降、雾化不良、各缸喷油量不均和燃烧恶化等问题。此外,若各缸喷油泵柱塞套筒磨损不均匀,将使各缸喷油量不均匀,引起柴油机低速运转不稳定。柱塞与套筒的过度磨损除与材料和制造质量有关外,还与燃油质量如黏度、含硫量和机械杂质等有关。当硬质机械杂质进入柱塞与套筒的配合面时,容易使柱塞偶件拉毛。过度的磨损和拉毛最容易发生在柱塞的头部,特别是在柱塞斜槽上面的配油部位以及套筒的进、回油孔上面部位。

柱塞卡阻和咬死会导致喷油泵不能正常工作。其原因大多是燃油净化不良,燃油中仍有杂质颗粒;在个别情况下,也可能是安装不正确或间隙过小所致,或工作温度过高、变化过快所致。

当发现这种故障时,应立即查明原因,酌情换新,或者加以研磨、研配后继续使用。

3. 排油阀和阀座的磨损,阀杆卡紧和咬死

排油阀和阀座的密封面磨损严重时,导致密封性下降,使高压油管中的残余压力下降或造成喷油量减小,影响雾化质量及燃烧过程。造成阀和阀座磨损的原因,主要是燃油中含有杂质、酸性腐蚀,阀与阀座的撞击或阀面扭曲变形等。

阀杆卡阻和咬死可能是由于润滑不良、受热不均,也可能是阀杆及导套变形而引起。这时将会因阀不能正常动作而发生相应的故障。例如,阀杆在阀开启位置卡死,则回油阀不能关闭,使喷油泵停止供油。

二、喷油泵的检查与调整

喷油泵的功用是定时、定量地向喷油器提供一定压力的燃油,所以对它的检查也应着

重在密封性、供油定时及供油量这三方面。

1. 密封性检查与要求

喷油泵密封性检查包括柱塞偶件，排油阀偶件及进、回油阀偶件的密封性检查。如其中之一的密封不良，就会影响喷油泵的高压供油性能及供油量。通常，密封性检查可按以下顺序进行。

(1)综合检查

在喷油泵高压油管接头处装压力表，手动泵油至达到说明书规定的泵油压力时停止泵油，按住泵油手柄不动，观察压力表指针。此压力读数若能在说明书规定的时间(一般不少于30 s)内保持不降，则认为密封性良好。若发现压力下降很快或不符合说明书的要求，则说明有密封不良处，应根据喷油泵的构造不同，应按以下顺序继续进行。

(2)排油阀密封性检查

操作过程基本同上，区别在于停止泵油时应放松泵油手柄，柱塞自然下行，这时若压力表读数基本保持不变，则认为排油阀密封性良好，否则排油阀应予换新或取出排油阀。

(3)进、回油阀密封性检查

取出排油阀后重复第1项检查。若压力下降很快，则说明进、回油阀或柱塞偶件漏油。鉴别方法是在研磨进、回油阀并取得满意效果后再重复此项检查，若密封性明显改善，则说明原进、回油阀密封性不良；若密封性仍无改善，则说明柱塞偶件密封性不良，应予以换新。

通常，偶件密封不良可用研磨法修复；排油阀座和柱塞套筒之间的配合面如密封不良可分别在水平的玻璃板或平台上研磨以恢复密封性。此外，套筒与泵体之间的密封性可通过泵体下部是否有漏油来检查。

2. 供油定时的检查与调整

供油定时的检查方法因机型而异，以下介绍几种在船舶上使用的方法。

(1)冒油法

首先将柴油机盘车至喷油泵供油点附近，拆下喷油泵上的高压油管，并接上用于观察的玻璃管接头；再将燃油手柄置于标定供油位置，手动柱塞泵油使燃油在玻璃管中上升到一定可见高度；缓慢盘车，待玻璃管内燃油液面位置刚一上升的时刻，立即停止盘车，此时曲轴飞轮上的指示刻度即为相应的供油提前角。对多缸机可按发火顺序依次检查。

(2)光照法

对大型回油孔终点调节式喷油泵，若套筒上进、回油孔在同一高度，可拆下与之相对的螺钉，缓慢盘车，从油孔中观察柱塞的运动，并在对侧螺孔处用手电筒照射，如图4－29所示。当柱塞上行到刚好将回油孔封住而遮断光线时立刻停止盘车，此时飞轮上的刻度即为该泵的供油提前角。

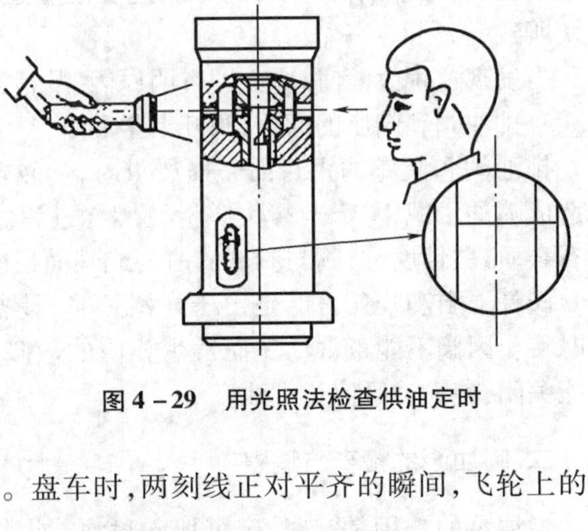

图4－29　用光照法检查供油定时

(3)标记法

有些柴油机在喷油泵泵体上和柱塞导程筒外表面分别有刻线，如图4－29所示。盘车时，两刻线正对平齐的瞬间，飞轮上的刻度即为该泵的供油提前角。

3. 喷油泵供油定时的调节

根据喷油泵的工作原理和传动机构的结构,改变供油定时的方法一般有三种。

(1)转动凸轮法

各种类型的柴油机,安装凸轮的凸轮轴与曲轴按 1:1 或 1:2 速度比传动的。无论齿轮传动或链传动,只要改变凸轮轴的相位,即改变了燃油凸轮的相位,喷油泵的供油正时均发生变化。

整体式凸轮轴(小型机)调节整机的供油正时,可松脱油泵凸轮轴连接法兰盘,转好调节角度后再重新连接。此法的规律是在凸轮轴相对曲轴超前时,供油提前;反之,则滞后。对于装配式凸轮轴,(大中型机),调节单缸供油正时,可直接转动燃油凸轮的安装相位。

如图 4－30 所示为大、中型柴油机广泛采用的一种燃油凸轮安装方法。结合器 1 套在凸轮轴上,由键 2 周向定位,销钉 3 轴向定位。燃油凸轮由 5 和 6 两半部分组成,凸轮的一个端面铣有径向细齿(360 或 240 个),结合器的端面也有同样多的细齿。锁紧螺母 4 将凸轮紧压在结合器上,固定销 7 对锁紧螺母止动防松。调整供油定时,只须松开固定销和锁紧螺母,即可沿轴向脱开凸轮进行调节。顺着凸轮轴正车转向旋转凸轮,供油提前角增大;反之,则减小。调节好后,将锁紧螺母和固定销紧固。

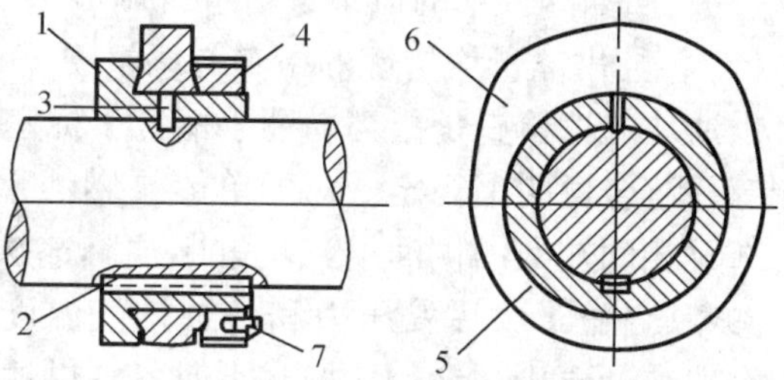

图 4－30　喷油泵凸轮安装图

1—结合器;2—键;3—销钉;4—锁紧螺母;
5,6—凸轮;7—固定销

(2)升(降)柱塞法

此法多用于中小型柴油机回油孔式喷油泵,是通过调整调节顶动柱塞的顶头螺钉的高度来实现的。在顶头上装有调节螺钉,螺钉的旋入(柱塞降低)或旋出(柱塞升高)改变顶头的高度,柱塞相对升高供油定时提前;反之,则滞后。调节后须紧固锁紧螺母。

(3)升(降)套筒法

此法多用于大、中型柴油机回油孔式喷油泵。套筒上升时,正时滞后;反之,则提前。套筒的升降有以下三种途径。

①套筒上端设有一组调节垫片,减少垫片即提升套筒。

②泵体下端设置多个调节垫片。增加垫片,套筒升高,柱塞前导程增加,供油提前角减小;反之,供油提前角增大。

③套筒上设有螺旋套,用定时齿条拉动使套筒升降,此即为 MAN B&W MC/MCE 机型的 VIT 机构。

在上述三种供油正时的调节中,均未改变柱塞有效工作段,亦即没有改变供油量。但是②,③两种方法调节供油定时,由于前导程的变化,在改变供油时间的同时也改变了凸轮的有效工作段,使喷油泵的供油规律受到影响,故通常仅用于对喷油提前角的微量调节。

4. 供油量的检查与调整

在多缸柴油机中,当油量手柄置于标定供油位置时,应使各缸供油量均等,以保证各缸负荷均匀。按我国有关规定,在全负荷时各缸供油量的不均匀性应小于 2%～3%。当柴油机长期运转后或柴油机的喷油系统拆检后,各缸供油均匀性将发生变化,需进行调整,通常供油量的检查包括停油位置和供油均匀性检查。

(1)停油位的检查与调整

停油位的检查与调整是确保当油量手柄置于停车位置时,各缸喷油泵的供油量为零,以保证可靠迅速停车。

回油孔式喷油泵的油量调节齿条上有刻度,表示供油量多少。当齿条在小于刻度"2"时,就应保持供油量为零。如齿条刻度不符合要求,可通过齿条与油量调节杆连接处的调节螺钉调节。

回油阀式喷油泵的停油位置判断:柱塞上行的全行程中进、回油阀不同时关闭就可停车。为此,应先测定进、回油阀的关闭和开启时刻,再检查或调整其零位。如零位不正确,则通过进、回油阀杆下的调节螺钉进行调节。

(2)各缸供油量均匀性的检查与调整

供油均匀性检查是指当燃油手柄置于标定供油量位置,测量并保证各泵柱塞的有效行程相等并符合说明书规定。对于单体泵燃油手柄置于标定油门位置时,可通过量杯法(测量每个泵相同转数的供油量)、单缸断油降速法(每缸断油后的柴油机速度降相等)和测量运行参数(各缸最大爆发压力和各缸排气温度的一致性)等方法间接检查供油不均匀性。而组合式喷油泵则在专用实验台上对各缸供油量进行直接测定,以检查供油均匀性。

如单体泵的供油不均匀过大,可调节供油齿条和供油拉杆的连接位置进行调整。而组合式喷油泵则需调节传动套和其上的调节齿套的相对位置来进行调整。

三、喷油器的主要故障

由于喷油器的针阀偶件和喷油嘴因距燃烧室较近而受到的高温影响及针阀与阀座撞击等,故这些部件较易发生故障。

1 针阀偶件的磨损、漏油和卡阻

针阀偶件的磨损,主要发生在针阀与阀座、针阀与针阀体的柱面及针阀体与本体的端面等处。针阀偶件的磨损将引起燃油泄漏,燃油漏入气缸则使燃烧不良,油滴将在喷油嘴下端结炭,此外还会引起针阀下沉。由于针阀下沉,针阀升程增大,针阀与阀座的撞击加剧,并使弹簧过早产生永久变形,使启阀压力下降。针阀与针阀体及针阀体端面磨损后,使漏油量加大,引起喷油压力下降和雾化不良。当各缸磨损不一致时,还会产生各缸供油不一致,从而影响均匀性。

若针阀卡阻在针阀体中不能及时关闭,就会造成雾化不良和燃烧恶化。若针阀因咬死而不能开启,会造成该缸停油而熄火。产生卡阻或咬死的主要原因是燃油中的机械杂质进入针阀偶件、喷油器冷却不良、针阀偶件在高温时发生变形以及安装不正等。

2. 喷孔磨损、阻塞、结炭和裂纹

当喷油器工作时,喷孔因燃油不断地高速冲刷而磨损,当燃油中含有杂质和酸性物质时会加速磨损。喷孔磨损后致使喷孔直径增大、喷油压力下降、雾化质量降低,导致燃烧过程不良。

若喷油器冷却不良或燃油燃烧距喷油嘴太近,在喷孔内部及其周边将发生结炭。结炭将使喷孔直径变小,造成油束射程缩短,使燃烧更靠近喷油嘴,形成恶性循环,导致喷孔堵塞。当喷孔严重堵塞时,各缸喷油就不均匀,使柴油机在低转速运转不稳定。当喷孔堵塞时可先用煤油浸泡,然后用略小于喷孔直径的钢探针疏通,必要时换新喷油嘴。

喷油嘴的裂纹主要是受长期高温影响而产生的。

四、喷油器的检查与调整

喷油器的检查与调整是在喷油器试验台上进行的，包括启阀压力、针阀偶件密封性和雾化质量三项。

1. 启阀压力的检查与调整

启阀压力是保证喷油器开始喷射时的最低喷射压力，它对燃油雾化质量有很大影响。在柴油机说明书中规定了喷油器的启阀压力，对不同的机型，其值一般在 20 ~ 35 MPa。喷油器长期使用后，会因调节螺钉松动、针阀和阀座磨损、弹簧损坏等原因使启阀压力降低，因此必须经常检查。检查时，将喷油器与试验装置的高压油管接好，如图 4 - 31 所示。先排除喷油器油路中的空气，然后手动泵油，并观察压力表开始喷油时的启阀压力。若此值与规定值不符，则拧动调节螺钉，直到合格为止。

2. 密封性的检查

喷油器的密封性检查包括针阀与针阀体的柱面和针阀与阀座两处密封性的检查。检查时，泵油油压控制在略低于启阀压力，停止泵油，观察该油压降落的快慢（如某机型要求在 5 s 内压降不超过 5 MPa）。若超过规定标准，则说明针阀与针阀体柱面间隙大，密封性不良。同时，亦可检查针阀与阀座处密封性，即在停止泵油时，若喷孔处只有轻微潮湿而无燃油滴漏，则密封良好。

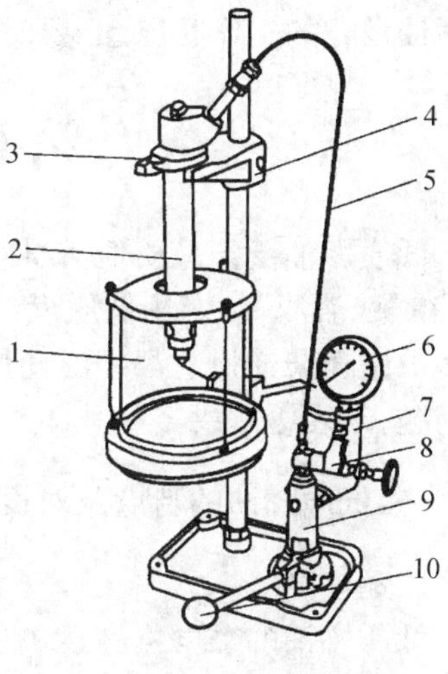

图 4 - 31　喷油器试验装置

1—玻璃罩；2—喷油器；3—支承环；4—支架；5—高压油管；6—压力表；7—盛油容器；8—截止阀；9—手摇泵；10—杠杆

3. 雾化质量检查

在手动泵油时，应仔细观察喷柱的形状、数目、油滴细度和分布情况，察看在启阀之前和喷射之后喷孔处有无燃油滴漏。良好的雾化质量应是喷柱符合要求，喷孔无滴漏，整个喷射过程伴有清脆的“吱吱”声。

五、喷射系统的维护与管理

前述喷油泵和喷油器的检查和调节应属喷油设备日常管理的最重要内容，此外，喷射系统尚应注意下列事项。

（1）对喷油设备需要适时进行拆检和试验，查出隐患和缺陷，及时排除。拆检时须注意清洁，清洗只准使用轻柴油（或煤油），擦拭时不得使用棉纱。装复时注意正确定位，注意各密封面处的结合，注意有关装配记号。

（2）备车时应对各缸油泵逐个进行手动泵油，以便润滑柱塞偶件并观察柱塞及其相关运动件的灵活性。此外，还应检查喷油泵油量调节机构动作的准确性和可靠性。

（3）长期停车之后或喷油设备经拆检重新装复之后，应注意喷油设备及燃油系统放气。喷油设备各处不得有燃油渗漏。

（4）运转中应注意高压油管的脉动状态。脉动突然增强，喷油泵有异响发出，则多为喷油器喷孔堵塞或针阀在关闭位置咬死所致；若高压油管无脉动或脉动微弱，则系柱塞或针阀在开启位置咬死或喷油器弹簧折断所致;若脉动频率或强度不断变化,则柱塞有卡阻现象发生。

(5)在柴油机运转中如需单缸停油,则应使用喷油泵专门停油机构抬起该油泵柱塞。不可关闭喷油泵燃油进口阀,以免柱塞偶件断油缺乏润滑而卡死。

(6)应注意喷油器冷却系统的工作状况,确保喷油器可靠冷却,防止过热。定期检查喷油器冷却水循环柜内的水质变化,如混有油,则表明喷油器内有漏油现象。

(7)喷油器装入气缸盖前应检查其与缸盖配合座面的密封性,必要时需清洁与研磨,以防止燃气漏出烧毁喷油器;喷油器在缸盖上的固紧螺母不可预紧过度,应按说明书规定的预紧力预紧,否则喷油器可能不能正常工作,气缸盖配合座面可能产生裂纹。

(8)注意缸内燃烧过程的变化。如从排烟颜色、排气温度、示功图等的不正常变化,判断喷油设备的工作状况,必要时应酌情进行调整。

第七节 低质燃油的使用

低质燃油泛指品质低劣、使用困难、价格低廉的船舶柴油机燃油,一般多指“中间燃料油”和“残渣油”。燃用低质燃油可大幅度降低船舶营运成本,目前,在船用大型低速柴油机和多数中速柴油机上都广泛使用。但由于低质燃油的品质很差,给船舶柴油机带来一些技术问题,须妥善解决。

一、低质燃油的特点及对设备的影响

1. 黏度高

低质燃油的黏度可高达 7.0×10^{-4} m²/s,甚至更高,这给低质燃油在储存、输送、净化和雾化过程中带来一些困难。

2. 密度大

低质燃油的密度可高达 0.94 ~ 1.06 g/cm²,使低质燃油净化困难,雾化不良,油滴穿透距离远,造成燃烧不良且容易产生结炭。

3. 低质燃油成分复杂

它含有较多的机械杂质、水分、灰分、硫、沥青及钒、钠等有害物质。灰分和硫分使气缸套和活塞环的颗粒磨损和腐蚀磨损加剧;若氧化硫凝结生成的硫酸落入曲轴箱,将使润滑油变质,并使各主轴承产生腐蚀;钒、钠、硫对排气阀的高温腐蚀则会破坏排气阀的密封,并使排气阀损坏;喷油器喷孔易发生变形(呈喇叭口)或堵塞,以及针阀漏油和腐蚀等。

4. 低质燃油的十六烷值很低,着火性差

这将使低质燃油在燃烧时滞燃期增长,燃烧后延且不完善,排气温度高,耗油率高,烟度增加,气缸结炭严重。

总之,燃用低质燃油将增加喷射设备的机械负荷和热负荷,加剧柱塞偶件和针阀偶件的腐蚀和磨损,影响喷油设备的工作可靠性和使用寿命;且使柴油机排气温度升高,烟度增加,气缸结炭严重;并对气缸套、轴承、排气阀以及废气涡轮增压器等产生严重的腐蚀磨损,加速部件损坏;此外,使用低质燃油还会加速曲轴箱内润滑油变质。

二、低质燃油的预处理

低质燃油的预处理是指在低质燃油进入喷油泵之前所进行的预热、净化、添加各种添加剂

等技术措施。目的是改善低质燃油的贮存、驳运和使用性能，以满足柴油机正常工作的需要。

1. 燃油的预热

为保证低质燃油在输送、净化和雾化过程中具有适宜的黏度，对低质燃油的预热一般采用分段预热。加热温度以保证其不同环节对黏度的要求为前提，对不同的环节采取不同的加热温度。

在重油储存柜吸入管附近要求重油不得凝固，保证重油的抽吸驳运，一般油舱的加热温度为 15 ~ 20 ℃，吸口处为 35 ~ 40 ℃（低于 40 ℃）；在沉淀油柜中，要求加热到 50 ~ 70 ℃（比燃油闪点低 25 ~ 30 ℃，比凝点高 15 ℃）以提高沉淀效果；分油机处加热温度以 85 ℃为最佳，不得超过 90 ℃，以保证良好的分离效果（超过时会因重油中的水分蒸发而降低分离效果）；日用油柜中重油温度应保持在 70 ~ 80 ℃左右；雾化加热器的加热温度应保证使重油进入喷油泵时其黏度降低到 $1.2\times10^{-5}\sim2.5\times10^{-5}\ m^2/s$ 范围内，为补偿喷油压力及散热对黏度的影响，故加热温度再提高 10 ~ 15 ℃。通常加热到 100 ~ 150 ℃，但不得超过 150 ℃（避免加热后迅速积垢）。

应当指出，对不同品质的燃油，应根据该燃油的黏温曲线确定不同环节的预热温度范围。燃油系统大多采用蒸汽加热器。为使用安全，一般都采用饱和蒸汽加热。小型船舶也可采用电加热。油舱、油柜采用蛇形管加热，各管系采用蒸汽保温管，各段加热温度可通过调节燃油旁通阀或调节蒸汽量来调节。预热温度不可过高，以防燃油汽化。

2. 燃油的净化

低质燃油的净化处理包括沉淀、分离和过滤。低质燃油从油舱驳出后，首先在沉淀柜里经过 24 ~ 36 h 的沉淀，除去油中较大的水滴和固体杂质，然后再进入串联的离心分油机进行离心分油，这是净化燃油的主要和有效的方法。为提高分离净化效果，应正确选用比重环、排渣时间、分油预热温度和最佳分油量。一般先由分水机分离较大的固体杂质和水分，再由分杂机进一步分离油中小颗粒杂质。分离净化后的低质燃油在进入喷油泵前还须由系统中的粗、细滤器进一步滤除杂质，以确保净化质量，这也是燃油净化的重要环节。

3. 加入燃油添加剂

在低质燃油中加入适量的添加剂以改善低质燃油的有关性能，见表 4 - 2。

表 4 - 2　低质燃油使用的添加剂

种　类	成　分	作　用
助燃剂	铜、铁、铝的金属盐	助燃并中和硫化物，减轻烟度
	钡的有机化合物、磷系化合物	剥离炭渣
分散剂	高分子化合物	分散油中的炭渣和沥青
	各种界面活化剂	防止油中的海水氧化油水界面
抗蚀剂	氢氧化镁悬浊液	防止硫酸的低温腐蚀
	碱土金属盐悬浊液	防止钠、钒的高温腐蚀
十六烷值增长剂	亚硝酸戊脂、过氧化丙酮	提高燃油的十六烷值
降凝剂	烷基萘、高分子化合物	降低凝点

三、使用低质燃油时柴油机的管理

(1)注意检查燃油品质。不同牌号、品质的燃油不能混舱,避免燃油变质。

(2)适当增大喷油提前角和启阀压力,以改善启动性能,消除燃烧粗暴和后燃现象。

(3)保证喷油器工作性能良好。

(4)采用碱性气缸油以中和硫酸。气缸油的总碱值(TBN)应与燃油的硫分相适应,还应适当增加气缸油的注油量。

(5)适当提高冷却水温,防止因过热引起高温腐蚀和过冷引起低温腐蚀。常将冷却水出口温度控制在说明书中规定的最高值,保证缸壁温度高于硫酸蒸气和水蒸气的露点。启动前要充分暖机。低负荷运行和机动操纵时应注意调节水温,不要使水温降得太低。

(6)应定期检查与清洗排气阀、增压器喷嘴环和涡轮工作叶轮,防止因结炭而产生堵塞和腐蚀。对进气口、压气机、中冷器和扫气箱也要定期检查清洗。

(7)改换油质时应注意正确操作。当柴油机需较长时间停车或燃油系统某些设备需要拆卸时,应在停车前改用轻柴油,以便把管系和设备中的低质燃油冲净。在柴油机处于机动操纵状态如靠离码头、雾航等需改换柴油时,必须注意防止油温突变(突冷、突热),以免造成喷油设备卡紧、咬死或裂纹,甚至停车。由低质燃油换用柴油时,可先切断低质燃油接入柴油,同时逐渐减少以至切断雾化加热器的蒸气,使油温和喷油泵体的温度差不多,并以同样的速度降下来。最后使柴油机直接使用日用柴油柜中的柴油运转。当需要由柴油改用低质燃油时,应先将低质燃油日用柜加热至使用状态,同时略为开启燃油雾化加热器使柴油温度上升到 40 ℃以上,然后切断柴油,接通低质燃油。在消耗了系统内柴油的时间内将燃油温度加热到低质燃油雾化要求的温度。

四、降速运行及其优化调整

降速运行是节能(油)以降低船舶营运成本的行之有效的技术措施。按不同船舶及货源情况选用(75% ~80%)n_b(标定转速)作为长期运转转速,相应运转功率约为(40% ~50%)P_b(标定功率)。此时船舶航速虽相应降低,但降低幅度不大,而主机燃油耗量降低幅度较大。如航速降低约20%而主机耗油量降低达50%。

由于柴油机长期处于低负荷运行,偏离其最佳工况太多,必然使柴油机燃烧恶化,故障较多,如磨损加剧、缸内大量结炭等,使柴油机的有效油耗率 g_e 增加,可靠性降低。为改善柴油机低负荷运行时的运行性能,使降速运行节能技术更加完善,通常在采取降速运行时,均对柴油机进行相应的优化调整措施,这些优化调整措施主要有以下几点。

(1)适当增大气缸压缩比,如在连杆大端处加调整垫片,保证压缩终点良好的热状态。

(2)适当增大喷油提前角,保证足够高的最高爆发压力。

(3)采用小喷孔节能型喷油器(孔径减小,孔数稍有增多,但总的流通面积降低),提高启阀压力等以提高雾化质量。

(4)适当减少气缸注油量,除可减少气缸油消耗外,尚可降低缸内积炭与结焦现象。

(5)保证缸套、喷油器等正常冷却,调整空冷器后的增压空气温度,防止因过分冷却而产生低温腐蚀。

(6)改善增压与扫气系统,如适当减少喷嘴环流通面积,以提高增压器转速,调整气阀定时等。

(7)加强对柴油机的维护管理,如酌情缩短吊缸周期,加强对增压器的维护与保养等。

第八节　电子控制柴油机

为了满足环境保护的要求,控制排放与噪声,目前正在大力发展各种高压、电控燃油喷射系统。随着电子/数字技术在船用低速柴油机上应用得日益广泛,基于燃油共轨技术和电子/数字控制技术的船用低速电子控制柴油机已投入营运,电子控制柴油机将代表21世纪船舶柴油机的发展方向,这在国内外已成为共识。

电子控制柴油机又称智能柴油机,电喷柴油机。智能柴油机取消了传统的柴油机的凸轮轴以及相关的机械控制零部件,将燃油喷射、气阀启闭以及柴油机的启动、换向、停车和气缸润滑等功能全部由电子控制实现。它可以通过对相关参数的设定和修改,调整柴油机的运行状态和工作参数,达到使柴油机保持在最佳状况下工作的目的。此外,还可对柴油机的运行情况及零部件的状况进行实时监测,并与船上的控制系统、报警系统相连接,对柴油机进行全方位的控制。目前智能柴油机已在新装船舶中得到广泛运用,并逐步成为船舶柴油机的主流机型。

一、电子控制柴油机的原理和特点

1. 原理

电子控制柴油机就是通过电子控制系统实现对燃油喷射始点、喷射压力、喷油持续时间的有效控制,以达到优化燃烧过程,降低燃油消耗率和降低柴油机排放,改善柴油机的启动、换向、加速和降低稳定转速等性能。它的核心系统是一个微处理器,柴油机的转速和转角作为输入信号,温度、压力及相关设定参数等作为附加输入信号;输出信号用以自动修正喷射正时,以实现在变工况、变使用条件下的最佳运转。

2. 特点

电子控制柴油机的主要特点如下:

(1)优化燃烧过程

电控喷射系统在调节喷油正时的同时,也改变喷射压力,并使喷射压力在高负荷时比传统喷射系统显著降低,在低负荷时则显著升高。同时也可以改变燃油喷射规律,控制喷射过程不同阶段的喷油量,使燃油有效地雾化和燃烧,有相对理想的放热规律,使燃油消耗率降低。

(2)适用多种燃油

采用电控喷射后,通过控制装置输出一个简单信号,可根据燃油的品质给出相对理想的喷油始点和喷射压力特性,使它们燃烧时都有较好的放热规律,以利于降低油耗和减轻磨损。

(3)适应不同环境温度

用电子控制喷射始点,可通过提高最高爆发压力来修正环境温度的不利影响,使船舶柴油机适应不同环境温度的能力明显提高。

(4)转速微调化

控制装置把电子信号直接传输到电液驱动的喷油器中,使转速调节迅速而准确。电控喷射可以使柴油机的最低稳定转速降至标定转速的1/6左右,相应的最低运转转速随之降低,改善了船舶的操纵性能。

(5)操纵灵敏化

该装置可以控制气缸启动阀和喷油器的动作,启动、停车、正车、倒车等均由操纵机构的位置来确定,可取消传统的机械式启动和换向机构。用操纵杆将设定转速和转向输入柴油机,各种动作指令脉冲一旦触发,实际的运转程序便可自动进行。

二、Sulzer RT－flex 系列柴油机结构

瓦锡兰(WÄRTSILÄ)公司率先将共轨技术应用于大功率船用低速柴油机,瓦锡兰公司在20世纪80年代初就开始从事电子控制式柴油机的研制。继1981年的RTX－1型和RTX－2型之后,1998年将燃油共轨喷射技术应用于RTX－3型技术示范机并取得成功;在此基础上,开发出全电子控制、采用共轨喷射技术的RT－flex船用低速柴油机,并在实船上开始使用;从2008年开始,公司已经正式开始了RTX－4最新一代电喷机的研发工作。

1. 基本结构

相对常规柴油机而言,Sulzer RT－flex型柴油机取消了机械式凸轮轴系统及其传动机构,增设了供油单元,共轨平台和WECS－9520控制系统,如图4－32所示。

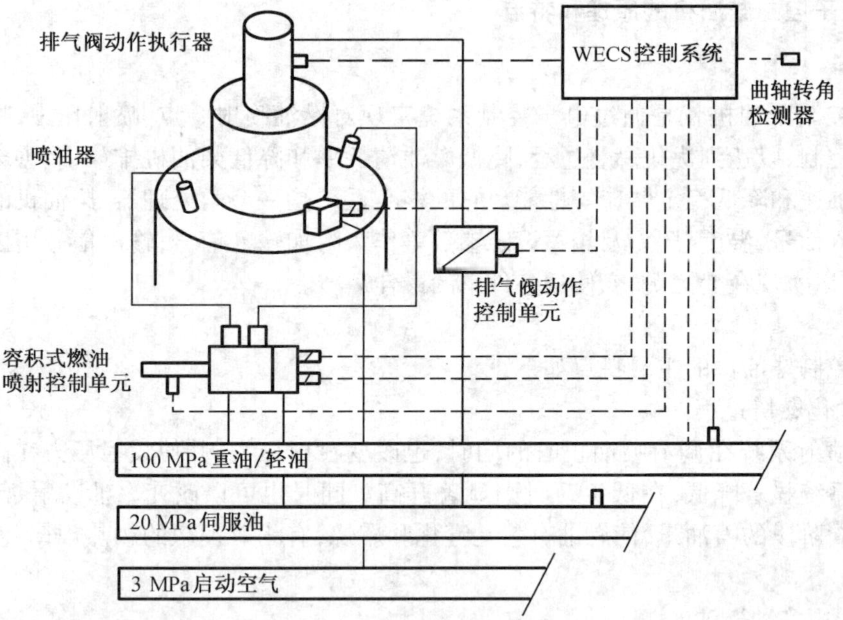

图4－32 Sulzer RT－Flex 共轨控制系统

供油单元由柴油机曲轴输出端的齿轮组带动燃油柱塞泵和滑油斜盘泵。高效的燃油泵向共轨管提供60～90 MPa的燃油,轴向柱塞泵提供8～18 MPa的伺服液压油用于排气阀驱动执行器(Exhaust Valve Control Unit,VCU)的启闭和燃油喷射控制单元(Injection Control Unit,ICU)的驱动。共轨平台由WECS－9520控制系统分别控制容积式燃油喷射控制单元ICU、排气阀驱动执行器VCU和启动空气控制装置,通过安装在主机自由端的曲轴角度编制码器来判断曲轴位置及各活塞在气缸中的位置后,完成燃油喷射、排气阀启闭和柴油机的启动功能。

Sulzer RT－flex 柴油机的电子控制设备主要包括WECS－9520柴油机控制系统、容积式燃油喷射控制阀、排气阀驱动执行器和启动空气控制装置。WECS－9520 柴油机控制系统由三部分组成,即凸轮轴替代部分、控制部分和安全系统。凸轮轴替代部分主要是用来代替凸轮轴实现燃油喷射、排气阀和启动空气分配器的驱动;控制部分根据柴油机的负荷和转速控制燃油和伺服油共轨内的压力;而安全系统主要是对共轨阀的功能、传感器及各参数值进行监测和诊断,保证系统安全工作。WECS－9520 控制系统通过传感器检测曲轴位置从而判断出柴油机气缸中活塞位置后由 20 MPa 伺服油控制 90 MPa 的燃油喷射进入柴油机的气缸,根据柴油机设定油门 WECS－9520 控制系统进行喷油定时、喷油时间和喷油量的控制。

2. 燃油共轨

RT－flex 的燃油共轨系统如图 4－33 所示,该系统由供油单元、高压共轨油管、WECS－9520 控制系统、喷油器和容积式燃油喷射控制单元等组成。

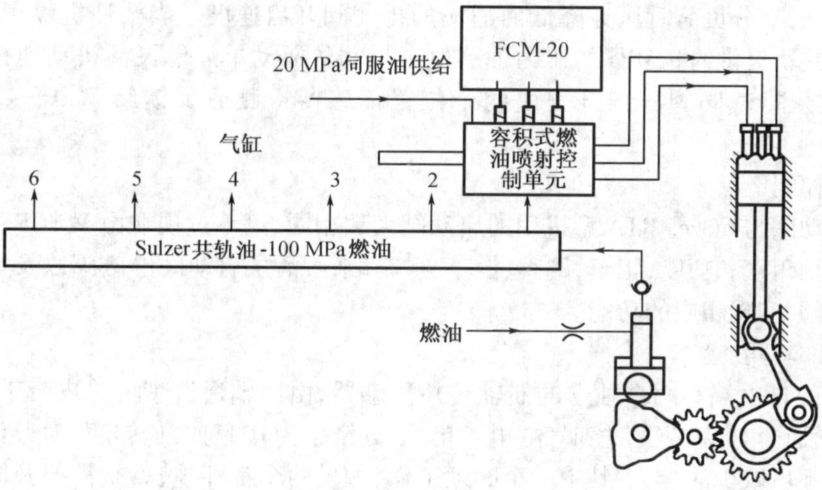

图 4－33　Sulzer RT－Flex 共轨燃油系统

供油单元有 2～8 个高效的机带柱塞泵(又称共轨泵,由三作用凸轮或者凸轮控制),将已加热的燃油压力提高到 90 MPa 左右,送至高压共轨油管。在柴油机启动前和启动时,燃油泵的执行器将油泵齿条伸到最大刻度。一旦主机转动(如冲车动作),共轨压力就调到期望值 70 MPa。柴油机在工作时,由低压燃油泵将燃油输送到燃油共轨泵,共轨泵将燃油加压送入高压共轨油管,高压共轨油管中的压力由 WECS－9520 控制系统根据共轨压力传感器测量的共轨压力以及燃烧的需要进行调节,高压共轨油管内的燃油经过高压油管,根据机器的运行状态,由 WECS－9520 控制系统确定合适的喷油定时、喷油持续期;由喷射控制单元将燃油喷入气缸。

燃油喷射控制单元如图 4－34 所示,由 WECS－9520 通过电磁阀控制。20 MPa 的伺服液压油通过电磁阀,使燃油喷射控制单元动作,让 90 MPa 燃油进入喷油器。每个气缸有 2～3 只喷油器,而每个喷油器由各自安装在 ICU 的电液阀控制,可以根据 WECS－9520 柴油机控制系统的指令控制燃油喷射的定时和喷油量,也可以实现在低负荷单只喷油器的循环喷油。由于共轨系统的压力很高,因此对该阀的密封性和承压能力的要求都非常高。

在高压燃油共轨油管上还安装了压力传感器、燃油压力调节阀和安全阀。压力传感器向 WECS－9520 提供高压共轨油管的实时压力信号；燃油压力调节阀和安全阀确保在高压共轨油管在出现压力异常时，迅速将高压共轨油管中的压力进行泄放以保证安全。

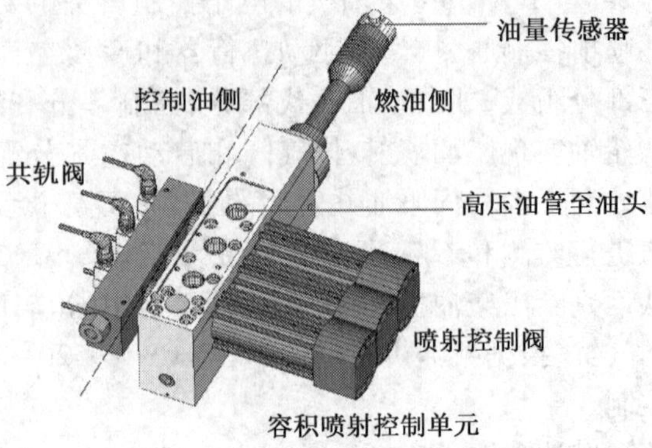

图4－34　容积式喷射控制单元

3. 伺服油共轨

柴油机的伺服油共轨原理：伺服液压油由机带伺服油泵供给的 20 MPa 液压油，然后由 WECS－9520 控制单元根据曲轴角度编码器判断柴油机各缸的工作状态而控制排气阀驱动控制单元 VCU，启闭气缸的液压排气阀。伺服油压力随柴油机负荷变化而变化，部分负荷时压力降低而适应的排气阀开启速度。当柴油机停车时，由电动泵向伺服油共轨提供约 8 MPa 的压力油。电子控制的驱动单元能灵活机动地控制排气阀的开/关定时。排气阀阀杆的升程由两个位置传感器检测后反馈给 WECS－9520 控制系统。

4. 启动控制

气缸启动阀与 Sulzer RTA 型机用的启动阀大致相同，只不过现在由 WECS－9520 来根据当前的曲轴角度和功能，正车、倒车、慢车、吹车，来激活主启动阀电磁阀以及单缸启动阀上面的电磁阀，实现相应的功能。

5. 曲轴的转角

在曲轴的自由端有两个独立的曲轴转角传感器，由曲轴通过带齿轮皮带带动，它们产生精确的曲轴转角数字信号送到气缸电子单元，分辨率为 0.1°曲轴转角。对柴油机的运行它们是绝对不可缺少的，至少其中一个必须工作，如果两个都坏了，就是需要及时地更换备件以便重新启动。

三、MAN B&W ME 系列柴油机结构

作为世界上最大品牌的大型低速二冲程柴油机开发商，MAN B&W 公司早在 1993 年就开始研制电子控制柴油机，在不断地研制和完善软硬件的基础上，于 2003 年，MAN B&W 公司以其最成功的 MC 系列柴油机为原型机，开发出全电子控制的 ME 系统柴油机。目前，可以提供从 50～108 cm 各种缸径 15 种型号的 ME 柴油机。与传统的 MC 系列柴油机相比，ME 系列柴油机取消了原来的许多机械控制设备，如凸轮轴、链轮传动机构、VIT、VEC 等，以新的电子设备取而代之，主要包括液压动力供给单元（HPS）、液压缸套单元（HCU）、柴油机控制系统（ECS）、曲轴位置传感器系统（Tacho system）

1. ME 柴油机的液压系统

ME 柴油机的液压系统如图 4－35 所示，由自动冲洗精滤器、电动液压泵和机带液压泵组成。主要是用来提供足够的动力用于驱动燃油喷射、排气阀的启闭及气缸润滑。在柴油机启动前，用电动液压泵供给系统 17.5 MPa 的液压油用来启动主机；在柴油机启动之后，则由机带的轴向柱塞泵向系统供给压力为 20 MPa 的驱动油。当柴油机转速达到最大持续

运行功率(MCR)的15%时,两台电动液压泵会自动停止。

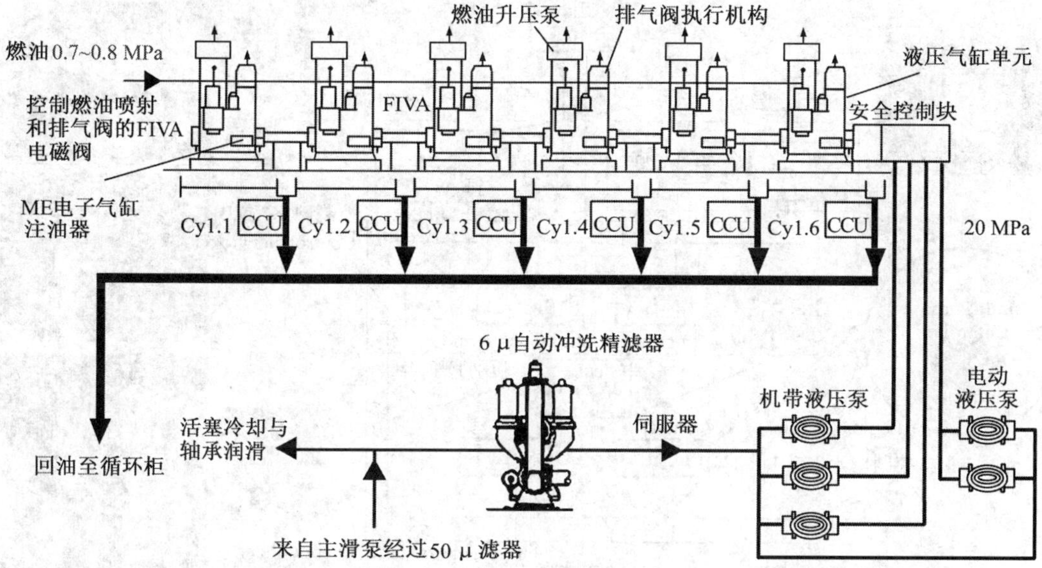

图4－35　ME型柴油机液压系统图

由于ME系统列柴油机的燃油喷射系统取消了凸轮轴,利用电磁控制燃油的喷射正时、喷油量、喷油压力和喷油速率。通过选择不同的喷油模式,可以在多种不同的喷油模式下工作,实现降低油耗、减少排放等效果,同时,柴油机的喷油雾化效果与柴油机的负荷、柴油机的转速没有任何关系,在任何负荷状态下,柴油机都保证最好的雾化状况,能明显改善柴油机低负荷工况。

2. ME柴油机的控制系统

ME型柴油机的控制系统包括一组多功能控制器,信号状态装置,如图4－36所示。控制器的功能简述如下:

(1)EICU为柴油机接口控制单元处理与外部系统接口。

(2)ECU为柴油机控制装置实现柴油机的控制功能,即柴油机速度、运行模式和启动顺序。

(3)ACU为辅助控制单元控制泵的液压动力供应单元和辅助鼓风机。

(4)CCU为气缸控制单元控制FIVA(电子燃油喷射)和(电子控制排气阀)以及气缸启动阀。

(5)控制站:ME型柴油机的电子控制系统由三个不同的控制区域接收输入——驾驶台、柴油机集中控制室和柴油机机侧(机旁控制)。

3. 液压动力单元(HPS)和气缸液压油驱动单元(HCU)

液压动力单元(HPS)如图4－37所示,标准的设计包括两台电动液压泵、三台机带轴向变向变量柱塞泵、安全蓄压装置,所有的这些零部件都密封在一个油密的装有漏泄报警装置的封闭空间里。气缸液压油驱动单元(HCU)每缸一个,用于控制各缸的燃油喷射、排气阀和启动阀的启闭,如图4－37所示。气缸液压驱动单元(HCU)有一个非常重要的电磁阀(FLVA),用来控制燃油喷射和排气阀的动作。

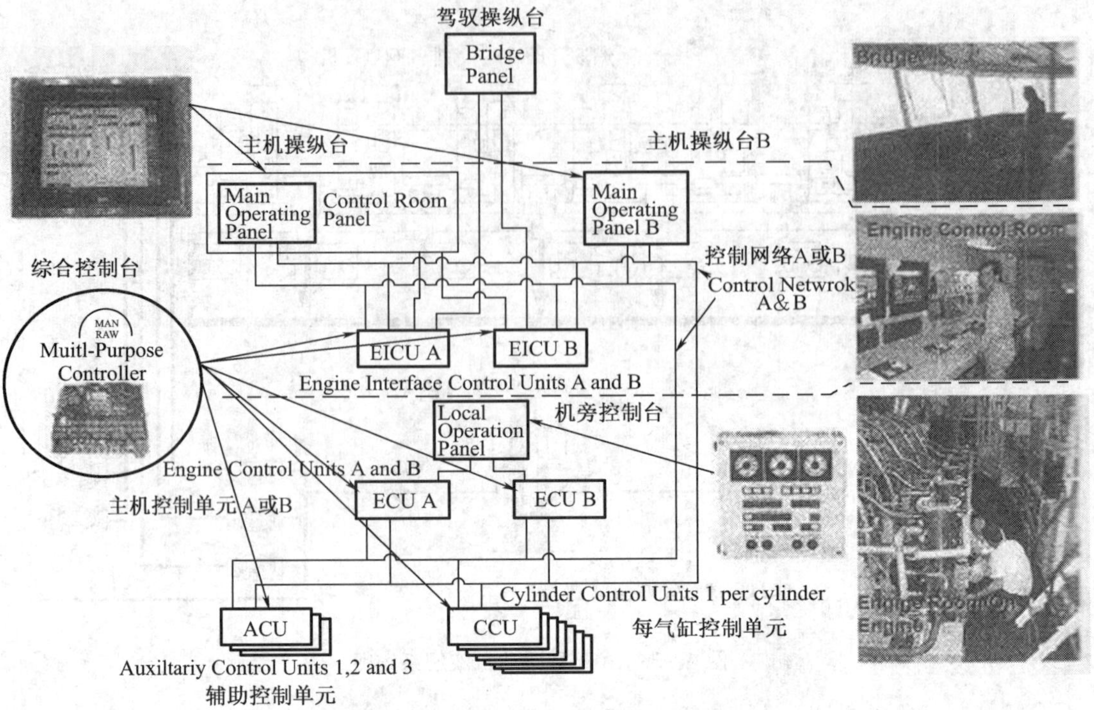

图 4－36 ME 型柴油机控制系统图

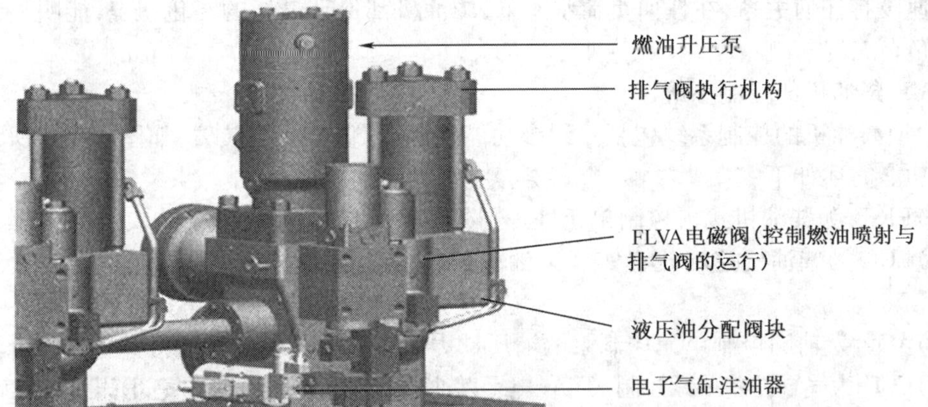

图 4－37 ME 型柴油机气缸液压驱动单元

0. 8 MPa 的低压燃油由低压燃油泵送至高压油泵(也称燃油升压器)入口,由液压动力供给单元提供 20 MPa 伺服油经双壁供油管道送至液压气缸单元,通过电磁阀控制各缸的喷油正时中喷油量。在不进行燃油喷射时,由于电磁阀封闭,高压油泵不工作,低压燃油在油泵处循环流动。如果达到喷油时刻,电磁阀被触发,20 MPa 液压油进入高压油泵下方的驱动活塞,使高压油泵产生 200 MPa 的高压,通过高压油管送入喷油器,进行喷射和雾化,如图 4 – 38 所示。

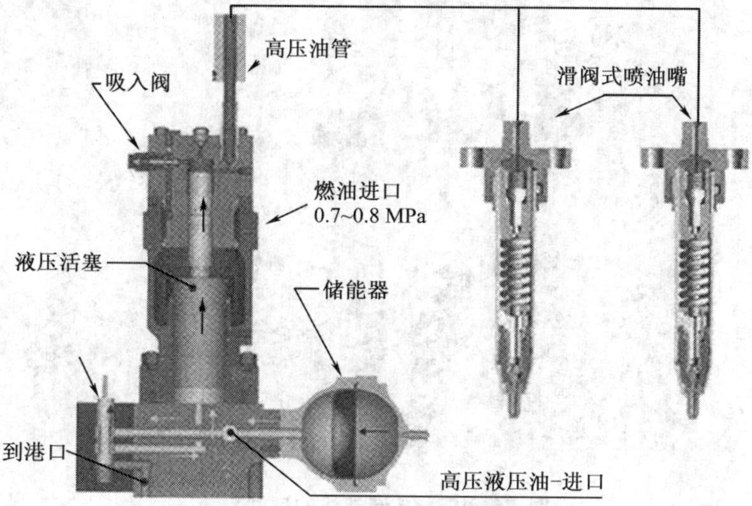

图 4 – 38　ME 型柴油机的燃油喷射系统

ME 柴油机的排气执行器的动作由电磁阀控制伺服油驱动，如图 4 – 39 所示，电磁阀根据气缸燃烧状况，由微处理器控制程序系统 ECSP 对各缸排气阀的启闭进行优化控制，以达到最佳的扫气和压缩效果，并满足燃烧与排放要求。

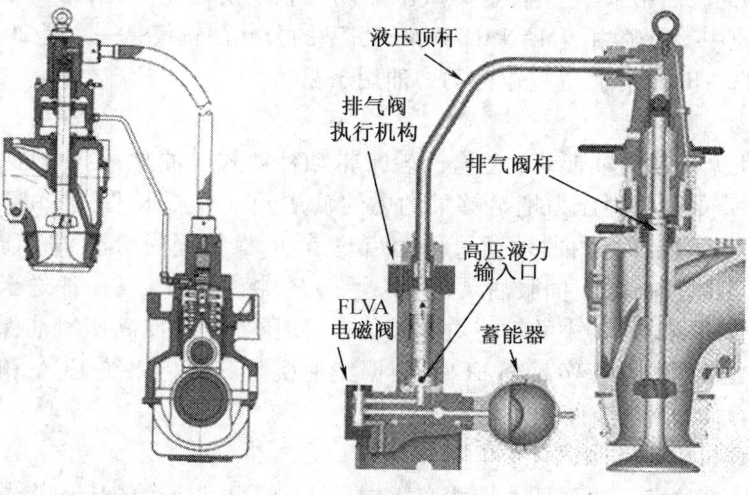

图 4 – 39　ME 型与 MC 型柴油机的排气阀控制对比

此外，与 RT – flex 柴油机类似，ME 柴油机的启动系统也是由电磁阀控制、伺服油驱动的，如图 4 – 40 所示为 ME 主机的启动系统。

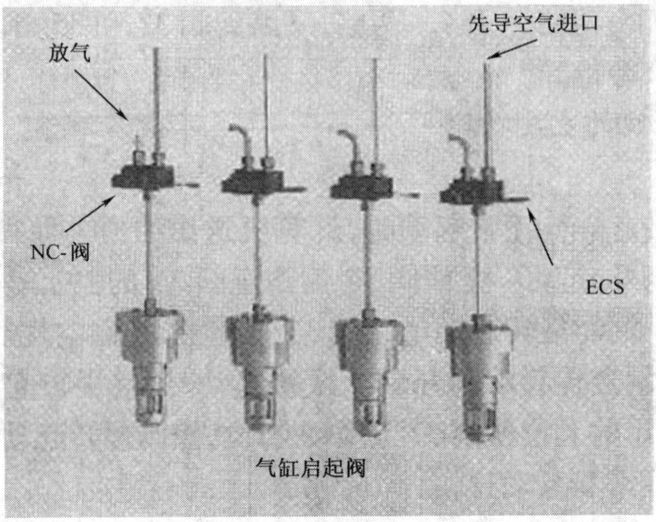

图 4－40 ME 柴油机的启动系统

四、RT－flex 系列与 ME 系列船用智能柴油机的比较

1. 共轨

Sulzer RT－flex 公共油轨有两个，一个是 20 MPa 伺服油轨，因为电子控制系统所输出的能量有限，该伺服油用来驱动排气阀、气缸启动阀和喷射控制单元；另一个是燃油轨，100 MPa 燃油在油轨中等待喷射。MAN B&W ME 机型的公共油轨仅是一个是 20 MPa 的伺服油轨，其作用与 RT－flex 相同，也是作为动力油用于驱动。

2. 原始动力

RT－flex 机型采用曲轴带动的复合凸轮来带动柱塞式燃油泵，使油轨保持 100 MPa 的油压，从而以预定的高喷射压力把足够量的燃油输送到气缸盖水平位置的高压燃油管（共轨）等待。伺服油泵同样也由曲轴通过传动齿轮带动，保持伺服滑油 20 MPa 的油压。ME 机型的伺服油泵也是轴带的，伺服油泵是双头活塞泵，将 20 MPa 高压油送至每个缸的气缸液压驱动控制单元的储压器中的等待电磁阀信号，储压器作用使高压滑油保持恒压。电控电磁阀是由微处理器控制程序系统 ECSP 根据柴油机状况分析系统 ECA 和控制操作系统 OMCP 的综合信息发出指令而动作的。

3. 高压油泵

RT－flex 机型的高压油泵是轴带柱塞式增压泵，是通过凸轮的传动使燃油泵柱塞上下运动产生压力的；ME 机型采用的是液压驱动高压油泵，即 20 MPa 伺服油作为高压油泵的驱动动力。

4. 喷油控制

RT－flex 机型在控制喷油时，是由控制系统发出信号给电磁阀，电磁阀控制伺服油，从而打开燃油喷射阀，使在燃油共轨等待的燃油完成喷射过程；ME 机型在控制喷油时，同样是控制系统发出信号给电磁阀，电磁阀控制伺服油驱动高压油泵使燃油增压，完成喷射过程。

5. 燃油的来源

RT－flex 机型燃油喷射控制单元的燃油来自 100 MPa 的油轨；ME 机型的高压油泵进口的燃油是由低压燃油泵供给为 0.8～1.0 MPa 的燃油。

第九节 柴油机排气污染与净化

柴油机燃烧的柴油和重油主要成分是碳氢化合物，当其完全燃烧时只产生 CO_2 和 H_2O。但由于可燃混合气是在燃烧前和燃烧中的极短时间内形成的，混合气不均匀程度比较严重。在高温富氧环境下易生成氮氧化物（NO_X），在高温缺氧环境下燃油易发生裂解、脱氢，发生不完全燃烧生成一氧化碳（CO）和碳烟微粒，在低温及混合气过稀的条件下易生成未燃碳氢化物（HC）。燃油中含有的硫可使柴油机燃烧过程中生成二氧化硫（SO_2）及三氧化硫（SO_3）。

柴油机燃烧排出的废气是主要的大气污染源之一。由于大气污染日益严重，人类生存环境的日趋恶化，各国对船舶柴油机废气排放的限制越来越严格。

一、柴油机排气污染物及其危害

1. 废气有害成分

柴油机排出的废气是由燃烧产物与剩余空气组成的。可分为有害成分和无直接危害（简称无害）成分两类，无害成分有二氧化碳（CO_2）、水蒸气（H_2O）、过量空气以及残余氮（N_2）等；有害成分又称污染物，包括一氧化碳（CO）、氮氧化物（NO_X）、碳氢化合物（HC）、二氧化硫（SO_2）、三氧化硫（SO_3）、臭氧和微粒物质等。我国有关标准把废气中的有害成分及 CO_2 和碳烟微粒等统称为排放物，简称排放。

2. 柴油机排放物的危害

（1）氮氧化物（NO_X）

柴油机排气中的氮氧化物 90% 以上是 NO，少量是 NO_2，合在一起用 NO_X 表示。NO 是无色气体，本身毒性不大，但在大气中会缓慢氧化成 NO_2。NO_2 是一种棕色的刺激性气体，对肺和心肌有很强的毒害作用，NO_2 是在地面附近形成光学烟雾的主要因素之一。

（2）碳氢化物（HC）

HC 包括未燃和未完全燃烧的燃油、润滑油及其裂解和部分氧化的产物，如烷烃、烯烃、芳香烃、醛、酮、酸等数百种成分。烷烃基本上无味，对人体健康不产生直接影响；烯烃略带甜味，有麻醉作用，对黏膜有刺激，它是与氮氧化物一起在太阳光的紫外线作用下形成有毒的光学烟雾的罪魁祸首之一；芳香烃对血液和神经系统有害，特别是多环芳香烃（PAH）及其衍生物有致癌作用；醛类是刺激性物质，对眼、呼吸道、血液有毒害。

（3）微粒

柴油机排出的微粒物质主要有黑烟、蓝烟和白烟。黑烟是燃油不完全燃烧生成的碳烟，黑烟不但影响视线，对人的呼吸系统产生危害，而且由于在碳烟微粒的孔隙中吸附有 SO_2 和多环芳香烃，有致癌的危险；蓝烟和白烟往往发生在柴油机启动和低负荷运转时，它们都是燃油或润滑油的微粒，但粒度不同，蓝烟颗粒更细小，在蓝烟和白烟排出的同时，由于有燃烧中间生成物（如甲醛等）排出，故有刺激性与臭味。

(4)一氧化碳(CO)

CO 是无色无臭的有毒气体。吸入人体后能与血红蛋白结合成碳氧血红蛋白,导致人体组织缺氧,发生恶心、头晕等,严重时窒息死亡。在柴油机的排气中 CO 含量较少,只在高负荷运转时排放量较高。

(5)二氧化硫(SO_2)

SO_2 是燃油中的硫分在燃烧时的产物。它具有刺激性,直接危害人的眼鼻和喉黏膜,引起呼吸器官炎症。另外,它进一步氧化的产物 SO_3 与水分作用产生硫酸并形成酸雨。

二、船舶柴油机的排放法规

国际海事组织(IMO)在 MARPOL 73/78 公约的基础上,于 1997 年新增了附则Ⅵ《防止船舶造成大气污染规则》对船舶柴油机的排放提出了严格的限制。附则Ⅵ适用于所有安装在 2000 年 1 月 1 日或以后建造、重大改装的船舶上输出功率大于 130 kW 的柴油机。对船舶柴油机排放的限制主要有以下两点:

1. NO_X 的排放控制

当柴油机转速 $n<130$ r/min 时,$NO_X \leqslant 17$ g/(kW·h);

当柴油机转速 130 r/min$\leqslant n<2\ 000$ r/min 时,$NO_X \leqslant 45.0\times n^{-0.2}$ g/(kW·h);

当柴油机转速 $n>2\ 000$ r/min时,$NO_X \leqslant 9.8$ g/(kW·h),如图 4-41 所示。

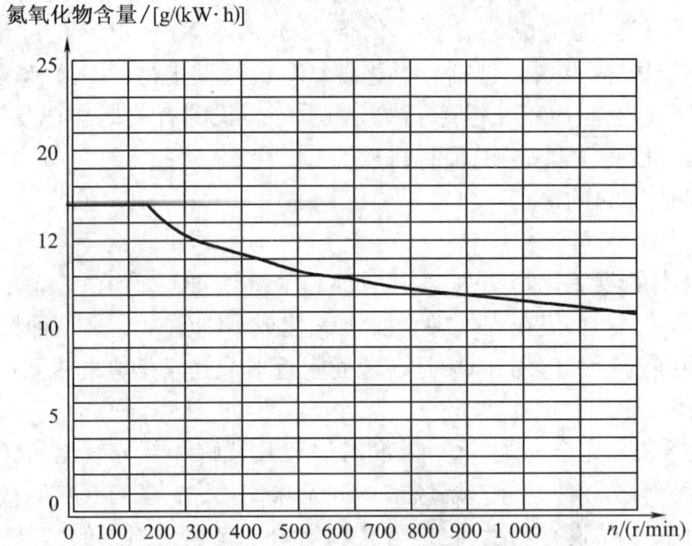

图 4-41 船舶柴油机 NO_X 排放限值

2. SO_X 的排放控制

规则要求船舶燃油硫含量的上限为 4.5%。在排放控制区域如地中海区域,燃料中硫含量不得大于 1.5%,废气中的 SO_X 含量排放总量应小于 6.0 g/(kW·h)。

此外,欧美国家纷纷制定出比 IMO 排放法规更加严格的环境保护标准。可见,随着 IMO 排放规则的实施以及排放规则的逐步严格,对船用柴油机的研制开发、制造及使用产生巨大的影响,甚至在某种程度上引导着船用柴油机的发展方向。

三、船舶柴油机排气污染物的控制措施

从国际海事组织《MARPOL 73/78 公约》的新增附则Ⅵ《防止船舶造成大气污染规则》的要求可以看出：船用柴油机排放物的主要控制 NO_X 与 SO_2。SO_2 排放的控制可以通过控制燃料中的硫含量，选用低硫燃油，而 NO_X 排放的控制较为复杂。

大量研究表明，要有效地控制柴油机有害物的排放，必须从柴油机燃烧过程的改进、排气后处理及改善燃油品质入手。

1. 燃烧过程的改进

研究表明，在柴油机燃烧过程中，微粒在燃烧温度大于1 500 K，过量空气系数小于 0.6 的过浓混合气中形成，NO_X 在燃烧温度大于2 300 K 的富氧条件下生成。因此，由于柴油机排气中 NO_X 与微粒生成机理不同，减少 NO_X 的同时又增加微粒的排放，如何合理兼顾控制 NO_X 和微粒排放是一项较为复杂的工作，需寻找一个同时满足限制 NO_X 和微粒生成的条件。

为了降低 NO_X 排放，必须降低燃烧温度，这可以通过在预混合燃烧阶段将可燃混合气量减到最小限度来实现。为了降低微粒排放物，在扩散燃烧阶段必须保持良好的燃油和空气的混合以及高的火焰温度来实现。为了达到上述目的，在柴油机中采用高压喷射、引导喷射、电控喷射、废气再循环、直接喷水等措施。

(1)高压喷射

高压喷射对控制排放是极其重要的。高压喷射采用较常规高得多的喷射压力(大于150 MPa)，较小喷孔直径，较大的燃烧室开口，短的喷油持续期。研究表明，高压喷射改善了雾化质量，加大了喷油速率，增加了卷入油束的空气量，燃油与空气的混合和燃烧速度加快，颗粒排放显著降低。高喷射压力和短喷油持续期可在喷油终点保持不变的情况下推迟喷油定时，从而在保证燃油消耗率和微粒排放不变的情况下使最高燃烧压力和 NO_X 排放量降低。

(2)电控喷射及引导喷射

提高喷射压力可使微粒排放量减少，但单纯提高喷射压力往往导致 NO_X 排放量增加。为了同时降低 NO_X 和微粒排放，未来直喷式柴油机必须进行喷油规律的最佳控制，如电控共轨喷射系统，其主要特点是可实现高压喷射和引导喷射。根据工况变化对喷油定时、喷油规律和循环喷油量进行最优化控制，以获得所要求的燃烧规律，既保证发动机性能又抑制 NO_X 和微粒的生成。

(3)废气再循环 EGR(Exhaust Gas Recirculation)

废气再循环是实现低 NO_X 排放的重要措施。采用废气再循环后，由于进气中氧浓度降低而使其热容量增加，以获得较低的燃烧温度从而降低 NO_X 的生成。但随着废气再循环量的增加，燃烧过程会变慢以致使微粒排放和油耗率增加。电控废气再循环和高压喷射是解决 NO_X 和颗粒之间矛盾的有效措施之一。

(4)直接喷水

直接喷水技术采用双喷嘴油头，一个喷油，一个喷水，水油比为 0.4～0.7，将油水分层喷入气缸，这可以降低燃烧温度从而降低 NO_X 喷水系统可以随时开关而不影响柴油机的运转。

(5)新型燃烧方式

柴油机缸内混合气的不均匀性必然产生高的 NO_X 排放，这主要是由于柴油机燃烧的主

体是扩散燃烧，火焰前锋实际上是 $\alpha \approx 1.0$ 的扩散火焰，其温度高达2 700 K，极有利于 NO_X 的生成。为解决这一问题，近年来出现了许多新型燃烧方式，如“两阶段燃烧系统”和“均质充量压燃（HCCI）”等。

2. 排气后处理

排气后处理是对排出的废气在进入大气环境前进行处理，使废气中的有害成分的含量进一步降低。柴油机排气后处理，一方面是对碳烟等微粒的捕集，如水洗法、静电分离法、离心分离法以及微粒过滤法等；另一方面是通过催化转化的方法使 NO_X 还原为 N_2 和 O_2。

水洗法是让排气通过水来清洗微粒的方法。这种方法占用体积很大，而且只能降低微粒排放的 10% 左右。

静电分离法是首先将微粒荷电，然后吸附到极性相反的金属电极板上，从而使微粒从排气中分离开来。为了达到较高的分离效率，装置的体积需要很大。

离心分离法是将排气引入旋风器里，利用微粒的离心力，将微粒从气流中分离出来。这种装置分离效率不高，只能降低微粒排放的 10% 左右。

微粒过滤法通常采用的是蜂窝状陶瓷微粒捕集器，当排气通过时，炭粒就被堵在进口通道的壁面上，蜂窝状陶瓷微粒捕集器对炭烟的过滤效率可达 90% 以上。但微粒捕集器只能把微粒从排气中过滤出来收集在捕集器里，它本身不能清除微粒。微粒的堆积会增加排气的流动阻力，增加排气背压，影响发动机的性能。因此，微粒捕集器中的微粒必须及时清除，这一过程称为微粒捕集器的再生。

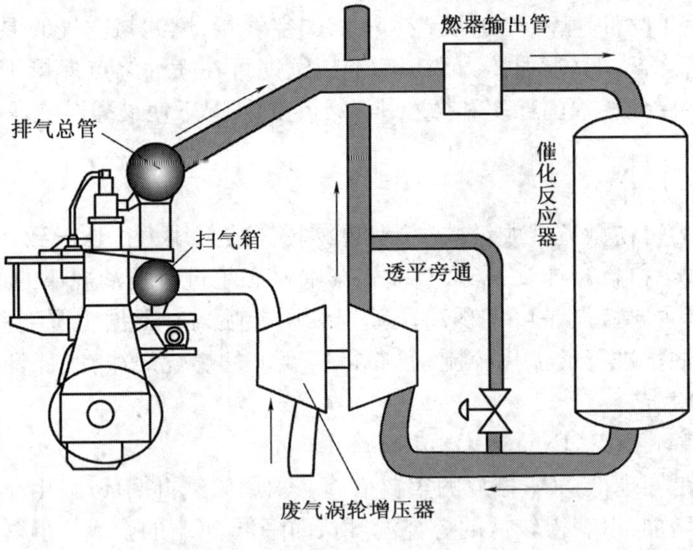

图 4－42 催化转化原理

催化转化法 SCR（Selective Catalytic Reduction）是使废气中的 NO_X 在 300 ~400 ℃的温度下，以氨或尿素为还原剂，在 SCR 反应器中将废气中的 NO_X 还原为 N_2 和 O_2，其工作原理如图 4－42 所示。利用 SCR 法可使排气中的 NO_X 含量降低高达 95%，是目前大幅度降低 NO_X 排放的最有效方法。这种设备已装船使用，但排放后处理催化还原装置设备成本高，占用船舶空间大，并且需要较高的维护费用。所以 SCR 仅用于排放规范特别严格的地方，如美国加州、波罗的海渡船等。

思考与练习

1. 柴油机的燃油系统有何功用，它由哪些部分组成？

2. 什么叫过量空气系数 α，其大小对柴油机工作性能有什么影响？

3. 简述回油孔式喷油泵的工作原理和油量调节方式。

4. 简述回油阀始终点调节式喷油泵的工作过程。

5. 喷油泵出油阀按卸载方式可分为哪两种形式，它们的优缺点是什么？

6. 柴油机可燃混合气形成方式有哪两种，影响可燃混合气形成的主要因素有哪些？

7. 简述柴油机直喷式燃烧室与分隔式燃烧室的优缺点与应用有什么不同。

8. 柴油机的燃烧过程可分为哪几个阶段，分析各阶段对燃烧过程的影响。

9. 试分析供油规律与喷油规律存在的主要差别及产生的原因。

10. 什么是后燃，试分析其危害。

11. 喷油器的检查与调整有哪些内容？

12. 喷油泵的检查与调整主要有哪些内容，如何用标记法检查喷油定时？

13. 柴油机某缸压缩压力正常，但与其他缸相比，最高爆发压力降低、排气温度升高。应如何调整该喷油泵的供油量，还有供油定时，为什么？终点调节式的回油孔式喷油泵作上述调整后，其供油始点、终点及柱塞有效行程有何变化？

14. 试分析燃油雾化不良的可能原因。

15. 在柴油机使用低质燃油时，有哪些要求？

16. 控制柴油机排放有哪些主要技术措施？

第五章　润滑与冷却

【知识目标】

1. 掌握润滑的作用、分类,液体润滑形成的方式及影响因素;
2. 熟悉滑油的各项性能指标及意义;
3. 掌握气缸润滑的工作条件和润滑方式;
4. 掌握润滑系统的组成、分类、主要设备和布置;
5. 掌握冷却系统的作用、分类、组成和主要设备。

【能力目标】

1. 能对润滑系统的主要设备进行正确的使用和维护管理;
2. 能对冷却系统进行正确的维护管理。

第一节　润滑和润滑油

一、润滑的作用

当一个固体表面在另一个固体表面上滑动或滚动时,其运动必然受到两表面间摩擦力的阻碍,同时产生热量。在无任何润滑条件下的摩擦(干摩擦)必然引起表面严重破坏和擦伤。在柴油机中,减少两相对运动表面之间干摩擦的主要方法是在两表面之间用一层完整油膜隔开,使两表面间的干摩擦变成液体分子间的液体摩擦。通常使用润滑油作为运动表面的润滑剂。

在柴油机中润滑油有以下作用。

(1)减磨。在相互运动表面保持一层油膜以减小摩擦和磨损,这是润滑油的主要作用。

(2)冷却。带走两运动表面因摩擦而产生的热量以及外界传来的热量,保证工作表面的适宜温度。

(3)清洁。冲洗运动表面的污物和金属磨粒以保持工作表面清洁。

(4)密封。产生的油膜同时可起到密封作用,如活塞与缸套间的油膜除起到润滑作用外,还有助于密封燃烧室空间。

(5)防腐蚀。润滑油膜隔绝了空气及酸性物质与零件表面的直接接触,防止金属锈蚀。

(6)减振降噪。润滑油形成的油膜可起到缓冲作用,避免两表面直接接触,减轻振动与噪音。

(7)传递动力。如推力轴承中推力环与推力块之间的动力油压。

二、润滑的分类

柴油机润滑中，按表面的润滑情况可分为液体润滑、边界润滑和混合润滑。干摩擦是润滑中的极端情况。

1. 边界润滑

两运动表面被具有分层结构和润滑性能的薄膜分开，薄膜厚度通常在 0.1 μm 以下，称为边界膜。边界润滑中其界面的润滑性能主要取决于薄膜的性质，其摩擦因数只取决于摩擦表面的性质和边界膜的结构形式，而与滑油的黏度无关。相对于摩擦来说，边界润滑的摩擦因数较低，能有效减少零件磨损，大幅度提高表面的承载能力。

润滑边界膜可由滑油中的极性分子吸附在零件表面形成（吸附膜），或由滑油添加剂中的某些元素，如硫、磷、氯等与摩擦表面的化学反应所形成（反应膜）。当润滑剂分子靠偶极子之间的相互作用力（范德华氏表面力）吸附在摩擦表面上，就是物理吸附。当润滑剂的极性分子靠化学键吸附在金属表面上时，产生化学吸附膜。在滑油中加入油性添加剂可提高形成吸附膜的能力；加入极压添加剂可提高形成反应膜的能力。

2. 液体润滑

两运动表面上被一层一定厚度（通常为 1.5 ~ 2 μm 以上）的滑油液膜完全隔开，由液膜的压力平衡外载荷。运动表面不直接接触，摩擦只发生在液膜界内油膜内，使表面间的干摩擦变成液体摩擦。其润滑性能完全取决于液膜流体的黏度而与两表面的材料无关，它的摩擦阻力低、磨损少，可显著延长零件使用寿命，这是一种理想的润滑状态。

3. 混合润滑

摩擦表面上同时存在着液体润滑和边界润滑（称半液体润滑）或存在着干摩擦和边界润（称半干摩擦）都叫混合润滑。在柴油机中多指前者，如气缸润滑即属此类。

三、液体润滑的形成方式

柴油机润滑中，按液体润滑液膜压力的产生方式可以分为液体动压润滑、液体静压润滑和弹性液体动压润滑三种。

1. 液体动压润滑

动压润滑由摩擦表面的几何形状和相对运动，借助液体的动力学作用，形成楔形液膜产生油楔压力，以平衡外载荷。只要供油连续，轴颈就会完全被由润滑油动力作用而产生的油楔抬起，同时在轴承与轴颈之间形成一偏心度，轴颈所受负荷由油楔中产生的油压所平衡。轴承中的油楔压力分布如图 5－1 所示。润滑油楔的形成与其产生的压力主要取决于下列因素：

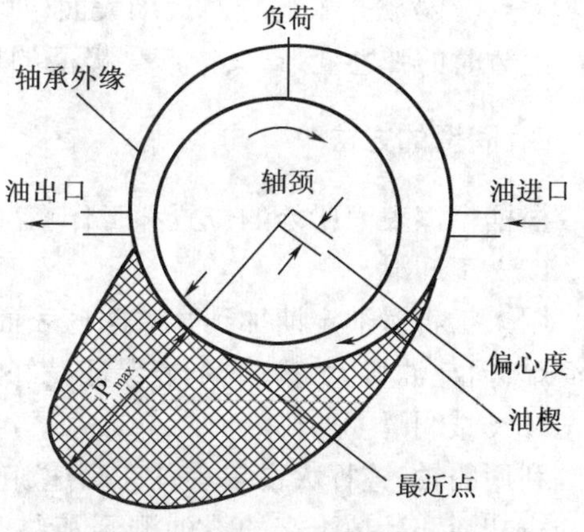

图 5－1　轴承中的油楔压力分布

（1）摩擦表面的运动状态（回转或滑动）。转速愈高，愈容易形成油膜。而在柴油机刚启动或低速运转时，难以形成完整的油膜。

（2）滑油黏度。黏度适当时容易形成油膜，若因润滑油牌号不当或滑油变质而黏度过小滑油不易被轴颈带动，且易从轴承的轴向两端流出，黏度过大，则难以涂布且运动阻力增加。

(3)轴承负荷。轴承负荷越高,则越是难以形成油楔,特别是在冲击负荷的作用下,有可能破坏已形成的润滑油膜。

(4)轴承间隙。若轴承间隙过小,则滑油不易进入接触表面使轴颈浮起;间隙过大,则滑油易从轴承两端逸出。此外,轴承的油槽位置也影响油膜压力,应当尽可能避免在润滑油膜的高压区开设油槽。如图5-2所示为油槽对油膜压力的影响。

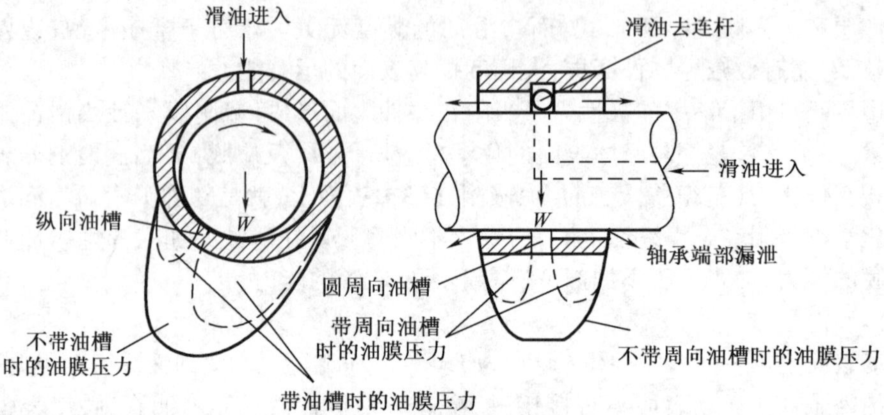

图5-2 油槽对油膜压力的影响

(5)表面加工粗糙度。工作表面加工光洁程度高,则很薄的油膜就能完全隔开两个摩擦面,易形成楔形油膜。

2. 液体静压润滑

静压润滑依靠外部向摩擦表面供给一定压力的润滑液,借助于液体的静压产生油膜以平衡外载荷。其主要特征为造成两金属表面脱离的油膜压力不是由运动副的运动产生,而是由外界特设的油泵供应的压力油所产生,如大功率低速机的十字头轴承处的润滑。

3. 弹柱液体动压润滑

呈点(线)状接触的相对运动表面(如滚动轴承和啮合齿轮的接触点)间的润滑,在接触点产生暂时的弹性变形,其中产生极薄的挤压油膜,从而避免金属材料间的直接接触。

四、润滑的方法

根据摩擦表面所处的位置和工作情况,供给摩擦表面润滑的方法有以下几种。

1. 人工润滑

用人工将滑油定期加到某些摩擦表面,如摇臂轴承、气阀导管、传动杆接头等。这种方法简单,但耗油量大、费工、不能保证良好润滑。

2. 飞溅润滑

利用曲轴,连杆大端等零件在高速旋转时的飞溅作用,把连杆大端两侧溢出、刮油环刮落和冷却活塞后掉下来的滑油溅到某些摩擦部位。一般用于油道输送难以达到或承受负荷不大的摩擦部位,如气缸套、凸轮、齿轮等,中高速筒形活塞式柴油机的气缸套润滑一般都采用这种方法。

飞溅润滑不需要油泵,但对机件的润滑不能控制,润滑效果较差,耗油量大,滑油容易氧化与变质。

3. 压力润滑

利用润滑油泵把滑油强压循环输送到柴油机所需的润滑部位。适用于负荷较大的摩擦部位,如各轴承和轴套等处。

压力润滑的优点:能保证滑油连续循环供应,使摩擦件的工作安全可靠,并有强烈的清洗作用,可通过润滑系统的压力表和温度计掌握控制润滑情况,便于实现自动控制,可使用黏度较低的滑油,使用期长,耗量少,因此压力润滑在各类柴油机中得到最广泛的应用。

4. 高压注油润滑

通过专门的注油器建立 2 MPa 左右的高压,定时、定量地将滑油经缸套上的注油孔供给气缸套与活塞之间进行润滑。这种润滑方法主要用于大型低速十字头式柴油机中缸套和活塞的润滑。

五、润滑油的性能指标

为了能够正确地选用润滑油,必须对其性能有所了解,滑油的有些性质与燃油相同,下面仅介绍与润滑性能密切相关的几个指标。有些指标的含义已在燃油指标中做了介绍,在此不予重复。

1. 黏度和黏度指数(VI)

黏度是滑油最重要的指标,它在很大程度上决定着两个摩擦表面楔形油膜的形成。国外广泛采用按滑油的黏度来分类的 SAE(Society of Automotive Engineers)分类法,将内燃机用滑油按黏度分成 10 个等级。ISO 将滑油按 40 ℃时的运动黏度的数值分成 18 个等级,即 ISO - VG(Viscosity Grade)。

滑油的黏度随温度升高而降低,这种性能称滑油的黏温特性。船舶通常在不同的季节航行于不同的纬度航区,环境温度变化很大。此外,柴油机在冷车启动和正常运转时,滑油的工作温度不同,其黏度大小也不相同,这将对保证可靠润滑造成不利影响。因此仅以测量温度下的黏度来判断滑油的品质是不够的,还必须注意黏度随温度的变化规律。若滑油的黏度随温度变化程度小,它就能在比较大的温度范围内满足使用要求,则此种滑油的黏温特性就好。

在国外,常用黏度指数 VI(Viscosity Index)来说明滑油的黏温特性。黏度指数大,则表明温度变化时其黏度变化小。一般,黏度指数在 80 以上为高黏度指数,小于 35 为低黏度指数,介于 35 ~ 80 之间称中间黏度指数。加入增黏剂的滑油其黏度指数可高达 200 以上。

我国曾用黏度比来评定黏温特性,它是该滑油在 50 ℃和 100 ℃时的运动黏度的比值。黏度比小,表示它在规定温度范围内的黏度变化小,质量好。若已知滑油黏度比,可由曲线法求出相应的黏度指数。

2. 酸值和水溶性酸或碱

滑油中的酸可分为有机酸和无机酸两种。有机酸含量少时,对金属无多大腐蚀作用。但含量较多时,它会对一些轴承材料(特别是铅)产生腐蚀作用。无机酸指硫酸,对金属有强烈腐蚀作用,滑油中一般不允许有硫酸存在。使用中的滑油由于含硫燃油的燃烧产物漏入曲轴箱,而可能出现硫酸。我国用“酸值”表示滑油中的有机酸含量,其计量单位为 mgKOH/g,表示中和 1 g 滑油中的酸所需要的氢氧化钾毫克数。另用“水溶性酸或碱”表示无机酸或强酸的有无,它能融入水中的无机酸或因污染而生成的碱,它只说明油品呈酸性或碱性,仅用于定性检查。

国外用总酸值 TAN(Total Acid Number)表示无机酸和有机酸的总和;用强酸值 SAN(Strong Acid Number)表示滑油中无机酸(即硫酸)的含量,单位均为 mgKOH/g。强酸可溶于水,因此又称水溶性酸,可用水洗法除去。

3. 总碱值

总碱值 TBN(Total Base Number)表示滑油碱性的高低。它的单位和酸值相同,也用 mgKOH/g 表示,但意义相反,即总碱值表示 1 g 滑油中所含碱性的物质相当于氢氧化钾的毫克数。滑油中的碱性因加入碱性添加剂才呈现。在使用过程中,随着添加剂的损耗,总碱值将逐渐降低。

4. 抗乳化度

海水或淡水漏入滑油经搅拌后使滑油形成乳浊液并生成泡沫,这个过程叫乳化。乳浊液影响润滑性能,加速滑油变质,并在两相界面上吸附机械杂质,污损摩擦表面,加剧部件磨损,影响滑油压力,所以抗乳化性能是滑油的重要品质之一。滑油的抗乳化度系指滑油在乳化后自动分层(油层和水层)所需的时间(min),即滑油的破乳化时间。破乳时间短,抗乳化度就好,反之则差。

5. 热氧化安定性和抗氧化安定性

热氧化安定性和抗氧化安定性都用来衡量在使用条件下滑油抵抗空气氧化的能力。只是两者试验方法和应用对象不同,前者属于薄油层在高温条件下氧化试验,用氧化形成漆膜所需的时间(min)来表示。我国规定在高温 250 ℃的条件下,空气自由流过薄油层试验油,测定试验油由氧化而生成 50% 的漆状物所需时间(min),用此时间来评定试验的热氧化安定性,这种试验方法是模拟气缸壁上的油膜工作条件,应用于柴油机润滑油。抗氧化安全性属于较低温度条件下的厚油层氧化试验,以氧化后生成的沉淀物酸值来表示。按我国规定,系在 125 ℃条件下,向试验油中通入一定流速的空气或纯氧,经过 4 h 或 6 h 后,测定油氧化后生成的沉淀物量(%)和油的酸值(mgKOH/g),如氧化后沉淀物少,酸值小,则油的抗氧化安定性就好。这种试验方法模拟液压系统中滑油的工作条件,故适用于液压油和气轮机油等油品。

6. 腐蚀度

腐蚀度是衡量高温条件下工作的滑油在与氧气充分接触时,对金属(铅)的腐蚀程度,是柴油机润滑油的一个重要指标。柴油机中的铜、铅等合金轴承材料对腐蚀十分敏感,只要滑油中有少量酸就能严重腐蚀轴承。

我国标准规定腐蚀度试验时,把试油加热到 140 ℃,用特制的一定面积的金属片以每分钟 15 ~ 16 次的速度交替的浸在油中和露置于空气中,经过 50 h 后,测定金属片减少的质量(g/m^2),金属片减少质量越大,滑油的腐蚀性越强,品质较差。

7. 浮游性

浮游性表示含添加剂滑油清洗零件表面胶质炭渣,使之分散为小颗粒而悬浮携带的能力。通常是在专用试验机上规定条件下进行一定时间的试验,然后根据活塞上的漆膜情况,按 0 ~ 6 七个级别进行评定。0 级为活塞非常清洁,没有漆膜形成;6 级为严重脏污,活塞完全为漆膜覆盖。

8. 抗泡沫性

抗泡沫性表示在规定试验仪器内以专用泡沫头并通入一定数量的空气,测量试验油的起泡体积和消泡时间。滑油在运转时受激烈搅动，使空气混入油中形成泡沫，泡沫过多除损失滑油外，还会使油泵和轴承引起空泡腐蚀，润滑效能降低，造成轴承烧毁。

六、滑油的添加剂

添加剂是指能改善和提高石油产品的质量和给予新的性质，以满足使用及储存的要求而添加的少量物质。当前，随着柴油机强化程度的提高和劣质燃油的使用，随着化学工业的发展，多种添加剂被加入到纯矿物油（基础油）中，形成了一种由基础油和添加剂组成的新型油品。目前常用的添加剂按其使用性能大体分为如下几类：

1. 清净分散剂（清净浮游添加剂）

防止高温时生成漆膜的添加剂和防止低温时生成油泥沉淀物的添加剂，我国统称为清净分散剂。它的作用：一是洗涤，使沉积在部件上的炭烟颗粒和树脂状物呈分散悬浮状态，降低积炭和油泥；二是中和酸性物质，提高抗腐蚀性能。它是气缸油中的重要添加剂。

2. 油性剂、极压剂（抗磨剂）

油性剂、极压剂都能在边界润滑条件下起到减磨作用，但它们的作用机理不同。油性剂是带有极性基团的活性物质，能定向地吸附在金属表面上形成不易破坏的边界吸附薄膜，以降低磨损；极压剂能在高温和高负荷下分解产生活性化合物，在金属表面上生成低熔点化合物，形成反应薄膜，有减少摩擦，防止擦伤、降低磨损，加强油膜承载能力的作用。

3. 黏度指数改进剂和增黏剂

这类添加剂可提高基础油的黏度，并改善其黏温特性，提高其黏度指数。加入这类添加剂的滑油称稠化机油。对于户外使用的柴油机（如救生艇用）冬季启动温度 -30 ℃，正常运转后气缸温度可达 200 ℃，稠化机油在低温时可使黏度增加不多，而在高温时变稠，以满足柴油机冬夏两季的不同需要。这类添加剂不仅起到改进润滑剂的流体力学特性的作用，还用来改进润滑剂的吸附能力。其组成多为油溶性的链状高分子有机化合物。

4. 消泡剂

消泡剂可以降低泡沫的表面强力，抑制泡沫的发生并使形成的气泡破裂和消失，防止生成稳定的泡沫，如二甲基硅油等。

5. 降凝剂（降倾点剂）

降凝剂并不改变石蜡析出的温度，只改变石蜡结构。它吸附在油中石蜡结晶表面上，使之仅能生成微小结晶，防止其形成结晶网，从而改变低温流动性，降低油品的凝点。

6. 防锈添加剂和抗腐蚀剂

防锈剂的作用是依靠其自身具有的极性，吸附在金属和油的界面上形成保护层，防止水与金属接触生锈。抗腐蚀剂保护有色金属，如轴承合金表面，使其不受油氧化和燃气产生的酸的腐蚀，并能中和这些酸。

七、滑油的品种和选用

船舶柴油机使用的润滑油种类繁多，这就要求轮机人员能正确地选择滑油，管理好用好滑油。下面介绍柴油机润滑的品种和选择方法。

1. 曲轴箱油

曲轴箱油又叫作柴油机油或系统油。通常，曲轴箱油润滑主要指对柴油机曲轴箱内各轴承的润滑，在筒形活塞柴油机中还可兼作气缸润滑油（飞溅润滑）和活塞冷却液，有时它还用作液压控制油。这种润滑油在使用中的最大特点是循环使用,因而它在使用中将逐渐污染变质。

柴油机曲轴箱油按使用条件不同有十字头式和筒形活塞式柴油机曲轴箱油两种。

(1)十字头式柴油机曲轴箱油

十字头式柴油机中的曲轴箱与气缸是隔开的,所以曲轴箱油的工作条件比较缓和。其正常的消耗率约为0.1~0.3 g/(kW·h)。它主要用来润滑各轴承和导板等,在某些柴油机中还用来冷却活塞或兼作操纵机构液压控制油使用。对这种曲轴箱油的要求如下:

①黏度和黏温性能。应具有适宜的黏度,以保证油膜的建立。并要求它具有较好的粘温特性,能在较宽的温度范围内可靠地工作。

②抗腐蚀性能。抗腐蚀性能对轴承有重要意义,抗腐蚀性差,可能引起轴承合金腐蚀或铅锡和铅铟等镀层剥落。曲轴箱必须加有抗氧抗腐添加剂。

③清净分散性。油品能使碳粒或各种颗粒油泥等分散成微小粒子并悬浮在油中,以便滤掉。

④抗氧化安定性。应具有在较高温度下抗氧化性能(冷却活塞),因曲轴箱油与空气接触机会多,易氧化变质,要求抗氧化安定性好。通常,应控制油温不超过82 ℃,以控制氧化速度。

⑤其他。如抗乳化性能、抗泡沫性能、闪点等,也应符合使用要求。

(2)筒形活塞式柴油机曲轴箱油

筒形活塞式柴油机曲轴箱油还要兼作气缸润滑油使用,故其工作条件较十字头式柴油机曲轴箱油恶劣。其正常的消耗率约为1.07~1.6 g/(kW·h)。它除应满足对十字头式柴油机曲轴箱油的全部要求外,还应满足以下要求:

①高温工作时的清净性。在高温下应能保证各种沉淀物不黏附在机件上而应悬浮在油中。

②热氧化安定性好。

③足够的碱性。要求能中和劣质燃油燃烧后生成的硫酸,一般要求TBN = 22 ~ 34 mgKOH/g。

④黏度要求较高。根据不同使用条件应分别具有相当于SAE20,SAE30,SAE40等级的滑油。

综上所述,十字头式柴油机和筒形活塞式柴油机曲轴箱油的工作条件不同,因而要求的质量等级也不同,见表5-1所示。

表5-1 曲轴箱油的选用等级

机　型	使用燃油	曲轴箱油		TBN
		黏度等级SAE	质量等级API	
筒形活塞式非增压	轻柴油 $S<0.35\%$	20,30	CA	6~8
筒形活塞式非增压	船用柴油 $S>1.0\%$	30	CB	6~10
十字头式	燃料油	30	CB	6~10
筒形活塞式低增压	船用柴油、硫分不限	30,40	CC	9~14
筒形活塞式高增压	船用柴油,硫分不限	30,40	CD	10~16
筒形活塞式高增压	燃料油	30,40	CD	22~34

在选用曲轴箱油时，应首先根据制造厂的推荐牌号选用曲轴箱油。若无法获得推荐牌号滑油时，可选用一种与推荐用油的黏度等级和质量等级相近的滑油，而且要注意不可随意与其他油品混兑。

2. 汽轮机油（透平油）

汽轮机油主要用于汽轮机的轴承和减速齿轮箱的润滑和冷却。它在柴油机中用来润滑废气涡轮增压器和调速器，也可代替液压油用于舵机和起重机的液压系统，还可代替齿轮油用于轻负荷的齿轮箱。对这种油的要求：有良好的抗氧化安定性，能长期使用而不生沉淀；抗腐蚀性强，应能防止金属表面腐蚀；抗乳化性能好，容易与水分离；因润滑齿轮，故要求边界润滑性能（油性）好；黏度的等级多，以便于选择。

3. 气缸油

在下节中我们将对气缸润滑及气缸油的使用和选择进行专题介绍。

第二节　气缸润滑

柴油机气缸润滑是一个复杂而重要的问题。在大型十字头式柴油机中，气缸润滑是一个独立的润滑系统，其润滑设备、滑油品质以及运转管理均需特殊考虑。在当代柴油机高强化、燃油劣质化的发展中，对气缸润滑提出了愈加苛刻的要求。

一、气缸润滑的工作条件

气缸润滑的特殊性首先体现在高温的工作条件。由于气缸壁与高温燃气接触，一般气缸套上部表面温度约为 180 ~ 220 ℃，缸套下部表面温度为 90 ~ 120 ℃，活塞环槽表面温度根据测点位置不同和活塞顶的设计差异约在 100 ~ 200 ℃之间。高温会降低滑油的黏度，加快滑油氧化变质速度，并使缸壁上的部分油膜蒸发。

其次，活塞在往复运动时，其运动速度在中部最大，在上、下止点处为零。因此，只有在活塞行程的中部能实现液体动压润滑，而在上、下止点处则不可能。尤其在上止点处，气缸中的温度最高，活塞环对缸壁的径向压力最大，即使滑油能承受住这里的高温，也仅能保证边界润滑条件。

柴油机使用劣质燃油后对气缸润滑带来了新问题。由于劣质油的高硫分、高灰分、高残炭值和沥青值将导致气缸产生低温腐蚀、固体颗粒磨损、结炭增多以至引起活塞环胶着和气口堵塞等故障。另外，活塞顶与环带部分变形也使气缸润滑的难度增加。

由于上述原因，气缸套特别是它的上部，很难形成连续完整的油膜，缸套上部磨损特别严重。如图 5 - 3 所示是一台二冲程直流扫气柴油机的气缸套磨损量随行程变化规律曲线，该柴油机使用劣质含硫燃油，下曲线表示使用高碱性气缸油，上曲线表示使用低碱性气缸油。可见，气缸套最大磨损量均发生在缸套上部。高碱性气缸油可大大降低气缸套

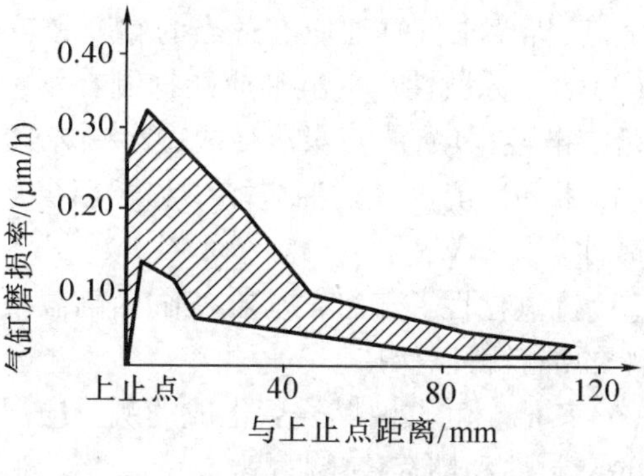

图 5 - 3　气缸套磨损量随行程变化规律

腐蚀量,两曲线之间的影线部分即表示因酸性腐蚀所引起的磨损。

二、气缸润滑的方式

气缸润滑的方式可分为飞溅润滑和气缸注油润滑两种。

1. 飞溅润滑

这种润滑靠从连杆大端甩出并飞溅到缸壁上的滑油来实现,不需专门的润滑装置,所用油品即曲轴箱滑油且循环使用。飞溅的油量不可控制,在活塞下部需装设刮油环,以刮除缸壁上过多的滑油。此种润滑方式仅适用于中、小型筒形活塞式柴油机。

2. 气缸注油润滑

气缸注油润滑使用专用的润滑系统及设备(气缸注油器、注油接头),把专用气缸油经缸壁上的注油孔(一般均布8~12个)喷注到气缸壁表面进行润滑;其注油量可控,注出的气缸油不予回收,为"一次过润滑"(Once Through)。这种润滑方式可保证可靠的气缸润滑,且可选择不同质量的气缸油以满足不同要求。目前在十字头式柴油机中均使用此种润滑方式。如图5-4所示系某柴油机的气缸注油润滑系统图。

在某些中速筒形活塞柴油机中,气缸润滑除采用飞溅润滑方式外,同时采用注油润滑作为气缸润滑的辅助措施。

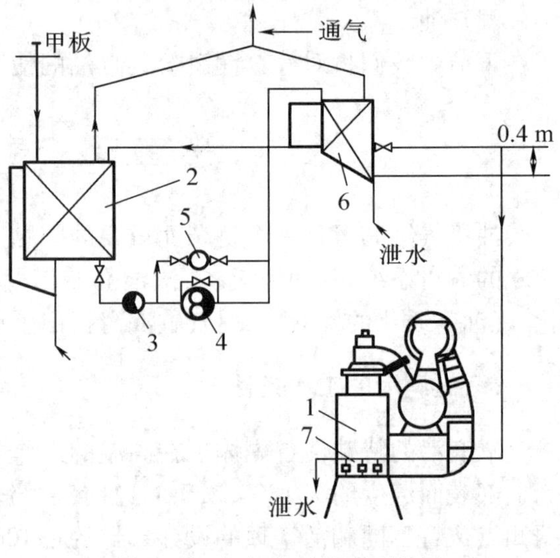

图5-4 气缸注油润滑系统图

1—主机;2—气缸油储存柜;3—气缸油滤器;4—气缸油输送泵;5—手动泵;6—气动油日用油柜;7—气缸油注油器

三、气缸油的选择和应用

1. 对气缸油的要求

良好的气缸油应具有如下性能:

(1)润滑性。气缸油必须在活塞与气缸壁之间形成适当厚度的油膜,以减少滑动摩擦和磨损。鉴于气缸润滑处于边界润滑条件,因而要求气缸油要具有良好的油性。

(2)黏度及黏度指数。气缸油在较高温度下应具有适当的黏度,而在流动时黏度又不至于太高,即要求气缸油应有适当的黏度和较高的黏度指数。

(3)洁净分散性。气缸油应能抑制在活塞和活塞环上形成漆膜和沉淀物;应具有良好的蔓延扩散性;具有能使炭渣变成微小颗粒悬浮在油中的能力。

(4)中和性能。气缸油应能中和燃用劣质高硫燃料时生成的硫酸,要求气缸油具有一定的碱性。

(5)抗氧化性。气缸油应在气缸内高温下有良好的抗氧化性,防止生成积炭沉积物,使缸壁上的油膜得以保持。

(6)其他。气缸油燃烧后生成的灰分应尽可能少,不应产生硬颗粒磨料物质,还应具有良好的密封性和储存稳定性等。

从上述要求可以看出,纯矿物油无法完全满足这些要求。所以,现代的气缸油都是选用优质矿物润滑油作为基础油，再加入各种效能的添加剂而制成。其中，碱性添加剂占有最重要的地位。20世纪50年代的碱性添加剂多为水溶性，由此类添加剂制成的气缸油属乳化气缸油；之后发展了一种虽不溶于油，但能以极细颗粒分散到基油中的添加剂，制成所谓分散型气缸油。近代使用的碱性添加剂均属于油溶性，由于具有良好的储存稳定性而得到广泛应用。

2. 气缸油的选择

选择气缸油时，一般应根据所用燃油的硫分来选择气缸油的总碱值。根据经验，使用硫分 $S>2.5\%$ 的高硫分燃油，气缸油的TBN应为65～70的气缸油；当使用硫分 $S<2.5\%$ 燃料油时，TBN约为40；使用船用柴油时，TBN约为10～14（可用国产14号柴油机油代替）。一些柴油机制造厂曾根据燃油的硫分，推荐出理论上的气缸油总碱值，但在实践中却不易执行。目前一般石油公司都出售高、中、低几种不同总碱值的气缸油以供选择。为此一般推荐按表5－2选配。

表5－2　燃油含硫量与气缸油总碱值的一般匹配关系

燃油含硫量≤	0.5%	0.5%～1.0%	1%～1.5%	1.5%～2.5%	2.5%以上
气缸油总碱值（TBN）	5	5～10	10～20	20～40	40～75

若燃油的含硫量较低，仍使用高碱性气缸油，则会引起所谓的"低硫"问题，它将引起气缸、活塞的过度磨损或拉缸。使用中要经常检查气缸油的碱性是否足够，检查方法有两种。

（1）直观判断。若气缸油碱性较低，则在各注油点之间的缸套表面上出现漆状沉积物，使铸铁缸套表面被腐蚀发暗，镀铬缸套表面会出现白斑；若气缸油碱性过高，有可能出现由过量碱性添加剂所形成的大量灰白色沉淀物（通常为含钙盐类）。

（2）化学分析判断。取气缸中刮下的残油油样（从活塞杆填料函取样）进行化学分析，可避免吊缸检查。若残油仍呈现一定的碱性（$TBN>10$），则说明气缸壁上的油膜有足够的碱性储备。

3. 气缸注油孔的数量及位置

注油孔的数量以及注油孔两侧的人字形布油槽形状，对注油润滑有很大影响。气缸注油孔多为8～10个，沿缸套圆周均匀分布，注油孔太多易引起注油不稳定。

注油孔的位置因机型而异。近代大型二冲程柴油机的注油孔多分布在缸套的中上部（高位注油孔），而四冲程柴油机的注油孔多分布在缸套下部。

4. 气缸油的注油定时

通常希望当活塞上行至缸套上的注油孔位于第一、二道活塞环之间位置时，向气缸注油，但注油器通常难以满足。试验表明，只有当气缸中的气体压力低于注油管中的油压时，气缸油才注入气缸内。在短活塞柴油机曲轴一转之中，这种机会一般只有两次：一次是活塞上行到上止点附近，活塞的下边沿打开了缸壁上的注油孔；另一次是活塞下行到下止点附近，气缸内正在扫气时。而在长裙活塞柴油机曲轴一转之中，这种情况只有一次，即当气缸内正在扫气时。注油次数随机型而异，通常约在2～40个活塞行程注油一次。

5. 注油率的选择

气缸注油率应该适当。注油过大，不但浪费而且将使过剩的气缸油在活塞顶面、环槽和排气阀等处形成沉淀物,引起活塞环和排气阀黏着,并使气口与气阀通道因积炭堵塞而变窄,严重时将导致扫气箱着火;若注油率过小,则难以形成完整的油膜,使活塞环与气缸套磨损加剧,燃气漏泄严重,环面有磨痕,倒角消失导致拉缸事故发生。因而,存在一个最佳注油率。

因气体的流动形式和活塞裙长度不同,直流扫气柴油机的气缸油分布特性与弯流扫气式不同,因而弯流扫气柴油机的最佳注油率一般较直流扫气式为大。实际使用中的最适宜注油率应根据推荐注油率、活塞环的状态、缸套磨损率以及柴油机的拆检周期综合考虑确定。其大致范围为:直流扫气柴油机约为0.6~0.8 g/(kW·h),弯流扫气柴油机为1~1.4 g/(kW·h),筒形活塞式中速柴油机约为1.3~2 g/(kW·h)。若缸壁内表面湿润、干净,首环半干半湿,其余环湿润,活塞环在环槽内活动灵活,环外圆面光亮,倒角尚在,则表明气缸注油率适中。

6. 气缸注油率的计算

气缸注油率通常是按柴油机标定功率来确定的,但柴油机实际使用中一般并不在此功率下运行,这样气缸注油率应随柴油机负荷的降低而减少。如气缸注油器属“负荷调节”式(参见后述),当计算负荷变化后的注油率时,可以实际平均有效压力为依据。如标定工况的气缸油注油率为 $A_b=(x)$ g/(kW·h),则在负荷变化为90%标定值时,其气缸注油率 $A'=90\%A_b$。

应当指出,当柴油机处于连续低负荷运转的特殊情况下,注油率绝对不能低于该机标定注油率的40%。

若气缸注油器属“随转速调节”式,则当转速变化后其气缸注油率应按下式计算:

$$气缸注油率 = G\cdot n_b\cdot z/(n\cdot P_b) \quad g/(kW\cdot h) \tag{5-1}$$

式中 G——柴油机气缸油消耗量,g/h;

P_b——分别为标定功率,kW;

n_b——标定转速,r/min;

n——实际转速,r/min;

z——气缸数。

尽管采用注油率和适当的总碱值(TBN)能比较有效地控制活塞与气缸套组件的磨损,然而当所用燃油与润滑油配合不良时,仍不免会引起腐蚀和磨料磨损。因而有必要用综合参数“碱总量”(BT)对磨损进行定量分析。

$$BT = (注油率\times TBN) \quad mg\ KOH/(kW\cdot h) \tag{5-2}$$

调查结果显示,对应于某一注油率和 TBN 值,存在一个合理的 BT 范围。

处于磨合期的气缸活塞组件,为了加速磨合,通常采用无添加剂的精炼润滑油,其牌号应与所用燃油含硫量相匹配。因为该滑油具有较强的承载能力而又不阻碍硫分对工作表面的腐蚀(一定的腐蚀有利于磨合)。在任何条件下均不应使用高碱性气缸油,避免磨合期加长且无法控制剧烈的磨损和擦伤,而在整个磨合期的各个不同阶段还应适时换用不同碱值的气缸油。

磨合期的气缸注油率目前尚无一致的标准,比较公认的做法是增加注油率20%~100%,随着负荷的提高逐渐减少过量滑油。通常认为在磨合期使用硫分大于1%的燃油对磨合有利。在这方面各造机厂家的具体做法不同。图5-5所示为某一种注油率的调整规范。

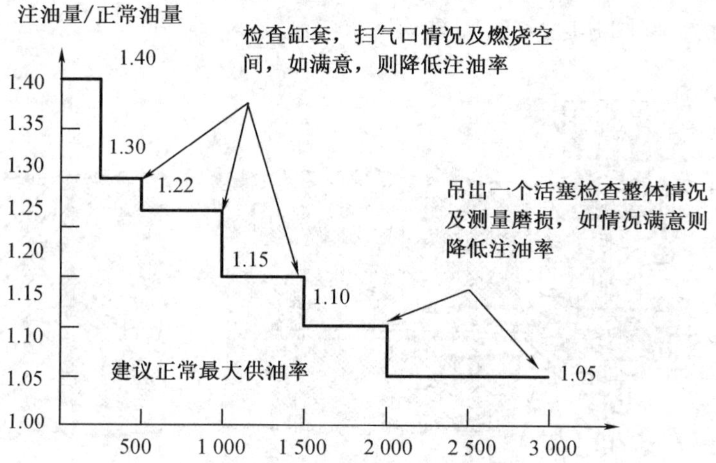

图 5-5　磨合期气缸注油率调整规范

四、气缸注油设备

气缸注油的主要设备是注油器和注油接头。

气缸注油器由多个柱塞式油泵单元组成,其驱动方式有机械式和液压式两种。机械式由凸轮轴或其他运动部件带动,其结构简单可靠,使用广泛。液压式使用较少,仅用于 Sulzer RLB 和 RTA 型柴油机。

注油器注油量的调节方式有“随转速调节”(等速率调节)与“随负荷调节”两种。前者注油量与柴油机转速成正比,后者注油量随负荷变化而自动调节。由于后者可改善随转速调节在低负荷运转时注油量过大的弊病,因而新机型多采用,如 Sulzer RTA 型机注油方式,如图 5-6 所示,注油器 5 由液压马达 4 驱动,而液压马达 4 由负荷指示轴 3 控制。

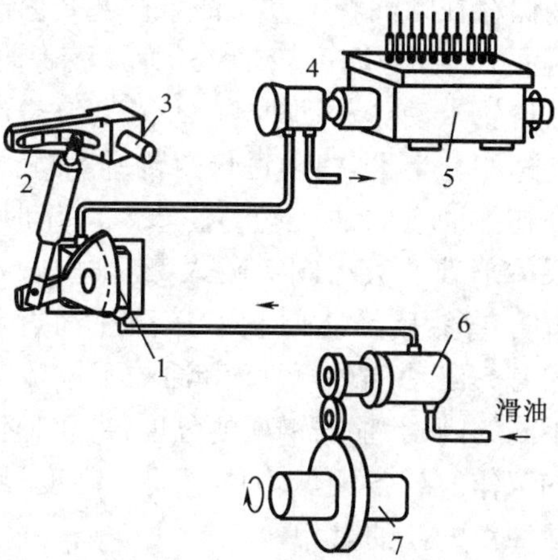

图 5-6　液压马达驱动的注油方式

1—流量调节阀;2—调节手柄;3—负荷指示轴;4—液压马达;5—注油器;6—齿轮泵;7—凸轮轴

气缸注油润滑有脉动式和蓄压式两种。

在脉动式注油方式中,注油器中柱塞泵的柱塞在加压行程中向气缸注油器接头压送滑油。为了保证活塞上行通过注油点时能定时供油,柱塞与活塞的运动是相对应的。实际上,滑油只有当气缸内压力低于注油器出口管内压力时,注油接头处的止回阀才开启向气缸内注油。蓄压式注油方式中,柱塞泵出口的油进入各注油接头处的蓄压器内,在该压力与气缸内压力差作用下自动注入气缸。

注油接头穿过气缸冷却水空间安装在气缸套各个注油孔内,图 5-7 为蓄压式注油接头。蓄压器储存气缸油并使注油接头内维持一个恒定压力。注油器每次排油量很小,仅使系统内压力升高 0. 15 ~ 0. 20 MPa。止回阀防止缸内燃气倒冲入注油接头，当缸内压力低于蓄压器内压力时，止回阀开启，气缸油自动注入气缸。

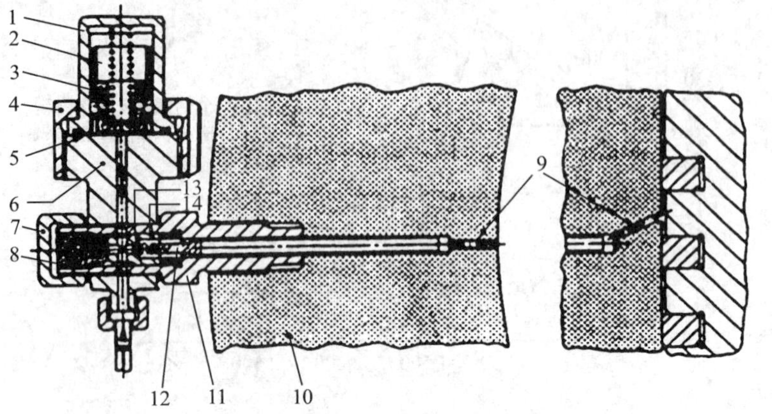

图 5 – 7　蓄压式注油接头

1—蓄压器缸套；2—弹簧；3—活塞；4—螺母；5—膜盒；6—座；7—螺母；8—缓冲螺栓；
9—注油管；10—主机气缸套；11—接头；12—顶销；13—止回阀；14—止回阀座

气缸注油器的形式较多。图 5 – 8 所示为“随转速调节”的 HJ 型气缸注油器。注油器每缸设置一个。每个注油器由若干油泵单元组成，各油泵单元分别将滑油供给各缸的注油点。滑油储存在贮油箱 15 中，油泵柱塞 8 由凸轮轴 13 上的凸轮驱动，凸轮轴 13 则由驱动轴 11 经一对齿轮带动。驱动轴 11 的转速为柴油机曲轴转速的一半，即曲轴每转两转，各油泵单元分别向各注油点供油一次。柱塞 8 动作时，滑油由泵体下部的吸入阀 7 吸入，经排出阀 6 排入玻璃管 4，然后经止回阀 1 送至注油点。玻璃管内有一浮动钢球，可随滑油的不同流量而升至不同的高度，根据钢球的高度，即可监测注油器的工作。若各钢球均位于同一高度，则表明各注油点的注油量相同。

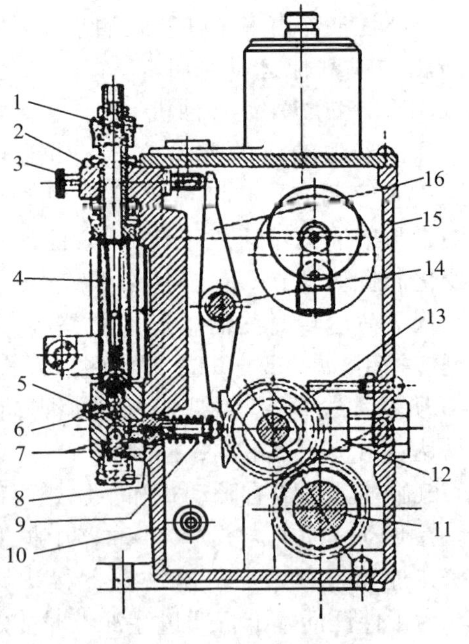

图 5 – 8　HJ 型气缸注油器

1—止回阀；2—锁紧螺钉；3—调节螺钉；4—玻璃管；
5—放气螺钉；6—排出阀；7—吸入阀；8—柱塞；
9—弹簧；10—电加热器；11—驱动轴；12—轴承；
13—凸轮轴；14—偏心轴；15—贮油箱；16—摇臂

油泵单元的供油量由柱塞 8 的行程来确定，各柱塞的行程既可以通过转动偏心轴 14 同时变更，又可以通过调节螺钉 3 单独变更。当注油器停用一段较长时间后，可能有空气漏入油泵单元中，松开放气螺钉 5 即可将空气放出。

如图 5 – 9 所示是 MAN – B&W S60ME – C 型柴油机电子气缸注油系统。它由气缸油柜、油泵、控制板和各缸电控气缸油注油器组成。气缸油经油泵增压后排至分布各缸径向的注油点。主控站上气缸油油量控制面板根据活塞杆填料函放残管的气缸油分析数据、气缸注油量、柴油机负荷和气缸磨损速率进行综合控制。气缸油的注油率在一定范围内与燃油中硫的含量成正比例函数关系，而当柴油机使用某一固定标号燃油时，其中硫分含量固定，此时，注油器注油量取决于缸内燃油供应量。同时由活塞杆填料函放残管的气缸油分析数据发送一个反馈信号，此反馈信号可对气缸油供油量进行修正。

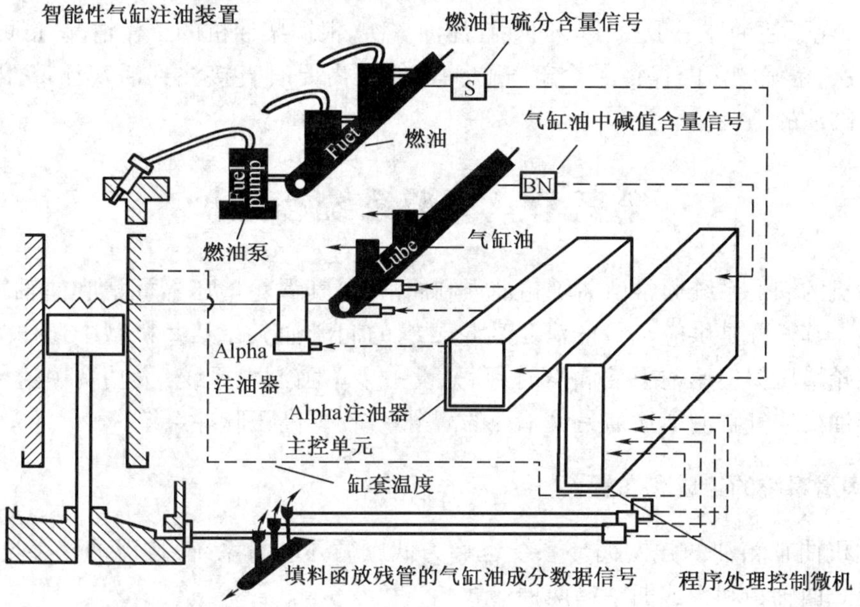

图 5－9　电子气缸注油系统

Alpha 电子注油器的工作原理如图 5－10 所示，在接到注油信号时，电磁阀受控、AT 连

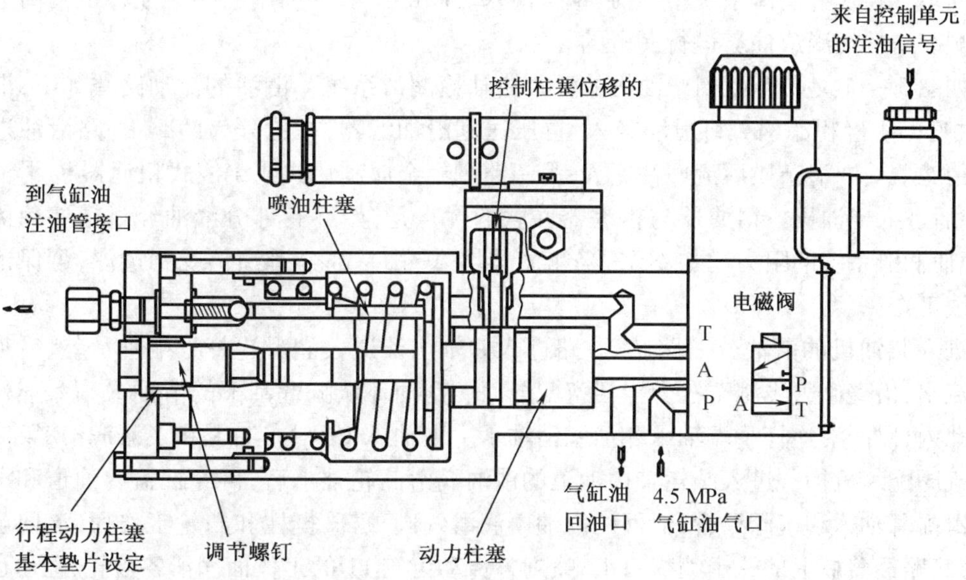

图 5－10　Alpha 电子注油器注油单元

通，由电动油泵提供的 4 ~ 5 MPa 高压油作用到执行活塞上，通过活塞推动注油器内每个小的柱塞泵向各个注油点，每个注油点的注油量是相当均匀的，并且能够提供最佳的安全余量保证每个注油器接头不发生堵塞。当注油信号结束时，电磁阀 AP 接通，执行活塞下面的油压被释放，注油过程结束。注油量是通过调整注油行程的长度来调节，注油行程可以通过调节螺钉进行调整，还有一个定距垫圈用来对注油器的行程进行基本设定。

Alpha 电子注油器一般每 4 转向气缸注油一次，根据柴油机的工作情况，也可以每 5 ~ 6 转注油一次，精确的定时保证了全部气缸油都能在需要时直接注到活塞环带，因而可以大大降低气缸油的消耗量。

第三节　润滑系统和维护

柴油机的润滑系统通常由曲轴箱油强制润滑、废气涡轮增压器润滑和曲轴箱油净化等系统组成。其任务是供应足量的满足质量要求的润滑油。在某些机型中还作为活塞冷却之用。涡轮增压器使用透平油润滑时，则另设一个单独润滑系统；大功率中速柴油机及大型低速柴油机的气缸润滑还需另设单独的润滑系统，即高压脉冲系统。

一、润滑系统的组成和布置

柴油机曲轴箱油的强制循环系统也称为低压循环润滑系统，按滑油储存场所的不同，可分为湿式曲轴箱和干式曲轴箱两种形式。

1. 湿式曲轴箱润滑系统

湿式曲轴箱润滑系统中，全部滑油储存在油底壳中，油底壳起循环油柜的作用。系统只设一台滑油泵，柴油机整体布置简单紧凑，在中小型柴油机中应用普遍。但是，湿式曲轴箱系统在运行中，油面将随船舶摇摆而波动，影响柴油机正常润滑，且滑油易氧化变质，使用周期短。在这种润滑系统中，气缸壁与活塞之间的润滑是利用曲柄 - 连杆机构高速运动时飞溅起来的油滴或油雾进行润滑的。

如图 5 - 11 是 135 系列柴油机的湿式曲轴箱润滑系统。滑油的流动路线如下：滑油泵 5 从油底壳 1 经粗滤网 2 将滑油吸入，再压送到滑油滤器，在此分为两路：一路滑油进入离心式精滤器 6 滤清杂质后流回油底壳；另一路则经金属刮片式或绕线式粗滤器 9，滑油冷却器 10 后进入柴油机。精滤器与粗滤器并联的优点是：始终有部分滑油经过精滤而保持洁净，而使润滑系统的阻力增加不多；当粗滤器堵塞时，一部分滑油仍受到过滤，可保证柴油机继续工作。

进入柴油机的滑油分三路：第一路进入曲轴内油道去润滑连杆大端轴承，然后从轴承两侧流出，借离心力飞溅至缸套与活塞配合面。刮油环从缸壁刮下的滑油又滴入连杆小端两油孔内，以润滑连杆小端轴承和活塞销轴承。主轴承 19 则靠油雾和飞溅润滑；第二路去润滑气阀配气机构。进入凸轮轴内油道的滑油润滑凸轮轴承后，再经缸盖内油道和滑油管去润滑摇臂轴承和气阀导管，泄回的滑油再润滑气阀顶杆、挺柱和凸轮工作面，流回至油底壳；第三路经盖板上的一个喷嘴口 12 喷到各传动齿轮 11 的工作面润滑各齿轮，随后也流回油底壳。

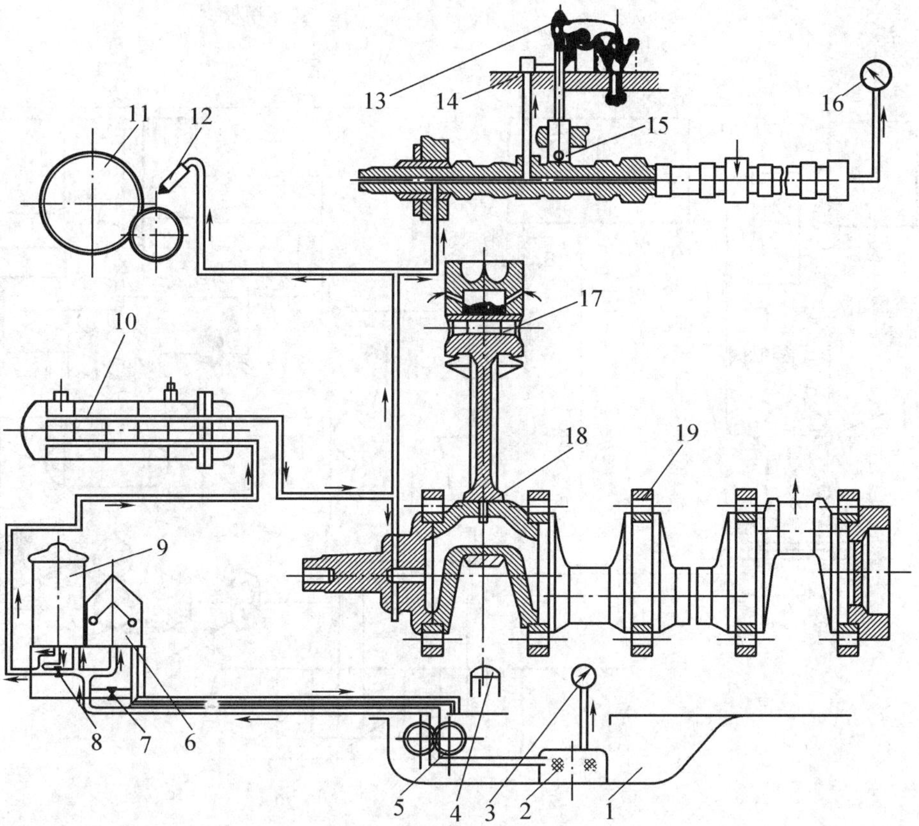

图 5-11　135 柴油机湿曲轴箱式润滑系统

1—油底壳；2—粗滤器；3—油温计；4—加油口；5—滑油泵；6—离心式滑油精滤器；7—调压阀；8—旁通阀；9—刮片式滑油粗滤器；10—水冷式滑油冷却器；11—齿轮系；12—装于盖板上的喷嘴；13—摇臂；14—气缸盖；15—顶杆套筒；16—压力表；17—活塞销；18—曲柄销；19—主轴承

2. 干式曲轴箱（干式油底壳）润滑系统

干式曲轴箱润滑系统的特点是滑油单独存放在柴油机外部的油柜内，由油底壳或机座收集的滑油经循环油泵不断地抽出（或依靠重力）送至滑油柜。目前大多数船用主机和辅机广泛采用干式曲轴箱润滑系统，它有下列优点：

（1）润滑可靠，可避免柴油机运行中因油面波动而导致的润滑失常；

（2）减少曲轴箱内高温气体对滑油的影响，延长滑油的使用时间；

（3）油底壳容积小，使柴油机高度降低。

如图 5-12 所示为大型中、低速柴油机的干式曲轴箱润滑系统。滑油循环柜 1 中的滑油经粗滤器 2 由滑油泵 3 抽出，经细滤器 4 和滑油冷却器 5 输到柴油机 6 的滑油总管中。滑油总管中接有若干支管，滑油经各支管流至主轴承、连杆轴承、十字头销轴承、滑块以及凸轮轴轴承等处进行润滑。对于用滑油冷却活塞的柴油机，则有专门的管系供应冷却滑油，一般与润滑油用管系分开。

所有润滑与冷却用的滑油在完成其任务后，经专门的管系或孔道溢流汇集于油底壳，并进入循环柜从便循环使用。循环柜中一般都有加热设备，以保持滑油有适当的黏度，保

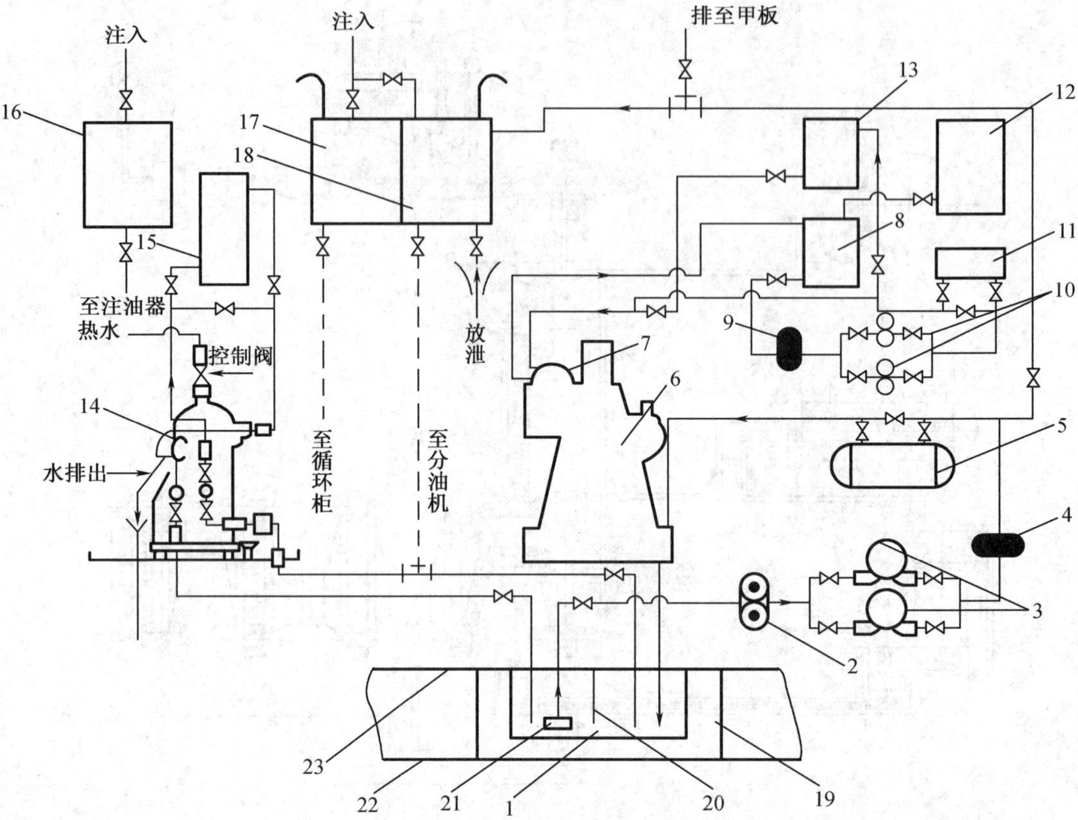

图5-12 干式曲轴箱润滑系统

1—滑油循环柜;2—粗滤器;3—滑油泵;4—细滤器;5—滑油冷却器;6—柴油机;7—增压器;8—增压器循环油柜;9—滤器;10—透平油循环泵;11—透平油冷却器;12—透平油柜;13—透平油重力油柜;14—分油机;15—加热器;16—气缸油柜;17—滑油清油柜;18—日用滑油柜;19—隔舱;20—纵向隔板;21—吸入口;22—船体;23—双层柜顶

证油泵正常工作。循环油柜内还设中间隔板,以减少滑油扰动,便于杂质沉淀。

系统中还设有装油管路,以便由岸上或供油船上通过甲板上的装油管系将滑油装入各贮油柜。位于双层底的滑油柜及回油柜、污油柜,除设有隔离空舱与邻舱和船体外板隔离外,还装设通气管、溢流管和液位指示器等。

为了对滑油进行净化处理,系统中还设有分油机14及相应的管系。有时为提高系统的正常工作能力,还装有自动清洗和自动切换的滤器装置。当滑油流经滤器前后的压差超过规定值时,即可自行切换冲洗。

如图5-13所示是Sulzer RTA型柴油机的曲轴箱润滑系统图。主滑油泵1自循环油柜(图中未示出)吸油分两路:一路经增压泵4将压力提高到1.6 MPa后送入十字头、换向伺服器等处,并经减压阀10减压为0.8 MPa送至排气阀液压传动机构8;另一路滑油压力为0.3~0.4 MPa送至主轴承和推力轴承等处,各轴承润滑回油经油底壳流入循环油柜。

3. 涡轮增压器润滑系统

由于工作条件不同,增压器需使用汽轮机(透平)油。其润滑系统有两种方式:自身封闭式润滑(不需另设润滑系统)和重力-强制混合循环润滑。图5-12中增压器循环油柜8中的滑油由循环油泵10经滤器9和冷却器11送入增压器中润滑冷却,然后又流回循环油

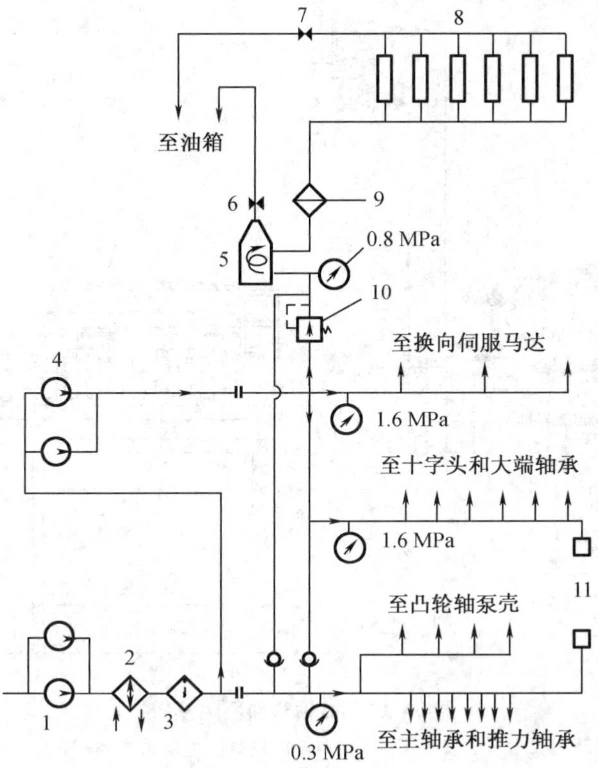

图 5-13　Sulzer RTA 型柴油机曲轴箱润滑系统

1—主滑油泵；2—滑油冷却器；3—滤器；4—增压泵；
5—除气器；6,7—节流阀；8—排气阀传动机构；9—滤器；
10—减压阀；11—最低油压指示器

柜。重力油柜 13 的作用在于当循环系统发生故障时，依靠重力凭借单向止回阀将滑油送入增压器中，以保证增压器在短期内不致因缺油干摩擦损坏并发出警报。

若柴油机选用的曲轴箱油能够满足涡轮增压器的要求，则增压器与曲轴箱可共用一个润滑系统，但需增加一个细滤器、重力油柜和溢流管、观察镜等部件。

4. 曲轴箱油净化系统

在柴油机运转中可连续对滑油循环柜中的曲轴箱油进行分离净化处理，排除曲轴箱油使用中混入的各种杂质和氧化沉淀物。

如图 5-14 所示为某大型柴油机曲轴箱油的净化系统。滑油分油机的泵 3 经污油吸入管 2 从滑油循环柜 1 中吸入曲轴箱油，经加热器 4 预热后送至分油机 5 进行净化处理，净油重新返回循环柜。净油中分离出的水分和污油分别从 14 和 15 处排出，污渣最后可由污油泵排出。分油机的净化速率随油质而异，对纯矿物曲轴箱油，其净化速度能保证在一天内净化油量为循环柜储油量的 2~3 倍，为清净型曲轴箱油为 2~5 倍。

对中小型柴油机的曲轴箱油，因其油量较少，一般采用全部滑油换新。

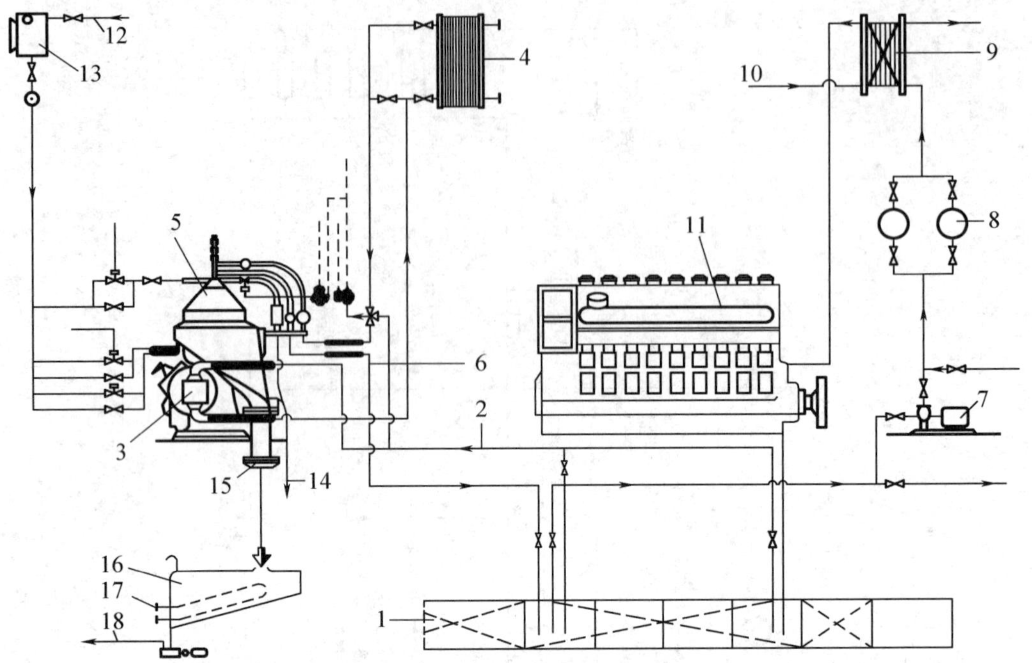

图5-14 曲轴箱油净化系统

1—滑油循环柜;2—污油吸入管;3—泵;4—加热器;5—分油机;6—净油;7—滑油泵;
8—滤器;9—冷却器;10—冷却水进口;11—柴油机;12—冷却水;13—工作水箱;14—水出口;
15—污油出口;16—污油箱;17—加热管;18—污油泵出口

二、润滑系统的主要设备

1. 滑油泵

滑油泵一般采用回转泵。为保证滑油压力稳定和流动均匀,常采用螺杆式或齿轮式油泵。常设有两台,其中一台备用。在泵的吸入端管上一般装有真空表,真空度不超过0.033 MPa。泵的排出管上装有安全阀和调节压力、流量的旁通阀。

2. 滤器

有粗滤器和细滤器两种,一般为双联式。粗滤器可过滤较粗的(0.025 ~0.12 mm)机械杂质,装在滑油泵的进口端以保护油泵;细滤器一般可滤掉0.01 ~0.04 mm的杂质,装在滑油泵的出口端,具有过滤效果好、通过能力大、结构简单等优点。滤器前后装有压力表用以表征滤器的清洁程度。

按照滤清方式可将滑油滤器分为过滤式滤器和离心式滤器两种。离心式滑油滤器应用较广泛,其工作原理如图5-15所示。

它主要由转子组和壳体两部分组成。滑油从进油口6进入转子轴内孔,通过空心转子轴侧壁上的油孔进入转子组2的内部密封空间。充满在转子组内具有一定压力的滑油通过滤网3上的油孔压送到喷嘴4处。滑油从喷嘴上的喷孔喷出,产生高速喷射油流,并产生切向反作用力,作用于转子组上。转子组上的两个喷油嘴喷孔方向相反,两股喷射油流形成一个力偶,于是推动转子组高速旋转(可达5 000 r/min以上)。这样,转子内的滑油也随之转动，于是滑油中的机械杂质在离心力的作用下，被甩向转子内腔四周壁上，而清洁的滑油通过滤网从喷油嘴喷出，经过出油口 7 流回油底壳中。

离心式滤器滤清效果好，使用维护保养方便、成本低。但流通阻力很大，从喷嘴喷出后的滑油压力很低，因此只能并联在润滑系统中，一般离心式滤器的流量只占柴油机总循环滑油量的 5% ~8%，常用作细滤器。

由于滑油细滤器极易脏堵，从而使柴油机不能正常运行。为了避免对滤器频繁地人工清洁，甚至停车清洗，目前船舶上普遍采用自动清洗滤器，不仅可以节省人力和减少滑油的消耗，而且保证了船舶的航行安全。

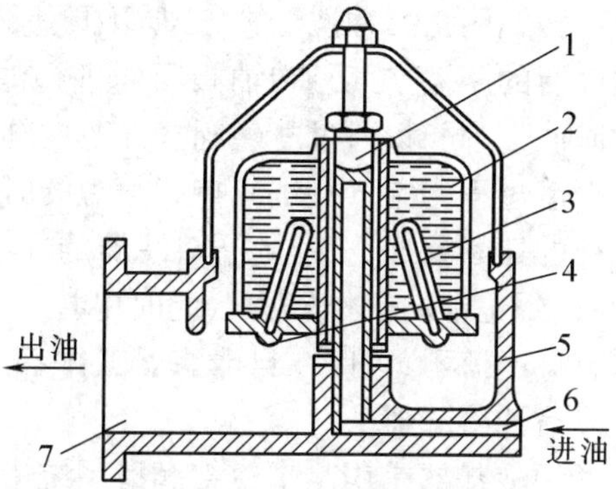

图 5-15　离心式滤清器工作图

1—转子轴；2—转子组；3—滤网；4—喷嘴；5—滤清器座；6—进油口；7—出油口

如图 5-16 所示是一种较常用的压缩空气自动反冲洗滤器，是一种可用于过滤滑油和燃油的自动滤器，有多个过滤腔室，其中有一个为备用腔室，每个腔室内有多个滤芯元件。中间为一个由伺服电机带动的转轴阀。此外，还配有专用的压差显示器和压缩空气(0.4 ~1.0 MPa)反冲洗系统。过滤过程如图 5-16(a)所示，待过滤的介质由进口经转轴阀，流入滤器进口腔室，进入滤芯部件。当介质通过滤芯后，介质中的杂质就留在滤芯的滤网上。清洁的介质就流出滤器。来自空气瓶的压缩空气通过电磁阀使杂质泄放阀关闭，同时准备下一次的自清循环。随着过滤过程的进行，在滤芯上滤出的杂质的增加使得进出口的压差不断增大。这会在压差显示器上显示出来，当压差达到设定的值时，将自动运行反冲程序。

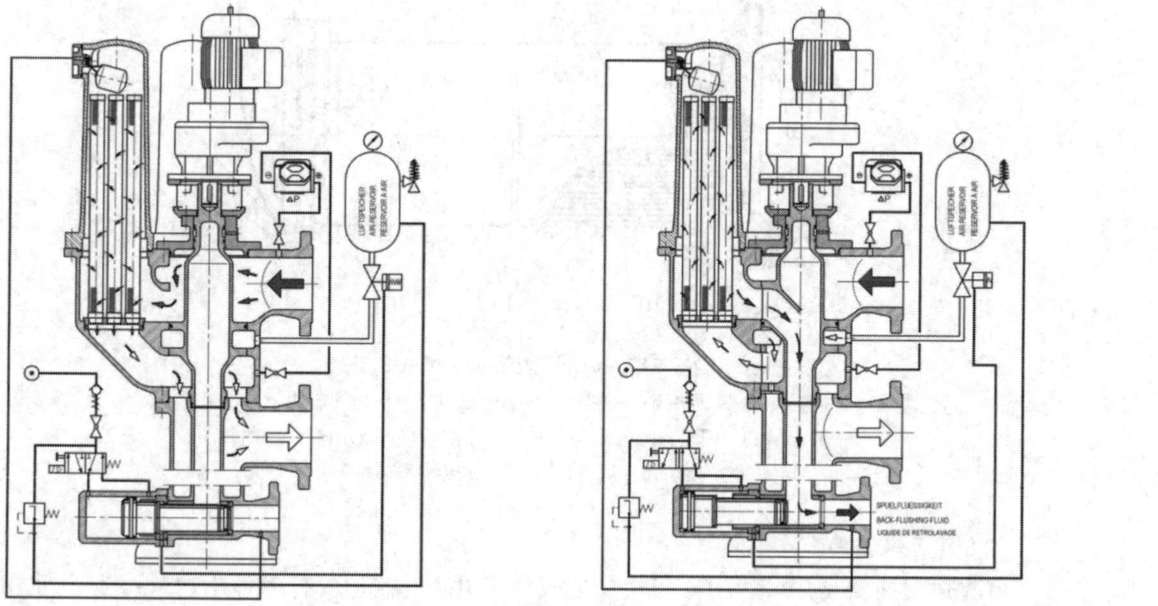

(a)　(b)

图 5-16　滑油自动反冲洗滤器

反冲洗过程如图 5-16(b)所示，当反冲洗程序启动时，在电气接触器的控制下，伺服电机带动转轴阀至反冲洗位置，介质不再进入反冲洗室，而是通过转轴阀进入备用的腔室，来自空气瓶的压缩空气经转轴阀反向进入滤芯，在空气压力的作用下，将附着在过滤元件上的杂质冲下，同时，通过电磁阀打开泄放阀，将冲洗的污物通过开启的泄放阀排出。

自清过程的空气冲洗只持续很短的时间，就会通过电磁阀关闭泄放阀。同时也通过控制系统的切断反冲空气，停止对滤器的冲洗。然后将清洁过的过滤腔室重新充满洁净的介质，并达到正常的工作压力。此时电控的延迟被取消，准备下一次的自清运转。自清滤器还备有旁通滤器，可以在自清滤器工作不正常时投入使用。

3. 滑油冷却器

滑油冷却器是用水来冷却润滑系统中温度升高的滑油；淡水冷却器是用海水来冷却封闭循环的淡水；空气冷却器是用水来冷却增压后温度升高的空气。从热交换的角度来看，它们都是热交换器。船舶柴油机的滑油冷却器绝大多数都采用水冷式，按结构形状不同可分为管壳式、板式两类。

(1)管壳式热交换器

目前，船上使用的滑油冷却器和淡水冷却器多为管壳式热交换器。它具有结构坚固、易于制造、适应性强、热容量大、压力损失小、密封性较好等优点。

如图 5-17 所示的是 6135 型柴油机的管壳式滑油冷却路。滑油自进油管接头 18 进入，因受隔板 8 限制而在管外呈曲线状从左至右流动，以增大滑油速度和流程，提高冷却效果。冷却水在冷却管 7 内从左至右流动，管外密布的散热片 9 也用来增加滑油向冷却水传热的效果。若用水直接冷却滑油的冷却器，应加装防腐锌棒，以防电化腐蚀。

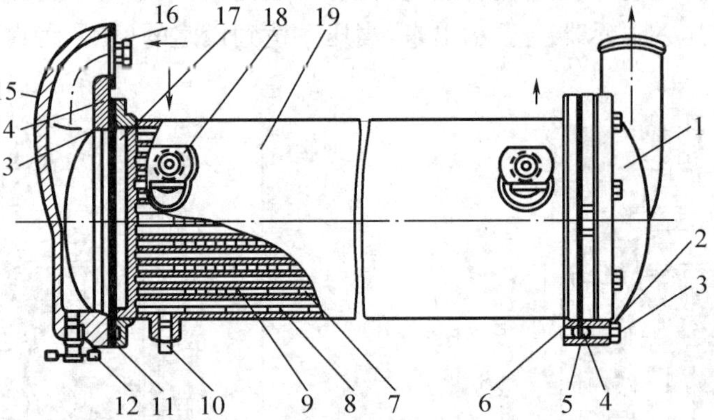

图 5-17　6135 型柴油机滑油冷却器

1—前盖；2—弹簧垫圈；3—螺钉；4—芯子法兰；5，11，16—垫片；6—外壳；7—冷却管；8—隔板；9—散热片；10—方头螺塞；12—放水阀；13—封油圈；14—封油垫圈；15—后盖；17—芯子底板；18—接头；19—外壳

(2)板式热交换器

板式热交换器是 20 世纪 60 年代初期开始使用在船舶上，有多种用途。海船上使用的钛板式热交换器表面能防止海水的侵蚀，具有换热系数高、结构紧凑、质量小、体积小等优点，易于清除污垢和维修，通过改变板片数目可方便增减热传导面积，初投资费用较高，密封垫片损坏时容易泄漏。

板式热交换器主要由架座和板组件组成。板组件由若干换热板片组成。换热板片通常由不锈钢片压制成型,厚度为0.6~0.8 mm,板面有直波凹凸和球面突起花纹的传热面及四个分配液体的孔。各板片和分配孔周围都装有密封垫圈,使液体隔开,并将其限制在板组件内。而垫圈的设计和配置方式,使热交换器内的两种液体做反向流动,并保证两种液体不渗透混合。各板面形成平行的通道,两种流体的流动与换热见图5-18。

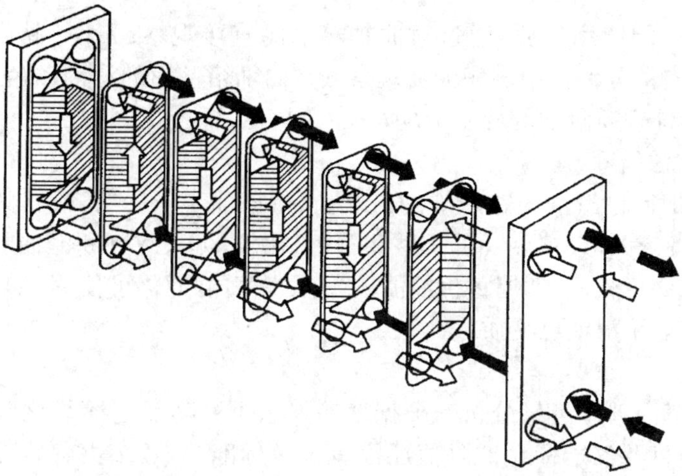

图5-18　板式热交换器流动原理图

三、曲轴箱油的变质和检验

1. 曲轴箱油变质的原因

曲轴箱油在循环使用中其性质不可避免地会发生变化。当它变化到不能满足使用要求时,需进行处理与更换。在正常使用条件下,滑油变质速度较慢,如管理不当、操作失误或长期工作不良,滑油变质速度就会加快。

滑油变质原因很多,主要有外来物的混入和滑油本身氧化两种。

(1)外来物的混入

混入润滑油的外来物主要有海水、淡水、灰尘,燃油和气缸中的燃烧产物,各种金属磨料和焊渣等硬质颗粒,油漆、石棉、面纱等软质杂物。

海水、淡水的混入使滑油乳化,破坏了其润滑性能,腐蚀金属表面,加速部件磨损,同时还能加速滑油的氧化,使滑油过早变质。

燃气漏入会降低滑油的黏度和闪点,使滑油难以形成油膜,并使曲轴箱内存积大量油气,易引起曲轴箱爆炸。

燃烧产物漏入将使滑油的酸值和炭渣增加,燃烧产物中的硫酸与滑油反应生成含硫和氧的固体沉淀物,加速滑油的变质。此现象在筒形活塞式柴油机中尤为明显。

(2)本身氧化

滑油在使用条件下与空气接触将逐渐氧化而生成油漆、树脂和有机酸等不溶于水的沉淀物。此时,滑油的颜色变黑暗,总酸值增加,黏度和相对密度增加,滑油的氧化速度随温度的提高而增大。在正常使用温度(不超过65 ℃)下,氧化并不明显。但若由于工作不正常,如燃气大量漏入或轴承过热等,导致滑油温度升高,则滑油的氧化速度大幅度提高。此外,铁锈和涂漆渗入滑油会起到催化作用而加速滑油的氧化。

2. 曲轴箱油的检验

为了能及时掌握滑油变质规律以便采取相应有效措施,需对曲轴箱滑油进行定期检验,通常有以下几种方法。

(1)经验法

根据轮机人员的使用经验,通过对曲轴箱油的直接观察,人摸(黏度)、嗅(气味)、看(颜色)以及检验滑油分油机中沉积油泥观察溅在曲轴箱壁面的滑油颜色、活塞冷却腔内的积炭等,可大致定性判断滑油的变质情况。

(2)油渍试验法

这种方法是把待检滑油滴在特殊的试纸上,待该油滴干燥后,根据其扩散状况与颜色的变化与提供的标准图像(或新油的扩散和颜色)比较,可大致判断滑油的变质情况。如油渍中心黑点较小,颜色较浅,四周黄色油渍较大,则表面滑油仍可使用;如黑色较大,且黑褐色均匀无颗粒,则表示滑油已变质。

(3)化验法

化验法可对滑油进行定量分析。根据使用要求可分为船上简易化验和实验室化验两种。目前,化验项目及各指标允许限值还没有统一标准,一般多由各石油公司拟定。化验项目和允许各指标变化限值如下。

①黏度

使用中的滑油黏度可能降低(混入柴油)或增高(混入重油自身氧化)。一般认为,滑油黏度变化不得超过初始值的25%或20%。

②总酸值

滑油自身氧化和燃烧产物中的酸性产物漏入均会使总酸值增高。总酸值的变化速度比其绝对值更为重要,因为它可以说明滑油是否有迅速恶化以及产生沉淀物和变黑的倾向。总酸值有一个缓变时期,缓变后期总酸值可能增加很快。通常,若总酸值变化迅速增高,则此值不允许超过2.5 mg KOH/g;如总酸值变化缓慢,则可允许4 mg KOH/g;但若出现强酸值,则只允许总酸值达到2.5 mg KOH/g。

③强酸值

燃烧产物中的酸性物质漏入将造成强酸值增加。正常使用的滑油不允许出现强酸值,应引起足够重视,立即查明原因,采取有效措施(如水洗等)。

④总碱值

滑油在使用中,随着碱性添加剂的消耗,总碱值逐渐减小。不允许总碱值为零或出现强酸值。

⑤水分

滑油中的水分系由冷却系统漏泄所致。当水分超过0.5%时,应查明原因,同时使用滑油分油机予以处理。

⑥盐分

海水漏入滑油会出现盐分,盐分具有腐蚀作用。应查明原因,采取处理措施。水洗法可排盐分,但应考虑滑油中的添加剂是否溶于水。

⑦沉积不溶物

滑油中的沉积不溶物包括燃烧产物、磨屑、铁锈和氧化物等。这些污染物会使滑油黏度增加并生成泥渣。使用纯矿物滑油并具有连续分离净化设备的十字头式柴油机，沉积不溶物一般不超过0.5%，若超过1%说明滑油污染严重。使用添加剂滑油的筒形活塞式柴油机，其滑油的沉积不溶物允许高达3%，因为此种滑油具有悬浮携带固体微粒的能力。

沉积不溶物中的氧化物溶于苯而不溶于正庚烷，因而分别用正庚烷和苯测量沉积不溶物的数量，其差值即为氧化物质量。一般沉积物多指正庚烷不溶物。

⑧闪点

燃油漏入将降低滑油闪点。一般当闪点降低40 ℃或更多时，应查明原因。

在分析以上化验指标时，应综合分析各指标的变化，不应只强调某一指标的变化。

四、润滑系统的维护管理

1. 确保滑油的工作压力

运转中滑油压力应保持在0.15～0.4 MPa之间，以保证各轴承的连续供油。滑油压力应高于海水压力和淡水压力，以防冷却器泄漏时水漏入滑油中。滑油压力可借滑油泵的旁通阀来调节。

滑油压力过低时，将导致轴承供油不足。滑油压力也不宜太高，压力太高了不但增加滑油泵的负担，滑油会溅出，接合面易漏油，而且从轴承间隙漏出的滑油形成雾状细滴，在曲柄箱中易受热氧化而变质，也增加滑油的消耗量。

滑油压力升高一般是因为调节不当，滑油管道或滤器堵塞引起。

2. 确保滑油的工作温度

滑油进口温度一般大型低速机应保持40～45 ℃，中、高速机50～55 ℃；出口温度不超过65 ℃（中、高速机70～90 ℃，进出口温差一般为10～15 ℃。滑油温度一般可通过滑油冷却器的旁通阀来调节。

滑油温度过高，黏度降低，润滑性能变差，且滑油易氧化；滑油温度过低，黏度增大，摩擦阻力损失及滑油泵耗功增加。

3. 确保足够的油量

应经常检查循环柜的油位，及时补充滑油，使之保持足够的油量。油量过少，油温升高，容易使滑油在曲柄箱中挥发，另外在单位时间内滑油的循环次数过多，均会使滑油加速氧化变质，而且杂质也无法在循环柜中得到充分的沉淀时间，且易造成供油中断。如油位过高则当船舶摇摆时可能会溢油而造成损失。一般，正常油位应位于循环柜顶板下方15～20 cm处。若油位突然升高，则可能是有冷却水漏入；油位突然下降，可能是管系或油底壳破裂所致，应及时查明原因予以排除。

4. 备车暖机和停车时的管理

备车时，应对滑油柜加温，使滑油温度提高到38 ℃左右。冷天预热滑油，还可减轻滑油泵启动时的负荷。加热后即可开动滑油泵，使滑油预循环，防止柴油机启动时发生干摩擦。停车后，应继续让滑油系统运转20 min左右，使发动机各润滑表面继续得到冷却。

5. 确保滑油的质量

应定期取油样进行化验分析，保持滑油清洁。航行中还应定期用分油机对曲轴箱油进行旁通净化分离。

6. 定期检查和清洗滑油冷却器

滑油冷却器长期使用后，传热表面会由于滑油中的泥渣、污垢的污染，而降低传热效果，严重时会造成滑油的温度超过正常运转温度，为此，应该定期打开清洗。

第四节　冷却系统和维护

柴油机中燃油燃烧放出的热量约有30%要经过气缸、气缸盖和活塞等部件散向外界。为了能够散出这些热量，需有足够数量的冷却液连续流经受热件，通过冷却保证受热部件的工作温度稳定。从能量利用观点来看，柴油机的冷却是一项应予避免的能量损失，但从保证柴油机正常工作来考虑它又是必需的。

一、冷却的作用与方式

柴油机冷却有以下作用：

(1)保持受热部件的工作温度不超过材料所允许的限值，保证在高温状态下受热部件的强度；

(2)保证受热件内外壁面有适当的温差，减少受热件的热应力；

(3)还可以保证运动件如活塞与缸套之间的适当间隙和缸壁工作面上滑油膜的正常工作状态。

在管理中既不使柴油机因缺乏冷却而导致机件过热，也不使柴油机因过分冷却而造成不良后果，应有所兼顾。近代从尽量减少冷却损失以充分利用燃烧能量出发，国内外正在进行绝热发动机和低排热发动机的研究，并相应发展了一批耐高温的受热部件材料，如陶瓷材料等。

目前，柴油机的冷却方式分强制液体冷却和风冷两种，绝大多数柴油机使用前者。

二、冷却介质

柴油机强制液体冷却系统中的冷却介质通常有淡水、海水、滑油和柴油等四种。淡水的水质稳定，传热效果好，并可采用水处理解决其腐蚀和结垢的缺陷，它是目前使用最广的一种理想冷却介质。柴油机对水质要求一般为不含杂质的淡水或蒸馏水。

海水的水源充裕但水质难以控制且其腐蚀和结垢问题比较突出，为减少腐蚀和结垢应限制海水的出口温度不应超过50 ℃，因而目前很少使用海水直接对柴油机进行冷却。

滑油的比热小，传热效果较差，在高温状态易在冷却腔内产生结焦，但它不存在因漏泄而污染曲轴箱油的危险，因而适于作为活塞的冷却介质。

柴油多用作喷油器的冷却介质。

当代新型超长冲程柴油机的活塞冷却，大多用曲轴箱油作为冷却介质。

三、冷却系统的组成和布置

柴油机冷却系统一般是淡水强制冷却柴油机，采用闭式循环；然后用海水强制冷却淡水和其他载热流体(如滑油、增压空气等)，海水系统属于开式系统。两者组成的冷却系统称闭式冷却系统。

1. 闭式淡水冷却系统

在淡水循环系统中，淡水流动的路线可以有两种方案。

(1) 方案 A，如图 5 – 19(a) 所示。方案 A 中，淡水泵供应的淡水先进柴油机，然后去淡水冷却器。由于冷却器内淡水的压力较低，有可能发生海水漏入淡水的情况。

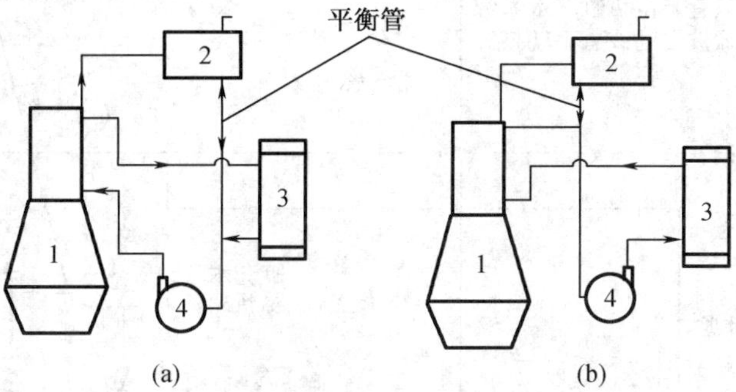

图 5 – 19　冷却系统布置方案

1—柴油机；2—膨胀水箱；3—冷却器；4—淡水泵

(2) 方案 B，如图 5 – 19(b) 所示。方案 B 中，淡水泵供应的淡水先去冷却器，然后再到柴油机。由于柴油机淡水冷却腔内的压力较低，易造成死角、出现局部的蒸发、冷却不良并引起穴蚀或局部过热。

目前方案 A 在船舶上使用较广，方案 B 应用较少。

由于受热部件工作条件不同，所要求的冷却液温度、压力等也各不相同。因此各受热件的冷却通常由单独的系统组成。一般分为缸套和气缸盖、活塞、喷油器三个闭式淡水冷却系统。

如图 5 – 20 所示为 MAN B&W MC 系列柴油机缸套冷却水系统。缸套冷却水泵出口的淡水由缸套水的进口总管进入各缸套下部，沿缸套→气缸盖→透平增压器路线进行冷却。各缸出水管汇总后一路经制淡机和缸套水冷却器冷却，重新进入缸套冷却水泵进口；另一路进入淡水膨胀水箱。在淡水膨胀水箱和缸套冷却水泵之间设有平衡管用于给系统补水并保持淡水泵吸入压头。系统中有温度传感器检测柴油机冷却水出口温度的变化，并通过热力膨胀阀控制其进口温度。通常，缸套冷却水泵设有两台，皆为离心泵。

缸套冷却水系统中均设高置膨胀水箱，通过平衡管与淡水泵的吸入口相连，起着十分重要的作用。膨胀水箱的作用是：排放系统中的空气；使淡水受热后有膨胀的余地；自动向系统中补充因蒸发和泄漏而损失的水量，保证淡水泵有足够的吸入压头；便于向系统投放化学药品进行水处理；若没有蒸汽管，可添加热淡水进行暖缸，此外还可装水位表，以便观察系统中冷却水量的变化情况。

喷油器冷却系统的组成及原理与缸套冷却系统基本相同，冷却剂可用淡水或柴油。目前，大中型柴油机普遍采用燃油经喷油器循环的措施，利用燃油冷却喷油器，不设专门的冷却系统。活塞冷却系统已在第二章陈述，在此不再重复。

通常，船舶上的发电柴油机有自行独立的淡水冷却系统。

2. 开式海水冷却系统

开式循环冷却系统是直接利用舷外水（海水或河水）冷却各受热部件，然后再排至舷

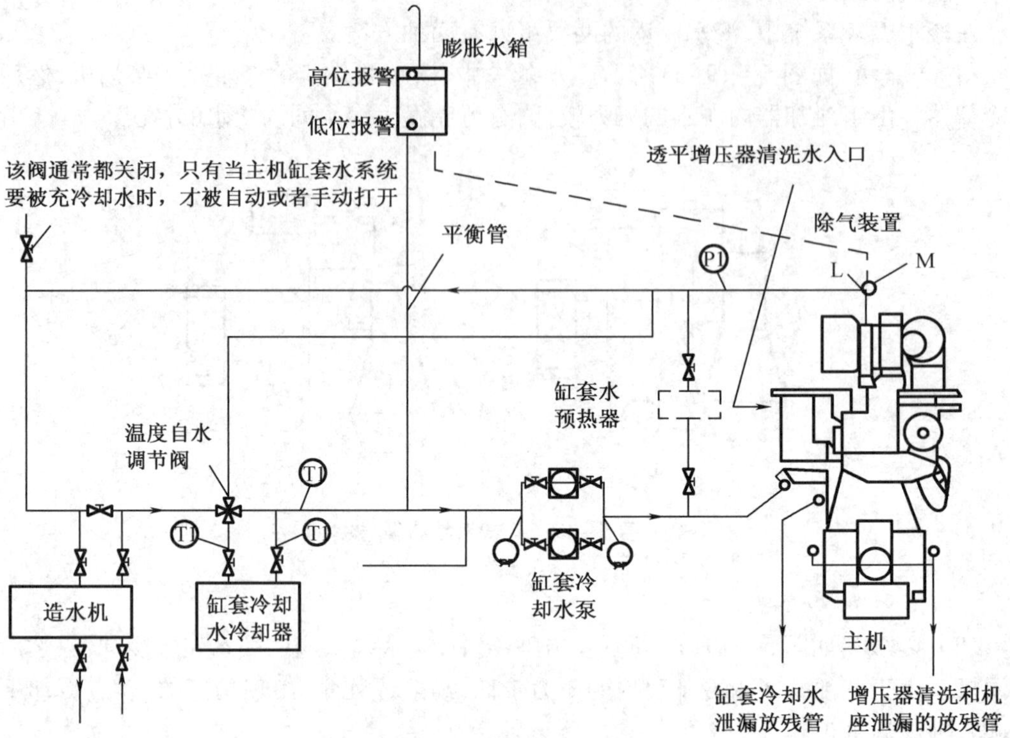

图 5－20　MAN B&W MC 系列柴油机缸套冷却水系统

外。所以,开式循环冷却系统仅用于技术指标不高的中、小型柴油机中。随着船用柴油机强化程度的不断提高,很少再采用开式循环冷却系统。

如图 5－21 所示为 6135 系列柴油机开式循环冷却系统。淡水泵 1 将舷外水泵经滑油冷却器 3 冷却滑油后,一路由机体进水管 4 进机,冷却气缸套和气缸盖;另一路去冷却增压器。冷却过柴油机和增压器的冷却水,经出水管 8 排至舷外。为了控制冷却水进机温度,缸盖出水管 6 末端内装有调温器 7 用以旁通已升温的淡水,使它从回水管 5 至淡水泵进口。

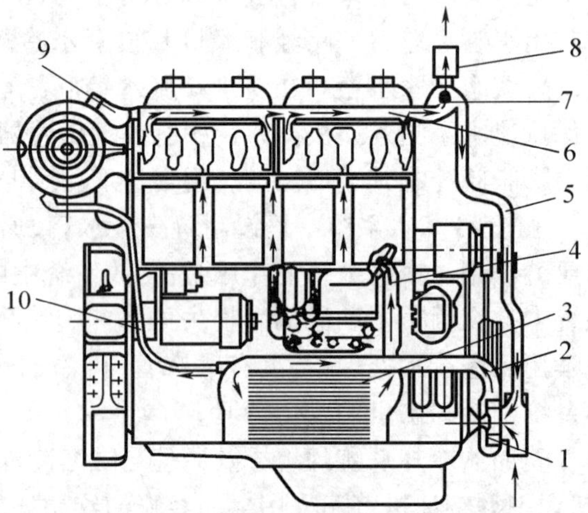

图 5－21　6135 型柴油机的开式冷却系统

1—淡水泵;2—滑油冷却器进水管;3—滑油冷却器;4—机体进水管;5—回水管;6—气缸盖出水管;7—调油器;8—出水管;9—增压器出水管;10—增压器进水管

开式海水系统是用海水来冷却淡水、滑油、增压空气和空气压缩机等。系统的基本组成是海底阀(海底门)和大排量海水泵。其系统由图 5－22 可见,从海底阀来的海水经滤器而抽入海水泵,然后被送往滑油、淡水冷却器和空气冷却器后排至舷外。系统中还装设感温元件 6 和自动调温阀 11，使部分使用的海水回流至海水泵进口，保证进冷却器的海水温度不低于 25 ℃。由于海水中含有大量盐类、杂质和气体，受热后会在冷却表面沉积成水垢，降低冷却效果，故海水的出口温度不得高于 50 ℃。

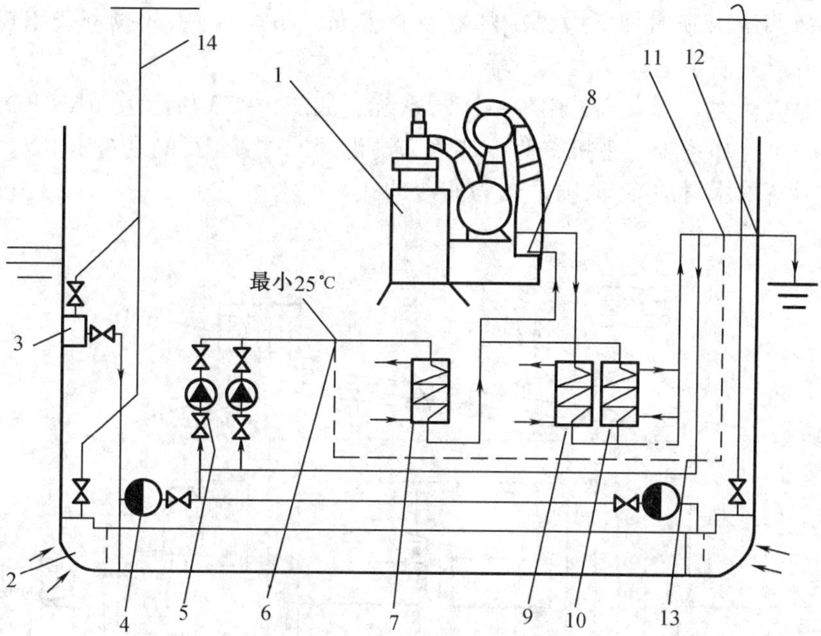

图 5－22　开式海水冷却系统

1—主机；2—低位海底阀；3—高位海底阀；4—海水滤器；5—海水泵；
6—感温元件；7—滑油冷却器；8—增压空气冷却器；
9—活塞水冷却器；10—缸套水冷却器；11—自动调温阀；
12—海水出口阀；13—温海水回行管；14—通气管

海底门一般设置两个以上，分高位和低位，分别置于船舶的两侧舷旁。高位海底门于空载水线下约 300 mm 处，低位海底门设在舱底（靠双层底附近）。当船舶在浅水道、港口航行或停泊时，为避免水下泥沙污物堵塞海水系统，使用高位海底门；而在海上航行时，为防止因风浪而造成空吸，使用低位海底门。当停靠码头时，一般停用靠近码头一侧的海底门，而改用外侧海底门，以防污物阻塞海底门。

海水泵一般设置两台，一台为备用。海水泵一般均采用大排量离心泵。为减少系统设备，有些船上还把备用海水泵兼作备用淡水泵。海水泵排量很大，常在吸入管接一应急舱底吸口，以备机舱进水时应急排水。海水排出管道上装有与消防泵、通用泵或压载泵排出管道相通的管系，当某泵损坏时可切换以互相应急代用。

3. 中央冷却系统

中央冷却系统是一种近代新型的柴油机冷却系统。其特点是使用不同工作温度的两个单独淡水循环系统：高温的高温淡水（约 80 ~ 85 ℃）和低温的低温淡水（约 30 ~ 40 ℃）闭式系统。前者用于冷却主机，后者用于冷却淡水和各种冷却器（如滑油、增压空气等）。受热后的低温淡水再在一个中央冷却器中由开式海水系统进行冷却。由此，可只使用一个用海水作为冷却液的冷却器，简化了海水管系的布置，并可保证柴油机在工况变化时其冷却水参数不变。中央冷却系统较传统的冷却水系统有下述明显优点：

(1)海水管系及中央冷却器的维修工作量减至最少；

(2)冷却水温度稳定，不受工况变化的影响，使柴油机始终在最佳冷却状态下运转；

(3)淡水循环可多年保持清洁，维修工作量少。

中央冷却系统由于增加了中央冷却器及其辅助设备与管系，故投资费用较高；并且附加管系的阻力损失使泵送耗功也有所增加。

新型柴油机动力装置大多采用中央冷却系统。如图5－23所示为MAN B&W MC/MCE型柴油机的中央冷却系统。主机缸套冷却水为高温淡水系统，发电副机缸套水为低温淡水系统。主机活塞采用滑油冷却，喷油器为非冷却式。

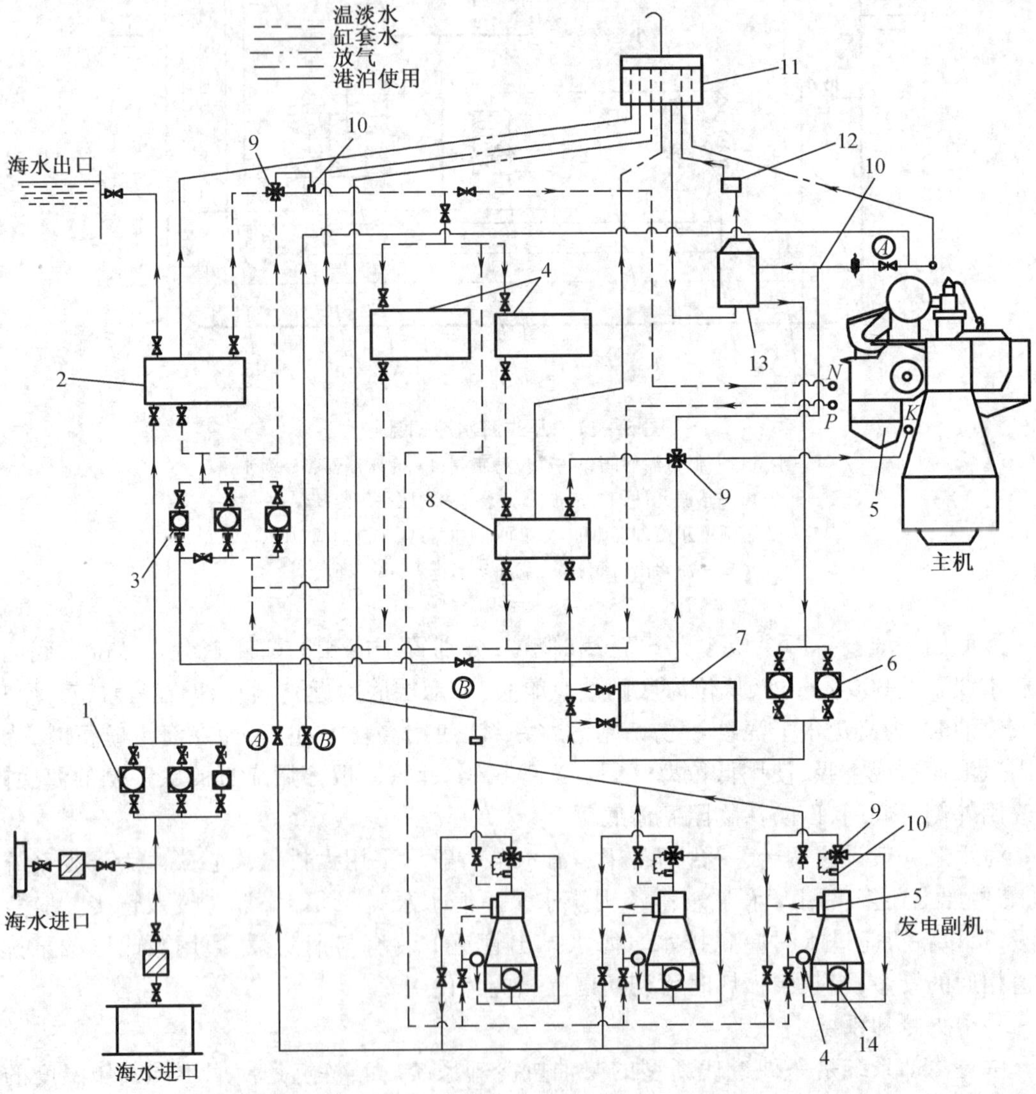

图5－23　MAN B&W MC/MCE型柴油机中央冷却系统

1—主海水泵；2—中央冷却器；3—中央冷却泵；4—滑油冷却器；5—空气冷却器；6—缸套冷却水泵；7—制淡水机；8—缸套水冷却器；9—热力控制阀；10—温度传感器；11—膨胀水箱；12—空气分离器报警器；13—空气分离器；14—副机带淡水泵

低温淡水由中央冷却泵3泵出，分别冷却主机滑油冷却器4、空气冷却器5、主机缸套水冷却器8，其回水经总管汇集后流至中央冷却泵3(共3台)入口处。此低温淡水同时兼作发电副机缸套水，其出口水在航行时(阀A开启，阀B关闭)流至单设的中央冷却泵3入口处。在停泊期间(阀A关闭，阀B开启)，发电副机缸套冷却水可用于主机暖机。受热后的低温淡水可在中央冷却器2中由主海水泵1过来的海水进行冷却。在系统中还装有多个温度传感器及相应的热力控制阀，可根据水温变化来调节旁通水量。

四、冷却系统的设备

1. 水泵

水泵的功用是使冷却水有一定的压力，加速循环流动。离心式水泵因其结构简单、尺寸小、排量大、工作可靠、制造容易，以及当水泵由于故障而停止工作时，冷却水仍可进行自然循环，防止柴油机因局部过热而损坏等优点，在冷却系统中被广泛采用。其缺点是吸头低、扬程小。

2. 自动调温器

调温器是柴油机冷却系统中的温度自动调节设备。柴油机运转时，要求冷却水温能维持在一定范围。然而冷却水温是随柴油机的负荷大小和转速高低而变化的，要想维持恒温，必须随时调节冷却水的进口温度，这就是当水温较低时，使冷却水不流经淡水冷却器冷却，只进行有利于提高进水温度的“小循环”；当水温升高到一定数值时，再使冷却水全部通过淡水冷却器，进行有利于降低进水温度的“大循环”；或者是一部分冷却水做大循环，另一部分做小循环，使冷却水汇合时得到适宜的进水温度。冷却水的循环路线和流量由自动调温器来控制。

目前调温器的形式较多，但较常用的是波纹管调温器和蜡质调温器。

如图5－24所示是波纹管调温器工作原理图。在波纹型密封容器2内装有易于挥发的乙醇或乙醚与蒸馏水溶液(比例为1:2)。波纹管浸在冷却水的出水流中，感受着出水温度的高低，并产生不同的伸长或收缩。当水温低于所要求的数值时，主阀6关小或关闭，旁通阀3打开，使得一部分或全部冷却水直接流向循环冷却水泵的入口，不通过冷却器。如果水温达最大值时，波纹管膨胀到使主阀全开，旁通阀全关，致使冷却水全部流向冷却器。经冷却后再流至循环水泵入口。

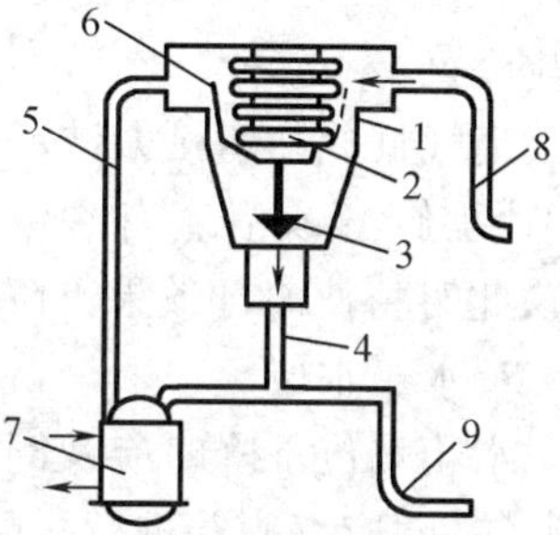

图5－24　波纹管调温器原理

1—壳体；2—波纹管型密封容器；3—旁通阀；4，5—水管；6—主阀；7—冷却器；8—柴油机出水管；9—冷却水泵进水管

波纹管形式调温器结构简单，但是由薄金属片做成的波纹管工作可靠性差，使用寿命也短。

如图5－25所示是蜡质调温器的一种结构形式。它的感温元件是由感应器体8及密封在其中的石蜡组成，为了提高导热性能，常在石蜡中加入铜粉。石蜡在82.5～83 ℃熔化成液体时体积膨胀特别大，通过胶管6推动推杆4，控制与推杆相连的主阀1和旁通阀2。当水温达到最高值时，主阀1全开，通往循环冷却水泵入口的旁通阀关闭，冷却水全部进入冷却器经冷却后至水泵入口。这种调温器对冷却系统中的工作压力不敏感，工作可靠，使用寿命较长，但结构比较复杂。

五、冷却系统的维护管理

1. 冷却水的温度和压力

通常海水压力约为0.1~0.2 MPa,淡水压力约为0.2~0.3 MPa,应该保证淡水压力始终大于海水压力,以免海水渗入淡水中。

淡水温度应符合柴油机说明书的规定。对于中、高速柴油机,一般出水温度可控制在70~80 ℃(不烧含硫重油时);低速机可控制在60~70 ℃,进出水温差应不大于12 ℃。淡水出水温度过低会造成热损失增加,热应力增大,低温腐蚀加剧;过高则使缸壁滑油膜蒸发,缸壁磨损加剧,冷却腔内发生汽化、缸套密封圈易老化。一般淡水出水温度以接近允许上限为宜。

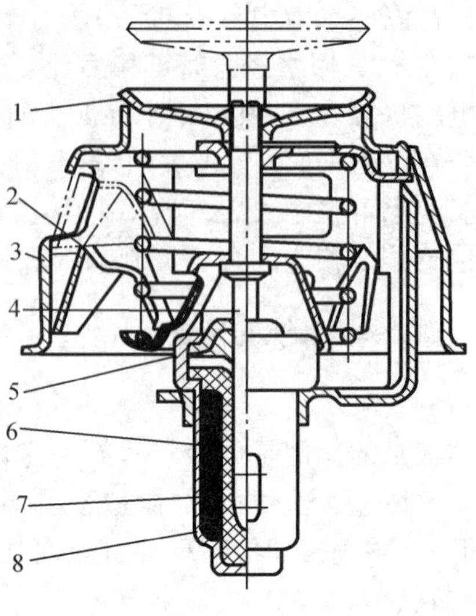

图5-25 蜡质调温器结构

1—主阀;2—旁通阀;3—壳体;4—推杆;5—密封器;6—胶管;7—石蜡;8—感应器体

运转中若淡水温度不正常,则可调节海水管路上的旁通阀,来调节进入淡水冷却器的海水量,或者利用淡水管路上的旁通阀来调节进入淡水冷却器的淡水量,或调节海水温度。现代新型船舶多装设淡水和滑油温度自动调节装置,其调节阀多装在淡水和滑油的管路中,以控制进入冷却器的淡水量和滑油量。

在寒冷地区航行时,应防止海底阀被冰块卡死或杂物堵塞,并应保证海水进口温度不低于25 ℃,海水出口温度不应超过50 ℃,以免析盐而沉积成垢,影响传热。

此外,还要检查各缸冷却水的流动情况,如需调整冷却水流量,必须用淡水出口阀来调节,调节速度应尽量缓慢,以保证水腔里的淡水压力和流动情况正常。进口阀应始终处在全开位置。

当气缸冷却水压力波动而调节无效时,通常是由于系统中有气体的存在(由于系统透气不足、缸套或活塞有裂纹而引起燃气泄漏、水泵轴封失效或水量不足而过热汽化等引起),此时将使冷却效果下降,可能会引起局部过热而损坏部件,应尽快查明并消除之。

2. 水箱水位

水箱水位下降时应及时补足,防止吸空。如果膨胀水箱水量消耗过快,则说明系统中有泄漏处,应查明并进行排除。应定期检查淡水循环柜的水位。

3. 机动操纵

进出港机动操纵时,主机操作频繁,要控制海水系统保证淡水温度不产生过大波动,应提前关掉海水泵或控制其流量。

4. 备车和停车

备车阶段应开动淡水泵,使淡水在系统内循环15~30 min,对系统驱气以免系统中空气积聚而形成气囊,引起局部冷却恶化。

在寒冷地区,还应加高温淡水进行暖缸,应使水温达到40 ℃左右,以改善气缸的热状态,易于启动,使滑油均匀分布,减轻启动时的磨损和热应力,还可减少启动空气的消耗量。

停车后应让冷却水系统继续循环20~30 min,冷却水的流量则应关小,使气缸温度缓慢降低,以减少热应力,并防止残留在气缸壁上的油膜蒸发或结炭。

5. 保证供水

保证海水的正常供应。当泵不上海水时除泵的故障外，通常还有系统中漏进空气或滤器堵塞的原因。特别是当船舶由深水进入浅水，遇大风浪，以及在较脏的水域航行时，可能会发生海底阀堵塞和吸空，应及时切换使用高或低位海底阀。

应定期（每周一次）检查冷却水质量。水处理添加剂的浓度应在规定范围，pH 值范围 6.5～8，氯化物浓度不大于 50×10^{-6}。若氯化物浓度增加，则表示有海水漏入；pH 值降低则说明有排气渗入，应及时查明原因并予以处理。

思考与练习

1. 柴油机润滑有哪些作用？
2. 液体动压润滑的条件是什么，哪些因素影响液体动压润滑？
3. 柴油机气缸润滑的特点是什么？
4. 选择十字头式柴油机气缸油总碱值的依据是什么？如何判断所用气缸油 TBN 值是否正常？
5. 气缸油注油率过小、过大对柴油机有何危害？如何选择气缸油的注油率？
6. 柴油机燃烧不正常对润滑有何影响？
7. 柴油机冷却系统的主要任务是什么，有哪几种冷却系统？
8. 柴油机闭式冷却系统有何优点？
9. 闭式冷却系统中膨胀水箱的作用有哪些？
10. 为什么停车后，不应立即关闭柴油机的润滑和冷却系统？
11. 柴油机冷却系统中冷却水温度过高或过低对柴油机有何影响？
12. 简述柴油机滑油循环系统和冷却系统的维护管理要点。

第六章　启动、换向和调速

【知识目标】

1. 了解柴油机常见启动方式，掌握压缩空气启动的工作原理；

2. 正确掌握压缩空气启动装置中气缸启动阀、空气分配器、主启动阀的结构组成、工作原理和启动条件；

3. 掌握双凸轮、单凸轮换向装置的基本原理、换向方法和要求；

4. 了解对船舶主机和发电柴油机进行调速的必要性；

5. 掌握调速器的静态、动态性能指标表征的含义；

6. 正确掌握液压调速器、电子调速器的工作原理和特点；

7. 熟悉并联工作的发电柴油机对稳定调速率的要求；

8. 正确掌握船用柴油机对操纵系统的要求，熟悉各种操纵系统的类型及特点。

【能力目标】

1. 认识柴油机压缩空气启动主要设备；

2. 对常见柴油机的启动故障现象能进行正确的维护；

3. 能够运用换向装置的工作原理认知各种换向装置并能维护；

4. 能够正确调节典型液压调速器稳定调速率和稳定性；

5. 能够使用各种船用柴油机的操纵系统。

船舶经常在各种复杂的情况下航行，例如，在进出港和靠离码头时，要求船舶多次改变航速和航向；在海洋中正常航行时，要求船舶定速前进；在大风浪中航行时应限制主机的负荷、转速以防主机超负荷或超速；在紧急情况下，为了避碰而要求紧急刹车，强迫主机迅速停车和倒转。为了满足船舶机动操作的要求，船舶主机应当具有启动和停车、调速、限速、限制负荷、正车和倒车等能力。为此，作为船舶柴油机，必须设置启动、换向和调速装置，以及使上述各种装置联合动作的操纵系统。

第一节　启动装置

一、柴油机启动和启动方式

静止的柴油机必须借助外力（矩）的作用使柴油机达到启动转速，从而使喷入气缸内的燃油压缩发火、燃烧、膨胀推动活塞并通过曲柄连杆机构使柴油机自行运转，这一过程即为柴油机启动。通常称柴油机启动所要求的最低转速为启动转速，其大小与柴油机的类型、技术状态、燃油品质、环境条件等有关，它是鉴别柴油机启动性能的重要标志。启动转速的范围是：高速柴油机 80 ~ 150 r/min；中速柴油机 60 ~ 70 r/min；低速柴油机 25 ~ 30 r/min。

柴油机转速过低时,压缩过程缓慢,气体对气缸壁散热较多,通过活塞环的漏泄亦较多,致使柴油机压缩终点温度较低,达不到燃油压缩发火的要求,柴油机也就不可能启动。

按照柴油机启动所采用外来能源的形式,柴油机的启动方式可分为:

(1)借助于曲轴上的外力矩使曲轴转动起来,如人力手摇启动、电力启动、气马达启动等。船舶中小型柴油机如救生艇发动机、应急发电柴油机、部分发电柴油机,通常采用电力或气马达启动。

(2)借助于活塞上的外力推动活塞运动使曲轴转动起来,如压缩空气启动。船舶主柴油机和大多数发电柴油机均采用压缩空气启动方式。

柴油机的启动性能除了与柴油机的构造特点和工作条件有关外,也与启动装置有关。柴油机启动装置应能保证柴油机迅速可靠地启动,使消耗的能量尽可能少,易于实现机舱自动化和遥控。对于船舶主机,还要求当曲轴处于任何位置和机舱温度不低于 5 ~ 8 ℃时,不需暖机就能迅速可靠地启动。

二、压缩空气启动装置的工作原理

压缩空气启动就是将具有一定压力的压缩空气(2.5 ~ 3.0 MPa)按柴油机的发火顺序在膨胀行程引入气缸,代替燃气推动活塞,使柴油机达到启动转速,完成燃油自行发火。它的主要优点是启动能量大,启动迅速可靠,在正倒车运转时还可以利用压缩空气来实现制动和帮助操纵。但该装置构造较复杂,不适用于小型高速柴油机。

1. 启动装置简介

压缩空气启动装置主要包括:空气压缩机、启动空气瓶、主启动阀、空气分配器、气缸启动阀和启动控制阀等。其组成和工作原理如图 6 – 1 所示。

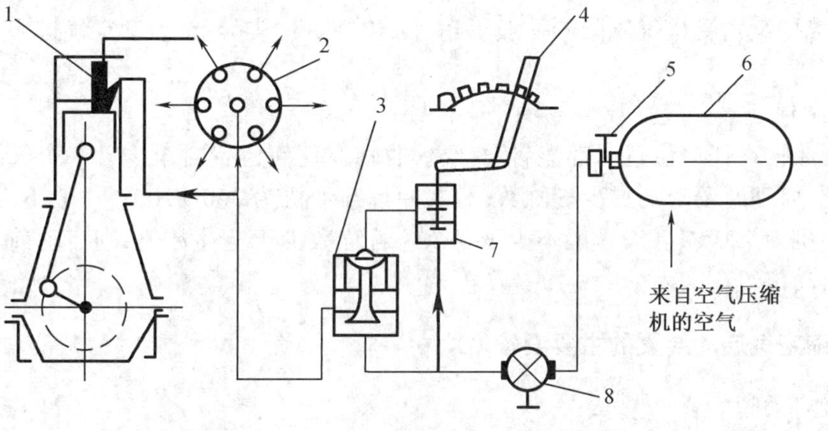

图 6 – 1　压缩空气启动装置原理图

1—气缸启动阀;2—空气分配器;3—主启动阀;4—操纵手柄;5—出气阀;
6—空气瓶;7—启动控制阀;8—截止阀

启动前,空气压缩机向空气瓶充气达到规定压力。备车时,打开空气瓶上出气阀 5 和截止阀 8,使空气瓶中空气自截止阀 8 沿管路通至主启动阀 3 和启动控制阀 7 处等候。启动时,将操纵手柄 4 推至“启动”位置,此时,启动控制阀 7 开启,控制空气进入主启动阀 3 的活塞上面,推动活塞下移使主启动阀开启。于是启动空气分成两路:一路经空气总管引至各缸的气缸启动阀1下方空间等候；另一路为控制用的压缩空气，被引至空气分配器，然后按柴油机的发火顺序依次到达相应的气缸启动阀的顶部空间使其开启，以便原等候在此阀下方的启动空气进入气缸，推动活塞运动及驱动曲轴转动。当柴油机达到启动转速时，随即将燃油手柄推至启动供油位置。待柴油机启动后，立即通过柴油机操纵手柄关闭启动控制阀，切断启动空气。主启动阀随即关闭，气缸启动阀上部空间的控制空气经空气分配器泄放，气缸启动阀关闭，启动过程结束。然后可逐渐调节供油量使柴油机在设定的转速下运转。当无须再次启动时，将截止阀和出气阀先后关闭。

2. 启动条件

为保证柴油机有效、可靠地启动，压缩空气启动的柴油机必须具备三个条件：

(1)压缩空气应具有一定的压力和足够的储量

按我国《钢质海船入级与建造规范》的要求，供主机启动用的空气瓶至少有2个，压力应保持2.5～3.0 MPa，其储量应保证在不补充空气的情况下，对可换向的主机能从冷机正倒车交替启动不少于12次，对不可换向的主机能从冷机连续启动不少于6次。

通常，空气压缩机上装有压力继电器自动控制，当空气瓶内压力降至设定的数值时，空气压缩机自动投入工作向空气瓶充气；在空气瓶内压力升至设定值后，空气压缩机自行停车。启动空气管应装安全阀，开启压力为1.1倍的最高启动压力。

(2)压缩空气供气要适时并有一定的供气延续时间

适当的供气正时既有利于启动又节省空气消耗量。压缩空气必须在活塞处于膨胀行程之初的某一时刻进入气缸，并持续一段时间。启动正时(空气分配器正时)与柴油机的类型、气缸数目、标定转速和启动空气压力等因素有关。

通常，大型低速二冲程柴油机供气始点约在上止点前5 °CA，供气终点约在上止点后100 °CA，供气持续角一般不超过120 °CA；中高速四冲程柴油机供气始点约在上止点前5～10 °CA，供气持续角受排气阀限制一般不超过140 °CA。实际上，启动空气进入气缸的时刻会稍延后。

(3)必须保证最少气缸数

为保证曲轴在任何位置时都能启动，要求曲轴在任何位置时至少有一个气缸处于启动位置。为此，启动所要求的最少气缸数，对二冲程柴油机为360°/100°，一般不少于4个；对四冲程柴油机为720°/140°，一般不少于6个。若缸数少于上述数值，则启动前必须盘车至某缸处于启动位置。

三、压缩空气启动装置的主要设备

1. 气缸启动阀

气缸启动阀是启动装置中最主要的部件之一。整个操纵系统能否保证柴油机可靠地启动、制动和反转，在很大程度上取决于气缸启动阀的性能。一般对气缸启动阀有启动和制动两个方面的要求。

启动方面的要求：气缸启动阀开关迅速，但落座速度缓慢以减轻阀盘与阀座间的撞击。在缸内发火后即使有控制空气作用在其上方，它也应保持关闭状态，以防高温燃气倒流入启动总管。

制动方面的要求：即使缸内压力稍高于启动空气压力，气缸启动阀仍能保持开启状态，以实现减压制动和强制制动。

柴油机的制动过程由能耗(减压)制动和强制制动两个阶段组成。为使高速运转的柴油机迅速停车并及时开出倒车,首先由换向机构做换向操作,然后空气分配器则按换向的供气正时打开气缸启动阀,而曲轴仍按原方向转动。气缸启动阀开启时活塞正处于压缩行程,被压缩的空气从开启的气缸启动阀排出,从而减小了行程后期留在燃烧室空间的空气量和压力,即减小了空气在膨胀冲程的做功能力,使柴油机转速迅速下降,这一过程称为能耗制动。当柴油机转速降低后,在压缩行程将压缩空气经开启的气缸启动阀送入气缸,以阻止活塞运动,即所谓的强制制动。

启动时要求当缸内压力大于启动空气压力时气缸启动阀应自动关闭,而制动时则要求当缸内的压力稍高于启动空气压力时气缸启动阀应保持开启。显然从启动、制动两方面对气缸启动阀的要求是互相矛盾的。这种不同要求可通过气缸启动阀不同的构造实现,并非所有的气缸启动阀都能满足上述要求。

气缸启动阀按构造原理分为单向阀式和气压控制式两种。前者为简单的单向阀,当启动空气由空气分配器进入单向阀时,该阀开启进行启动;当压缩空气经空气分配器泄放大气后,该阀即在弹簧的作用下关闭,这种单向阀式气缸启动阀适用于中小型柴油机。而气压控制式气缸启动阀的控制空气来自空气分配器,与进入气缸内启动空气分开输送,故空气分配器尺寸小,空气损失少,启动迅速,适用于大型柴油机。按控制气路的不同,气压控制式气缸启动阀分为单气路控制式和双气路控制式两种。

(1)单气路控制式气缸启动阀

单气路控制式气缸启动阀的结构与工作原理如图6－2(a)所示,图6－2(b)示出柱塞式空气分配器工作简图。

单气路控制式气缸启动阀属于平衡式气缸启动阀,即依靠控制空气开启,关阀则由启阀活塞4下部的弹簧控制。其启阀活塞为单级平面式,面积大,开关迅速,启动空气消耗少,且结构简单,被多种柴油机(如MAN B&W MC/MCE柴油机)所采用。但它不能兼顾启动和制动两方面的要求,且启动阀关闭时落座速度大,导致阀盘与阀座撞击严重,磨损快,影响启动阀的密封性和可靠性。由于该阀的启阀活塞面积大,故当缸内压力超过启动空气压力时仍有可能开启而发生燃气倒灌,引发空气管爆炸事故。MC柴油机在每个启动阀的进气管上均装有一个安全防护帽,以防事故的发生。

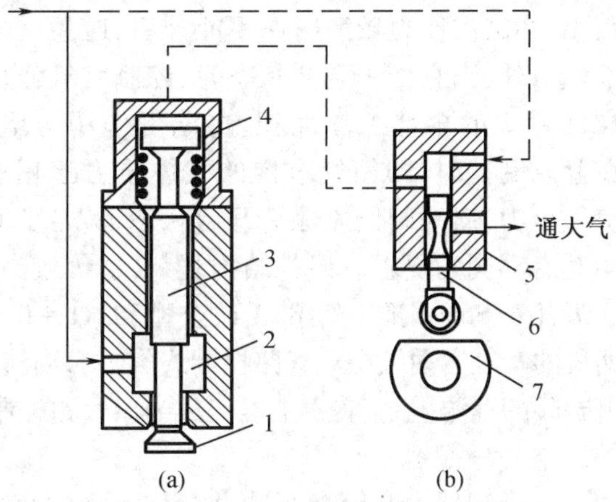

图6－2　单气路控制式气缸启动阀和空气分配器

1—启动阀阀盘;2—进气腔;3—阀杆;4—启阀活塞;5—阀体;6—滑阀;7—凸轮

(2)双气路控制式气缸启动阀

双气路控制式气缸启动阀的结构如图6－3所示,该阀也属于平衡式启动阀。它的启阀活塞是由面积不等、呈阶梯状连成一体的控制活塞K_1,K_2,K_3组成,来自空气分配器的两路控制空气控制(开启管H与关闭管J)该阀的启闭。其动作原理如下:

启动时,控制空气由空气分配器经开启管H进入控制活塞K_1的上部空间T,下部空间

N经关闭管J与空气分配器的出口相通泄放空气，于是阶梯活塞2下行开阀。当控制活塞K_1下行打开控制口S时，控制空气立即从T空间进入控制活塞K_2的上部P空间。由于作用面积突然增大，使启动阀迅速开启。随着控制活塞K_3下行关闭管J的气口时，K_3下部空间N变小并被封闭形成气垫，使开阀速度减慢。由此保证启阀速度快，又避免了控制活塞与阀体撞击。

启动结束，空气分配器经开启管H释放控制活塞K_1，K_2上部的控制空气，并向关闭管J供气时，控制空气先进入活塞K_2的下部空间M，使启动阀迅速上行。阶梯活塞2上移过程中，控制活塞K_3随即切断管J与空间M的通路，控制空气作用在活塞K_3的下表面使关闭速度减慢。当活塞K_1关闭控制口S时，空间P变成密闭空间并随活塞的上行形成气垫，使关阀后期阀盘落座速度大为减慢，避免了关闭时的强烈撞击。待阀落座后通过连接槽B使空间P和空间M间的压力自动平衡。

这种气缸启动阀能较好地满足启动方面提出的要求：速开、速关，但落座速度缓慢。且由于启阀活塞为分级活塞式，控制活塞K_1直径较小使初始开阀力较小，当缸内压力较高时阀不能开启，避免了燃气倒冲。另外，当它处于全开状态时，控制空气作用在阶梯活塞2的全部工作面积上，向下作用力增大。故在紧急制动时，即使气缸内的气体压力已超过启动空气压力，启动阀仍能保持开启状态，满足了制动方面对启动阀的要求。但其结构复杂，造价较高。

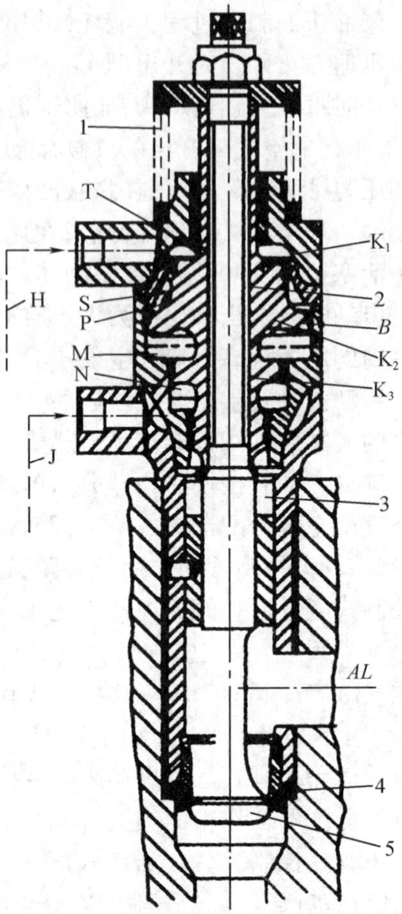

图6-3 双气路控制式气缸启动阀

1—弹簧；2—阶梯活塞；3—阀杆；4—阀座；5—阀盘；K_1，K_2，K_3—控制活塞；T—上部空间；M—中部空间；N—下部空间；P—空间；S—控制口；B—连接槽；H—开启管；J—关闭管

近几年Sulzer推出的RTA改进型和RT-flex型柴油机的气缸启动阀在双气路控制式气缸启动阀的基础上做了改进。启动阀的开关由两位三通电磁阀的气源控制，实质上已经成为单气路控制式气缸启动阀。

2. 空气分配器

空气分配器由凸轮轴驱动，按照柴油机的发火顺序，在要求的启动正时，将控制空气分配到相应的气缸启动阀并将其打开，使压缩空气进入气缸启动柴油机。当启动完毕，柴油机进入正常运转状态，分配器滑阀驱动凸轮自动脱离接触，以减少不必要的磨损。Sulzer RT-flex柴油机取消了空气分配器，由装于各缸气缸启动阀上的启动控制电磁阀取代。

空气分配器按结构形式可分为回转式（分配盘式）和柱塞式两种。回转式如图6-1所示，它利用凸轮轴驱动一个带孔的分配盘与分配器壳体上的孔（与气缸数目相同）相配合，控制各缸启动阀的启闭，一般多用于中、高速柴油机；柱塞式空气分配器通过启动凸轮和滑阀来控制气缸启动阀的启闭，多用于大、中型柴油机。

柱塞式空气分配器按其排列结构不同,分为单体式和组合式两种。单体式如图6-2(b)所示,空气分配器按各缸分开布置,分别由相应的启动凸轮控制。气缸启动阀的启阀正时与顺序均由各启动凸轮的型线和在凸轮轴上的安装位置来决定。组合式空气分配器由一个或一套启动凸轮控制,凸轮的安装位置和型线决定各缸启动阀的启闭时刻,分配器与启动阀的连接管系布置决定了各启动阀的开启次序。组合式空气分配器按其柱塞的排列形式可分为圆周排列式和并列排列式。

为与气缸启动阀匹配,柱塞式空气分配器分为单气路和双气路两种。单气路式如图6-2(b)所示,它与单气路气缸启动阀相配;双气路式(见图6-4)与双气路气缸启动阀配用,双气路控制式气缸启动阀需要两路控制空气,因为分配器必须有两个供气点分别与气缸启动阀的开启管H和关闭管J相连。双气路控制柱塞式空气分配器的各滑阀3是按各气缸的发火顺序绕凸轮轴中心线径向布置的,各滑阀是由一个启动凸轮6控制。如图6-4所示位置,空气分配器没有控制空气时,控制滑阀3在弹簧3a的作用下脱离启动凸轮6不接触(存在1 mm间隙),此时开启管H经放气腔VS通大气,各缸气缸启动阀均处于关闭状态。

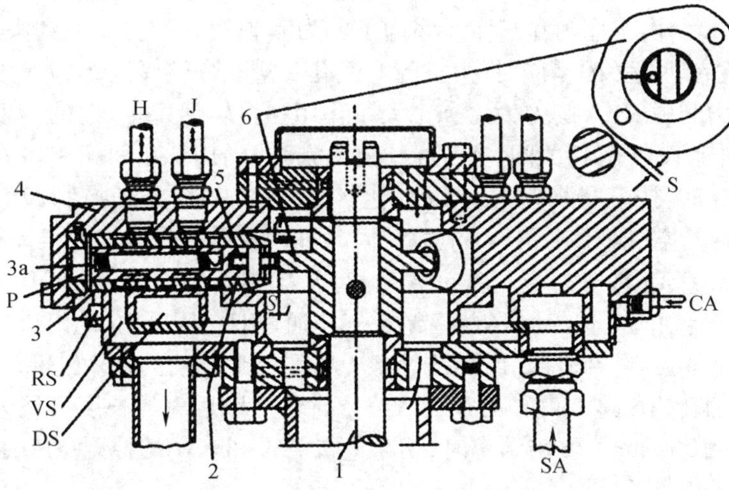

图6-4　双气路控制式空气分配器

1—凸轮轴;2—滑阀套;3—控制滑阀;3a—弹簧;4—外壳;5—滚轮;6—启动凸轮;
CA—控制空气管;SA—供气管;DS—分配器空腔;VS—放气空腔;RS—空腔;P—压力空腔

启动操作时,启动控制阀输出的控制空气中的一路经分配器管CA进入空腔RS及压力空腔P,将各控制滑阀3和滚轮5压向启动凸轮6,从而使各滑阀处于凸轮控制状态。当控制空气中的另一路开启主启动阀后,由主启动阀输出的启动空气中的一路经分配器供气管SA进入分配器空腔DS与开启管H相通,而关闭管J与放气腔VS相通放,于是使气缸启动阀下行开启进行启动。随着凸轮轴1的转动,启动凸轮6将控制滑阀3推向外端,将开启管H与放气腔VS相通放大气,来自主启动阀的控制空气经分配器空腔DS与关闭管J相通,使气缸启动阀关闭,而凸轮的基圆又转到另一个滑阀下端,依次启闭另一个气缸的启动阀。当启动按钮或启动手柄复位时,则启动结束,空间P和RS的控制空气经CA泄放,各控制滑阀3又在弹簧3a作用下拉回到原位,滚轮5离开凸轮6,空气分配器停止工作。

3. 主启动阀

主启动阀是压缩空气系统的总开关，位于空气瓶与启动空气总管之间，用来启闭空气瓶至空气分配器和气缸启动阀间的主启动空气管路。启动操纵时，主启动阀既能满足启动所需的压缩空气量，又能使供气迅速可靠，并减少压缩空气的节流损失。启动完毕后，它还能随时切断压缩空气并使总管中的残余空气泄入大气。大型柴油机的主启动阀尺寸较大，故常采用气动控制，有的机型另装手动机构备用。

主启动阀按动作原理可分为均衡式和非均衡式两种。前者的开启是依靠加在控制缸内启阀活塞上的控制空气破坏原均衡关闭状态来实现的；后者则依靠释放控制缸内的空气来开启。大型低速柴油机多使用后者。图 6－5 为 Sulzer 柴油机用的一种带慢转阀的非均衡式主启动阀的结构图。图中右侧为主启动阀体 6，阀壳上部的止回阀 9 可用来防止燃气倒流，阀壳左下侧设有控制阀 1，由启动控制阀控制。阀左侧为慢转阀 17，其启闭由控制活塞 16 控制。启动前，通过慢转阀可使柴油机在主启动阀体 6 不动作的情况下以柴油机以 5～10 r/min 的速度转动。

启动前，将主启动阀手轮置于“自动”位置，如图中芯轴 5 位置所示。开启空气瓶出口阀，启动空气进入阀体 6 环形空腔 P 并经孔 EB 进入空腔 P_1，再通过芯轴 5 与轴套 4 之间的间隙 G 进入空腔 P_2。由于作用在阀体 6 底面上的力和弹簧 3 的弹力之和大于启动空气作用在阀体上，使主启动阀关闭。同时，由空腔 P 经孔 E 进入慢转阀活塞 17 上方空腔 P_4 的启动空气向下作用力与弹簧 14 的弹力之和也大于作用在慢转活塞 17 上的向上开阀力，使活塞 17 向下落在阀座 18 上保持关闭，空气无法进入空腔 P_5，因此止回阀 9 和 10 均关闭。

当需慢转操作时，按下“慢转”按钮，控制空气经进口 CA_1 推动控制阀 16 上行顶开阀 15，使空腔 P_4 的启动空气经放气孔 V_1 泄放。同时进入 CA_2 的控制空气推动慢转阀活塞 17 上行直至与调整螺钉 13 接触为止。启动空气由空腔 P 进入空腔 P_5，并打开止回阀 10 进入空腔 P_3，通向气缸启动阀。进入 CA_2 的控制空气还通过双止回阀 19 的出口 SC 通向空气分配器 SC，将启动空气控制滑阀推到启动凸轮上，从而控制气缸启动阀的开启使柴油机慢速转动起来。慢转的转速由进入气缸的空气量决定，调节螺钉 13 的长度可调节空气量，使慢转转速控制在 5～10 r/min。慢转结束时，切断进口 CA_1 和 CA_2 的控制空气，控制阀塞 16 和阀 15 复位，慢转结束。

启动时，按下“启动”按钮，控制空气由进口 CA_3 进入控制活塞 1 的下方，推动活塞 1 上行并顶开阀 2。空腔 P_1 和 P_2 内的启动空气经放气孔 V_2 放入大气，故阀体 6 在空腔 P 的开阀力作用下开启，启动空气顶开止回阀 9 穿过空腔 P_3 进入启动空气总管，启动过程开始。启动完毕后，切断通至 CA_3 的控制空气，控制活塞 1 落下，阀 2 关闭。待空腔 P_1 和 P_2 内充满启动空气后主启动阀 6 自行关闭，止回阀 9 随即落座。止回阀 9 可防止气缸内的高温燃气倒流入主启动阀或启动空气瓶。

当主启动阀自动装置失灵时，可改用手动操作。只要将手轮调整到“手动开启”位置，即可通过芯轴 5 的头部凸缘将阀体 6 拉开使主机启动。同理，将手轮调整到“手动关闭”位置可将主启动阀手动关闭。

检查阀 CV 和放泄阀 DV 用于放掉管路中的残余空气和冷凝水。阀 CV 还用来检查主启动阀的动作灵活性和密封性，阀 DV 也用于检查气缸启动阀的密封性。每次完车或定速后应转动手轮至“手动关闭”位置，同时应手动 CV 和 DV 排掉管路中的残余空气。压力表 M 用以监测启动空气总管内的压力。

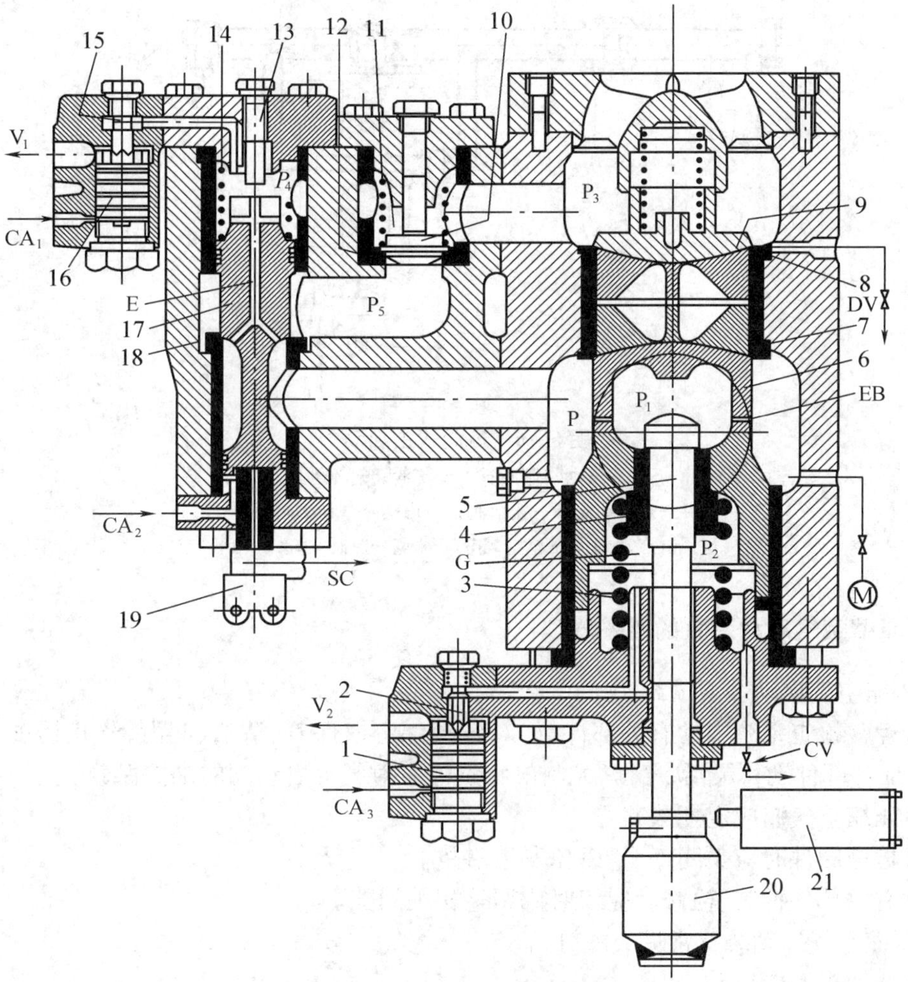

图 6-5 带慢转阀的非均衡式主启动阀

1—主启动阀控制活塞;2—阀;3—弹簧;4—轴套;5—芯轴;6—阀体;7—阀座;8—止回阀阀座;9—止回阀;10—慢转阀的止回阀;11—弹簧;12—阀座;13—调节螺钉;14—弹簧;15—阀;16—慢转阀控制阀;17—活塞;18—慢转阀阀座;19—双止回阀;20—联轴节/凸轮;21—二位三通阀;E—平衡孔;G—间隙;EB—平衡孔;M—压力表;DV—放泄阀;$P \sim P_5$—压力空腔;CV—检查阀;CA_1,CA_2,CA_3—控制空气进口;SC—空气分配器;V_1,V_2—放气孔

如图 6-6 所示为 MAN B&W 的 MC 系列柴油机采用的一种球阀式主启动阀。它是由主启动阀 4(大球阀)和与其并联旁通的慢转阀 3(小球阀)组成的,两者均由气动控制阀 1 控制启闭的。在主启动阀出口管系中还设单向止回阀 5,以防止燃气倒灌。

慢转时,按下慢转开关,通过电磁阀 2 使主启动阀 4 锁闭,慢转阀打开做慢转动作。正常启动时,慢转电磁阀断电复位,控制空气经电磁阀 2 后再将主启动阀 4 打开,柴油机进入正常启动程序。如果柴油机停车超过 30 min,再次启动前,应先操作控制台上的慢转开关使主机慢转,至少要使主机慢转一圈后才能复位,使电磁阀释放对主启动阀的锁闭,然后在控制空气作用下气动推动装置打开主启动阀,继续启动过程。

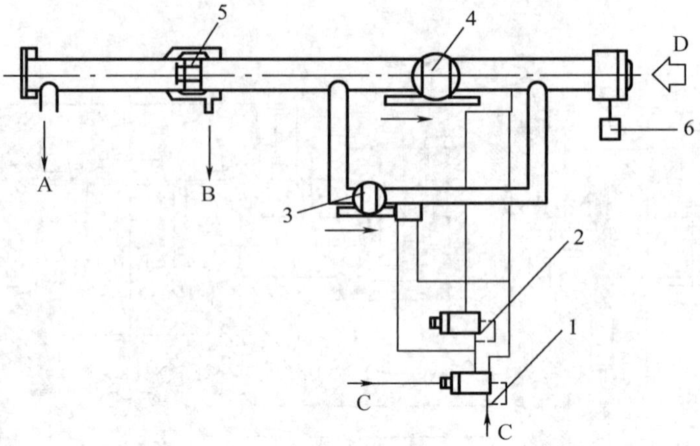

图 6-6　球阀式主启动阀

1—气动控制阀;2—电磁阀;3—慢转阀;
4—主启动阀;5—止回阀;6—启动空气压力传感器;
A—至气缸启动阀;B—至空气分配器;C—控制空气;D—启动空气

四、压缩空气启动装置的维护管理

1. 压缩空气启动装置的维护

(1)经常检查系统中的有关部件,如对各阀件定期保养、清洁、润滑,防止锈蚀、卡住或漏气,保证各部件动作灵活、气密,尤其应特别注意对气缸启动阀的维护保养。

(2)压缩空气瓶应定期放残。

(3)检修阀件时应关闭气源,以免发生事故。

(4)有关部件拆装、检修后应校对或调整相关间隙。

2. 压缩空气启动装置常见故障分析

(1)柴油机不能启动

若启动手柄或手轮推至启动位置而柴油机没有转动,常见原因如下:

①盘车机未脱开,盘车机连锁阀尚在关闭位置,将盘车机脱开即可;

②压缩空气瓶压力不足或出口阀未开足,应予以开足;

③启动空气管系脏污,导致阀卡死或控制管系阻塞,需拆检、清洗;

④空气分配器柱塞咬死或磨损漏气,或启动定时错乱(拆装后),对相关空气分配器检修;

⑤气缸启动阀动作不灵活或严重漏气,可用专用工具压动阀杆或将阀芯换新;

⑥柴油机存在启动死角,紧急情况下可紧急换向,并反向启动改变曲轴位置后再次启动即可。

⑦启动控制阀漏气或主启动阀卡死。检修启动控制阀,或将主启动阀由“自动”改为“手动”打开。

(2)柴油机曲轴虽转动但达不到启动转速

其可能原因及排除方法有:

①启动空气压力低,需予以补足;

②柴油机暖缸不足,滑油黏度太大,应充分暖缸;

③启动操纵过快,应重新启动;

④个别缸气缸启动阀或空气分配器咬死或动作不灵活，应拆检清洗。

(3)某段启动空气管发热

系该缸气缸启动阀漏气，应拆检研磨该气缸启动阀。

第二节　换向装置

一、柴油机换向

根据航行要求，如果船舶要从前进变为后退（或相反），常用方法有两种：其一是改变螺旋桨的旋转方向（直接换向），其二是保持螺旋桨转向不变而改变螺旋桨的螺距角使推力方向改变（变距桨换向）。目前，多数船舶使用第一种方法换向。改变螺旋桨转向的方法，除了某些间接传动推进装置采用倒顺车离合器外，一般都直接依赖于改变柴油机旋转方向。因此要求主柴油机具有换向性能，即能按需要改变柴油机曲轴的旋转方向以适应船舶航行的要求。

柴油机只有按照规定的进气、排气和喷油正时及发火顺序工作，才能以恒定的方向连续运转。换向时，首先应停车，然后将柴油机反向启动，再使柴油机按反转方向运转。为满足上述要求，必须改变启动正时、喷油正时、配气正时，以满足反向启动和反向运转对正时的需求。这些正时均由有关凸轮来控制，所以柴油机的换向就是如何改变空气分配器、喷油泵、进排气阀等凸轮与曲轴的相对位置，以适应换向后的工作要求。为改变柴油机的转向而改变各种凸轮相对于曲轴位置的机构称为换向装置。

柴油机换向时需改变其凸轮与曲轴相对位置的设备随机型不同而异。在四冲程柴油机中有空气分配器凸轮、进排气凸轮、燃油凸轮等；二冲程弯流扫气柴油机中有空气分配器凸轮、燃油凸轮；在二冲程直流扫气柴油机中有空气分配器凸轮、燃油凸轮、排气阀凸轮。目前，换向装置的种类繁多，但对装置的要求大致相同，主要有：

(1)准确、迅速地改变各种需要换向设备的正时关系并保证正、倒车的正时相同；

(2)换向装置与启动、供油装置间应设有必要的连锁机构以保证柴油机的运行安全；

(3)需要设置防止柴油机在运转过程中各凸轮正时相对曲轴上、下止点位置发生变化的锁紧装置；

(4)按《钢质海船入级与建造规范》的规定，换向过程所需时间应不大于 15 s。

二、双凸轮换向原理和换向装置

双凸轮换向的特点是对需换向的设备均设置正、倒车两套凸轮。正车时正车凸轮处于工作位置，倒车时轴向移动凸轮轴使倒车凸轮处于工作位置，使柴油机各缸的有关正时和发火次序符合倒车运转的需要。

1. 四冲程柴油机的换向原理

由于四冲程柴油机的进气、压缩、燃烧、膨胀和排气等五个过程在四个冲程内完成。假如正车时，某缸活塞正在下行进气，要求柴油机换向就必须将活塞由下行改为上行。对四冲程机而言就有两种方案可选择：改为倒车排气冲程或改为倒车压缩冲程（见表 6－1）。

因为四冲程柴油机曲轴和凸轮轴转速比为 2∶1，四冲程机完成一个工作循环，曲轴要转两圈，凸轮轴只转一圈。

表 6-1 四冲程柴油机的换向原理

正车		↓进气→↑压缩→↓膨胀→↑排气
倒车	1	↑排气←↓膨胀←↑压缩←↓进气
	2	↑压缩←↓进气←↑排气←↓膨胀

表中：↑表示活塞上行；↓表示活塞下行；→表示正车；←表示倒车。

(1)正车进气冲程换成倒车排气冲程(换向方案1)的双凸轮换向图

图6-7中,图6-7(a)为正车某缸活塞处于进气冲程上止点时所对应的凸轮排列端视图,从排气和进气凸轮所处位置很清楚地看出此时排气过程还未完全结束(还要走过一段排气延迟角),而进气过程已提前开始了(已转过进气提前角),喷油凸轮所处位置表示若凸轮轴再转180°(曲轴再转360°)活塞处于压缩上止点时,燃油已提前供油。

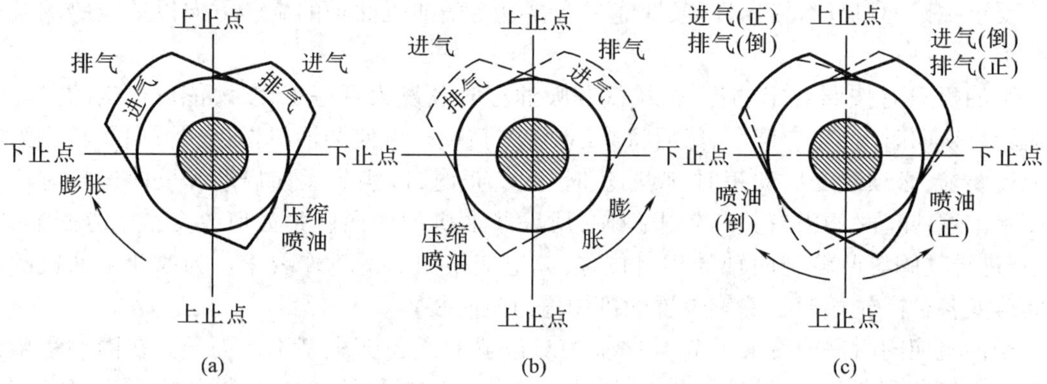

图6-7 四冲程柴油机正车进气冲程换成倒车排气冲程的双凸轮换向图

图6-7(b)为倒车凸轮图,虚线所示的转向和凸轮布置情况可看出其进气、排气和喷油的倒车凸轮均与其同名正车凸轮对称于垂直轴。当柴油机按倒车方向运行时,其规律与定时完全和正车时相同,满足倒车运行的要求。

图6-7(c)为图6-7(a)(b)两图的叠合,是活塞(和曲柄)处于正车进气冲程上止点时,按第一种换向方案的单缸正、倒车凸轮相互位置关系的排列图。由图可知:正、倒车各同名凸轮对称于上止点轴(垂直轴)。

(2)正车进气冲程换成倒车压缩冲程(换向方案2)的双凸轮换向图

图6-8中,图6-8(a)仍为正车某缸活塞处于进气冲程上止点时所对应的凸轮排列图。图6-8(b)为倒车凸轮图,从虚线所示的转向和凸轮图可看出,原先正车时的进气上止点变成倒车运行时的压缩上止点,喷油凸轮所处位置表示已提前供油,其位置正好与正车时的喷油凸轮对称于水平轴(下止点轴)。同理,其进气、排气的倒车凸轮也与其同名正车凸轮对称于水平轴。

图6-8(c)是(a)(b)两图的叠合,是活塞(和曲柄)处于正车进气冲程上止点时,按第二种方案换向时的单缸正、倒车凸轮相互位置关系的排列图。由图可知:正、倒车各同名凸轮对称于下止点轴(水平轴)。

两种换向方案的关系是:两种倒车凸轮组彼此相差180°凸轮角,即两个活塞行程,相当

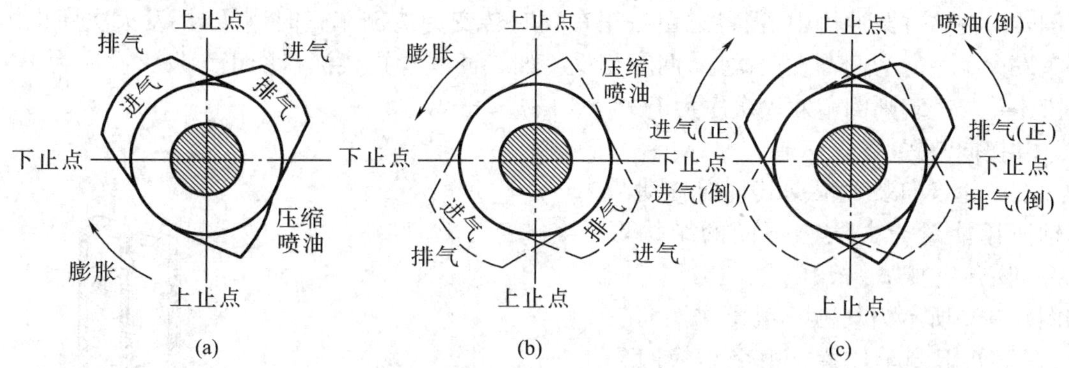

图 6－8　四冲程柴油机正车进气冲程换成倒车压缩冲程的双凸轮换向图

于凸轮轴不动时，把按第一种换向方案排列的各倒车凸轮，顺着倒车转向旋转 180°为第二种换向方案的倒车凸轮。按哪一种方案换向是设计时已定好的，柴油机一旦制造出来，换向方案就不能再自行变更。

2. 二冲程柴油机的换向原理

以二冲程直流扫气柴油机为例来说明双凸轮换向原理。如图 6－9 所示，图中实线为正车凸轮，虚线为倒车凸轮，正、倒车凸轮对称于曲柄上、下止点位置时的纵轴线 ob。当柴油机正转时，凸轮轴顺时针转动。凸轮升起点 α 即为供油始点，图示曲柄位置正处于上止点，则供油提前角为 11°，如果从这一位置正转，气缸内处于燃烧和膨胀过程的初始阶段。当曲轴按正车方向继续转动上止点后 104°，即下止点前 76°，正车排气凸轮也转过 104°曲轴转角，经传动机件排气阀被凸轮顶起，排气过程开始，接着进行换气过程。如果柴油机换向后从同一位置倒转，则倒车凸轮也将保证气缸内以同样次序进行上述各过程。图中未示出空气分配器的凸轮，其正倒车凸轮的布置原则与燃油凸轮相同。

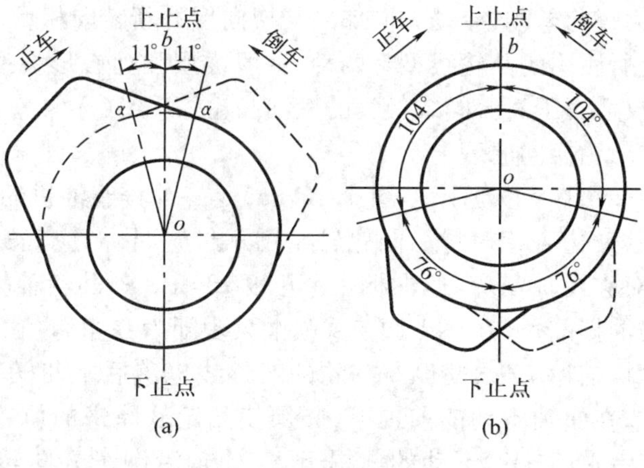

图 6－9　双凸轮换向原理图

(a)燃油凸轮；(b)排气凸轮

正车运转时，正车凸轮使活塞正处于膨胀行程的某缸启动阀开启。换向后，倒车凸轮使活塞处于正车压缩行程的某缸的启动阀开启,压缩空气进入此缸迫使活塞下行,曲轴因而倒转。在多缸柴油机中,当各缸由按正车正时转变为按倒车正时倒转时,发火次序也由正车发火次序变为倒车发火次序,两者相反。如二冲程 6 缸柴油机的正车发火次序为 1—6—2—4—3—5,则倒车发火次序为 1—5—3—4—2—6。

3. 换向装置

双凸轮换向装置根据其轴向移动凸轮轴所用能量与方法有不同的结构形式,一般有机械式、液压式、气压式等。如图 6-10 所示为气力-液压式换向装置,它正处于倒车位置。由倒车换向为正车的操作时,利用换向阀使压缩空气进入正车油瓶 2,并将油顶入活塞右方的换向油缸 3 内,使换向活塞 4 带动凸轮轴 5 向左移动。与此同时,油缸左端的油被活塞压入倒车油瓶 1,倒车油瓶中的压缩空气则泄入大气中。当换向活塞移至左面极端位置时,空气分配器正车凸轮、燃油正车凸轮正好处于各从动件下面,换向过程至此结束。

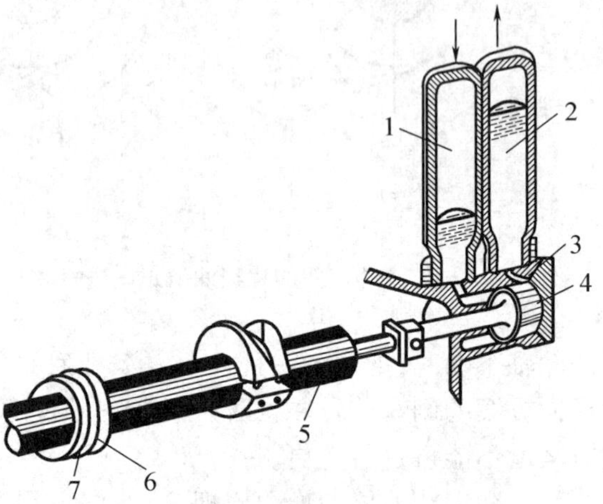

图 6-10 气力-液压式双凸轮换向装置

1—倒车油瓶;2—正车油瓶;3—换向油缸;4—换向活塞;5—凸轮轴;6—正车凸轮;7—倒车凸轮

三、单凸轮换向原理和装置

单凸轮换向的特点是每个需要进行换向操作的设备(如喷油泵、排气阀、空气分配器等)都各自由一个轮廓对称的凸轮来控制,正倒车兼用。换向时凸轮轴并不轴向移动,只需使凸轮(轴)相对曲轴转过一个角度。柴油机换向时因改变正时使凸轮(轴)相对曲轴转过一个角度的动作称为凸轮轴的换向差动,所转的角度为换向差动角。差动方向如果与换向后的新转向相同,称为超前差动;差动方向如果与换向后的新转向相反,则称为滞后差动。

单凸轮换向装置所使用的凸轮线型有两种:一般线型和鸡心形线型。前者适用于各种柴油机的凸轮,后者仅适用于直流阀式换气的燃油凸轮。

1. 一般线型的单凸轮换向原理

单凸轮换向原理如图 6-11 所示。图 6-11(a)是二冲程柴油机的燃油凸轮,凸轮轮廓在作用角 2φ 的中心线两边互相对称。凸轮转至图示位置时,对应气缸的曲柄正处于上止点,这时正车凸轮的对称线 oo_1 落后于曲柄一个角度$\alpha_s = \varphi - \beta$,凸轮轴的这种布置保证了喷油泵有一个适当的喷油提前角(在终点调节式喷油泵中即为 β 角)。由正车换为倒车时,为了保证有同样的喷油提前角,必须使倒车凸轮的对称线也落后于曲柄一个角度 α_s,如图中虚线所示位置。因此,在曲轴不动的前提下,必须使凸轮从原来的位置沿正车方向转一个角度$2\alpha_s = 2\varphi - 2\beta$,或者在凸轮轴不动的前提下,使曲轴沿倒车方向转动一个差动角 $2\alpha_s$。燃油凸轮换向对于换向后的新转向来说是滞后差动。

如图 6-11(b)所示为二冲程直流式柴油机的排气阀凸轮,换向是超前差动,换向差动角$2\alpha_s = 2\beta - 2\varphi$,该凸轮换向方向、换向差动角与燃油凸轮都不同。因此,两者无法同轴差动,只能分别装在两根凸轮轴上实现双轴单凸轮差动换向,因而使柴油机结构复杂。

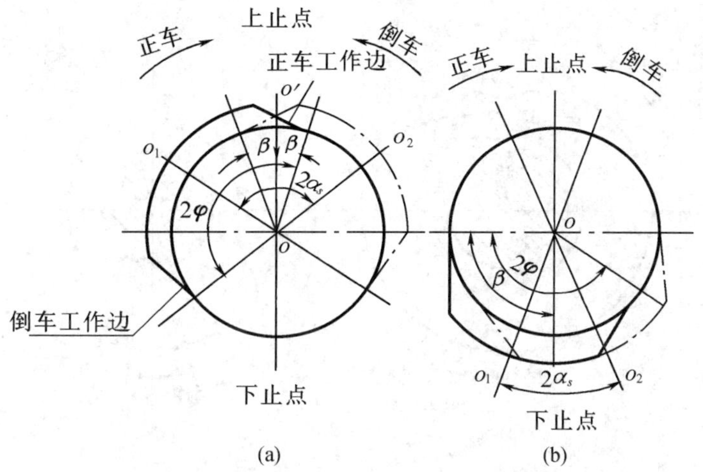

图6-11 单凸轮换向原理

(a)燃油凸轮;(b)排气凸轮

2. 鸡心凸轮换向原理

为了解决燃油凸轮和排气阀凸轮差动方向不相同、差动角不相同的矛盾,采用一种鸡心凸轮代替一般线型的燃油凸轮,这样就可以使燃油凸轮和排气阀凸轮装在同一根凸轮轴上实现差动换向。单轴差动换向必须满足下列三个条件:

(1)两组凸轮的差动方向相同;

(2)两组凸轮的差动角相同;

(3)差动后同名凸轮的正倒车正时基本相同。

鸡心燃油凸轮如图6-12(a)所示,排气阀凸轮如图6-12(b)所示。图中实线为正车位置,点画线为倒车位置。鸡心凸轮外廓呈鸡心状,oo'为鸡心凸轮对称线。凸轮基圆o_1o_2处的半径最小,从o_1,o_2点向两侧伸展外轮廓按相同规律变化,至a_1,a_2点处半径最大并与顶圆衔接。正车(顺时针)运行时,a_1—o_1为喷油泵的吸油段,a_2—o_2为喷油泵的泵油段,供油提前角为β。倒车(逆时针)运行时,其吸油段与泵油段与上述相反。

在图6-12(a)所示中,鸡心凸轮对称线oo'相对于该缸曲柄上止点提前15°。当由正车改为倒车时,只要把鸡心凸轮朝倒车方向转过差动角30°,到达点画线的位置即可。差动方向对新转向(倒车、逆时针)而言为超前差动。这样,燃油凸轮的差动方向与排气阀凸轮的差动方向相一致,满足了上述第一个同轴条件。按照排气阀凸轮的正时关系其换向差动角应为18×2=36°,但由于上述第二个同轴条件的限制,差动角只能取30°。由此,倒车时排气阀的正时稍有变化:排气提前角由正车的下止点前91°变为85°;排气滞后角由正车的下止点后55°增大至61°,即正时滞后6°。由此,解决了差动方向和差动角度的矛盾,同时基本上满足了上述三个条件,实现了燃油凸轮和排气阀凸轮装于同轴的单轴换向差动,但柴油机受排气定时影响倒车工况稍差。

3. 单凸轮换向装置

(1)单凸轮换向差动方法

单凸轮换向差动方法有以下三种:

①曲轴、凸轮轴不动,通过换向装置使凸轮相对于曲轴转过一个差动角。一般为滞后

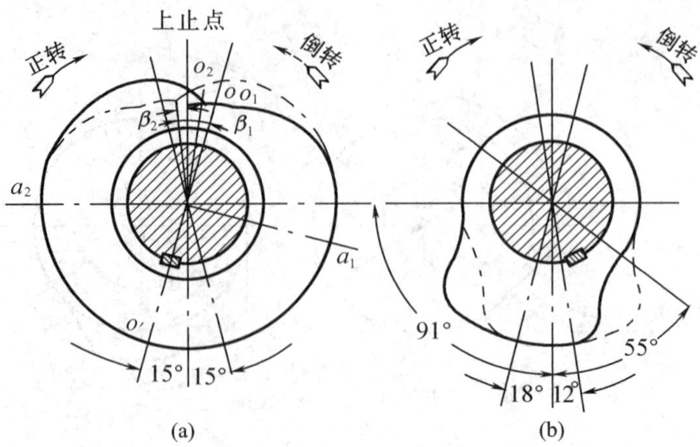

图 6－12 鸡心凸轮的差动原理

(a)燃油凸轮;(b)排气凸轮

差动。

②凸轮轴不动,先进行空气分配器换向操作,再进行反方向启动时曲轴反向回转之初,使曲轴相对于凸轮轴转过一个差动角后才带动凸轮轴一起转动。通常为滞后差动。

③先进行空气分配器换向操作,在反向启动之初通过差动机构使凸轮轴与曲轴二者之间有一定的转速差,待完成差动角后再进入同步转动,一般为超前差动。

现代新型柴油机均采用直流扫气。由于采用新型高效率废气涡轮增压器,活塞的有效行程得以增加,即排气阀可以晚些打开。因而柴油机燃气膨胀的有效行程允许加长,从而得到较多膨胀功,使燃油消耗率下降。柴油机排气阀的最佳正时恰好使排气凸轮对称轴位于下止点附近,倒转时没有必要差动排气凸轮的位置,而只需改变燃油凸轮的相对位置。

(2)换向装置的类型

按使用工质和能量不同,换向装置可以分为以下两种。

①液压差动换向装置

采用液压差动换向伺服器并使用滑油系统中的中压滑油(0.6 MPa)作为工质,实现差动换向动作,其液压差动原理如图 6－13 所示。换向伺服器 4 外壳上的链轮 1 通过链条 2 由曲轴驱动,伺服器的内腔有一转板 5 并用键固定在凸轮轴 3,转板将伺服器内腔分隔成正车与倒车两个空间,此两个空间分别用滑油管与换向操作阀的有关油路连通。正车时,压力油由 B 孔进入正车空间,倒车空间的油从 C 孔泄油,转板两侧顶在伺服器内的两个对称布置的扇形止动块上,见图示位置。换向时,曲轴不动,通过操作换向阀改变正、倒车空间的进、排油方向,将压力油改为由 C 孔进入倒车空间、正车空间从 B 孔泄油,转板在滑油压力作用下相对于曲轴转过一个差动角,并带动凸轮轴从正车位置转至倒车位置,完成差动换向动作。这种装置用于 Sulzer RD,RND 型柴油机上,为滞后差动。

Sulzer RTA 型柴油机采用一种新型的液压换向装置。该柴油机每段凸轮轴都装配一个换向伺服器,其凸轮固定在换向伺服器的外缘,每个伺服器上装有两个燃油凸轮,凸轮轴上装有不需换向的排气凸轮。凸轮轴与伺服器不是刚性连接,而是通过凸轮轴上的两个转翼带动换向伺服器按规定方向转动。换向时凸轮轴和曲轴均不动,而是通过控制滑油进、排

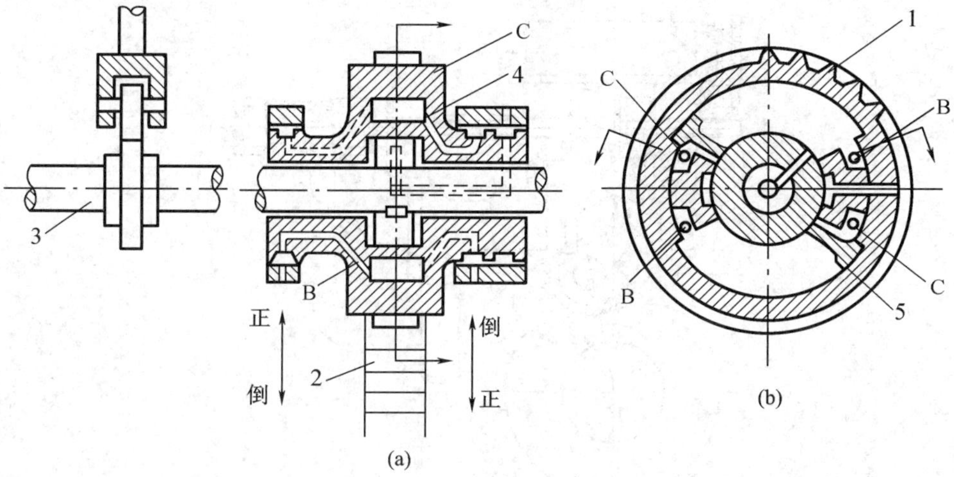

图 6-13　液压差动换向原理

1—链轮;2—链条;3—凸轮轴;4—换向伺服器;5—转板;B,C—油孔

方向,使换向伺服器及其外缘凸轮绕凸轮轴在两转翼之间转过一个差动角来实现差动换向动作。换向伺服器采用由十字头滑油泵提供的的 1.6 MPa 液压油。

②气动机械差动换向装置

以压缩空气为动力来轴向拉动花键轴,使凸轮轴实现差动。正常运转时,空气缸被定压空气固定在正车位置或倒车位置,曲轴经链轮并通过花键轴、推力法兰等带动凸轮按一定方向旋转。换向时,改变空气缸中活塞两侧压缩空气的流向,使活塞轴向移动从而带动花键轴做轴向移动。由于花键轴上的螺旋花键是左、右螺旋彼此相反,通过推力法兰带动凸轮轴相对于曲轴产生周向差动(为超前差动),实现差动换向动作。

近年来,MAN B&W 公司采用一种简易、新颖的气动机械换向装置。换向时曲轴与凸轮轴均无差动动作,通过改变各缸喷油泵传动机构中的滚轮在凸轮轴上的角度位置完成换向动作,如图 6-14 所示。图示为正车位置,换向时用压缩空气拉动滚轮连杆的顶头,使滚轮连杆的倾斜方向发生改变,即改变滚轮与凸轮的相对位置以实现超前差动换向。

四、换向装置的常见故障

换向装置的常见故障是柴油机不能换向,即换向手柄已从正车位置推至倒车位置(或相反),但柴油机未能开出倒车(或正车)。其主要原因通常在于换向机构发生故障和操作不当。

1. 换向机构故障

(1)个别有关阀件咬死或失灵。

(2)换向伺服器故障:油管堵塞、漏油,转板发生卡阻或在极端位置咬死,或不能达到另一极端位置,检修时控制油管装错。

(3)空气分配器失灵。

(4)双凸轮换向装置中的气力-液压式换向装置中有关部件漏气、漏油,使换向活塞无法轴向移动。

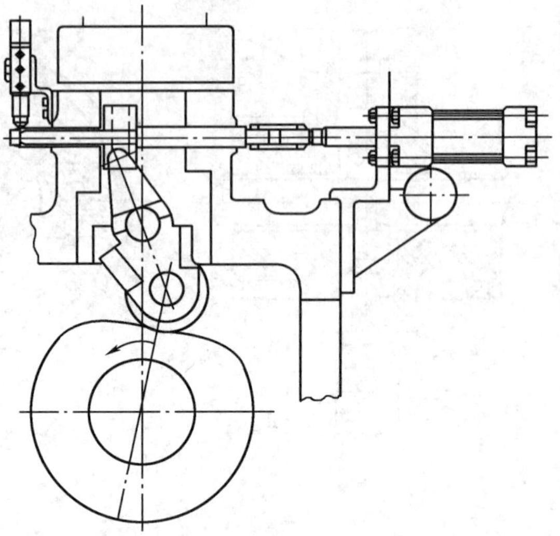

图 6-14 MAN B&W 新型换向装置

(5)拉动喷油泵滚轮连杆的拉杆螺栓松脱(MC/MCE 型柴油机)使个别缸喷油泵无法完成换向动作。此时,其他已实现的气缸仍可使柴油机按换向要求运转,而该缸自动断油。

2. 操作不当

(1)操作过快,换向手柄虽已到位,但凸轮轴尚未到位就急于启动,使换向失败。

(2)换向手柄虽已到位,但由于主机惯性或水流作用使螺旋桨仍按原转向较高速转动,此时急于反向启动,易造成换向失败。

(3)在紧急刹车时过于性急,当主机转速未有较大降低时,就强压制动,因时机不当而使换向失败。

第三节 柴油机的调速和机械调速器

一、调速的必要性

柴油机运行中的不同转速和负荷是通过改变循环供油量来实现的。通过改变油量调节机构,使柴油机转速调节到规定的转速范围内称为柴油机调速。为了使柴油机在选定的转速下稳定运行,因此必须装设专门的调速装置即调速器,以便根据柴油机负荷的变化自动地调节供油量,维持其规定的转速。

由于船舶推进主机与发电柴油机的运转条件和工作特性不同,当外界负荷变化时,其自身的适应能力也不同,因而对调速的要求不同。

1. 船舶发电柴油机的调速

船舶发电柴油机要求在外界负荷(用电量)变化时能保持恒定的转速,以保证发电机电压和频率恒定,满足并车及供电需要。如果不装调速器,会出现两种倾向:当用电量增加时,柴油机原有供油量所发出的功率就小于电网负荷的功率,柴油机转速会下降,导致输出功率的减小,使输出功率与负荷之间进一步不平衡,最后导致柴油机停车;反之,当用电量减小时，也会由于输出功率与负荷之间不平衡，导致柴油机转速不断提高，直至"飞车"。

可见，为使柴油机在外负荷变化时仍保持恒速稳定运转，必须在转速随外负荷变化时相应地调节其供油量，以使其有效功率与外界负荷的变化相适应。即发电柴油机须装设定速调速器，确保负荷变化时始终能以规定的转速稳定运转。

2. 船舶推进主柴油机的调速

作为船舶推进的主柴油机的运转条件和工作特性与发电柴油机不同。船舶主机（直接驱动螺旋桨）因航行要求而需改变转速时，其工作特性为柴油机推进特性（$P = Cn^3$），它与螺旋桨配合工作的特性曲线如图 6－15 所示。图中曲线Ⅰ为 90% 标定负荷速度特性，曲线Ⅱ为推进特性。B 点为稳定工作点，柴油机有效功率与螺旋桨的阻力功率相等。若外界负荷不变而增加供油量，使其速度特性曲线变为Ⅰ′，由图可见，供油量增加瞬时，柴油机的有效功率大于在原运行点 B 时桨的阻力功率，使柴油机转速增加。当达到新的稳定运转点 B'时，两者功率又达到平衡，即柴油机重新在较高的转速下稳定运转。反之，若减小供油量，则柴油机将在较低的转速下稳定运转。因此改变柴油机供油量可有效地对柴油机实现调速。

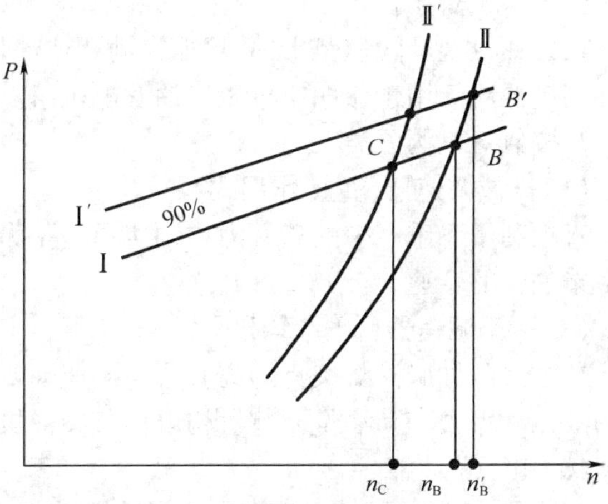

图 6－15 柴油机与螺旋桨的配合特性

若柴油机供油量不变，外负荷（船舶阻力）增加，受装载、风力、波浪及水流等影响，外负荷（船舶阻力）增加，使曲线Ⅱ移至Ⅱ′，与曲线Ⅰ的交点为 C，在曲线Ⅱ变更的瞬时，螺旋桨的阻力功率大于有效功率，使柴油机转速降低至 n_C，两者的功率又达到平衡而稳定运转。反之若外负荷降低，则柴油机将在较高的转速下稳定运转。

可见，船舶主机具有自动变更转速以适应外界负荷变化的能力。即使不装调速器，转速仍可自动恢复稳定，即柴油机具有自动调速性能。所以若对柴油主机的转速不是严格地要求恒定不变，则无需装调速器。但是，为了防止主机运转中由于断轴、螺旋桨失落或出水等造成柴油机超速"飞车"，根据我国有关规范规定，主机必须装设"极限调速器"（简称限速器），使主机在超过 115% 标定转速时，自动切断燃油供给，使主机停车。

另外，考虑到主机转速随外界负荷变化的上下波动，对其可靠性、寿命和经济性带来的不良影响，所以现代船舶主机通常都装设"全制式调速器"，使转速保持稳定。

二、调速器的分类

1. 按调速范围分类

（1）极限调速器（限速器）

用来限制柴油机的最高转速不超过规定值，以防止"飞车"而在转速低于规定值时不起调节作用的调速器。这种调速器仅用于船舶主机，但目前已很少单独使用。

（2）定速调速器（单制式调速器）

负荷变化时直接调节供油量以保持柴油机在设定转速下稳定运转的调速器。此种调速器常用于发电柴油机上。为满足多台柴油机发电机并联运行的要求，通常，调速器一般有±10%标定转速的可调范围。

(3)双制式调速器

能维持柴油机的最低运转转速并可限制其最高转速的调速器。其中间转速由人工手动调节。此种调速器用于对低速性能要求较高或带有离合器的中小型船用主机。

(4)全制式调速器

在柴油机全部转速范围内,均能自动调节油量,以保持任一设定的转速不变的调速器。这种调速器广泛用于船舶主机及柴油发电机组。

2. 按执行机构分类

(1)机械调速器(直接作用式)

直接利用飞重产生的离心力与调速弹簧张力之间的不平衡力去移动油量调节机构,以调节柴油机的转速。

(2)液压调速器(间接作用式)

通过液压伺服器将飞重的离心力与调速弹簧之间的不平衡力加以放大,然后使用放大后的液压动力去移动油量调节机构以调节柴油机的转速。

(3)电子调速器

转速信号监测或执行机构采用电气方式的调速器。

三、超速保护装置

为防止在调速器损坏时造成柴油机超速损坏,除按规定和使用要求需装设上述调速器外,我国有关规范规定,凡标定功率大于220 kW的船用主机和船用柴油发电机还应分别装设超速保护装置,以防主机转速超过120%标定转速和柴油发电机转速超过115%标定转速。

超速保护装置是一种运转安全装置,它与调速器不同,它只能限制柴油机转速,本身无调速特性,在正常运转范围内不起作用,只在转速达到规定限值时才做出响应使柴油机立即停车或降速。按规定,超速保护装置必须与调速器分开设立而独立工作,无论柴油机的操纵机构处于什么状态,该装置的保护性动作必须迅速而准确。

超速保护装置由转速监测器、伺服机构和停车机构等三部分组成。转速监测器对柴油机转速随时进行测定与鉴别。当转速达到规定限值时,发出信号,触发伺服机构动作。伺服机构的动作具有足够的强度与幅度,保证在任何情况下均能带动停车机构立即切断燃油供应或停止气缸进气,使柴油机迅速停车。

转速监测器有离心式、电磁式和气压式三种类型。离心式利用飞重-弹簧测定转速,多用于中型柴油机;电磁式利用电磁感应原理测定转速(测速发电机),多用于中、低速柴油机;气压式利用增压空气压力测定转速,仅用于机械增压的小型柴油机。

伺服机构有弹簧式、气压式、液压式三种。弹簧式结构简单,但动作后需人工复位;气压式和液压式结构复杂、维护要求高,但其作用力大且可自动复位。

四、机械式调速器

机械调速器主要部件由飞重3、滑动套筒4及调速弹簧5等组成,如图6-16所示。飞重3安装在飞重座架2上,通过转轴1由柴油机驱动高速回转。飞重3和调速弹簧5组成的转速感应元件按平衡原理工作。当柴油机发出的功率与外界负荷恰好平衡时,其转速稳定,飞重产生离心力与调速弹簧5的预紧力相平衡,油量调节杆8保持在某一供油位置,如图中实线所示。

若外界负荷突然减小，则柴油机发出的功率就大于外负荷，使转速升高，这时飞重离心力将大于弹簧的预紧力而使滑动套筒上移，增加调速弹簧 5 的压缩量，通过角杠 9 拉动油量调节机构以减少油量。当调节过程结束时，柴油机的功率与外负荷在彼此都减小的情况下达到平衡，调速器的飞重则稳定在图示之虚线位置，其离心力和调速弹簧的作用力也在彼此都增大的情况下达到新的平衡。

当外界负荷突然增加时，调速器的动作与上述相反，飞重离心力与弹簧作用力在彼此都减小了的情况下达到新的平衡状态。

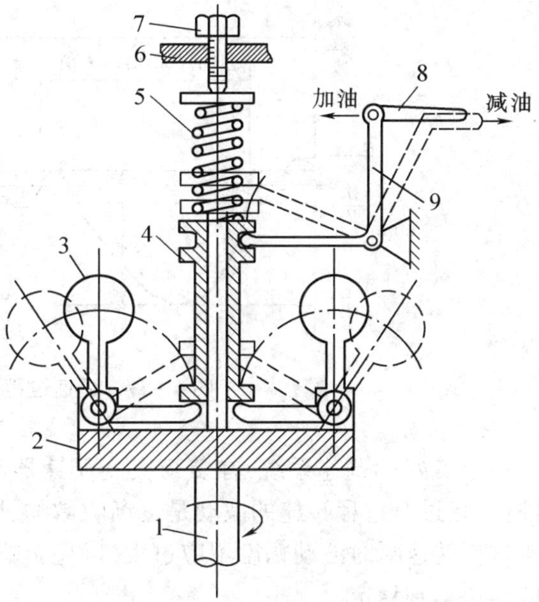

图 6－16　机械式调速器原理简图

1—转轴；2—座架；3—飞重；4—滑动套筒；5—调速弹簧；6—本体；7—调节螺钉；8—油量调节机构；9—角杆

上述可见，机械式调速器不能使柴油机在调速前后的转速保持不变。当外负荷减小时，调节后的转速要比原转速稍高；而当外负荷增加时，调节后的转速要比原转速稍低。引起这种转速差的根本原因在于感应元件与油量调节机构之间采用刚性连接。当外负荷减少时，供油量必须相应减少才能保持转速稳定，因此调油杆必须右移减油，这就必然同时增大了调速弹簧的压缩量而使弹簧压力变大，于是与弹簧力平衡的滑动套筒推力以及飞重离心力也必须相应增加。而这些平衡条件只有在柴油机的转速稍高于原转速时方能达到。反之，当外负荷增加时，上述平衡条件只有在柴油机的转速稍低于原转速时方能达到。

转动调节螺钉 7 可改变调速弹簧 5 的预紧力，从而改变柴油机的设定转速。此种调速器调节油门的动力来自飞重的离心力，故其工作能力较小，且不能实现恒速调节，灵敏度和精度较差，但结构简单，维修方便，多用于中小功率柴油机。

五、调速器的性能指标

调速器的性能直接影响着柴油机运转的稳定性和可靠性，调速器装机后，在柴油机性能鉴定时应对柴油机进行突变负荷试验，同时用转速自动记录仪记录柴油机的转速随时间变化的曲线（即调速性能试验），用以分析调速器性能。

如图 6－17 所示为柴油机突变负荷试验时得到的调速过程的转速变化曲线。柴油机在最高空载转速 $n_{0\max}$ 稳定运行，在瞬时突加全负载，转速立即下降，最低瞬时转速达到 $n_{\min}$。此时由于调速器相应增加了供油量，转速又回升，经过一段时间 t_s 后并经历数次收敛性波动后，至某点才稳定在全负荷标定转速 n_b 下运转。试验还可以从其后某点突卸全负荷开始，转速立即升高，达到最高瞬时转速 $n_{\max}$。由于调速器相应减少供油量，转速又下降，经过 t_s 时间后，又稳定在最高空载转速 $n_{0\max}$。

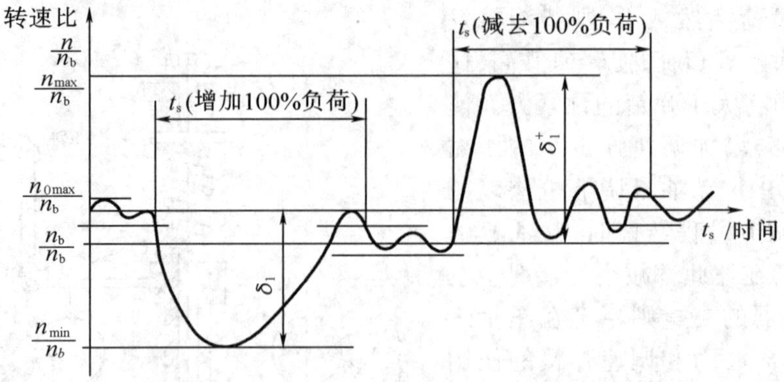

图 6－17　调速过程的转速变化曲线

一个良好的调速系统，在负荷突变调速器起调节作用的过渡过程中，应满足以下三个条件：一是过渡过程转速的波动是逐渐收敛的，即转速波动的幅度随时间增长而减小；二是过渡过程转速瞬时波动幅度不应过大，以免影响柴油机可靠性；三是过渡时间不应过长，转速应尽快达到稳定。

1. 调速器的动态指标

当外负荷突然变化时，调速器与柴油机组成的系统从一个稳定工况过渡到另一个稳定工况，其间经历多次转速波动才达到稳定，即调节的过渡过程。过渡过程中转速大幅度波动与调速系统各部件的惯性及负载的特性有关。动态指标是用来评定调速系统过渡过程的性能指标——稳定性。

(1)瞬时调速率 δ_1

柴油机先在标定工况下稳定运转，然后突卸全负荷，测定转速随着时间的变化关系。突卸全负荷瞬时调速率 δ_1^+ 定义为

$$\delta_1^+ = \frac{n_{max} - n_b}{n_b} \times 100\% \tag{6-1}$$

式中　n_{max}——标定工况时突卸全负荷时的最高瞬时转速，r/min；

n_b——标定转速，r/min。

柴油机先在最高空载转速下稳定运转，然后突加全负荷，测量转速随着时间的变化关系。突加负荷瞬时调速率 δ_1^- 定义为

$$\delta_1^- = \left| \frac{n_{min} - n_{0max}}{n_b} \right| \times 100\% \tag{6-2}$$

式中　n_{min}——标定工况时突加全负荷时的最低瞬时转速，n/min；

n_{0max}——最高空载转速，r/min。

我国有关规范要求：船用发电柴油机要求 $\delta_1^+ \ngtr 10\%$，δ_1^-（突加 50% 后再加 50% 全负荷）$\ngtr 10\%$。船用主机一般要求 $\delta_1^+ \leqslant 10\% \sim 12\%$。

(2)稳定时间 t_s

从突卸（或突加）全负荷后，转速刚偏离最高空载转速的波动范围（或刚偏离标定转速的波动范围）到转速恢复到标定转速的波动范围（或刚偏离最高空载转速的波动范围）为止

所需时间。它表示过渡过程的长短。

稳定时间 t_s 越短,则调速器的稳定性越好。t_s 一般限制在 5 ~ 10 s,交流发电柴油机要求 $t_s \leqslant 5$ s。

2. 调速器的静态指标

柴油机在运转过程中,由于某种原因使原来的平衡转速被破坏,在调速器作用下,经过一段时间后又在新的平衡转速运行。调速器起作用前和起作用后,在稳定转速状态下所反应的调速系统特点称为调速器的静态特性。调速器常采用以下三项静态指标。

(1)稳定调速率 δ_2

调速器标定工况下的稳定调速率 δ_2 是指当操纵手柄在标定供油位置时,最高空载转速 $n_{0\max}$ 与标定转速 n_b 之差与标定转速 n_b 比值的百分数,即

$$\delta_2 = \frac{n_{0\max} - n_b}{n_b} \times 100\% \tag{6-3}$$

稳定调速率用来衡量调速器的准确性,其值愈小就表示准确性好。δ_2 在国外称为速度降(Speed Drop)。对于单台柴油机允许 $\delta_2 = 0$,它表示柴油机的转速不会随外界负荷变化而保持恒速运转。但当几台柴油机并联工作时,为使各机的负荷分配合理,各机的稳定调速率 δ_2 必须相等且不为零。

对 δ_2 的要求应根据柴油机而定。我国《钢质海船入级与建造规范》规定,船用主机稳定调速率 $\delta_2 \leqslant 10\%$,交流发电柴油机 $\delta_2 \leqslant 5\%$。

(2)转速波动率 Φ 或转速变化率 φ

用来表征柴油机在稳定运转时转速的变化程度。这种转速波动主要由柴油机的回转力矩不均匀引起的。

柴油机在稳定运转时,转速也会产生微小的波动,转速的变化程度可用"转速波动率 Φ"或"转速变化率 φ"来评价,两者定义不同,均用来衡量调速器的稳定性。一般让柴油机在某转速稳定运行 15 min,测定期间的转速波动情况。

转速波动率 Φ 定义为

$$\Phi = \left| \frac{n_{c\max}(n_{c\min}) - n_m}{n_m} \right| \times 100\% \tag{6-4}$$

转速变化率 φ 定义为

$$\varphi = \frac{n_{c\max} - n_{c\min}}{n_m} \times 100\% \tag{6-5}$$

式中　$n_{c\max}$——测定期间的最高转速,r/min;

$n_{c\min}$——测定期间的最低转速,r/min;

n_m——测定期间的平均转速,$n_m = (n_{c\max} + n_{c\min})/2$,r/min。

转速波动率 Φ 表征柴油机在稳定工况下转速波动的大小,转速变化率 φ 表征转速变化的大小。一般在标定工况时,$\Phi \leqslant 0.25\% \sim 0.5\%$,$\varphi \leqslant 0.5\% \sim 1\%$。

(3)不灵敏度 ε

柴油机在一定负荷下稳定工作时,由于调速机构中的间隙、摩擦及阻力,若转速稍有变动,调速器不能立即改变供油量,直至转速变化足够大时,调速器才开始响应调节供油量。此现象称调速器的不灵敏性,国外称为盲区(Dead Band)。通常用不灵敏度 ε 来表示不灵敏区域的大小,不灵敏度 ε 定义为

$$\varepsilon = \frac{n_2 - n_1}{n_m} \times 100\% \tag{6-6}$$

式中 n_1——柴油机转速减小,调速器开始起作用的转速,r/min;

n_2——柴油机转速增加,调速器开始起作用的转速,r/min;

n_m——柴油机的平均转速,$n_m = (n_1 + n_2)/2$,r/min。

例如,柴油机运行转速为在 1 000 r/min,当转速在 980 ~ 1 020 r/min 范围内,调速器都无响应。则该柴油机的调速器在 1 000 r/min 的不灵敏度为

$$\varepsilon = \frac{1\,020 - 980}{1\,000} \times 100\% = 4\% \tag{6-7}$$

不灵敏度过大会引起柴油机转速不稳定,严重时会导致调速器失去作用,甚至使柴油机产生飞车。一般规定在标定转速时 $\varepsilon \leqslant 1.5\% \sim 2\%$,在最低稳定转速时 $\varepsilon \leqslant 10\% \sim 13\%$。

以上可知,柴油机对调速器的调速性能的要求是:有尽可能小的瞬时调速率、稳定时间、转速波动率及不灵敏度;有合适的稳定调速率,其值越小,表示调节过程的静态精度越高;并应能在一定的转速范围内进行调节。

第四节 液压调速器

对于大功率柴油机,移动油量调节机构需要较大的力。因此在感应元件和油量调节机构之间插入由控制滑阀和动力活塞组成的液压放大元件(液压伺服器),利用放大的作用力去移动油量调节机构,所以它属于间接作用式调速器。同时为提高液压调速器调节过程的稳定性,改善其动态特性,还必须具有反馈(补偿)机构。液压调速器具有广阔的转速调节范围,调节精度和灵敏度高,稳定性和通用性好,广泛应用于船舶大中型柴油机,但其结构复杂,管理要求较高。

一、液压调速器的工作原理

1. 无反馈液压调速器

如图 6-18 所示为无反馈液压调速器的结构示意图。转速感应元件由飞重 3、调速弹簧 4 和速度杆 2 组成,由柴油机驱动轴 11 带动旋转,伺服放大机构由滑阀 7 及液压伺服器 6 组成,调速器内高压工作油由齿轮泵 8 供给。

柴油机稳定运行时,飞重 3 的离心力和调速弹簧 4 的预紧力平衡,由速度控制杆控制的摇杆 5(AC)位于图示垂直位置。滑阀 7 封闭液压伺服器的左、右控制孔。液压伺服器 6 内的动力活塞保持静止,喷油泵齿条不动,于是柴油机按该调速弹簧 4 所设定的转速稳定运转。

柴油机的负荷减小时,驱动轴 11 的转速将升高,飞重 3 离心力增大向外张开,推动速度杆 2 右移,摇杆 5 以 A 点为中心逆时针摆动,使节点 B 带动滑阀 7 右移,从而压力油进入伺服器油缸的右腔,左腔与低压油路相通,在压差作用下,油压使伺服活塞左移并带动喷油泵齿条减油,柴油机转速下降。当转速恢复至原设定转速时,速度杆和滑阀又回到原平衡位置,切断伺服油缸的工作油通路。动力活塞停止在新的位置,调节过程结束。

当柴油机负荷增加时,转速将降低,调节过程按上述相反方向进行。

实际上,调速系统的惯性使滑阀和动力活塞的动作总是滞后于发动机转速的变化。当负荷减小需减少供油量时不能达到根据负荷的减小程度适度调节,导致油量减少过分,柴

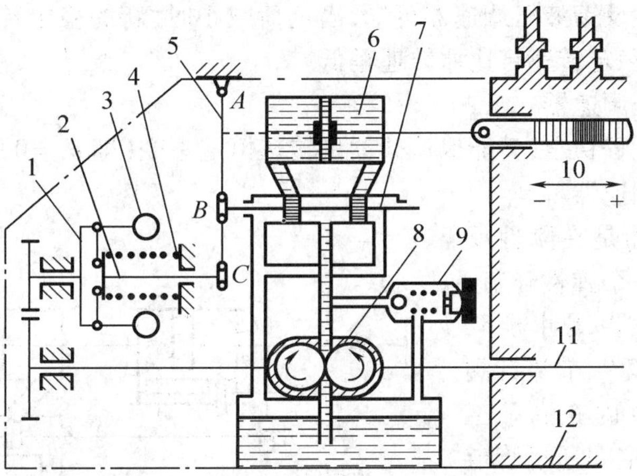

图 6－18 无反馈液压调速器工作原理图

1—转盘;2—速度杆;3—飞重;4—弹簧;5—连接摇杆;6—液压伺服器;7—滑阀;
8—齿轮泵;9—溢流阀;10—油泵齿条;11—驱动轴;12—喷油泵

油机减速过度。类似地,当柴油机负荷增加时,供油量将增速过多,柴油机增加过度。于是如此不断重复减速、加速的调节过程,使转速波动调节过程不稳定,无法满足使用要求。这种无反馈装置的调速器在实际中是不能使用的。

为了实现稳定调节,液压调速器中需加一个反馈机构(或补偿装置),反馈环节在动力活塞移动的同时反作用于滑阀,使其向平衡位置方向移动,从而使滑阀提前恢复至平衡位置。反馈环节对滑阀产生的反作用动作称为反馈(或补偿)。液压调速器中反馈机构有刚性反馈和弹性反馈两类。

2. 刚性反馈液压调速器

其基本结构与无反馈液压调速器相似。若将图 6－18 中连接摇杆 5 的固定支点 A 改为与动力活塞杆铰接,即构成刚性反馈机构,如图 6－18 图中虚线所示。

由图 6－18 可见,当柴油机负荷减小时,驱动轴 11 的转速将升高,飞重向外张开使调速弹簧 4 压缩,同时使速度杆向右移动。由于此时动力活塞尚未动作,故反馈杠杆 AC 的上端点 A 此时作为固定点,杠杆 AC 绕 A 点向右(逆时针)摆动,带动滑阀右移,将控制孔打开。高压油进入伺服器油缸的右腔,左腔则与低压油路相通,推动活塞带动喷油泵调节杆 10 左移,减少柴油机的供油量。

动力活塞左移的同时,杠杆 AC 绕 C 点向左摆动并带动与 B 点相连接的滑阀 7 也左移,从而使滑阀向相反方向移动。并且柴油机此时由于减油而转速下降,也使滑阀左移。在两者的共同作用下,滑阀就能迅速回复至原来位置。于是调节过程的波动很快被衰减,使调速器实现稳定调节。

调节过程结束时,滑阀回到原位,关闭控制油孔,切断通往伺服油缸的油路。此时动力活塞停止运动,油量调节杆则随其移到一个新的平衡位置,柴油机在相应的新负荷下工作,即 A 点位置是随负荷而变。而 B 点在任何稳定工况下均应处于原位,它与负荷无关。由于反馈是通过刚性连接达到的,故 C 点的位置必须随 A 点做相应的变动而稳定在新的位置,亦即柴油机不能回复到原有的转速。故调速器的稳定调速率不能达到零,不能实现恒速调节。这是刚性反馈的特点。

进一步分析刚性反馈液压调速器可知，当负荷减小时，新的稳定转速将比原转速稍高；当负荷增加时，新的稳定转速将比原转速稍低。

3. 弹性反馈液压调速器

如果既要调速过程稳定，又能保持柴油机转速恒定不变（即 $\delta_2=0$），则必须采用带有弹性反馈系统的液压调速器。

弹性反馈调速器是在刚性反馈的基础上增加了一个弹性环节，如图 6-19 所示。它由缓冲器 5、补偿活塞 6、补偿弹簧 7、节流针阀 8 组成。缓冲器油缸内充满了工作油，补偿活塞两侧室间通过管道及节流针阀接通。当缓冲器受力后，缸内工作油从一侧间流向另一空间。针阀的节流作用使补偿活塞的移动比缸体的滞后，起到缓冲作用。

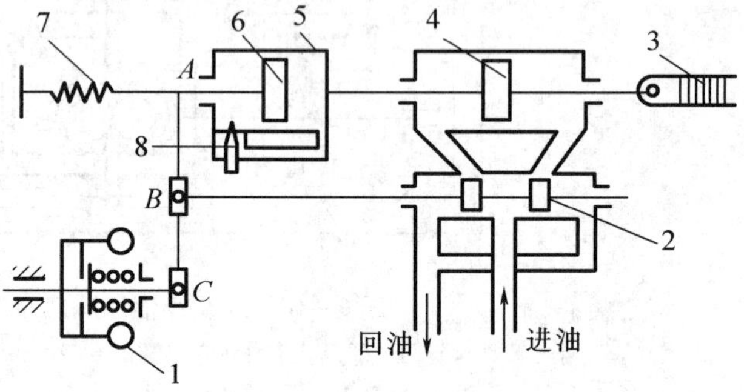

图 6-19　弹性反馈液压调速器原理图

1—飞重；2—滑阀；3—油泵齿条；4—伺服活塞；5—缓冲器；6—补偿活塞；7—补偿弹簧；8—节流针阀

柴油机的负荷减小时，柴油机转速增加，飞重 1 的离心力增大，使滑阀 2 右移，伺服活塞 4 则左移，拉动油泵齿条 3 减油。在调速过程开始时，随着伺服活塞 4 的左移，缓冲器的油缸、活塞及 *AC* 杆的上接点 *A* 几乎以相同速度同步左移，使补偿弹簧 7 受压缩，同时带动与 *B* 点相连接的滑阀也左移。这些动作与刚性反馈相同。

但当调速过程接近终了时，滑阀回到原位遮住了通往伺服油缸油路，此时缓冲器和伺服活塞已停留在与新负荷相应的位置上。而被压缩的补偿弹簧则在弹性力的作用下复原，使 *A* 点带动补偿活塞相对于缓冲器油缸移向右方，回到原位。补偿活塞右侧油缸中的油经节流针阀流到左侧。于是补偿弹簧及杠杆 *AB* 均恢复到原来位置，调速器的速度杆也回到起始位置。亦即调速过程结束后，柴油机转速保持原速不变，稳定调速率 δ_2 可以为零。

4. 双反馈液压调速器

并车运行时，除了要求调速器应有良好的稳定性外，还需按正确的比例分配各机的负荷。因此，调速器应具有弹性反馈机构以保证调节稳定性，同时还应具有刚性反馈机构以使其具有一定的稳定调速率，保证各机按比例分配负荷。这种具有双反馈的液压调速器的结构工作原理如图 6-20 所示。

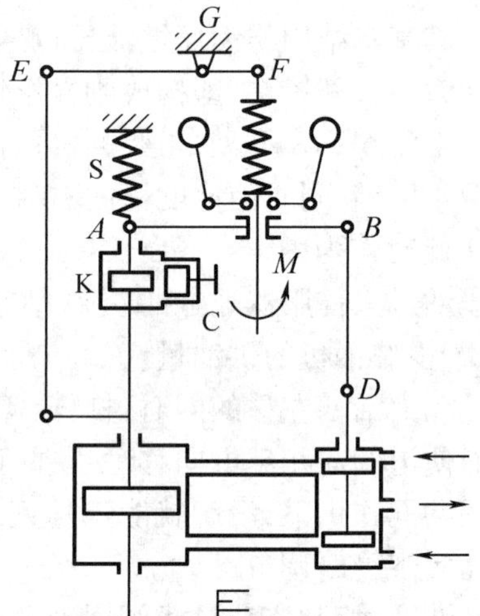

图 6-20　双反馈液压调速器简图

K—缓冲器；C—节流针阀；S—补偿弹簧；*EGF*—反馈杠杆

刚性反馈杠杆 *EGF* 和弹性反馈机构（缓冲器 K、补偿弹簧 S、节流针阀 C）由动力活塞杆带动。当柴油机负荷降低，转速升高时，飞重向外飞开，带动杠杆

AB 以 *A* 点为支点逆时针摆动，使滑阀杆 *D* 上移，压力油进入伺服器动力活塞的下方而从其上方泄回低压空间。于是，动力活塞上行减油。同时，一方面使刚性反馈杠杆 *EGF* 绕 *G* 点顺时针转动，*F* 点下移增加弹簧预紧力，使其稳定后转速较原转速稍有提高（即 $\delta_2>0$）；另一方面由弹性反馈机构保证恒速稳定调节。

双反馈调速器中，可通过弹性反馈中节流针阀的开度大小调节其稳定性。通过刚性反馈 *EGF* 的两臂比例调节稳定调速率的大小，如使 *F* 与 *G* 重合，则 $\delta_2=0$。这种调速器具有广阔的转速调节范围，且稳定性好，调节精度高，灵敏度高，船用柴油机广泛采用这种双反馈液压调速器。

二、液压调速器的典型结构

船用柴油机使用的液压调速器大多为双反馈全制式。其中以 Woodward UG 和 Woodward PGA 型液压调速器应用最普遍。UG 型分为杠杆式（Lever Option）和表盘式（Dial Option）两种；PGA 型为气动遥控式，多用于遥控主机。它们均可按使用者要求附加某些辅助装置以完成控制或安全等方面的额外要求。国产全制式双反馈液压调速器如TY－111 或 TY－555，其基本结构与性能与 Woodward UG 型基本相似。

1. Woodward UG－8 表盘式液压调速器

UG－8 表盘式液压调速器的输出调节力矩（工作能力）为 10.85 N·m（8 英尺·磅），输出轴转角为 42°，它广泛应用在发电柴油机上。外形如图 6－21 所示，在正面的表盘上有四个旋钮：调速旋钮、速度降旋钮、负荷限制旋钮、转速指示器。

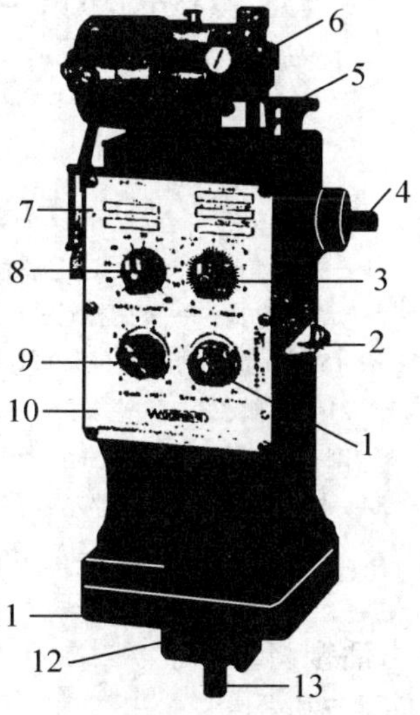

图 6－21　表盘式液压调速器外形图

1—转速指示器；2—反馈指针；3—调速旋钮；4—输出轴；5—加油盖；6—调速电动机；7—油位表；8—速度降旋钮；9—负荷限制旋钮；10—表盘；11—节流针阀；12—放油塞；13—驱动轴

（1）结构

UG－8 表盘式液压调速器的结构原理如图 6－22 所示，它主要由以下部分组成。

①驱动机构

驱动轴 28 由柴油机凸轮轴经伞齿轮传动，通过齿轮泵 22、弹性轴 37、传动齿轮和飞重架等使飞重 39 等转动，从而将柴油机的转速信号传给感应机构。

②转速感应机构

由飞重 39、锥形调速弹簧 8、调速杆 38 组成，用以感受和反映转速的变化。锥形调速弹簧的下端作用在调速杆，调速杆的下端与浮动杆 35 相铰接。浮动杆的右端与小反馈活塞铰接，中间与滑阀 36 的杆端铰接。于是，转速变化时飞重张开或合拢，并通过调速杆和浮动杆使滑阀上下移动。

③伺服放大机构

由滑阀 36、控制阀套筒 34、动力活塞 23 以及有关油路组成，用来放大感应机构的输出能量。控制滑阀套筒 34 由驱动轴 28 带动回转。柴油机稳定运转时，滑阀正好将套筒 34 的控制孔 27 封闭。当转速升高时，飞重飞开，滑阀上移，动力活塞下部空间通过控制孔 27 接通低压油路，动力活塞下移；转速降低时，上述动作相

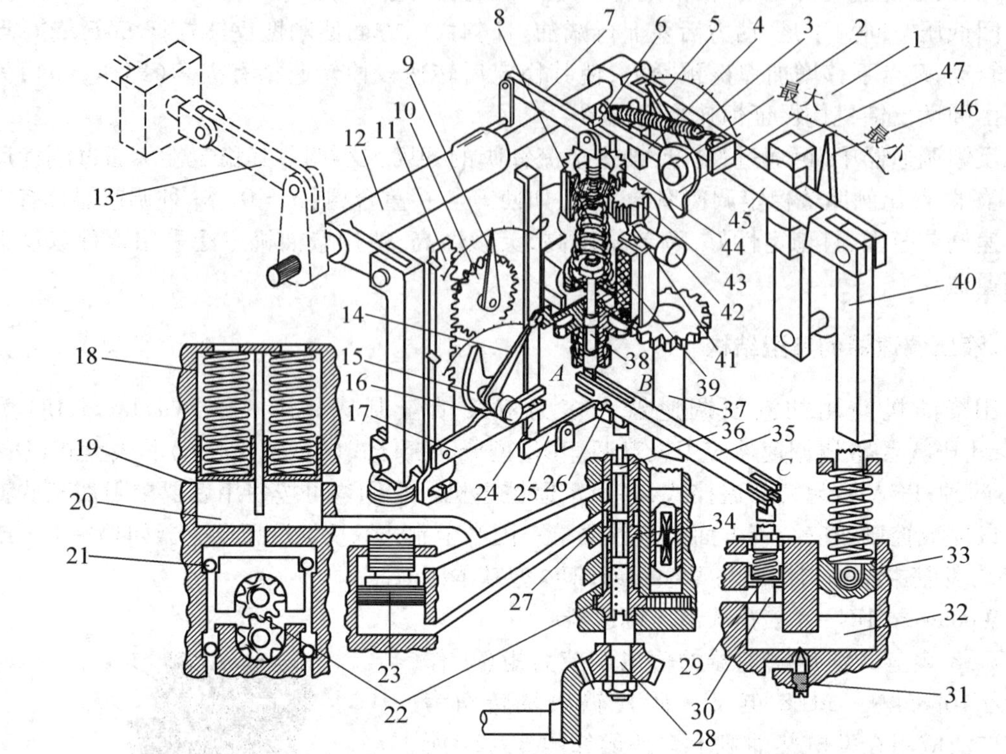

图 6－22 UG－8 电表盘式液压调速器原理图

1—静速差凸轮;2—静速差旋钮;3—拉紧弹簧;4—顶杆;5—静速差指针;6—支持销;7—静速差杆;8—调速弹簧;9—负荷指针;10—齿轮;11—齿条;12—输出轴;13—油量调节杆;14—负荷限制指针;15—负荷限制凸轮,16 负荷限制旋钮;17—控制杆;18—稳压油缸;19—溢油孔;20—蓄压室;21—球阀;22—齿轮泵;23—动力活塞;24—紧急停车杆;25—限制杆;26—限制销;27—控制孔;28—驱动轴;29—反馈弹簧;30—小反馈活塞;31—补偿针阀;32—补偿空间;33—大反馈活塞;34—控制阀套筒;35—浮动杆;36—滑阀;37—弹性轴;38—调速杆;39—飞重;40—杆;41—传动齿轮;42—调速旋钮;43—传动齿轮;44—调速齿轮;45—反馈杠杆;46—反馈指针;47—活动支点

反,动力活塞将上移。

④调节机构

由动力活塞 23、输出轴 12 及油量调节杆 13 等组成。动力活塞上下运动,通过杠杆机构转动输出轴 12,用来拉动油量调节杆以调节供油量。

⑤恒速反馈机构

由大反馈活塞 33、小反馈活塞 30、上下反馈弹簧 29、补偿针阀 31、反馈杠杆 40 和 45、活动支点 47、反馈指针 46 以及反馈油路等组成,用以保证调速过程中转速稳定。反馈杆 40,45 连接在调速器的输出轴 12 上,由输出轴驱动。动力活塞 23 在转动输出轴 12 的同时,通过反馈机构使浮动杆 35 绕 A 点摆动,使控制滑阀 36 上下移动,从而提前复位至中央位置。

⑥速度降机构(静速差机构)

由速度降旋钮 2(图 6－21 中的 8)、凸轮 1、顶杆 4、拉紧弹簧 3、支持销 6、静速差杆 7 和静速差指针 5 等组成。它是一种刚性反馈机构,不但能使调节过程稳定,而且能调节稳定调速率 δ_2,产生一定的静速差,以满足调节稳定性和柴油机并车工作之需要。该机构将动力活塞的调油动作反作用到调速弹簧 8 上，并根据支持销 6 的位置按比例地改变调速弹簧的预紧力。预紧力不同，与之平衡的转速也不同，因此对应不同的负荷，发动机的稳定转速将不同。支持销 6 在不同位置便可得到不同的 δ_2。支持销位置可人工调节，当支持销与调速弹簧轴线重合时，其刚性反馈作用消失，即 $\delta_2=0$，可实现恒速调节。

⑦速度设定机构

由两部分组成，通过改变调速弹簧 8 的预紧力来改变柴油机的设定转速。其一是由调速旋钮 42（图 6－21 中的 3），传动齿轮 41、43 和调速齿轮 44 组成的。当转动表盘上的调速旋钮 42 时，通过传动齿轮使调速齿轮 44（即上弹簧盘，带内螺纹）转动并同时沿中心螺杆上下移动，以改变调速弹簧预紧力，从而改变柴油机的设定转速，用于调速器前手动调节；其二是装在调速器盖上的调速电动机（图 6－21 中的 6），通过涡轮减速机构和摩擦离合器驱动齿轮 43，以改变调速弹簧的预紧力，调速电机由配电板上的开关进行控制。表盘上右下方的转速指示旋钮（图 6－21 中的 1）用于指示柴油机选定的转速，自身不可调节。

⑧负荷限制机构

由负荷限制旋钮 16（图 6－21 中的 9）、负荷限制指针 14、负荷限制凸轮 15、控制杆 17、紧急停车杆 24、限制杆 25、限制销 26、齿条 11、齿轮 10、负荷指针 9 等组成，用来限制动力活塞的加油行程。在图示位置中，负荷限制指针 14 位于表盘刻度"10"（最大）处，动力活塞 23 的位置由齿条 11 和齿轮 10 传动的负荷指针 9 指示为"5"。此时在控制杆 17 和凸轮 15 之间具有间隙，故当外界负荷继续增大时，滑阀 36 的下移不受限制，动力活塞可继续上行增加供油量。当动力活塞上移到最大供油量位置时，负荷指针 9 转到刻度"10"。此时控制杆 17 与凸轮 15 刚好接触，限制控制滑阀 36 继续下移，动力活塞（即供油量）也被限制在刻度"10"处。同理，若把负荷限制指针 14 置于刻度"8""6""4"处，则柴油机的供油量亦被限制在"8""6""4"处。

若旋转负荷限制旋钮 16 使其负荷限制指针 14 置于"0"刻度，则通过凸轮 15、控制杆 17 而将停车杆 24 压下，柴油机自行停车。柴油机启动时为防止加速过快应将负荷限制旋钮 16 置于刻度"5"；待启动之后，运转正常再逐渐将旋钮 16 转至刻度"10"或规定的位置。

如需紧急停车可按下紧急停车杆 24。此时限制杆 25 通过限制销 26 把控制滑阀 36 抬起，动力活塞便下移把供油量减为零。此停车杆 24 是在调速器试验中使用，并非在柴油机运转中使用，但可在其上方安装某安全停车辅助装置（如停车电磁阀等）以保护柴油机。

⑨液压系统

由低压油池、齿轮泵 22、稳压油缸 18 及油缸中的稳压活塞和有关油路组成，用于产生并维持推动动力活塞 23 运动的油压。齿轮泵 22 从油池中吸油加压后排送到稳压油缸 18 及相关空间。稳压油缸、稳压活塞、弹簧和溢油孔 19 等用来维持系统中稳定的油压（约 0.8 MPa）。当油压过高时，稳压活塞升起，滑油从溢油孔 19 流回油池，从而保持系统中油压稳定。

（2）工作原理

柴油机在某一负荷下稳定运转时，飞重 39 的离心力与调速弹簧 8 的预紧力相平衡，滑阀 36 处于图示中间位置将控制孔 27 封闭，使动力活塞 23 下方空间封闭。于是动力活塞稳定不动，输出轴 12 和油量调节杆 13 等均固定在某一位置，使柴油机有一个相应于外负荷的供油量。柴油机在由弹簧 8 所设定的转速下稳定运转。

当负荷增大时，转速下降，飞重的离心力将小于调速弹簧的弹力，飞重向内收拢，调速弹簧推动调速杆 38 向下移动，使浮动杆 35 以右端 C 为支点向下摆动，推动滑阀 36 下移并打开套筒上的控制孔 27，让高压油进入动力活塞 23 的下腔。由于动力活塞下部面积为上部面积的两倍（差动式），油压向上的作用力大于向下的作用力，使动力活塞向上移动，带动输出轴 12 朝加油方向（逆时针方向）旋转，供油量增加使转速回升。

随着动力活塞上移，输出轴 12 逆时针转动的同时，反馈杠杆 45 左端上移，右端以支点 47 中心下移，带动大反馈活塞 33 下移，压缩补偿空间 32 中的滑油，迫使一部分滑油从补偿针阀 31 的小孔流出。由于针阀的节流作用，反馈油路中的油压仍有上升，使小反馈活塞 30 上移，并压缩反馈弹簧 29。此时浮动杆 35 以左端 A 点为支点逆时针转动，带动滑阀 36 上移，使其提前返回原平衡位置，重新封闭控制孔 27，切断压力油，于是动力活塞 23 停止加油。此后，反馈弹簧 29 的作用使小反馈活塞 30 逐渐下移复位，多余的滑油经针阀 31 泄出。此下移速度与调速杆 38 的上行速度相适应，使滑阀 36 处在中央位置不动，柴油机恒速转动。

上述反馈动作即为弹性（恒速）反馈机构，其作用是防止调速器加油过量。反馈动作并非一次完成，而是反复多次，一直持续至油量增加到与负荷增加相适应，且使发动机恢复到原来的工作转速时为止。此时，飞重 39、调速杆 38、滑阀 36 和小反馈活塞 30 回到原先的平衡位置，而动力活塞 23、输出轴 12 和大反馈活塞 33 就停在对应于负荷增加后所需的供油量位置上，柴油机恢复至原转速稳定运转，获得新的平衡，实现恒速反馈调节。

为了保证调速过程有一定的静速差，亦即具有一定的稳定调速率 δ_2，调速器中设有静速差机构（刚性反馈机构）。当外负荷增加时，输出轴 12 向加油方向（逆时针）转动的同时，还带动静速差杆 7 绕支持销 6 也按逆时针方向转动，其右端上移，调速齿轮 44 和中心螺杆随即一起上移，将调速弹簧 8 稍微放松。由于调速弹簧的预紧力减小，使柴油机在负荷增加后和稳定工作转速较原工作转速稍有降低，即存在所谓“静速差”。要使飞重、滑阀回复到原来位置就必须降低柴油机的转速，即存在一定的静速差（速度降）。

同理，当柴油机负荷减小时，调速器的调节过程与上述相反，在此不再重复。

2. Woodward PGA 调速器

PGA 调速器是由原 PG 型调速器与遥控气动速度设定机构组合而成，是一种双反馈、气动速度设定的全制式液压调速器，“PGA”意指压力补偿压缩空气速度设定。它的速度降由刚性反馈机构实现，而弹性反馈机构改用一种阻尼补偿系统。PGA 调速器主要用于气动遥控系统的主柴油机。它具有某些辅助装置，如扫气压力燃油限制器（保证在加大负荷时，其循环供油量与增压空气压力同步增长，以防匹配不当而冒黑烟）、电磁阀切断装置等。

PGA 调速器由调速器主体部分、速度设定部分、速度降机构三部分组成。图 6－23 是其调速器的结构原理图。

(1) 调速器主体部分

主体部分包括：油泵 4、蓄压器 1、调速弹簧 29、飞重组件 30、推力轴承 31、滑阀柱塞 8、回转套筒 9、阻尼补偿系统 12 和 10、伺服油缸 17 等。伺服油缸内的动力活塞杆通过输出转轴 16 与柴油机燃油调节机构连接。

柴油机稳定工作时，飞重 30 产生的离心力与调速弹簧 29 的预紧力平衡，飞重处于图示之垂直位置，滑阀柱塞 8 的控制环带 6 封闭套筒 9 上通往阻尼活塞 12 左侧的油路，伺服油缸 17 内的动力活塞固定不动，输出轴 16 静止，柴油机稳定恒速运转。

当柴油机的负荷增大时，转速下降，飞重产生的离心力减小，滑阀柱塞 8 下行。其控制

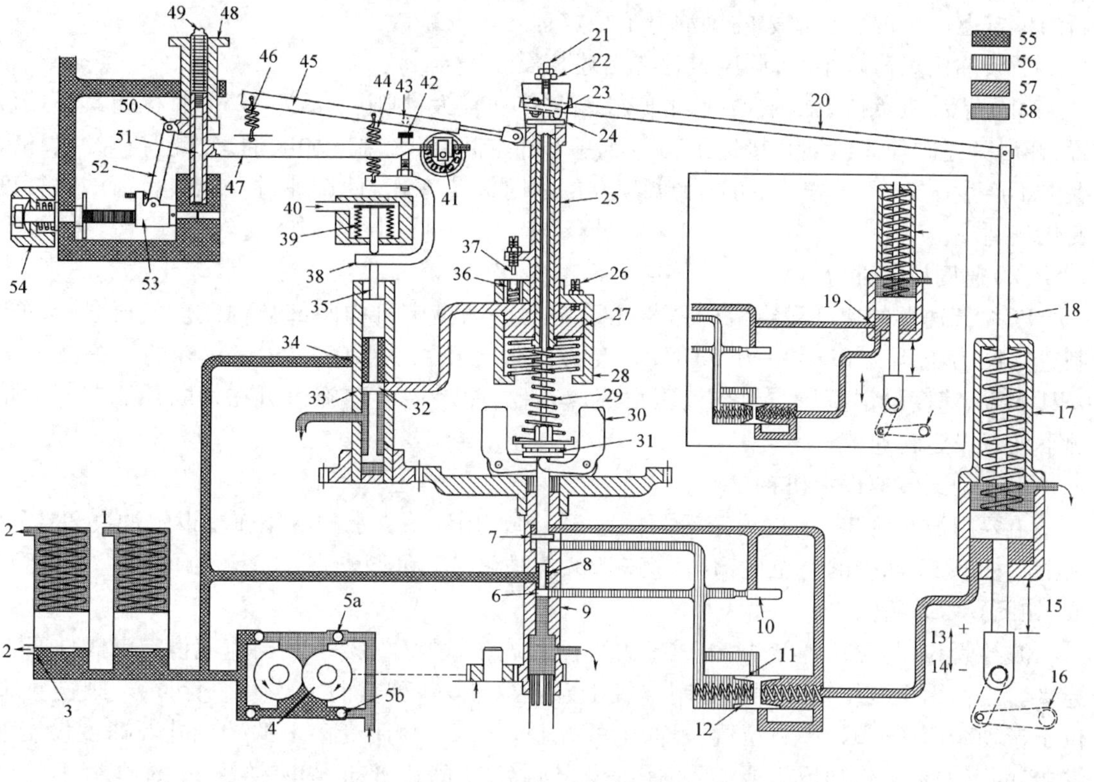

图 6－23　PGA 调速器结构原理图

1—蓄压器；2—储油箱；3—溢油孔；4—油泵；5a—止回阀（开启）；5b—止回阀（关闭）；6—控制环带；7—补偿环带；8—滑阀柱塞；9—套筒（传动）；10—补偿针阀；11—旁通阀；12—阻尼活塞；13—加油；14—减油；15—间隙；16—输出转轴（选配）；17—伺服油缸；18—尾杆；19—选配的补偿切除孔；20—速度降杆；21—停车杆；22—停油螺母；23—速度降凸轮；24—速度降柱塞；25—活塞杆；26—活塞止动调整螺钉；27—转速设定伺服活塞；28—转速设定油缸；29—调速弹簧；30—飞重；31—推力轴承；32—控制环带；33—套筒（转动）；34—断续供油口；35—速度设定滑阀柱塞；36—最高转速限制阀；37—限制阀调整螺钉；38—“C”形框；39—波纹管；40—控制空气；41—可调支点架；42—低速调整螺钉；43—停车销；44—复位弹簧；45—复位杆；46—负荷弹簧；47—速度设定螺钉组件；48—速度设定螺母；49—手动高速停车调整螺钉；50—滑环；51—高速停车销；52—连杆；53—引导螺母；54—手动速度调节旋钮；55—油泵供油压力；56—中间部分油压；57—封闭油和伺服油缸中的油压；58—贮油箱油压

环带 6 开启通向阻尼活塞 12 左方的油路，压力油进入阻尼活塞左侧并推动它向右移动，右侧的油则压入伺服油缸 17 内动力活塞的下部，推动动力活塞上行，加大油门使柴油机加速。与此同时，阻尼活塞 12 左右两侧的油压同时作用在位于滑阀上部的补偿环带 7 的两侧，且其下侧的油压大于上侧油压，产生向上的补偿力使滑阀柱塞 8 上移提前复位，即由补偿力产生负反馈作用。于是滑阀柱塞 8 可在柴油机转速达到原转速之前提前回复至中央位置，关闭控制孔，避免了因调速系统的惯性而导致的过分加油。

在此后柴油机的加速过程中，由于阻尼活塞的缓慢左移复位而通过补偿针阀进行调节，使补偿力逐渐减小。如果补偿针阀开度适当，则可使此补偿力的减小速度与飞重离心力的增加速率相同，使滑阀在中央位置不动。最后当转速恢复至原设定转速稳定运转时，补偿力消失，飞重回复至垂直位置，滑阀与阻尼活塞均回到原中央位置，而动力活塞稳定在新的位置上。柴油机在增大的供油量下稳定运转。

当柴油机负荷减小时,调速过程与上述相反。

如果柴油机负荷大幅度增减,滑阀柱塞 8 移动较大,则阻尼活塞 12 迅速移向其极端位置,开启旁通阀使高压油直接进出动力活塞下部空间,以大幅度加减油量,此时在补偿环带上下不产生压差,无补偿力,可减少调速器的瞬时调速率 δ_1,使调速过程能与负荷的大幅度变化相适应。

(2)速度设定部分

PGA 调速器的速度设定机构由气压设定与手动设定机构两部分构成。气压设定的控制空气压力范围为 0.049 ~ 0.50 MPa,允许的最低压力为0.021 MPa,允许的最高压力为 0.71 MPa,速度设定值与控制空气压力值成正比,而手动设定旋钮可在切断控制空气的情况下任意设定转速值。

①气动式转速设定机构

主要由波纹管 39、速度设定滑阀柱塞 35、单作用弹簧支承的液压速度设定油缸 28 以及使滑阀柱塞 35 回中的复位机构(活塞杆 25、复位杆 45、可调支点 41、复位弹簧 44 等)等组成,如图 6 - 23 所示。

波纹管 39 与复位弹簧 44 组成了力平衡系统,通过“C”形框 38 与速度设定滑阀柱塞 35 连接。当作用于波纹管外侧的控制空气压力恰好与复位弹簧向上的力平衡时,滑阀柱塞 35 位于转动套筒 33 中的中央位置,滑阀上的控制环带 32 封闭套筒上的控制孔。速度设定油缸 28 的上方无工作油流出或流入,速度设定活塞 27 静止不动,调速弹簧 29 的预紧力不变,即柴油机的设定转速不变。

当输入波纹管 39 外侧的控制空气压力增高(即要求设定转速增高)时,波纹管被压缩向下的力大于复位弹簧 44 向上的作用力,波纹管受压使速度设定柱塞 35 下移,工作油进入速度设定活塞 27 的上方推动设定活塞向下移动,增加调速弹簧 29 的预紧力,即设定转速增高。活塞杆 25 相应下移的同时,带动复位杆 45 以可调支点 41 为支点顺时针转动,使复位弹簧 44 与负荷弹簧 46 向上的拉力增大,并与波纹管向下的作用力相互平衡。同时通过“C”形框向上拉动柱塞 35 使它回复到中央位置,封闭速度设定活塞的压力油路,于是速度设定活塞稳定不动,给出一个增加了的设定转速。

为了降低设定转速而减小控制空气压力时,上述速度设定机构按相反过程动作,最后转速设定活塞 27 稳定在某一上移位置不动,设定转速相应降低。

若控制空气中断或低于最低值时,可按不同要求立即停车或维持在某一低速下运转,这可通过调节低速调整螺钉 42 的不同位置来保证。

为了达到停车要求,可以在控制空气中断及柴油机停车状态时调节螺钉 42 的高度,使它与复位杆上的停车销 43 之间有一固定的间隙。这样,当控制空气中断或低于最低值时,速度设定活塞 27 的上行降低设定转速并不会引起复位杆推动螺钉 42 下行而使滑阀柱塞 35 回中,从而速度设定活塞 27 可继续上行而停车。

为了达到低速运转要求,当控制空气压力和柴油机转速都处于它们正常运行的最低值时,螺钉 42 的高度应调节到恰好与停车销 43 相接触。则限制了速度设定活塞 27 继续上行。

②手动转速设定机构

主要由手动速度调节旋钮 54、引导螺母 53、连杆 52、滑环 50、速度设定螺母 48、高速停车调整螺钉 49 及高速停车销 51 以及“T”形带有滚珠轴承支架的手动速度设定螺钉组件 47 等组成。用于在没有控制空气时,可在机旁任意设定柴油机的运行转速。在无控制空气作用时,低速调节螺钉 42 在复位弹簧 44 的作用下上移至与停车销 43 接触。此时,负荷弹簧 46 使复位杆 45 压在滚珠轴承可调支点 41 上,并将速度设定螺钉组件 47 一同压下。若需提高设定转速,则可顺时针转动调节旋钮 54,螺母 53 左移,通过连杆 52、滑环 50 拉动速度设定螺母 48 下移,并带动螺钉组件 47 和滚珠轴承一起下移。相应于螺母 48 下移的某一位置,负荷弹簧 46 拉下复位杆 45 并通过低速调节螺钉 42、“C”形框 38 等使速度设定滑阀柱塞 35 下移离开中央位置。于是,压力油进入速度设定活塞 27 的上方使其下移,以增加调速弹簧 29 的预紧力,从而提高了设定转速值。此后,随着活塞杆 25 的下移,复位杆 45 顺时针转动,并通过复位弹簧 44 提起滑阀柱塞 35 复位到中央位置,切断压力油,速度设定活塞稳定不动,柴油机在较高的设定转速下稳定运转。

类似地,如需降低设定转速,则逆时针旋转旋钮 54,使速度设定活塞 27 上升至某一较低转速位置稳定不动,从而降低设定转速。

此外,调速器上还设有正常切断和最高转速限制。正常切断装置由切断杆 21、停油螺母 22 等组成。气动操作气压信号消失后,活塞杆 25 上移超过正常低速位置,活塞杆上端的支座接触停油螺母 22 的下螺母,把切断杆 21 和控制阀 8 提起,动力活塞下移切断燃油供给。最高转速限制是由装在油缸 28 上部的最大转速限制阀 36 和安装在活塞杆 25 上的限制阀调节螺钉 37 来完成。当调速器设定转速超过最大转速(约为 5 r/min)时,活塞杆 25 下移到最大转速位置,调节螺钉 37 顶开限制阀 36,于是速度设定活塞 27 上部压力油排至油池,设定活塞不再下移,因此转速不致超过最大转速设定值。

(3)速度降机构

由动力活塞上的尾杆 18、速度降杆 20 以及速度降凸轮 23 等组成。它为刚性反馈机构,其反馈作用的实质是在负荷增加的同时,稍微降低调速弹簧的预紧力。本机构可在增加燃油量的同时,使柴油机的稳定转速成比例地降低以补偿负荷的增加。

当动力活塞上移增加供油量时,尾杆 18 上行推动速度降杆 20,再通过速度降凸轮 23 的锁紧螺钉使速度降凸轮转动,从而速度降柱塞 24 稍微上移放松调速弹簧 29 的预紧力,以保证一定的稳定调速率。反之当动力活塞下行减油时,速度降凸轮稍许增大调速弹簧的预紧力。显然,调节凸轮的安装位置可调节稳定调速率的大小。

三、液压调速器的调节

液压调速器的调整一般为修理后的调整或性能优化调整。调整工作最好在调速器试验台上进行。如在柴油机上进行调整,必须严防柴油机超速飞车,并应备好紧急停车机构。通常,调整工作随调速器的类型而不同,通常包括稳定调速率的调节、稳定性调节以及 PGA 调速器的速度设定调节。

1. 稳定调速率 δ_2 的调节

(1)稳定调速率 δ_2 的作用和要求

稳定调速率 δ_2 是调速器重要的性能指标。保证一定的 δ_2 不但可以提高调速过程的稳定性和调速的准确性,而且还能对并联运行柴油机间所承担的负荷进行自动调节,保证各机负荷分配合理。不同用途的柴油机对其调速器的 δ_2 要求不同,在柴油机交验时必须经测试与调节以符合有关规范要求。

稳定调速率可在调速特性曲线上示出，如图 6－24(b)所示。实测的调速特性曲线并非直线，此处近似地将其视为直线。由图 6－24 可见，若空载($M=0$)时，转速为 $n_{空}$；随着负荷的增加，柴油机转速相应降低，在标定转矩时，转速下降为标定转速 n_b。此转速差($n_{空}-n_b$)的大小反映 δ_2 的大小。若($n_{空}-n_b$)$=0$ 则表示此时 $\delta_2=0$，相当于具有弹性反馈调速器的调速特性，如图 6－24(a)所示。

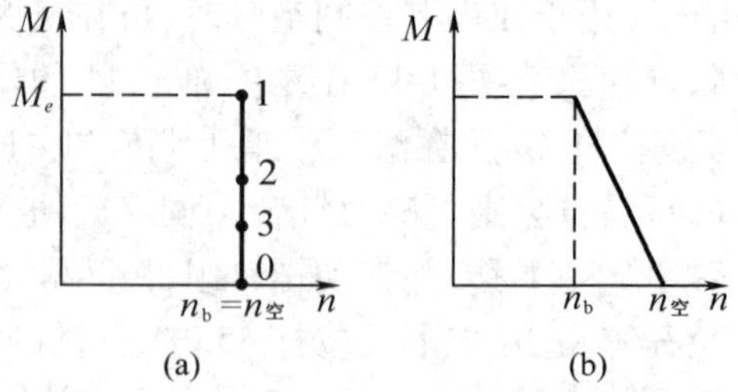

图 6－24 柴油机的调速特性曲线

(2)并联运行的柴油机对稳定调速率 δ_2 的要求

对于并联运行的多台柴油机，要求每台机承担的负荷份额与其标定功率(或转矩)之比均相同。若标定功率相同，则每台承担的负荷亦相同。若彼此的标定功率不同，则承担的负荷与标定功率之值成比例，即标定功率大者多承担负荷，标定功率小者少承担负荷。当总负荷增加至全负荷时，大小两者应同时达到全负荷。

如果两台标定功率相同并联运行的柴油机其稳定调速率 δ_2 均等于零时，其调速特性如图 6－24(a)所示，是一条垂直于 n 轴的直线。此时总功率虽然一定(0～1)，但两台柴油机之间的负载分配却是任意的，能随时自动地改变，可以是(0～3)与(3～1)的分配，也可以是(0～2)与(2～1)的分配等，这样两台柴油机的工况均不稳定，显然这种 δ_2 均为零的两台柴油机是不能并联运行的。

若两台具备一定的稳定调速率 δ_2，并且 $(\delta_2)_1=(\delta_2)_2>0$，则两台机有重合的调速特性，$M$ 合为两台机合成的调速特性线，如图 6－25 所示。当 $n=n_1$ 时，每台机都在 2 点运行，合成工作点为1，两机负荷均匀分布。当外负荷增加时，两机同时加油，但两者转速也同时下降到 n_2，每台机运行点为 2′，合成工作点为 1′。其负荷分配仍然均匀。

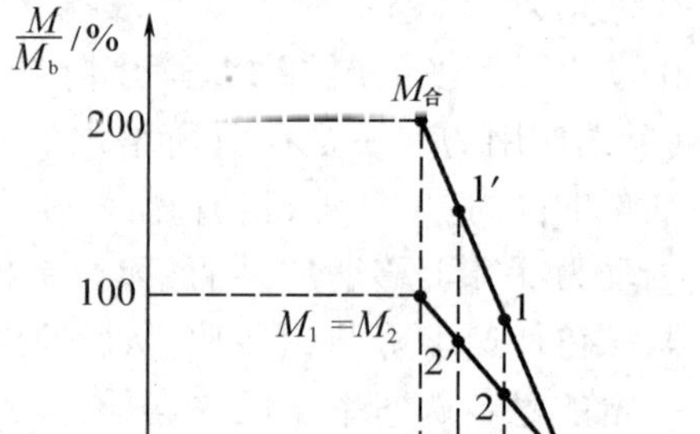

图 6－25 两机 δ_2 相等时的负荷分配

若两台机的 δ_2 不等，设 $(\delta_2)_1<(\delta_2)_2$，如图 6－26(a)所示，两条调速特性曲线具有不同的倾斜度，δ_2 小者陡峭。当转速为 n_a 时，两机的运行点分别为 1 和 2，其负荷分配占各自标定功率的份额不等，即负荷分配不均匀，δ_2 小者(陡峭)多承担负荷。若此时调节调速器的设定转速，使两台机同时运行在点 2，如图 6－26(b)所示，即让其调速特性曲线沿 n 轴平移后的两线交点 2，这时两机负荷虽然相同，但这种均衡只是暂时的，只要外负荷一有变化，均衡即遭破坏。如外负荷增加，转速降为 n_c，则两机的工作点就分别为 3 和 4，负荷分配不均匀，严重时会一台机超负荷而使全船失电。

综上所述，调速器的 δ_2 决定了并联运行的柴油机间的负荷分配情况，对于单台运行的柴油机 δ_2 可以为零。但并联运行的各台柴油机的 δ_2 值必须相等且均大于零，在满足调速系统稳定性要求的前提下，各机的 δ_2 值应满足有关规范的规定要求。

(3)稳定调速率 δ_2 的调节

液压调速器的稳定调速率 δ_2 可通过速度降机构(刚性反馈机构)进行调节。Woodward

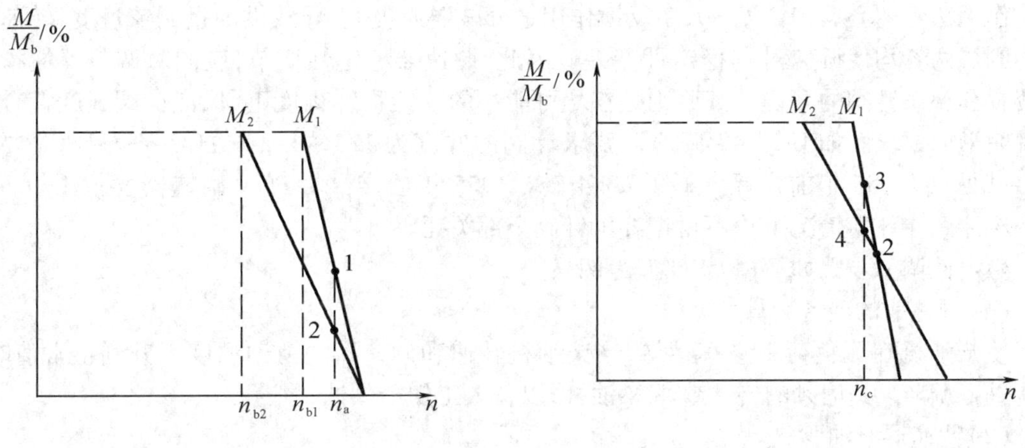

图 6-26　两机 δ_2 不相等时的负荷分配

液压调速器一般有以下两种调节方法。

①表盘式调速器可通过其正面表盘上的速度降旋钮 8(见图 6-21)进行调节。顺时针转动此旋钮,就可通过速度降机构增大支持销 6(见图 6-22)相对调速弹簧 8 轴线的距离,从而增大 δ_2。若使支持销 6 与弹簧 8 轴线重合,则其 $\delta_2=0$。如按使用要求将此旋钮旋转至 30~50 之间,则表示相应的 $\delta_2=3\%\sim5\%$。实践中应根据并联运行柴油机的负荷分配比例来调节,如并联机承担负荷小,则应减少该机的 δ_2 数值。

②杠杆式 PGA 型调速器其外部无 δ_2 调节机构。如需调节 δ_2 值,应打开调速器顶盖旋松速度降凸轮 23(见图 6-23)上的锁紧螺钉,则速度降凸轮可沿支点销上的槽道滑动。若将速率降凸轮沿槽道向右滑动,即朝动力活塞尾杆 18 的方向移动凸轮,则 δ_2 值增加;反向移动凸轮则 δ_2 值减小。若使凸轮中心线与支点销中心线重合,则 δ_2 值为零。决不允许使速度降凸轮移动超过 $\delta_2=0$ 的位置,因为这样会出现负的稳定调速率而使调速器动作非常不稳定。在这些调速器中 δ_2 的调节范围在 0~12%。

机械调速器的稳定调速率与其结构参数有关,除非更换调速弹簧(刚度)或飞重等零件,一般不可调整。若调速弹簧换用刚度小者,则其 δ_2 变小,准确性提高,但稳定性会降低。

2. 稳定性调节

为保证调速过程稳定,在液压调速器中设有反馈系统。通常在调速器换新或修理后应对反馈系统进行综合调节,以获得尽可能小的瞬时调速率 δ_1 和尽可能短的稳定时间 t_s。

反馈系统调节的环节主要有两个(见图 6-22):一是扳动反馈指针 46,借以改变反馈杠杆 45 的活动支点 47 的位置,用以调节反馈行程的大小;二是调节补偿针阀 31 的开度,用以调节反馈速度的快慢。如果反馈指针的位置和补偿针阀的开度调节得正确,控制滑阀 36 提前复位后,在飞重 39 和小反馈活塞 30 的复位过程中,控制滑阀 36 在中央位置上一直保持不动。此时,调速过程的瞬时调速率 δ_1 和稳定时间 t_s 均符合有关规定,即调速器的稳定性良好。

若反馈指针指向“最大”位置,反馈行程过大,控制滑阀 36 则会过早地提前复位而产生供油量调节不足现象;反之,反馈指针指向“最小”位置,反馈行程过小,产生供油量调节过度的现象。以上两种情况均会导致调速器产生严重的速度波动,稳定性变差。

若补偿针阀 31 开得过小或关闭,反馈作用过分增强,控制滑阀过快复位,会造成供油量调节不足，使转速恢复时间长，即 t_s 过长；若补偿针阀 31 开得过大，就会失去节流作用，反馈动作无法到达小反馈活塞 30，使反馈作用过分减弱或丧失，导致供油量调节过度，转速波动加剧。两者均使调速过程稳定性变差。因此，调速器稳定性调节，应同时调节反馈指针的位置和补偿针阀的开度。其原则是在尽可能小的反馈指针刻度下，保证针阀开度符合相应说明书的要求。如 UG－40 调速器要求针阀的开度为 1/4～1/2 转；UG－8 调速器要求 1/8～1/4 转（1955 年前产品）、1/2～3/4 转（1955 年后产品）；PGA 调速器要求 1/16～2 转。应注意在任何情况下均不得把补偿针阀全部关死。

稳定性调节步骤如下（以 UG 型为例）：

（1）调整前的准备

使柴油机在无负荷下空车运转，当柴油机转速和调速器的滑油温度上升到正常值时，方能进行调节。这时须有专人掌握燃油杆，以备人工切断供油。

（2）调速器滑油驱气

将反馈指针放在最大位置，补偿针阀旋出几转，使柴油机处于游车状态，松开调速器上的透气塞，让柴油机转速波动 1～1.5 min，此时调速器各油路中的空气从放气塞逸出来，直至空气全部排光后上紧放气塞。

（3）无负荷调节

将反馈指针置在刻度“3”处，人为地使发动机转速波动并逐渐关小补偿针阀 31，直至柴油机转速波动刚好消失为止，检查此时针阀的开度。可先将针阀慢慢地完全关死，然后再回到原来的位置，记住转动的圈数是否符合要求。若开度合适，调节至此完成。

若调节中波动不停或开度不符合规定要求，则说明反馈不足，应将反馈指针向“最大”方向增加两格，重复上面的调节。若反馈指针达到 7 格时还不稳定，则应该调节速度降机构，适当增大静速差（即增加稳定调速率 δ_2），再重复调节，直到满意为止。

通过上述调节，转速波动会很快停止。如果针阀开度合乎要求，就可继续试验在各种转速下柴油机能否在转速一旦波动后就会迅速停止。如果达到满意，则无负荷反馈调节即完成。

（4）有负荷调节

有时无负荷时反馈调节已认为满意，但在有负荷时可能又出现转速波动，故还需进行有负荷调整。

有负荷调整就是使柴油机承受负荷，在所需要的各种转速下，检查调速器的稳定性。调整的步骤与无负荷时相同。通常只需稍微调整一下反馈指针或补偿针阀即可达到满意的调节。

调节完毕后，记下反馈指针位置、针阀开度和静速差的数值。反馈指针的位置应锁紧，不要随便移动。当清洗调速器、更换滑油时，只需重新调整针阀的开度即可，一般无需更动反馈指针的位置。

PGA 型调速器设有反馈指针，因而其稳定性调节比较简单，只需从全开针阀到逐步关小针阀调节即可，最后仍需使针阀开度符合 1/16～2 转的要求。应尽量使针阀有较大的开度以保证调速器调节迅速。如在针阀几乎关死的情况下，柴油机仍不能恢复稳定运转，则可换用一个刚度较大的阻尼弹簧（见图 6－23 中阻尼活塞 12 处）。

3. 速度设定的调节

PGA 调速器的速度设定调节主要包括气动低速设定值调节，控制空气压力与相应转速范围调节，以及手动设定旋钮的最高转速调节。

(1)调节的准备工作

启动柴油机,使调速器滑油油温正常。

①如调速器装置有停车电磁阀或压力停车装置,应使它们处在不致使柴油机停车的状态。

②逆时针转动手动速度调节旋钮 54(见图 6-23)直至最低速度为止(出现滑动)。

③调整手动高速停车调节螺钉 49(见图 6-23)的上端与“T”形速度设定螺钉 47 的顶部平齐。

④调节活塞止动调整螺钉 26 使其在速度设定油缸 28 顶部伸出长度约 13 mm。

(2)气动低速设定值调节

①接通控制空气,并调至与所要求低转速(空车)相应的最低空气压力值。

②逆时针转动速度设定螺母 48,直至在最低控制空气压力下达到所要求的低速。

(3)控制空气压力与相应的调速范围的调节

①缓慢增加控制空气压力至所需的最大压力值(应注意防止超速飞车)。如果在控制空气压力到达最大值前,柴油机已达要求的高速,则应向速度设定油缸 28 方向移动可调支点架 41;如相反,控制空气压力已达到最大值而柴油机尚未达到要求的高速时,则向相反方向移动可调支点架 41。必须注意:在进行此项调节之后应重新调整低速设定值。

②控制空气压力达最大值,使柴油机稳定运转。顺时针转动限制阀调整螺钉 37 使柴油机转速刚刚开始下降,然后逆时针方向转动螺钉 37 约 1/4~1/2 转并锁紧,防止超速。

③控制空气压力降至最低值,顺时针转动活塞止动调节螺钉 26 直至刚接触伺服活塞为止。然后逆时针返回 3 转并锁紧。这样在柴油机启动时能迅速打开油门,以减少启动时间。

(4)手动速度设定的最大速度设定值调节

①关闭控制空气,顺时针转动手动设定旋钮 54,使柴油机达到所要求的高转速。

②顺时针转动手动高速停车调整螺钉 49,直至其刚好与高速停车销 51 接触为止。

最后,应将手动旋钮 54 逆时针转至最低速度位置处,以恢复气动速度设定控制。

四、调速器的故障与管理

调速器是柴油机的重要组成部分,它直接影响柴油机的运转性能。一旦调速器发生故障就会使柴油机转速不稳,甚至发生熄火或“飞车”等故障,因此对调速器及其系统应细心、正确地加以管理和维护。

1. 调速器的常见故障

柴油机在工作中,当转速变化出现异常时,通常应考虑以下三方面的因素:柴油机工作性能恶化;调速器某些辅助设备失常;调速器本身失常。因此,应首先进行以下检查:

①确认柴油机的负荷是否超出了柴油机的标定负荷;

②检查各缸负荷是否严重不均,是否正常发火,喷油器是否处于正常工作状态;

③检查调速器与喷油泵之间的杠杆传动机构是否卡滞或间隙过大而松动;

④检查调速器负荷指针的零位与喷油泵的零位是否一致;

⑤检查调速器的设定机构、控制空气压力等是否正常。

当进行以上检查并排除之后,如调速器工作仍然不正常,则为调速器自身故障,这些故障通常有:

(1)柴油机游车或转速振荡

游车指转速有节奏地变化,以手动停住调速器的作用可以消除,但放手后仍会恢复有节奏的转速变化。转速振荡指转速有节奏变化且幅值较大,手动停住调速器作用可消除波动,放手后转速不会立即重新波动,但在调速或负荷变化后波动仍会发生。可能的原因有:

①调速器反馈系统调速不当,应重新进行稳定性调节;

②调油杆、高压油泵空动或卡死;

③调速器滑油太脏、起泡或油位过低(油位表不见油位);

④调速器内部故障,如飞重和轴承磨损,滑阀卡死,补偿(阻尼)弹簧弹性失效等;

⑤调速器与柴油机不匹配。

(2)调速器输出轴颤动(高频振动)

可能的原因有:

①调速器驱动不稳,如传动齿轮磨损,啮合不良,凸轮轴传动机构松动,柴油机减振器故障;

②飞重的弹性驱动机构故障;

③调速器在安装支座上没有均匀固紧。

(3)柴油机达不到全速全负荷

可能的原因有:

①喷油泵齿条拉出长度不够或喷油泵齿条拉出长度不够而调速器输出轴已达到最大输出行程(刻度"10")。这可能是由于调油杆系卡滞、空动,调速器输出轴与喷油泵供油刻度匹配不当等因素引起;

②控制空气或扫气空气压力太低或设定转速太低;

③动力活塞运动受阻;

④液压系统油压过低或油路阻塞。

(4)柴油机启动时高压油泵齿条不能及时拉开

可能的原因有:

①调速器中油压低,齿轮泵磨损,齿轮泵单向阀漏泄;

②启动转速太低;

③升压伺服器(在启动时刻使用启动空气迅速增加调速器内滑油压力的选用设备)动作不佳;

④某种断油机构(如停车螺母等)调整不当;

⑤转速设定值或扫气压力燃油限制器(在启动时由扫气压力限定调速器输出轴转角的一种辅助装置)设定值太低。

2. 调速器的维护管理

调速器的管理应遵循说明书上的规定。下面介绍一般管理原则。

(1)注意调速器内部润滑油情况

①选用合适的滑油

滑油应严格按说明书要求选用。一般可使用22号汽轮机油;若工作场合温度较高,可选用30号汽轮机油。理想的滑油应不含杂质、不起泡沫、不产生泥渣或胶状物、不溶解空气、无腐蚀作用并具有较高的黏度指数。

②注意液面高低

要经常注意调速器内的滑油量。加油时超过规定刻线,活动元件会把空气卷入油中,液面过低油道内也会混进空气。若液面下降过快,说明调速器漏油或渗油,应立即仔细查找和处理。

③注意调速器油道内是否有空气

调速器经过拆检或换油，液面过高过低等都会使油道内掺混空气。油道内一旦有空气会影响油流连续性和降低补偿作用的敏感性，引起柴油机转速不稳定。

排除空气的方法是使柴油机怠速运转，将补偿针阀打开几圈，让柴油机产生严重的转速波动约 2 min，以迫使油道中空气排出，再仔细关小调整补偿针阀直至满意。

④确保滑油质量

使用过的滑油会逐渐变质，正常情况下，每半年应换油一次。换油时可将调速器拆下，倒净旧油并用柴油清洗后，换入新油再装复。若不拆下调速器，则应趁滑油热时，将旧油从放油塞处放掉，并充入清洁柴油；把补偿针阀开大 2 圈以上，启动柴油机让调速器波动工作 30 s，利用柴油自行清洗，然后停车放掉柴油换入新油，调整好补偿针阀即可。最好待柴油机短时间运转后，把新换的滑油再放掉，重新注入新油。

(2)注意检查传动件的连接情况

检查调速器输出轴到喷油泵之间的拉杆、杠杆等传动件的连接情况。检查有否卡阻或间隙过大现象，若发现应及时处理，否则会引起油泵齿条动作不及时造成柴油机转速不稳定。检查各连接处的开口销和保险销有否断落倾向，一旦保险件失落，柴油机将会失控。

(3)定期检查调速器有关机件

①补偿针阀螺母是否松动。

②弹簧的各部分尺寸及弹力是否正常。

③各阀与套筒、活塞与缸体及其他机件有否过度磨损情况。

根据检查情况及时处理。

柴油机转速不理想的原因是多方面的，要仔细观察，认真分析。在未找到确切原因之前，不要轻易断定是调速器的毛病，不要急于拆检调速器。有条件的话，可以用一台同型号的正常调速器换装试验，有利于得出结论，判断出是调速器本身的故障还是调速器以外的原因所造成。

第五节　电子调速器

电子调速器是一种电子控制系统。凡转速感测元件或执行机构采用电气方式的调速器，通称为电子调速器。它不使用机械机构，动作灵敏，响应速度快，响应时间只有液压调速器的 1/10 ~ 1/2；动态和静态精度很高；无调速器驱动机构，装置简单安装方便，便于实现遥控和自动控制，是近代发展起来的精密调速器，已在许多新型船用柴油机上应用。

电子调速器还能采用双脉冲调节，即将转速变化信号和负载变化信号两种单脉冲信号叠加起来调节供油量，亦称频载调速器。这种双脉冲调速器能在负载一有变动而转速尚未明显变化之前就开始调节供油量，因而具有很高的调节精度，适用于对供电要求特别高的柴油发电机组。

一、电子调速器的种类

通常有以下三种类型：

1. 全电子调速器

信号感测与执行机构均采用电气方式者,如海因茨曼电子调速器。Woodward 8290 电子调速器等。此种电子调速器工作能力较小,多用于小型柴油机。

2. 电-液或电-气调速器

信号监测采用电子式,而执行机构采用液压式或气力式。此种调速器的液压或气压伺服器工作能力较大,可满足各种柴油机的使用要求。如 Woodward 2301 电子调速器执行机构使用 EG3P 型液压伺服器,而 DGS-8800 数字式调速器的执行机构采用气压式。

3. 液-电双脉冲调速器

在普通的液压调速器上加装电子式的负载信号感测装置。该调速器当电子部分发生故障时,可自动转为液压调速器工作。如国产 YTD-40 型调速器即为此种调速器。

二、电子调速器组成和工作原理

1. 组成

如图 6-27 所示为双脉冲电子调速器的基本组成。磁电式转速传感器 3 用于监测柴油机的转速的变化,并按比例转换交流电压输出。负荷传感器 5 监测柴油机负荷(如电流、电压、相位)的变化,并按比例转换直流电压输出。速度控制单元 6 是电子调速器的核心,它接受来自转速传感器和负荷传感器的输出电压信号,并按比例转换成直流电压后与转速设定电位器 7 的设定转速(电压)进行比较,并将比较后的差值作为控制信号输出送往执行机构 1。执行机构则根据输入的控制信号以电子方式或液压方式拉动柴油机的油量调节机构进行调速动作。

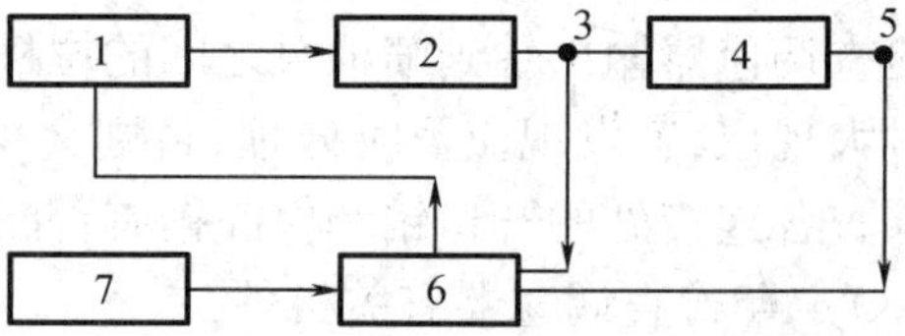

图 6-27 双脉冲电子调速器的组成框图

1—执行机构;2—柴油机;3—转速传感器;4—柴油机负载;5—负荷传感器;6—速度控制单元;7—转速设定电位器

2. 工作原理

柴油机稳定运行时,其工作转速与转速设定电位器 7 的设定转速相等。转速传感器 3 的输出电压作为负值信号在速度控制单元 6 内与正值的设定转速电压信号相互抵消。此时速度控制单元输送执行机构 1 的控制电压信号使执行机构的输出轴保持静止不动,柴油机供油量固定,转速稳定。

若柴油机的负荷增加,首先负荷传感器的输出电压发生变化,此后转速传感器的输出电压相应变化(数值降低)。两种降低的脉冲信号在速度控制单元 6 内与设定转速(电压)比较,并输出正值电压信号,使执行机构中的输出轴向加油方向转动,以增加柴油机的供油量。

类似地,若柴油机的负荷降低,转速升高,则传感器的负值信号数值将大于转速设定电压的正值信号数值,控制单元输出负值电压信号,使执行机构输出轴向减油方向转动,以减少柴油机的供油量。

三、典型电子调速器简介

1. Woodward 2301 型电子调速器

Woodward 2301 型电子调速器是一种使用广泛的电子调速器,它属于电-液调速器,其测速传感器采用磁电式,控制单元采用2301型电子控制器,控制机构采用EG3P液压执行器。它有单纯调频型(单脉冲)和调频调载型(双脉冲)两种。前者用于单机运行,其瞬时调速率δ_1一般在5%~7%,稳定时间t_s在3~5 s范围内;后者用于并联运行机组,其瞬时调速率δ_1一般不大于2%,稳定时间t_s不大于1 s。

图6-28为单脉冲2301型电子控制器外形图。其正面面板上有四个调节旋钮,自左而右分别有:

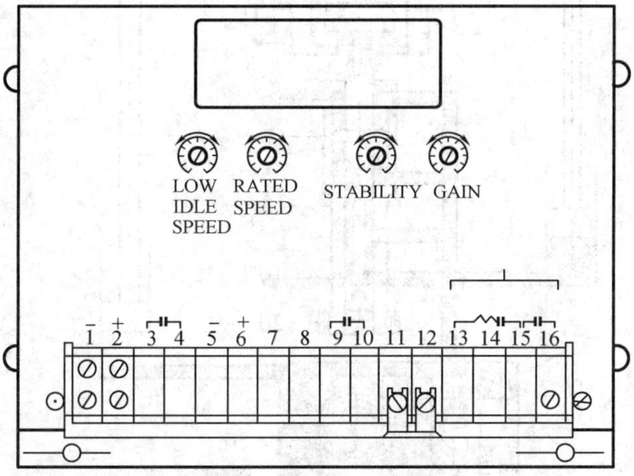

图6-28　单脉冲2301型电子控制器外形图

怠速(Low Idle Speed)调节旋钮——用于调节滑油低压,保护运转时的最低转速;

设定转速(Rated Speed)调节旋钮——用于调节设定转速;

稳定度(Stability)调节旋钮——用于稳定性调节;

增益量(Gain)调节旋钮——用于稳定性调节。

在上述四个调节旋钮下方有接线端子1~16,其端子接线如下:

1,2——接12~40 V直流电源(经稳压电源转换为9 V);

3,4——速度失灵保护(当测速传感器损坏时,切断去执行器的调速信号,柴油机停车);

5,6——2301控制器输出(去执行器调速电压信号);

7,8——电磁式测速传感器测速电压信号输入1~1.5 V;

9,10——怠速调节电位计(与怠速调节旋钮相连);

11,12——转速设定电位计(与设定转速调节旋钮相连);

13,14——稳定调速率调节电位计(调节范围0~13%);

15,16——机组加速时间调节电容器(调节由低速到标定转速的加速时间)。

如图6-29所示为EG3P液压执行器工作原理图。由齿轮泵20产生的高压油(最大压力为2.5 MPa)始终作用在负荷活塞21的下方,力图使它上行减油,但它的上行受动力活塞3下方的油压制约。

永久磁铁4固装在滑阀柱塞16的上方,并通过中央弹簧6与复位弹簧7把永久磁铁4悬挂在电磁线圈5内的磁场中。在滑阀柱塞上有两个作用力:一是中央弹簧6的向上弹簧力与复位弹簧7的向下弹簧力,其合力方向始终向上,而大小随输出轴的不同位置而不同;二是由电磁线圈产生的电磁力,其方向始终向下而大小与输出轴的转角位置成正比。这两

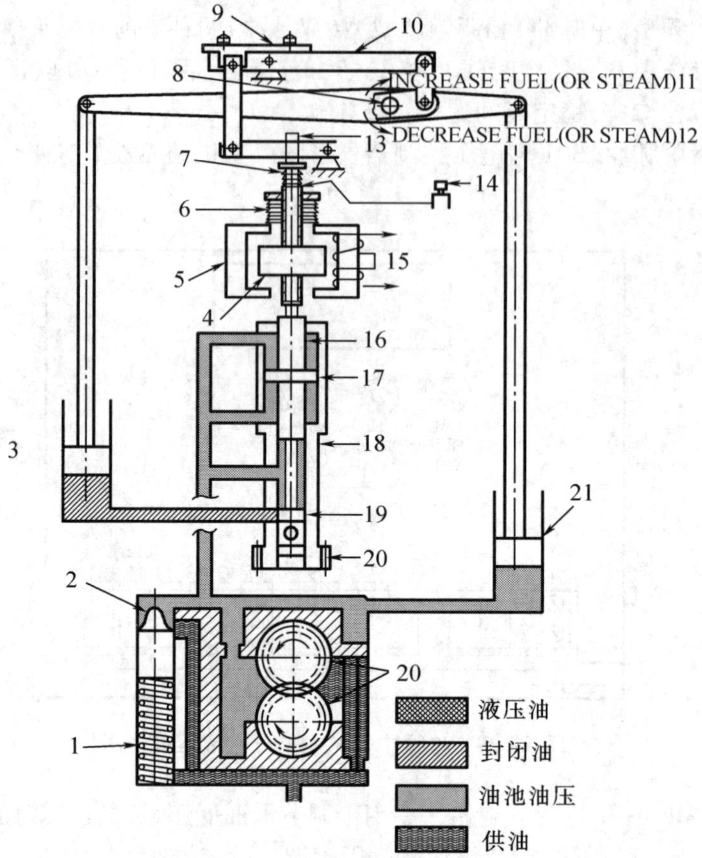

图 6-29 EG3P 液压执行器工作原理图

1—安全阀弹簧;2—安全阀柱塞;3—动力活塞;4—永久磁铁;5—电磁阀线圈;6—中央弹簧;7—复位弹簧;8—输出轴;9—可调滑动支架;10—复位杆;11—加油;12—减油;13—可调弹簧座;14—中央螺钉;15—电子控制器;16—滑阀柱塞;17—补偿环带;18—滑阀套;19—控制带;20—齿轮泵;21—负荷活塞

种力的相互作用决定了滑阀柱塞的移动方向。

当柴油机在设定转速 n_b 稳定运转时,测速传感器产生的交流电压信号经 2301 电子控制器内的频率转换器调质整流成直流电压信号,并以负值($-V_b$)输送到控制器内的输出运算放大器的输入端与设定转速正值电压($+V_b$)比较。其差值 $\Delta V=0$,于是输出运算放大器便输出一个与输出轴 8 转角位置(即负荷大小)成正比的调速电压信号,并送往执行器中的电磁线圈产生一个向下的电磁力。此电磁力在数值上恰与前述的弹簧合力相等,而使滑阀柱塞 16 在中央平衡位置保持不动,控制带 19 封闭动力活塞 3 下方空间,动力活塞不动。输出轴静止不动,供油量不动,柴油机在设定转速 n_b 稳定运转。

当外界负荷减少时柴油机转速升高,测速传感器产生的并经调质整流的直流负电压 $|-V_a|>V_b$,在输出运算放大器输入端与设定转速正值电压($+V_b$)比较后,其差值 $\Delta V<0$,使控制器的输出调速电压减少。电磁线圈产生的向下电磁力降低,滑阀柱塞在过剩的弹簧合力作用下上移。动力活塞下方与低压油相通,负荷活塞上行,动力活塞下行,输出轴逆时针转动而减油。在减油的同时,复位杆 10 绕可调滑动支架 9 的支点逆时针方向摆动,增加

复位弹簧 7 的向下作用力使滑阀柱塞下行提前复位,实现负反馈作用,使调速过程稳定。最后,输出轴在减少柴油机供油量的某一位置上,使相应的弹簧合力(向上)与电磁力(向下)在均有所降低的情况下重新达到平衡状态,滑阀柱塞重新处于中央平衡位置,动力活塞下方恢复密封状态,输出轴固定不动,柴油机在较低供油量情况下重新稳定运转(n_b)。

同理,当外界负荷增加时,转速降低,测速电压信号$|-V_a|<V_b$,其差值$\Delta V>0$。因而输出运算放大器的调速电压信号值增大,在电磁线圈中的电磁力增大。在电磁力与弹簧力差值的作用下滑阀柱塞下移,动力活塞下方与高压油相通,使动力活塞上行,负荷活塞下行,顺时针转动输出轴使柴油机加油。此后的负反馈调节过程与上述负荷减少情况相反。最后在输出轴增加供油量的某一位置,滑阀柱塞恢复平衡状态,动力活塞稳定不动,柴油机重新稳定运转。

2. DGS 8800 型数字式电子调速器

DGS 8800 型数字式电子调速器是挪威 NORCONTROL 公司专门为低速、长冲程柴油机开发的一种数字式电子调速器,其转速调节范围为 300 r/min 以下。

DGS 8800 型调速系统工作原理如图 6-30 所示,它由两个独立的功能块组成,即调节功能块(左)和执行功能块(右)。其核心部分为数字调速单元(DGU),它安放在集控室的控制台面板上,可以进行转速和油泵齿条位置的数字显示。转速的设定可以由驾驶台控制系统和机舱控制系统实现。调节功能块可通过传感器采集转速、扫气空气压力、变距桨螺距值的信号。速度监测采用两套电磁式传感器,可以增加可靠性,并根据监测的速度信号

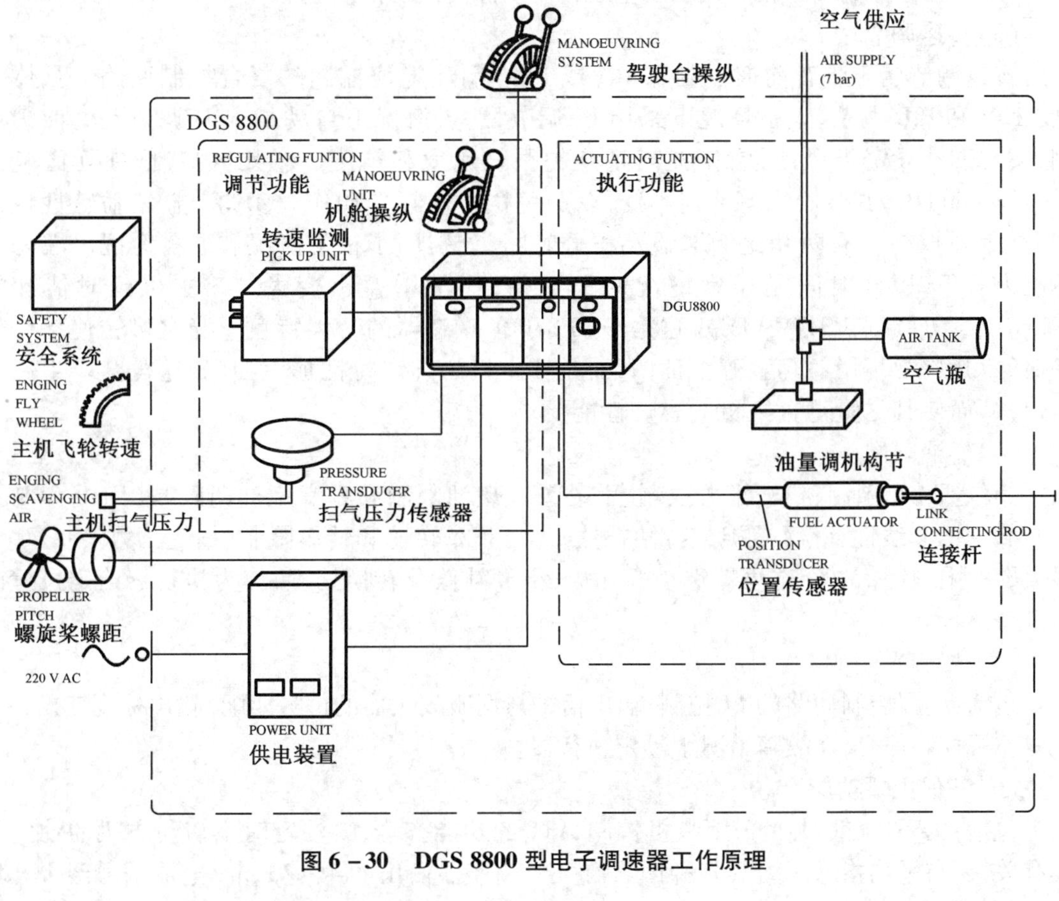

图 6-30 DGS 8800 型电子调速器工作原理

和设定转速的差值进行调节。扫气压力传感器可根据检测的扫气压力值限制燃油的供油量,螺距信号值是对柴油机负荷状态的一种补偿输入,可以使调速过程更加快速、准确。执行功能块以0.7 MPa的压缩空气为工作介质,用以调节柴油机的油量伺服机构的位置,使柴油机的转速等于标定转速。在主空气供给管路上并联一个气瓶,用以补偿空气压力的波动。气动执行器安装在柴油机上,由双作用的气缸来控制,拉动柴油机的油量调节机构,同时将油门位置信号送至DGU。此外,还有一套供电装置和安全系统。

3. DGS 8800e调速系统的主要功能

DGS 8800e的主要功能如图6-31所示,不仅具有全制式液压调速器的所有功能,而且能充分利用微机控制的灵活性,实现多种操作方式、精确的限制功能及故障自动显示与报警,其功能的全面、强大和灵活是传统调速器无法比拟的。

(1)给定转速指令处理

接受驾驶台或集控室送来的转速指令信号;接收安保装置SSU 8810送来的故障减速或故障停车指令;实现转速限制,包括最大车令转速限制、临界转速自动避让、轴带发电机的最低转速设定、SLOW DOWN转速、系统出故障时的"替代转速"等;实现速率限制和程序负荷控制;起动(正常起动、重起动)油量设定;操作方式和状态切换。

(2)主机转速检测

采用低通滤波,滤除高频噪声信号;采用自适应滤波,包括:通过数字陷波滤除由于个别气缸熄火运行导致的特定低频转速噪声信号;最大滤波转速(约50% MCR)的自动开启和关闭,即当恶劣海况或有较大扰动发生时自动切除滤波功能。

(3)转速调节

转速调节属于带有前馈控制和PI(或PID)闭环定值控制的复合控制回路。具体包括:①PI和PID调节,正常情况下采用PI调节,恶劣海况下自动加入D调节。②前馈控制,实现燃油设定指令前馈,以提高系统的跟踪速度和精度。③死区控制,在死区范围(±2 r/min)内,调节器维持油门不变,以避免执行器频繁动作。④调节器增益特性控制(可变增益控制),有两套比例增益及积分时间,分别用于正常海况和恶劣海况。在恶劣海况方式下,积分时间是正常海况时的三倍,比例增益也变大。⑤主机延时估计器(ENGINE DELAY ESTIMATE),这是DGS 8800e调速器的一大特色。当主机转速指令较大时,不是按常规增益马上开大油门,而是按主机的燃烧特性加大油门,这样会产生一个延迟,从而使其尽量符合主机的燃烧性能要求。

(4)燃油限制

其包括转矩限制、扫气压力限制、手动最大燃油限制和零螺矩油门限制(用于CPP系统)、转速的非线性补偿(螺旋桨特性补偿)等。车令转速和转矩限制、扫气压力限制、手动最大燃油限制等信号经选小器选小后输出,再经补偿及转换处理,作为执行器给定位置的信号。

(5)执行器

包括:伺服控制回路的PI控制;输出信号与伺服放大器的信号匹配(输出标度变换);监视控制信号,在故障情况下锁定执行器。

(6)其他主要功能

包括:①VIT控制由于采用微机控制,VIT的功能齐全,喷油定时不仅与主机的油门开度有关,还与平均指示压力等多种因素有关。调速器输出的4~20 mA电流信号经I/P转

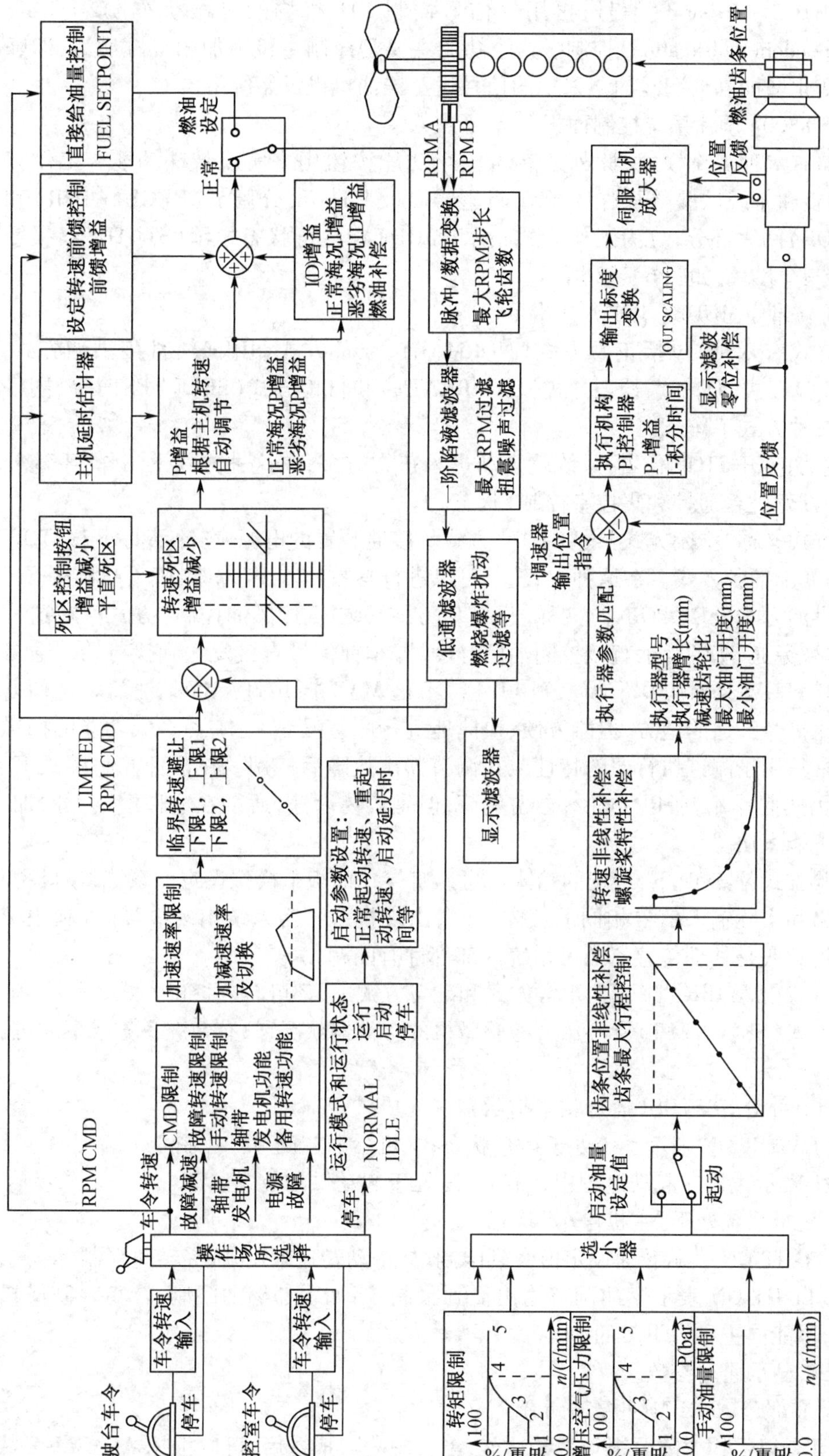

图6-31　DGS 8800e数字式调速系统程序框图

换器变换成0.5 ~ 5 bar 气信号，再用气信号控制 VIT 机构的机械动作。②LCDL(Load Change Dependent Lubrication)控制。这个功能主要是控制主机附加的气缸润滑，即随着主机负荷的变化增加气缸润滑油。采集的信号送至柴油机操纵系统中。

4. DGS 8800e 调速系统控制面板

调速器有六种工作模式，此外还有若干个功能按钮用来实现特殊功能。工作方式选择、参数调整和系统试验等操作主要在调速器面板上进行，分调节(REGULATOR)和执行(ACTUATOR)两大部分，分为工作方式指示(MODE)、运行状态指示(STATUS)、报警指示(ALARM)三个模块，如图6-32所示。

(1)调节部分 MODE(工作方式指示)

运行方式有六种，包括正常方式(NORMAL)、准备方式(IDLE)、直接供油方式(SET POINT)、试验方式(TEST)、校正方式(CALIBRATE)和自检方式(SELF TEST)等，同一时刻只能采用一种方式工作。

车钟手柄离开 STOP 位置，系统就自动进入正常方式，在这种方式下工作，系统处于正常控制(包括驾驶台遥控和集控室控制)状态。

准备方式又称“空闲方式”或“STOP”方式。接通装置的电源、车钟手柄处于 STOP 位置时，便自动处于准备方式。在这种方式下，可以进行参数的监视、修改、试验和自检。

直接供油方式(SET POINT)又称“设定值方式”或“直接燃油控制”方式。在这种方式下，调节器被旁通，车钟手柄直接控制油门开度，即车钟信号直接发送到执行器。通常使车钟的 DEAD SLOW 挡对应0%油门，FULL 挡(不是 MAX 挡)对应100%油门。这种方式实际上是在比机旁舒适的地方，但能方便、快捷地进行应急操纵，是一种降低功能的操纵。这种方式通常只用于测试执行器的特性或在调节器出故障后使用。在这种控制模式下，各种燃油限制仍然起作用，所以主机不会超负荷，但是容易超速，所以在这种模式下的加/减速操车速度不能太快。

在试验方式(TEST)下，系统的输入值可以直接在面板上模拟设定。系统将对模拟的输入信号作出和实际输入信号相同的反映，并会出现报警。当系统出现故障时，利用试验方式可以分辨到底是外部传感器还是系统内部部件有问题。

校正方式(CALIBRATE)，在正常方式和准备方式下，都可转入校正方式。

自检方式(SELF TEST)专门用来检验微机的存储器状况，只有在准备方式下才可进入，属于离线检验。

(2)调节部分 STATUS(运行状态指示)

REGULATOR ON 表示系统处于运行状态，主机燃油在调节器控制之下。

START 表示主机在起动过程中，油门开度处于起动供油位置。

STOP 表示系统处于“主机停车”状态。

RPM LIMIT ON 表示转速设定值受到限制，如手动转速限制、临界转速限制等。

FUEL LIMIT ON 表示燃油调节输出受到限制，诸如手动燃油限制、转矩限制或扫气压力限制等，不能向主机供更多的油。

OTHER 显示通过参数。

(3)调节部分 ALARM(报警指示)

系统具有很强的故障监视与报警功能，当出现故障报警后，可以根据 ALARM 区域显示输入，RPM 表示转速测量值，PITCH 表示螺距(仅对调距桨船舶)，SCAV 表示扫气压力，CAL

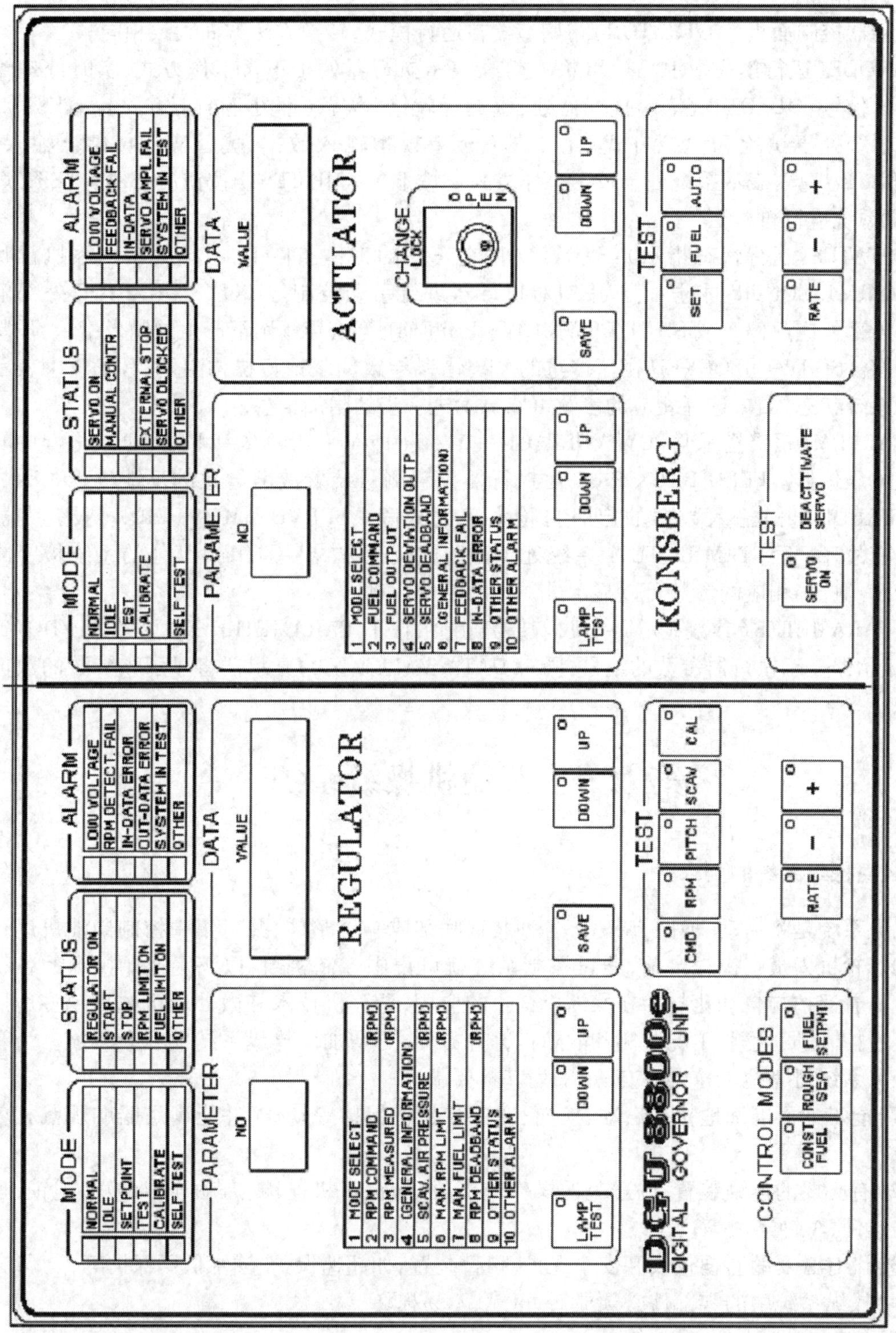

图6－32　DGS 8800e调速系统控制面板

表示校正。

(4)控制面板

执行器控制面板(ACTUATOR)与调节器在运行模式、转换方法方面大致相同。

①MODE(运行模式指示):NORMAL 灯亮表示执行器处于正常工作方式,实时处理输入和输出信号。IDLE 灯亮表示执行器处于“运行就绪”状态(即处于准备方式)。TEST 灯亮表明系统处于试验和模拟方式,允许在面板上模拟输入数据,代替实际传感器输入。CALIBRATE 灯亮,表示系统处于校正工作方式。按下“LAMP TEST”按钮后,SELF TEST 灯亮,微机系统进行自检。

②STATUS(运行状态指示):SERVO ON 在正常的工作条件下,系统处于伺服执行状态。MANUAL CONTR 通过 +、- 按钮对执行器进行手动控制。EXTERNAL STOP 外部停车。由外部的应急停车或 SHUT DOWN/OVER SPEED 等信号作用下产生的输入指令,强制油门为零。SERVO BLOCKED 由于严重的系统错误导致伺服执行机构阻塞。OTHER 表示其他的系统状态标志,选择相应的参数可以显示进一步的附加信息。

③ALARM(报警指示):LOW VOLTAGE +5 V、+15 V、-15 V、+24 V 等四组电源中的任一组电压偏低。FEED BACK FAIL 由执行器位置测量装置故障导致的反馈故障。IN-DATA ERROR 通过输入数据的定时自检发现的故障。SERVO AMPL FAIL 伺服放大器(DSU)有故障。SYSTEM IN TEST 系统处于试验或校正方式。OTHER 其他的系统报警或警告指示。选择相应的参数可以显示进一步的附加信息。

④PARAMETER(参数显示):与调节部分相似,按下 PARAMETER NO 区的 UP/DOWN 按钮,显示器显示执行器参数的编号,同时 DATA VALUE 区的显示器将显示该参数的数值或状态。

第六节 柴油机操纵系统

一、对操纵系统的要求

操纵系统是将启动、换向、调速等各种装置联结成一个整体,并可集中控制柴油机运行的机构。轮机人员在操纵台前,通过控制系统就可集中控制机组,以满足船舶操纵的各种要求。随着遥控与自动化技术在操纵机构上的应用,计算机技术和微处理机越来越多地用于主机遥控、巡回检测、工况监测和故障报警等方面,更增加了操纵系统的复杂程度。为了保证操纵系统可靠地工作,它应满足下列基本要求:

(1)能迅速而准确地执行启动、换向、变速和超速保护等动作,并能满足船舶规范相应的要求;

(2)有必要的连锁装置,以避免误操作或事故,如盘车机连锁、启动连锁、换向连锁、运转方向连锁、车钟连锁等;

(3)设有必要的监视仪表和安全保护、报警装置,如超速保护、油水低压保护等;

(4)操纵系统中的零部件必须灵活、可靠、不易损坏;

(5)操作、调整方便、维护简单;

(6)便于实现遥控和自动控制。

二、操纵系统的类型

1. 按操纵部位和操纵方式分类

(1)机旁手动操纵型

操纵台设置在机旁,采用相应的控制机构操纵柴油机,使其满足各种运行工况的要求。

(2)机舱集控室控制

在机舱适当位置设置专用的控制室,对柴油机工况进行控制和监视。

(3)驾驶室控制

在驾驶室的控制台上由驾驶员直接控制柴油机运行。

机旁手动操纵是整个操纵系统的基础。机舱集控室控制和驾驶室控制统称遥控,即远距离操纵主机。遥控系统是用逻辑回路和自动化装置代替原有的各种手动操作程序。在三个部位的操纵台上均设有操纵手柄、操纵部位转换开关、应急操作按钮和显示仪表等,以便对主机进行操纵和运行状态的监视。尽管遥控技术已相当成熟,但仍然必须保留机旁手动操纵系统,保证对主机可靠、有效地控制。

2. 按遥控系统所使用的能源和工质分类

(1)电动式遥控系统

以电力为能源,通过电动遥控装置和电动驱动机构进行控制。这种系统控制性能好,控制准确,适于远距离控制,设备简单,易于实现较高程度的自动化,但对管理水平要求高。

(2)气动式遥控系统

以压缩空气作为能源,通过气动遥控装置和气动驱动机构进行控制。压缩空气为经过减压、净化处理的控制空气。信号传递距离较远,一般在 100 m 以内可满足系统的控制要求。信号传递受温度、振动及电气的干扰少,动作可靠、维护方便。但对气源的净化处理要求高,否则亦使气动元件失灵。

(3)液力式遥控系统

该系统的优点是结构牢固,工作可靠,传递力较大,但易受惯性和液压油黏性的影响而降低传动的灵敏性和准确性。因此这种系统只限于机舱范围内控制,一般不适于远距离传递。

(4)混合式遥控系统

如电 - 气混合式、电 - 液混合式、电 - 气 - 液混合式遥控系统等。从驾驶台到机舱采用电传动,机舱内系统采用气动或液动。混合式遥控系统具有上述各种系统的优点,目前在船上应用较广泛。

(5)微型计算机控制系统

在常规的遥控系统中,程序控制等功能是通过各种典型环节的控制回路来完成的。采用微型计算机遥控是通过软件设计,给出一个计算机执行程序以取代常规遥控系统的控制回路,用软件取代硬件程序。微型计算机在执行时将根据从接口输入的指令和表征柴油机实际运行状态的各种信息进行综合判断和运算,得出需要的控制信息并经输出接口去控制操纵系统的执行元件,实现对柴油机的操纵。这种控制系统体积小、功能强,可实现最佳状态最经济性控制,是目前向综合性自动化方向发展的主要目标和方向。通常,在远距离遥控系统中多采用电传动,近距离多采用液力或气力传动。

主机遥控系统的功能除了根据车钟指令通过各种逻辑回路和自动装置等完成主机启

动、换向、调速和停车等的程序操作外,还必须具有重复启动、慢转启动、负荷程序、应急停车、自动避开临界转速、故障自动减速或停车、紧急倒车等辅助功能。但柴油机备车时各系统状态检查和准备等均由轮机人员在机舱内操作,当备车程序完成后再转换至驾驶室遥控。

三、典型的操纵系统

船用柴油机的操纵系统形式繁多,随机型的不同而各具特点。下面介绍两种典型柴油机操纵系统的组成和特点。

1. MAN B&W LMC/MCE 型柴油机的操纵系统

该机采用电-气联合操纵系统,如图6-33所示。它具有集控室控制、驾驶室控制、机旁应急控制三种控制方式。

为了保证控制部位的转换,在机旁应急操纵台上设有遥控/应急转换阀和手轮进行集控室和机舱应急操纵台的控制部位转换。在集控室设有驾驶台/集控室控制转换阀,用于驾驶台和集控室的控制部位转换。

(1)操纵系统的主要组成

①集控室操纵台与主控制阀箱

操纵台上有回令车钟、操纵手柄、停车控制阀、启动控制阀、调速器控制阀、驾驶室/集控室控制转换阀、主机或遥控系统中某些设备的工况显示、故障报警及安全保护的信息显示,以及若干应急操纵的指令按钮等。在主控制阀箱内有为实现上述主机遥控功能的有关既相互独立又密切相关的功能单元。

②驾驶室控制台及控制阀箱

有遥控发令车钟、集控室/驾驶室控制转换阀、电-气转换阀、主机工况显示、重要的故障报警信息,以及若干应急操纵的指令按钮等。用于驾驶室遥控。

③机旁应急操纵台

有遥控/应急转换阀、启动阀、停车阀、正倒车控制阀、调速手轮,以及若干控制阀件等。主要用于当气动遥控系统、调速器或电子设备发生故障的情况下,可在机旁手动应急操纵主机。

在集控室手动控制期间,主机的启动、停车和调速由集控室操纵台上的操纵手柄以电动、气动或电气联合进行。主机转速由气动设定或电子设定的调速器执行,换向操作由回令车钟手柄进行。在驾驶室自动控制期间,主机完全由发令车钟手柄控制。

在图6-33左侧下部为控制空气供给管路。系统控制空气的气源为0.7 MPa的压缩空气。一路送入排气阀作为空气弹簧气源,包括排气阀空气弹簧供气管路及止回阀137;另一路经控制空气总阀后把控制空气送至下述控制部位:其一,经遥控/机旁转换阀送至启动、停止及正、倒车控制阀;其二,送至主启动控制阀;其三,送至盘车机连锁阀;第四路通至VIT系统控制阀和高压燃油泄漏保护阀。

在图6-33左侧上部为燃油控制和安全系统,主要包括燃油泵、VIT控制机构、高压燃油泄漏保护阀和应急停车。在停车系统或安全系统工作时,压缩空气被送至喷油泵顶部的空气刺破阀,使喷油泵内的燃油“泄压”,燃油流回到燃油系统。

在图6-33中间部分为空气分配器和燃油凸轮换向控制部分,包括空气分配器换向机构,燃油凸轮换向机构。右侧上部为启动空气系统,包括主启动阀(有的选配有慢转阀及控

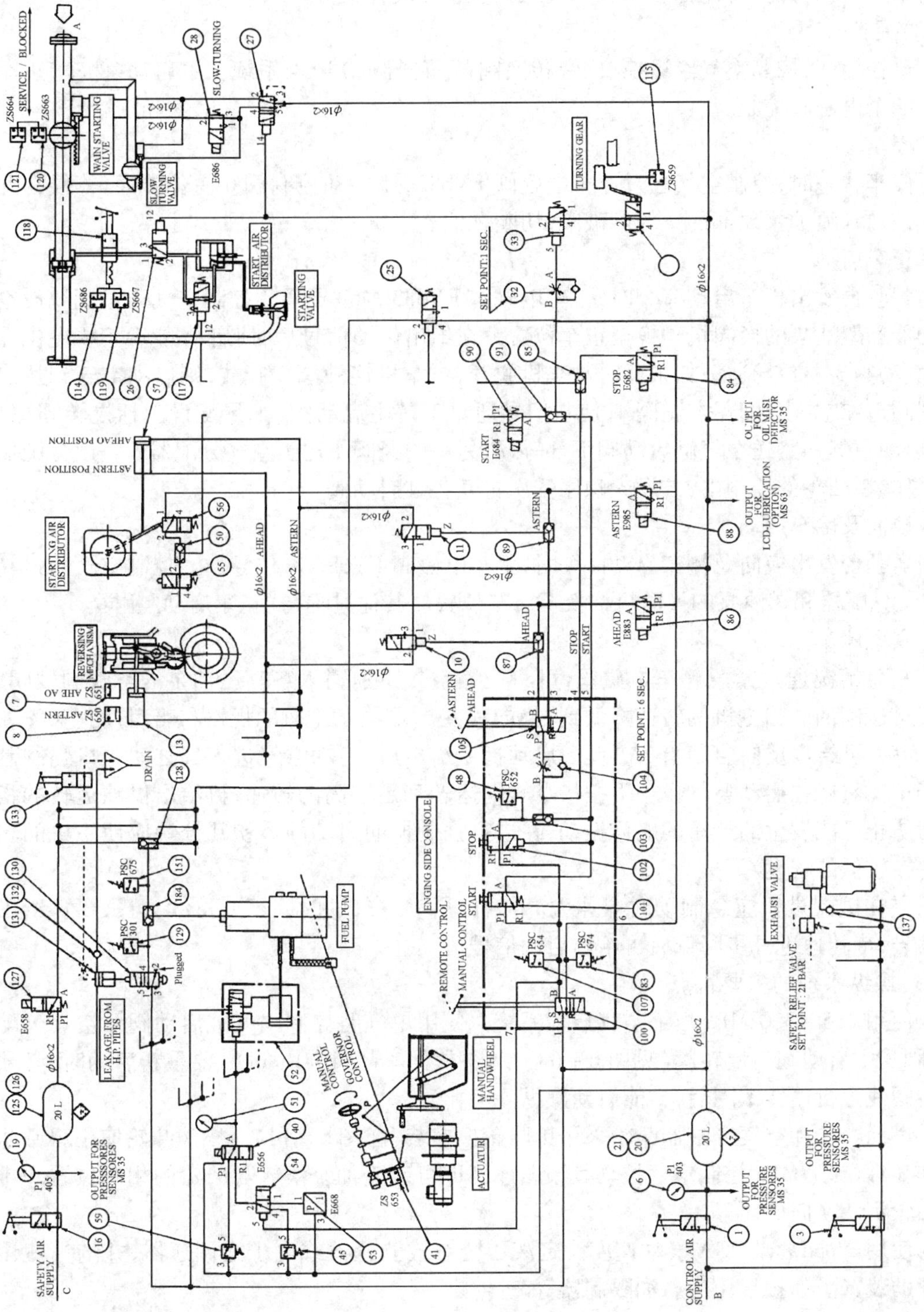

图6–33 MAN B&W MC-C型柴油机操纵系统原理图

制阀)、电磁阀、空气分配器及控制阀气缸启动阀。

该系统配备电子调速器,它由电子调速器本体、电源、执行器、转速传感器和扫气压力传感器组成。执行器、转速传感器和扫气压力传感器装在机旁。

(2)遥控

在遥控期间,控制空气经遥控/机旁转换阀(下部导通)送入系统。由启动、停车、正车和倒车四个电磁阀控制。

①停车

在停车状态时,控制空气通过停车电磁阀 EV682,使气动控制阀 6 左位导通,等候在此的空气被送到喷油泵顶部的空气刺破阀,切断燃油。

②正车启动

当驾驶台发出正车启动命令时,正车电磁阀 EV683 左位导通。控制空气通过阀 8 使空气分配器和燃油泵的换向机构换至正车位置。在给出启动信号后,使启动阀 EV684 左位导通,使气动阀 3 左位导通。如果此时盘车机脱开,盘车机连锁阀 2 释放,则启动空气到达启动控制阀 1 和空气分配器控制阀 4,使它们导通。于是主启动阀(如果配设包括慢转阀)打开,将启动空气一路送至气缸启动阀下部等候,另一路经阀 4 送至空气分配器。空气分配器投入工作,在凸轮的控制下,按发火顺序依次打开各缸启动阀。

③换向及倒车启动

当驾驶台发出换向及倒车启动命令时,倒车电磁阀 EV685 左位导通。控制空气通过阀 7 使空气分配器和燃油泵的换向机构换至倒车位置。其他过程与"正车启动"相同。

④紧急停车

在紧急情况通过紧急停车电磁阀,可将压缩空气迅速通入各高压油泵的空气刺破阀,使各缸迅速停油。当主机的转速降低到"换向程度"(取决于主机的规格和船型)约(20% ~ 40%)n_b后,可给出反向启动指令。反向启动指令给出后,启动空气进入气缸使主机强制制动至停车。然后在启动空气作用下按指令转向运转到足够高的转速,再给出供油运转的指令。为防止可能发生的严重的船体振动,在进行强制换向启动的最初几分钟应使主机的转速维持在较低的程度。

如果在试图进行应急制动时船速太高,给出启动空气的时间不要持续太长,要再给出停车信号,待转速进一步降低后再给出启动信号。

(3)操纵系统的主要特点

①使用 2.5 ~ 3.0 MPa 压缩空气启动系统。使用单气路控制式气缸启动阀及空气分配器、球阀式主启动阀与慢转阀(见图 6 - 6)。当主机停车超过 30 min 需要重新启动时,必须经慢转阀使主机慢转 1 圈后,方能启动操纵。

②燃油凸轮和空气分配器凸轮采用单凸轮换向装置(图 6 - 14)。燃油凸轮使用鸡心凸轮,换向时以 0.7 MPa 控制空气拉动其滚轮连杆即可改变油泵滚轮与凸轮的相对位置。排气阀凸轮不做换向。

③使用 Woodward PGA 气动速度设定液压全制式调速器或电子式调速器,并酌情使用多种辅助装置。如扫气压力燃油限制器等。

④一旦发生下述情况,安全保护系统触发相关机构使柴油机停车。

- 主机超速、主滑油系统低压、凸轮轴滑油低压、推力轴承高温,以及控制室手动停车。
- 高压燃油管故障保护:当高压燃油管漏泄时,如其漏泄量大于专设节流孔的排放量,将触发相应的控制阀,使该缸喷油泵停油(油齿条“0”位或抬起油泵滚轮)。

• 特急倒车操纵中的安全措施:当在控制室进行特急倒车操纵(Crash Astern)——主机在“港内全速”以上转速运转 4 min 以上而进行倒车操纵,30 s 后,调速器扫气压力燃油限制器的限制作用自动取消,保证柴油机迅速倒车运转。

另外,在操纵台上亦设有“扫气限制”开关。当此开关转换至“切断”时,扫气压力燃油限制作用也可取消。

⑤设有必需的连锁机构。

• 盘车机连锁:盘车机未脱开时,柴油机不能启动。

• 车钟连锁:若尚未回车钟,则无法拉动启动手柄。

• 换向连锁:换向时,凸轮轴尚未移动到位时,操纵手轮不能“加油”。

• 运转方向错误(Wrong Way)连锁:当主机转向与车钟指示运转方向不同时,主机自动断油。

2. SULZER RTA 型柴油机操纵系统

该机采用气动遥控系统,用于在机舱集控室(或驾驶室)遥控主机,还能在机旁进行应急手动操纵主机。各操纵部位可以通过转换阀转换。

(1)操纵系统的主要组成

该操纵系统由三部分组成:集控室中的操纵台;安装在柴油机上的控制元件箱;柴油机启动、换向、调速等装置。

该机遥控系统的控制介质主要包括:来自十字头滑油泵提供的 1.2 ~ 1.6 MPa 的控制油,用以供给燃油凸轮换向伺服器和空气分配器换向伺服器;来自压缩空气系统的 0.8 MPa 的控制空气,并减压至 0.55 ~ 0.6 MPa 的排气阀空气弹簧控制空气;来自启动控制瓶的 3 MPa 的启动空气并减压至 0.6 MPa 的安全系统控制空气。

(2)操纵系统的主要特点

①采用双气路气缸启动阀和空气分配器的启动装置。特殊设计的气缸启动阀在换向程序结束后即可有效地实施能耗(减压)强制制动。

②空气分配器和喷油泵的换向装置为单凸轮液压差动换向,滞后差动。排气凸轮不需换向。

③配置 PGA 气动液压调速器或电子调速器,并装有设定转速燃油限制器、增压空气压力燃油限制器、升压器、超速电磁切断装置等辅助装置。

④在主机超速,主轴承、十字头轴承滑油低压,气缸注油器断油,气缸冷却水、活塞冷却水低压,排气阀空气弹簧低压,应急停车等情况下,通过安全切断装置或断油伺服器切断喷油泵进油,使柴油机停机。操纵系统中还设有“应急强迫用车”(Emergency Oxerriding)装置。在窄水道或避碰等紧急情况下,若发生自动停车现象时,可按下“应急强迫用车”按钮,强制柴油机继续运转,以确保船舶安全,但此时可能导致主机损伤严重。

⑤设有功能齐全的运转连锁装置,如盘车机连锁、运转方向连锁及启动连锁装置等,以保证柴油机的操纵过程按操纵程序正确安全地进行。

思考与练习

1. 压缩空气启动装置主要包括哪些组成部件?
2. 保证柴油机压缩空气可靠启动的条件是什么?
3. 对压缩空气启动时的正时有何要求? 如何保证曲轴在任何位置都能启动?
4. 对气缸启动阀有何要求? 比较单、双气路气缸启动阀的优缺点。
5. 柴油机实现换向的先决条件是什么?
6. 何为差动换向? 超前差动与滞后差动有什么区别?
7. 单凸轮换向有什么特点? 喷油凸轮和排气凸轮同轴差动应满足哪些条件?
8. 为什么船舶发电柴油机必须装定速调速器?
9. 调速器中的哪些参数反映灵敏性、稳定性、准确性?
10. 什么叫调速器标定工况的稳定调速率 δ_2,它的作用是什么?
11. 试述 Woodward UG - 8 型液压调速器面板上四个旋钮的名称及作用。
12. 杆式液压调速器中的补偿针阀开得太大或太小,对柴油机将有什么影响?
13. 什么是电子调速器,与普通的调速器相比有哪些优点?
14. Sulzer 型柴油机操纵系统与 MAN/B&W 柴油机操纵系统相比有何区别?

第七章　柴油机特性及选型

【知识目标】

1. 正确描述柴油机的工况和特性的基本概念；
2. 熟悉柴油机负荷特性及其参数分析；
3. 熟悉、了解柴油机速度特性及其参数分析；
4. 了解柴油机调速特性及其参数分析；
5. 熟悉柴油机推进特性及其参数分析；
6. 掌握 Sulzer,MAN B&W 两种类型柴油机的选型区域；
7. 掌握柴油机限制特性和允许的运转范围。

【能力目标】

1. 能根据柴油机各种特性分析柴油机的运行特点；
2. 正确选择柴油机与螺旋桨合理匹配；
3. 能正确选择柴油机合适工况运行点和使用范围。

第一节　柴油机的工况与特性

一、柴油机的工况

柴油机工况就是指柴油机在拖动各种设备运转时的状况。其中转速和负荷就是柴油机运转工况变化的两个主要参数。柴油机工况的变化是随其所拖动的工作机械的不同而异的。在船上,柴油机主要作为推进主机、发电原动机和应急发动机(应急发电机、空压机和消防泵的原动机)。根据柴油机在船上应用时的不同条件,可以归纳成三类工况:发电机工况、螺旋桨工况、其他工况。

1. 发电机工况

要求柴油机的转速 n 始终不变或变化很小,而负荷根据需要从零变化到最大,如图 7 – 1 中直线 2 所示。

2. 螺旋桨工况

要求柴油机的负荷和转速都能在一定的范围内变化,而且它们之间的变化有一定的规律。通常情况下,柴油机功率 P_e 与转速 n 的三次方成正比,即 $P_e \propto n_3$,如图 7 – 1 中直线 1 所示。

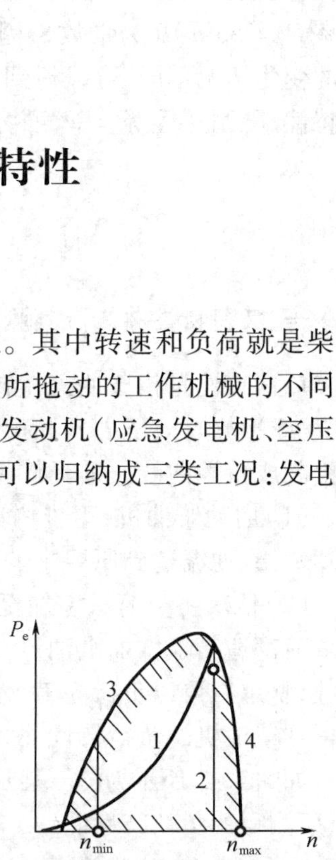

图 7 – 1　船用柴油机的各种工况

3. 其他工况

柴油机的负荷及转速都可以在较大的范围内各自任意

变化。它们之间没有相互的依赖关系,如图7-1阴影线所示的区域,也称面工况。船上用来带动应急空压机或应急消防泵的柴油机以及陆上的车用柴油机都是属于这种工况。

二、柴油机的特性

柴油机特性是指柴油机在不同工况下,其主要性能指标和工作参数随工况(转速、负荷)改变而变化的规律。表征柴油机性能指标主要有:平均有效压力 p_e、有效功率 P_e、有效转矩 M_e、有效耗油率 g_e、有效热效率 η_e 等。柴油机的工作参数主要有:转速 n、进气压力 p_a、增压压力 p_k、最高爆发压力 p_z、排气温度 t_r、增压器转速 n_k、涡轮端废气出口温度 t_T 等。将这些关系在坐标图上以曲线的形式表示出来的就称特性曲线。

分析柴油机各种运转特性的曲线可以指导我们解决以下主要问题:

(1)评价柴油机的性能,对柴油机的动力性、经济性、可靠性和使用范围做出鉴定。对使用者而言,柴油机特性是合理地选型配套和改进产品的重要依据。

(2)合理选择柴油机与螺旋桨的配合,调整柴油机最佳工作点,合理调试柴油机,在常用工况下具有良好的经济性能。

(3)通过柴油机实际运转所测得的主要参数与说明书给定特性曲线上的相应工况点下的参数进行比较,从而可检查柴油机运转中的工作状态,以便发现问题,及时调整和检修。

根据柴油机的有效功率 $P_e = Cp_e ni$。其中,C 为气缸常数,与柴油机的大小、形式有关;i 为气缸数,两者属于结构参数。对一台既定的柴油机而言,C 和 i 是固定不变的,柴油机的功率 $P_e = Bp_e n$(B 为常数),因此决定柴油机有效功率的运转参数是 p_e 和 n。根据这两个参数的变化情况不同,可以得到不同的柴油机特性,主要有负荷特性、速度特性、推进特性、调速特性、限制特性等。下面将逐一加以介绍。

第一节 负荷特性

一、负荷特性曲线及其测取

负荷特性是指柴油机在转速保持不变时,其主要性能指标及工作参数随负荷(有效功率 P_e 或平均有效压力 p_e)而变化的规律。负荷特性通常是在专门的实验台上或实船测取,并绘制成特性曲线。其具体步骤如下:

(1)启动柴油机,逐步将转速提高至标定转速 n_b,再通过测功器稍加外负荷,使柴油机冷却水温、油温达到所要求的热状态。

(2)依次将负荷从零加至标定功率 P_b 的 25%→50%→75%→100%→110%。每加一次负荷都适当地增加供油量,以维持柴油机的转速不变。记录每次负荷下柴油机的各性能参数,整理后再以负荷为横坐标,其余各性能指标及工作参数为纵坐标的坐标图上标出,就可得到柴油机的负荷特性曲线。

如图7-2所示为国产某四冲程柴油机带动功率为275 kW的发电机工作(n_b = 500 r/min)时,所测得的负荷特性曲线。例如当柴油发电机组在75%标定功率下运转时,可用仪表测出其 p_z,p_k,t_r 和 g_e 等数值,把它们与图中相应于该功率时的数值相比较,如数值相差太大,则应查明原因,及时解决。

如图7-3所示为PC2-5型柴油机在500 r/min、每缸功率440 kW时的负荷特性曲线。

其中 R 为排气烟度指数，Δ 为喷油泵齿条位移。

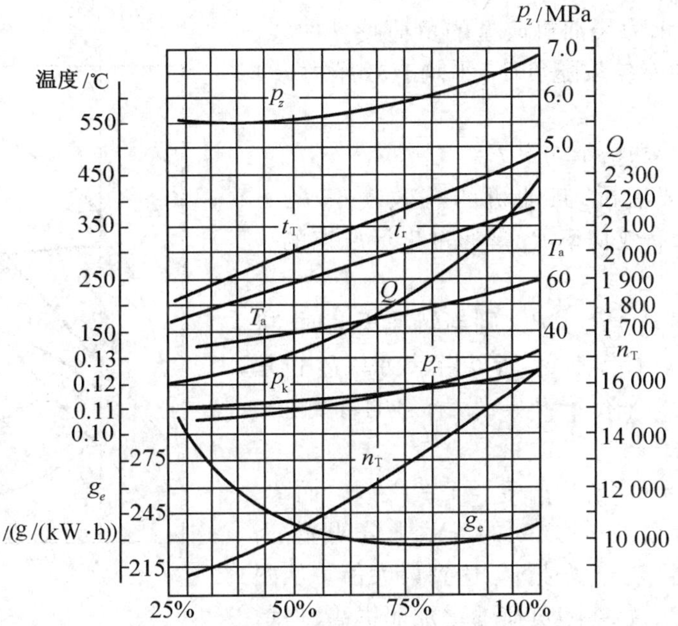

图 7-2　某四冲程柴油机负荷特性曲线

p_z—最大爆发压力；t_T—涡轮端废气出口温度；t_r—排气温度；

t_a—进气温度；p_r—涡轮前废气压力；p_k—增压压力；

n_T—增压器转速；Q—进入气缸空气流量；g_e—有效耗油率

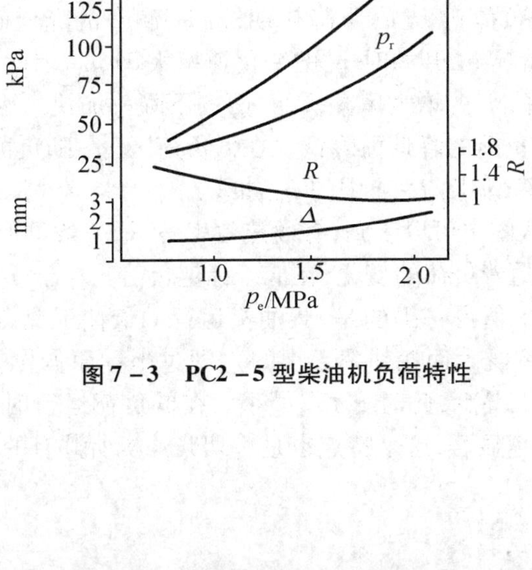

图 7-3　PC2-5 型柴油机负荷特性

二、负荷特性曲线分析

如图 7 - 4 的示为柴油机典型的负荷特性曲线，图中示出了各种性能参数随负荷（平均有效压力 p_e）而变化的规律。

1. 有效功率 P_e 和指示功率 P_i

对于既定的柴油机，柴油机的有效功率 $P_e = Bp_e n$，因转速不变，有效功率 P_e 是通过坐标原点的一条直线。

根据指示功率 $P_i = P_e + P_m$，则当转速不变时，机械损失功率 P_m 可以看作不变，所以指示功率 P_i 也是一条截距为 P_m、近似平行于 $P_e = f(p_e/p_b)$ 的直线。

2. 机械效率 η_m

根据公式 $\eta_m = P_e/P_i = p_e/p_i = 1 - P_m/P_i$，而 P_m 近似不变，可看出 η_m 与 p_e 之间的关系十分明显：当 $p_e = 0$ 时，$\eta_m = 0$，当 $p_e = p_b$ 时，η_m 达到最大值。从图 7 - 4 中可以看出 η_m 始终随负荷的增加而提高，但增高的速度随负荷的增加而减小。p_e 从 0 开始增加时，η_m 提高得很快，随后逐渐减慢，在高负荷时几乎不再变化。η_m 随负荷 p_e 的变化规律对于按负荷特性工作的任何柴油机都是适用的。

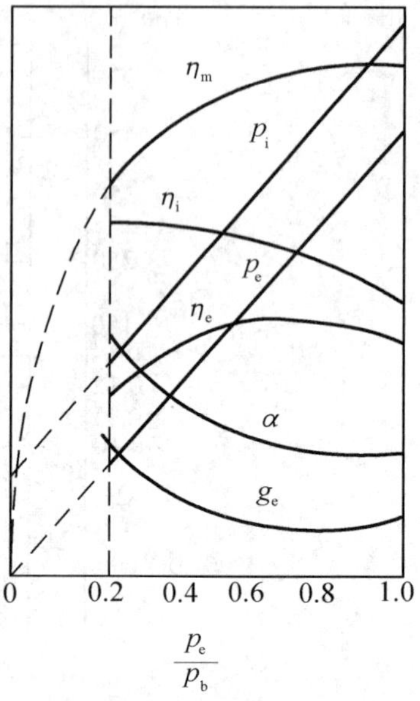

图 7 - 4　柴油机负荷特性参数变化规律

3. 指示热效率 η_i

指示热效率 η_i 主要取决于过量空气系数 α，而 α 则取决于每循环的供油量与充气量。对于非增压柴油机，当转速 n 不变时，每循环的充气量几乎不变，α 的变化主要取决于循环供油量。随着负荷的增加，供油量加大，α 则减小。对于废气涡轮增压柴油机，充气量还受到增压器输出空气压力 p_k 的影响，α 随负荷增加而下降的速度有所不同，但总的趋势仍是 α 随负荷的增加而减小的。由于 α 随负荷的降低而增大，因此 η_i 亦随负荷的降低而提高。当负荷下降到某一较低的数值时，η_i 则不再提高，如图中的 η_i 曲线所示。

4. 有效热效率 η_e 和有效耗油率 g_e 的变化情况

根据 $\eta_e = \eta_i \cdot \eta_m$，当负荷 p_e 从 p_b 下降初期，η_i 是随 p_e 的降低而增大的，η_m 却随 p_e 的下降而减小。在大多数情况下，开始时 η_i 的变化速率大于 η_m，因此 η_e 也是随 p_e 的降低而提高的。当负荷继续下降，η_i 的增大率减缓而 η_m 的下降率加快。因此 η_e 在达到某一最高值后就开始同 η_m 一起随负荷的降低而降低。在低负荷区，η_m 随负荷的降低而急剧降低，使 η_e 也以很大的变化率下降（见图 7 - 4 中的 η_e 曲线）。

g_e 与 η_e 正好相反，从图中可以看到，有效热效率 η_e 是一条拱形曲线，而有效耗油率曲线 g_e 是一条凹形曲线。随着负荷的变化，在低于标定负荷 $p_e/p_b = 1$ 的某一值下，有一个 η_e 的最大值和 g_e 的最小值。值得一提的是，柴油机运行的最佳工况点，并非指 g_e 最小值，而是 g_e/p_e 最小的（输出功率既大而耗油率又小的），即过坐标原点作 $g_e = f(p_e)$ 曲线的切线，切点对应的 p_e 即为最佳工况点，此时 g_e/p_e 最小。在低负荷运行时，η_e 降低，耗油率增加，经济性变差，越是低负荷越显著，这个特点也是一切柴油机所共有的特性。

第三节　速度特性

速度特性是指将油量调节机构(供油齿条或拉杆)固定在某一位置(每循环供油量不变)时,改变柴油机的外负荷,柴油机的有效性能指标和工作参数随转速 n 而变化的规律。按油量调节机构固定的位置不同,柴油机的速度特性又可分为全负荷速度特性、超负荷速度特性和部分负荷速度特性。

柴油机的速度特性是在专用的柴油机试验台上测取的,在实船上无法进行这项试验。

一、全负荷速度特性曲线测取

将柴油机的油量调节机构固定在标定转速 n_b 下发出标定功率 P_b 时的供油位置时,柴油机的主要性能指标和工作参数随转速 n 而变化的规律即为全负荷速度特性,也称外特性。

环境状况直接影响着柴油机的工作性能。测取全负荷速度特性时,应遵循国家确定的统一试验标准:标准试验环境状况和标定功率。

我国国标规定的标准环境为:大气压力为 $p_0=100$ kPa,相对湿度 $\varphi_0=30\%$,环境温度 $T_{ex}=298$ K(25 ℃),中冷器冷却介质进口温度 $T_{ex}=298$ K(25 ℃)。对于“无限航区”的船用内燃机,其标准环境应遵循国标船级协会(IACS)规定的环境为:大气压力为 $p_0=100$ kPa,相对湿度 $\varphi_0=60\%$,环境温度 $T_{ex}=318$ K(45 ℃),中冷器冷却介质进口温度 $T_{ex}=305$ K(32 ℃)。当试验环境状况与标准状况不一致时,应按有关规定对试验结果加以修正。

标定功率指标准环境状况下,制造厂根据内燃机的用途和特点规定的标定转速下的有效功率(kW)。国标中规定:标定功率按不同用途分为15 min、1 h功率、12 h功率和持续功率四种。对每一台柴油机都应按用途特点,在柴油机铭牌上标明上述四种标定功率中的两种及其相应的转速。我国《钢质船舶入级与建造规范》(1996年)规定,持续功率作为船用柴油机的标定试验功率,国外船用柴油机以最大持续功率(Maximum Continuous Ratings,MCR)即为标定功率。

速度特性试验前,柴油机经过试车、磨合和调整,将配气、供油定时调至最佳值,使柴油机具有良好的技术状态,各缸功率达到平衡。在试验时,要保持柴油机稳定运转,润滑油和冷却水的温度和压力应始终处在最佳状态。

测取时,先开空车,使柴油机达到标定转速 n_b,通过测功器逐渐增加外负荷,同时相应地增加供油量,使柴油机在标定转速 n_b 发出标定功率 P_b,此时测量并记录相应的各性能参数值;然后将油量调节机构用专用工具或螺钉锁定。通过测功器逐次增加柴油机的外负荷,以降低柴油机的转速,使柴油机在标定转速 n_b 和最低稳定转速 n_{min} 之间若干个点上稳定运行,同时测量并记录各对应转速下的性能参数值;最后整理所得的试验数据,画在以转速 n 为横坐标、其余性能参数为纵坐标的坐标图上,便得到全负荷速度特性曲线。

二、全负荷速度特性曲线分析

如图7-5所示为6300C型柴油机的全负荷速度特性曲线,图中示出了 M_e,P_e,g_e,p_z,T_r 等随转速 n 而变化的规律。

1. 转矩 M_e

在没有任何损失的理想情况下,当每循环的供油量不变时,柴油机的转矩与转速无关,

转矩 M_e 应是一条水平的直线。但实际上，柴油机的转矩 M_e 随转速 n 的变化关系呈中间凸起，两头稍低的状态。这是因为低速时，每循环的时间较长，气缸与活塞之间的漏气和散热损失等都较明显。而且低速时，喷油泵柱塞运动速度低，泄漏量也较大，每循环的供油量较高速时小，所以转矩较小；高速时，充气系数 η_v 会变低，燃烧过程更短，后燃变得严重，而且高速时摩擦损失也大，因此转矩也会稍低。

2. 有效功率 P_e 的变化情况

柴油机的有效功率与平均有效压力和转速的乘积成正比（$P_e = Bp_e n$）。从最低稳定转速至标定转速之间的范围内，当每循环的供油量不变时，平均有效压力 p_e 变化甚微，所以有效功率 P_e 近似一条斜直线。但当 P_e 达 P_b 时，若再加大转速，因换气质量恶化，使燃烧不良，因摩擦而引起的机械损失也增大，因此使功率 P_e 又开始随转速升高而下降。所以，全负荷速度特性曲线中 $P_e = f(n)$ 曲线反映了柴油机在不超过标定供油量的条件下，各转速下所能发出的最大有效功率。作为船舶主机工作时，因机舱的环境温度较高，排气管路长，阻力大以及各种航行条件等因素的影响，所以在长期运转中所使用的功率往往要比标定功率小，约为（85% ~95%）P_b，此功率称为运转功率。

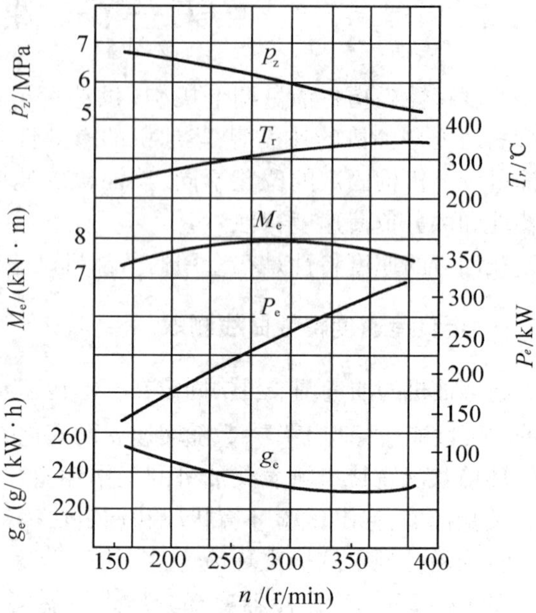

图 7 – 5　6300C 型柴油机外特性参数变化规律

3. 有效耗油率 g_e 的变化情况

开始时，g_e 随转速 n 的增加而减小，当转速增大到一定程度后，由于进气阻力增大，进气量减少，而摩擦损失随转速升高而有所增大，所以有效耗油率又随转速的增高而稍微有所上升。最低耗油率 g_e 所对应的转速会小于标定转速 n_b。有效耗油率曲线中，若最低耗油率段比较平坦，说明柴油机在较宽的转速范围内都能获得良好的经济性。

三、超负荷速度特性和部分负荷速度特性

按我国船用柴油机标准规定，船用柴油机的超负荷功率为标定功率的 110%（与之对应的转速为标定转速的 103% n_b），并且在 12 h 运转期内允许超负荷运转 1 h。

测定超负荷速度特性与全负荷速度特性相同，只是油门固定在 103% 标定转速下发出 110% 标定功率所对应的供油量的位置上，测得超负荷速度特性曲线如图 7 – 6 中曲线 1 所示。该曲线显示了柴油机在各种不同转速下工作时可能达到的最大功率。为了使柴油机运转中，供油量不超过这一极限位置，实船上的柴油机均在这一位置上设置限位块。由于此时柴油机是处于超负荷状态下工作，气缸内温度、压力都很高，机件受到很大的热应力和机械应力。因此，按超负荷速度特性工作，时间不应超过 1 h，一般只允许在必要时短时间运转。

部分负荷速度特性是将油量调节机构固定在比标定功率供油量小的不同位置上，按全

负荷速度特性的试验方法进行测定。一般与全负荷速度特性(外特性)试验连贯地进行。图7-6中曲线2为全负荷速度特性线,曲线3,4,5为部分负荷速度特性线。

从图7-6中可以看出,柴油机的有效功率P_e和有效耗油率g_e随转速n变化的总趋势是一致的。循环供油量大、转速高时,有效功率P_e越大;而有效耗油率g_e的变化规律是:在每种供油量不变的前提下和在柴油机可运转的转速范围内,都存在一个最经济的转速n_{gemin},在同一转速和不同供油量时,以标定供油量的g_{emin}为最小。从P_e曲线的分布来看,自上而下依次是110%,100%,90%,75%,50%标定负荷的速度特性。从g_e曲线的分布来看,自上而下的依次是50%,75%,90%,110%,100%标定负荷的速度特性。由此可以看出,柴油机按部分负荷特性运行时,燃油消耗率g_e的值较大,所以经济性较差。

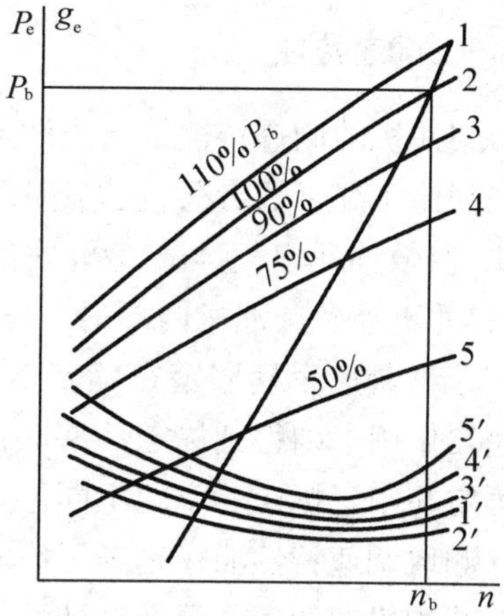

图7-6　柴油机的各种速度特性

如图7-7所示为柴油机速度特性的一种较典型的表示。其中图7-7(a)为有效功率P_e随转速n而变化的规律;图7-7(b)为有效扭矩M_e随转速而变化的规律。曲线2为全负荷速度特性线,曲线1为超负荷速度特性线,3,4,5,6为部分负荷速度特性曲线。

由此可知,速度特性反映了柴油机的动力性、经济性随转速变化的规律,通过全负荷速度特性可以找出柴油机能达到最高性能指标以及对应于最大功率、最大扭矩和最低油耗率时的转速,并可计算出扭矩的储备率以评定柴油机克服超负荷的能力。通过部分速度负荷特性知道不同工况时油耗率的变化规律和最低油耗率所对应的转速,这样可以全面衡量各种不同用途的柴油机适应变工况运转的性能,从而确定最佳转速范围。

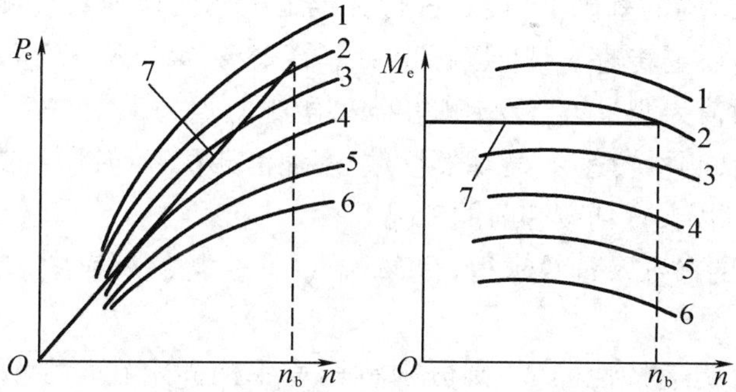

图7-7　柴油机速度特性曲线

第四节　调速特性和限制特性

一、调速特性

柴油机的调速特性是指当调速器的调速手柄固定于某一工况位置时，使负荷从零逐渐增加到该工况下的负荷，在调速器的作用下，柴油机的功率 P_e、有效扭矩 M_e 或平均有效压力 p_e、有效油耗率 g_e 与转速 n 之间的关系称为调速特性。调速特性与柴油机的其他特性不同，它并不涉及柴油机内部的工作过程，只与调速器的工作性能直接相关。

若将调速手柄固定在标定工况位置上，使负荷从零逐渐增加到标定工况下的负荷，在调速器作用下则得到标定功率时的调速特性曲线。根据不同用途的需要可将调速手柄分别固定在小于标定功率的不同位置上，分别测取各部分调速特性曲线。

测取调速特性曲线是为了研究带有全制式调速器柴油机的动力性和经济性；验证调速器对柴油机的调速作用及运转性能的影响，检查调速是否满足使用要求。在测取调速特性曲线时，应在完成突变负荷试验的基础上进行（一般进行突卸负荷试验）。

1. 突变负荷试验

（1）启动柴油机，逐步增加转速至标定转速。调节测功器，增加负荷，使柴油机在标定工况下稳定运转，然后将调速手柄固定。

（2）突然卸去全部负荷，柴油机达到瞬时最高空载转速 n_{0max}，在调速器作用下经几秒钟后，柴油机比突卸负荷前稍高的转速下运转，将突卸负荷前的功率 P_e 和转速 n_1（在标定工况下 n_1 为标定转速）、突卸负荷后的最高瞬时转速 n_a、突卸负荷后的稳定转速 n_b、从突卸负荷到转速稳定下来的时间 t 记录在表中，计算出瞬时调速率 δ_1 和稳定调速率 δ_2。

2. 调速特性试验

（1）在突卸负荷试验的基础上，接着进行标定工况下的调速特性测试。突卸负荷后从调速器控制下的空转稳定转速 n_b 起，以标定功率的 25%→50%→75%→90%→100% 或测功器相应读数的整数值为测量点，调节测功器以增加负荷，每调节一次负荷（一个测量点），待柴油机稳定运转后，测量转速 n、测功器读数、燃油消耗量 G_T 及所需要的时间 t、排气温度 T_r 等参数，如此逐点测定，直到突卸前的工况。

（2）将各次测得的参数及计算求得 P_e，M_e，p_e，G_T，g_e 等填入表中，并绘出各参数调速的特性曲线。

如需要测取部分调速特性曲线，则分别将调速手柄固定在低于标定工况下的不同位置，按标定工况调速特性的测取方法和步骤进行。

调速特性与速度特性中的外特性有密切关系，所以往往都画在以转速为横坐标，以 M_e 或 P_e 为纵坐标的同一图上，如图 7－8 所示。图中曲线 1 为全负荷、2～6 为调速手柄分别固定于不同位置时的调速特性曲线。

由全负荷变化至空载，经调速器调节，转速由 n_a 变化到 n_b。如果 $n_b > n_a$，说明柴油机在负荷变化时，存在转速差（即稳定调速率 $\delta_2 \neq 0$），调速器的调节称为有差调节；如果 $n_a = n_b$，转速差为零，（即稳定调速率 $\delta_2 = 0$），调速器的调节为无差调节。

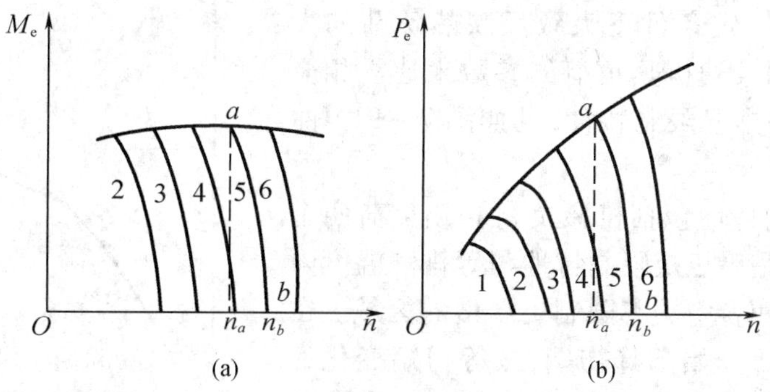

图 7-8　装有全制式调速器的调速特性曲线

二、限制特性

在柴油机运转中，过热、过载都会导致设备损坏，因此，柴油机工作时，其机械负荷和热负荷都进行适当限制，防止出现过大的扭矩、惯性力矩、热应力等。柴油机的限制特性就是限制柴油机在各种转速下的最大有效功率，使柴油机的机械负荷和热负荷不超出规定的允许范围。可以认为限制特性是速度特性的一种。柴油机按限制特性工作时，不同转速下的每循环供油量需要根据限制条件做相应的调整。

现代船用柴油机随着增压度的不断提高，其机械负荷与热负荷已接近可靠工作的允许极限。因此，用限制特性来限制柴油机在各种运转条件下的负荷显得尤为重要。

按照柴油机类型的不同，在确定其限制范围时，通常把最高爆发压力 P_z、平均有效压力 p_e、曲轴转矩 M_e、过量空气系数 α、排气温度 T_r 和涡轮增压器转速 n_T 等参数作为限制因素。其中较为常用的是 M_e 和 T_r。

1. 等转矩限制特性

对于一台既定的柴油机，若不考虑扭转振动所引起的附加应力，柴油机的机械负荷取决于曲轴扭矩 M_e 的大小。而在设计时，是以在标定工况下的转矩 M_b 为依据的。所以，要求柴油机在各种转速下长期运转时，使 $M_e \leqslant M_b$，避免柴油机曲轴因超机械负荷而损坏。

在柴油机各种转速下如果 $M_e = M_b$，根据 $M_e = 9\ 550\ P_e/n$ 和 $M_b = 9\ 550\ P_b/n_b$，则在任意转速下有

$$P_e = P_b \cdot \frac{n}{n_b} = \frac{P_b}{n_b} \cdot n = cn \tag{7-1}$$

由式(7-1)可知，等转矩限制特性在 $P_e - n$ 坐标图上是一条通过坐标原点和标定工况点的直线，见图 7-7 中的直线 7 和图 7-9 中的直线 2。在等转矩特性线以下的区域全部工作转速范围内，柴油机不会超机械负荷。

2. 等排温限制特性

柴油机的热负荷与过量空气系数 α 有直接的关系。如果柴油机在各种转速下保持 $\alpha \geqslant \alpha_b$（标定工况下的过量空气系数），则它的热负荷就不会超出规定值。但是，柴油机在实际运转中 α 值很难测定，理论推导也难以找出柴油机功率与过量空气系数之间的关系。所以实际上常以平均排气温度 T_r 代替 α 来限制柴油机的热负荷。平均排气温度在实际应用

中测量简单、易行，它虽然不能准确反映各缸热负荷的情况，但可以在一定条件下大致反映热负荷的大小。因此作为限制柴油机热负荷的参数来建立相应的限制特性——等排温限制特性，见如图 7－9 中曲线 1。

柴油机的限制特性包括机械负荷和热负荷两个方面的限制，所以是等扭矩限制特性与等排气温度限制特性的综合，取两者中功率限制更严格的区域。在转速从标定转速 n_b 开始下降初期，按等扭矩变化的功率小于按等排气温度变化的功率，而到转速下降的后期则恰好相反。因此，柴油机是在标定转速 n_b 下降初期以扭矩作为主要限制参数，后期（低速范围内）则以排气温度作为主要限制参数。如图 7－9 中的折线 3 即为限制特性曲线。

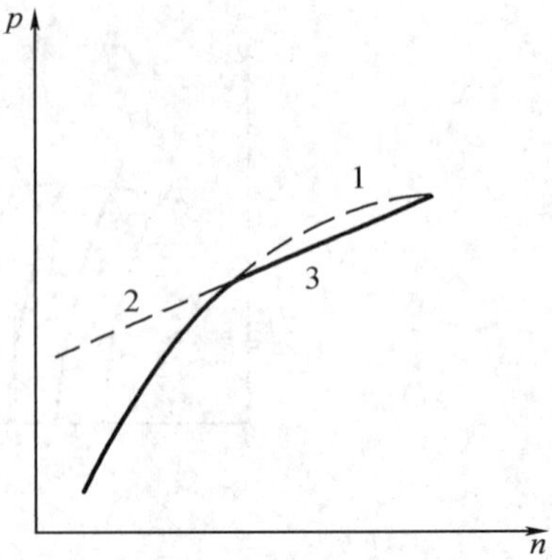

图 7－9 柴油机的限制特性
1—等排温限制特性；
2—等转矩限制特性；3—限制特性

第五节 推进特性

当柴油机作为船舶的主机带动螺旋桨工作时，不管柴油机与螺旋桨是直接连接还是通过减速齿轮箱连接，二者之间总要保持能量上的平衡。当船舶定速航行时，柴油机的输出功率 P_e 和转矩 M_e 总是与螺旋桨吸收的功率 P_p 和转矩 M_p 相等（略去传动损失）。因此柴油机是按照螺旋桨特性工作，故应必须首先了解螺旋桨的特性。

一、螺旋桨的特性

根据螺旋桨理论，可以得知：螺旋桨所需的吸收功率与其转速的三次方成正比，即

$$P_p = Cn_p^3 \quad (\text{kW}) \tag{7-2}$$

式中 P_p——螺旋桨的吸收功率，kW；

n_p——螺旋桨的转速，r/min；

C——系数。

螺旋桨吸收的转矩与其转速的平方成正比，即

$$M_p = C_1 n_p^2 \tag{7-3}$$

式中 M_p——螺旋桨的吸收转矩，N · m；

C_1——系数。

式(7－2)与式(7－3)中系数 C，C_1 与螺旋桨的结构参数及其运转时的动力情况有关。对于选定的螺旋桨，C，C_1 主要取决于进程比 λ_p。

$$\lambda_p = \frac{v}{n_p \cdot D} \tag{7-4}$$

进程比 λ_p 表示螺旋桨每转一转产生的位移（v/n_p）与螺旋桨直径 D 之比。当船舶定速航行时，λ_p 为定值，C，C_1 为常数。螺旋桨特性曲线如图 7－10 所示。不同的船舶，λ_p 值会不相同；同一条船舶，因航行条件不同，λ_p 值亦不一样。λ_p 越小，螺旋桨的特性曲线越陡。

$\lambda_p=0$ 时,船速为 0,相当于系泊试验或起航情况,此时螺旋桨特性曲线最陡。如图 7－11 所示为不同 λ_p 值时螺旋桨特性曲线的变化。

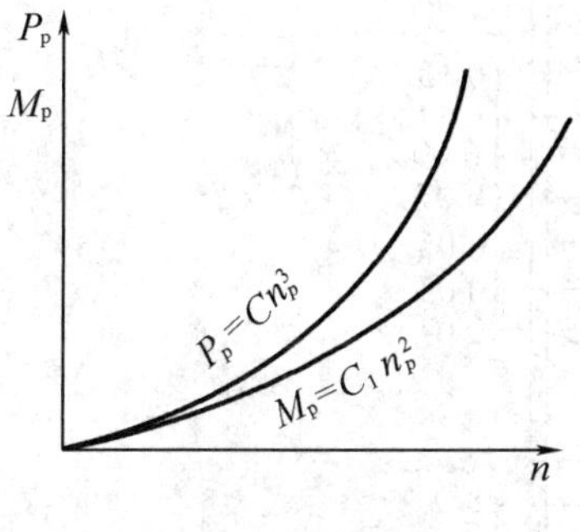

图 7－10　螺旋桨推进特性

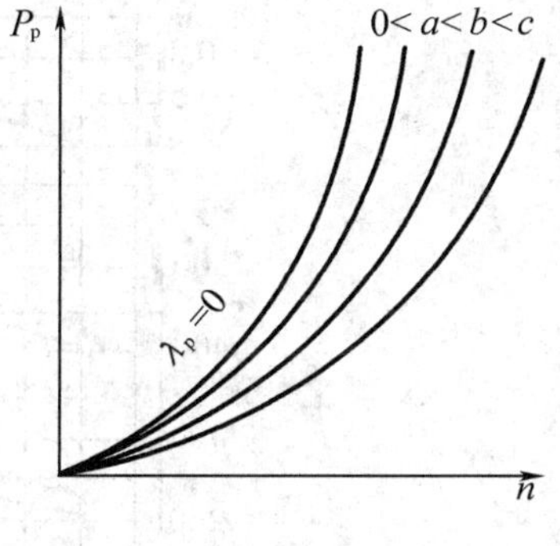

图 7－11　λ_p 不同的螺旋桨特性

二、柴油机的推进特性

柴油机作主机带动螺旋桨工作时,根据主机功率与螺旋桨所需功率相等的原则,主机所发出的有效功率 P_e 与转速 n 的关系也应遵循三次方的规律,即 $P_e=P_p=Cn^3$。柴油机依螺旋桨特性工作时,各主要性能参数随转速而变化的规律称为柴油机的推进特性。

柴油机的推进特性是在专门的试验台上进行测试的。根据柴油机的标定功率 P_b 和标定转速 n_b 的值,按公式 $P_e=Cn^3$ 计算出柴油机接推进特性工作时各转速下对应的功率百分数,其值列于表 7－1;再根据表 7－1 所列数据,将柴油机调整到在推进特性的各对应点上稳定运行,测取各对应点下柴油机的各主要性能参数;然后以转速为横坐标,以所测参数为纵坐标绘成曲线,即为柴油机的推进特性曲线。

表 7－1　柴油机推进特性在各转速下的功率百分数值

转速 n_b%	103	100	90	80	70	60	50	40
功率 P_b%	110	100	72. 9	51. 8	34. 3	21. 6	12. 5	6. 4

如图 7－12 为某大型低速机的推进特性曲线图。该机的标定转速为 106 r/min,单缸功率为1 940 kW,长期运转转速为 100 r/min。

从图上 $n_b=100$ r/min 工作转速处,作一垂线与各曲线相交,就可以得出该转速下各性能参数的值。将这些参数值与实际运行中所测得的参数值相比较,如果稍有差异,则属正常的,可能是由于测试条件不同而引起。如若发现相差太大,则属不正常情况,应尽快查明原因,及时处理。差值过大的主要原因可能有:①主机或轴系故障;②螺旋桨变形或损坏;③船舶超载或船体污底。

三、推进特性曲线分析

柴油机按推进特性工作时的主要参数变化规律,如图 7－13 所示。

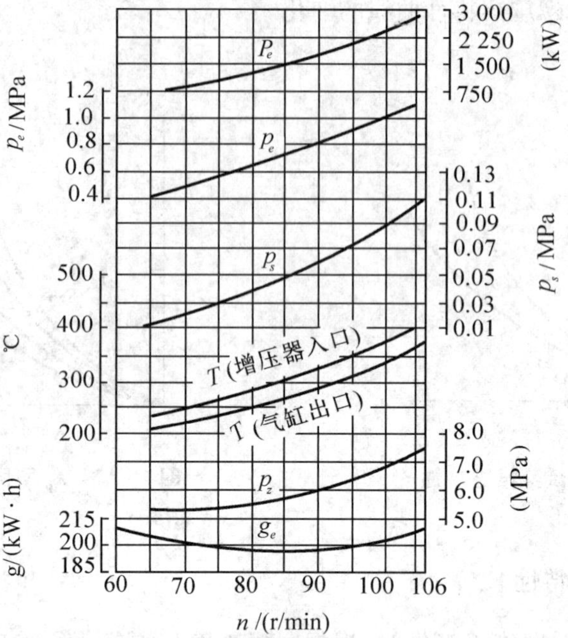

图 7-12 某大型低速柴油机推进特性曲线图

1. 充量系数 η_v

当柴油机转速升高时,因进排气系统的流阻增大,充入气缸内的新鲜空气量减少,同时由于循环频率增大,气缸内壁面温度升高,会引起进入气缸内的空气温度升高,使得缸内新鲜空气量减少。所以转速升高,充量系数是减小的。

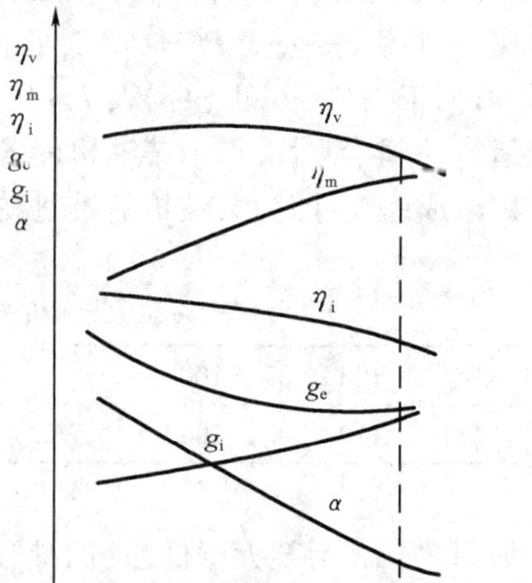

图 7-13 柴油机推进特性主要参数变化规律

2. 过量空气系数 α

过量空气系数 α 的变化取决于供油量和充气量两个因素。对于非增压柴油机,转速增加时气缸的充气量减少;另一方面 $M_e = C_1 n^2$,即循环供油量与转速 n 的二次方成正比。综合以上两方面的结果,α 随转速的增加急剧降低。对涡轮增压柴油机,充气量主要取决于空气密度 γ_a,当转速增加时,γ_a 将因增压器输出空气压力 p_k 的升高而增大,使充气量 ΔG_a 随转速增加而增加。此时虽供油量随转速增大而急剧增加,但 α 的降低幅度远比非增压柴油机要小。

3. 指示热效率 η_i

指示热效率 η_i 主要取决于 α 的变化。当柴油机按推进特性工作时,α 随转速 n 升高而急剧下降,燃烧条件变坏,所以引起指示热效率 η_i 随转速升高而降低。但增压柴油机随 n 降低的程度要小于非增压柴油机。

4. 机械效率 η_m

根据 $\eta_m = 1 - P_m / P_i$，机械损失功率 P_m 虽然随 n 的升高而增大，但指示功率 P_i 随转速 n 升高而增大得更多，因此 η_m 是随 n 升高而增大的。

5. 有效油耗率 g_e

有效油耗率 $g_e = g_i / \eta_m$。当转速较低时，n 升高则指示热效率 η_i 降低，指示油耗率 g_i 增加，但 η_m 增加的幅度更大，所以 g_e 是随 n 升高而降低的；当转速升高到较高转速时，由于 η_m 增大较少，故随 n 升高 g_e 增大。一般来说，无论是否是增压柴油机，柴油机按推进特性运行时，在其工作转速范围内会出现 g_e 的最小值。增压柴油机随 n 变化的曲线要在高转速下略为平坦，在 80% ~90% 标定转速时达到最低值。

四、柴油机与螺旋桨匹配

柴油机用作船舶主机时，既要满足速度特性的要求，又要满足推进特性的要求。在进行船舶设计时，是根据主机来选配螺旋桨的。既要使柴油机的功率得到充分发挥，又要使柴油机在全部的工作转速范围内都不超负荷。因此，设计时，通常是以柴油机标定功率 P_b 的 85% ~95%（一般取 90%）作为配桨功率。目的是使柴油机留有一定的功率储备。如图 7 – 14 所示，若以主机 90% P_b 部分负荷速度特性线与 100% n_b 线的交点作为配桨工况点 1，所选配的螺旋桨的推进特性曲线Ⅰ经过点 1。假设船舶航行了一个时期后，因船体污底，推进特性曲线会变陡，例如变到曲线Ⅱ的位置，此时曲线Ⅱ在 100% n_b 时与主机 100% P_b（全负荷速度特性曲线）汇交于点 2，仍不至于引起主机超负荷。也就是说，由于配桨正确，即使船舶污底时也不易引起主机超负荷。而当新船下水或经大修后要在 103% n_b 转速下做 1 h 的航行试验时，103% n_b 线与曲线Ⅰ交汇于工况点 3，此时对应的功率约为 99% P_b。

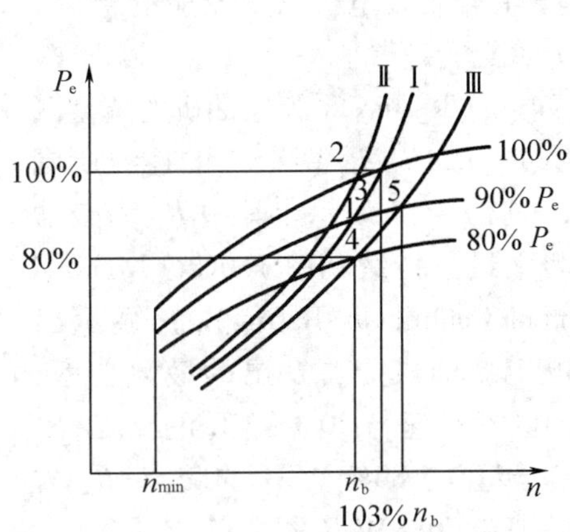

图 7 – 14　柴油机与螺旋桨配合特性

如果所选配的螺旋桨特性曲线为Ⅲ，则在 100% n_b 转速下与曲线Ⅲ汇交于点 4，设其对应的功率为 80% P_b，则主机的功率不能得到充分发挥。欲使主机的功率得以发挥，则需加大油门，必然造成柴油机超转速运转（点 5），此时称配桨“过轻”。反之，如果选配的螺旋桨特性曲线在曲线Ⅱ的左（上）方，柴油机与螺旋桨的配合工作点要比标定转速低，$n < n_b$，即使在标定油门时，柴油机也达不到标定转速，柴油机的功率同样得不到充分发挥，若一定要开到 100% n_b，则要加大油门，柴油机会超负荷，此时称配桨“过重”。

第六节　柴油机的选型区域和使用范围

对于大多数民用船舶来说，目前绝大多数主机为柴油机。主机工作的好坏不仅取决于主机本身的性能，同时也与船舶设计部门及船东如何选择和使用有密切关系。如果选择和使用不当，即使是一台性能良好的主机，也会造成寿命缩短、事故频繁、经常停航修理等一系列问题。所以在主机选型时，除了使主机在船舶试航时满足设计要求的各项指标以外，还要考虑一定时间后机器性能下降、船体污底情况下，主机和螺旋桨的配合情况，同时还要考虑船舶在复杂海况及不同水域时的适应特性。总之，主机选型应考虑柴油机性能的优化及船舶在整个使用期内的主要运行工况。

一、柴油主机的选型区域

船舶柴油机设计和生产厂家会根据每种型号的船用柴油主机特性给出其选型区域(Lay - out Diagram)，通常在此区域内选取合适的工况点作为约定最大持续功率 NCMCR (Contract Maximum Continuous Rating)或 SMCR(Specified Maximum Continuous Rating)。所谓约定最大持续功率，是指由船东和厂方商定的在船上实际使用的最大功率。约定最大持续功率的确定需要考虑各种因素，如推进功率、螺旋桨效率、航行的机动性、功率和转速储备、是否有轴带发电机以及船舶的营运方式等。约定最大持续功率确定后，便可确定柴油机的允许运行范围。

Sulzer RT - flex 系列柴油机的选型区域是由 R_1, R_2, R_3, R_4 四个点的连线所围成的，如图 7 - 15 所示。其中 R_1 为柴油机的名义最大持续功率 NMCR(Nominal Maximum Continuous Rating)，它显示出某台既定柴油机能够发出的最大功率；R_2 为 100% 转速与 70% MCR 的交点；R_3 为 80% 转速与 80% MCR 的交点；R_4 为 80% 转速与 70% MCR 的交点。

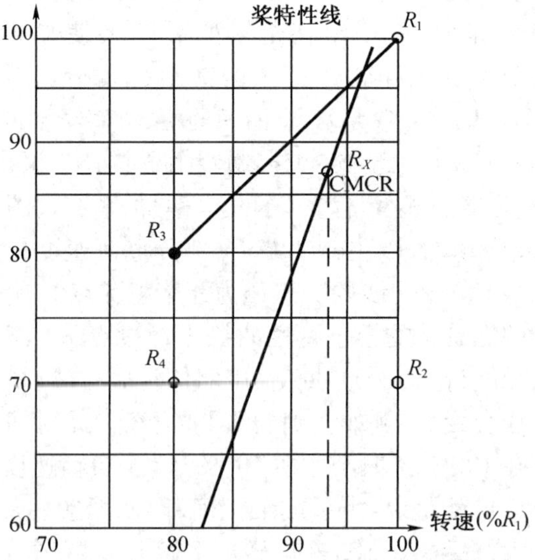

图 7 - 15 Sulzer RT - flex 型柴油机选型区域

MAN B&W S60MC - C 系列柴油机的选型区域由两条等平均有效压力线 $L_1 - L_3$ (100% p_e)和 $L_2 - L_4$ (64% p_e)和两条等转速线 $L_1 - L_2$ (100% n_b)和 $L_3 - L_4$ (75% n_b)包围而成，如图 7 - 16 所示。

确定约定最大持续功率，实际上是在寻求船 - 机 - 桨三个方面经济效益最佳的匹配。一般来说，选取的工作点越靠下，柴油机平均有效压力越低，而 p_z/p_e 提高，柴油机的燃油消耗量降低，柴油机经济性提高；工作点越往左，柴油机转速下降，螺旋桨效率提高。约定最大持续功率要根据螺旋桨设计工况点(Point Design)，并考虑功率储备两方面具体确定。螺旋桨设计点则根据船舶所需的螺旋桨转速和功率通过理论计算和水池试验得到。功率储备主要包括船体工作储备(Sea Margin)和发动机工作储备(Engine Margin)两部分。船体工作储备是考虑到污底、海面风浪的影响需要发动机能够提供比设计点更大的功率。发动机工作储备则是考虑柴油机经过一定时间运转后，机器设备老化，输出功率下降所保留的功率储备。

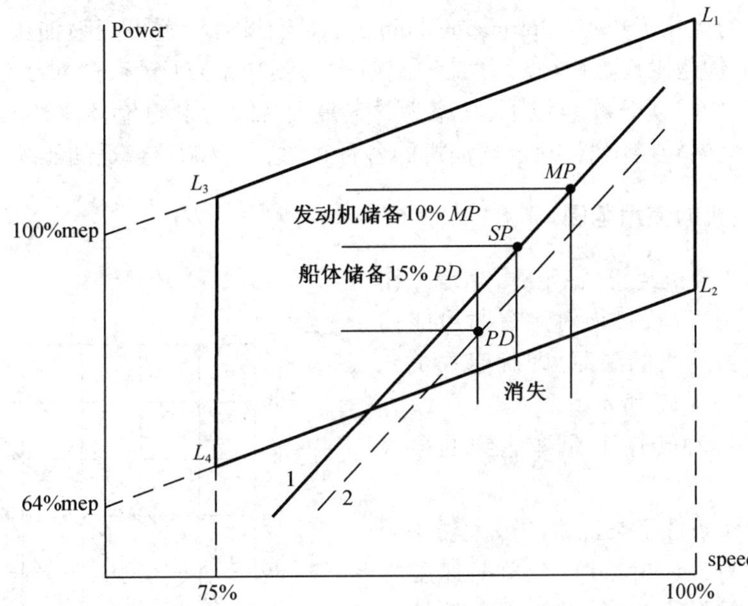

图 7-16 MAN B&W S60MC-C 系列柴油机选型区域

二、功率储备

1. 螺旋桨设计工况点

通常情况下,螺旋桨的转速和它所需的功率是通过对船舶的模拟计算得到的,一般假定船体没有污底,船舶在静止水面航行,船舶操纵处于最佳状态。螺旋桨设计工况点(如图 7-16 中 *PD* 点)位于螺旋桨轻载特性线(如图 7-16 中虚线 2 所示)上。

2. 船体工作储备

当船舶航行一段时间后,船体表面、螺旋表面触附着海生物,船舶航行的阻力增加,船舶航行速度就会降低。同时,海面风浪、海洋水流以及航道变窄变浅等因素也会引起船体阻力增加。要使船舶保持原有的航行速度,就必须要考虑增加一部分功率。由于考虑船体工作中阻力增加而留有的功率储备称为船体工作储备。图 7-16 中线 1 显示螺旋桨重载运行时的特性,其上的 *SP* 点为螺旋桨实际工作点,可见船体工作储备约为 15% *PD* 指示的功率。

3. 发动机功率储备

除了船体功率储备以外,柴油机经过一定时间使用后、机器部件逐渐磨损、老化。发出的功率会逐渐降低,同时船舶航行在世界各地,工作环境不断发生变化,也会对柴油机的做功产生影响。所以,有必要在机-桨配合时考虑储备一部分柴油机的功率,即在主机选型时要留有一定的功率储备,此功率储备称为发动机功率储备。通常发动机功率储备为 10% *MP*,如图 7-16 所示,*MP* 指示的功率即为名义最大持续功率(MCR),考虑到螺旋桨的滑失,所以速度大于螺旋桨设计点的速度值。对于某些推进主机带轴带发电机的船舶,在选择 *MP* 点时还需要考虑轴带发电机消耗的功率。

柴油机的约定最大持续功率(SMCR)点必须落在柴油机的选型区域之内,否则就需要改变螺旋桨的设计工况点或者更换柴油机。一旦柴油机约定最大持续功率点确定以后,就可以确定柴油机的优化工作点(Optimizing Point)。对于没有配置可变喷油正时(VIT)机构的柴油主机而言,优化工作点(*O* 点)就是约定最大持续功率点(*M* 点),对于带有 VIT 机构的柴油主机而言,*O* 点位于 *M* 点以下,功率为约定最大持续功率的 85% ~100%。*O* 点用于配置柴油机的废气涡轮增压器,确定柴油机的各种正时,以及调整合适的压缩比。

三、船用柴油机的使用范围

为了使船用柴油机经济、稳定、可靠地工作并具有较长的使用寿命,必须对运行时可能达到的功率和转速做适当的限制,即确定一个允许运转范围,如图 7 - 17 所示。

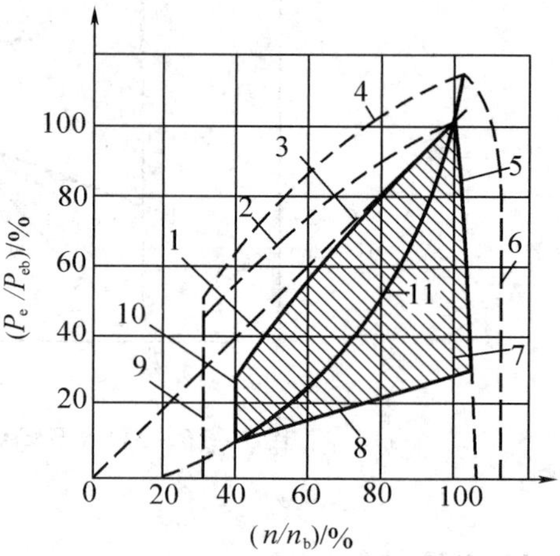

图 7 - 17 船用柴油机的允许运转范围

1. 柴油机在各种转速下允许达到的最大功率

在不同的工作条件下柴油机的最大功率分别由超负荷速度特性(曲线 4)、全负荷速度特性(曲线 2)以及限制特性(等转矩限制特性线 3 和等排气温度限制特性限制线 1)来确定。曲线 4 和曲线 2 只有在柴油机台架试验时使用。正常情况下各转速所允许达到的最大功率一般处于限制特性线以下,柴油机在各种转速下的功率如果超过限制特性所规定的上限时,其经济性和可靠性将显著下降。

2. 柴油机在各种转速下的最小功率

柴油机的最小功率由最低负荷速度特性曲线 8 来限制。这是因为当柴油机在过小负荷下工作时每循环供油量太小,各缸的供油量不均匀,导致各缸做功显著不均,甚至个别气缸不喷油或不发火,柴油机运转不稳定。同时低负荷运行时还会导致低温腐蚀加剧。最小功率一般规定为长期使用功率的 10% ~25%。

3. 柴油机在各种负荷下可达到的最高转速

在装有调速器的情况下,由调速特性来限制柴油机的最高转速。如果在标定功率下调速器使柴油机在标定转速下稳定运转,则在负荷减小时,它将使柴油机在调速特性线 5 所确定的各个转速下稳定运转。同理,如果在超负荷功率下调速器使柴油机在相应的最高转速下稳定运转,则在负荷减小时,它将限制柴油机在调速特性线 6 所确定的各种转速下范围内工作。柴油机在各种负荷下的转速如果超过这种特性规定的范围,会产生过大的惯性力和惯性力矩,导致机件的振动和磨损加剧,使柴油机不能安全工作,其经济性也将下降。

4. 柴油机在各种负荷下可能达到的最低转速

柴油机在过低的转速下运转时,油泵柱塞的速度下降,泵油压力降低得过多,致使燃油雾化不良,混合气形成的质量变差,燃烧恶化。各种定时也将变得不合适,导致柴油机工作过程不正常,运转十分不稳定。特别是当柴油机按推进特性(曲线 11)工作时,负荷随转速的降低而迅速减小,每循环供油量很少,从而导致柴油机运转不稳。为了限制柴油机的最低转速,规定有两个最低工作稳定转速:曲线 9——按全负荷速度特性工作的最低稳定转速；曲线 10——按推进特性工作时的最低稳定转速。一般低速机的最低稳定工作转速 n_{min} 不高于标定转速 n_b 的 30%，中速机不高于 40%，高速机不高于 45%。

综上所述，对于作为船用主机的柴油机来说，其允许的工作范围如图 7－17 上 1—3—5—8—10 曲线所围成的（即绘有阴影线的那部分）面积。现代船用柴油机一般根据上述原则规定允许的运行范围。

如图 7－18 所示是 MAN B&W SMC 型柴油机带 VIT 机构的负荷图。它表示柴油机与螺旋桨的配合情况及柴油机的持续运转范围。该图采用对数坐标，纵坐标为功率的百分数，横坐标为转速的百分数。图中 M 为约定最大持续功率点（SMCR），A 点为 100% 参照点，通常 $A = M$。O 点为优化工作点，其功率等于（85% ~ 100%）SMCR。线①是通过优化工作点 O 的螺旋桨特性线，由螺旋桨特性可知 $P = Cn^3$，故 $\log(P) = 3 \times \log(n) + C$。可见，线①为斜率等于 3 的直线；线②是船舶在污底情况下的重负荷推进特性线，通常情况线①与线②重合；线③为持续运转的最高转速为 105%A；线④为扭矩/速度限制线，由 $M = C_1 n^2$ 可以得到 $\log(M) = 2 \times \log(n) + C_1$，故它为斜率等于 2 的直线；线⑤为平均有效压力限制线，由 $P = B \times p_e \times n$ 可知，$\log(P) = \log(n) + B$，故它为斜率等于 1 的直线；线⑥是船舶在船体表面光滑清洁时的轻负荷特性线，形状与线①相同，斜率等于 3；线⑦为持续运转的最大功率，为通过 A 的水平直线；线⑧为超负荷限制特性线；线⑨为试航速度限制线，在试航时，柴油机的最大速度限制在 107%A。

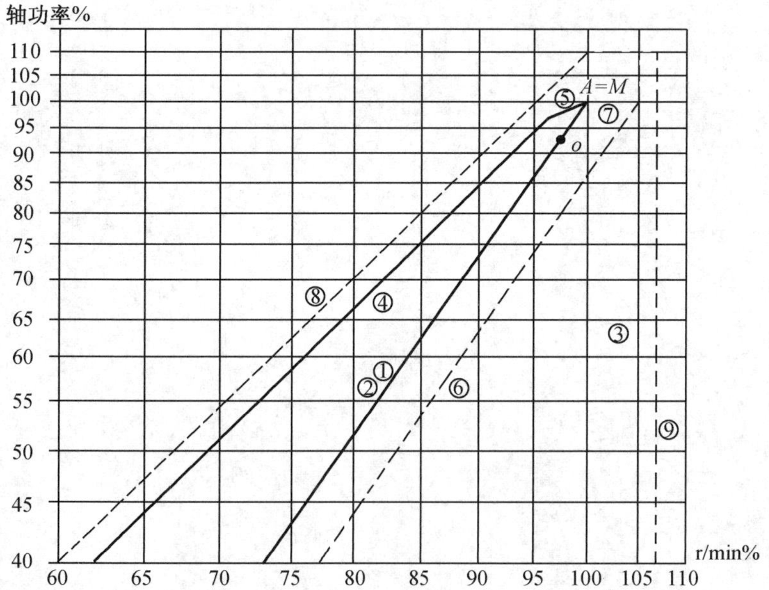

图 7－18　带 VIT 机构的柴油机负荷图

在图中线④⑤⑦③范围之内为柴油机的持续运转区。线①和④之间的区域可用于浅水航道、恶劣天气和加速工况等不稳定航行工况，在此区域运行时，柴油机没有运行时间的限制。船舶航行一段时间之后，船体和螺旋桨可能脏污，螺旋桨推进阻力增加，螺旋桨推进特性曲线逐渐由线⑥向重负荷线②接近，此时为了保持船舶航行速度，就需要增加柴油机的功率输出。图中线④⑤⑦与⑧之间区域用于超负荷运行，柴油机在超负荷运行时受到时间限制(每 12 h 允许工作 1 h)。

思考与练习

1. 什么是柴油机工况？船舶柴油机根据其用途有几种工况？
2. 什么是柴油机特性？研究柴油机特性的目的是什么？
3. 什么是柴油机负荷特性？负荷特性曲线是如何测取的？
4. 柴油机全负荷速度特性如何测取的？$P_e = f(n)$表征的意义是什么？
5. 什么是柴油机推进特性？怎样实现柴油机与螺旋桨的合理匹配？
6. 简述 Sulzer,MAN B&W 两种类型柴油机的选型区域。
7. 什么是柴油机的限制特性？试画出船舶主机的允许的运转范围。

第八章　示功图测录和分析

【知识目标】

1. 熟悉船舶常用示功器和适用范围；
2. 识别示功图种类、用途和测取方法；
3. 掌握各种典型畸形示功图的特点并分析其原因。

【能力目标】

1. 能正确使用示功器测取示功图；
2. 能根据畸形示功图分析和判断柴油机的工作状况；
3. 能根据 $p-V$ 示功图计算柴油机的功率和各项性能指标。

示功图是气缸内工质压力随气缸容积或曲轴转角变化的图形。为了了解发动机工作时气缸内部的工作情况，最常用且方便的方法就是测取示功图。而获得示功图需要专门的测量仪器——示功器。

为了提高柴油机运转的经济性、动力性和可靠性，通常应定期测取运转柴油机的示功图，并对其进行分析和计算，用以判断柴油机工作性能和运转状况，调整相关参数，确保柴油机在最佳状态下运行。所以示功图的测录在柴油机测试中占有非常重要地位。

第一节　示功图的测录

测取气缸示功图的仪器统称为示功器。根据其工作原理不同，示功器可分为机械式、气电式和电子式三类。船上常用的是机械示功器，但随着电子技术的应用与发展，电子示功器的使用也在不断增多。

一、机械示功器

机械示功器是利用机械位移的方法测量缸内压力和活塞的位移的。机械示功器按所使用的示功弹簧分为螺旋弹簧式和柱簧式两种。前者刚度较小，适用于转速在 400 r/min 以下的柴油机使用；后者自振频率较高，刚度较大，但所测图形过小，适用于转速为 700 ~ 1 000 r/min 的柴油机使用。故目前通常使用螺旋弹簧式。

1. 结构和工作原理

如图 8 - 1 所示为螺旋弹簧式机械示功器结构原理图。它由传感机构 C、转筒机构 A 和记录机构 B 三部分组成。传感机构包括小活塞 5、活塞杆 4 及螺旋形示功弹簧 1 等，用以感受缸内压力变化并以小活塞的位移输出；转筒机构包括绳索 9、转筒 8 及转筒弹簧 7，用以反映柴油机活塞的位移；记录机构由传动杠杆 3 及画笔杆 2 组成，该机构可将小活塞的位移在画笔杆端部平行放大，画笔杆端部装设有铜笔尖。

测量示功图时，示功器小活塞5在缸内气体压力作用下上移，通过活塞杆压缩示功弹簧1，并与弹簧弹力平衡。小活塞的上下移动反映缸内的压力变化，其位移量与柴油机气缸内气体压力的变化量成正比。小活塞的运动通过活塞杆带动记录机构的传动杆和画笔运动，由记录机构反映其位移量，即按一定比例反映柴油机气缸内变化的气体压力。夹有记录纸的转筒8通过绳索9，由柴油机曲轴或凸轮轴通过专设的示功器传动机构带动，绕其自身轴偏转，其偏转角位移量正比于柴油机活塞位移，即转筒转动的弧长代表按比例缩小的活塞行程的长度。

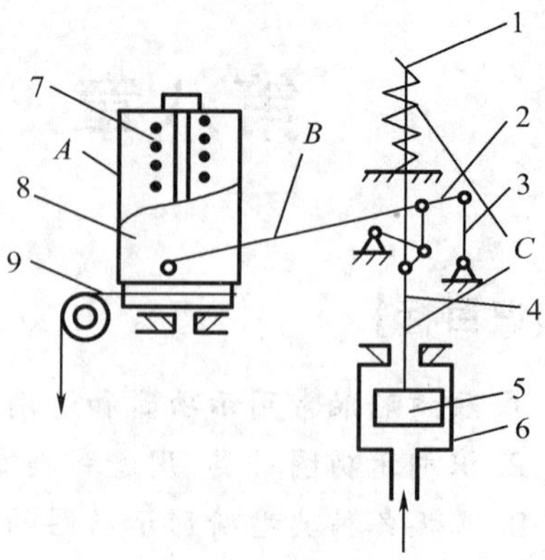

图8－1 机械示功器的结构原理图

1—示功弹簧；2—画笔杆；3—传动杠杆；4—活塞杆；5—小活塞；6—小气缸；7—转筒弹簧；8—转筒；9—绳索

由于示功器小活塞的位移与柴油机气缸内气体压力的变化成比例，而转筒的转动与柴油机活塞的位移成比例变化，所以记录画笔尖就可以在转筒的记录纸上绘出气缸内压力随活塞位移变化的图形，即压力－容积($p-V$)示功图。

2. 机械示功器小活塞和弹簧的选择

为了使机械示功器在较广泛的压力范围内使用，一般备有三套活塞（连同相应的小气缸）及一套刚度不同的示功弹簧。使用时根据柴油机最高燃烧压力 p_z 值进行选择，以便获取合适高度的示功图。三套活塞分别用以下标号表示：1/1（标准活塞的直径为20.27 mm）；1/2（面积为标准活塞的1/2，活塞直径为14.35 mm）；1/5（面积为标准活塞的1/5，活塞直径为9.06 mm）。为便于识别，在各自小气缸的凸缘上分别用钢印注明1/1，1/2，1/5。在测取 $p-V$ 示功图时均采用1/5活塞，当测取反映进、排气过程的弱弹簧示功图时采用1/1小活塞。

示功弹簧用弹簧比例 M 标记。弹簧比例 M 表示缸内压力每变化1 MPa时弹簧的变形量，其单位为mm/MPa。弹簧比例 M 应根据小活塞标号和柴油机缸内最高爆发压力 p_z 值来选择，使所测取的示功图的最大高度($h_{max}=p_z\cdot M$)接近于示功图纸高度，以保证示功图的精确度。

通常，使用1/5小活塞测取 $p-V$ 示功图时，根据最高爆发压力 p_z 可参考表8－1选择弹簧比例 M。如缸内最高爆发压力 $p_z=6.0$ MPa，可选用选用1/5小活塞和 M 为7.0的示功弹簧。

表8－1 示功弹簧选择表

1/1	最高爆压 p_z/MPa	0.05	0.1	0.2	0.3	0.4	0.6	0.8	1.0	1.2	1.4	1.6	2.0	2.5	3.0
	弹簧比例 M/(mm/MPa)	300	250	160	120	100	70	60	50	40	35	30	25	20	15
1/2	最高爆压 p_z/MPa							1.6	2.0	2.4	2.8	3.2	4.0	5.0	6.0
	弹簧比例 M/(mm/MPa)							30	25	20	17.5	15	12.5	10	7.5
1/5	最高爆压 p_z/MPa							4.0	5.0	6.0	7.0	8.0	10	12.5	15
	弹簧比例 M/(mm/MPa)							12	10	8	7	6	5	4	3

3. 机械示功器的传动机构

为了把柴油机活塞的运动按比例传给示功器的转筒，必须设有专门的传动机构。由于示功器转筒的周长通常只有柴油机活塞行程的 1/20～1/5，因此传动机构不仅要正确反映活塞的运动规律，而且还需将活塞的行程缩小。所以，传动机构应满足两个基本条件：一是活塞行程缩小后的长度应与转筒的周长相适应，即应小于转筒的周长；二是转筒的回转规律必须严格地与活塞运动规律一致。

目前使用的示功器传动机构有曲柄式、凸轮式、杠杆式三种。

(1) 曲柄式传动机构

曲柄式传动机构如图 8－2 所示。立轴 1 由柴油机曲轴（或凸轮轴）带动，由小活塞 4、连杆 3 和小曲柄 2 组成一单独的小曲柄连杆机构。若在结构上使小曲柄 2 的半径 r 与连杆 3 长度 L 之比 $r/L=R/L$（R 为柴油机曲柄半径，L 为柴油机连杆长度），则小曲柄连杆机构的运动规律即与柴油机活塞运动规律同步。因此由小活塞销 5 带动的滑块 6 的运动规律也就反映了柴油机活塞的运动规律。当测试结束时可用止动杆 8 推动滑块 6 使其脱离活塞销 5 的控制。曲柄式传动机构多用于 Sulzer 型柴油机。

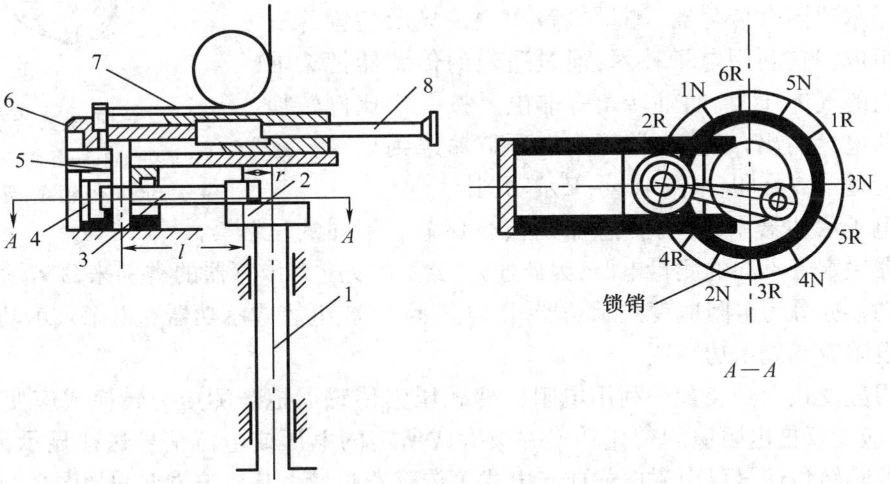

图 8－2　曲柄式传动机构

1—传动立轴；2—小曲轴；3—连杆；4—小活塞；
5—活塞销；6—滑块；7—绳索；8—止动杆

(2) 凸轮式传动机构

凸轮式传动机构如图 8－3 所示。示功凸轮 1 装在凸轮轴上，示功凸轮的外形是按柴油机活塞运动规律设计并按一定的位置安装在凸轮轴上，因而它也能反映出活塞的运动规律，而且其高度、最低位置也与活塞的上、下止点对应。当测量完毕时，可用插销 5 插入导杆销孔 6 把导杆 3 提起使之脱离凸轮轴控制。通常每个气缸都装有一套相应的凸轮式传动机构。凸轮式传动机构大多用于直流扫气二冲程。

(3) 杠杆式传动机构

杠杆式传动机构采用一套杠杆机构铰接在柴油机活塞或十字头上，按一定比例反映活塞的运动规律。因无法避免在铰接处磨损而造成失真，目前很少使用。

4. 机械示功器的适用范围

机械示功器是利用机械位移的原理测量示功图,所以存在着机械式测量仪器固有的缺陷。使用时,所测示功图受小活塞、活塞杆、联动杆系等运动惯性力的影响较大,会因振动而增加误差,特别是高速时更为严重。故它仅适用于低速机和部分中速机。

机械示功器的使用尽管有上述局限性,但因结构简单、工作可靠和使用方便等优点,目前在大型低速柴油机船舶上仍被广泛用作随船测试仪表,以便随时监控运转中的柴油机。

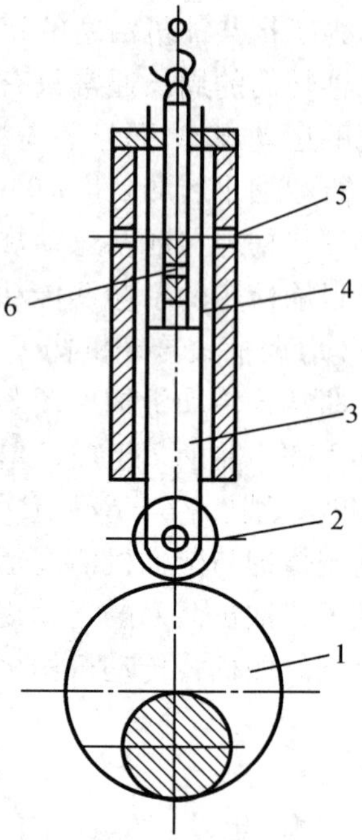

图 8-3 凸轮式传动机构

1—示功凸轮;2—滚轮;3—导杆;4—弹簧;5—插销;6—导杆销孔

二、电子示功器

随着电子技术的迅猛发展,电子示功器的运用逐渐普及,尤其在现代柴油机的监控技术中均采用电子示功器来研究分析柴油机缸内的工作过程。

电子示功器由传感器、测量电路和记录显示装置等三大部分组成。它利用电子技术,通过适当的传感器把柴油机气缸内的气体压力、曲轴转角等非电量按一定比例转换成相应的电量输出,经放大器等中间环节输送到记录显示装置进行显示或打印,来测取 $p-V$ 示功图。

在电子示功器中,压力传感器是核心环节。不同的压力传感器决定着不同的测量电路,因此通常习惯上以压力传感器的类别来命名示功器。故电子示功器亦分为电阻应变式示功器、压电式示功器、电容式示功器和电感式示功器等。

1. 电阻应变式示功装置

电阻应变式示功装置是利用电阻应变式压力传感器把被测压力转换成应变片的电阻值,通过应变仪把电阻值的变化转换并放大成所需的电压或电流信号送往显示记录装置。柴油机曲轴转角信号可由磁电式或光电式等传感器测量。其系统方框图如图 8-4 所示。

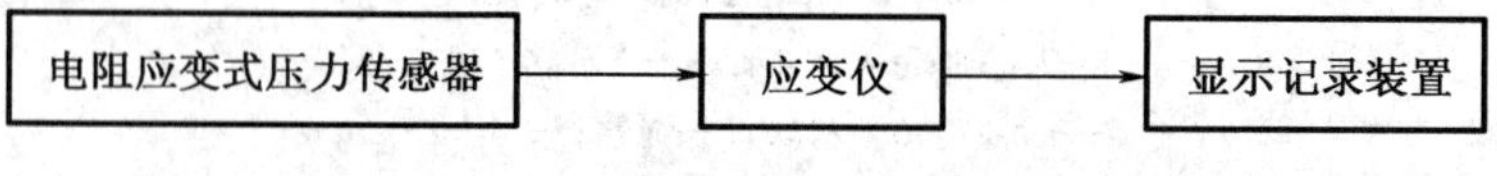

图 8-4 电阻应变式示功装置方框图

电阻应变式压力传感器的结构如图 8-5 所示。电阻应变片粘贴在应变筒 14 的外壁,应变筒由薄壁(0.2~0.3 mm)合金钢制成,下端焊有很薄的悬链薄膜,此薄膜既薄又柔软,只传递压力而不产生弹力。当缸内压力作用到悬链薄膜时将引起薄壁应变筒 14 变形,使应变片电阻发生变化(即应变效应)。并经导线传至接线柱 7 后由屏蔽电缆 8 输出。冷却水管 4 用于膜片和应变筒强制冷却,以消除燃气高温对测量结果的不良影响。调整垫片 13 可保证安装时应变筒有适当的预紧力。

2. 压电式示功装置

压电式示功装置一般由压电式压力传感器、前置放大器和示波器等组成,其系统方框图如图 8－6 所示。前置放大器是一个高阻抗(>1 012 Ω)输入的放大器,它的作用是放大压电感器的微弱信号并将传感器的高阻抗输入变为低阻抗输出。它的绝缘性能对测量精度影响极大,通常多采用电荷放大器。

压电传感器通常采用压电石英传感器,它是根据石英晶体的压电效应制成的。压电效应是指某些晶体若沿其某个结晶轴方向作用外力时,其内部将产生极化现象:在其表面上有电荷集结,且此电荷的大小与外力成正比,当外力消失,晶体又恢复至不带电状态。具有压电效应的晶体称压电晶体。如图 8－7 所示是一种压电石英压力传感器的结构简图。缸内气体压力经膜片 4 传递给套筒 7 和石英晶体 3(两片),晶体受压时产生的负电荷由电荷引出片 6 汇集并经导线 5 引出。为减少温度变化对传感器工作的不利影响,一般需对传感器采用强制水冷却。某些新型传感器工作时可不需冷却。

3. 电子示功装置的标定

为了得到满意的测量精度,应特别重视对上止点位置的确定和对压力传感器的定期标定。电子示功器的标定包括压力值的标定和曲轴转角(时间坐标)的标定等。

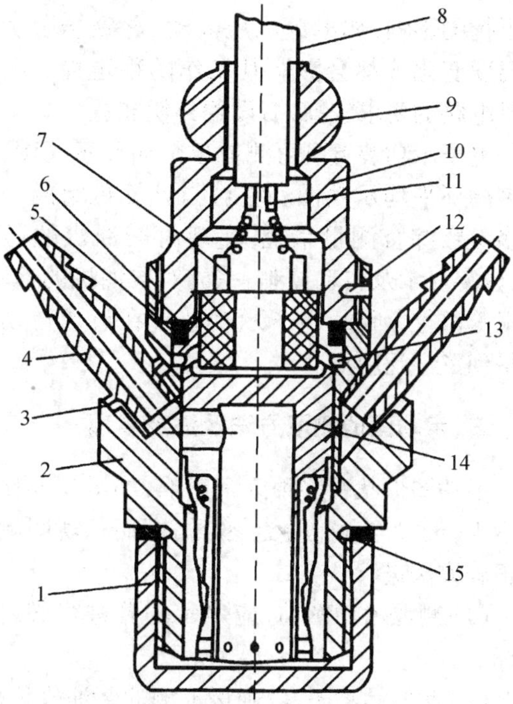

图 8－5　电阻应变式压力传感器

1—保护螺帽;2—受压器;3—水管垫圈;4—冷却水管;5—密封垫圈;6—垫片;7—接线柱;8—屏蔽电线;9—上壳体;10—压线板;11—固定螺钉;12—定位销;13—调整垫片;14—应变筒;15—垫片

压力值标定分为静态标定、动态标定和随机标定。静态标定是向测量系统输入稳定的标定压力信号,通过调节电荷放大器或者应变仪的线性度,使其输出的压力信号误差满足测量精度要求。动态标定就是对传感器输入已知频率和幅值的压力信号或者通过激波管产生一阶跃压力,记录其输出或根据输出曲线求出频率响应特性,以便在使用时根据它的输出响应得到准确的输入压力信号。随机标定是在测量中,对一整套动态压力测量装置进行标定。

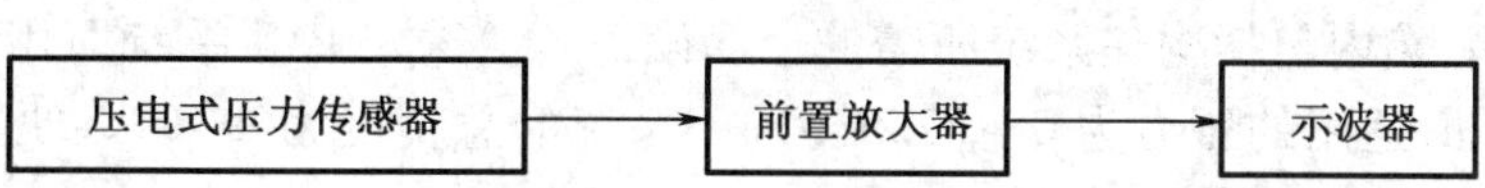

图 8－6　压电式示功装置方框图

4. 电子示功器的适用范围

电子示功装置的突出优点是固有频率高,具有良好的高频特性。如电阻应变固有频率可达数十千赫兹,压电石英式可高达数百千赫兹。固有频率高其频率特性则宽,故电子示功器广泛适用于低、中、高速柴油机的测量,其测量误差小于 1%。

电子示功装置灵敏度高、线性好。但它就易受外界干扰的影响，如电源电压波动、电磁场干扰以及环境温度变化等都会影响其工作的稳定性。因此它对测量电路的要求较高，需设置补偿装置。

电子示功装置既可测取单个循环示功图，又可测取多循环平均示功图。它可与计算机组成一套完整的多参数综合测量系统，实现对柴油机的远距离监测、数字显示及自动控制，完成对柴油机的诊断、趋向预报等监控，所以，电子示功装置在近代自动化船舶上得到了广泛应用。

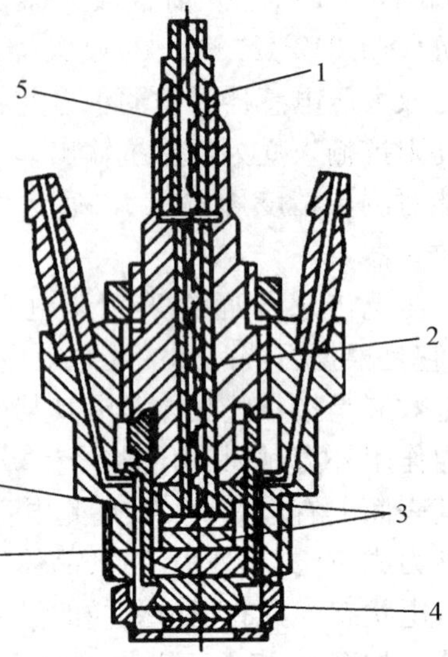

图 8－7 压电石英压力传感器

1,2—绝缘体;3—晶体;4—膜片;5—导线;6—引出片;7—套筒

三、示功图的测取方法及注意事项

示功图形状受多种因素影响，如示功器使用和维护不当，天气与海况的变化等。因而示功图测取时应按正确方法进行：

(1)测取示功图前，应对示功器进行必要的检查和标定；

(2)测取示功图，应确保被测的柴油机负荷稳定，运行参数正常并保持稳定；

(3)测量时的气象和海况条件适宜；

(4)示功器安装前，应开一下示功阀吹净通路中的杂质等；

(5)示功器安装后，应先在转筒记录纸上画出大气压力线；

(6)测量时轻按画笔尖以防划破记录纸(机械式示功器)；

(7)测取满意的示功图后，应标明缸号、日期、排气温度、喷油泵齿条格数、弹簧比例、转速等参数；

(8)为保证准确，最好每缸测取两个示功图；

(9)每测取 5 ~6 个示功图后，应拆下示功器使之冷却。示功器使用完毕应进行清洁保养。

四、便携式 PMI 系统

图 8－8 为 MAN B&W 公司生产的用于柴油机气缸压力测量的便携式 PMI 系统示意图，该系统为轮机员提供了一种计算机化的工具以测量和分析气缸压力。便携式 PMI 系统有随机的包装箱，箱内包括构建系统所需的全部设备。便携式 PMI 系统适用的最高柴油机转速为 900 r/min，适用的压力为 0 ~ 22. 5 MPa。系统的总精度为 ±3% 。便携式 PMI 系统的优点有：

(1)使用方便，只需单人操作；

(2)灵敏高效的压力传感器和 PMI 控制单元；

(3)适合于单机和多机装置的通用触发系统；

(4)快速准确的测量结果，一整套测量结果仅需不到 10 min；

(5)与传统的示功器装置比较，有极好的精度。

这种系统使用的是性能良好的压电式传感器，传感器安装在气缸盖的示功阀上，用于

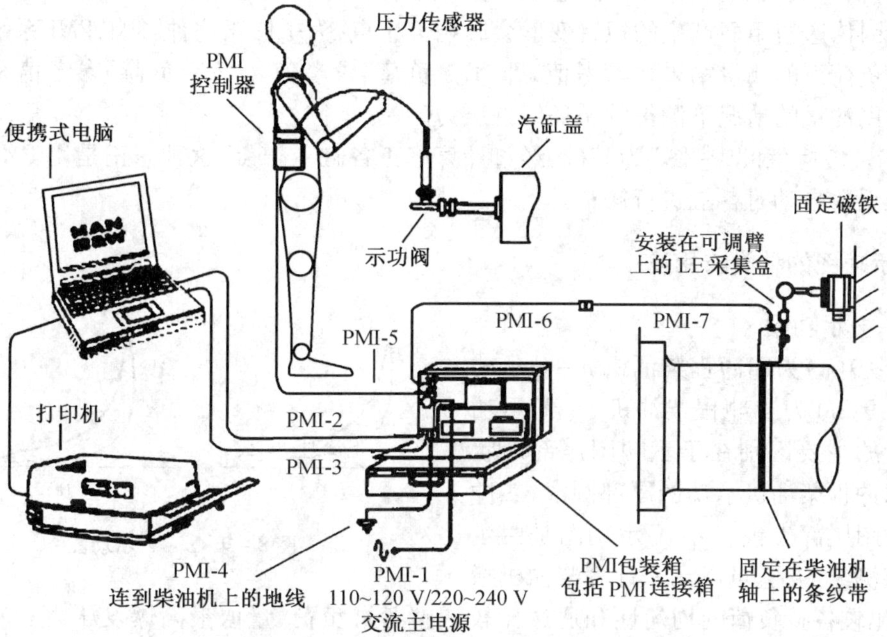

图 8 - 8　便携式 PMI 系统示意图

气缸压力的测量。在对各缸测量的过程中，传感器从一个气缸移到另一个气缸通过手动实现，因此传感器只是短时遭受燃烧室恶劣条件的作用，这种方式使其能够可靠和稳定工作。为精确反映整个循环气缸内压力的变化，传感器检测压力必须与柴油机运转同步。因此PMI 系统采用了发光信号采集器（LE 采集器），它包括一对发光传感器，用于探测固定在柴油机驱动轴上的条纹带所发射的光。LE 采集器发出连续的曲轴转角脉冲信号送到连接箱，继而送到便携式 PMI 控制器。压力传感器也与控制器相连，控制器是系统控制测量的遥控神经中枢。

整套设备由外部 110 V/240 AC 电源供电，对给定柴油机而言，系统一旦经过了最初的安装，再使用时可以很快地连接到柴油机上。只有 LE 采集器的条纹带需永久地固定在柴油机上。

PMI 控制器和连接箱都有通信界面，以采集和自动传输数据到集控室的计算机，计算机内需安装随 PMI 系统供应的适有软件。

收集和储存在 PMI 系统数据库内的气缸压力测量结果在计算机上可以用三种不同的图来表示，即 $p-\varphi$ 图、$p-V$ 图和平衡图。平衡图显示各缸的压缩压力 p_c、最高爆发压力 p_z 和平均指示压力 p_i。在计算机显示平衡图时，显示界面上还会给出各缸压力的平均值以及各缸压力与平均值的差值。

除图形外，PMI 系统的计算机还可以用表格的形式显示测量结果。在表格中对四冲程柴油机和二冲程柴油机都会有 p_c、p_z、扫气压力 p_k 和转速 n 这样一组数据。对二冲程柴油机还有平均指示压力 p_i 和有效功率。

PMI 系统用一套“0 - 图”参考值来确定上止点（TDC）。所谓“0 - 图”参考值就是让柴油机在 50% ~70% 负荷下运行，在停掉待测气缸燃油的情况下测得的循环气缸压力。对给定的柴油机，一般只在安装 PMI 系统时测量一次“0－图”参考值即可。

曲轴因传递扭矩而产生的扭转变形会影响上止点，为了修正这种影响，PMI 系统需要一套在恒定负荷下的测量结果作参考值，即“E－负荷”参考值。“E－负荷”参考值是在柴油机维持常用油量的情况下测得的循环气缸压力。

以“E－负荷”和“0－图”为基础，经过计算修正各缸上止点，这种修正是用 PMI 系统规定的扭转系数自动对各缸进行修正。

五、示功图的种类与用途

1. $p-V$ 示功图

图 8－9(a)为四冲程柴油机 $p-V$ 示功图，图 8－9(b)为二冲程柴油机 $p-V$ 示功图。两者的主要区别在于示功图尾部形状不同。四冲程柴油机示功图尾部圆滑；二冲程机示功图尾部尖锐。$p-V$ 示功图是由示功器直接测绘的，它可以用来计算柴油机指示功率、比较各缸负荷的均匀性和通过比较调整各缸负荷、量取最高爆发压力和判断各缸燃烧情况等。

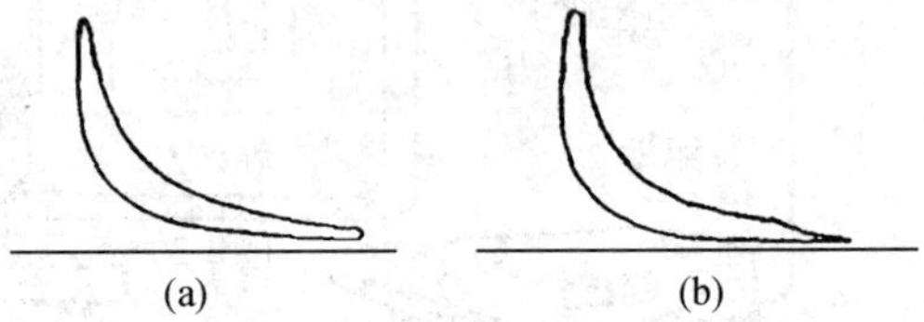

图 8－9　$p-V$ 示功图

这种示功图测取时应特别注意工况的稳定，并慎重地对待测量结果。若因某种原因造成误差，有时可能多达 10%～15%，那就失去了测量的意义。

$p-V$ 示功图定性定量地显示了气缸内的实际工作状况，是研究柴油机内部工作过程的重要依据。但是，它不能明显地反映出柴油机燃烧过程的进展情况。

2. $p-V$ 转角示功图

从活塞运动的规律可知，活塞在上、下止点处速度为零，而在中部速度最快。在 $p-V$ 示功图上，燃烧过程处于上止点附近，而此时活塞速度很低而燃烧压力变化很快。这样在活塞位移小、示功器转筒偏转也很小的情况下，难以从示功图上清楚地分析燃烧压力的变化情况。为了清楚地研究燃烧过程的进行情况，需要测取 $p-V$ 转角示功图。

如图 8－10 所示为 $p-V$ 转角示功图。它是利用机械示功器在曲柄式传动机构上使小曲柄超前于所测气缸 82°左右的情况下测得的。此时发生在上止点附近的燃烧过程便移到了示功图的中央位置。这个位置传动机构的运动速度最大，燃烧曲线得以放宽，有利于分析燃烧过程的进行情况。此图形已失去示功图原形，只能用于分析缸内燃烧过程，不能作为计算功率的依据。

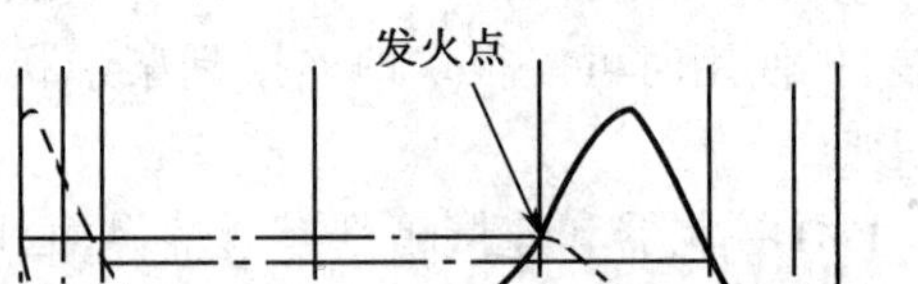

图 8－10　$p-V$ 转角示功图

在杠杆式和凸轮式传动机构上较难画出 $p-V$ 转角示功图。

3. 手拉展开示功图

在不能测取转角示功图的柴油机上，为了研究燃烧过程和判断发火时刻的早晚，可用示功器测取手拉展开示功图，如图 8－11 所示。其作用同转角示功图一样，可配合 $p-V$ 示功图研究燃烧过程。测这种示功图时，转筒的绳索由测量者手工拉动，但在拉动时要凭借经验，使拉动速度合适，因此这种图不能用于计算功率。

4. 梳形示功图

为了检查压缩压力和最高爆发压力，可测取一种单纯表示压缩压力 p_c 和最高爆发压力 p_z 的示功图，因这种图形似梳子，故称为梳形示功图，如图 8－12 所示。

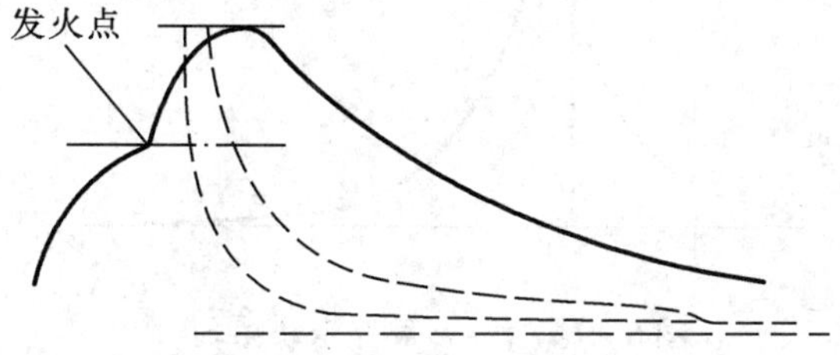

图 8－11　手拉展开示功图

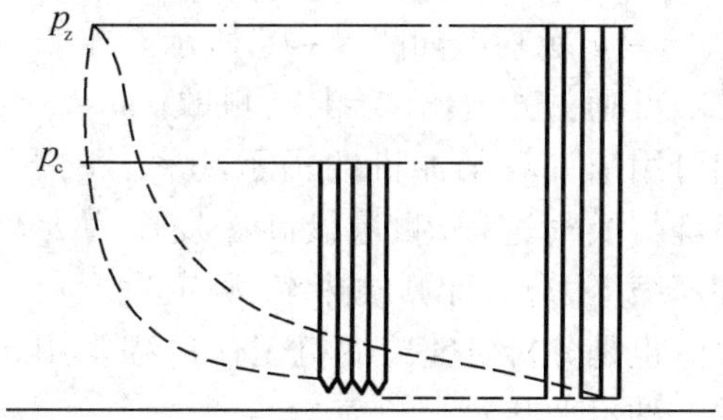

图 8－12　梳形示功图

测取时，用手慢慢拉动示功器转筒，可测得多条压缩压力 p_c 线或最高爆发压力 p_z 线（单缸停油时）。

5. 弱弹簧示功图

在用机械示功器测 $p-V$ 示功图时，为了适应较高的最高爆发压力，选用的示功器弹簧较硬，致使进、排气过程的微小压力变化反映不出来，因而四冲程柴油机示功图的进、排气过程重合为一条线，二冲程柴油机示功图尾部扫气过程也重合为一条线。

为了研究和检查换气（扫气）过程，可以给示功器换上较软的弹簧和 1∶1 标准活塞，弱弹簧可根据柴油机的排气压力来选，这样即可把进、排气过程（或扫气过程）放大测绘出来，这就是弱弹簧示功图。

图 8－13（a）系四冲程柴油机的弱弹簧示功图。图中曲线 1 为部分压缩过程，当示功器小活塞上行至极端位置时，示功图保持相等高度。膨胀过程如曲线 2 所示。当缸内压力等于或小于软弹簧弹力时，弹簧恢复作用，排气过程（曲线 3）从点Ⅱ开始，排气阀已开，缸内压

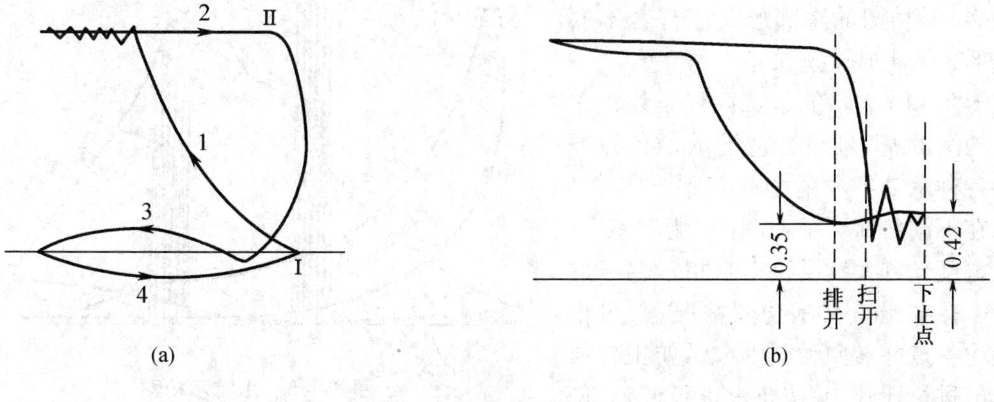

图 8－13　弱弹簧示功图

（a）四冲程柴油机弱弹簧示功图；（b）二冲程柴油机弱弹簧示功图

力迅速下降,缸内废气排出并出现短时负压,随着活塞的上行,排气压力又高于大气压,并随废气的逐渐排空而下降。进气过程如曲线 4 所示,一直到下止点 I 之后,开始压缩过程。

图 8-13(b)为二冲程柴油机的弱弹簧示功图。当排气口开启时,膨胀压力线急剧下降到扫气压力线以下。扫气口开启后,压力升高到扫气压力,由于弹簧的振动,压力线出现波动,直到扫气口关闭为止。由于过后排气,气缸内压力又下降,直到排气口关闭,开始压缩。

6. $p-\varphi$ 示功图

$p-\varphi$ 示功图如图 8-14 所示。在船舶上可通过电子示功装置测取。$p-\varphi$ 图可用来计算柴油机的指示功率、评估燃烧与换气过程、测量最高爆发压力 p_z 和压缩压力 p_c、计算放热率、测定发火角等。也是分析研究柴油机工作过程常用的一种示功图。

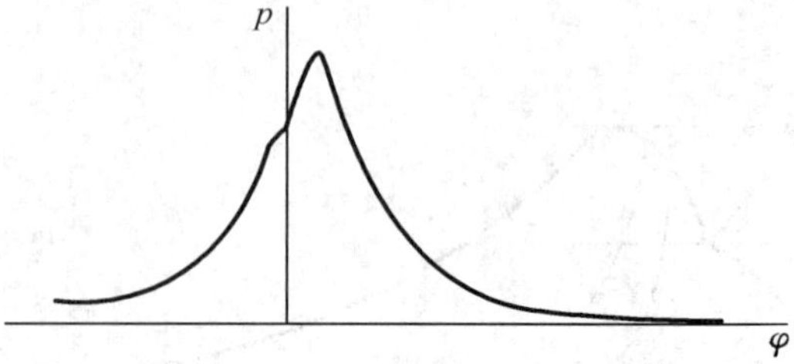

图 8-14 $p-\varphi$ 展开示功图

总之,使用机械示功器或电子示功器测取气缸示功图,有以下作用:确定柴油机指示功率并判断各缸功率分配的均匀性;确定柴油机的最高爆发压力 p_z 和压缩压力 p_c;研究燃烧过程、换气过程,计算缸内温度等,以评估柴油机工作过程的完善程度。

第二节 示功图的分析和计算

示功图分析就是把所测示功图与正常示功图进行比较,找出差别,并判断产生差别的原因,从而进行必要的调整,使柴油机保持在良好的技术状态下运行。

一、正常示功图

正常示功图是在柴油机技术状态最佳的情况下测绘的,作为运转过程中对示功图进行分析比较的依据,也称为标准示功图,它应具有以下特征:

(1)工作过程曲线比较圆滑,曲线过渡处无锐角或突变形状;

(2)工作过程各主要特性值,如压缩压力 p_c 和最高爆发压力 p_z 等符合说明书的规定值;

(3)工作过程曲线无异常的波动;

(4)示功图的尾部形状应符合不同扫气形式的正常轨迹。

图 8-15 表示的是二冲程柴油机正常示功图的基本形状,它指示了各特征点在各种示功图中的相互关系。图中 b 表示在不同负荷下示功图的“肥”“瘦”,因此宽度 b 可大致反映本缸指示功率的大小。在缺乏正常示功图情况下,可根据上述各点并参照说明书或试航报告所规定值进行比较,并按要求进行调整,使各缸有关热力参数的不均匀度满足我国有关规定要求,见表 8-2。

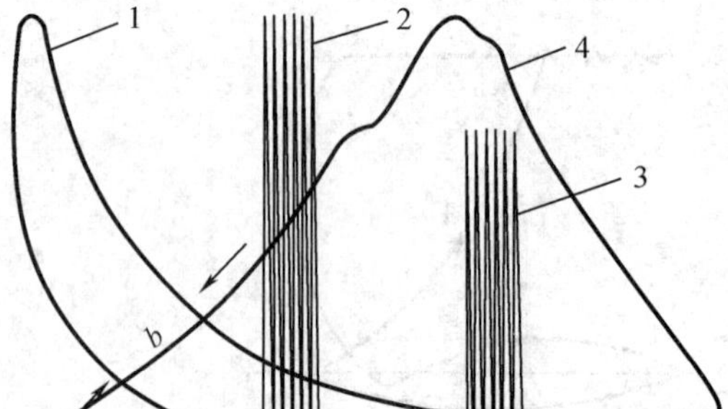

图 8-15 正常示功图

1—$p-V$ 示功图;2—p_z 梳形图;

3—p_c 梳形图;4—$p-V$ 转角示功图

表 8-2 各缸参数不均匀度规定值

工作参数	压缩压力 p_c	最高爆发压力 p_z	平均指示压力 p_i	排气温度 T_r
不均匀度规定值	±3%	±5%	±5%	±5%(高速增压机 ±8%)

注:不均匀度 = [(最大(最小)值 - 各缸平均值)/各缸平均值] ×100%

以定期测取的示功图中,除正常示功图外,还会出现一些畸形示功图。这些畸形示功图可能因柴油机工作过程不正常引起,也可能由示功器本身或使用不当等原因引起的。所以应对畸形示功图进行具体分析,找出造成畸形的原因。

二、畸形示功图

在通常情况下,只要将示功器及传动机构调整好且管理得当,不会出现畸形示功图。畸形示功图主要是由于柴油机气缸内工作不正常而引起的,对之进行分析与研究是调整柴油机的重要依据。当然,柴油机运行参数如油门开度、转速、排气温度、冷却水温度、滑油温度等,都不同程度地反映着气缸内工作情况,所以分析示功图时还必须参照柴油机运行参数。

引起柴油机工作过程不正常的因素很多,无法一一列举,下面仅就柴油机运行中常见的畸形示功图的特点予以分析。

1. 燃烧太晚

燃烧太晚的畸形图如图 8-16 所示。与虚线所示的正常示功图相比,它有以下特点:

(1)最高爆发压力 p_z 明显降低,即图形高度下降;

(2)示功图头部圆滑,着火点明显后移,表示燃烧后移;

(3)膨胀线升高,排气温度升高。

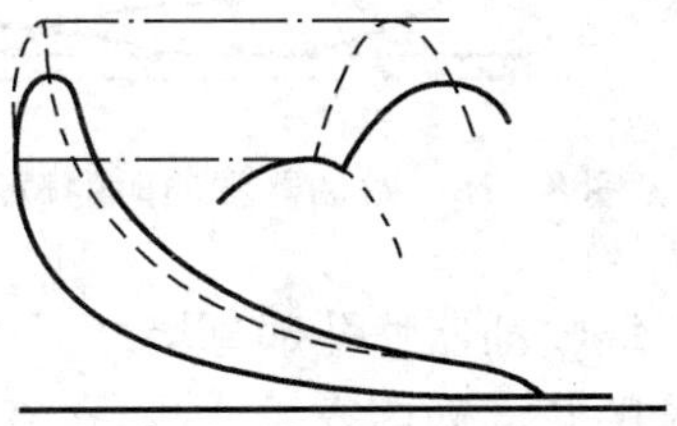

图 8-16 喷油太晚引起的畸形示功图

造成燃烧太晚的原因通常有喷油正时滞后、喷油器启阀压力过高、改用劣质燃油而未调大喷油提前角、喷油器或喷油泵漏油、喷油器的缝隙式滤器堵塞等。这些因素均使燃烧变晚,但又有差异。

2. 燃烧太早

此类示功图如图 8-17 所示。它与正常示功图(虚线)比较主要有以下特点:

(1)最高爆发压力 p_z 高于正常值,压力上升曲线陡峭,示功图头部尖瘦;

(2)燃烧曲线过早地脱离压缩曲线,着火点提前;

(3)膨胀曲线降低,排气温度降低。

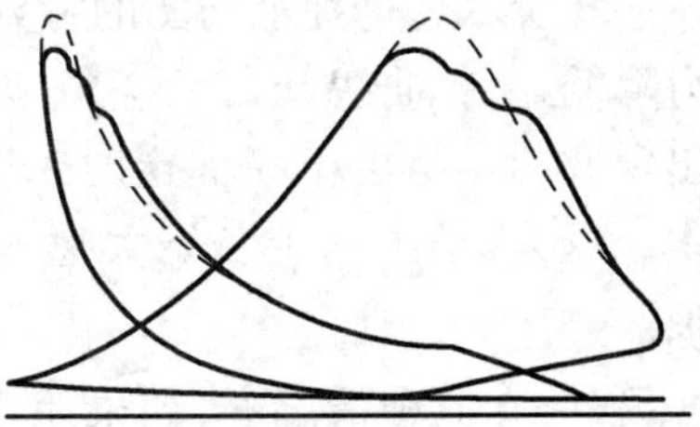

图 8-17 燃烧太早时的畸形示功图

造成燃烧太早的原因,一般有喷油正时提前,喷油器启阀压力降低,或由劣质燃油改用优质燃油而未减小喷油提前角等。燃烧太早将会增加柴油机的机械负荷,严重时引起"敲缸",需及时加以调整。

3. 喷油器漏油

如图 8-18 所示为喷油器漏油时的畸形图。它与正常示功图(虚线所示)相比主要有以下特点：

(1)最高爆发压力 p_z 明显降低，并且重复上升多次；

(2)膨胀线比正常示功图高；

(3)膨胀线呈锯齿形，锯齿朝上。

喷油器漏油时，由于燃油压力低，使燃油雾化不良，油气混合不佳，造成燃烧滞后，排气温度升高。

4. 喷油泵漏油

如喷油泵的柱塞因过度磨损或者喷油泵的阀与阀座偶件密封性下降而漏油时，一方面会使泵油压力下降，从而导致喷油定时滞后，造成后燃现象严重，排气温度升高。另一方面由于泵油期间漏油，使得喷入气缸中的油量也减少，会造成功率明显下降，排气温度亦降低。实践证明，上述两方面综合起来，后者影响大，最终使得排气温度降低，如图 8－19 所示。

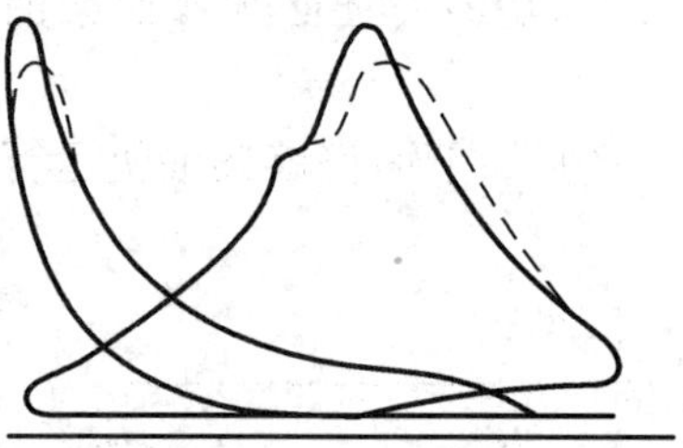

图 8－18　喷油器漏油时的畸形示功图

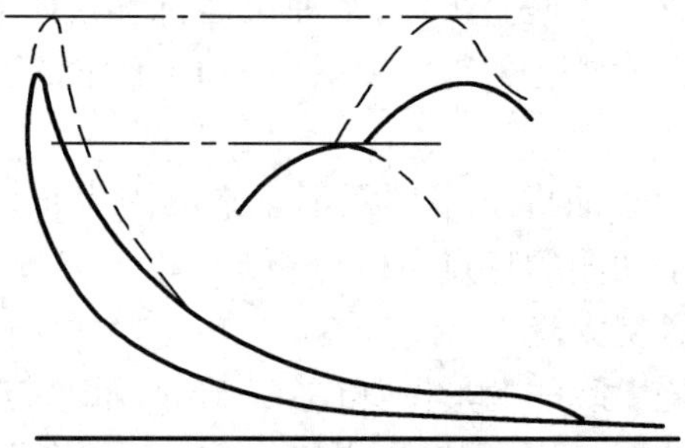

图 8－19　喷油泵漏油时的畸形示功图

5. 喷油器喷孔部分堵塞

喷孔部分堵塞时，因喷孔流通面积减少，流阻增大，单位时间的喷油量减少，总的喷油时间拖长，出现后燃现象。其示功图与燃烧太晚畸形示功图相似。但由于高压油管中的压力急剧升高，会发生重复喷射，膨胀线会产生波动，如图 8－20 所示。这种示功图的特点是最高爆发压力降低，膨胀曲线升高，示功图头部的膨胀曲线出现波动。但由于喷油定时未变，发火点也基本未变，这是区别于燃烧太晚示功图的主要依据。

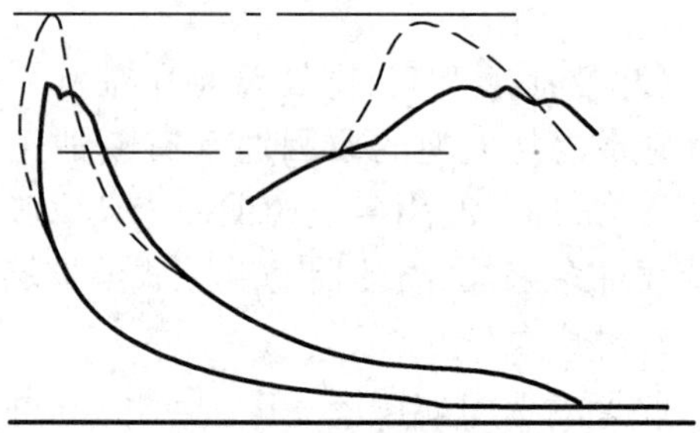

图 8－20　喷油器喷孔部分堵塞时的畸形示功图

另外，在此种情况下，如果用手触摸高压油管，可感觉出在喷油泵泵油时有明显的冲击、振动，高压油管脉动过强并伴有发热等现象。

6. 缸内空气不足

此种示功图如图 8－21 所示。它与正常图形(虚线所示)相比有以下特点：

(1)最高爆发压力 p_z 与压缩压力 p_c 均降低；

(2)膨胀线与压缩线均降低并可能出现波动(因燃油雾化、混合、燃烧变差)；

(3)示功图面积减小，指示功率降低，但排气温度升高。

气缸内空气量不足的原因一般是：气缸漏气，如活塞环漏气、排气阀漏气等；扫气空气供应不足，如气口堵塞、增压器进气滤器堵塞、空冷器堵塞、增压器污堵等；排气系统受阻；环境状态变化如大气压力降低、环境温度升高等。

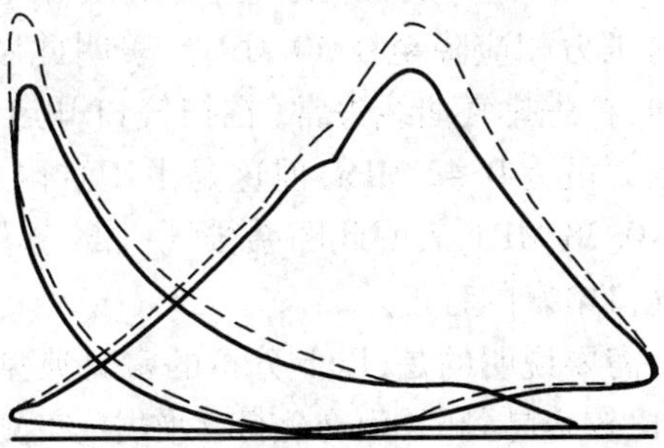

图 8－21　缸内空气不足时的畸形示功图

气缸漏气使压缩压力 p_c 降低，可通过梳形图测量压缩压力 p_c 值，并通过计算压缩压力 p_c 与扫气压力之比值与说明书的标准比值相比较进行判断。因为对一台既定的柴油机绝对压缩压力与绝对扫气压力之比值，在绝大部分功率范围内应该是一个恒量。压缩压力 p_c 偏低，判断究竟是因扫气压力偏低引起的还是由气缸机件漏气造成的依据就是看其比值是否下降。若比值下降则表明气缸漏气，否则就可能是扫气压力不足造成的。

例如，某船柴油机试航时测得：大气压力 0.1 MPa，扫气压力 0.137 MPa，某缸（或各缸平均）p_c 值为 8.9 MPa，其比值为 $(8.9+0.1)/(0.137+0.1)\approx38$。

运行中测得：大气压力为 0.102 MPa，扫气压力为 0.112 MPa，某缸（或各缸平均）p_c 值为 7.6 MPa；

柴油机绝对扫气压力为 $0.112+0.102=0.214$（MPa），此时应该具有的绝对压缩压力为 $38\times0.214=8.13$（MPa）；

所以，压缩压力应为 $8.13-0.102=8.03$（MPa）；但实测压缩压力只有 7.6 MPa，表明压缩压力 p_c 已降低，而两者之间的差值（$8.03-7.6=0.43$（MPa））可能是由于气缸漏气引起的。当然，压缩压力 p_c 与柴油机压缩比有密切的关系，如活塞顶的烧蚀等原因使压缩容积变大，实际压缩比减小时，同样也会使压缩压力降低。

7. 扫气过程不正常

欲分析扫气过程的进行情况，需利用弱弹簧示功图。图 8－22 和图 8－23 分别为某柴油机在转速 $n=125$ r/min 时测得的工作过程不正常时的弱弹簧示功图。其正常弱弹簧图形如图 8－13(b) 所示。由正常图可知，扫气压力（下止点时缸内压力）约为 0.42 MPa，压缩始点压力约为 0.35 MPa。

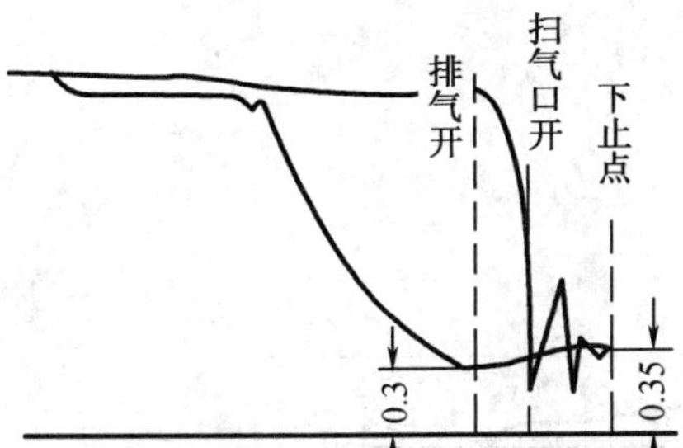

图 8－22　扫气口部分堵塞时的弱弹簧示功图

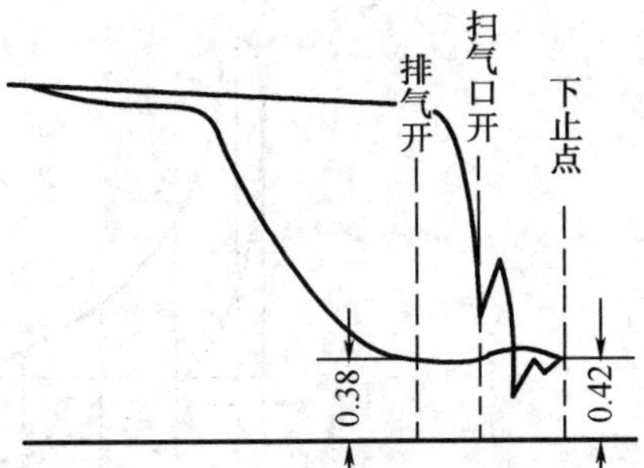

图 8－23　排气口部分堵塞时的弱弹簧示功图

由图 8－22 可知,换气过程曲线变化基本正常,但其扫气压力仅为 0.35 MPa,压缩始点缸内压力相应降至 0.30 MPa。表明此图系扫气口部分堵塞使扫气不畅引起。从图 8－23 可知,首先排气曲线失常(在扫气口开启时缸内压力大大超过扫气压力);其次下止点时缸内压力虽为 0.42 MPa,但这是由于缸内废气排出不畅所引起的,而且在压缩始点缸内压力升至0.38 MPa,表明此图系排气口部分堵塞所引起。显然通过上述压力变化的大小可以判断气口堵塞的程度。

需要说明的是,以上分析的常见典型的畸形示功图,因其引起畸形的原因单一、特点鲜明,比较容易判断;而在实际工作中,实测的示功图线形往往受各种因素的综合影响而显得不够典型,加之测得的图形尺寸又较小,因此分析和判断的难度较大。此外,倘若示功器传动机构因安装不正,零件磨损等原因会造成示功器转筒的运动与柴油机活塞的运动不相适应而产生畸形示功图;转筒绳索太短或太长及示功器小活塞卡阻时均会出现不同的畸形示功图,这些情况在测量和分析示功图中都应予以重视。

三、$p-V$ 示功图的计算及多缸柴油机功率的计算

在船上对运转中的柴油机,通常用机械示功器测取每个缸的 $p-V$ 示功图,并根据示功图计算出每个缸的平均指示压力 p_i 值,然后计算每个缸的指示功率 P_i。

1. 平均指示压力 p_i 的计算方法

计算方法通常有两种:

(1)面积法

用面积仪测出示功图的面积,以 $f(mm^2)$ 表示,量出示功图的长度,以 $L(mm)$ 表示,此时示功图的平均高度 $h_i=f/L(mm)$。

用平均高度 h_i 再除以示功器的弹簧比例 $M(mm/MPa)$ 则可以得到平均指示压力 p_i 值,即

$$p_i = 10^6 h_i/M \quad (Pa) \tag{8-1}$$

(2)十等分法

如果没有面积仪,还可用如下的作图方法求得示功图的平均高度,其结果也足够准确。十等分法如图 8－24 所示。将示功图长 L 分为十等分,量出各等分点上的示功图的高度 y_1, y_2, y_3, $\cdots$, y_9,单位为 mm。在距示功图上、下止点位置 $L/40$ 处再附加两个示功图高度 y_0 和 y_{10},则示功图平均高度可用下式计算

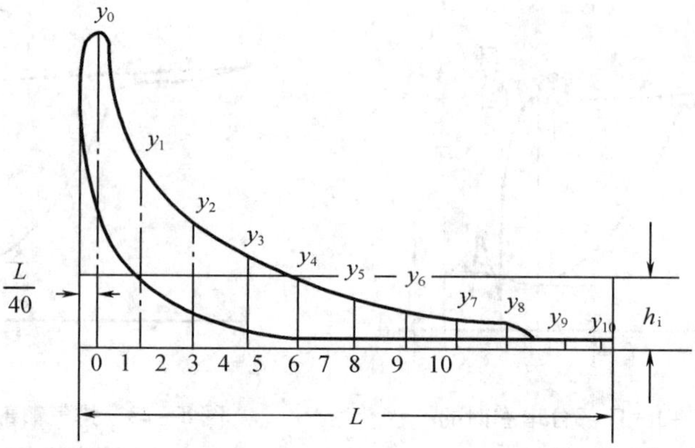

图 8－24 示功图的作图计算法

$$h_i = \frac{1}{10}\left(\frac{y_0 + y_{10}}{2} + y_1 + y_2 + y_3 + \cdots + y_9\right) \tag{8-2}$$

则平均指示压力 $p_i = h_i/M$ 即可求出。

2. 功率的计算

根据指示功率的计算公式 $P'_i = Cp_in$ 可计算出单缸指示功率。

其中 C 为气缸常数，对既定的柴油机是一定值，通常在说明书可查到，或根据公式 $C = V_sm/60\ 000$ 计算。

设计时，多缸柴油机的功率计算公式为：$P_i = C \cdot p_i \cdot n \cdot i$，但是，实际柴油机各缸功率不可能完全一致，故整机指示功率不能简单地以某缸功率乘以缸数 i，而应该用各缸的指示功率相加。

例 8－1 题 某 6ESDZ50/150 型柴油机各缸示功图平均面积 $f = 728\ \text{m}^2$，示功图长度 $L = 120$ mm，示功图弹簧比例 $M = 4$ mm/MPa，转速 $n = 110$ r/min，有效功率 $P_e = 4\ 500$ kW。求：

（1）该机气缸常数 C；

（2）该机平均指示压力 p_i；

（3）该机指示功率 P_i；

（4）该机机械效率 η_m。

（题示：气缸常数保留小数点后 3 位，其他计算结果精确到小数点后 2 位。）

解 （1）计算气缸常数 C

$D = 50\ \text{cm} = 0.5\ \text{m}, S = 150\ \text{cm} = 1.5\ \text{m}$

$C = (\pi/4 \cdot D^2 \cdot S \cdot m)/60\ 000 = \pi/4 \times 0.5^2 \times 1.5 \times 1/60\ 000 = 4.908 \times 10^{-6}$

（2）计算 p_i

$h_i = f/L = 728/120 = 6.067$ mm

$p_i = h_i/M = 6.067/4 = 1.52\ \text{MPa} = 1.52 \times 10^6\ \text{Pa}$

（3）计算 P_i

$P_i = C \cdot p_i \cdot n \cdot i = 4.908 \times 10^{-6} \times 1.52 \times 10^6 \times 110 \times 6 = 4\ 923.71\ \text{kW}$

（4）计算 η_m

$\eta_m = P_e/P_i = 4\ 500/4\ 923.71 = 91.39\%$

思考与练习

1. 试比较机械示功器与电子示功器的优缺点。

2. 简述不同示功图的作用和测量特点。

3. 比较各种典型畸形示功图与正常示功图的差异，并分析原因。

4. 柴油机发生燃烧敲缸时，画出其示功图，与正常示功图比较有何特点？其形成的原因是什么？

5. 某船 MAN/B&W 主机 6S50MCE 机型，其 $S/D = 3.84$。在 $n = 115$ r/min 时，测柴油机各缸示功图平均面积 $f = 495\ \text{mm}^2$，示功图长度 $L = 110$ mm，用 1/5 小活塞时示功图弹簧比例 $M = 3$ mm/MPa，该机机械效率 $\eta_m = 0.9$，燃油耗量 $G_e = 981.8$ kg/h。试求：

(1)该机气缸常数 C；

(2)该机指示功率 P_i(kW)；

(3)该机有效功率 P_e(kW)；

(4)该机有效燃油消耗率 g_e(g/(kW·h))。

(题示：$\pi = 3.14$，气缸常数保留小数点后3位，其他计算结果精确到小数点后2位。)

第九章　柴油机振动与减振

【知识目标】

1. 明确柴油机的活塞连杆的运动规律及柴油机各部分的受力状况；
2. 分析引起柴油机振动的原因及平衡方法；
3. 熟悉柴油机轴系扭转振动的特性及减振措施；
4. 了解柴油机轴系纵向振动概念。

【能力目标】

1. 能分析柴油机各种振动的原因，并找出平衡和避振的措施；
2. 识别柴油机使用的各种类型的减振器；
3. 利用振动的基本知识对柴油机和轴系进行维护管理。

以曲柄连杆机构作为主要运动机构的船舶柴油机，由于存在做往复运动的部件和具有不平衡回转质量的部件，使柴油机产生大小及方向均交替变化的往复惯性力和方向交替变化的回转惯性力。由于柴油机工作过程压力变化较大的特点，使输出的扭矩具有周期性脉动。此外，由于螺旋桨的叶片数目有限，加剧了轴系推力的变化。这一切形成了柴油机的振动力源，导致了柴油机在工作时发生各种形式的振动。

柴油机的这些振动必定会通过基座螺栓传到船体，引起船体的振动。不但会使柴油机机件磨损增加、噪音上升、恶化管理人员的生活及工作条件、影响其他机器和仪器的正常工作，而且还可能由于共振而造成柴油机装置的各种管系、附件等设备的损坏及柴油机装置本身的损坏，以至影响整个船舶的正常使用，并可能造成威胁船舶安全的后果。

第一节　曲柄连杆机构动力学分析

一、活塞连杆的运动

柴油机的工作过程是采用活塞连杆机构，将活塞的往复运动，通过连杆的摆动，转变成曲轴的旋转运动。应用活塞连杆机构的运动学与动力学有关知识，可得到如下结果。

1. 活塞的运动

(1)活塞的位移 x

如图 9－1 所示为曲柄连杆机构简图。设活塞在上止点时位移为零，当曲柄从上止点按顺时针方向转过 α 角时的位移为 x，则活塞的位移近似公式为

$$x \approx R(1-\cos\alpha)+\frac{R}{4}\lambda(1-\cos 2\alpha) \tag{9-1}$$

式中　α——曲柄转角；

R——曲柄半径；

L——连杆长度，是连杆大小端的中心距；

$\lambda = R/L$——曲柄半径和连杆长度比。

由式(9－1)可知，当 $\alpha = 0°$ 时，$x = 0$(上止点)；当 $\alpha = 180°$ 时，$x = 2R = S$(下止点)；当 $\alpha = 90°$ 时，$x = R + \frac{R}{2}\lambda > R$，即当 $\alpha = 90°$ 时活塞位移不在行程中点($\frac{S}{2}$)；在 $\alpha < 90°$ 的某一位置时，活塞位移 $x = R$(行程中点)。

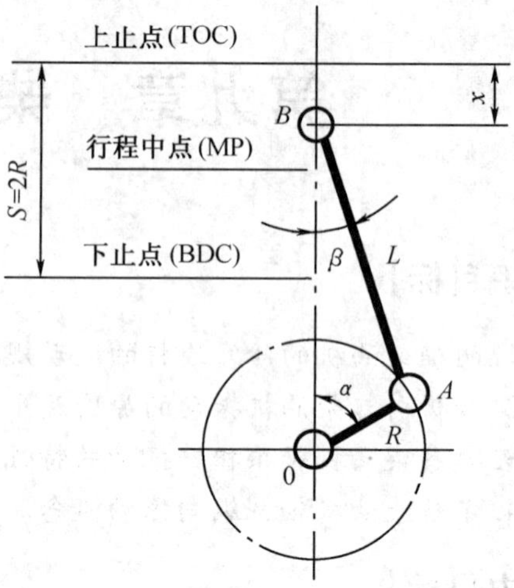

图 9－1 曲柄连杆机构示意图

(2)活塞运动速度 v

活塞运动速度 $v = dx/dt$，则

$$v = R\omega\left(\sin\alpha + \frac{\lambda}{2}\sin2\alpha\right) \qquad (9-2)$$

式中，ω 为曲柄回转角速度，$\omega = d\alpha/dt$。

由式(9－2)可知，当 $\alpha = 0°$(上止点)或 $\alpha = 180°$(下止点)时，$v = 0$，即在上、下止点处，活塞运动速度均为零。由 $dv/d\alpha = 0$ 求极值，可知当 $\alpha < 90°$ 的某一位置时，活塞运动速度最大。

(3)活塞运动加速度 a

活塞运动加速度 $a = dv/dt$，则

$$a = R\omega^2(\cos\alpha + \lambda\cos2\alpha) \qquad (9-3)$$

由式(9－3)可知，当 $\alpha = 0°$ 时，a 达最大值，$a_{max} = R\omega^2(1+\lambda)$，方向向下；当 $\alpha = 180°$ 时，a 达最小值，$a_{min} = -R\omega^2(1-\lambda)$，方向向上；当 $\alpha < 90°$ 的某一位置时，$a = 0$。可见在活塞的往复运动中，其运动速度是周期交变的。

有了以上的这些公式，可以根据不同的需要来分析活塞的运动规律。如图 9－2 所示为活塞速度与加速度三角函数作图分析示意图。活塞速度是由幅值为 $R\omega$、角速度为 ω 与幅值为 $\frac{\lambda}{2}R\omega$、角速度为 2ω 的两个正弦函数叠加而成；而活塞加速度则是幅值为 $R\omega^2$、角速度为 ω 与幅值为 $\lambda R\omega^2$、角速度为 2ω 的两个余弦函数的叠加。从图中可看出：

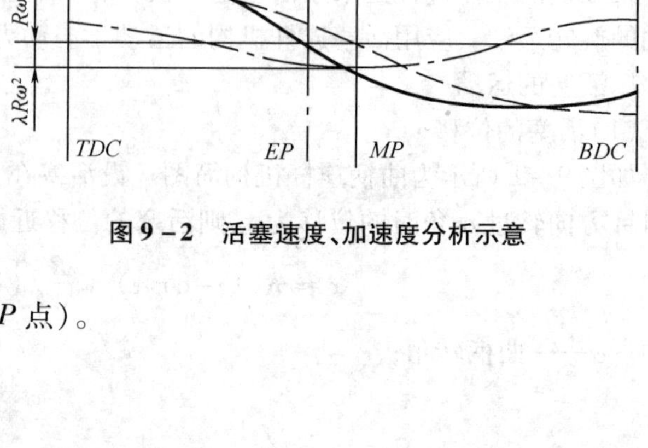

图 9－2 活塞速度、加速度分析示意

(1)活塞最大速度并不在行程的中点(图中 MP 点)，而是处于活塞自上止点下行未至中点处(图中 EP 点)。

(2)活塞加速度在上止点(*TDC*)时与位移正方向一致、方向向下;在下止点(*BDC*)时,与位移正方向相反,方向向上。

出现这种运动特点的原因是由于连杆有限长($L<\infty$)引起的。

2. 连杆的运动

连杆的运动比较复杂,连杆小端随活塞往复运动,杆身绕活塞销摆动,连杆大端随曲柄销回转运动,不过从总体上看可视为连杆绕活塞销中心线摆动。通过计算分析可知:

(1)当曲柄转角 $\alpha=90°$时,连杆摆动角达最大值,且位于气缸中心线右侧,摆动角速度为0;当 $\alpha=270°$时,连杆摆动角也达最大值,但位于气缸中心线左侧,摆动角速度也为0。

(2)当曲柄转角 $\alpha=0°$和 $\alpha=180°$时,连杆的摆动角速度达到最大值,且数值相等而方向相反。

二、曲柄连杆机构的惯性力

曲柄连杆机构的惯性力有:活塞组件往复运动所产生的往复惯性力;曲柄不平衡回转质量回转运动所产生的离心惯性力;连杆运动所产生的惯性力。其中,连杆运动所产生的惯性力计算比较复杂,在工程研究中连杆惯性力通常用二质量代替系统来处理,即把连杆的质量 m_c 按动力效应相等的原则分解为作用在活塞销上的往复运动质量 m_{c1}和作用于曲柄销中心的回转运动质量 m_{c2}以及一个连杆力偶 M_L,且 $m_{c1}+m_{c2}=m_c$。

1. 往复惯性力 F_j

往复惯性力 F_j 是由于运动部件的往复运动质量 m_j 做变速运动所产生的。由上述知 m_j 包括活塞组件质量 m_p 与连杆转化的往复运动质量 m_{c1},即 $m_j=m_p+m_{c1}$;又因活塞组件的加速度 $a=R\omega^2(\cos\alpha+\lambda\cos2\alpha)$,所以

$$F_j=-m_j\cdot\alpha=-m_jR\omega^2(\cos\alpha+\lambda\cos2\alpha) \qquad (9-4)$$

往复惯性力总是沿着气缸中心线作用在活塞销中心上;数值大小和方向随曲柄转角交变且始终与加速度方向相反;在上止点时方向向上,在下止点时方向向下。

2. 离心惯性力 F_R

离心惯性力 F_R 是由运动部件的回转运动质量 m_R 做圆周运动所产生的。m_R 包括曲柄的回转质量 m_{RR}和连杆转化的质量 m_{c2},即 $m_R=m_{RR}+m_{c2}$。若曲柄半径为 R,曲轴回转角速度为 ω,则回转质量 m_R 对曲轴回转中心离心惯性力 $F_R=m_R\cdot R\cdot\omega^2$。可见,离心惯性力的数值大小不变,作用方向沿着曲柄半径始终向外。

3. 连杆力偶 M_L

连杆力偶 M_L 作用在连杆摆动平面内,其数值大小交变。当连杆摆动到气缸中心线右侧时 M_L 为顺时针方向;当连杆摆动到气缸中心线左侧时 M_L 为逆时针方向。

三、曲柄连杆机构上的作用力

曲柄连杆机构上的作用力主要有气体力 F_g、往复惯性力 F_j、离心惯性力 F_R。连杆力偶 M_L 较小,一般可忽略不计。对曲柄连杆机构的作用力分析如图 9-3 所示。

1. 气体力 F_g

作用在曲柄连杆机构上的气体力 F_g 与柴油机工作过程和负荷有关。即使在负荷一定的情况下,气体力 F_g 也是周期交变的,即气体力 F_g 随曲轴转角 α 而变。其变化规律由 $p-V$ 或$p-\varphi$ 示功图表示。如果气缸中气体压力为 p_g,气缸直径为 D,则作用于活塞顶上的

气体力 F_g 为

$$F_g = \frac{\pi}{4} \cdot D^2 \cdot p_g \tag{9-5}$$

其方向沿气缸中心线向下。

2. 作用于活塞销上的合力 F

由图 9-3 可知,$F = F_g + F_j$。显然,合力 F 的数值大小交变,而方向主要取决于 F_j 的方向:对于二冲程柴油机合力方向不变,几乎一直向下;对于四冲程柴油机方向交变,上下交替。

3. 侧推力 F_N 和连杆推力 F_L

作用在活塞销或十字头销上的合力可分解为两个分力;一个分力 F_N 垂直于气缸壁(或垂直于导板),称为侧推力;另一个分力 F_L 沿着连杆中心线方向,称为连杆推力,如图 9-3 所示。

$$F_N = F \cdot \tan\beta \tag{9-6}$$

$$F_L = F/\cos\beta \tag{9-7}$$

显然,侧推力 F_N 的大小交变,方向交变、左右交替。连杆推力 F_L 的数值大小交变,而方向是否交变仍取决于是四冲程还是二冲程机。

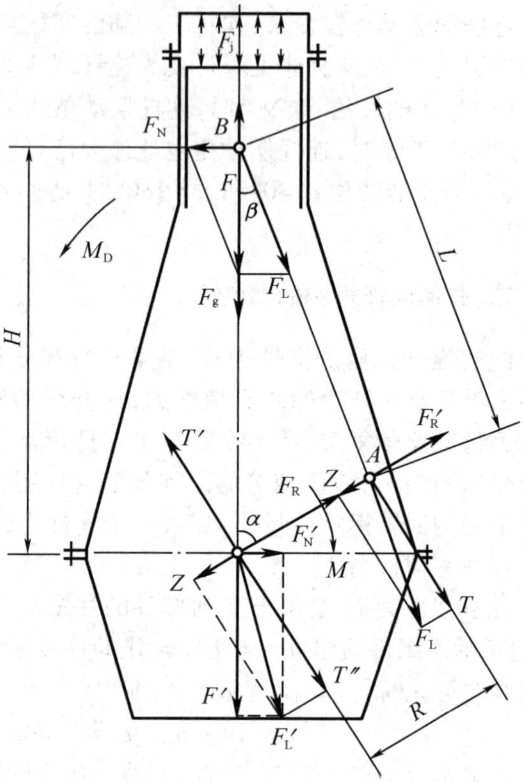

图 9-3 曲柄连杆机构的作用力

4. 切向力 T 和法向力 Z

连杆推力沿连杆作用到曲柄销,在曲柄销处分解成两个力:一个分力 T 垂直于曲柄半径,称为切向力;另一个分力 Z 沿着曲柄半径,称为法向力:

$$T = F_L \cdot \sin(\alpha+\beta) = F \cdot \sin(\alpha+\beta)/\cos\beta \tag{9-8}$$

$$Z = F_L \cdot \cos(\alpha+\beta) = F \cdot \cos(\alpha+\beta)/\cos\beta \tag{9-9}$$

切向力 T 是构成柴油机对外做功的主要作用力,其大小与方向交变。法向力 Z 作用在曲柄中心线方向并传递到主轴承上。

显然,连杆大端轴承所承受的作用力是切向力 T、法向力 Z 以及连杆转化的回转质量 m_{c2} 所产生的离心惯性力 $F_R(m_{c2} \cdot R \cdot \omega^2)$ 三者的合力。

5. 输出扭矩 M

假设在曲轴中心加上两个平行于 T,而方向相反的力 T' 和 T'',它们大小都等于 T,则 T' 与 T 组成一个以曲柄半径 R 为力臂的力偶,这个力偶就是使曲轴回转的输出扭矩 M。

$$M = T \cdot R = F \cdot R\sin(\alpha+\beta)/\cos\beta \tag{9-10}$$

输出扭矩 M 也是周期交变的,其变化规律同切向力一样。

6. 倾覆力矩 M_D

把 Z 的作用点延至曲轴中心上,使 T'' 与 Z 合成的 F_L' 作用于主轴承上,这个 F_L' 实际上平行且等于作用在曲柄销上的分力 F_L,而 F'_L 的水平分力 F'_N 则与侧推力 F_N 大小相等,方向相反，但不在同一条直线上，组成了一个以 H 为力臂的力偶 M_D，$M_D = F'_L \cdot H$，这个力偶有使柴油机倾覆的趋势，故称为“倾覆力矩”。

此倾覆力矩 M_D 和柴油机的输出扭矩 M 大小相等而方向相反（证明略），$M = -M_D = T \cdot R$。

由此可知，主轴承上的作用力是离心惯性力 F_R 与连杆推力 F_L 的合力。

第二节　柴油机振动与平衡

一、柴油机振动的基本概念

1. 振动的一般概念

任何物体都具有质量和弹性，当物体受到周期性交变力或力矩作用时，就按一定的规律在原来静止位置两侧做周期性交变运动，这样的运动形式就称为振动，这是物体的基本属性。

周期性交变力或力矩亦称激振力或激振力矩，并统称为振动力源。不同的振动力源可使物体产生不同的振动形式。

由于柴油机中的曲柄连杆机构在运转时会使柴油机产生周期性变化的惯性力（力矩），这些激振力（力矩），将使柴油机整体相对于基座产生横向和纵向振动——外部振动。减振措施就是设法将这些惯性力（力矩）消除或减至最少，尽量使柴油机本身能自行达到外部平衡。

此外，柴油机曲轴还经受着周期性变化的扭转力矩，引起整个轴系的扭转变形而产生扭转振动。在激振力（力矩）作用下，引起弹性变形，造成柴油机机体内部彼此之间的相对振动，称为内部振动。其中以扭转振动的危害性最严重，故对于柴油机的内部振动，将重点讨论轴系的扭转振动。

2. 柴油机振动的危害

柴油机振动危害很大，概括起来有三条。

（1）影响可靠性和耐久性。振动产生撞击和变形，增加机件的磨损，严重时造成机件裂纹甚至损坏。

（2）降低动力性和经济性。振动消耗能量，又改变了柴油机的最佳正时，因而导致柴油机动力性和经济性下降。

（3）损害舒适性。各种振动使管理人员的工作条件恶化，不仅损害健康还会因疲劳而酿成事故。

二、引起柴油机振动的外力和振动规律

1. 单缸机的不平衡力和力矩

在单缸柴油机中，曲柄连杆机构的作用力是一组作用在连杆摆动平面内的平面力系，如图 9-3 所示，导致单缸机振动的不平衡力和力矩有：

（1）离心惯性力 F_R

单缸柴油机的不平衡回转质量 m_R 应包括单位曲柄的不平衡质量 m_k 及连杆大端质量 m_{c2} 两个部分，即 $m_R = m_k + m_{c2}$。单位曲柄的不平衡回转质量 m_k 由曲柄销及曲臂组成。而曲臂的不平衡质量则应换算到曲柄销中心处。

单位曲柄总的不平衡离心力为

$$F_R = -m_R \cdot R \cdot \omega^2 \tag{9-11}$$

由于离心力是回转的，所以它引起柴油机上下、左右随曲柄位置各个方向的振动。

(2)往复惯性力 F_j

$$F_j = -m_jR\omega^2\cos\alpha - m_jR\omega^2 \cdot \lambda\cos2\alpha$$
$$= -m_jR\omega^2\cos\alpha - \frac{\lambda}{4}m_jR(2\omega)^2 \cdot \cos2\alpha$$
$$= F_{j1} + F_{j2} \quad (9-12)$$

式中 $F_{j1} = -m_jR\omega^2\cos\alpha$(一次往复惯性力)；

$F_{j2} = -\frac{\lambda}{4}m_jR(2\omega)^2 \cdot \cos2\alpha$(二次往复惯性力)。

一次往复惯性力 F_{j1} 在曲轴转一圈的时间内周期性地迫使柴油机向下和向上各振动一次，其振动圆频率为 ω。

二次往复惯性力 F_{j2} 在曲轴转一圈的时间内周期性地迫使柴油机向下和向上各振动两次，其振动圆频率为 2ω。

总地说来，往复惯性力 F_j 使柴油机发生上下方向的振动。

(3)倾覆力矩 M_D

倾覆力矩 M_D 是气体力和往复惯性力在曲柄连杆机构的传递过程中产生的。倾覆力矩和柴油机的输出扭矩 M 大小相等、方向相反，但它们不是作用在同一部件上。所以倾覆力矩 M_D 在柴油机的内部不能平衡。M_D 的大小和方向交变，使柴油机产生左右摇摆性振动(横向振动)。

(4)连杆力偶 M_L

连杆力偶 M_L 是由于连杆运动产生的，它作用在连杆摆动平面且大小、方向交变。这是一个不平衡力偶，将引起柴油机左右摆动。但由于连杆力偶 M_L 较小，一般忽略其影响。

2. 多缸机的不平衡力和力矩

在多缸柴油机中，由各单缸的平面力系组成了一个空间力系。因此，除了有各种惯性力外，还有各种惯性力对柴油机重心形成的合成惯性力矩。

(1)合成离心惯性力 $\sum F_R$

各曲柄产生的离心力永远作用在各气缸曲柄中心线方向，所以多缸机离心惯性力组成一个随曲轴以角速度 ω 回转的空间力系。各曲柄离心惯性力之间的相位差即为对应的曲柄夹角。多缸机的曲柄都为均匀分布，其合成离心惯性力 $\sum F_R$ 总是平衡的，即 $\sum F_R = 0$，所以不会造成柴油机的振动。

(2)合成离心惯性力矩 $\sum M_R$

$\sum M_R$ 是各曲柄离心惯性力 F_R 对多缸机重心(当 $\sum F_R = 0$ 时可取对任何基准平面)力矩之合成力矩。当 $\sum F_R = 0$ 的情况下，$\sum M_R$ 可能等于零，也可能不等于零，完全取决于柴油机缸数和曲柄排列情况。不平衡合成离心惯性力矩 $\sum M_R$ 的大小不变，作用在一个过曲轴回转中心线并与第一缸曲柄存在着固定间隔角，以角速度 ω 回转的平面内，使柴油机纵向产生上下、左右方向的振动。

(3)合成往复惯性力 $\sum F_j$

各缸往复惯性力 F_j 均作用在各自气缸中心线内，形成纵向垂直平面力系。合成一次往

复惯性力 $\sum F_{j1}$ 及二次往复惯性力 $\sum F_{j2}$ 表达式与合成离心力 $\sum F_R$ 极为相似。多缸机的曲柄均为均匀排列,研究表明2缸柴油机的 $\sum F_{j1} = 0$;3缸以上二冲程柴油机和除个别4缸机外的四冲程柴油机的 $\sum F_{j2} = 0$ 。即多缸柴油机的合成往复惯性力通常均可自身平衡, $\sum F_j = 0$,不产生振动。

(4)合成往复惯性力矩 $\sum M_j$

合成往复惯性力矩 $\sum M_j$ 是各缸往复惯性力 Fj 对柴油机重心构成的力矩之和: $\sum M_j = \sum M_{j1} + \sum M_{j2}$。通过对不同气缸数和曲柄不同排列的柴油机研究可知:当 $\sum F_j = 0$ 时, $\sum M_j$ 可能为零,也可能不为零;同理,当 $\sum F_{j2} = 0$ 时,也是如此。显然,当 $\sum M_{j1} \neq 0$ 或 $\sum M_{j2} \neq 0$ 时,不平衡的往复惯性力矩使柴油机在纵向平面内上下摆动。

(5)总倾覆力矩 $\sum M_D$

与单缸柴油机倾覆力矩一样,总倾覆力矩 $\sum M_D$ 会引起多缸柴油机横向振动,并通过基座作用到船体上,激发船体振动。但因多缸机的 $\sum M$(曲轴输出总扭矩)趋于均匀,故总倾力矩 $\sum M_D$ 亦趋于稳定。缸数越多, $\sum M_D$ 波动幅度值越小。

(6)总连杆力偶 $\sum M_L$

由于连杆力偶的作用方向在连杆摆动气缸中心线右侧和摆动到气缸中心线左侧时是相反的,所以在多缸柴油机中各气缸的连杆力偶大多可互相抵消,总连杆力偶 $\sum M_L$ 大多等于零,其对柴油机振动的影响很小,一般可忽略不计。

引起柴油机振动的各种惯性力和惯性力矩如表9－1所示。

表9－1　引起柴油机振动的惯性力和惯性力矩

序号	项　目	公　式	振动形式	说　明
1	离心惯性力 F_R	$F_R = -m_R \cdot R \cdot \omega^2$	上下、左右振动	多缸机 $\sum F_R = 0$, 不会引起振动
2	离心惯性力矩 $\sum M_R$		上下、左右振动	$\sum M_R \neq 0$ 时,会引起振动
3	往复惯性力 F_j	$F_j = -m_j \cdot a$	上下振动	多缸机 $\sum F_j \neq 0$,会引起振动
4	往复惯性力矩 $\sum M_j$	$\sum M_j = \sum M_{j1} + \sum M_{j2}$	上下振动	$\sum M_j \neq 0$ 时,会引起振动
5	倾覆力矩 $\sum M_D$	$\sum M_D = -T \cdot R$	左右振动	通过基座激发船体振动
6	连杆力偶 M_L		左右振动	一般忽略

三、柴油机的平衡与减振

由上述分析可知,作用在曲柄连杆机构中的不平衡力和力矩是产生机体振动的激振力源。显然,为了消减这种有害振动,可采取消除不平衡力和力矩的平衡法。这里着重介绍多缸柴油机的平衡。

1. 单缸柴油机的平衡

引起单缸柴油机振动的力源有：离心惯性力 F_R、往复惯性力 F_j、倾覆力矩 M_D、连杆力偶 M_L。

(1) 单缸柴油机的离心惯性力平衡

为防止柴油机振动，一般在曲柄臂上安装平衡重，使平衡重在回转中产生的离心力与 F_R 的大小相等而方向相反。

(2) 单缸柴油机往复惯性力的平衡

由于往复惯性力是由一次和二次往复惯性力 F_{j1} 和 F_{j2} 所合成的，这样便得到了平衡一次往复惯性力和二次往复惯性力的方法，其原理如图 9-4 所示。使两个质量 m_1 以角速度 ω 做同步反方向回转，它们从下止点起转过的角度 α 与一次曲柄从上止点起转过的角度相同，并且使 $m_1r_1\omega^2 = m_jR\omega^2/2$，即 $m_1r_1 = m_jR/2$。同时，使两个质量 m_2 以角速度 2ω 做同步反方向回转，它们从下止点起转过的角度 2α 与二次曲柄从上止点起转过的角度相同，并且使 $m_2r_2(2\omega)^2 = m_j\lambda R(2\omega)^2/4$，即 $m_2r_2 = \lambda m_jR/4$。此法也称为正反转矢量平衡法。

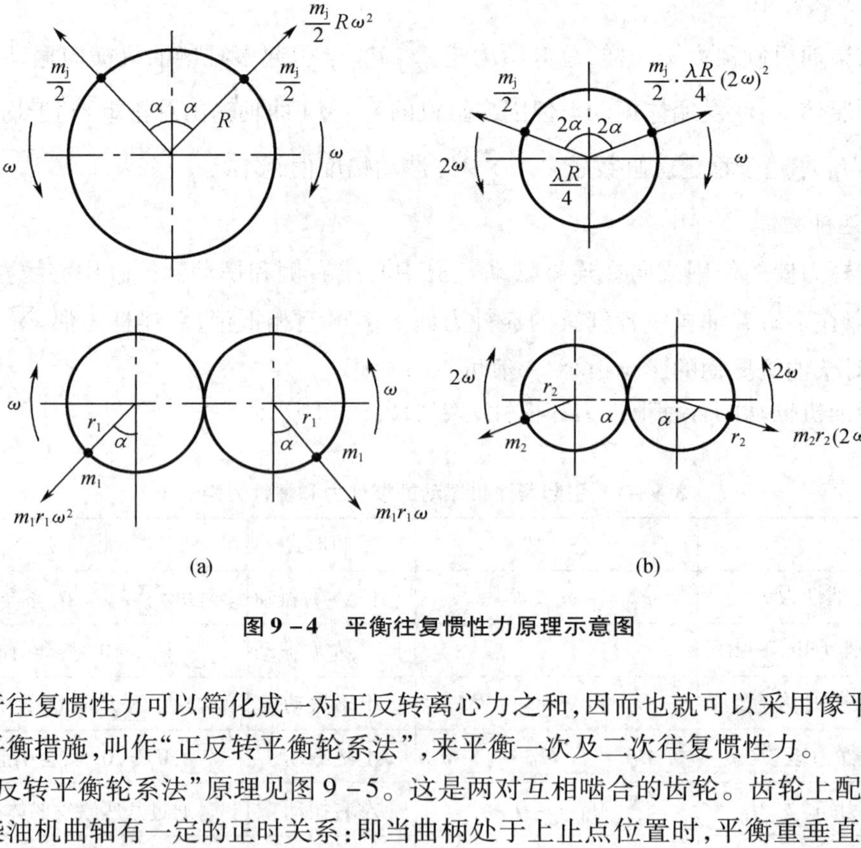

图 9-4　平衡往复惯性力原理示意图

由于往复惯性力可以简化成一对正反转离心力之和，因而也就可以采用像平衡离心力一样的平衡措施，叫作"正反转平衡轮系法"，来平衡一次及二次往复惯性力。

"正反转平衡轮系法"原理见图 9-5。这是两对互相啮合的齿轮。齿轮上配有平衡重，它们与柴油机曲轴有一定的正时关系：即当曲柄处于上止点位置时，平衡重垂直向下，当曲柄处于下止点时，平衡重应转至垂直向上位置。

一次惯性力是使两个质量 m_1 以角速度 ω 做同步反向回转。二次惯性力是使两个质量 m_2 以角速度 2ω 做同步反向回转。

(3) 倾覆力矩平衡

倾覆力矩由固定机座的螺钉来承受。

(4) 连杆力偶平衡

通常，由于 M_L 较小，一般可忽略而不采取平衡措施。

2. 多缸柴油机的平衡

(1)外部平衡与内部平衡

对多缸柴油机,如采用适当的曲柄排列,可达到下述平衡状态,即

$$\sum F_R = 0 \qquad \sum F_{j1} = 0 \qquad \sum F_{j2} = 0$$

$$\sum M_R = 0 \qquad \sum M_{j1} = 0 \qquad \sum M_{j2} = 0$$

此时柴油机对机体外的作用力与力矩都等于零,我们称柴油机达到了“外部平衡”,即对机体外没有作用力及激励力矩输出,也就是达到了机体减振的目的。

但是,曲轴不是一个刚体,而是弹性体。曲轴在惯性力作用下会发生变形。由于主轴承阻碍这种变形,致使主轴承和机座受到力和力矩的作用,而当机体刚度不足时同样会引起振动。

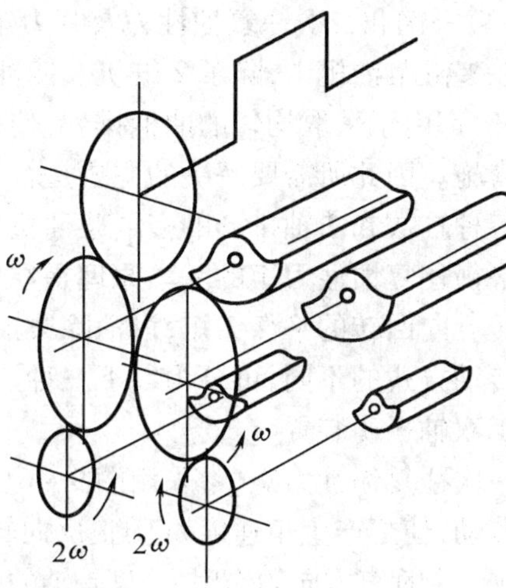

图9-5　单缸柴油机往复惯性力平衡装置

因此,在分析柴油机的平衡特性,也就是它的振动力源时,不但要关心它的外部平衡特性,还要考虑到机身内部的受力情况。如果它的内部受力过大,仍然要引起变形和振动。

我们把考虑机身内部受力情况的平衡称为柴油机的“内部平衡”。通常以柴油机达到某种程度的外部平衡后,曲轴所受的最大弯曲力矩(也称内力矩)来表征柴油机内部的平衡性。使曲轴所受的最大弯曲力矩限制在安全范围内的平衡措施,即为“内部平衡”。

(2)离心惯性力及其力矩的平衡

多缸柴油机一般均采用均匀分布的曲柄排列方案,因此合成离心惯性力都自行平衡。但是还可能存在不平衡的合成离心力矩。合成离心惯性力矩的平衡方法较多,通常归纳为以下四种。

①各缸平衡法

在每一个曲柄臂上都在反方向安置平衡重,以平衡每个曲柄的离心惯性力。由于消除了每个曲柄的离心力,自然就消除了柴油机的合成离心力和合成离心力矩。因而这是一种最彻底的平衡方法,既做到了外部平衡,也做到了内部平衡。所谓内部平衡是指采取某些措施分别使各缸的惯性力(一般指离心力)得到平衡以改善柴油机内部受力情况的方法,使柴油机的机身和曲轴受力情况最好。但这种方法平衡重块多,质量大,使各曲柄的转动惯量增加很多,可能会影响到柴油机的扭转振动。我国制造的6250型柴油机就采用这种方案。

②整体平衡法

在首尾两个曲柄上各加一对方向正好相反的平衡重块,以消除全部曲柄的合成离心力矩。它的优点是几种平衡法中曲轴质量最小,但内部平衡性较差。使用实例有国产的9ESDZ43/82B等机型。

③分段平衡法

将曲轴分成两段(或数段)而后分别对各段所存在的合成平衡离心力矩采取平衡措施。这是一种折中方案。

④不规则平衡法

挑选若干个曲柄,在这些曲柄上有条件或者能较方便地配置好平衡重块,用以平衡合

成离心惯性力矩。这种平衡方法能够改善柴油机内部平衡特性和某些轴承的轴承负荷。

(3)一次和二次往复惯性力及其力矩的平衡

在多缸柴油机中,除了2缸机及四冲程4缸机有时存在不平衡的二次合成往复惯性力外,一般都由于采取均匀的曲柄排列,使得一次和二次合成往复惯性力都等于零,不必采取平衡措施。因此所需要解决的主要是合成往复惯性力矩的平衡问题。

各种缸数和曲轴排列的多缸柴油机的合成一次和二次往复惯性力矩一般是不平衡的。

平衡往复惯性力矩的基本原理是在柴油机上装设一套正反转平衡轮系,使之产生一对正反转方向回转的平衡力矩,以消除柴油机中存在的不平衡合成往复惯性力矩。其平衡装置按传动方式的不同,可分为以下三种。

①双轴平衡装置

一次往复惯性力矩,常采用图9-6(a)所示的双轴平衡装置。两根平衡轴的一端均有齿轮传动,使之产生角速度 ω 的正反向转动。轴两端装有两个平衡重,每两个平衡重的离心力合成一个垂直方向的作用力,只是轴的两端作用力的大小相等、方向相反。这样当由平衡重形成的力矩与合成一次往复惯性力矩的大小相等而方向相反时,就达到了平衡目的。

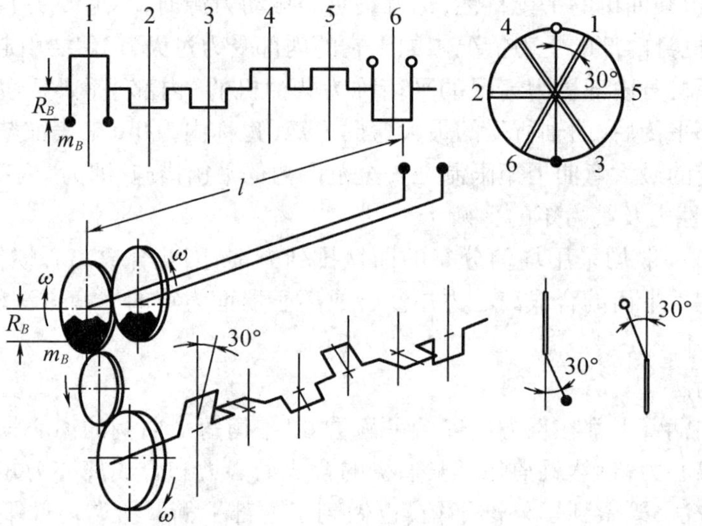

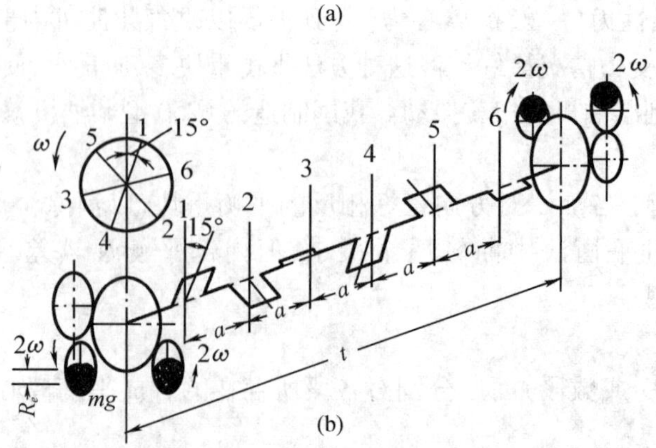

图9-6 LMC/MCE 链条传动式平衡装置

②首尾齿轮传动式平衡装置

二次往复惯性力矩，常采用图 9-6(b)所示的首尾齿轮传动式平衡装置。首尾两端分别用齿轮传动两个以角速度 2ω 加正反转的平衡重，以在柴油机纵剖面内产生一个平衡合成二次往复惯性力矩的平衡力矩。

③链条传动式平衡装置

近年来，超长冲程与长冲程、少缸数柴油机有很大的发展，从经济性考虑，船用主机开始使用 4 缸或 5 缸机。这一类超长冲程柴油机由于单缸往复质量增大，使得不平衡力矩有相当大的增加，必须采用相应的平衡措施。这类柴油机用以平衡合成一次和二次往复惯性力矩的正、反转平衡重均由曲轴或凸轮轴通过链条传动，这种装置又称力矩补偿器。

如图 9-7 所示为 MAN B&W LMC/MCE 大型低速柴油机的一次、二次往复惯性力矩平衡装置（补偿器），它由曲轴驱动凸轮轴的链条直接传动。可装在柴油机的首端或尾端。根据需要可只装一次补偿器或二次补偿器或同时安装一次及二次补偿器。

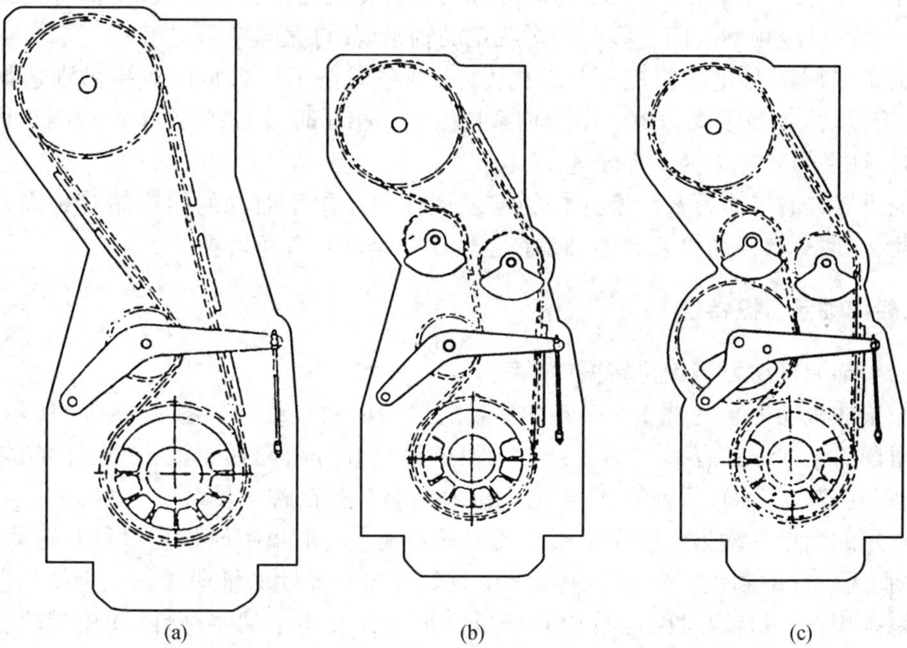

(a) (b) (c)

图 9-7 LMC/MCE 链条传动式平衡装置

(4)总倾覆力矩 $\sum M_D$ 的平衡

作用在柴油机机体上的倾覆力矩，一般来说平衡较困难。对于多缸柴油机，当缸数增多时，发火就趋向均匀，总倾覆力矩的波动变小。所以对倾覆力矩引起的振动一般不予平衡。

对于中、高速柴油机，可采用柔性机座，即机器通过橡皮隔振座或弹簧座安装在船体上，使振动力源不传或少传到船体上去。而在低速柴油机中，柴油机的机座与基座往往是刚性连接，即柴油机机座通过许多垫块，用地脚螺栓安装在船体基座上，靠强大的船体基座承受总倾覆力矩 $\sum M_D$ 产生的振动。

第三节 轴系振动与减振

柴油机轴系振动有回转振动、纵向振动及扭转振动三种振动形式。其中以扭转振动最为常见,危害性最大。强烈的扭转振动会使轴段疲劳断裂,轴系附件(连接螺栓、联轴节等)损坏,喷油、气阀等定时遭到破坏,从而造成柴油机经济性变差;强烈的扭转振动还会影响柴油机的平衡性,诱发轴系产生强烈的回转振动和纵向振动,加剧柴油机的噪声。因此,世界各大船级社的规范都对柴油机轴系扭转振动制定了严格的控制条款。

一、轴系扭振的基本概念

轴系是指柴油机的曲轴以及与之相连的运动部件的总成,这些运动部件包括飞轮、推力盘、短轴、中间轴、艉轴及螺旋桨等。任一实际轴系均为弹性系统,予以初激励扭矩后,若无阻尼存在,便会产生周期性的扭转弹性变形,即为无阻尼自由扭转振动(简称自由振动),其振动频率为自振频率或固有频率。对既定的轴系,其自振频率是定值。

给轴系以周期变化的扭矩——干扰力矩,轴系即按干扰力矩的频率做强迫扭转振动(简称强迫振动)。当干扰力矩频率与轴系自振频率相同时,轴系将产生振幅明显增高的共振。此时,轴系的转速称为临界转速。

柴油机气缸的气体力及活塞连杆的往复惯性力作用于曲轴的扭矩始终是周期性变化的。因此,任何一台柴油机装置的轴系在运转中总是存在着扭转振动。

二、船舶轴系扭振特性

1. 船舶柴油机动力装置扭转振动系统

船舶柴油机动力装置是一个多转动惯量的扭转振动系统。如图 9 - 8(a)所示,其实际构件与扭摆的结构形式有很大的差别。为便于计算和分析船舶柴油机装置的扭转振动特性,必须将复杂的实际轴系换算成与扭摆相似的简化系统,称当量系统。

较常用的当量系统为集中质量形式的当量系统。所谓集中质量是只具有转动惯量(简称惯量)而无弹性的圆盘。这些集中质量由只具有扭转弹性的轴段相连。为使当量系统具有与原系统相近的扭转特性,应将原系统里惯量较大又集中的零部件,如皮带轮、飞轮、曲柄及与之相连的活塞连杆机构、发电机或螺旋桨等换算成相应个数的集中质量。它们的惯量即为相应零部件的实际惯量,它们之间连接轴的弹性值即为相应零部件间实际轴段的扭转弹性值。图 9 - 8(b)即为图 9 - 8(a)所示的实际扭转振动系统的集中质量形式的当量系统。

由扭振理论可知,n 质量扭转振动系统有 $n-1$ 种振型和自振频率,且每个自振频率均只与系统的转动惯量和中间连接轴的刚度有关,自振频率随转动惯量 I 增大而降低,随刚度 K 增大而提高,即

$$\omega = \sqrt{\frac{K}{I}} \tag{9-13}$$

振动系统中振幅为零的点称为节点,振动系统只有一个节点时,其振动频率为单节自振频率记作 $\omega_{n\mathrm{I}}$;振动系统有两个节点时,其振动频率为双自振频率记作 $\omega_{n\mathrm{II}}$,…,则自振频率有如下关系:

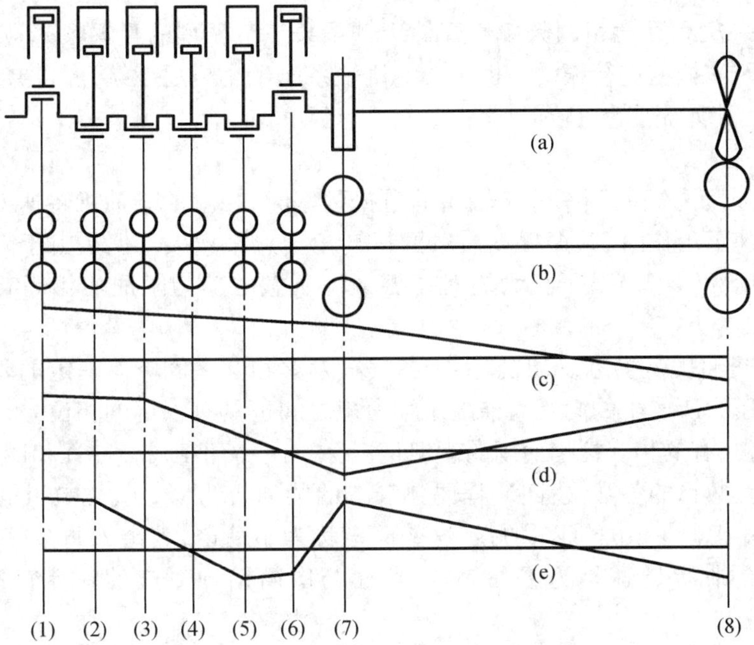

图 9-8　实际当量系统及振型图

$$\omega_{n(n-1)} > \omega_{n(n-2)} > \cdots > \omega_{n\mathrm{III}} > \omega_{n\mathrm{II}} > \omega_{n\mathrm{I}} \tag{9-14}$$

实际船舶柴油机动力装置,通常只需要考虑单节、双节扭转振动,最多也只考虑到三节扭转振动,如图 9-8(c)(d)(e)所示。

柴油机轴系是存在阻尼的,主要的阻尼有:活塞环与气缸套的摩擦、轴承中的液体摩擦、空气对运动部件的阻力、间隙引起的冲击消耗和轴段内部分子间摩擦的迟滞阻尼。这些阻力均要消耗能量。

2. 系统激振力矩

在自由扭转振动时,由于阻尼的存在,扭转振动的能量将逐渐逸散,而扭转振动的振幅将不断地衰减,直至完全消失。但船舶柴油机动力装置是一个强制扭振系统,其扭转振动的激励力矩有:

(1)气缸内周期变化的气体力在曲轴上形成的交变扭矩;

(2)活塞连杆往复惯性力所引起的曲轴交变扭矩;

(3)大型低速柴油机活塞连杆的质量所引起的交变扭矩;

(4)螺旋桨运动产生的周期性变化的扭矩。

前三项构成了轴系的输出扭矩,而最后一项则构成了轴系的负荷扭矩。换句话说,就是轴系上的扭矩构成了轴系扭转振动的激励力矩。其中影响较大的激励力矩为前两项。

根据单缸柴油机的平衡分析可知,曲轴的输出扭矩由平均输出扭矩与各次简谐扭矩组成。对于二冲程柴油机简谐扭矩的次数为 1,2,3,…,n 等无穷次,而四冲程柴油机则为$\frac{1}{2}$,1,1$\frac{1}{2}$,…,n 等无穷次。正是这些简谐扭矩构成了柴油机轴系扭转振动的激励力矩。

3. 共振

一旦当某一次激励力矩的频率恰好等于轴系某一节振型的自振频率，则产生共振，系统将明显地按照该振型进行振动。由于柴油机轴系属于小阻尼系统，所以共振时往往会产生很大的振幅，出现强烈的扭转振动。

4. 临界转速

当某一次激励力矩的频率等于轴系的自振频率时，相应的柴油机转速就是临界转速。系统在临界转速下工作时，共振振动质量的扭转角会愈来愈大。但是由于阻尼的作用，其幅值不会无限增大。当简谐干扰力矩对扭振系统所做的功与阻尼功相等时，振幅将不再增加。

实际船舶柴油机是多缸发动机，由于各气缸发火相互之间具有一定的间隔角，所以各气缸内的气体压力所产生的同一简谐次激励力矩之间也具有一定的相位差，它们之间有的互相叠加而增强，有的相互抵消而削弱。但是，其中有些简谐项（二冲程和四冲程奇数气缸的柴油机为气缸数目的倍数次；四冲程偶数气缸的柴油机为1/2 气缸数目的倍数次）的各气缸的激励力矩总是互相叠加而加强，这些简谐称为主简谐，其余为非主简或次简谐。与主简谐项对应的临界转速称为主临界转速，而与次简谐项对应的临界转速称为副临界转速。

由于在主临界转速下，扭转振动往往十分强烈，破坏性极大，所以在实际柴油机轴系中，总是力图避免在转速范围内出现主简谐的共振。

三、柴油机扭转振动的减振和避振

船舶柴油机扭转振动的减振和避振，主要从以下几个方面着手。

1. 减少简谐激励力矩的输入功

干扰力矩的能量是扭转振动的源泉，减少干扰力矩输入的能量就能直接减小扭转振幅。在柴油机设计阶段，通常通过下面几个途径来减小激励力矩的输入。

（1）改变发火顺序

对于单列式柴油机，改变发火顺序可使副临界转速变动而避开常用转速范围，但不影响主临界转速。

（2）改变振型

如在曲轴自由端或中间轴的双节点振幅较大处装设副飞轮，可使轴系的频率和振型发生变化，使临界转速脱开常用转速范围，还可使扭振振幅减小。如调整主机飞轮惯量，可改变曲轴中节点位，减小主谐量对轴系的激振能量。

（3）合理选择桨叶安装位置

合理选择螺旋桨桨叶安装位置，可以减小其激振能，同时注意不使用与柴油机主谐量相同的桨叶叶数。

2. 调整系统自振频率

改变轴系的自振频率，可以将轴系临界转速移到柴油机工作转速范围之外。调整系统自振频率通常有以下几种方法。

（1）改变转动惯量

转动惯量增加会使自振频率降低，转动惯量减小会使自振频率提高。通过转动惯量的改变，就可以将临界转速移出常用转速范围。常用的方法是加大飞轮尺寸和加装副飞轮来降低轴系的自振频率,而实现避振的目的。

(2)改变轴段刚度

增加轴段刚度可使自振频率提高。加大轴段直径或缩短中间轴,都能使临界转速超出额定转速而达到避振目的。而增加气缸数或加长中间轴,又能使临界转速低于常用转速,甚至低于最低稳定转速。

(3)加装弹性联轴节

在轴系中加装高弹性联轴节,既可降低轴系的自振频率,又可以产生阻尼使振幅减小。它既是联轴节,又是减振器。

如图 9 – 9 所示为整圈橡胶的高弹性联轴节。如图 9 – 10 所示为金属簧片式弹性联轴节。它们大多用于大型中高速柴油机轴系中。

3. 设置转速禁区

在管理上使曲轴工作转速远离临界转速,为此设立转速禁区,要求在变速时快速通过。此法主要应用于大型低速柴油机。

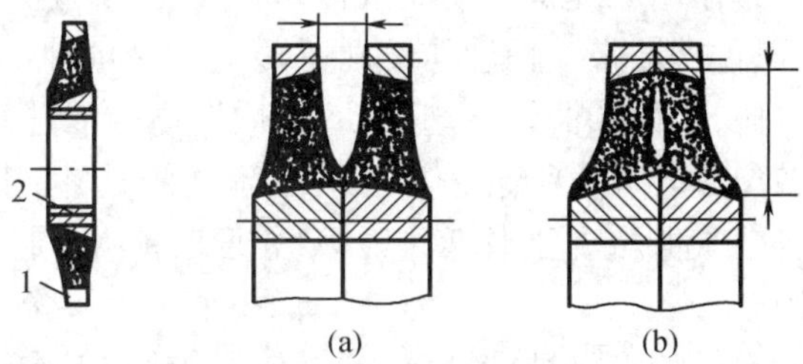

图 9 – 9　橡胶高弹性联轴节

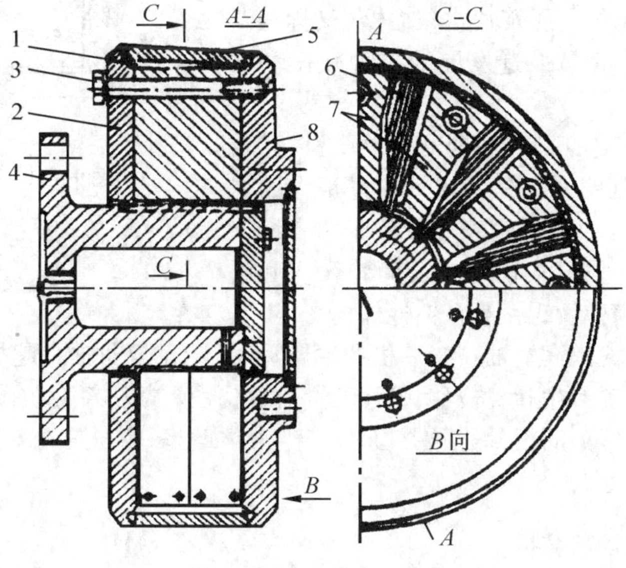

图 9 – 10　金属簧片式弹性联轴节

1—花键轴;2—侧板;3—中间块压紧螺栓;4—锥形环;
5—外套圈;6—板簧片;7—限位块;8—带法兰侧板

对于转速禁区的范围,单节振动为 ±10% n_e;双节振动为 ±5% n_e(n_e 为临界转速)。但在(0.8 ~ 1.05)n_b(n_b 为额定转速)范围内绝对不允许存在禁区,因为这是常用转速范围,应该在设计时保证避免。

4. 配置减振器

在实施上述措施后,仍不能理想地解决扭振问题时,则常在柴油机自由端配置减振器。

在大、中型船用柴油机中多采用如下两种类型的减振器。

(1)阻尼型减振器

最典型、应用最普遍的阻尼型减振器是硅油减振器,如图 9-11 所示。它由转动惯量较大的惯性体 2、固定在曲轴自由端的壳体 1、盖板 3 所组成。惯性体与壳体间留有一定的间隙,中间充满黏度极高的硅油。两者之间无机械连接。

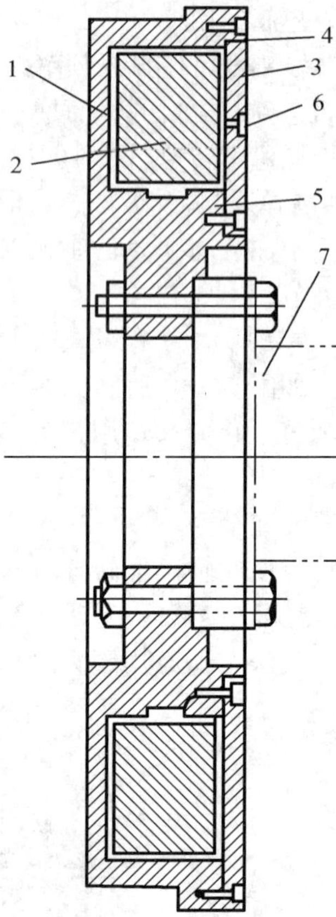

图 9-11 硅油减振器

1—壳体;2—惯性体;3—盖板;4,5—密封圈;6—旋塞;7—曲轴

其作用原理是当柴油机转动时,壳体 1 就一起转动,通过硅油带动惯性体 2 同速转动。一旦轴系上发生扭振,壳体和曲轴一起振动,而惯性体因惯量很大,仍做匀速转动,因而壳体与惯性体之间产生相对运动,使硅油发生液体摩擦,吸收振动能量,起减振作用。

它的特点是结构简单,减振效果较好,工作可靠、耐用,但体积较大。

(2)动力阻尼型减振器

目前应用较多的是如图 9-12 所示的卷簧式减振器及图 9-10 所示的金属簧片式减振器(又称盖斯林格式减振器)。后者是最近发展的一种减振和联轴两用部件。

两种减振器的基本工作原理是相同的,现以卷簧式减振器为例加以阐明。它是由转动惯量很大的惯性体 1、固定在曲轴自由端的轮壳 2 及位于两者结合部位周向均布的 8 个圆孔内的一组套筒弹簧 3 和限制销 4 所组成。套筒弹簧 3 一半在惯性体内,一半在轮壳内,孔内间隙中充满润滑油。柴油机曲轴转动时,轮壳与曲轴一起振动,惯性体因大惯量而做均匀转动,两者产生相对位移,挤压套筒弹簧,使弹簧力增大,调整了轴系自振频率。同时弹簧片间发生摩擦,润滑油也被挤压并产生液体摩擦,形成阻尼,消耗扭振的能量,实现减振目的。

四、轴系纵向振动与减振

随着船舶的大型化,主机功率相应提高并且为了提高经济性向超长行程方向发展。这一方面使作用于螺旋桨上的纵向交变激振力增大;另一方面气缸中的气体爆发压力使曲柄销产生弯曲变形加大,从而使主轴颈产生纵向位移加大,也使纵向交变激振力增大。这样引起的纵向振动会导致柴油机传动装置和轴系的故障。例如曲轴疲劳破坏、推力轴承松动、艉轴管早期磨损、传动机构破坏等,也会引起船体和上层建筑纵向振动。

消减纵向振动可以从调频、减小输入系统的激振能量、配置纵向减振器等方面考虑。

1. 调频

所谓调频就是调整系统纵向振动的固有频率。其基本方法如下:

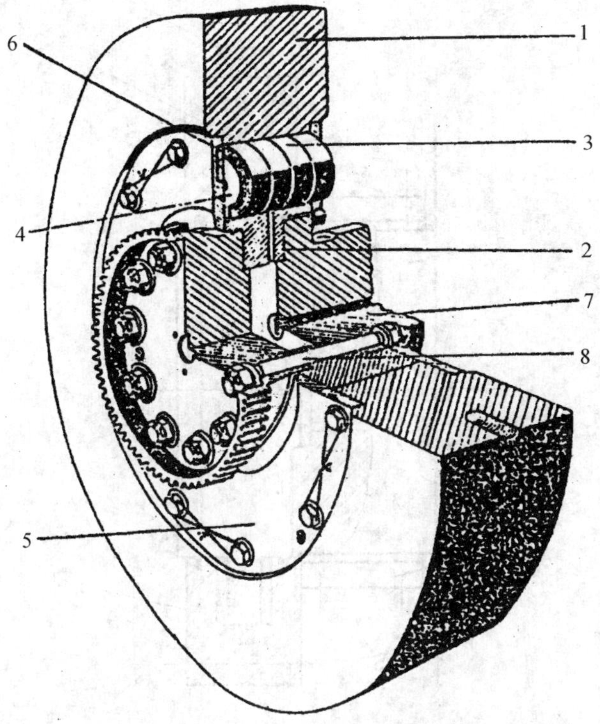

图9－12 卷簧式减振器

1—惯性体;2—轮壳;3—套筒弹簧;4—限制销;
5—盖板;6—密封圈;7—曲轴;8—连接螺栓

(1)改变轴系的长度或直径,可以提高或降低轴系的纵振固有频率,把纵振共振移开;

(2)在轴系纵振相对振幅较大处安装附加质量或调整主机飞轮质量,这样不仅可以降低轴系纵振固有频率,而且可以改变振形,从而起到避开有害纵向振动的共振转速或减小振幅的作用。

2. 减小输入系统的激振能量法

(1)改变柴油机的发火顺序;

(2)改善船尾不均匀伴流场,因为它是诱导螺旋桨纵向激振力的直接原因;

(3)提高螺旋桨设计水平和精度;

(4)调整螺旋桨和柴油机曲轴间的相对夹角可以使柴油机和螺旋桨激振力产生的纵振响应相互抵消。

3. 避免扭转－纵向耦合振动

纵振也可能由轴系强烈的扭振耦合激发产生,特别是两者的固有频率相同或相近时更易产生,这时所有的减小扭振的措施对降低这种耦合响应都是有效的;改变纵振固有频率,拉开与扭振的临界转速的距离能有效地降低这一耦合响应。

4. 配置纵向减振器

安装纵向减振器是降低纵向振动的最有效方法。它安装在柴油机曲轴自由端,其结构如图9－13所示。

减振器中的活塞与曲轴自由端直接连接,液压缸体1固定在柴油机机架上。活塞2可

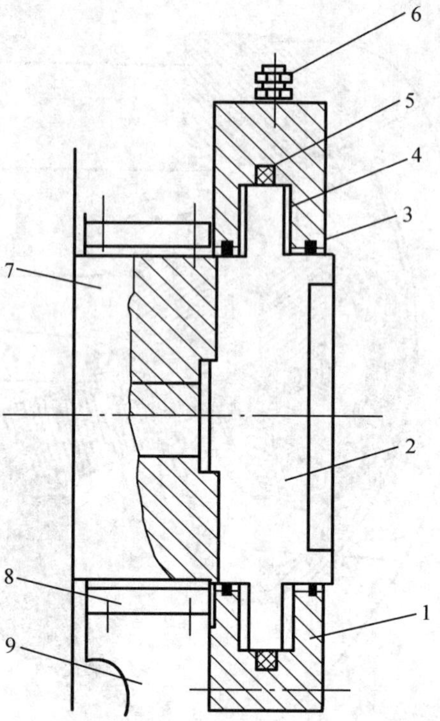

图 9-13 纵向减振器

1—液压缸体;2—活塞;3—密封;4—油;5—密封环;
6—油管接头;7—曲轴;8—轴承;9—轴承支承

以在缸体中转动,左右有一定间隙可以轴向移动。其间隙的大小根据所需阻尼力由计算和实验确定。活塞的左右端充满压力滑油,在活塞和缸体的径向上装有密封环5以防止滑油漏出。当曲轴纵向振动时,滑油通过节流阀(图中未画出)从活塞一侧被挤向另一侧。这样使曲轴自由端受到一定的纵向约束作用,从而提高了轴系的纵振固有频率。同时,由于液压油的阻尼作用,使纵振振幅减小,达到减振的目的。

思考与练习

1. 分析柴油机活塞连杆运动的位移、速度、加速度。
2. 柴油机运动部件的往复惯性力是怎样产生的,它对柴油机的工作有什么危害?
3. 柴油机气缸内的气体力为什么不会引起上下振动?
4. 柴油机合成离心惯性力和力矩的平衡方法有哪些?
5. 什么是柴油机轴系的扭转振动?怎样减振和避振?
6. 柴油机扭振减振器有几种,其结构和使用特点是怎样的?
7. 简述纵向减振器的工作原理。

第十章　运行管理与应急处理

【知识目标】

1. 简述备车和基本程序；
2. 掌握柴油机运行管理要点；
3. 掌握柴油机各种应急情况下的操作和管理方法；
4. 分析柴油机运转中的常见故障的原因。

【能力目标】

1. 能在柴油机各种应急情况下进行操作与管理；
2. 会判断柴油机运行中的常见故障并排除。

船舶柴油机在各种航行条件下能否可靠地、不间断地工作，在很大程度上取决于轮机管理人员的技术水平。为确保柴油机处于良好的技术状态，轮机技术员应努力提高业务水平，正确执行操作规程，认真做好柴油机启动前的准备工作和运行中的管理工作。此外，还应加强维护保养工作，及时发现和迅速排除故障，这样才能保证人员和船舶航行安全。

第一节　柴油机运行管理

一、备车

备车是指在船舶柴油机启动之前，为保证船舶动力装置及相关设备处于随时都能启动和投入运行状态而进行的一系列准备工作。柴油机经长期或短期停车后，开航前均必须进行备车。当船舶在特殊水域、气象条件以及过运河和关键航行设备发生故障时，根据船长或轮机长的指令也需要备车。备车的主要目的是保证船舶动力装置处于随时可启动和运行状态。根据柴油机功率不同，经短期停车后的备车持续时间在 0.5 ~ 2 h 之间。由于机型、辅助设备及动力装置的布置不完全相同，备车的工作内容和顺序也不尽相同。

1. 供电准备

在备车过程中，需启动空压机、淡水泵、电动辅助鼓风机等设备，用电量增加，因此应根据需要启动备用发电机组，并车运行，以保证充足的电力供应。

2. 暖机

暖机是指启动前预先加热柴油机冷却系统和润滑系统中的循环液，并开动冷却水循环泵、滑油循环泵用以给柴油机提供循环液提高机体温度并向摩擦表面供应滑油的过程。暖机除了对柴油机各部件预热以减小热应力外，还有利于柴油机启动发火，以及减少燃油中的硫分燃烧后形成的酸性物质对气缸壁和活塞顶的低温腐蚀，这对燃用高硫分重油的主机尤为重要。

船舶主机的暖机方法有三种:一是将运行中的发电柴油机的冷却淡水引入主机冷却系统中;二是用蒸汽对主机冷却水和润滑油进行加热;三是用电加热器对主机冷却水进行加热。滑油系统除用蒸汽管道直接加热主机循环油柜外,常用滑油分油机运转分油的加温方法。

3. 润滑系统的准备

(1)检查主机循环油柜、透平油柜、轴系以及气缸注油器的油位,油量不足时应补充到规定油位。

(2)备车时应尽早开动滑油循环泵,将油压调至规定值以便把滑油送到各摩擦表面预热机件,并把摩擦表面上的杂质带走以减轻启动时的磨损。

(3)对于油泵分开式废气涡轮增压器独立的润滑系统应开启透平油泵,使透平油在废气涡轮增压器中循环。

(4)柴油机采用油冷活塞时,在滑油循环开始后活塞温度会逐渐升高,此时应注意观察各缸活塞冷却油的回流情况和温度。

(5)采用气缸注油润滑的柴油机,在盘车时应摇动气缸注油器,将气缸油预先送至缸壁表面,以减小启动时的磨损。

(6)对非压力润滑的部件手动加注润滑油。

4. 冷却系统的准备

(1)检查主机膨胀水柜的水位是否正常,水量不足时应补充到规定水位。

(2)检查并调节系统中各阀门,使它们处于正常状态,启动主机淡水泵使淡水循环并提高水温对主机进行暖机。

(3)对水冷活塞式柴油机,淡水泵启动后要注意各缸活塞冷却水的回流情况。

(4)检查喷油器冷却柜的液位,不足时补充至规定液位。开动喷油器冷却泵,必要时也应进行加温预热。

5. 燃油系统的准备

(1)检查主机日用轻油柜和重油柜的油位,油位较低时应提前启动分油机分油至规定油位,并注意排放油柜中的残水。

(2)对燃油进行预热,使燃油黏度降至喷油设备所需的数值。

(3)按操作程序开通日用油柜通向主机的各燃油阀,并开动低压燃油输送泵进行泵油驱气。经长期停车的主机还须对高压油泵及喷油器进行充油驱气。

6. 压缩空气系统的准备

(1)检查压缩空气瓶的压力,若不足,应开启空气压缩机将空气瓶中的压力补足到规定数值,并放掉空气瓶中的残水。

(2)开启空气瓶出口阀、主空气截止阀,并使主启动阀开至"自动"位置。

(3)开启汽笛所用的压缩空气阀,以便于驾驶台随时使用汽笛。

7. 转车

检查各缸示功阀是否打开,合上并启动盘车机,检查各运动部件和轴系的回转情况以及各气缸内有无大量积水。为了使缸壁和所有润滑表面都得到充分润滑,对大型机要求正、倒车盘车共 10 ~ 15 min。在确认柴油机各部件转动自如后,将盘车机停掉并脱开。

8. 冲车

冲车是在柴油机启动前利用启动装置(不供给燃油)使柴油机转动,将气缸中的杂质、积水或积油等从示功阀中吹出的过程。

在冲车过程中,可以初步检查启动系统的工作是否正常,并可查看有无积水或积油从各缸示功阀中冲出。若有,应查明原因,排除后才能进行试车。

冲车时应通知驾驶台。驾驶员在检查船尾确定无障碍物及无人在工作,方可同意轮机人员进行冲车和试车。冲车时,轮机人员严禁站在示功阀出口附近。冲车完毕关闭示功阀。

9. 试车

试车是指在冲车后检验柴油机能否启动、换向和停车的操作过程。其目的是为了检查启动系统、换向装置、燃油喷射系统、油量调节机构以及调速器、轴系等工作是否正常。试车的操作程序和方法各类柴油机有所不同。一般是柴油机正车(或倒车)启动,在低速下运行数转后停车;然后换向,再进行倒车(或正车)启动,在低速下运行数转后停车。在操作过程中,看其启动系统和换向装置中各阀件、油量调节机构等动作是否灵活正常。同时检查各缸发火是否正常及运转中是否有不正常的声音。若发现异常情况,应及时查明予以消除。

试车完毕,将操作手柄放回停车位置,通知驾驶台备车完毕,等待开航动车命令。如果主机采用驾控方式,将操纵手柄转至“驾控”位置。

二、启动

船用柴油机的操纵机构形式繁多,其启动操作程序有所不同。一般的程序是:

(1)在启动前通知周围所有的人;

(2)将燃油控制手柄置于中间位置(启动供油位置);

(3)检查正、倒车指示灯是否已在需要的正车或倒车位置;

(4)接到车钟指令后,迅速而准确地执行车钟指令,操纵柴油机启动和运转;

(5)操纵燃油控制手柄,按照车钟指令逐步提高转速至指定值;

(6)注意检查滑油压力不得低于最低数值,冷却水压力必须正常,冷却水的进水温度不应过低,并检查水的流动情况;

(7)启动后倾听柴油机发出的声音,注意冷却水泵、润滑油泵和配气机构的工作情况,有不正常的声音或故障时应立即停车检查,查清原因并排除后方可重新启动;

(8)若不能启动柴油机或不能换向,应立即通知驾驶台,并迅速查明原因予以排除;

(9)运转中应严格按照柴油机使用说明书中规定的负荷增加程序逐渐加大负荷;

(10)严格禁止柴油机在临界转速或接近临界转速下运转,应快速通过转速禁区。

三、运转管理

航行中轮机管理人员应保证主机、副机及一切辅助机械处于正常的工作状态。因此,轮机管理人员在值班时必须严格管理、精心操作、认真地巡回检查,并按规定时间将柴油机及其装置的各种技术参数记入轮机日志;做好交接班工作,以便及早发现故障并及时排除。

在交接班和值班的过程中,值班人员应按最合理的巡回路线进行检查。检查的项目和内容,根据机舱的具体设备和布置而确定。

1. 交接班和值班工作的主要内容

接班人员进入机舱前应先观察主、副机的排烟颜色以及冷却水排出舷外的情况和海面情况。进入机舱后,按最合理的巡回路线,对主、副机及一切辅助机械进行仔细的检查,并听取交班人员介绍上一班的工作情况及提供的意见;查看轮机日志中的记录,若发现异常或可疑情况应立即查清或做出明确的分析判断,及时排除。

值班人员在值班中应定期对柴油机及其他辅助设备进行巡回检查,注意观察各种参数并与说明书的规定值进行比较。对所发现的问题进行必要的处理,定期(一般为 2 h)将各运行参数、发现的问题、处理经过、存在的问题等记入轮机日志。

交班前再仔细地巡回检查一次,将本班的情况向接班人员详细交代,在征得接班人员同意后方可离开机舱。

2. 运转管理要点

(1)注意检查操纵台仪表盘上的压力表、温度计的压力和温度参数是否正常,必要时进行调整,使之符合或接近说明书的规定值。

(2)倾听各运转部位有无异常声音,如出现意外的不正常响声,应迅速查明原因,并采取相应的措施。

(3)经常用手触摸曲轴箱道门和轴系各外露轴承及机体其他有关部位的温度,如有不正常的高热现象应及时排除。

(4)检查膨胀水柜的水位是否正常,必要时予以补充。若发现水柜的水位非正常下降,必须查明冷却水外泄的原因,及时予以排除。

(5)检查滑油循环柜的油位,注意滑油的消耗量,必要时予以补充。若油位突然下降,应查明何处漏油并及时排除;若油位突然升高,说明有水漏入曲轴箱,应结合膨胀水柜的水位变化情况综合分析原因,予以排除。

(6)检查日用燃油柜的油位,必要时进行补充。注意排放日用油柜中的积水。

(7)定期清洗燃油及滑油滤器。若发现滤器前后压差过大,说明滤芯已脏堵,应换用备用滤器。若滤器前后无压差,则可能滤器内部短路或滤网破损,应检查更换。

(8)检查气缸注油器,注意油位及动作是否正常。如发现注油管有堵塞、油量减少或不滴油等现象或气缸注油器接头漏油,应立即排除,确保气缸润滑油的正常供应。应定时向人工加油部位加注润滑油。

(9)检查高压油泵与喷油器的工作状态是否正常以及高压油管的脉动情况。各缸的排气温度应符合说明书的规定。各缸排气温差应不超过规定的最大范围。如排气温度不正常,应迅速查明原因。

(10)检查气缸冷却水和活塞冷却水(油)的进、出口温度。正常情况下各缸排出温度应基本相同。若某缸冷却水温度过高或过低时,应及时查明原因。若气缸因冷却水量不足或断水而过热时,应缓慢停车使热量逐渐散发。切不可突然加入冷水,以防气缸产生裂纹。

(11)定期排放扫气箱及空气冷却器中的存水。

(12)检查调速器的工作温度和油位,正常滑油液面高度应保持在规定的油标刻度范围内。

(13)检查涡轮增压器运转中有无异常声音,轴承的温度是否正常。透平油液面高度应保持在现定的油标刻度范围内。

(14)故障不能在短时间内排除,应通知驾驶台降低转速或停车。待故障排除后再提高转速或重新启动。

(15)除上述工作外,还应做好主机的预防检修工作,及时发现故障隐患,杜绝重大事故的发生。

四、机动操纵

船舶在靠离码头、进出港及在狭窄水道中航行时，柴油机的运转状态变化频繁，为保证船舶动力装置有效而安全运行，在进行机动操纵时应注意以下几个方面：

（1）船舶主机按规定的换油程序换用轻柴油，应避免油温突变损坏供油设备；

（2）空气瓶出口阀和空气系统截止阀必须保持在开启位置，并保持空气瓶内具有足够的压力；

（3）注意冷却水和滑油温度的调节，使其保持稳定，以免影响柴油机的工作性能或使气缸过热；

（4）船舶在浅水区航行时应换用高位海底门，防止把泥沙吸入冷却器管系；

（5）注意主机应急鼓风机的工作情况，保证柴油机在低负荷下能平稳运转；

（6）若主机需较长时间低速运转，应适当减少气缸注油器的注油量，直至定速航行时再恢复至正常注油量。

五、完车

轮机人员接到驾驶台“完车”指令时，表明主机不再动车，应做好以下工作：

（1）关闭启动空气系统中各阀件并将空气瓶补足空气；

（2）停掉主海水泵，关闭其进、出口阀；

（3）停掉燃油输送泵，关闭其进、出口阀及主机日用油柜出口截止阀；

（4）主机淡水泵、滑油泵应继续运行 20 min 左右，以使机件中的热量均匀散走；

（5）打开各缸示动阀放掉气缸中的废气，合上盘车机进行盘车并向气缸壁注油润滑；

（6）如主机需要继续暖缸保温，在完车后，停淡水泵的同时换用副机暖机管系继续对主机进行暖机；

（7）最后经检查确认主机及机舱无异常情况后，完车结束，开始停航值班；

（8）如主机停用时间较长，应每隔 2 ~ 3 天用盘车机转动主机 2 ~ 3 转，使曲轴处于不同的位置。

第二节　各种应急情况下的操作和管理

船舶柴油机在运行中发生故障，影响正常运行，如果由于条件所限，一时无法进行停机修理，就应采取应急措施，确保船舶安全，待条件许可时再做彻底修复。下面介绍几种常见的应急处理措施。

一、封缸

船舶在航行途中，柴油机某一缸发生了故障，一时无法或没有足够的时间修复时，常采用停止该缸工作，让柴油机继续运转所采取的措施称为封缸运行。

根据船舶规范要求，6 缸以下的柴油机，应能在保证停止一个缸工作的情况下仍可继续保持运转；6 缸以上的柴油机，应能保证在停止 2 缸工作的情况下仍可继续保持运转。

封缸运行按故障损坏程度不同可分为以下三种情况。

1.单缸停油

在航行中当某缸发生了故障,此故障只是使气缸不能发火,而活塞等运动部件仍可继续运动时,常采用停止向该缸供油的办法来停止该缸的工作,使机器保持继续运转。这种只采取停油而不拆除运动部件的封缸运行又叫减(或停)缸运行。具体做法如下:

(1)锁住转子法

使用专门提升机构抬起柱塞的顶头滚轮,使滚轮与燃油凸轮脱开;

(2)拆除转子法

适当减小对该缸的润滑和冷却,并打开该缸的示功阀;

(3)适当降低转速以防其余各缸超负荷,同时防止增压器发生喘振,以及防止机体或船体因平衡失调而振动,保持柴油机运转平稳。

2.拆除活塞组件的封缸运行

如果只是活塞、气缸盖或气缸套等组件发生故障,而连杆、十字头尚能正常动作,则除采取单缸停油措施外,还需要进行下列处理:

(1)拆除活塞组件及填料函,并用专用盖板将填料函孔封住;

(2)关闭该缸冷却液进、出口阀,并封闭该缸活塞冷却系统;

(3)用专用设备封住该缸气口(扫、排气口),直流扫气或四冲程机应根据具体情况将气阀锁定在常关位置;

(4)拆除通向该缸启动阀的所有空气管,并将管路的管头封死;

(5)停止该缸注油器工作;

(6)对于某些机型,为保证十字头、连杆大端的正常润滑,应将十字头上活塞杆的安装孔封住。

3.活塞、连杆、十字头都拆除的封缸运行

当某缸的连杆、十字头及其轴承或导板与滑块严重损坏不能继续工作时,则需将该缸除曲轴以外的其余运动部件全部拆除。除采取单缸停油和拆除活塞封缸运行措施外,还应进行下列处理:

(1)封闭该缸的润滑系统;

(2)用专用工具封闭该缸曲柄销上的油孔。

4.封缸运行时的管理

无论是采用何种封缸运行,降低柴油机转速时必须注意以下几点:

(1)由于某些运动件的拆除,使柴油机的运转平衡性受到一定的影响,在某转速范围内可能发生剧烈振动,此时应避开该转速运行;

(2)减缸后增压器的空气输出量减小,可能导致喘振,应降低转速使喘振消除。

(3)应使各工作缸的排气温度不超过正常值;

(4)告知驾驶台,不应频繁换向,应将启动次数减少至最低限度,如果发生启动困难现象,可采取短促反向启动或盘车以改变曲轴位置的办法解决。

二、停增压器

涡轮增压器是一种高速回转的机械,若运转中发生损坏,应立即停车,以防事故进一步扩大。如果条件不允许柴油机立即停车时,应先低速运行,这时,柴油机应无明显振动,同时控制排气温度不超过规定值,维持全部气缸继续工作。当船舶处在安全状态时,再停车处理增压器故障。

1. 停增压器的具体方法

(1)航行中，如果时间紧迫，要求尽快恢复航行或只允许短时间停车，可采取将增压器转子锁住的应急措施，即用专用工具在涡轮端将转子轴卡死使其不能转动，再重新启动柴油机运转，称为锁住转子法。

(2)如果仍需要继续长时间航行且海况允许，可在最短的时间内将增压器转子抽出，并用专用盖板将壳体两端隔开和将两端盖封住，以保证柴油机仍可继续运行，称拆除转子法。抽出转子后，应停止增压器滑油的供给。

2. 四冲程柴油机停增压器运行

四冲程柴油机在停增压器运行时，相当于非增压柴油机，依靠活塞的吸排作用，仍可将新气吸入并排出废气。但因气阀重叠角较大，排气可能倒流，使燃烧恶化排气温度升高。尤其锁住转子后运行时，气流只能从叶片之间的间隙流过，阻力很大。因此只有通过减速降低排气温度，这将会导致柴油机的功率和转速大幅度下降。

以某四冲程柴油机为例，其标定功率 $P_b = 820.3$ kW，标定转速 $n_b = 750$ r/min，有效耗油率 $g_e = 221.3$ g/(kW · h)，停增压器后运转允许的最大转速为 390 r/min、运转功率降为 138 kW，有效耗油率增至 407.7 g/(kW · h)。

3. 二冲程柴油机停增压器运行

二冲程柴油机与四冲程柴油机的结构区别很大，其增压系统和换气条件都比四冲程柴油机复杂，增压器停转时柴油机的运行工况不同，所采取的措施也不同。如 Sulzer RTA 和 MAN B&W MC/MCE 型柴油机，在停增压器运转时采取的措施是：

(1)RTA 和 MC 型机采用定压增压系统，所以当增压器损坏时必须启动电动辅助鼓风机；

(2)应用专用工具将增压器转子两端锁住并固定，如果需要长时间停增压器运行，应将转子抽出，用专用盖板封住增压器壳体两端；

(3)从排气旁通管上取下封闭盲板“B”，使排气通至烟囱；

(4)打开位于空气冷却器正后方扫气箱上的盖板“A”，使辅助扫气泵从机舱吸入空气。

对停增压器时的柴油机运行参数应限制在规定范围：柴油机应在最高输出功率为 25% P_b、最高转速为 63% n_b 和平均有效压力为 40% p_e 的范围运行。依据柴油机排气温度、颜色及运转情况需要，酌情降低负荷。

三、拉缸

拉缸现象是指活塞组件与气缸套之间相对运动的工作表面的相互作用而造成的表面损伤。根据损伤程度的不同，故可分为划伤、拉缸、烧伤和咬缸，但在广义上统称拉缸。拉缸发展严重时会造成咬缸，致使柴油机停车。这是柴油机管理中最严重的事故之一，应尽力避免。

活塞环与缸套之间的拉缸通常发生在柴油机运转的初期，一旦磨合结束，就几乎不再发生。活塞裙部与缸套的拉缸则往往在磨合期后并稳定运转了数千小时之后发生。

通常四冲程柴油机的拉缸多发生在气缸上部第一道压缩环上止点附近；二冲程柴油机的拉缸多发生在气缸下部气口附近。

1. 造成拉缸的原因

造成拉缸的原因是多方面的。由于设计、制造工艺或安装及使用不当,也有运行管理等方面的原因。例如:

(1)气缸润滑不良,气缸润滑油不足或中断,滑油品质差,注油器或注油器系统发生故障造成局部干摩擦;

(2)长时间超负荷或负荷不均匀,使气缸和活塞过热;

(3)气缸套冷却不当,冷却水温过高或过低;

(4)活塞环搭口间隙及天地间隙过小或过大,致使活塞环断裂造成漏气;

(5)运动部件对中不良,引起偏磨;

(6)磨合不充分,急于加大负荷运转,或磨合的时间及负荷分配不当;

(7)燃烧质量差,排烟温度过高。

2. 发生拉缸时的征兆

(1)气缸、活塞冷却液出口温度明显升高。

(2)可以听到活塞与缸壁间干摩擦的声音。

(3)曲轴箱和扫气口温度升高,有时有烟气冒出。

(4)严重时,转速明显下降,甚至自行停车。

3. 应急处理

(1)早期发现拉缸,首先应加大气缸注油量。若过热现象不消除且航行中不允许停车时,为避免事故扩大,可减油降速、单缸停油、加强活塞冷却并打开该缸示功阀,直到过热现象消除。切勿同时增强气缸套冷却水量。

(2)发现拉缸且条件许可临时停车,首先要降低柴油机转速。在采取了上述措施后过热现象仍未消除,则应停车并立即盘车。如果活塞被咬住暂时盘不动车,可待活塞冷却一段时间后再盘车。若仍不能盘车,可在活塞与缸套之间注入煤油,待充分渗透后盘车。如还不能盘车,则应考虑吊缸检修或封缸运行。

(3)吊缸检查中若拉缸较轻,可将活塞与缸套上的拉痕用油石磨光。损坏的活塞环必须换新。若活塞与缸套损坏严重则应全部换新。

(4)重新装复时须仔细检查各注油孔及油管接头。如已换新备件应进行磨合。

(5)若拉缸故障无法修复或不允许修复,可采取封缸运行的方法处理。

四、柴油机敲缸

柴油机工作时,气缸内发出异常声音或敲击声音的现象称为敲缸。

敲缸常分燃烧敲缸和机械敲缸两种。由于燃烧的原因在活塞行至上止点附近时发出尖锐的金属敲击声称为燃烧敲缸,亦称热敲缸;因运动部件和轴承间隙不当,常常引起钝重的敲击声或摩擦声,多发生在上、下止点或刚越过上、下止点以及经过气缸中部时,这种现象称为机械敲缸或冷敲缸。

若要判断敲缸类型,可用降低柴油机转速或切断燃油供应的办法。若敲击声随之消失,即为热敲缸;若敲击声仍不能消除,则可能是机械敲缸。可用金属听诊棒做进一步探查,并确定敲缸发生的部位。

敲缸将使运动部件及轴承承受过大的冲击负荷,严重时造成运动部件及轴承损坏。

1. 敲缸的原因

(1)热敲缸可能是喷油过早,喷油器有故障,超负荷运行和燃油品质差等引起的。这种故障也可用测取示功图的办法进一步分析判断。

(2)机械敲缸则可能是由于气缸套上部磨出凸台,运动部件中心线不正,各轴承间隙过大或产生偏磨,气缸套严重磨损或主要部件紧固螺栓松动等原因造成。

(3)因气缸润滑和冷却不足引起气缸、活塞过热或拉缸亦会发出干摩擦声或敲击声。

2. 敲缸的应急处理

(1)先减油降速,以免造成机件损坏;

(2)若判断为热敲缸,应对影响燃烧的设备进行检查和调整;

(3)若确诊为冷敲缸,则应对有关机件进行调整、紧固、修理或更换。

在环境条件不允许停车或一时无法修复时,可采取降速航行,单缸停油或封缸运行。

五、柴油机飞车

柴油机在运行中,由于某种原因,造成转速急剧升高,大大超过标定转速,这种现象叫柴油机飞车。

引起柴油机飞车的原因主要有调速器损坏或失灵,轴系裂断或螺旋桨失落而造成空负荷,或在大风浪中螺旋桨露出水面等。

飞车会使柴油机振动和噪音加剧,各运动部件的惯性力都会超过设计时的允许值,使磨损增加、寿命缩短,气缸和各运动部件所承受的局部应力会超出材料的强度极限而使零件出现裂纹,造成事故隐患甚至当时就裂断。

轮机员若遇到柴油机飞车,应立即减油或停车检查原因。如果操纵手柄停不了车,应采取切断供油或堵死进风口的办法,迫使柴油机停车。停车后,应立即盘车,以防卡死。待机温冷却下来后,找出引起飞车的原因,彻底排除,再进一步检查柴油机各主要部件的技术状况,确认技术状况良好后,才能重新启动柴油机。

六、扫气箱着火

大型低速柴油机扫气箱着火是较常见的事故之一,又是危害性较大的一种灾害性事故。通常是在某一缸扫气口下方首先发生,并很快蔓延到整个扫气箱。

1. 扫气箱着火的外观表现

扫气箱着火表现为排气温度升高、转速下降、排气冒黑烟、扫气箱过热,甚至表面变色、油漆脱落或扫气阀安全阀跳闸以及增压器会发生喘振等,当打开扫气箱放残旋塞检查时,会有烟雾和火花喷出,并能听到火焰从扫气口下部和活塞边缘冲出的气流声。

2. 扫气箱着火的原因

扫气箱着火必须同时具备两个条件:一是扫气箱内积聚有可供燃烧的物质;二是要有高温火源。前者主要是经气缸和扫气口漏入的燃烧产物、过多的气缸油蒸气或没燃烧的燃油沉积在扫气箱内蒸发而成很容易着火的油气混合物;后者主要是由于燃气下窜或扫气压力过低,废气倒冲入扫气箱而造成温度过高。

3. 扫气箱着火的预防措施

(1)定期检查和清清扫气空间,扫气箱排放阀每班逐个开启一次,检查并放掉残油残水,避免积聚过多的油污。

(2)控制适当的扫气温度。

(3)避免长时间低速运行,以免燃烧不良。在部分负荷下运转时,要减少气缸油的注油量。

(4)避免超负荷运行,超负荷运转会加剧磨损和燃气泄漏。如遇大风浪天气航行时,应避免负荷变化范围过大。

(5)定期检查缸套、活塞及活塞环的技术状态,磨损过度或损坏时应及时修理或更换。

(6)保证喷油泵的供油定时正确和喷油器的雾化质量良好。

4. 扫气箱着火时的应急处理措施

(1)当某缸扫气箱着火时,应首先降低柴油机的转速,切断着火缸的燃油供应,适当加大着火气缸的滑油注油量,以保证缸内充分润滑。

(2)如火势不严重,待可燃物烧完后逐渐恢复正常运行;如火势严重,应立即停车,采取灭火措施,同时用转车机盘车。

(3)灭火时,首先考虑用蒸汽进行箱内灭火;如火势很猛,可用 CO_2 灭火。必要时也可用热水喷射扫气箱外壳以降低其温度。蒸汽和 CO_2 灭火均会对扫气箱造成锈蚀或损伤,现有一种卤代烃灭火剂效果不错。

(4)火扑灭后,一般情况下过 5 ~ 15 min 后,可重新恢复被切断燃油供应的气缸供油,启动柴油机,缓慢加速,并将气缸注油量调至正常。如需要停车检查,待扫气箱冷却下来后,打开扫气箱,盘车检查气缸套、活塞组件等有无烧损,并在活塞杆上涂上润滑油。

七、曲轴箱爆炸

曲轴箱爆炸是指曲轴箱中发生剧烈燃烧并伴有高压的现象,是一种危害性很大的事故。不仅会造成柴油机的损坏,而且还可能引起机舱失火,甚至造成人员伤亡。

1. 曲轴箱爆炸的原因

在运行中的柴油机由于曲柄连杆的运动,飞溅许多润滑油滴,油滴的蒸发汽化使曲轴箱内充满着油气。但这种油气与空气的混合比例不一定处于可爆燃的混合比,据研究,当空气和油雾的比例达到 100/1 ~7/1 时,在高温热源的引燃下,油雾就会着火而发生爆炸。

因此,发生曲轴箱爆炸的原因:

(1)曲轴箱内的油雾达到可爆燃的混合比,这是爆炸的基本条件;

(2)曲轴箱内出现高温热源,这是发生爆炸的决定因素。

在正常情况下,曲轴箱内是不应出现高温热源的。但当柴油机润滑不良而引起轴承过热或烧熔时,或活塞杆填料函漏气、筒形活塞和气缸过热时,以及活塞环漏泄造成燃气下窜时,就会出现高温热源。它既使滑油蒸发汽化加快,又是可燃油雾的点火源。

2. 曲轴箱爆炸的典型实例

例 10 -1 其二冲程十字头式主机在航行中推力轴承端有油气冒出,值班轮机员发现后立即降低主机转速并报告轮机长。此时,第 2 缸曲轴箱防爆门突然被炸开,冲出的火焰将机旁的柴油发电机的油漆烧坏,幸未伤人。停车 20 min 后打开该缸曲轴箱道门进入检查,发现活塞杆与填料箱壳体相摩擦。于是吊出第 2 缸活塞,封缸运行。到港后修理检查发现活塞杆弯曲 3.4 mm,与填料函必然发生摩擦产生火源。

例 10 -2 某船二冲程十字头式柴油机主机,在营运 8 个月后发生曲轴箱爆炸事故,爆炸气体冲开了安全防爆门,喷出了着火的机油1 400 L,火焰和烟气上升经机舱栅顶冲出天窗。轮机人员立即减速至40 r/min，运行45 min后停车检查，发现一个链轮轴承的供油通路被金属屑堵塞，导致轴承发热产生火源。

例10-3　某船一台四冲程6缸筒形活塞柴油发电机，由于缸套水封圈漏水，拉出缸套更换密封圈，装复后运行不到20 min发现曲轴箱透气孔中有大量烟气外冲。立即启动另一台，在转移负荷时就发生了曲轴箱爆炸，爆炸气体将曲轴箱道门打碎。其原因是换用了较粗的缸套橡胶水封圈，在热状态下气缸套变形，造成拉缸而成为爆炸的热源。

3. 预防曲轴箱爆炸的措施

(1)避免出现高温热源。管理中应保持正常的轴承间隙及良好润滑，防止出现轴承过热和烧熔。还应注意防止活塞环及活塞杆填料函漏气及拉缸事故。

(2)在曲轴箱中安装油雾浓度探测器，对曲轴箱内的油雾浓度进行监测，当浓度接近爆炸浓度时发出警报。

(3)在曲轴箱上安装油气引出管或抽气机将箱内的油气排出，防止积聚。应经常检查油气孔，防止污堵。

(4)在曲轴箱侧盖上安装防爆门。当箱内压力达到一定值(我国规定为0.02 MPa)时，防爆门自动弹开释放油气，箱内压力降低后再自动关闭，防止爆炸。

(5)曲轴箱内装设CO_2灭火系统喷头，以备发生紧急情况时使用。

4. 曲轴箱爆炸时的应急处理

(1)在柴油机运转中，当发现曲轴箱异常过热、透气管冒出大量油气，嗅到很浓的油焦味，或油雾探测器报警，都表明曲轴箱有发生爆炸的可能。此时，应迅速减油降速并加大气缸润滑油量。切勿立即停车和停淡水泵及滑油泵。

(2)当曲轴箱已发生爆炸并将防爆门冲开后，应立即采取灭火措施。切忌马上打开道门，以防新鲜空气进入曲轴箱遇到热源或明火引发更大的事故。

(3)灭火时不要轻易使用灭火剂，以防止机件受到腐蚀。对CO_2灭火系统的使用更应慎重，以防CO_2喷入曲轴箱后产生过冷导致机件产生裂纹。

(4)若因曲轴箱内过热而停车，应在停车15 min后再打开道门检查，以免引起爆炸事故。

八、连杆螺栓断裂

柴油机的连杆螺栓必须十分紧固，工作可靠，运转时连杆螺栓一旦断裂就会发生机损事故，并可能造成人员伤亡。四冲程柴油机的往复惯性力在连杆螺栓上产生了比较大的交变拉伸力，因此发生连杆螺栓断裂事故较多。

1. 对连杆螺栓断裂的统计

日本海事协会对船用柴油发电机连杆螺栓的断裂位置和原因所做的统计如下。

断裂位置：①在螺纹部分断裂的占46%；②在中央圆角处断裂的占40%；③在螺栓头根部断裂的占10%。

断裂原因：①疲劳，占46%；②忘记装防止螺帽转动的开口销等，占25%；③上紧不良，占13%；④圆角不足等设计、加工不良，占12%；⑤材料本身存在缺陷，占6%。

2. 故障实例

例10-4　某船柴油发电机为MAN G7V23.5/33，运行中发现频率下降，尚未停车只听到一声巨响，第1缸已被炸开。检查结果是1缸右侧连杆螺栓断裂，断面有缩口；左侧连杆螺栓弯曲扭断;连杆大端轴承与平衡重脱落,曲柄销拉毛,连杆弯曲;缸套与活塞破碎;曲轴箱破裂。

原因分析:事故是由于连杆螺栓受力不均。右侧连杆螺栓在安装时预紧力过大,连杆螺栓被拉长超过规定值,在运转中被拉断。左侧连杆螺栓受力集中,使其弯曲并连同下轴承盖撞击机体而断裂,致使连杆伸腿。

例 10-5 某 A278-B 型柴油发电机在运行中突然发出强烈的敲击声并停车,结果是第 3 缸连杆螺栓折断,连杆飞出使曲轴箱破裂,运动部件损坏。

原因分析:第 3 缸右侧连杆螺栓的开口销不知何时脱落,螺帽松脱,使右侧连杆螺栓脱落。连杆轴承处于单边把紧状态,使左侧连杆螺栓集中受力而断裂,致使连杆飞出。

例 10-6 某 MRB6 型柴油发电机右侧连杆螺栓断裂,引起连杆轴承破坏、连杆弯曲、活塞裙部缺损、曲轴箱破裂等。

原因分析:断裂部位在连杆螺栓的螺帽固紧部分,断裂起点在螺栓内侧,而外侧螺帽紧配平面接触很紧,因上紧时接触面倾斜,螺栓中心线挠曲,产生应力集中。

3. 对连杆螺栓的检查

(1)柴油机按说明书规定检修时,应使用或换新的连杆螺栓必须进行探伤检查后方能装复使用。

(2)若无条件做探伤检查时,应使用放大镜或肉眼检查有无缺陷,特别是对螺栓的头部、螺纹及根部的检查。

(3)用牙规检查螺距,用直尺检查连杆螺栓的弯曲情况和伸长量。

(4)检查螺帽、螺杆与轴承的接触面配合及磨损程度。

(5)用手锤敲打,从声响判断有无明显缺陷。

(6)检查定位销是否松动或磨损。

(7)四冲程发动机连杆螺栓的寿命约为 15 000 ~ 20 000 h,严格按使用期限更换连杆螺栓。

(8)上紧螺帽后插入开口销并锁紧。

4. 上紧连杆螺栓的注意事项

(1)必须保持垫片和轴承上、下接合面的清洁,保证贴合良好。

(2)使用扭力扳手,按规定的力度上紧螺帽。否则,过度地上紧螺栓将使其疲劳,并不安全。

(3)严格遵守上紧次序,切记单边上紧,并应分几次交替上紧。

(4)注意原来的上紧记号,若新换螺栓,可将螺帽拧紧后再继续旋紧 50°作为固紧的角度符号限度。

(5)新型四冲程柴油机,不仅规定了每次上紧每个缸连杆螺栓的螺帽角度必须一致,也规定了上紧次序。

(6)某柴四冲程柴油机设有螺栓伸长限制样板,连杆螺栓依次上紧的过程中,用塞尺插入螺栓头部与样板平面之间,以确定螺栓伸长量是否在允许范围内。

九、紧急刹车

船舶航行遇到避碰等紧急情况,为使船舶尽快停止前进或变为倒航而对主机进行制动并迅速倒车运转的操作过程称为紧急刹车。

1. 紧急刹车操作

具有直接传动推进装置的船舶，倒航时必须改变主机的转向。尽管各机型的操纵系统的设备区别较大，但紧急刹车的操作程序是相同的。紧急刹车操作正确，柴油机能尽快停车并迅速开出倒车，满足船舶紧急避碰的需要，船舶可安全避让，主机不受损伤。如果紧急刹车时机不到或错过，则主机不能实现紧急刹车，甚至造成机损，更谈不上船舶避碰。

(1)接到驾驶台由“前进三”至“后退二”车钟指令，即紧急刹车指令时，当值轮机员立即回车钟应答，同时将紧急刹车指令及时间记入车钟记录簿，作为海事处理的依据，此后每个车钟指令及时间必须准确无误地记入车钟记录簿。

(2)在接到紧急刹车指令、应答及记录同时，以最快速度拉动操纵手柄(轮)至停油位置，及时切断主机燃油使主机降速(Sulzer 型主机，当车钟手柄越过停车位置时，已经通过断油伺服器切断主机燃油供应)。

(3)切断燃油供应的主机转速逐渐下降但仍然正转，根据主机型式的不同应在换向转速或应急换向转速下及时换向，使燃油凸轮、排气凸轮及空气分配器凸轮按倒车正时控制相对应的设备(Sulzer 型主机，当车钟位于倒车位置时，换向已经完成)。

(4)倒车启动，利用压缩空气进行刹车。主机换向完成却仍按正转方向逐渐降速回转，当螺旋桨处于水涡轮阶段，即水流使螺旋桨处在负扭矩阶段，此时正车转速依机型不同为(60% ~70%)n_b 至零。推动操纵手柄至“启动”位置不供燃油，按倒车正时供主机启动空气，利用压缩空气对主机进行制动，即“能耗制动”、“强制制动”两个阶段的制动。

刹车时机不能过早，因为主机转速较高，活塞往复运动的惯性力较大，非但刹不住车，反而损失了大量压缩空气，虽然空压机不断向空气瓶充气，空气压力也不能在瞬间达到规定的压力。当再次刹车时空气压力较低，刹车也不起作用，导致船停不下来、也不能倒航的严重后果；制动刹车时机不能过晚，因为即使主机正向转速很低，倒车向主机气缸充入压缩空气，刹车会立即成功，却错过避碰的有利时机。最有利的时机是螺旋桨水涡轮阶段的最大负扭矩点或最大负扭矩点前的主机转速，一次刹车成功；也可以在螺旋桨水涡轮阶段开始后，进行分段刹车，即操纵手柄在倒车启动位置刹车一次，立即拉回操纵手柄至停车位置，再作第二次倒车启动，刹车成功后手柄扳回“停车”位置。

(5)倒车启动并供油。主机刹车成功后其转速降至零，但船舶因质量很大仍按前进方向滑行，此时主机必须立即倒车制止船舶的滑行并尽快具有倒航船速。

当主机刹车成功后转速降至零时，再次推动操纵手柄至倒车启动位置，供油后主机倒车回转，在过程开始后转速不能过高，一般限制在(20% ~25%)n_b，因为在这种转速下负扭矩已达到 1.1M_b，若超过该转速轴系会遭到损伤。当船舶倒航速度逐渐升高时，主机转速会自动跟着上升，然后可逐渐增加主机供油量，主机倒车转速升高，船舶倒航速度亦增高，实现紧急刹车的避碰操作。

2. 紧急刹车时的注意事项

(1)必须保证空气瓶压缩空气压力达到 3.0 MPa，压力过低不能有效地进行刹车。两台空气压缩机必须同时启动运转，向空气瓶充气。注意空压机工作状态。

(2)当船速、主机转速较高时，一次刹车无法使主机停止运转，既消耗大量压缩空气又使轴系超扭矩。所以操纵手柄不能始终在启动刹车位置，期望刹车成功反而使刹车失败。正确的操作是采取分段刹车措施，即在启动刹车位置停一下拉回操纵手柄，再将操纵手柄推至启动刹车的位置，刹车基本会成功，若不成功再进行一次刹车。

(3)主机刹车成功后,立即将操纵手柄拉至零位,待主机转速降至零后,迅速倒车启动并供油,以最短的时间使主机倒车转动。

(4)主机倒车转动后,应避免一下子将油门加得过大,防止主机超热负荷、超机械负荷,随着倒航船速的增高,可逐渐加大油门刻度增加供油量。

(5)必须掌握所在船舶紧急刹车的有利时机,即船全速前进至倒车的过程,在哪一个准确的转速下,能一次或两次刹车成功并能迅速开出倒车。

(6)采用遥控系统的主机,均按程序自动完成,不必担心操纵手柄供油位置。平时应对集控室操作、机旁操作、遥控操作的转换加强管理并经常使用,防止遥控系统出现故障其他两处也不能进行紧急刹车的局面出现。一般的管理方法是目前船上轮机部普遍采用的手段,即主机冲车时采用机旁操纵,主机试车时转为集控室操纵,驾驶台试车时转为驾驶台遥控操纵。

十、烟囱冒火

在柴油机排烟总管的通路中装设废气锅炉,有时在某一时间内会产生烟囱大量火花连续喷出的现象,俗称烟囱冒火。烟囱冒火的同时,还常伴有废气锅炉气压突然上升、锅炉安全阀被冲开,蒸汽大量泄出。柴油机烟囱冒火,不仅会引起火灾,特别是危及油船、液化气船的航行安全,而且也是柴油机运行状态不佳和管理不善的反映。轮机管理人员根据具体情况应立即判断出烟囱冒火的原因,采取有效措施予以消除。

1. 烟囱冒火的原因

柴油机烟囱冒火,通常是由于未烧尽的燃油或含油积存物随废气带出烟囱遇到空气再燃烧所产生的。根据火花形成,烟囱冒火分成三种情况:

(1)油雾燃烧形成的火花

这种火花在白天不易看见,夜间可见小而短的浅粉色火花。这种火花大多数可随烟流自行熄灭,无炭粒下落。这种情况多发生在柴油机超负荷、燃油雾化质量差或供气不足,使喷入气缸内的燃油不能完全燃烧所致。

(2)残油燃烧形成的火花

此类火花颜色较深,随废气流动自行熄灭,有微小炭粒及烟灰带出。

这种情况多发生在柴油机部分喷油器滴油或低负荷运转时。由于上述原因使燃油燃烧不完全,排烟温度、压力偏低,排气能量减少使尚未燃烧的部分油分积存在烟道内附着的管壁上,部分油分形成炭粒黏附其上。当柴油机负荷增加、烟道内温度升高时,积存在烟道管壁上的残油、炭粒便发生燃烧使烟囱冒火。

(3)烟灰沉积物燃烧形成的火花

这类火花多为板状,亮度较大,呈现暗红色,持续时间约 1 ~ 3 h,多数发生在开航 10 ~ 15 天之后。常常落在甲板上还在继续燃烧,容易引起火灾。

当废气锅炉管壁表面可燃沉积物的堆积达到一定厚度时,在一定温度下被点燃并从壁面脱落冲出烟囱形成火花,这种火花最常见也最危险。其产生原因有:①燃油质量差,燃用劣质油时烟灰沉积物增多;②燃油喷油设备工作不良,喷油泵、喷油器有故障,燃油未完全燃烧,排气中含油物质增加;③气缸注油器注油量过大;④气缸进气系统工作不完善;⑤废气锅炉烟管脏堵,排气阻力增加,烟灰沉积物增多。

2. 烟囱冒火的预防措施

(1)保持柴油机气缸内燃烧状况良好,加强管理与监测。

(2)加强废气锅炉的技术管理,按规定的时间间隔吹灰、洗炉和除垢。

(3)定期向排烟管内或废气锅炉水管内投药,清除积炭和防止结垢。

(4)对油船要注意保养烟囱内的喷水灭火装置。

3. 烟囱冒火时的应急措施

(1)若出现第一类火花,应立即降低柴油机负荷或缓慢停车,待查明原因后恢复运转。

(2)若出现第二、三类火花,视航行条件可继续运行,尽量吹掉排气系统内油性沉积物并使之烧尽。

(3)除火势过猛、个别缸或局部烟管过热外,应尽量使柴油机保持较高负荷。

(4)切勿轻易使用 CO_2 灭火系统,防止损坏机件。

第三节　柴油机运转中常见故障及排除

一、柴油机启动不了

柴油机启动不了,是指当启动手柄或手轮已推至启动位置,但柴油机没有转动起来。启动不了的主要原因有:

(1)盘车机未脱开,盘车机连锁阀仍在关闭位置,启动空气不能通过,脱开盘车机则可解决;

(2)空气瓶出口阀或主停气阀未开,应予打开;

(3)主启动阀卡死,启动空气不能通入气缸,检查主启动阀或用手柄把阀撬起;

(4)启动空气分配器阀芯严重磨损,造成大量漏气或因空气分配器定时不对而使气缸启动阀不能开启或气缸启动阀不灵,应查明原因予以消除;

(6)启动空气压力不足(气力启动)或电池容量不足(蓄电池启动),应补充至规定值。

二、柴油机不发火

如果燃油杆已放到供油位置,柴油机也已在外力的带动下转动起来而未能发火,其原因常在于燃油系统中。主要有:

(1)燃油阀未开,日用油柜中的燃油用光,或燃油中沉积有大量残水未能放出;

(2)燃油滤器脏污堵塞,应进行转换或清洗;

(3)燃油系统漏入空气,应对燃油系统充油放气;

(4)启动操作过快,发动机尚未达到启动转速就开始供油,气缸内温度、压力过低不足以发火或启动后供油大少,应重新操作;

(5)油量调节杆或调速器拉杆在供油量很小,停油位置上卡死或动作不灵活,应设法使之动作灵活;

(6)设有安全保护装置的柴油机,因润滑油或冷却水压力不足,保护装置未解除对燃油供应的控制,应将压力调至正常值;

(7)超速保护装置动作后未复位,燃油供应被切断,应立即将其复位;

(8)燃油黏度过大,气缸温度过低,进气不足等造成发火困难,应提高油温,加强暖机,启动应急鼓风机以加大进气。

三、柴油机转速自行下降或自行停车

正在运转中的柴油机，在燃油手柄没有移动（或没有人为操纵）的情况下，转速自行下降或突然自动停止运转的现象。运转中的柴油机转速突然降低可能是个别气缸不发火（如喷油泵不供油或喷油器堵塞）而引起的。

柴油机突然自行熄火停车则可能是下列三种原因引起的。

1. 系统故障

（1）燃油系统

燃油中有过多的水分，滤器堵塞，系统中漏入空气，油箱中无油，油温过高汽化造成“汽隔”（或叫“汽阻”）而引起供油中断。

（2）润滑系统

润滑油或冷却水压力过低，保安机构（若装有的话）起作用而关闭油门。

2. 机械损伤

如拉缸造成活塞与缸套咬死，轴颈与轴承咬死。

3. 负荷过重

螺旋桨被异物缠绕住等。尤其内河船舶，航道狭窄，水浅，脏物多，常会碰到渔网、尼龙绳、山藤等物将螺旋桨和艉轴缠住甚至进入到艉轴管与艉轴之间，造成主机超负荷而自动熄火停车。凡运转过程中出现声音低沉、排气冒黑烟继而自动熄火停车的多属此种。若碰到柴油机运转中自动熄火停车，首先将油门手柄扳至“停车”位置，通过盘车来判断是哪一种原因引起的，并迅速排除，尽快恢复主机的工作。

四、柴油机不能停车

柴油机不能停车是指燃油手轮或手柄已经转（或拉）回停车位置，但柴油机仍在继续运转。此时应迅速关闭燃油总管上的截止阀或速闭阀以停止供油，使柴油机停车。然后检查调油杆等传动机构是否有故障，如无故障，重新调整喷油泵的零油位即可。

五、燃气烟色不正常

正常的排气烟色应是隐约可见的淡灰色，当出现下列烟色时，就说明柴油机工作不正常。

1. 排气呈黑色

主要是由于燃烧不完全所引起的。具体原因有：

（1）喷油器启阀压力太低，喷油器漏油，喷孔部分堵塞或喷油器弹簧断裂等使雾化不良。

（2）喷油泵供油定时太迟而产生后燃，可通过测取示功图进行验证；

（3）燃油质量不符合要求；

（4）扫气压力和压缩压力过低，应酌情检查增压（扫气）系统或活塞环的工作状态；

（5）排气阀漏气或气口严重结炭；

（6）超负荷运行或由于负荷分配不均而造成某些缸超负荷。

2. 排气呈蓝色

主要是大量滑油进入燃烧室造成的。应减少气缸注油量，或检查增压器轴封是否漏油，对筒形活塞式柴油机应检查刮油环是否失效或装反。

3. 排烟呈白色

排气中有大量水蒸气就会使排气呈白色。应检查是否有冷却水漏入气缸。气缸盖或气缸套是否有裂漏，空气冷却器管束是否有漏水等。

六、柴油机工作参数不正常

1. 最高爆发压力下降

伴随着排气温度升高，耗油量增加，但压缩压力无明显变化。其可能原因有：

(1)喷油泵或喷油器经长期工作后，喷油质量变差，产生滴漏，雾化不良和延时喷射等；必须拆检喷油设备；

(2)供油定时不对，喷油提前角过小，燃烧太迟；应及时调整。

2. 工作粗暴，个别气缸最高燃烧压力太高

其可能原因有：

(1)油量调节机构失灵或喷油器针阀卡死在全开的位置，造成过多的燃油进入气缸，应检查油量调节机构和油泵的有效供油行程以及喷油器的技术状态；

(2)喷油过早，应检查供油定时；

(3)轴承间隙过大或运动部件连接螺栓松动，要及时检查和调整。

3. 扫气压力下降

其可能原因有：

(1)涡轮增压器损坏，或空气滤器和空气冷却器污堵，阻力太大；

(2)涡轮背压大高，增压器转速降低，应结合扫气压力，排气温度及增压器是否喘振等进行判断、处理；

(3)增压器气封环间隙过大或安装不正确造成漏气，应重新安装；

(4)换气系统中的进气阀阀片断裂或扫气泵活塞环磨损，使扫气泵泵气效果降低。

(5)排气回转阀损坏或间隙太大。

4. 扫气压力升高

其可能原因有：

(1)在直流扫气中，由于排气阀关闭不严，造成废气能量大，使涡轮转速升高；

(2)燃烧不良、后燃严重，排气温度升高；

(3)发生了活塞环咬住、损坏或轴承油膜破坏等故障而未能及时发现，机械效率急剧下降，在这种情况下却盲目加大油门。

由于上述原因，使排气能量增加，增压器转速升高，柴油机超负荷运转。应及时停车检修，以免发生更大事故。

5. 排气温度不正常

柴油机在各种不同负荷下运转时，排气温度比正常情况偏高或偏低，或者各缸排气温度相差悬殊，就称排气温度不正常。

(1)排气温度偏高

其可能原因有：

①负荷过大,应查明原因或降低负荷;

②喷油过迟或喷油器雾化不良、或密封不严而造成后燃严重,应校正定时,拆检喷油器;

③扫气压力或增压压力不足,燃烧不良,应检查清清扫气通道,增压器滤网,空气冷却器等。

④排气背压过高,应检查消音器及排气管道、清除积炭、污垢。

(2)排气温度偏低

其可能原因有:

①负荷较小或船舶顺风顺水航行;

②喷油过早。应校正喷油定时,可配合测最高爆发压力或测取示功图判断;

③喷油器孔堵塞,清洁并疏通喷油器;

④喷油泵弹簧折断或柱塞不灵活。

(3)各缸排气温度不均匀

在多缸柴油机中,为保证各缸负荷均匀,要求各缸的排气温度只相差规定值的±5%。各缸排气温度不均匀的主要原因有:

①各缸喷油器启阀压力不一,应检查并调整;

②各缸喷油量不均匀,调整各喷油泵齿条刻度,使各缸喷油量一致;

③喷油定时不一致,检查并校正喷油定时;

④排气定时不对,检查并校正定时。

⑤温度表或热电偶有误差,检查并核准之。

思考与练习

1. 柴油机备车有哪些程序,运行管理应注意什么?
2. 柴油机拉缸是哪些原因造成的?
3. 柴油机敲缸有哪两种,如何进行判断和区分?
4. 分析曲轴箱爆炸的原因及应急处理。
5. 如何对连杆螺栓进行检查,上紧时应注意哪些事项?
6. 分析最高爆发压力过高的原因及排除方法。
7. 排气温度为什么是柴油机的重要运转参数?

参 考 文 献

[1] 李斌,王宏志. 主推进动力装置[M]. 大连:大连海事大学出版社,2012.
[2] 周明顺. 船舶柴油机[M]. 大连:大连海事大学出版社,2007.
[3] 孙建新. 船舶柴油机[M]. 北京:人民交通出版社,2006.
[4] 李春野,付克阳. 主推进动力装置[M]. 大连:大连海事大学出版社,2008.
[5] 聂云超,任庆国. 船舶柴油机[M]. 大连:大连理工大学出版社,2005.
[6] 钱耀南. 船舶柴油机[M]. 大连:大连海事大学出版社,2005.
[7] 孙培廷. 船舶柴油机[M]. 大连:大连海事大学出版社,2003.
[8] 朱建元. 船舶柴油机[M]. 北京:人民交通出版社,2004.
[9] 杜荣铭. 船舶柴油机[M]. 北京:大连海事大学出版社,2001.